SCHRIFTEN DER GOETHE-GESELLSCHAFT

Im Auftrag des Vorstands herausgegeben von
Werner Keller

66. Band

Hans-J. Weitz

Der einzelne Fall

Funde und Erkundungen
zu Goethe

1998

Verlag Hermann Böhlaus Nachfolger

Weimar

Gedruckt mit Unterstützung
des Förderungs- und Beihilfefonds Wissenschaft
der VG Wort

Die Deutsche Bibliothek – CIP-Einheitsaufnahme

Weitz, Hans-Joachim:
Der einzelne Fall: Funde und Erkundungen zu Goethe / Hans. J. Weitz.
– Weimar: Verlag Hermann Böhlaus Nachfolger Weimar, 1998
(Schriften der Goethe-Gesellschaft; Bd. 66)
ISBN 3-7400-0833-4

Dieses Buch ist aus säurefreiem Papier hergestellt und entspricht den Frankfurter Forderungen zur Verwendung alterungsbeständiger Papiere für die Buchherstellung.

ISBN 3-7400-0833-4

© 1998 by Verlag Hermann Böhlaus Nachfolger Weimar GmbH & Co.

Satz: Stahringer, Ebsdorfergrund
Druck und Bindung: Franz Spiegel Buch GmbH, Ulm
Printed in Germany

Inhalt

Vorwort

Professor Dr. Hans-J. Weitz, 1904 in Berlin geboren, ist der „Doyen der Dramaturgen", ein Mann des Theaters, lebenslang fasziniert von der Bühne, die weniger die plane Wirklichkeit als vielmehr die imaginativen, die ungeschauten und „unerhörten" Möglichkeiten des Lebens ins Sinnlich-Sinnbildliche umsetzt. Seine „Lehrjahre" bei Max Herrmann, dem Theaterwissenschaftler, und bei Heinz Hilpert, dem Regisseur, waren rasch durchstürmt, die „Wanderjahre" in Heidelberg, Darmstadt (mit dem Dramatiker Karl Kornfeld) und Düsseldorf fanden 1935 ein so unzeitiges wie zeitgemäßes Ende: Herr Weitz erhielt Berufsverbot. (Den Lebensunterhalt für die Familie verdiente seine Frau mit Geigenunterricht.) Die bittere Nötigung von außen gab auch die Distanz zu ihr und ermöglichte ihm den Beginn seiner Goethe-Studien, deren Resultate teilweise im vorliegenden Band gesammelt sind. Nach dem Krieg erschienen, mustergültig redigiert, der *West-östliche Divan* wie auch der *Volks-Goethe* des Insel-Verlags, später (1965) folgte ein editorisches Kabinettstück, der Briefwechsel Goethes mit Marianne und Johann Jakob Willemer. Hans-J. Weitz arbeitete als Dramaturg in Basel, als Chefdramaturg bei Herbert Maisch in Köln (1953–59), ging als „Künstlerischer Beirat" zu Lindtberg ans Schauspielhaus Zürich, lehrte vierzehn Semester lang Theaterwissenschaft an der dortigen Universität und übernahm 1969, in einem Alter, da sich andere zur Ruhe setzen, den Auftrag zur Entzifferung der handschriftlichen Tagebücher von Sulpiz Boisserée (1783–1854). Der schriftstellernde Handelsherr aus Köln, Kunstkenner und Kunstsammler in einem, eröffnete dem alternden Goethe mit der Bildkultur des Mittelalters eine neue geistige Provinz; mit Boisserées Tagebüchern wurde uns ein intimer Blick in die Innen- und Außenwelt der ersten Hälfte des 19. Jahrhunderts gewährt. Fünftausend handgeschriebene Blätter waren ins Typoskript zu übertragen. Welche Arbeitsdisziplin war hier gefordert! Doch mit der Mühsal nahmen auch die Ehrungen zu: Die Universität Freiburg ernannte Herrn Weitz zum Ehrendoktor, das Land Nordrhein-Westfalen verlieh ihm am 6. November 1985 den Titel eines Professors.

Die Erträge seiner Theaterarbeit – dieses „potenzierten Lebens" – sind unter dem Titel *Nur ein Dramaturg* (1993) gesammelt: geist- und lebensvolle Impressionen, die die Welt von gestern, die Erinnerung an den jungen Minetti, an Jürgen Fehling, René Deltgen und Stroux in Momentaufnahmen festhalten, denn Hans-J. Weitz verfügt über die Doppelgabe des erzählenden Historikers und des skizzenkundigen Porträtisten. Wie niemand sonst genügte er seiner Forderung: daß der Dramaturg der Anwalt der Sprache sein müsse und dem Wort zu seinem Rang auf der Bühne zu verhelfen habe.

Zunächst also gehörte Herr Weitz nicht der Germanistengilde an. Doch der „Quereinsteiger" war es, der von allem Anfang an Goethe-Forscher an ihre Philologenpflicht mahnte, an die Entzifferung des „festen" Buchstabens und an die Erarbeitung des verläßlichen Worts, worauf alle Deutung angewiesen ist. Reift Wilhelm unter zaghaftem Fortschreiten zum Meister in der Heilkunst, – Herr Weitz wurde mit sorgsam-kühnem Zugriff zum Meister der Lese- und Schreiberzunft. Seine Treue gegenüber dem Wort duldet keine ungeklärten Textstellen. Dem von anderen übersehenen oder flugs überlesenen Schwerverständlichen entnimmt er die Unruhe der Fragen. Da wird dann genetisch verfahren und eine Lesart in einen neuen Kontext gebracht; da werden Daten korrigiert, Anspielungen entschlüsselt und Namen zu Begebenheiten ermittelt. So verdanken wir ihm nicht nur die Identifizierung des Schweizer Malers Gabriel Lory, der in den *Wanderjahren* porträtiert wird, sondern auch die Zuweisung mehrerer *Faust*-Paralipomena zu den Homunculus-Szenen.

Über die Jahrzehnte hinweg wurde er zum Wort- und Sinndetektiv der Goethe-Philologie, gelenkt von der Wünschelrute seines Spürsinns und geleitet von einer präzisen Erinnerungskraft. So lehrte er uns, daß alles Geschriebene seinen genau bestimmbaren Platz im geschichtserfüllten Raum der Bezüge besitzt. Sein Wissen füllte Textlücken, seine Intuition erkannte den Zusammenhang des Isolierten. Zu seiner sachbewußten Selbstbescheidung gehört die an Stifter erinnernde Andacht zum scheinbar Unbedeutenden, das unter seiner Hand bedeutsam wird und „aus kleinen Kreisen Welt in Welt" schafft. Den handwerklichen Grundlagen gehört seine erste und letzte Aufmerksamkeit; in einem leserfreundlichen Sinn lebt er Tugenden von gestern vor, die nötig sind für die Auslegung von morgen. Die Blicke in Goethes Werkstatt erbrachten neue Lesarten für einige Distichen und ein neues Verständnis von Goethes Bild „Des Pindus Adler" (*Faust*, V. 8118 ff.); Herrn Weitz verdanken wir auch die Einsicht, daß Wieland, nicht Goethe, es war, der erstmals den Begriff „Weltliteratur" prägte. Die nötigen Aufschlüsse gab er zu dem Gedicht *Die Weisen und die Leute* – ein Paradebeispiel dafür, wie philologische und biographische Data einander bedingen, so daß sich erschließen läßt, was bisher ungekannt war: daß Goethe Cottas *Morgenblatt* und dessen Herausgeber Haug parodierte.

Hans-J. Weitz ist der Lesemeister und zugleich ein Meister des Worts, des geschriebenen und mehr noch des gesprochenen. Seine anschauende Urteilskraft deutet souverän Situationen und Personen an und aus, sein stupendes Gedächtnis reicht mühelos Namen und Daten und nach Jahrzehnten noch

Straßen und Hausnummern hinzu. Das ist eine Fähigkeit, die jemand üben, aber nicht erlernen kann: sich nicht ans Abgelebte zu verlieren, sondern, wie der Maler Lebrun im Hause Jabach in Köln, die Gegenwärtigkeit des Vergangenen sinnennah heraufzurufen.

Ein Meister des frei gesprochenen Worts, der schwebeleichten Causerie, noch in der Nachschrift spürbar: daß ich Raum zum Zitieren hätte, wie er Goethes Verhältnis zu seinen Deutschen, als klug komponierter Sammelband seit 1948 oft aufgelegt, wie er das Bieder-Prätentiöse eines Haug charakterisiert! Seine geistige Jugendlichkeit lebt in seiner lateinischen Hypotaxe auf, in den rhythmisch strukturierten Perioden, die sich, um der Sache genugzutun, immer wieder unterbrechen, ehe sie grammatisch sicher an ihr Ende drängen.

Professor Weitz' Lebenswerk liegt vor uns: in mustergültigen Editionen und Anmerkungen, in vielen Vor- und Nachworten, in Abhandlungen, Aufsätzen und Miszellen – in literarischen Zeugnissen, die durch ihre Sachbezogenheit einnehmen und durch ihre Schlüssigkeit überzeugen. Philologie wird unter seinen Händen zur moralischen Veranstaltung eines Gewissenhaften. Doch die eigentliche Leistung liegt in der Versöhnung der Extreme, in der produktiven Verbindung einander widersprechender Gaben, die in den selbstgestellten Aufgaben einander ergänzen und steigern. Sinnenfroh öffnete er das „enge Bretterhaus" des Theaters zur Welt hin, engagiert nahm er die Welt des sinnenhaft Geschauten in die gelehrte Klause herein. Anders als beim Brotgelehrten, den Kurzsichtigkeit und Wirklichkeitsscheu an den Schreibtisch binden, drängt sein offener Sinn, nach Fülle verlangend, in die sprachlich geformte Weite. So bestünde denn die Lebensleistung darin: in der geglückten Disziplinierung und Koordinierung der Anlagen, so daß die magistrale Geste des Dramaturgen durch Genauigkeit für Wort, Mimik und Gestik gelenkt und die Emsigkeit des Mikrologen mit unvergleichlichem Erfahrungswissen angereichert ist.

Da es meiner Skizze noch an der individualisierenden Konturierung fehlt, sei alles Ungesagte in jenem Lakonismus gesammelt, der sich, 1808 auf dem Erfurter Fürstentag gesprochen, geradewegs auf Herrn Weitz beziehen läßt: „Voilà, un homme" – in Goethes Umschreibung: „Da ist auch einer, der sich's hat sauer werden lassen." Doch von der übergroßen Anstrengung erfuhren wir nichts; sie ging wortlos im Geleisteten auf.

Köln, im Januar 1998   Prof. Dr. Dr. h.c. Werner Keller
                                                 Präsident der Goethe-Gesellschaft

Vorbemerkung

Der Titel dieses Bandes stammt aus einem Aphorismus Goethes: „Was ist das
Allgemeine? Der einzelne Fall."[1] Der Untertitel ‚Funde und Erkundungen zu
Goethe' meint mit ‚Funde' Texte geringen, mit ‚Erkundungen' Texte größeren
Umfangs.

Die einzelnen Beiträge sind im Lauf eines halben Jahrhunderts entstanden
– der früheste 1940, der jüngste 1995 – und an ganz verschiedenen Stellen im
Druck erschienen.

Ob als Fußnoten mit Sternchen oder auch als Ziffern (diese wiederum mit
oder ohne Punkte oder auch mit halben Klammern), ob hinter dem Text angeordnet und nur über größere Abschnitte hin durch Seitenziffern gegliedert –
alle diese Varianten waren für die gegenwärtige Ausgabe wo nicht einheitlich
zu fassen, so doch nach Möglichkeit einander anzugleichen. Ausnahmen bilden lediglich die vier bisher ungedruckten Arbeiten. Gerade die erste, über
die Interpunktion im „West-östlichen Divan", bietet eine eigene Schwierigkeit:
die von der Welt-Goethe-Ausgabe (Konrad Burdach) eingeführten zusätzlichen
Interpunktionen waren in der originalen maschinenschriftlichen Fassung durch
rote Tinte gekennzeichnet. Unser Druck hebt diese Zusätze halbfett hervor.

Die meisten Beiträge des vorliegenden Bandes hatten ihren oft persönlich
bestimmten Anlaß. Über diese quasi autobiographischen Zusammenhänge un-
terrichten jeweils einige Zeilen. Das Persönliche spiegelt sich auch in der Sprache. Fast alle Texte, die Vorträge zumal, manche in freier Rede aus Notizen
entwickelt, sind nicht geschrieben, sondern wiederholt (auch bei der Niederschrift) laut gesprochen worden. Sie geben in Satzführung und Kadenzen den
Texten ein der Handschrift analoges Gepräge – Athem-Einheiten, wie die nor-
male, rationale Interpunktion sie eher behindert.

---

[1] Max Heckers Ausgabe der „Maximen und Reflexionen", Schriften der Goethe-Gesellschaft, 21. Band, Weimar 1907, S. 121, Nr. 558.

Über die Interpunktion im „Divan"-Band der Welt-Goethe-Ausgabe

Thaten? Was sind denn Thaten?
Kunstwerke und wissenschaftliche Entdeckungen!
Der Kreislauf des Blutes, die Theorie des Lichts, der König Lear
können den Engländern durch hundert Schlachten nicht verloren gehen,
wohl aber die Flotte, Indien und Australien, ja Old-England selbst!
Lord Palmerston würde länger dauern, wenn er
ein Komma im Shakespeare wäre,
als jetzt, nun er Haupt-Vocal im Staatsrath ist.

Hebbel

I.

Bei seinem vorjährigen, der „Divan"-Forschung gewidmeten Weimarer Aufenthalt wurde der Unterzeichnete durch Herrn Prof. Dr. Wahl mit dem soeben herausgekommenen fünften, dem „Divan"-Band der Welt-Goethe-Ausgabe bekannt gemacht. Er mußte bald zu seinem Leidwesen bemerken, daß dieser noch von Konrad Burdach besorgte Band eine erhebliche Menge zum Teil sinnentstellender Druckfehler, sowie, im wissenschaftlichen Anhang, eine Reihe von Irrtümern – der Datierung und sonstigen Zuweisung – enthält. Soweit es ohne Preisgabe eigener Forschungsergebnisse möglich war, teilte er Herrn Prof. Wahl, als dem Sachwalter des Bandes, diese Feststellungen im einzelnen mit und begnügte sich, als er in anderer Angelegenheit die übrigen Herausgeber der WGA, die Herren Prof. Kippenberg und Prof. Dr. Petersen, aufsuchte, mit allgemeinem Hinweis auf die Unzulänglichkeit der neuen „Divan"-Edition. – Erst später kam er dazu, sich mit einer weiteren Eigentümlichkeit des Bandes zu befassen, die ihm nicht gleich in ihrer Tragweite bewußt geworden war: mit der Interpunktion. Allerdings war diese ihm von Anfang an als un-goethisch aufgefallen; und es hatte sich aus diesem Anlaß bereits ein freundschaftliches Streitgespräch mit Herrn Prof. Dr. Hecker ergeben, das sich auch fernerhin dem Unterzeichneten als so förderlich erwies, daß er nun, wo er den ganzen Fragen-Komplex hinreichend zu überblicken meint, nichts Besseres wüßte, als davon auszugehen.

Prof. Hecker wandte sich damals entschieden gegen den „katholischen" Dogmatismus, der die Weimarer Sophien-Ausgabe beherrscht habe; Scherer und seine Schüler seien eingeschworen gewesen auf den kanonischen Text der „Ausgabe letzter Hand" (C), von dem auch nicht einen Finger breit habe abgewichen werden dürfen. Dabei vermittle diese Ausgabe C keineswegs mit Sicherheit des Dichters Willen, und namentlich nicht in der Interpunktion.

Von jeher ohne klar erkennbare, geschweige konsequent angewandte Prinzipien der Zeichensetzung, sei Goethe im Alter, bei zunehmender „Läßlichkeit" in allem Äußerlichen, auch immer mehr geneigt gewesen, sein persönliches momentanes Empfinden in diesen Dingen dem Interesse der Leserschaft unterzuordnen und die Interpunktion seiner Schriften dem Ermessen regelfester Freunde und Mitarbeiter, ja der Verlagskorrektoren zu überlassen. Die Drucke also, und besonders C, böten weniger den Willen des Dichters als die Norm ihrer Zeit; und unsere Zeit habe durchaus das Recht, in einer umfassenden Neuausgabe nach ihren eigenen Normen zu verfahren.

Damit nicht genug: was mehr oder weniger gleichgültige Individuen seinerzeit in Goethes Auftrag und an seiner Stelle (wenn auch gewiß zu seiner Zufriedenheit) taten, dürfe den Herausgeber von heute nicht hindern, nach seinem besten Wissen zur Aufhellung des Textes beizutragen; und nicht nur mit den Mitteln umschreibender Interpretation und glossierender Anmerkungen, sondern, wo nötig, unmittelbar, durch Gestaltung des Textes und besonders der Interpunktion. Diese gebe uns heute, gegenüber dem Brauch vor hundert Jahren – von dessen oft verwirrenden Eigenheiten zu schweigen – viele Verfeinerungen; Sinnes-Nuancen, die dem Goetheschen Text weit über das Vermögen damaliger Interpunktion innewohnten, ließen sich heute bezeichnen. Der heutige gebildete Goethe-Leser, wofern er nicht selbst Gelehrter sei, habe einen Anspruch darauf, durch Zweifel und Fraglichkeiten sicher hindurchgeführt zu werden. Dies zu leisten, sei eine Haupt-Absicht der WGA; die Bearbeitung ihrer einzelnen Bände sei den jeweils besten Kennern des besonderen Gegenstandes anvertraut worden, die mit den Früchten ihres Goethe gewidmeten Lebens zugleich die geprüften, bewährten Ergebnisse ganzer Generationen der Wissenschaft einbrächten, und die für ihre Arbeit und auch für ihre Irrtümer mit ihrem Namen hafteten.

Dies alles darf man in Bausch und Bogen ruhig einmal als grundsätzlich richtig annehmen. Dennoch trifft es gerade auf den besonderen Fall des „Divan" und seiner jüngsten Ausgabe nicht zu.

Im Gegensatz zu allen großen Sammlungen lyrischer Gedichte, die Goethe in seinem Leben herausgab – S, N, A, B, C – ist der „Divan" nicht ein mehr oder weniger kunstvoll geordnetes Vielerlei aus verschiedensten Lebens- und Stilperioden, sondern ein von Anfang an einheitlich und als ein Ganzes angelegtes und ausgeführtes Gebilde, Frucht einer einmaligen, so nicht wiedergekehrten Geistes- und Seelenlage.

Mit stolzer Liebe hat der Dichter dies jugendliche Spätwerk gebildet und gehegt: wie von keiner anderen Sammlung seiner Gedichte besteht vom „Divan", sorgsam bewahrt, eine fast lückenlose Reihe früher, eigenhändiger Reinschriften, die wieder und wieder von ihm selbst bis ins einzelne durchgesehen worden sind.

Ihnen folgt in allem wesentlichen der erste Druck E; der, im Gegensatz abermals zum Druck aller übrigen lyrischen Sammlungen Goethes, von Anfang bis zu Ende unmittelbar unter des Dichters Augen (bei Frommann in Jena) entstand.

Des weiteren ist auch das Druckmanuskript e vollständig überliefert, das von E zu C hinüberleitet; von Schreiberhänden abgefaßt, enthält es doch wiederum zahlreiche eigne, oft die Interpunktion betreffende Korrekturen Goethes.

Und auch C selbst hat seltsamerweise eben im „Divan"-Band weniger als gewöhnlich den Willen des Dichters nach Korrektoren-Grundsätzen abgeglättet und verwischt; vielmehr „fast alle Interpunctionen, die Goethe bei der Correctur von e eigenhändig, meist willkürlich eingesetzt hat, ... respectirt ..., mochten sie auch gegen die sonstigen Gewohnheiten der Ausgabe verstoßen."

So konstatiert der Herausgeber des „Divan"-Bandes der Weimarer Sophien-Ausgabe (1888)[1]; und in der Erkenntnis, daß nicht nur die Interpunktion für den „Divan" „umfassender und genauer als für die meisten anderen Werke durch alle Entwickelungsstadien zu verfolgen"[2] ist, sondern daß wir überhaupt im „Divan" einen eigen-, ja einzigartigen Gunst- und Glücksfall vollständiger Überlieferung besitzen, suchte er seinerseits den ganzen Reichtum dieser Überlieferung in seiner Ausgabe zu bergen und zu nutzen. Hierin weicht er durchaus von den „katholischen" Tendenzen der nur an C gebundenen Ausgabe ab; wie bereits Düntzer, ihr unbarmherziger Kritiker, hervorhob[3].

Dieser Herausgeber war K o n r a d B u r d a c h ; als neunundzwanzigjähriger Schüler Scherers doch schon ein unbefangen-selbständiger, ja eigenwilliger Kopf. Seine Ausgabe von 1888 darf man denn auch als nahezu mustergültig in Text wie Zeichensetzung ansehen. Nur selten einmal berichtigt B. die Vorlagen; in ganz wenigen Fällen führt er eine gewisse Normierung durch; und auch über solche Abweichungen gibt der Lesarten-Apparat stets gewissenhafte Rechenschaft, so daß dem Leser ein eigenes Urteil allemal freisteht. Daß B. den „Divan"-Band so eigentümlich von den Grundsätzen der Ausgabe entfernen konnte, ehrt so wie ihn auch ihre Redaktoren; deren Kollegium nur gelegentlich einmal, Kühnheiten mildernd, Einspruch erhoben hat. Aber auch dann wird regelmäßig das Für und Wider mit schöner Sachlichkeit im Apparat dargelegt.

Wir besitzen also eine Überlieferung des „Divans", die ununterbrochen von den ersten Reinschriften Goethes bis zur großen wissenschaftlichen Gesamtausgabe führt und den Willen des Dichters, auch in der Interpunktion, mit weit geringerer Trübung als in anderen Werken bewahrt.

Daß es sich dabei wirklich um ein entschiedenes Wollen handelt, nicht um Willkür augenblicklichen Empfindens, erweisen wiederholte grundsätzliche

Äußerungen Goethes, die eben aus der Entstehungszeit des „Divans", den Jahren 1815−1817, stammen. Sie beziehen sich auf die damals vorbereiteten Neudrucke älterer Werke in der Gesamtausgabe B. Da heißt es:

„Bey dem fünften Bande bemerk ich folgendes, es hat sich in demselben besonders in die darin enthaltenen Jamben eine falsche Interpunction eingeschlichen, die ich weg corrigirt habe. Sie besteht in Anhäufung von Commaten, wodurch ein einfacher Satz entzwey geschnitten wird. ... Ich bitte daher die von mir delirten Commata sämmtlich zu tilgen, und wenn ich einige übergangen haben sollte, dieselbigen gleichfalls auszumörzen.

Bey näherer Betrachtung sieht man, daß der Fehler hauptsächlich daher entsprungen ist, daß man da wo der Recitirende allenfalls anhält, geglaubt (daß) auch der Sinn geschlossen sey."

an Cotta, 6. Dezember 1815[4]

„Die Interpunction betreffend äußere Folgendes. Es hat sich in der deutschen Schrift, dadurch daß man mehr liest als hört, die Gewohnheit eingeschlichen vielzu viel Commata zu machen. Wie schädlich dieses dem lebendigen Vortrag sey hab ich seit dreyßig Jahren nur allzusehr bemerken können, indem ich mir die Mühe gab Schauspieler auszubilden.

Z.B. Glaubst du denn, daß sie dich liebt! – Hab ich dir nicht gesagt, daß ich nicht kommen kann? Diese hier roth gezeichneten Commata sind es die ich möglichst weggestrichen habe, weil sie den Schauspieler, den Vorleser zu einem gehackten Vortrag verführen. Denn wenn es gleich Fälle giebt, daß man an einer solchen Stelle etwas anhält, so entspringt doch eine solche Pause aus dem Gefühl, nicht aus dem Sinne, welcher allein durch die Interpunction zu bezeichnen ist, wie denn ja in Versen die Cäsur nicht immer einen Sinnesabschnitt macht. Doch bin ich hier nicht pedantisch und lasse dem Herrn Corrector die völlige Freyheit in gewissen Fällen nach eignem Urtheil ein Comma herzustellen."

an Cotta, 9. Mai 1816[5]

„Ew. Wohlgeboren erhalten ... den 15. und 16. Band meiner Werke, worin das Leben B. Cellini's begriffen ist. Bey dem ersten Abdruck wurde dieses Werk so mit Kommaten überladen, daß man es kaum lesen konnte. Sie sind sorgfältig wegcorrigirt und dadurch die Interpunction, so wie hie und da der Styl verbessert. Ich habe an Setzer, Corrector und Revisor eine inständige Bitte beygelegt: um sorgfältige Beobachtung dieser Correcturen. Auch Ew. Wohlgeb. empfehl ich diese typographische Angelegenheit."

an Cotta, 7. Januar 1817[6]

Das sind Äußerungen, wie sie nicht häufig bei Goethe begegnen. Umso größere Beachtung verdienen sie.

Die Schärfe ihrer Abfassung, das Dringend-Angelegentliche im Ton, die Beharrlichkeit, womit sie wiederholt werden, alles zeigt uns: es ist keine flüchtige Anwandlung, sondern eine ernsthafte Grundtendenz. Sie ist offenbar neu und will sich hier zum erstenmale durchsetzen; als eine kleine Reform führt Goethe sie in die Ausgabe ein. Aber sie hat sich bei ihm seit längerem angebahnt, und sie verliert sich auch späterhin nicht mehr. Noch bei der Vorarbeit zur „Ausgabe letzter Hand" legt Goethe dem Helfer Göttling ans Herz: „daß etwa eine, in früherer Zeit gewöhnliche, allzu häufige Interpunction und Commatisirung ausgelöscht und dadurch ein reinerer Fluß des Vortrags bewirkt werde." 10. Januar 1825[7]

„Es ist eine weit verbreitete, aber durchaus irrtümliche Annahme, ... daß Goethes Interpunktion ... launisch, willkürlich, in der Sturmzeit der Jugend gar genialisch regellos gewesen sei. Tatsächlich liegen ihr vielmehr bestimmte Prinzipien zugrunde ..." Dies zuerst erkannt und (1911) gesagt zu haben, ist ein Verdienst wiederum Burdachs[8]. In jenen Briefstellen von 1815−17 besitzen wir nun eins dieser Prinzipien, einmal von Goethe selbst mit voller Klarheit ausgesprochen. Es ist das Interpunktions-Prinzip seines Alters.

Ein Prinzip ist kein System; und fern liegt es uns, von Goethe etwa eine Art Interpunktionslehre zu erwarten. Worin dieses Prinzip seiner letzten Zeit vielleicht von früheren Grundsätzen sich unterschieden habe, wie diese ihrerseits gelautet hätten, zu welcher inneren Konsequenz sie alle gediehen, mit welcher Ausdauer sie angewandt worden seien, ob eins von ihnen Anspruch auf allgemeine Geltung erheben könne – dies und mehr lassen wir für ein andermal beiseite. Hier stellen wir lediglich fest: Goethe wünscht ganz entschieden alle entbehrlichen Zeichen zu tilgen; und entbehrlich scheint ihm alles, was nicht der bloßen Sinngliederung dient. Selbst wenn es zweifelhaft bleiben sollte, wo hier die Grenzen liegen oder wie er sie denn eigentlich zieht – eins sagt er deutlich genug: weniger Zeichen! So verlangt es die klangrhythmische Phantasie des Dichters, der zugleich ein Meister mündlichen Vortrags ist. So fordert es auch sein ästhetischer Blick: denn Geist und Ohr gelangen zum „reineren Fluß des Vortrags" ja nur, wenn gesorgt ist, daß auch „daß Auge rein auf dem reinen Text verweile".[9]

Die gleichen Forderungen wie Goethe haben seither immer häufiger Dichter und Schriftsteller der verschiedensten Sinnes- und Kunstrichtungen erhoben und auch verwirklicht. Kaum einer von ihnen wußte, daß Goethe hier in Theorie und Praxis ihr Vorgänger war. Gerade der gelehrte Herausgeber Goethes aber, der heute die Werke gelöst aus allem Zeitlich-Zufälligen darzubieten trachtet, hätte besonderen Anlaß, auf diese Tendenz des Dichters zu achten, die über seine Person und seine Zeit hinausgreift, und die sich auch in Zukunft behaupten wird, weil sie aus dem Wesen des dichterischen Wortes kommt.

Wenn nun Goethe 1815–17, im Einklang mit jenen Äußerungen, seine älteren Jamben, ja seine Übersetzungs-Prosa so gründlich revidierte und reinigte, dann darf man wohl annehmen, daß in den lyrischen Gedichten, die damals neu entstanden, in denen des „West-östlichen Divans", die er zudem in allen Phasen selbst niederschrieb, in allen Stadien des Druckes persönlich aus der Nähe überwachte, seine neue Zeichensetzung auch annähernd verwirklicht ist. Zum mindesten in ihrem negativen Teil; der auf Tilgen, Mindern, Vermeiden überflüssiger Zeichen hinzielt.

Und in der Tat: im „Divan" ist Goethes Interpunktion, wie die Handschriften von R sie uns rein, der Druck E mit mehr oder minder leichten, Druck C mit stärkeren Trübungen überliefern, so zurückhaltend behutsam und legt den Text so frei, so reinlich-luftig vor Augen wie in keinem früheren Werk, und wie auch später nicht noch einmal, die „Helena" von 1827 vielleicht ausgenommen.

Und das ist, meinen wir, vollkommen gemäß dem Eigentümlichen dieser Dichtung, das Goethe selbst so oft gekennzeichnet hat:

Sinnig zwischen beiden Welten
Sich zu wiegen laß ich gelten ...

Und im flüßgen Element
Hin und wieder schweifen ...

Liebe, Neigung, zwischen zwei Welten schwebend, alles Reale geläutert, sich symbolisch auflösend ...

ihre Bestimmung ist, ... uns für den Augenblick dem Gefühl nach in eine gränzenlose Freiheit zu versetzen ...

eh man sich's versieht, geht das derbste Gedicht, wie ein Luftballon, für lauter rationellem und spirituellem Gas, womit es sich anfüllt, uns aus den Händen und in alle Lüfte ...[10]

Der Sinn hier ist so immateriell, so vergeistigt, daß er sich oft und oft dem gröberen Begreifen entzieht; und das mit vollem Bewußtsein. Die Vieldeutigkeit, der Beziehungs- und Geheimnisreichtum – das eben ist das Östliche daran. Dieses Schwebe-Wesen flüchtiger Art darf man nicht mit Stricken an den Boden fesseln wollen.

Die Zeichen, die Goethe hier sparsam setzt, helfen gerade so weit wie ihr Vermögen reicht; sie stören weder den rhythmischen Ablauf noch die Freiheit des Geistes im Suchen nach verborgenem Sinn.

Dieses Verborgene aber direkt zu erschließen, wären sie kaum angetan. Was für ein schlechtes Mittel da eben die zusätzliche Interpunktion sein kann, selbst unter des Dichters eigener Hand, sieht man an den Strophen „Haben sie von deinen Fehlen", die Goethe 1827 neu in C einfügte; ein warnendes Beispiel von Selbstmißverständnis[11].

Nein, die Schwierigkeiten des „Divans" erhellen kann bestenfalls das erläuternde Wort. Wenn Goethe selbst auch daran verzagte, Gedichte dieser Art zu erklären[12], so hat sich doch auch hier eine umfangreiche, gediegene Tradition herausgebildet, die der kommentierten Ausgabe; eine Tradition, die mit Wurms Büchlein 1834 beginnt und die wiederum gipfelt in einer, wenn auch zum Teil anfechtbaren Leistung Burdachs, dem „Divan"-Band der Cottaschen Jubiläums-Ausgabe[13].

Ihm allerdings blieb es vorbehalten, in seinen letzten Jahren mit diesen beiden von ihm selbst aufs glücklichste vollendeten Traditionen: der Zeichensetzung und des gesonderten, deutlich vom Text getrennten Kommentars, radikal zu brechen: Im „Divan" der WGA (1937) hat er die Interpunktion von Grund aus umgewandelt nach den Regeln des modernen Normal-Gebrauchs und sie damit zum Instrument seiner Text-Auslegung gemacht. Denn darum handelt es sich[14] und nicht etwa um einen Versuch im Sinne Heckers: mittels gewisser Feinheiten, die sich der modernen Interpunktion abgewinnen ließen, den Reichtum der Zwischentöne in Goethes Versen besser zur Erscheinung zu bringen.

Burdach hat dieses Verfahren nicht näher begründet – seine wenigen Worte über Ausrufungs- und Fragezeichen sind ohne jedes Verhältnis zu dessen faktischer Totalität – und also nicht einmal versucht, die schweren Bedenken zu zerstreuen, die sich nach dem oben Gesagten von vornherein dagegen erheben müssen.

Ein solches Vorgehen: gänzliche Durchdringung eines dichterischen Textes mit einer ihm fremden Interpunktion, mag Recht, ja Aufgabe des Philologen sein in seltenen Notfällen: gegenüber Texten ohne alle Zeichen, Trümmern, verstümmelten, unleserlichen Handschriften, verderbten Drucken. Was aber nötigt hier dazu? Bei dieser Fülle gesicherter authentischer Überlieferung? Wo ist denn hier eine Stelle, die einer Heilung durch zusätzliche Interpunktion bedürfte, ja auch nur fähig wäre? Will man dem rationalen Verständnis helfen – das vor solchen Dichtungen ja nur die erste untere Stufe ist – so darf es nicht geschehen auf Kosten der Möglichkeit höheren Verstehens. Wer will sich anmaßen, hier einen bestimmten Sinn zu wissen und festzulegen, in diesem Gewebe zarter Geistes-Fäden, wo alles von Hauch und Bebung, von Duft und Schimmer abhängt; wo jeder kleine ungemäße Einschnitt die edelsten Teile vernichten kann.

Die „skeptische Beweglichkeit"[15], die Geistesfreiheit zum Schweifen gehört dieser Dichtungsart wesentlich zu, ist das west-östliche Element, in das der „Divan" auch seine Leser aufnimmt. „Es steckt viel drin, man kann viel herausnehmen und viel hineinlegen"[16]. Das Recht zum eigenen Erwägen, eigenen Suchen, Irren, Finden darf bei diesem Lebensbuch niemandem verkümmert werden. Die Grenzen, die Goethe selbst gegeben hat, lassen alle Freiheit hierzu; während die Festlegung auf eine einzige Deutung stets die Gefahr mitbringt, allein den Irrtum zu verfestigen.

Die Interpunktion des „Divans" in E, C, WA ist ja dem Sinn keineswegs abträglich. Die wenigen Zeichen, die Goethe positiv setzt oder beläßt, dienen, wenn auch gewiß weniger entschieden als das einfache Tilgen und Weglassen, doch dem gleichen Wollen. Sie deuten in eine bestimmte Richtung; und sollten nicht solche Fingerzeige von seiner eigenen Hand, zu einer Zeit gegeben, da er Grenzen und Möglichkeiten dieser Zeichen sich voll bewußt gemacht hatte, Respekt und Studium verdienen?

Wie ist dagegen das Mittel beschaffen, von dem Burdach offenbar sich mehr verspricht: die heute geltende schulmäßige Zeichensetzung?

Diese Normal-Interpunktion läßt sich zweifellos mit Nutzen anwenden auf die Durchschnitts-Prosa-Erzeugnisse unserer Tage; ja, sie ist das wahre Korrelat zum dürren Gestrüpp unserer Amts-, Kaufmanns-, Anwalts und Zeitungssprache. Aber muß sie nicht versagen vor jedem echten lyrischen Gebilde und vollends vor dem „Wunderwuchs" Goethescher Dichtung?

Muß vor dem fertigen Schema dieser Normal-Interpunktion wiederum das für alle vorkommenden Fälle der Normalsprache, doch eben nur für sie allein, passende Fächer bereithält, nicht gerade das Ungewöhnliche, die syntaktische Kühnheit, die Burdach am „Divan" so preist, unbehaust bleiben und also in Gefahr geraten, behelfsmäßig untergebracht, in eine falsche Richtigkeit gezwängt, ihres Eigensten beraubt zu werden?

Gewiß ist der Dichter des „Divan" im Zeichensetzen nicht „konsequent". Aber ist es nicht allzu bequem, mit launigem Stöhnen über diesen ewig unzuverlässigen Goethe, es bei einem Non liquet bewenden zu lassen? Wie wenn in diesen Zeichen des „Divan" höhere, feinere Zuverlässigkeit waltete, als eine allgemeine Regelnorm sie hergeben kann; wenn sie dem leisen Beben und Schwingen des durchgeisteten Wortes, der zarten Seelen- und Klanggebärde, die sich im Verse regt, nur schmiegsamer, inniger folgten?

Die Antwort hierauf hat Burdach selbst gegeben:

„Jedes einzelne Gedicht hat seine eigene Stimmung, seinen eigenen Pulsschlag, seinen eigenen Rhythmus und folglich auch seinen eigenen Vortrag mit besonderem Tempo, seine eigene Interpunction."[17]

Aber der hier so einsichtig urteilt, daß man jedes Wort nur unterschreiben kann, das ist leider nur der eine Burdach, der von 1888, der Burdach der Sophien-Ausgabe.

Und damit stellt sich die Frage nach dem anderen, dem Burdach von 1935, der zur Erhellung von Goethes Wort das Mittel der Normal-Interpunktion für nötig und nützlich hält. Was hat er noch mit jenem früheren gemein, und wie ist es um seine Eignung bestellt, das neue Verfahren, dem er ältere Ergebnisse und Leistungen wortlos aufopfert, nun auch anzuwenden?

Man könnte uns hier vielleicht entgegnen wollen: Burdach sei nun einmal anerkanntermaßen der führende „Divan"-Spezialist; als solcher werde er schon am besten gewußt haben, weswegen er sich zu dem neuen Verfahren bekannte; und seine Kenner- und Meisterschaft verbürge dieses Verfahren auch als wissenschaftlich. Aber das kann uns nicht genügen.

Denn galt nicht Burdach als der beste Kenner vielleicht nur deshalb, weil er der einzige war, der sich überhaupt durch Jahrzehnte hin immer wieder, und gewiß liebevoll und begeistert, mit dem „Divan"-Ganzen befaßt hat? Und war er Meister nicht am Anfang seiner Laufbahn mit größerem Recht zu nennen als späterhin? Denn auch als Gelehrter ist ja der Burdach von 1936 nicht derselbe wie der von 1888; und es läßt sich nachweisen, daß die Entwicklung dazwischen kein Fortschritt gewesen ist. Des Neunundzwanzigjährigen Material-Kenntnis, Detail-Übersicht, philologische Sauberkeit wenigstens hat der spätere Burdach, wenn er nach jahrelangen Pausen dem „Divan" wieder nahe kam, nicht mehr erreicht, geschweige überboten. Und was dafür an Verständnis der Dichtung, an Einsicht in ihm reifte, das verherbte, verholzte sich zu einem guten Teil gleich wieder durch den verschrobenen Eigensinn, womit er seine unseligen Einfälle meist wie die glücklichen zu behaupten trachtete. Goethes Wort vom ‚Scharfsinn, der geistreiche Männer am wenigsten verläßt, wenn sie Unrecht haben' – scheint es nicht wie auf ihn gemünzt?

Auf einem Gebiet, das niemand gern betrat, allein gelassen, mit dem suspekten Vorrecht, dort unbezweifelter und unumschränkter Herr zu sein; vereinsamt aber auch in seinem akademischen Amt und ohne persönlichen Kontakt mit der studentischen Jugend; dies alles bei lebhaftem Eigenwillen und starker Suada, einem halb-, aber auch nur halb-künstlerischen Zug, einem so feinen wie irritierbaren Spürsinn für Zusammenhänge, einem verhängnisvollen kombinatorischen Gedächtnis über eminentem Wissen, ist Burdach, im Zusammentreffen äußerer Absonderung mit absonderlichem Wesen, zum Beispiel dafür geworden, wie gefährlich die unbestrittene Monopolstellung sein kann: dem, der sie innehat, und dem Fach, worin er sie einnimmt. Und es ist kein Geheimnis mehr, daß von allen Zweigen seiner späteren Tätigkeit eher das Aperçu, die Anregung, der Hinweis übrig bleiben wird, als ein Resultat, eine runde, vollgültige Leistung.

Wer so oft geirrt, so oft starrköpfig im erwiesenen Irrtum beharrt hat wie der spätere Burdach – gibt der noch die Gewähr für eine „Welt"-Ausgabe, wenn er, ohne jede Veto-Instanz, ihr das Gepräge seines sehr subjektiven Meinens und Wollens aufdrücken darf?

Wir können uns jedenfalls nicht mehr bei seiner bloßen Autorität beruhigen – das wäre denn doch auch gar zu „katholisch" – und es heißt also nachprüfen, was bei seinem Verfahren herausgekommen ist. Vielleicht, daß dieses Ergebnis, daß Burdachs Leistung alle unsere Bedenken Lügen straft.

II.

Was zunächst auffällt, ist der außerordentliche Umfang der Änderungen. Wir zählen – im eigentlichen „Divan", ohne die Gedichte aus dem Nachlaß – rund 670 Abweichungen gegenüber C; von denen noch nicht der siebente Teil (etwa 90) durch irgend eines der früheren Stadien des Textes (R, J1, J2, J3, E, e) allenfalls gestützt werden kann. Zum kleineren Teil bestehen diese Abweichungen aus Änderungen und Weglassungen vorhandener Zeichen; die Mehrzahl, nahezu 400, sind völlig neue Zutaten.

Gewaltig angewachsen ist dabei vor allem die Zahl der von Goethe so verpönten Kommata. Überall dort, wo er sie fast regelmäßig meidet, erscheinen sie nun: zwischen koordinierten Hauptsätzen, zwischen Haupt- und konjunktionalem Nebensatz, vor und nach Infinitiven mit „zu", zwischen absolut vorangestelltem Substantiv und folgendem Pronomen usw.

Einige einfache Beispiele:

1.) Sie leuchten, indem sie vergehn.

2.) Wisse, daß mir sehr mißfällt,
Wenn so viele singen und reden.

3.) Denen das Wesen, wie du bist,
Im Stillen ein ewiger Vorwurf ist.

4.) Wie etwas sei leicht,
Weiß, der es erfunden und der es erreicht.

Man sieht: ein Zuwachs an Zeichen, doch nicht eben an Klarheit; das Verständnis ist nicht gefördert, wohl aber leiden Auge und Ohr.

5.) Sich selbst zu loben, ist ein Fehler.

6.) Dies zu deuten, bin erbötig!

7.) Denn sie singt, mir zu gefallen,

8.) Denn ich weiß, du liebst, das Droben,
Das Unendliche zu schauen,

9.) Denkst du, deinen Mundgeschwistern
Noch ein Pärchen herzuziehn?

Hier drängt sich ein rein rationales Element wichtigtuerisch vor; empfindlich störend, sobald es massenhaft auftritt:

10.) Gerne hör ich, wenn du singest,
Und ich horche, wenn du schweigest.

Doch ich liebe dich noch lieber,
Wenn du küssest zum Erinnern;
Denn die Worte gehen vorüber
Doch der Kuß, der bleibt im Innern.

Reim auf Reim will was bedeuten; (,)
Besser ist es, viel zu denken.

Man prüfe einmal, ob irgend eins dieser 6 neuen Kommata wirklich notwendig ist zum Verständnis; und ob nicht vielmehr nur der Zustand erreicht ist, den Goethe vermeiden wollte: „Anhäufung von Commaten, wodurch ein einfacher Satz entzwey geschnitten wird."

Bedenklicher wird das Verfahren da, wo die Abwesenheit aller Zeichen zum Sinn des Verses gehört. Es sind Stellen, die – 14.) ausgenommen, wo R das Komma hat – bei Goethe durch alle Handschriften und Drucke zeichenlos geblieben sind; während er in grammatisch ähnlichen Fällen sonst sehr wohl Zeichen gesetzt hat.

Ganz verschiedene Zustände und Strebungen, nur darin übereinstimmend, daß sie ein Innehalten nicht kennen oder dulden.

End- und einschnittlose Einheit vollkommenen Insichruhens und -schwingens:

11.) Und was die Mitte bringt, ist offenbar
Das, was zu Ende bleibt und Anfangs war.

Ruhiges Gleichmaß einer Bewegung:

12.) Ein Ast, der schaukelnd wallet,
Wiegt sie geduldiglich.

Unbedingtes, bedenkenloses Ergebensein:

13.) Ich liebe sie, wie es ein Busen gibt,
Der treu sich einer gab und knechtisch hängt!

Eiliges Zueinanderstreben:

14.) Und mit eiligem Bestreben
Sucht sich, was sich angehört;

Stumpfe Gleichgültigkeit:

15.) Ob ich weise oder törig,
Völlig unbekümmert

Hier ist bereits der rhythmische Sinn verletzt. Aber es trifft nur die einzelne Zeile. Eine andere häufige Änderung erstreckt sich auf größere Abschnitte:

> 16.) Löscht ich so der Seele Brand,
>   Lied, es wird erschallen: (;)
>   Schöpft des Dichters reine Hand,
>   Wasser wird sich ballen.
>
> 17.) Die Schale platzt, und nieder
>   Macht sie sich freudig los: (;)
>   So fallen meine Lieder
>   Gehäuft in deinen Schoß.

Burdach setzt also hier anstelle eines Goetheschen Semikolons das Kolon. Die Vorschriften der modernen Interpunktion nötigen ihn dazu keineswegs. Man könnte hierin einen Versuch erblicken, mit den neuen Zeichen mehr an Gehalt zu erschließen, als die früheren vermochten. Ein solches Unternehmen wäre aber hier schon deshalb nicht angebracht, weil gerade das Semikolon für Goethes Zeichensetzung besonders charakteristisch ist. Er gebraucht es mit wahrer Vorliebe und sehr häufig, und meist auch im gleichen Sinne wie die heutige Interpunktion: beim bedingten Innehalten, vorläufigen Absetzen innerhalb einer Satzverbindung, zur Gleichstellung koordinierter Sätze, die unter einem größeren Bogen zusammengefaßt sind; wobei der Ton zu Ende jedes einzelnen, vor dem Zeichen also, sich senkt, doch gleichsam nur auf halbe Höhe; – dahingegen das Kolon, bei Goethe wie auch heute, immer auf etwas Folgendes spannend hinweist, indem es den Ton in Schwebe erhält oder in die Höhe treibt bis zu einer Pause hin; nach welcher dann erst, im Absinken zu einem festen Schluß, die Spannung sich wieder löst.

Bezeichnenderweise setzt Burdach seine neuen Kola an den Gedichtschluß. Er erreicht damit zweifellos eine Steigerung, einen stretahaften Finaleffekt; aber auch Kosten des Gleichgewichts und der Schlichtheit. Der Schwerpunkt wird verlagert; und während bei Goethe die Sätze, dem Sinn des Gleichnisses gemäß, parallel verlaufen, sind sie in Burdachs Fassung aufeinanderzugeleitet und stoßen zu klangvoller Vereinigung zusammen.

Daß übrigens Goethe dieses Mittel steigernden Abschlusses gekannt und benutzt hat, zeigen verschiedene „Divan"-Gedichte; besonders anschaulich aber im „Epimenides" der Monolog des Kriegsdämons, wo der ‚sehr schnelle' Auftritt sich im raschen Puls der Rede, in heftigen Akzenten fortsetzt; hier wirkt zum gewalthaften Eindruck des „Schlag auf Schlag" auch die Zeichensetzung hin, durch stellenweise, und gerade am Schluß, gehäufte Kola.[19] Welche Art des Abschlusses dem Dichter indessen wahrhaft eigentümlich ist, erweist etwa die Marienbader „Elegie", von deren 23 Strophen 16 jeweils in der vierten oder fünften der sechs Zeilen das Semikolon haben.[20]

In seinem Bestreben nach Steigerungen macht Burdach auch vor dem festesten Zeichen, dem Punkt, nicht halt:

> 18.) Es ist die Liebestrunkenheit,
> Die mich erbärmlich plagt,
> Von Tag zu Nacht, von Nacht zu Tag
> In meinem Herzen zagt, (.)
> Dem Herzen, das in Trunkenheit
> Der Lieder schwillt und ragt,
> Daß keine nüchterne Trunkenheit
> Sich gleich zu heben wagt.

Durch Burdachs Eingriff geht nicht nur dieser Stelle im eigentlichen Sinn der Ruhepunkt verloren, sondern dem ganzen Gedicht ein wesentliches Element des rhythmischen Baus: die regelmäßig nach jeder vierten Zeile (4, 8, 12, 16) geschaffene Tonsenkung; und der Vortragende mag zusehen, wie er zu Athem kommt.

> 19.) Tötest du die Seele, kältest
> Du den Luftkreis: (;) meine Lüfte
> Sind noch kälter, als du sein kannst.
> Quälen deine wilden Heere
> Gläubige mit tausend Martern: (;)
> Wohl, in meinen Tagen soll sich,
> Geb es Gott! was Schlimmres finden, (.)
> Und, bei Gott! (,) dir schenk ich nichts.

Auch hier berührt die Änderung ein Stilelement des Gedichts. Seinem rauhen, ingrimmigen Charakter entspricht die Sprachgestalt; blockartig, gedrungen und schroff stehen die Sätze nebeneinander; klangarm, übergangslos; des Winters Worte sind ohne alle Rhetorik, kalt, scharf und fest; verbissen-drohend, nüchtern-gefährlich; Greisenrede, monoton, fast heiser. Die Tonhöhen-Unterschiede gering; häufige Absätze, oft stumpfe Zeilenausgänge (5, 20, 28), oder spondeische (6, 9, 23, 31); die Schlüsse fast immer zur Tiefe absinkend. (Man sehe zum Kontrast die „Siebenschläfer"-Legende, in der das gleiche Grundversmaß um so vieles zarter, leichter, luftiger behandelt ist). Burdachs Aufgipfelung des Tons zu den neuen Kola, die Weiterführung des Satzes über den getilgten Punkt hinweg erweichen hier schwungvoll-abrundend die harte Eigenart der ursprünglichen Form.

Mit derselben Willkür, womit er hier, wie auch sonst, ein Ausrufungszeichen (aus älterer Fassung: RE) einschiebt, läßt Burdach dieses bedeutende Zeichen oft dort weg, wo Goethe es gesetzt hatte.

Immerhin, über diesen Teil seines Verfahrens hat Burdach, wie schon erwähnt, sich zu rechtfertigen versucht. Es heißt da: „Goethes Gewohnheit,

Ausrufungszeichen und Fragezeichen oft, nach alter phonetischer Interpunktionsweise, mitten ins Satzinnere zu stellen, und auch an den Schluß indirekter Fragen ein Fragezeichen zu setzen, ist aufgegeben zu Gunsten des heute in Deutschland üblichen Verfahrens."[21]

Diese Regelung ließe sich allenfalls diskutieren, wenn das Zeichen in solchen Fällen, aus der Satzmitte etwa ans Ende gewandert, wirklich bloß den Platz gewechselt, seinen Ausdrucksgehalt jedoch unversehrt bewahrt hätte. Das ist denn auch einige Male geschehen. Aber sehr bald kommt es dazu, daß das Zeichen überhaupt verschwindet:

> 20.) Und er sprach das Wort: „Es werde!"
> Da erklang ein schmerzlich Ach, (!)
> Als das All mit Machtgebärde
> In die Wirklichkeiten brach.

An der Stelle eines gehaltreichen Zeichens, mit dem der Dichter eine Ausdruckspause schuf, macht nun ein inhaltleeres Komma einen lediglich rational gliedernden Einschnitt. Bestenfalls. Oft ist es schlimmer:

> 21.) Ihr erschrecket, wenn sie dasteht; (!)
> Ist sie fort, ihr kost dem Scheine.

Das Drohend-Erscheinungshafte, wie das Schreckbetroffensein – beides ist in Goethes endgültigem Zeichen gebannt. Für eines Pulsschlags Dauer hält die Rede den Athem an – und die erste Zeile hat ein entschiedenes Übergewicht; daß die zweite, nach diesem Augenblick der Lähmung, dann gleichsam erleichtert ablaufen kann, der Handlung gemäß. Ganz anders aber bei Burdachs Zeichensetzung, die, das Komma von RE zum Semikolon vergröbernd, das Gewicht auf beide Zeilen gleichmäßig verteilt und einen gemächlichen antithetischen Parallelismus herstellt. Ähnlich bei den Fragezeichen nach indirekten Fragen:

> 22.) Doch sag mir, ob du an irdischen Tagen
> Jemals teilgenommen. (?)

An solchen Fällen erweist sich, daß das ältere Prinzip, das Burdach hier als überholt hinstellen möchte, die größeren Möglichkeiten birgt; denn weder Frage- noch Rufton, die den Vortrag hier wirklich um eigentümliche Farben bereichern, lassen sich in unseren Beispielen aus der neuen Interpunktion ablesen. Mit den früheren Zeichen sind gewisse Zwischentöne einfach ausgemerzt.

Wäre Burdach in der Anwendung seiner anfechtbaren Grundsätze wenigstens noch konsequent! Aber nicht einmal das ist er. Jenes Ausrufungszeichen,

das er in „Winter und Timur" selbst wieder hinzufügte, (siehe oben Beispiel 19.),
steht ja genau so mitten im Satz wie die vielen anderen, die er aus eben diesem Grunde entfernt hat!

23.) O **(,)** du mein Phosphor, meine Kerze,

Daß Goethe gerade die Interjektionen mit solchen Ausdruckspausen vorgetragen wünschte, als Gefühlslaute also und nicht als Stütz- oder Anlaufsilben, hat
er selbst in den „Regeln für Schauspieler" ausgesprochen.[22] Wo die Interjektion bei der Anrede steht, doch durch ein Zeichen von ihr getrennt, hat dieses
die Aufgabe, den Ausdruckslaut selbständig zu erhalten.

24.) Liebchen **(,)** ach! im starren Bande

Durch die Tilgung des Zeichens werden solche Stellen nun gleichgesetzt mit
den wenigen, wo wirklich, auch vom Dichter aus ohne Unterbrechungszei-
chen, Anrede und Interjektion zusammengehören und diese nicht mehr als
eine Stütze ist.[23]

Das Gegenstück solcher Gleichmacherei ist dann die verschiedene Behandlung durchaus gleichartiger Fälle:

25.) Komm ich gleich es dir zu melden.

26.) Doch wenn ihr kommt**,** bei uns zu ruhn,

Hier liegt für die Anwendung Burdachscher Normal-Interpunktion alles so
eindeutig-offen, daß man nicht mehr Inkonsequenz, sondern einfach Mangel
an Sorgfalt annehmen muß.

Es kommt aber sogar vor, daß Burdach in zwei scheinbar grammatisch völlig
gleich beschaffenen Zeilen, von denen eine (a) bereits moderner Zeichensetzung entspricht, nun nicht etwa, wie man meinen sollte, ihr die andere (b) an-
gleicht, sondern beide ändert: a auf die Form von b, b auf die von a um-inter-
pungiert! So daß am Ende weder von des Dichters endgültigen Zeichen etwas
übrig geblieben, noch im normierenden Sinn der Ausgabe etwas erreicht ist:

a.
27.) Möge Wasser **(,)** springend, wallend,
    Die Cypressen dir gestehn:

b.
28.) Spalten riß ich in die Felsen,
    Daß die Sonne**,** steigend, sinkend,

Doch, wie gesagt, nur scheinbar liegen diese Fälle völlig gleich: während nämlich in b ein einziges Substantiv (Sonne) Subjekt ist, sind es in a zwei (Wasser,

Cypressen); und das Komma hinter „Wasser" bezeichnet nicht etwa eine Grenze zwischen Substantiv und zugehörigen Partizipien – welche ja auch in b nicht besteht – sondern die Aufzählung eben jener beiden Subjekte; es hat also auch den Ton von „Wasser" auf die gleiche Höhe mit dem von „Cypressen" zu lenken. Aufzählungen jeder Art interpungiert Goethe regelmäßig – so auch die Partizipienfolgen unserer beiden Beispiele – und er hat ausdrücklich noch in e das Komma hinter „Wasser", das in RE gefehlt hatte, eigenhändig nachgetragen. Bei ihm ist also die Verschiedenheit der Zeichensetzung in a und b wohl begründet und konsequent. Was aber mag wohl Burdach bewogen haben, nun eine neue sinnlose, ja sinnwidrige Verschiedenheit herzustellen?

Sieht man sein sonstiges Verfahren, so könnte man fast meinen, ihm sei es vor allen Dingen und in jedem Fall ums bloße Ändern zu tun, und einerlei, ob durch Zufügen oder Weglassen. Es wird auch schwer auszumachen sein, womit er böseren Schaden gestiftet hat.

> 29.) Wenn ich nun vorm Spiegel stehe (,)
>   Im stillen Witwerhaus,
>
> 30.) Volk und Knecht und Überwinder
>   Sie gestehn (,) zu jeder Zeit:
>
> 31.) Und sollen Acht haben,
>   Daß (,) in jedem Falle,
>   Wenn er kommt, seine Gaben
>   Jedem zugute kommen;
>
> 32.) Du (,) mit deinen braunen Locken,
>   Geh mir weg, verschmitzte Dirne!

Hier sind jedesmal mit dem Komma kleine Einhalte weggefallen, die Goethe, trotz seiner Abneigung gegen die Kommata, selbst zu bezeichnen für gut befunden hatte. Bei so subtilen, differenzierten Gebilden heißt das jedesmal Verlust eines Ton- oder Gliederungswertes, Verlust eines Sprach-Gestus, Verlust an geistiger Biegsamkeit und Anmut.[24]

> 33.) Lieb um Liebe, Stund um Stunde,
>   Wort um Wort und Blick um Blick;
>   Kuß um Kuß (,) vom treusten Munde,
>   Hauch um Hauch und Glück um Glück.

Der Wegfall des einen Kommas zerstört hier den selbst für das Auge ganz auf Entsprechung gerichteten Aufbau der vier Zeilen, ihr gleichgewichtiges Gefüge und den ‚dipodischen Rhythmus', der für den Burdach der WA stets ein philologisches Kriterium ersten Ranges gewesen war.[25]

Gröber sind die Schäden, die dem syntaktischen, dem Sinnzusammenhang erwachsen:

> 34.) Zöpfe, Kämme, groß' und kleine,
> Zieren Köpfchens nette Reine
> Wie die Kuppel ziert Moscheen.

Goethes Zeichensetzung bezog das „groß' und kleine" nur auf „Kämme"; nun kann es auch auf „Zöpfe" mitbezogen werden.

> 35.) Ja, mein Herz, es ist der Spiegel,
> Freund, worin du dich erblickt;

> 36.) Durchbohrst du mich, mein schönes All,
> Es ist sogleich zerrüttet,

Hier wirkt, durch die neue Zeichensetzung, das absolut vorangestellte Subjekt auf den ersten Blick wie eine Anrede.

> 37.) Dann zuletzt ist unerläßlich,
> Daß der Dichter manches hasse, (;)
> Was unleidlich ist und häßlich,
> Nicht wie Schönes leben lasse.

Goethes letztwillige Regelung hatte das ursprüngliche Komma durch ein Semikolon ersetzt; um völlig deutlich die zwei Hälften des Satzes und der Strophe zu sondern. Burdach aber, indem er nicht nur das alte Komma (aus E) wieder herstellt, sondern auch noch ein neues hinzufügt, macht das Ganze schwankend in Proportionen und Sinn: die dritte Zeile erscheint nun zunächst als Relativsatz zu dem „manches" der zweiten; während sie doch von dem „leben lasse" der vierten abhängt.

Sind die Irrtümer, zu denen die neue Interpunktion hinführt, zum Teil immer noch von der Art, daß sie durch wiederholtes Lesen sich einigermaßen richtigstellen lassen – bei dem letzten Beispiel ist das schon zweifelhaft –, so hat in anderen Fällen Burdach die verschiedenen Deutungs- oder Vortragsmöglichkeiten, die ein Vers bot, vermittels der Zeichensetzung auf die eine ihm genehme beschränkt; von welcher keineswegs feststeht, daß es die richtige ist.

> 38.) Ungezähmt, so wie ich war,
> Hab ich einen Herrn gefunden (,)
> Und, gezähmt, nach manchem Jahr
> Eine Herrin auch gefunden.

Hier ist, abgesehen von der Häufung der Kommata, die dritte Zeile durchaus anfechtbar; wenn man denn überhaupt schon Zeichen setzen will, so gehört, nach unserem Empfinden, das zweite Komma hinter „Jahr":

Und, gezähmt nach manchem Jahr,[26]

39.) Der Athem will nicht mehr zurück,
Die Seel, zur Seele fliehend,
Gerüche winden sich durchs Glück
Unsichtbar wolkig ziehend.

Durch das neugesetzte Komma wird hier „die Seel" zum Subjekt eines ellipti-
schen Satzes, der aus dem Prädikat des vorangehenden zu ergänzen ist: der
Athem will nicht mehr zurück, und so auch nicht die Seele, die zur Seele flieht.
Mindestens ebenso berechtigt scheint es uns aber: entweder die zweite Zeile als
absolute Partizipialkonstruktion zu verstehen, die prosaisch etwa durch kon-
junktionalen Nebensatz zu umschreiben wäre (‚indessen die Seele zur Seele
flieht ...'); oder: „Athem" als Subjekt auch zu „fliehend" aufzufassen und „die
Seel" also als Objektsakkusativ (‚der Athem, von einer Seele zur anderen fliehend'). Burdachs Zeichensetzung aber schließt diese beiden Deutungen aus.

40.) Ich trinke noch, bin aber stille, stille,
Damit du mich, erwachend nicht, erfreust.

Die zweite Zeile, bei Goethe ohne Komma, gibt mehreren Deutungen Raum;
die eine und nach unserem Gefühl sehr feine hat Loeper ausgesprochen: „Damit Du nicht erwachst, würde mir auch Deine Gesellschaft Freude machen."[27];
und sie hat den Vorzug, zu Goethes zeichenloser Schreibung zu stimmen. Burdach hat diese Deutung, welche wenigstens zu nennen, wo nicht die Achtung
vor dem Vorgänger, so philologische Exaktheit ihn hätte bewegen müssen,
kurzerhand übergangen und ausschließlich seine eigene, gewundene und dennoch gröbere, die 1888 immerhin noch in den Lesarten geblieben war, nun,
mit den Mitteln seiner Zeichensetzung, auch im Text dem Leser aufgenötigt.

Gelegentlich annulliert er auf diese Weise allerdings auch eigene plausible
Lösungen:

41.) Denn immer ist's ein heilig Thier,
Das der Prophet gestreichelt.

1888, als er die Zeilen, mit RE gegen C, ohne Komma gab, hatte er das ausdrücklich begründet: „Göttling scheint verstanden zu haben: ‚es ist ein heiliges Thier und überdies auch vom Propheten gestreichelt worden'; der Sinn ist
aber: ‚dadurch daß es der Prophet einmal gestreichelt hat, ist's ein heiliges
Thier.' Auch der Rhythmus spricht für ... Tilgung des Kommas: alle Strophen
... zerfallen in zwei Kola aus je zwei Versen."[28] Jetzt legt er die damals abge-
wiesene Möglichkeit der Mißdeutung selber nahe.

Von alledem ist bloß ein Schritt zur irreparablen Entstellung.

42.) Nun**,** so legt euch, liebe Lieder,
An den Busen meinem Volke!

Dies „Nun so legt euch …", das völlig wesensgleich ist mit „So legt euch denn …", einer Wendung, unserer Sprache so eigentümlich wie vertraut, und von ausgeprägt ernster, abschluß-einleitender Art, wird durch Burdachs Komma zum halb resignierten Leichthin, einem ‚eh bien', das allenfalls passen mag zu Hatems ironisch-verwegenem Gedankenspiel – „Nun, mit Hatem wär's zu Ende"[29] –, niemals aber zu dem beinahe feierlich gehobenen „Gute Nacht" des „Dichters an sein Volk"[30], womit er im Bewußtsein eines Endes und Abschieds herzlich dringend letzte Anliegen und Wünsche zusammenfaßt. Daß Goethe keinesfalls an solch ein leichtes Absetzen nach dem ersten Wort gedacht hat – geschweige an ein kleinliches, spießbürgerhaft-munteres Zunicken und Winken –, vielmehr an eine einheitlich entschiedene Schlußwendung, bestätigt uns auch der handschriftliche Entwurf; dort hieß es ursprünglich nicht ‚Nun', sondern ‚Und': „Und so legt euch, liebe Lieder …"[31]

43.) Ich aber saß, im Innersten erfreut,
An meine Liebste dacht ich – wie sie liebt?
Das weiß ich nicht **(,) W**as aber mich bedrängt**: (!)**

Hier sind in der dritten Zeile Burdachs Zeichen gänzlich andere; aber wie haben sie auch den Sinn der Verse verändert! Denn während bei Goethe die zweite Hälfte des Satzes von dem ‚weiß' der ersten abhing, derart, daß eine prosaische Umschreibung etwa zu lauten hätte: „Wie sie liebt? Das weiß ich nicht; wohl aber – und wie sehr! – was mich bedrängt!" – und wenn dabei das Rufzeichen, mit der Kraft einer Geste, verriet, welche Fülle von Empfinden in dieser Zeile gestaut ist, zu einem Druck, der beim Hersagen jede einzelne Silbe, von dem ‚was' an, mit schweren Akzenten beladen müßte – ist nun der Zusammenhang unheilbar auseinandergerissen, und die zweite Satzhälfte, in falscher Selbständigkeit, weist mit dem neuen Kolon auf das Nächstfolgende hin, ihrer Akzente beraubt und im Gehalt verkümmert bis fast zur Funktion eines formelhaften „Was mich betrifft"!

44.) Und ruft er uns, wohlan, es sei!
Nur **(,)** das beding ich**: (,)** alle zwei.

Damit sind wir vollends in Balhorns Reich: Der behutsame, anmutige Vorbehalt, wie er der zarten Idylle entspricht, zum eindeutigen derben Fordern vergröbert, die Parenthese aufgebläht zum Hauptsatz, der Ton vom Verbalstamm auf die dünne Partikel gewälzt – was ist hier vom deutlich aufgezeichneten Dichter-Willen noch übrig geblieben?

Zum Beschluß nun noch ein Gebiet, das gerade im „Divan" oft sehr diffizil ist: Anrede – Apposition – prädikatives Nomen. Sie lassen sich hier in manchen Fällen gar nicht mit Sicherheit unterscheiden; eine Bedeutung kann so berechtigt sein wie die andere; mitunter scheint ein Ineinanderspielen mehrerer geradezu des Dichters Absicht gewesen zu sein. Die Ausgabe C, in welcher Göttling die Anrede sonst regelmäßig durch Komma abgetrennt hat, läßt denn auch derartige Stellen immer zeichenlos. Auch wir haben in solchen Fällen das Fehlen der Interpunktion nicht etwa als ‚Fehler' Goethes anzusehen, sondern als eine Mahnung für uns, auf Schwebe- und Doppelsinn zu achten. Und so hat Burdach sie in WA mit großer Zurückhaltung behandelt – ein Zeichen vielleicht auch – man merkt es an seinen Anmerkungen im Apparat –, daß er sich auf dem Gebiet nicht recht heimisch fühlte. Jetzt aber hat der selbstgesetzte Zwang zu moderner Interpunktion ihm in solchen zweifelhaften Fällen Entscheidungen abgenötigt, die man nur bedauern kann.

> 45.) Sag**,** Poete, sag**,** Prophete!
>   Was bedeutet dieser Traum?

Dies ist der günstig-gelindeste Fall: eine echte Anrede, ohne weiteres als solche erkennbar, erhält eine zusätzliche, wenn auch regelrechte Interpunktion, deren sie gar nicht bedarf. Das Ergebnis: so viel Wörter, so viel Zeichen; eine Überhäufung, die, ohne jeden sonstigen Gewinn, rhythmisch und optisch nur stört.

> 46.) Leise, langsam, Unglückselger**, (!)**
>   Wandle, du Tyrann des Unrechts**! (;)**

Dieses Beispiel ist nicht mehr so eindeutig. ‚Tyrann des Unrechts' ist bei Goethe, anders als ‚Unglückselger', nicht durch Kommata abgesetzt; und die Zeichenlosigkeit innerhalb der ganzen Zeile fällt umso stärker auf, als er die vorhergehende in seltenem Maße interpungiert hat. Dieser Kontrast besteht seit R durch alle Stadien der Überlieferung und hat auch Göttlings Kontrolle passiert. ‚Tyrann des Unrechts' muß also nicht Anrede, es kann auch Apposition sein. Wie es aber auch sei – will man die Zeile durch ein Zeichen gliedern helfen, so nötigt schon der Rhythmus dazu, das Komma hinter ‚Du' zu setzen; was beide Deutungsmöglichkeiten, wie billig, offen läßt.[32] Burdachs Interpunktion schließt diese Mehrdeutigkeit aus; wenn das im Sinne seiner neuen Grundsätze ein Vorzug sein sollte, so wäre er allerdings teuer genug erkauft; denn jener ‚dipodische Rhythmus' war einmal für Burdach das ausschlaggebende Kriterium.

Das lateinische Urbild des Gedichts[33] hat an den entsprechenden Stellen „o infauste", „o tyranne injuste"; und so wie Goethe dieses anrufende ‚o', das er in anderem Falle (Zeile 31 daselbst) übernimmt, hier an der zweiten Stelle gänzlich fortgelassen hat, während an der ersten wenigstens das Rufzeichen noch einen Rest davon bewahrt, so könnte auch das auffallende Fehlen des Kommas vor ‚Tyrann‘ volle Absicht sein. Dann würde sich noch eine dritte Möglichkeit eröffnen: daß „Tyrann des Unrechts" prädikatives Nomen wäre: ‚als ein Tyrann des Unrechts‘; eine Möglichkeit, die uns zweifelhaft bleibt, die aber nicht durchaus zu verwerfen ist, wenn man die folgenden Beispiele sieht.

> 47.) Ist's möglich, daß ich, Liebchen, dich kose,
> Vernehme der göttlichen Stimme Schall!

Goethes Schreibung läßt für das Wort ‚Liebchen‘ drei Möglichkeiten der Deutung zu: Anrede; Apposition; prädikatives Nomen.

Nur im ersten Fall wäre die neue Interpunktion berechtigt; und sie selber zeigt auch sogleich, was gegen diese Lesung spricht: der rhythmische Fluß der Zeile wird völlig aufgehoben durch diese Einschnitte; sie bewirken ein Lahmen der Versfüße, ein gleichförmiges Humpeln wie auf Krücken, nach jedem Schritt ein kurzatmiges Verschnaufen in den schleppenden Gutturalen, die, ohnehin bedenklich gehäuft, nun fast alle in die trochäische Senkung geraten:

> Ist's möglich / daß ich / Liebchen / dich kose

und das hinströmende Empfinden ungläubig-frohen Staunens, das die Worte ursprünglich ausdrücken, macht Platz einer pedantischen Gefühlszergliederung.

Wollte Goethe hier wirklich nur die Anrede, so hätte er solche rhythmischen Gebrechen leicht vermeiden oder doch vermindern können durch andere Stellung:

> Ist's, Liebchen, möglich, daß ich dich kose
> Liebchen, ist's möglich, daß ich dich kose
> Ist's möglich, Liebchen, daß ich dich kose

Mindestens die letzte dieser Fassungen würde der gegebenen in allem gleichkommen, von jenen Mängeln aber frei sein, dabei sogar den ersten Nebenakzent, der bisher dem ‚daß‘ gehörte, nun sinngemäß dem Worte ‚Liebchen‘ zukommen lassen. Daß der Dichter die andere Form vorgezogen hat, bestärkt uns in dem Glauben, er habe die Anrede hier eben nicht gemeint, und darauf deutet auch die selbst von Göttling respektierte Zeichenlosigkeit.

Auf Grund dieser Schreibung hat denn auch Burdach 1888 die Stelle bezeichnet als „Apposition mit umgekehrter Wortstellung, nicht Anrede, daher keine Kommata".[34] Das war nun gar nicht so töricht, wie Düntzer es hinstellen wollte[35]; aber allerdings reichlich gewunden und theoretisch. Denn gemeint haben kann Burdach nur jene Art der Apposition, bei der „Substantiv und Pronomen ohne Pause zusammengeschlossen" sind.[36] Mit umgekehrter Wortfolge ist diese nun in der zweiten Person zwar nicht ungebräuchlich beim Nominativ – „Liebste du, mein Alles du"[37] – jedoch beim Akkusativ, wenn auch als logische Möglichkeit vielleicht noch vorstellbar, praktisch nicht bekannt. Auch gäbe es, sie zu erschließen, kein Mittel der Zeichensetzung oder des Vortrags; an welchen man bei Goethes Versen doch immer zu denken hat. Sie würde entweder mit der Anrede verwechselt werden, der sie schon bei normaler Wortstellung so ähnlich sieht; oder, wenn das Fehlen der Zeichen sie davor allenfalls bewahrte, mit jener dritten Form, die der Deutung noch verbleibt: dem prädikativen Nomen.[38]

Diese Lesung ist in der Tat die einzige, die sich mit Goethes zeichenloser Schreibweise nicht nur verträgt, sondern geradezu nach ihr verlangt; und die zugleich auch im Vortrag sich klar verwirklichen läßt. Die Zeile erhielte dann die Bedeutung: daß ich als Liebchen dich kose.

Goethe hat diese antikisierende Konstruktion wiederholt gebraucht. In der Jugenddichtung nähert sie ihn dem Griechischen an; im Altersstil ist sie allgemeiner ein Kunstmittel der Fernung, dienlich, die Fremdheit eines Gegenstandes, einer Sphäre, bei Nachdichtungen: des Ursprungs bewußt zu halten.

So finden wir sie in den frühen Hymnen und Liedern:

a. Eh mich Greisen
   Ergreift im Moore Nebelduft ...					(An Schwager Kronos)

b. Und liegen will ich Mars zu dir,
   Du Liebesgöttin stark,					(Künstlers Morgenlied)

dann häufig im Zweiten Teil des „Faust", namentlich im „Helena"-Akt:

c. Ich möchte dich gestrengen Herrn wohl schaun!	(V. 6170)

d. Hast du vergessen, wie er deinen Deiphobus,
   ...
   Verstümmelte, der starrsinnig Witwe dich erstritt
   Und glücklich kebste ...					(V. 9054 ff.)

e. Herzöge soll ich euch begrüßen,					(V. 9462)

f. Leider! früh dir selbst verloren,
   Jugendblüte weggerafft.					(V. 9917 f.)

g. Königin schreite dahin					(V. 8592)[39]

ferner in der „Pandora":

h. Nebelgestalt schwebt sie vorbei					(V. 796)

in der „Paria-Legende":

>   i. Und so soll ich, die Bramane,
>   . . .
>   Fühlen Paria dieser Erde
>   Niederziehende Gewalt.   (V. 113 ff.)

in der Übertragung von Manzonis Ode „Der fünfte Mai":

>   j. Gebietend Schweigen, Schiedesmann
>   Setzt' er sich mitten inne;
>   Verschwand! –

in den „Neu-griechischen Liebe-Skolien":

>   k. Jungfrau warst du mir versagt;

und schließlich mehrfach im „Divan":

>   l. Eule will ich deinetwegen
>   Kauzen hier auf der Terasse,   (Sommernacht)
>
>   m. Nun, des Paradieses Wonne,
>   Glänzt sie der Entsagung Zierde.   (Auserwählte Frauen)[40]
>
>   n. Daß ich Ahnherr dich grüße   (Ghasel auf den Eilfer Urfassung)[41]

Fast immer umschließt die Konstruktion hier ein zeitliches Moment, die Beziehung eines Dann, Einst, Nun auf ein anderes Stadium; Erinnern oder Vorwegnehmen eines Zustands, einer Daseinsform; selbst vor der wirklichen Gegenwart ein fragendes Vergewissern, weil sie schwankend oder unfaßlich erscheint (Beispiele h, i–o. „Komm ich als Gattin? komm ich eine Königin?" Faust, V. 8527). Ein schmerzlich-Gleitendes von Glückswechsel und Vergänglichkeit, ein Element der Verwandlung und des Wandelbaren begleitet so bei Goethe diese Wendung. Nicht zufällig begegnet sie uns im Nachruf (Beispiele f, j–p. „Hülfreich werde dem Volke! so wie du ein Sterblicher wolltest," ‚Herzog Leopold von Braunschweig'); und als reines ruhiges Nun bezeichnenderweise nur einmal, für einen Zustand jenseits aller irdischen Stufen (Beispiel m).

Dabei steckt in ihr doch wieder eine ganz eigene Kraft unmittelbaren Darstellens, namentlich im absoluten Nominativ. Vom Pronomen getrennt, frei von Partikeln, setzt das Wort dann die Erscheinung prall und strack vor uns hin; eben diese augenblickliche Nähe kann als Kontrast das Gefühl dauernden Fernseins verstärken. Die ungewohnte Wortfügung ist nicht auf den ersten Blick zu erkennen; sobald aber erleichternd der unbestimmte Artikel hinzutritt (Beispiele o, p–q. „Stünd ich, Natur! vor dir ein Mann allein," Faust,

V. 11406) oder, in den obliquen Kasus, Flexion eines Adjektivs usw. (... „Sich als Knabe schon verkündend / Künftigen Meister alles Schönen" ib., V. 9625), so geschieht es auch bereits auf Kosten jener vergegenwärtigenden Kraft. Auch im Vortrag bedarf das prädikative Nomen, und zumal der absolute Nominativ, zur Kennzeichnung eines besonderen Akzents, der sich nicht immer selbstverständlich ergibt. Behilflich ist da die tonträchtige Stellung, in welche der Dichter es ja auch meistens rückt: zu Anfang oder Ende eines Verses oder Satzes. Schwieriger zeigt sich die Mittelstellung; wie in dem Beispiel, von dem wir ausgingen.

Dieses „Ist's möglich ..." würde sich in das, was wir über Goethes Gebrauch des prädikativen Nomens festzustellen versuchen, leicht einreihen, als ein ‚fragendes Vergewissern vor einer Gegenwart, die schwankend oder unfaßlich erscheint.'

Die Konstruktion bedingt dann eine andere Ordnung der Akzente, als in der Anrede Burdachschen Gepräges. Während diese, die ja das Liebchen als bekannt setzt, den Hauptton auf ‚kose', einen zweiten auf ‚möglich' verlangen würde, die Nebenhebungen aber auf ‚daß' und, erst in letzter Linie, auf ‚Liebchen' – erhält nun dieses den Hauptton, ‚möglich' behält den zweiten, und statt zweier Nebenakzente bliebe nur noch einer, auf ‚kose'.

Damit ist eine stark bewegte Zeile entstanden, deren drei Hebungen den Impuls dieser Frage ganz anders aufnehmen als vorher die trockenen, fast skandierten vier. Sie ist der zugehörigen Reimzeile („Unmöglich ist immer die Rose") nun auch in der Hebungszahl gleich; und Liebchen und Rose, Stimme und Nachtigall wären auch nach dem Gewicht der Akzente einander zugeordnet. Und das würde dem Sinn gemäß sein, den das Ganze nun gewonnen hat: Das Erstaunen des Dichters gälte dann nicht mehr dem leibhaftigen Wahrnehmen: daß er das Liebchen kóst, die Stimme vernímmt; sondern den höheren Phänomenen: daß er nun sie, die ‚so lange ihm erharrt war', auf einmal wirklich als Líebchen kosen, nun endlich ihre Stímme an sich gerichtet vernehmen darf.

Ob diese Deutung die einzig richtige sei, stehe dahin. „Manche dieser Gedichte verleugnen die Sinnlichkeit nicht, manche aber ... können ... auch geistig gedeutet werden."[42] Uns scheint sie jedenfalls die feinere zu sein; auch ergibt sie sich ohne Drehen und Deuteln, ohne Zerstückelung des Rhythmus und völlig im Einklang mit den von Goethe gesetzten Zeichen. „Will's aber einer anders halten", so ist er auch daran durch diese Form wenigstens nicht, wie bei der Burdachschen, gehindert.

Bemerkt zu werden verdient wohl, daß nicht nur Burdach selbst, noch 1905, sondern Ellinger, Ermatinger, Richter in ihren „Divan"-Ausgaben die Zeile ohne Zeichen bringen, ebenso Heusler und Stefan George-Karl Wolfskehl.[43]

48.) Und zuletzt, des Lichts begierig,
Bist du, Schmetterling, verbrannt.

Hier ist die Dichtung in ihrer Substanz angetastet.

Der unbefangene Leser muß diese Fassung als Anrede ansehen, als Anrede an den Schmetterling, und bezieht nun auf ihn rückwirkend das Geschehen der vorangehenden Strophen; er sei das ‚Du‘, das schon in ihnen gemeint ist.

Damit wird eine wesentliche Zeile dieses Gedichts, dessen unfaßbare Vieldeutigkeit Burdach selbst nicht aufgehört hat, als ein Wesensmerkmal zu preisen, auf éine Deutung, und die flachste, festgelegt.

Als wäre es nicht eine der höchsten Schönheiten dieser Dichtung, wie das ‚Du‘ der ersten Strophen, das ‚Ihr‘ des Anfangs aufnehmend, uns selber anruft, unser Ich: daß es folgt, hineingesogen in den Strom dieses Ereignens, und den Todesflug mitfliegt; und wie erst, als es um uns getan ist, als wir uns ganz darangegeben haben und schon unzertrennbar mit ihm eins geworden sind, nun, als ‚der Mensch mitverbrennt‘[44] – nun erst das ‚Du‘ benannt wird: Schmetterling. Nicht wird ein bisher Unbestimmtes hier endlich näher bestimmt, sondern jeder von uns, ‚das Lebendige‘, ist bei Namen gerufen. Der Name löst das Verschmolzene nicht auf, er besiegelt es.

Durch die Anrede aber werden wir mitten im Vollzug der inneren Einung ruckhaft aufgeschreckt in eine fremde Sphäre, ernüchtert; rückwirkend wird das ‚Du‘ und was ihm widerfuhr, dem Schmetterling zugeordnet; der Verstand stellt zwischen dem Vorgang und unserem bereits vollzogenen Erlebnis sich eine Gleichung her, eine metaphorische Allegorie; das Gedicht ist um seinen Symbolcharakter betrogen.[45]

Damit zerfällt das Ganze; und so erklärt es sich allerdings, daß Burdach die letzte Strophe, die von Anfang an und wesentlich dazugehört, immer nur als ein spätes Anhängsel hat begreifen können.[46]

Man mag hier einwenden: die Zeichensetzung Burdachs sei ja gar nicht so eindeutig! Genau so gut wie Anrede könne auch Apposition gemeint sein: ‚Bist du, (ein) Schmetterling, ...‘.

Das wäre aber für Burdachs Prinzip der Interpunktion wenig schmeichelhaft. Denn wer sich angesichts der „Divan“-Dichtung, im vollen Bewußtsein ihrer Vieldeutigkeit, und diesem besseren Wissen zum Trotz, vorgenommen hat, jeder Stelle darin nur éinen Sinn zu belassen – der hätte seinen Zweck verfehlt, wenn trotz allen Kommata doch noch mehrere Deutungen übrig blieben.

Auch gibt ja, hätte Burdach wirklich in diesem Fall sich für die nachgestellte, gelöste Apposition entschieden, unsere Interpunktion ein Mittel her, das zu bezeichnen: ‚Bist du – Schmetterling – ...‘

Doch ob dies gemeint wäre oder jenes – die rationalistisch-auflösende, ernüchternde Wirkung bliebe die gleiche.

Zwei Möglichkeiten, die Stelle zu verstehen, sind noch übrig: gebundene Apposition (‚du Schmetterling‘) und prädikatives Nomen (‚du (als ein) Schmetterling‘).

Die erste rückt beide Worte völlig selbstverständlich zusammen. Sie halten einander in gleichgewichtiger Schwebe; keins reißt das andere eigenmächtig an sich. Doch indem sie sich berühren, wächst jedes an Kraft und Bedeutung, und sie durchdringen einander: Das ‚Du‘, das bis dahin bloß uns zu gelten schien, umfaßt nun mit uns alle die gleichen Wesens sind, alles ‚Lebendige‘; für welches ‚Schmetterling‘ wiederum leibhaftig stellvertretend steht; ‚musterhaft‘, als das Geschöpf, worin es sich am leuchtend-sichtbarsten verkörpert; als ‚der einzelne Fall, der das Allgemeine ist‘.

Die zweite Lesung würde sich mehr an uns wenden: ‚bist du als Schmetterling verbrannt‘. Nicht ‚wie‘, sondern ‚als‘; und nicht als ein dem Schmetterling Vergleichbarer, sondern gleich Gewordener, selbst Schmetterling Gewordener. Ein solches Moment der Verwandlung, das ja, wie oben nachgewiesen, dem Goetheschen Gebrauch dieser Konstruktion innewohnt, würde auch hier dem Wesen des Gedichts sehr nahe kommen. Wir wagen indessen nicht, diese Lesung der ersten vorzuziehen.

Durch den Vortrag übrigens läßt sich der Unterschied der beiden Lesungen kaum abheben; aber auch wie kaum ein anderes Gedicht von Goethe ist ja dieses zu nuancierendem Vortrag untauglich; diese Verse können nur ‚hergesagt‘ werden.

Jedenfalls bewahren beide Deutungen mit dem Symbolcharakter das Geheimnis der Dichtung; beide lassen das ‚du Schmetterling‘, die Nabelstelle des Ganzen, unversehrt; und beide ertragen allein eine Schreibung ohne Einschnitt, die zeichenlose Schreibung Goethes; welche ja sogar dem, der sich mit einer der anderen Deutungen begnügen möchte, die Freiheit dazu nicht benimmt.

Was aber soll man von dem halten, der den heiligen Geistesraum dieser Worte mit dem rationalistischen Komfort seiner Kommata wohnlich zu machen wähnte? Noch in der JA 1905 hatte Burdach, obwohl seine Deutung das Gedicht schon als ‚Allegorie‘ bezeichnete[47], die Zeile in ihrer ursprünglichen Form gelassen (so nach ihm Ermatinger, Richter; und unabhängig George/Wolfskehl). Nun aber hat er durch seine starre Interpunktion die letztgenannten Lesungen ausgeschlossen und den Zugang zu der Dichtung versperrt – es könnte fast tragisch anmuten, wenn man sein früheres unablässiges Mühen um gerade diese Verse, um ihr Geheimes, ihren Schwebesinn bedenkt.

Alle zuletzt behandelten Stellen hatten immerhin noch die Möglichkeit zu mehrfacher Deutung miteinander gemein; und Burdachs Verschulden bestand darin, daß er diese Möglichkeit auf eine oder wenige, und zwar die allzu naheliegenden, beschränkte.

Er scheut sich aber auch nicht, in den seltenen Fällen, die offensichtlich nur eine einzige Deutung zulassen, nach eigener Willkür zu verfahren.

> 49.) Schenke, her! Noch eine Flasche

In diese Befehle mündet der enthusiastische Erguß der vorangehenden Strophen; und sie verlangen, ohne Blick für den, dem sie gelten und der hier nicht Person mehr ist, nur Bringer und Werkzeug, nach Wein, dem Mittel der Lösung und Auflösung; mit voller Stimme werden sie gerufen, in einem leicht ironischen Überschwang, ‚prahlerisch‘; begleitet von der Faust, die auf den Tisch geschlagen hat und nun ausladend in die Luft schwingt; und jeder dieser Befehle ist nur in éinem Athem sprechbar.

Burdachs Zeichensetzung kommt aus einem Körpergefühl, entspricht einer Gestik, die den Versen fremd ist. Das Halt seines Kommas wirft uns aus der Leidenschaft des ‚Liebenden, des Trinkers‘, ihrem großzügig-übermütigen Schwung, in den sehr anderen Bereich eines gesetzten Herrn, der mit diskretem Wink und sotto voce nach dem Ober ruft.

Er scheint gefürchtet zu haben, man könne das Nomen „Schenke“ hier verwechseln mit dem Imperativ des Verbs; grundloses Mißtrauen gegen die eigene Leuchtkraft des Gedichts! Nun wird der Befehlssatz ganz ungeniert umgebaut: das Subjekt aus der dritten in die zweite Person versetzt und mit dem Sinn auch der Rhythmus endgültig verrenkt.

Das war eine Anrede Burdachscher Prägung. Wie eine von ihm geschaffene Apposition aussieht, weiß man von seinem ‚Abraham, dem Herrn der Sterne‘[48]. Bei diesem Ungeschöpf, dem bösesten wohl, das die Nachfolge Balhorns der deutschen Philologie in den letzten Dezennien beschert hat, brauchen wir nicht zu verweilen; hier ist inzwischen von berufener Seite das Nötige gesagt und getan worden. Erstaunlich und bezeichnend ist es nur, wie Burdach dieses mit zäher Liebe gehegte verwegenste Kind seiner Laune auch nach dem deutlichen Einspruch Ermatingers (1913) noch in die WGA einzuschwärzen vermocht hat.[49]

Daß es ihm gegenteils aber auch nichts verschlug, eine gegebene klare Apposition in etwas völlig anderes zu verkehren, beweist uns das folgende Beispiel:

> 50.) Und was folgt und was vergangen,
>   Reißt nicht hin und bleibt nicht hangen.
>   Bleibe du (,) mein Allerliebstes;
>   Denn du bringst es, und du gibst es.

Der Sinn der dritten Zeile ist bei Goethe eindeutig: ‚Nichts bleibt – du allein sollst bleiben‘; und die Interpunktion, die in REeC die gleiche ist, hat sich auch durch sämtliche sonstigen Abweichungen und Verschlechterungen aller übrigen Ausgaben erhalten. Der Meister der „Divan"-Interpretation aber bringt es fertig, auch dieser Stelle ein totales Mißverständnis zu sichern. Er ernennt ‚Allerliebstes' einfach zum prädikativen Nomen und zerreißt damit den Sinn der Zeile, ihre Wortbeziehung zur vorigen, den ‚dipodischen Rhythmus' und jede innere Schönheit und Anmut des kleinen Kunstwerks. Ein böser Feind hätte die Dichtung nicht so beschädigen können wie hier ihr Sachwalter. Mochte ihn beim „Abraham" noch die heillose Findergabe verleiten, die ihn tatsächlich auf gnostischen Irrwegen einen Sternenvater Abraham aufspüren ließ; und mochte man sich in diesem Fall noch trösten mit dem Wort: „Einem Klugen widerfährt keine geringe Torheit" – diesmal hat er ohne jeden ersichtlichen oder ersinnlichen Grund gehandelt. Die Torheit ist auch diesmal wahrhaftig nicht gering – aber wo, fragt man, steckt der Kluge?

Genug! Wir sparen uns eine Stelle, die dem „Abraham" kaum etwas nachgibt, für eine andere Gelegenheit auf; lassen beiseite, wie eine der wenigen Errungenschaften der Ausgabe, das Verschwinden der überflüssigen Apostrophe, alsbald, nach einem Gesetz gleichsam von der Erhaltung der Strichzeichen, wieder kompensiert wird durch die massenhaft neu eingestreuten Anführungen; welche einer jeden auch nur gedachten Rede, ja selbst dem Schöpferwort Gottes beigegeben sind; wir übergehen schließlich das willkürliche Umgliedern einzelner Gedichte: Nichtachtung strophischer Gestalt das einemal, dann wieder Aufteilung einheitlicher Gebilde in Strophen – wir verzeichnen lediglich den Gesamteindruck, den jene 50 Proben wohl zur Genüge vermitteln: es ist ein Verfahren, das weder durch einen sachlichen Notstand erfordert war, noch wenigstens nachträglich sich gerechtfertigt hätte durch einen Erfolg. Im Gegenteil: wohin wir sehen, Verletzung, Trübung, Unsicherheit in Sinn und Form – von den gröbsten Verstümmelungen der Oberfläche bis zu sehr feinen Schäden im Gewebe und im Innern. Und auch wo nichts zerstört ist, im günstigsten Fall, bleibt doch ein Störendes: die unnütz gehäuften Kommata, die Goethe ausdrücklich verbannt wünschte, hindern und hemmen allenthalben das Aufnehmen der Dichtung durch die Sinne; zersägen das Ebenmaß der gedruckten Zeile wie das der rhythmischen Linie. Man muß sie sich wegdenken, um die ruhige Ausgangslage in sich herzustellen, die ein reines Aufnehmen erlaubt.

Bedenkt man dann, zu welchem würdigen und großen Zweck diese vielen Entstellungen begangen worden sind, und von wem, so drängt sich die Zahme Xenie auf:

> „Deine Werke zu höchster Belehrung
> Studiert ich bei Tag und bei Nacht;
> Drum hab ich, in tiefster Verehrung,
> Dir ganz was Absurdes gebracht."

III.

In dem angehängten Rechenschaftsbericht hat Burdach über Umfang und Bedeutung seiner Verfahrensweise hinwegzugleiten versucht, indem er einfach
die Interpunktion gleichstellte mit der Orthographie „Die Mainzer Ausgabe
fußt auf dem gereinigten Text des ‚Divans‘ in der Ausgabe letzter Hand (C).
Rechtschreibung und Zeichensetzung aber sind dem gegenwärtigen d e u t s c h e n
Brauch angepaßt."[50]

Wer einmal so klare und richtige Einsichten in die Besonderheit von Goethes Interpunktion, zumal des „Divans", ausgesprochen hat, wie Burdach 1888
und noch 1911, kann nicht erwarten, daß man jetzt diese billige Bagatellisie-
rung ernst nehme. Wir brauchen nicht näher auszuführen, wie und weshalb
der kritische Herausgeber neuerer deutscher Texte oft grundsätzlich Orthographie und Interpunktion verschieden zu behandeln habe; und wir gehen auch
nicht ein auf die besonderen Unterschiede, die sich daraus ergeben, daß in C
die Orthographie bereits fast rein die Norm ihrer Zeit darstellt, die Interpunktion dagegen, mindestens im „Divan", jene durchaus eigentümliche Bezeich-
nungsweise, die Goethe selbst, und mindestens für die Entstehungszeit dieses
Werks auch mit entschiedenen und erkennbaren Grundtendenzen, dieser seiner empfindlichsten Lyrik mitzugeben für gut hielt.

Was aber hier an Goethes Text eigentlich verübt worden ist, kann man sich
klarer machen, als der gewohnte Blickpunkt es zuläßt, wenn man den Vorgang
auf das analoge Gebiet musikalischer Notierung sich übertragen denkt.

Man stelle sich eine Ausgabe etwa Bachs vor, in der oft so strittigen allgemeinen Vortragsbezeichnungen mit festen Metronomziffern ausgestattet, Phra-
sierungsbögen und Akzente hinzugefügt oder entfernt, ja, einzelne Noten in
ihrem deutlich vorgezeichneten Zeitwert, unmittelbar oder durch Einsetzung
von Fermaten und Pausen, geändert worden wären – alles aber unter dem Vor-
geben, damit zum letzten Willen des Schöpfers vorgedrungen zu sein, und mit
dem Anspruch, die Ergebnisse der modernen Forschung zur repräsentativen,
weltgültigen Ausgabe unserer Zeit zusammenzufassen. Man stelle sich dann
aber auch vor, wie eine solche Ausgabe wohl aufgenommen werden würde,
nicht nur bei den Fachgelehrten, sondern bei der Menge gebildeter Liebhaber.

Nun gibt es allerdings zahlreiche ältere Musikwerke, deren Verständnis oder
Darbietung die Herausgeber dem hörenden oder spielenden Laien von heute
nur durch gewisse Zutaten erschließen zu können glauben, durch mehr oder
weniger subjektive Bestimmung allgemeiner Tempoangaben und sonstiger Vor-
tragszeichen. Ebenso ließe sich gewiß eine Ausgabe des dichterischen „Divan"-
Textes denken, die zum praktischen Zweck etwa größerer Verbreitung bewußt
subjektiv mit allen Mitteln der Verdeutlichung zu wirken suchte. Unter éiner
Voraussetzung: daß sie nach Wesen und Ziel sich offen kennzeichnete! Und so

aussichtslos jeder Versuch uns erscheinen will, ein Höhenwerk wie den „Divan" populär zu machen, so untauglich besonders das Mittel zusätzlicher Interpunktion – einem Forscher von Burdachs Verdiensten hätte niemand ein solches Unternehmen verwehren dürfen: wenn er es auf eigene Faust und weithin kenntlich ausführte.

Was er aber im 5. Bande der WGA getan hat, kann man nur als einen Mißbrauch dieser Ausgabe ansehen, ihrer stolzen Flagge, ihrer hoch- und weitgespannten Ansprüche.

Nach den großen Leitsätzen dieser Ausgabe nämlich darf der Leser erwarten, hier „das in solchem Umfang und in solcher genauen Folgerichtigkeit bisher noch nicht dargebotene Ergebnis aus rund einem Jahrhundert produktiver Goethe-Philologie" zu empfangen, „das will sagen: einer Unsumme forschender Kleinarbeit, die ... der Ausdruck einer wohl unvergleichlichen, auch moralisch verehrungswürdigen Gewissenhaftigkeit war."[51]

Bestärken in diesem Vertrauen muß Burdachs so harmlos gefaßte Schlußbemerkung über Interpunktion und Orthographie; seine unverhältnismäßig sorgsame und detaillierte Rechenschaft über die Apostrophe – was alles den wahren Sachverhalt nicht einmal ahnen läßt –; bestärken vor allem aber schon der Umstand, daß auch in dieser un-, dieser überwissenschaftlichen Ausgabe Burdach nicht ohne einen umfangreichen Anhang wissenschaftlicher Art ausgekommen ist. In diesem „minutiös genauen Nachwort"[52], so meint der Unbefangene, könne nun aber auch nichts mehr fehlen, was zur Aufklärung irgend zu sagen war, hier müsse jede Abweichung, die des Erwähnens nur wert schien, zu finden sein.

Das Publikum, an das die WGA sich wendet, – die erlesene Gemeinde der Goethe-Verehrer in aller Welt – verfügt ja nicht über die Möglichkeit des Fachgelehrten: wissenschaftlich nachzuprüfen. Es ist auf Treu und Glauben angewiesen.

Sie alle nun, in Sicherheit gewiegt durch Anspruch und autoritatives Gewicht der Ausgabe, werden über das im „Divan"-Band Geschehene getäuscht; und was das Schlimmste ist, auf unmerkliche, nicht wieder gutzumachende Art. Gerade der Weg, auf dem sie ganz gewiß zum letzten Wortwillen des Dichters zu gelangen glauben, entfernt sie ihm vollends und unwiederbringlich; das reine rechte Bild vom Werk und seinem Schöpfer können sie nun nicht mehr gewinnen; ja, es trübt sich, verliert sich selbst dem, der es schon besaß.

Aber auch vom heutigen Stand deutscher Literaturwissenschaft und Goethe-Forschung vermittelt die Ausgabe einen falschen Begriff.

Sie ist für Burdach vielfach nur das Instrument gewesen, liebgewonnene Irrtümer zu konservieren. Die Feststellungen anderer hat er, sobald sie in seinen Kram nicht paßten, ignoriert (so Loepers Deutung von „Nun hab ich endlich von dir erharrt …", vgl. oben Beispiel 40; so Ermatingers Protest gegen den ‚Abraham') oder mit Gründen abtun wollen, die kaum noch wissenschaftlich zu nennen sind (so die überzeugende, allerseits gebilligte, durch die Handschriften auch noch bestätigte Emendation von Morris zu „Haben sie von deinen Fehlen", Zeile 9–16; das in der WGA nun wieder in der verderbten Form erscheint, die Burdach selbst (1888) als „unverständlich" bezeichnet hatte).[53] Wo er aber einmal etwas übernimmt, da leitet ihn eine seltsame Affinität zum Entlegenen, Verwickelten, Absurden (Zinkernagels heillose Konjektur „Freu'n-den" zu Mariannens Ostwindgedicht[54] – Gräfs unbegreifliche Änderung der Reihenfolge im ‚Buch des Paradieses'[55]).

Aber, wird man uns einwenden, das sind ja jedesmal nur wenige Einzelheiten; gewiß bedauerlich, ja peinlich, doch nicht entscheidend. Die Interpunktion jedenfalls ist die moderne; ist sie der Dichtung fern und rationalistisch, dann eben bezeichnend für eine ernüchterte Zeit; und hat Burdach sie auch nicht eben glücklich angewendet, so war er doch ein Gelehrter von Rang und, was den „Divan" anlangt, sogar derjenige Forscher unserer Tage, der diese Spezialdisziplin gleichsam ganz allein verkörperte und repräsentierte. Er bleibt mit allen seinen Irrtümern ein bedeutender Kopf, eine eigenwillige Persönlichkeit, und stellt einen bestimmten historischen Zeitpunkt der „Divan"-Forschung dar. Und als ein Zeugnis dessen wird selbst der „Divan"-Band der WGA, mag er dem Werk nicht gerecht werden, dem Dichter gegenüber fehlen, einen gewissen Wert behalten.

Dem allen müssen wir nun die Resultate entgegensetzen, die sich herausstellten, als wir an Hand unserer 50 Beispiele die Interpunktion der Handschriften und 16 verschiedener „Divan"-Ausgaben miteinander verglichen.[56]

Im einzelnen ergab sich dabei:

1) Innerhalb der drei Burdachschen Editionen wächst die Zahl der Zufügungen sprunghaft an: Dort, wo 30 unserer 50 Beispielstellen in C noch gar keine Zeichen hatten[57], stehen bei Burdach

in WA 1888	an	3 Stellen	3	Zufügungen
in JA 1905	"	22 "	36	"
in WGA 1937	"	28 "	48	"

2) Dieselben 30 Stellen werden aber schon v o r Burdach folgendermaßen behandelt:

Cotta 1850	an	2 Stellen	2	Zufügungen
Goedeke 1867	"	15 "	26	"
Cotta 1869 u. Goed. 1876	"	22 "	37	"
Loeper 1872	"	26 "	46	"
Düntzer 1886	"	27 "	46	"

das heißt: Burdach, der in seiner ersten Edition 1888 sich fast getreu an Goethes letztwillige Ausgabe hält und damit alle inzwischen eingewurzelte ‚Tradition' beseitigt, ist

1905 mit der Zahl der Abweichungen wieder auf den Stand von Cotta 1869 / Goedeke 1876 zurückgelangt, 1935 aber sogar auf den Loeper / Düntzers.

In dieser Vergleichung ist lediglich die Zahl der Zufügungen beachtet, nicht ihre Form und ihre Tendenz. Aber auch hierin stimmt Burdach in zunehmendem Maße mit seinen Vorgängern überein, und nicht nur beim Zufügen neuer Zeichen, auch beim Abändern der in C bereits vorhandenen Interpunktionen:

3) Von unseren 50 Beispielstellen mit ihren insgesamt 77 oben behandelten Abweichungen gegenüber C finden sich bereits genau so vor:

erstmals bei	Cotta 1850	2	Stellen mit	2	Abweichungen	
"	" Goedeke 1867	19	" "	31		"
"	" Cotta 1869					
	u. Goed. 1876	6	" "	12		"
"	" Loeper 1872	8	" "	14		"
"	" Düntzer 1886	4	" "	5		"
insgesamt also:		39	Stellen mit	64	Abweichungen	

4) Von Burdach selbst stammen an Abweichungen nur:

	in JA		dazu in WGA	
Erst-Änderungen	2 St.	3 Abw.	5 St.	6 Abw.
Varianten schon anderweitig veränderter Stellen	–	–	3 St.	4 Abw.
insgesamt also:	10 Stellen mit 13 Abweichungen			

Mit unserem Nachweis darüber, wie das erste Erscheinen dieser Änderungen sich auf die verschiedenen Ausgaben verteilt, soll keineswegs behauptet sein, Burdach hänge etwa von jeder einzelnen dieser Ausgaben ab. Hier hat ja stets éin Herausgeber die Errungenschaften des vorigen fast sämtlich übernommen. Es genügt, sich an denjenigen zu halten, dem Burdach am nächsten kommt, und das ist Düntzer. Wenn wir diesen Gelehrten, den man, ohne Anmaßung, nicht gerade als repräsentativ für die moderne Goethe-Forschung möchte gelten lassen – und am wenigsten auf dem Gebiet der Versbehandlung –, wenn wir ihn hier in solchen Zusammenhang mit der Welt-Goethe-Ausgabe bringen, so wissen wir uns frei von Willkür. Denn wohl richtet Düntzer sich bei der Zeichensetzung in auffälliger Weise nach seinem sonstigen Antipoden von Loeper; aber er differiert auch in wenigen, doch um so markanteren Fällen von ihm; und in fast allen diesen Fällen – darunter so einzigartigen wie Beispiele 18, 47, 50 – entscheidet Burdach sich, und zwar noch nicht 1905, sondern erst 1936, im Sinne Düntzers!

Wir dürfen demnach sagen: fünf Sechstel aller Änderungen in WGA schreiben sich gar nicht von Burdach her; und in eben diesem Umfang repräsentiert die Ausgabe von 1937 den Status vor dem Erscheinen der Sophien-Ausgabe,

d. h. den Status Düntzers von 1886. Die Interpunktion ist also weder modern, noch, in ihrem weitaus größeren Teil, von einer modernen Forscherpersönlichkeit eigentümlich angewandt worden.[58]

Wenn aber derart Burdachs Verfahren der Originalität und Selbständigkeit, die ihm doch wenigstens einen eigenen Charakter zu geben schienen, fast völlig ermangelt, so ist durch unsere Statistik nun bis zu völliger Evidenz wohl auch dieses erwiesen: daß an der Mehrzahl aller der Verletzungen und Trübungen des Dichterwortes Burdach überhaupt nicht schuld ist? daß also von alle dem, was wir dem Philologen und Kenner glaubten vorwerfen zu müssen an Irrtum, Willkür, Fühllosigkeit gegenüber Gehalt und Form, das weitaus meiste gar nicht ihn trifft, sondern seine Vorgänger?

Wir meinen: im Gegenteil; es trifft ihn ungeteilt und doppelt und dreifach!

Was Goedeke, Loeper, Düntzer – sonst sehr verschieden an Feinempfinden – damals übereinstimmend taten: in der gleichsam vorwissenschaftlichen Zeit vor Öffnung der Archive; für Ausgaben, die ohne jeden typographischen Ehrgeiz volkstümlicher Verbreitung und Erläuterung dienten; und aus dem zunächst vordringlichen Bemühen um rationale Erhellung des Textes: wo dann die Interpunktion zusammengriff mit der gleichgerichteten Auslegung von Wort zu Wort; – darauf ist Burdach 1936 dann zurückgekommen wie auf der Weisheit letzten Schluß, in einer Ausgabe vom höchsten Anspruch an Sorgfalt, Treue, äußere Erscheinung; nachdem er 50 Jahre zuvor die ausgeprägte Eigenart Goethescher Zeichensetzung im „Divan" und ihre Korrelation zum Stil dieser Dichtung deutlich erkannt und dargestellt und auf Grund dieser Einsichten eine nahezu untadelige Ausgabe geliefert hatte. Er ist also mit vollem Bewußtsein den Weg zurückgegangen zu jenem Punkt, den die anderen, im Unschuldsstand eines arglosen Positivismus, durch einen Fortschritt gewonnen zu haben glaubten; mit vollem Bewußtsein hat er alles bereits Erreichte, von ihm selbst Erreichte, verleugnet und annulliert. Und so trifft ihn für sein Tun und Lassen auch die volle Verantwortung.

Solche Preisgabe der eigenen Errungenschaften wäre indessen lediglich ein subjektiver Akt, den die wissenschaftliche Welt als einen Beitrag zur Kenntnis des Verfassers registrieren könnte, ohne sich die Leistung selbst dadurch entwerten zu lassen; – wenn diese Preisgabe nur mit Worten in Erscheinung getreten wäre, als ein Widerruf etwa, ein Abrücken von früheren Ergebnissen.

So aber ist sie eben überhaupt nicht Wort geworden, sondern gleich und ausschließlich Tat: in der WGA, und umso gefährlicher wirksam, als sie sofort und unmittelbar den Text des Dichters um-, oder, mit Goethe zu reden, ungestaltet hat: wo denn an den Blüten der „Divan"-Lyrik die neuen Zeichen wie ein Meltau haften.

Hier ist wohl die Frage angebracht: ob man, wenn Burdach zuvor von seinen früheren wertvollen Ergebnissen laut und deutlich abgerückt wäre, die

neue Ausgabe ihm überhaupt noch anvertraut hätte. Und es bleibt der merk-
würdige Fall zu verzeichnen, daß ein Gelehrter seine frühere hohe Leistung
herabmindern, ja zum Teil zerstören darf kraft eines Ansehens, das er vornehmlich ihr verdankt.

Man könnte uns hier vielleicht entgegenhalten wollen, wir seien gegen Burdach ungerecht. Einmal könne nicht die Rede davon sein, daß er 1936 plötzlich seine früheren Erkenntnisse preisgegeben habe; die Hinwendung zur
modernen Interpunktion habe er ja schon 1905 in JA vollzogen, und sein Verfahren in WGA sei also nur die konsequente Fortsetzung des damals Ange-
bahnten. Weder damals noch späterhin sei übrigens gegen seine Interpunktion
in JA Widerspruch erhoben, ja, die Abweichung von der in WA auch nur vermerkt worden; was alles ihn in der Anwendung nur habe bestärken können.
Unsere ganze grundsätzliche Kritik aber käme um volle fünfunddreißig Jahre
zu spät. – Ferner sei es reichlich billig, die von ihm angewandte moderne Interpunktion auf den Stand der 1870er, 1880er Jahre zurückschrauben zu wollen.
Die moderne Zeichensetzung sei ja auf legitime und folgerechte Weise aus der
von damals hervorgegangen; man könne mit größerem Recht die Sache umkehren und sagen: schon in den 1870er Jahren sei man den modernen Grundsätzen sehr nahe gewesen. – Schließlich habe Burdach mit diesem Verfahren,
das also gleichermaßen seiner eigenen wie der Entwicklung der Zeit gemäß
war, auch die Leitsätze der WGA nicht verletzt oder mißbraucht, vielmehr sie
treulich, ja musterhaft befolgt. Denn zu den Grundtendenzen der Ausgabe gehöre nun einmal unstreitig die Anpassung an den modernen Brauch nicht nur
der Orthographie, sondern auch der Interpunktion. Und ebenso sei das Festle-
gen strittiger Stellen auf eine einzige Deutung im vollen Einklang mit ihren
Prinzipien geschehen, die ja ausdrücklich besagen: „(Die Sophien-Ausgabe)
hielt so, wie es ihrem Sinne entsprach, die verschiedenen Möglichkeiten letzter
Worttreue in der Schwebe. Die Welt-Goethe-Ausgabe dagegen will auf Grund
der jahrzehntelangen Weimarer Erfahrungen zum letzten Wortwillen des
Dichters vordringen . . .“[59] Im einzelnen mögen beklagenswerte Entgleisungen
vorgekommen sein; im grundsätzlich-Ganzen habe man, wenn überhaupt, eine
Schuld zum gleichen, wo nicht größeren Teil auf Seiten der Veranstalter und
Herausgeber der WGA zu suchen.

Argumente dieser Art werden indessen kaum den Eindruck verwischen können, den das Verfahren in seiner praktischen Anwendung nun einmal hinter-
lassen hat und behauptet. Und sie erweisen sich denn auch als unhaltbar.

Gewiß hat die WGA sich jene Prinzipien gesetzt. Wo aber wäre in ihnen
ausgesprochen, daß der letzte Wortwille des Dichters – wie Burdach es getan
hat – vermittels der modernen Interpunktion festgestellt werden sollte? Im
Gegenteil: die Rangordnung, die hier, wie in jeder Textausgabe zwischen den
einzelnen Grundsätzen besteht, hätte erfordert, daß der mindere, wo er dem

höheren im Wege ist, zurückzutreten habe; die gewünschte moderne Interpunktion also vor dem Streben des Dichters letzten Wortwillen zu erreichen;
mit welchem sie ja fortgesetzt kollidiert. Denn was ist dieser letzter Wortwille
im „Divan"? Er offenbart sich nicht so sehr in Einzelheiten, sondern, für dieses als Einheit konzipierte, zu vollendeter Einheit erwachsene Ganze, zuvörderst in jenen wiederholten zusammenfassenden Äußerungen Goethes: daß
Vieldeutigkeit, Beziehungsreichtum, Geheimnis die Wesenszüge dieser Dichtung seien, ‚gränzenlose Freiheit' ihr Element, und ‚zwischen beiden Welten
sich zu wiegen' ihre Daseinsform.

Ist der Gesamt-Wortwille, der sich in ihnen manifestiert, einmal festgestellt,
so gibt es im besonderen zusätzlich nichts festzulegen mehr. Dieser Gesamt-
Wortwille konnte dem Kenner Burdach, dem Forscher und Herausgeber nicht
unbekannt geblieben sein. So gab es für ihn als Sachwalter von Goethes Wort
in der WGA nur die eine Treuepflicht: dem Werk – im Sinn des höheren Prin-
zips der Ausgabe und nötigenfalls gegen den Wortlaut eines niederen – die
Einzelstellung zu sichern, die ihm gebührt.

Sage niemand, Burdach habe sich gescheut, sich außerstande gefühlt, die
normierenden Grundsätze des großen, einheitlich angelegten Unternehmens
zu durchbrechen. Wer als kaum erst bekannter junger Mann sich gegen das
Redaktorenkollegium der Sophien-Ausgabe, gegen die Richtlinien seines verehrten Lehrers Scherer zu behaupten und durchzusetzen vermocht hatte, um
dem „Divan" die Ausnahmestellung zu verschaffen, die er ihm schuldig wußte,
der hätte als Greis seine bedeutende Autorität nicht einmal ausdrücklich in die
Waagschale zu werfen brauchen; wir haben ja gesehen, welche kaum glaubliche
Freiheit ihm in der WGA ohne weiteres eingeräumt war.

Auch in JA noch hatte er dem „Divan", als einem „Ausnahmefall", so die
gebührende Sonderbehandlung zu geben gewußt. In der Erkenntnis, daß diese
Alterspoesie hier „mehr noch sogar als im zweiten Teil des Faust ... die fortlaufende Erhellung, Belebung und Deutung eines eindringenden Kommentars" verlange, hatte er es erreichen können, die „sonst in der ... Ausgabe der
Erklärung gesteckte Grenze" zu überschreiten.[60]

Hier war also, wie bei Loeper und Düntzer, die ‚moderne' Interpunktion, in
einer Ausgabe, die ausdrücklich für ein breiteres Publikum bestimmt war, nur
neben die genaue Erläuterung getreten; die ihrerseits den Geist des „Divan"-
Ganzen, mochten die Zeichen ihn auch beschränken, dem Leser nahezubrin-
gen bemüht war. Überdies steht die Interpunktion von JA, was den Umfang
der Zeichen-Änderungen betrifft, noch zwischen WA und WGA; auch ist sie,
trotz dem „Abraham", von den ärgsten Verirrungen noch frei.

So war also für die zeitgenössische Kritik wenig Grund gegeben, die Ausgabe als abweichend besonders anzumerken. Schließlich – und das entschuldigt
mit jenen Kritikern auch den Burdach von 1905 – steckte damals eine Entwick-

lung, die uns die ‚moderne' Interpunktion in vielem so rückständig und unzulänglich hat erscheinen lassen, noch in ihren Anfängen.

Sie ist seitdem immer deutlicher und kräftiger zu Tage getreten, am entschiedensten auf dem Gebiet unserer Sprache selbst. Aus einer gesteigerten Empfindlichkeit gegenüber dem gesprochenen, verlauteten Wort, aus dem Bewußtsein erhöhter Verantwortung vor dem geschriebenen, erwuchsen Drang, Wille, Mut zu neuer Bindung der Rede, zu wahrem Pathos, zu Rhythmus und Maß. Fordernd laut geworden ist dies zuerst wohl aus Nietzsches sprach-herrscherlichem Munde und nahm zugleich auch bildende Gestalt an. Verbreitet hat es sich als Reaktion und Protest gegen die „Kurzathmigen in jedem Sinn", die bloße Schreiblesesprache, das papierene Deutsch; als Abwehr aber auch gegen die entartete Rede der Bühne, das Jambengedröhne hohler Histrionen, das krächzende Stammeln des Naturalismus. Ein still-verbündetes Wirken ist es, das vom emsigen, gebückten Tagedienst der Wustmann und anderer Unkrautjäter hinaufreicht bis zum edlen Beruf derer, die Hölderlins Hochwuchs freilegten; vom Schaffen der George, Hofmannsthal, Rilke bis hinüber zu der zeitgebundenen Leistung des Vorlesers und Publizisten Karl Kraus; abzulesen aber auch an den Bemühungen der vielen kleinen Nachfolger und Nachahmer; und angedeutet selbst in Wesen und Unwesen der mancherlei Kreise, Bünde, Vereine, im tappenden Laientum der Sprechchor-Bewegung, im oft noch fragwürdigen Fachmanns-Gebaren akademischer Sprecherzieher. Darüber und daneben eines ganzen neuen Deuter-Geschlechtes hymnisch-rhapsodisches Künden vom eigenen Wesen und Gesetz der Dichtung, von der frag- und zweifellosen Kraft der Gestalt. Gleichzeitig aber alles dies, und nicht ohne Wechselwirkung, mit einem unerhörten Feiner- und Weiterwerden jeglicher technischen Mittel: Schall, Ton und Wort zu messen und zu verstärken, zu beobachten und zu bewahren, zu verbreiten und wirksam zu machen; mit dem Entstehen einer neuen rein akustischen Bühne und ihrer an den Bedürfnissen, im Versuchen sich ausbildenden Organe und Formen; mit dem geförderten, geforderten Aufmerken endlich auf öffentlich-mündliche Rede.

Und zwischen diesem getrennt-verbundenen Geschehen, eins zur Erkenntnis des anderen nutzend, begünstigt durch das Erscheinen feinsinniger, feinnerviger ahnender und ordnender Persönlichkeiten, die Wissenschaft: mit ihren Tests und ihren Schallarchiven, den Messungen, Signalen und Formeln; unermüdlich im Abhören und Belauschen der Sprachen und des Sprechens, im Forschen nach der Gesetzlichkeit menschlicher Rede und dichterischer Formen – zu kennzeichnen im Bereich des Deutschen etwa durch die Sieversschen Vorstöße, die Bestrebungen Sarans und das Werk eines Andreas Heusler.

Diese Entwicklung ist nicht ohne Wirkung auf das Ansehen unserer Normal-Interpunktion geblieben. Sie, die bisher allein befugt war, der künstlerischen Prosa den Rhythmus vorzuschreiben, und die lyrische Zeile mit fast der gleichen Kraft wie der Reim, die Cäsur, das Vers-Ende zu gliedern, ward immer deutlicher als untauglich zu diesem Dienst befunden.

Und es entstanden – zuweilen, wie im Kreise der ‚Blätter für die Kunst‘, gleichzeitig mit einer Reform des graphischen Bildes der Drucke – an allen Enden unseres Schrifttums selbständige Versuche, sich von der Regel-Norm dieser Interpunktion zu lösen. Die gegensätzlichsten Geister kann man hierbei vereinigt finden: Stefan George und Bert Brecht, Hofmannsthal und Arno Holz, Rudolf G. Binding und Gottfried Benn, Rudolf Pannwitz und H. H. Jahnn, Richard Benz und Otto Flake, Kurt Heynicke und Curt Langenbeck. Sie alle aber, unabhängig von einander, unternahmen nach Zweck und Mitteln nur das gleiche, was 80, 100 Jahre zuvor Goethe in seinen Briefen an Cotta gefordert, in Handschrift und Druck des „Divan“ verwirklicht hatte.

Doch in aller Fülle des im letzten Menschenalter Auf- und Angewachsenen sehen wir den modernen Herausgeber Burdach ohne Seitenblick vorüberschreiten, auf einem Wege, an dessen Ende der alte Düntzer steht. ‚Auf dürrer Heide von einem bösen Geist im Kreis herum geführt‘ – ein erschreckender Anblick!

Ziehen wir nun, ohne weiter bei der einzelnen Persönlichkeit zu verweilen, das Fazit unserer Kritik, so ist es dieses:

1) Das Prinzip der Interpunktion ist im „Divan“-Band der Welt-Goethe-Ausgabe ohne jede Beziehung zu des Dichters Willen geblieben, ja, es widerspricht geradezu diesem Willen; welcher doch eben für diese Dichtung und die Zeit ihres Entstehens weit deutlicher als für andere Werke bezeugt ist.

2) In seiner praktischen Anwendung hat es zu zahlreichen, oft schwersten Störungen, Trübungen, Entstellungen des Sinns wie des rhythmischen Ablaufs geführt.

Zu diesen Mängeln – die eine ausgesprochene Befürchtung des Dichters nur bestätigen – tritt der weitere, in der Doppelnatur der Interpunktion begründete: daß das Überhäufen mit Zeichen den Text auch optisch-ästhetisch beeinträchtigt; ebenfalls schwerlich im Sinne Goethes.

3) Prinzip und Anwendung repräsentieren aber auch in keiner Weise den Erkenntnisstand der neueren deutschen Sprach-, Schall- und Versforschung.

Ändern, so ändern, wie es das Ansehen nicht nur der Veranstalter und Herausgeber der WGA verlangt, sondern das der deutschen Goethe-Forschung und Literaturwissenschaft, die vor der Welt zu vertreten die Ausgabe unternommen hat, – läßt sich das derart grundsätzlich Verfehlte nur radikal: der Band ist neu zu drucken; was ja gerade mit ihm, und aus minder wichtigen Gründen, schon einige Male geschehen ist. Und bei der Neuherstellung wäre etwa folgendes zu beachten:

1) Prinzipiell orientiert wird die Interpunktion am besten an WA; was, von allen sachlichen Vorteilen zu schweigen, noch diesen mit sich bringen würde: daß der Name Burdachs, und zwar des „Divan"-Forschers im glücklichsten Stadium der Kenner- und Meisterschaft, mit der Ausgabe verbunden bleiben könnte.

2) Strittige Stellen sind auf Grund von REeC zu regeln, nach folgender Rangordnung: R vor EeC, aber auch RE vor RC vor E eC: wenn die ältere Fassung den Grundsätzen von 1815−17 reiner entspricht. – Burdachs Prinzip in WA: jede Abweichung von E, die in e von erster (Schreiber-) Hand erscheint, als Versehen oder Fehler zu bewerten, gilt nur da, wo E auch von R beglaubigt wird.[61]

3) Die seit 1888 gesicherten Fakten, sowie die neu gefundenen Handschriften sind zu berücksichtigen.

4) Zusätzlich zu interpungieren ist nur dort, wo durch die vorhandene Zeichensetzung das Verständnis auf falsche Wege gelenkt werden müßte. („Haben sie von deinen Fehlen").

5) Alle in die Interpretation übergreifenden Fragen und Zweifel, sowie eigene Meinungsäußerung des Herausgebers gehören in den Anhang.

6) Zu fördern wäre schließlich ein Kommentar aus fachkundiger Hand, der zwar nicht unmittelbar zur Ausgabe gehören, aber, an ihrem Wortlaut, ihren Seitenzahlen usw. orientiert, ihrer Ausstattung angepaßt, eine Ergänzung zu ihr bilden würde.

Die erste dieser Forderungen ist übrigens in neuester Zeit einmal verwirklicht worden: von der sonst nicht eben selbständigen, doch aufmerksam-fleißig angelegten „Divan"-Ausgabe Rudolf Richters; die in diesem Punkt als die zur Zeit beste zu gelten hat.[62]

Wir haben vorhin, als ein Anschauungsbeispiel, den Fall einer repräsentativen Bach-Ausgabe angenommen, um die es ähnlich bestellt wäre wie um diesen Unglücksband der WGA. Diese Vergleichung mag vielleicht übertrieben angemutet haben; denn man kann sich kaum vorstellen, daß eine solche Verstümmelung, träfe sie Goethes Werk statt Bachs, von einer nur annähernd so breiten Menge mehr oder weniger Urteilsfähigen, und mit ähnlicher Entrüstung empfangen werden würde. Weshalb wohl nicht? Einmal gewiß, weil die Edition von Musikwerken unmittelbar auf die Praxis hinzielt und alsbald der Kontrolle des musikübenden und -hörenden Publikums und seiner zahlreichen kritischen Organe ausgesetzt ist. Zum anderen aber doch deshalb, weil Goethe bei uns eine ähnlich breite Schicht achtsamer Urteilsfähigen eben nicht besitzt! Das ist freilich eine Tatsache; aber sie entkräftet, glauben wir, weder unsere Vergleichung, noch ist sie etwa darnach angetan, uns gewissermaßen zu trösten über die Schwere der am Dichterwort begangenen Entstellung. Die Erheblichkeit dieser Art von Verletzungen bemißt sich doch wohl nicht nach der Menge der davon Betroffenen, Betreffbaren. Im Gegenteil: der Umstand, daß es wenige sind, scheint uns an diesem Fall das wahrhaft Erhebliche zu sein. Jener fingierte Fall Bach könnte sich so leicht wohl kaum ereignen; eben das Vorhandensein einer größeren Schicht kundiger und gebildeter Laien schützt uns vor solchen Gefahren. Der „Divan"-Band der WGA konnte Wirklichkeit werden. Doch wohl nicht in diesem Sinn sollte die Ausgabe demonstrieren, wie unsere Zeit zu Goethe steht? Nun mag allerdings die Versuchung sich heranschleichen, mit einem „Wer merkt's denn schon?" über die Sache hinwegzugehen. Es ist die Kulturparole der Auguren; siegte sie, so würde in der Tat aus dem Malheur ein Unglück. Die Verantwortlichen aber eines Unternehmens, das sich ein säkulares, ein Welt-Ausmaß gestellt hat, werden, so hoffen wir, dazu beitragen, daß die Zahl derer, die so etwas merken, beständig zunehme. Dann erst kann, dahin der Dichter ‚alle Freunde, jung und alt, in Eins versammeln' wollte, jener ‚geistige Raum der Nation' sich auftun,

> Wo das Schöne, stets das Neue,
> Immer wächst nach allen Seiten,
> Daß die Unzahl sich erfreue …

Diese Denkschrift wurde begonnen Anfang Mai 1939, kurz vor Antritt einer Übung beim Heer; abgeschlossen werden konnte sie erst während eines längeren Urlaubs, November-Dezember 1940. Der Weimarer Besuch, auf den sie sich eingangs bezieht, fällt in den Februar 1938. Was den Umfang betrifft, so gilt ein im Winckelmann gefundenes Zitat: „ich habe nicht Zeit gehabt, mich kürzer zu fassen."

Darmstadt, Januar 1941.

Bisher nicht veröffentlicht.

Die 50 Beispiele aus dem „Divan"

sind im folgenden nachgewiesen: Titel oder Anfangszeile des Gedichts, sowie, durch Strichzeichen davon und untereinander getrennt, jeweils die Seitenzahlen aus WA und JA. Diese Abkürzungen sind nicht hinzugefügt; die erste der Ziffern bedeutet jedesmal: WA, die zweite: JA. Die Seitenzahlen beziehen sich stets auf das ganze Gedicht, nicht auf den Standort der einzelnen Zeilen. Ist die Beispielszeile selbst Anfangszeile eines titellosen Gedichts, so sind allein die Seitenzahlen aufgeführt. Das gleiche ist – einerlei, ob An-

fangszeile oder nicht – mit allen Beispielen geschehen, die aus dem ‚Buch der Sprüche'
stammen. Sind demselben Gedicht mehrere Beispiele entnommen, so wird Titel, Anfangszeile, Seitenzahl nur das erstemal genannt, späterhin darauf verwiesen.

1. Ergebung, Z. 7 – 60 – 29.
2. 134 – 62.
3. 122 – 55.
4. 117 – 53.
5. 108 – 50.
6. 150 – 68.
7. Wie des Goldschmieds Bazarlädchen, Z. 55 – 164 ff. – 76 ff.
8. Sommernacht, Z. 9 – 220 ff. – 104 ff.
9. Vollmondnacht, Z. 5 f. – 190 – 90.
10. Nennen dich den großen Dichter, Z. 3/10 – 216 – 102.
11. Unbegrenzt, Z. 5 f. – 39 – 20.
12. An vollen Büschelzweigen, Z. 7 f. – 176 – 82.
13. Ja, in der Schenke hab ich auch gesessen, Z. 8 f. – 201 – 95.
14. Wiederfinden, Z. 33 f. – 188 f. – 88 f.
15. Schlechter Trost, Z. 16 f – 57 – 29.
16. Lied und Gebilde, Z. 9/12 – 22 – 13.
17. wie zu Nr. 12: Z. 13/16.
18. Sie haben wegen der Trunkenheit, Z. 9/16 – 210 – 98 f.
19. Der Winter und Timur, Z. 21/28 – 137 f. – 63 f.
20. wie zu Nr. 14: Z. 13/16.
21. Geheimstes, Z. 11 f. – 63 f. – 32.
22. Deine Liebe, dein Kuß mich entzückt, Z. 3 f. – 257 ff. – 121 ff.
23. Nachklang, Z. 11 – 186 – 87.
24. 56 – 28.
25. wie zu Nr. 8: Z. 8.
26. wie zu Nr. 22: Z. 13.
27. An des lustgen Brunnens Rand, Z. 13 f. – 177 – 82 f.
28. Siebenschläfer, Z. 41 – 267 ff. – 127 ff.
29. Abglanz, Z. 9 f. – 193 – 92.
30. 162 f. – 76.
31. Anklang, Z. 26/29 – 255 f. – 120 f.
32. 209 – 98.
33. 161 – 75.
34. wie zu Nr. 7: Z. 18 ff.
35. Wie mit innigstem Behagen, Z. 9 – 194 – 92 f.
36. Die Perle die der Muschel entrann, Z. 5 – 230 – 108.
37. Elemente, Z. 17/20 – 14 f. – 8 f.
38. Höchste Gunst, Z. 1/4 – 88 – 41.
39. An Hafis, Z. 29 f. – 43 ff. – 23 f.
40. So hab ich endlich von dir erharrt, Z. 11 f. – 223 – 106.
41. Begünstigte Tiere, Z. 19 f. – 262 – 125.
42. Gute Nacht, Z. 1 f. – 271 – 130 f.
43. wie zu Nr. 13: Z. 5 ff.
44. Es ist gut, Z. 13 f. – 236 – 110.
45. Als ich auf dem Euphrat schiffte, Z. 7 – 149 – 68.

46. wie zu Nr. 19: Z. 10 f.
47. 148 – 68.
48. Selige Sehnsucht, Z. 15 f. – 28 – 16.
49. Locken, haltet mich gefangen, Z. 13 – 168 – 79.
50. Einladung, Z. 9/12 – 143 – 65.

Abkürzungen

S = Göthe's Schriften – Göschen, 1787–90.
N = Göthe's neue Schriften – Unger, 1792–1800.
A = Goethe's Werke – Cotta, 1806–10.
B = Goethe's Werke – Cotta, 1815–19.
C1 = Goethe's Werke – Ausgabe letzter Hand – Cotta, 1827–30 (Taschenausgabe).
C = dasselbe, Oktavausgabe.

Divan

R = die (fast ganz eigenhändige) Reinschrift der „Divan"-Gedichte.
J = erster Abdruck einzelner Gedichte in Cottas „Morgenblatt für gebildete Stände" –
     1816, Nr. 48 (24. Februar) und Nr. 71 (22. März).
J2 = Vorabdruck einiger Gedichte in Cottas „Taschenbuch für Damen" auf das Jahr 1817.
J3 = Vorabdruck zweier Gedichte in Gubitz: Gaben der Milde, 2. Bd. 1817.
E = Erstdruck des „Divan", Cotta, Stuttgart, 1819.
e = Druckmanuskript für den „Divan"-Band (5) der Ausgabe C1; Abschr. von E, mit
     Einschaltung der neu einzufügenden Gedichte.

Anmerkungen

Die Motto-Zeilen aus Hebbel stehen in des Dichters Tagebuch vom 27. März 1862.

[1] WA I, 6, S. 358.
[2] ebendort.
[3] Zeitschr. f. deutsche Philologie, Bd. 23 (1891), S. 294–348: Über Goethes Werke (Weimarer Ausgabe), besonders S. 307 f., S. 325 ff.
[4] WA I, 13/2, S. 117 f.
[5] Beilage zum Brief vom 3. Juni 1816. WA IV, 27, S. 45/23 – 46/18.
[6] WA IV, 27, S. 311/20 – 312/9.
[7] WA IV, 36, S. 76 f.
[8] Burdach 1911, S. 20, Vorbemerkung zu den Erläuterungen.
[9] an Therese von Jakob (Talvj), 4. Dezember 1824. WA IV, 36, S. 30/8 f.
[10] WA I, 6, Gedichte aus dem Nachlaß, S. 276/5 f. – Lied und Gebilde, Z. 7 f., ebd. S. 22 – an Zelter, 11. Mai 1820. WA IV, 33, S. 27/18 f. an Ottilie von Goethe, 21. Juni 1818. WA IV, 29, S. 205/3 f. – an Zelter, 17. April 1815. WA IV, 25, S. 269/20 ff.
[11] WA I, 6, S. 74 und S. 388; sowie Max Morris: Ein philologisch verunstaltetes Divan-Gedicht: Goethe-Jahrbuch Bd. 27 (1906), S. 281 ff.

[12] an Zelter, 11. März 1827. WA IV, 43, S. 111/9−24.

[13] Cottasche Jubiläumsausgabe, 5. Band (1905).

[14] Burdach 1937 (WGA), 5, 391 f.

[15] Noten und Abhandlungen zu besserem Verständnis des West-östlichen Divans. Abschnitt Hafis. WA I, 7, S. 65/7 f.

[16] an Zelter, 7. Oktober 1819. WA IV, 32, S. 52/14 f.

[17] WA I, 6, S. 358 f.

[18] z. B. Derb und tüchtig, Z. 30. WA I, 6, S. 24 f.; An Hafis, Z. 54. ebd. S. 43 ff.; Gewarnt, Z. 10; ebd. S. 53; Berechtigte Männer, Z. 50. ebd. S. 248 ff.

[19] Erster Aufzug, fünfter Auftritt, V. 134−177, besonders: 135, 137, 141, 173, 175. WA I, 16, S. 341 f.

[20] Strophe 4, 5, 7, 8, 12 bis 23. WA I, 3, S. 21−26.

[21] Burdach 1937 (WGA) 5, S. 391.

[22] „Bei der Ausrufung O!, wenn noch einige Worte darauf folgen, muß etwas abgesetzt werden, und zwar so, daß das O! einen eigenen Ausruf ausmache. Z. B. O! – meine Mutter! O! – meine Söhne! nicht: O meine Mutter! O meine Söhne!" § 26. WA I, 40, S. 150/10−18.

[23] z. B. Die schön geschriebenen, Z. 29. WA I, 6, S. 159 f.; Der Winter und Timur, Z. 31. ebd. S. 137 f.

[24] Zu dem Beispiel 30 mag interessieren, daß Burdach in WA ausdrücklich gegen C das Komma aus RE wiederhergestellt hatte, mit der richtigen Begründung (S. 420), es sei in e durch Fehler des Abschreibers verloren gegangen.

[25] z. B. WA I, 6, S. 416 zu Sag, du hast wohl viel gedichtet; ebd. S. 426, zu Nachklang; und öfter.

[26] So auch bei Loeper, S. 74. Düntzer, S. 64. Ellinger, S. 238.

[27] Loeper, S. 190, Anm. zu 21.

[28] WA I, 6, S. 448.

[29] Volk und Knecht und Überwinder, Z. 17. WA I, 6, S. 162 f. In R, E, Burdach 1937 (WGA) mit Komma, in C, Burdach 1905 (JA) und WA ohne.

[30] Anzeige des „Divans" in Cottas Morgenblatt, 24. Februar 1816. WA I, 41/1, S. 89/16 f.

[31] WA I, 6, S. 450, zu Gute Nacht, Z. 1.

[32] So auch bei Loeper, S. 188, Ermatinger, S. 53; aber auch schon in den Cottaschen Ausgaben von 1869, S. 41.

[33] Übersetzung einer arabischen Timue-Biographie durch William Jones, abgedruckt auch bei Düntzer, S. 103 und bei Ermatinger, Anm., S. 206 f.

[34] WA I, 6, S. 415, zu Z. 1.

[35] wie oben zu Anm. 3, S. 331.

[36] Otto Behaghel, Deutsche Syntax (Germ. Bibl. hrsg. v. W. Streitberg, I. Abt. 10, Heidelberg, 1923 ff.), 3. Bd., S. 426 ff., § 1087, A, I.

[37] Hugo von Hofmannsthal, Im Grünen zu singen, I, Z. 7. Ges. Werke, 1. Bd., S. 19 (Berlin, 1924).

[38] Behaghel, aaO, S. 475 ff., § 1150 ff., ferner 1. Bd., S. 701, § 489.

[39] Erich Schmidt (WA I, 15/1, S. 180 und Burdach 1905 (JA), 14, S. 154) interpungiert die Zeile fälschlich; es ist des Chors ermunternde Antwort auf der Helena Zweifelrede V. 8524−8559, besonders V. 8527 ff.: „Komm ich als Gattin? Komm ich eine Königin?" usw. – hat also, der originalen, von Göttling kontrollierten Interpunktion gemäß, den Sinn: ‚als Königin'.

[40] In Burdach 1937 (WGA) (S. 147) setzt Burdach hinter ‚sie' Komma, ohne Rücksicht darauf, daß stilistische Gründe – Satz-, Zeilen-, Strophen-Ende; eine Apposition be-

reits in der Zeile vorher: ‚Des Paradieses Wonne' – und auch der Rhythmus an dieser Stelle die Apposition ausschließen.

[41] Bei diesem Beispiel ist es immerhin zweifelhaft, ob nicht Anrede vorliegt; man müßte sonst ‚Ahnherrn' erwarten. Doch ist die eilige Entstehung der einzigen Hs. zu berücksichtigen. Burdach hat jedenfalls gerade hier – anders als bei der „Liebchen"-Zeile – stets die zeichenlose Schreibung beibehalten: Goethe-Jahrbuch XI (1890), S. 5/39; Burdach 1905 (JA), 5, S. 430 (trotz der gegenüber dem Original hier „reichlicheren Interpunktion"); Vorspiel, Bd. 2, S. 264; ja selbst noch in Burdach 1937 (WGA), S. 174!

[42] Anzeige des „Divans", wie oben zu Anm. 30, S. 87/10 ff.

[43] Heusler, Deutsche Versgeschichte, 3. Bd., S. 359, § 1224, Beispiel 1. – Deutsche Dichtung, herausgegeben und eingeleitet von Stefan George und Karl Wolfskehl. Zweiter Band: Goethe. (3. Aufl. Berlin 1932) S. 76.

[44] Grete Schaeder im Kapitel ‚Die Einheit des West-östlichen Divans', S. 88 von Hans Heinrich Schaeders Buch „Goethes Erlebnis des Ostens" Leipzig, 1938.

[45] Zu Goethes Symbol-Begriff: „Nachträgliches" zu „Philostrats Gemälden". WA I, 49, S. 141 f.

[46] Burdach 1905 (JA), 5, S. 334; Schriften der Goethe-Gesellschaft, Bd. 26, S. 27.

[47] Burdach 1905 (JA), 5, S. 334.

[48] „Süßes Kind, die Perlenreihen", Z. 13 – zuerst so in Burdach 1905 (JA), 5, S. 137, dazu Anmerkungen S. 425 f.

[49] Ermatinger, Anmerkungen S. 236. – ‚Abraham' wieder in WGA, S. 167.

[50] Burdach 1937 (WGA), 5, S. 391.

[51] Rudolf Bach im Literaturblatt der „Frankfurter Zeitung", 71. Jg., Nr. 52 vom 25. Dezember 1938. S. 5 („Der Welt-Goethe").

[52] eben dort.

[53] WA I, 6, S. 388.

[54] Franz Zinkernagel, als Fürsprecher Paul Speisers: Zum west-östlichen Divan. Euphorion, 29 (1928), S. 229.

[55] Hans Gerhard Gräf, Ausgabe des „Divans" im Inselverlag, zuerst 1916: „Begünstigte Tiere" nach: „Auserwählte Frauen", statt nach „Wieder einen Finger schlägst du mir ein". Ebenso im Inselbuch Nr. 501.

[56] Verglichen wurden R – E – e – Cl, C – Cottasche Ausgaben von 1850, 1867 (Goedeke), 1869 und 1876 (Goedeke) – Loeper 1872 – Düntzer 1888 – WA 1888 – Ellinger 1903 – Burdach 1905 (JA) 1905 – Ermatinger 1913 – Richter 1926 – Burdach 1937 (WGA) 1937 – Inselbuch 1938.

[57] die Beispiele Nr. 1 bis 15, 25, 26, 28, 34 bis 39, 41, 43, 46, 48, bis 50.

[58] Gleichsam zu Burdachs Gunsten muß man hier allerdings einräumen, daß sein Urheber-Anteil denn doch so gering nicht ist. Soll man die Fehler wägen und nicht zählen, so kommt das Dutzend seiner eigenen Neuerungen ganzen Massen Goedekescher Zutaten gleich.

[59] zitiert nach Rudolf Bach, siehe oben zu Anm. 51.

[60] Burdach 1905 (JA), 5, S. V.

[61] WA I, 6, S. 349.

[62] 3. Band der Fest-Ausgabe des Bibliographischen Instituts, herausgegeben von Robert Petsch. Leipzig, 1926.

Zum Goethe-Text

Es soll Verleger geben, bei uns wie im Auslande, die sich zu einer Klassiker-Ausgabe tüchtig und gerüstet fühlen, wenn sie einen Vorrat holzfreien Papiers und soliden Binde-Materials ihr eigen wissen, die schönen Schrifttypen und blanken Maschinen einer modernen Druckerei zu ihrer Verfügung und einige namhafte Literarhistoriker, Essayisten, Dichter bereit, als Herausgeber zu zeichnen und, aus mehr oder minder neuer Schau, die erforderlichen Geleitworte abzufassen. Man will ja keine historisch-kritische Ausgabe für fertige Wissenschaftler, keine Studien-Ausgabe für werdende liefern, möchte das Publikum nicht mit Noten und Anmerkungen ermüden; bedarf also nicht der dauernden Mitarbeit eines oder mehrerer Gelehrten. Doch fügt sich allerdings die Ausgabe als ein Glied in die Kette der Überlieferung, indem man als Druckvorlage eine der zahlreichen bereits vorhandenen zugrunde legt, welche ihrerseits zumeist auf die nämliche Weise entstanden sind. Denn, nächst der Tantièmenfreiheit, ist ja dies die beglückende Eigenschaft der Klassiker: daß ihre Werke, wie an Wert so im Wort, unerschütterlich feststehen, daß mit dem Text nichts mehr passieren kann.

Lassen wir uns aber auf so boshaftes Geflunker nicht ein und nehmen vielmehr als bekannt an, daß ja erst heutzutage die (wohl endgültigen) historisch-kritischen Ausgaben der Werke Schillers und Hölderlins im Werden sind; daß die Akademie-Ausgaben der Schriften Hamanns, Jean Pauls, der Briefe Wilhelm von Humboldts bisher nicht beendet werden konnten, die des Wielandschen, eine des Immermannschen Werks auf lange, vielleicht für immer verloren gegeben werden müssen, und daß eine würdige Ausgabe Lichtenbergs überhaupt fehlt; erinnern wir uns ferner, daß erst in den zwanziger Jahren Albert Köster die Werke Theodor Storms aus einem wahren Crescendo des Verfalls in eine haltbare Form geborgen hat, daß die abschließende Gottfried-Keller-Ausgabe in der Heimat des Dichters heftig umstritten wird, – so ist es doch eine fast allgemein verbreitete Meinung: Goethe zum mindesten, von allem Anbeginn der unbestrittene Gipfel unserer Dichtung, unseres Schrifttums, umwimmelt und überlaufen von Philologen, Biographen, Deutern, – Goethe sei nun, zweihundert Jahre nach seiner Geburt, „unser", wenn nicht in jedem, so doch wenigstens in diesem Sinne eines vollkommen sicheren Text-Besitzes.

Auf die Gefahr hin, die Ärgernisse dieses Jahres zu vermehren – dieses sogenannten Goethe-Jahres, in dem sich unser Unvermögen, die Feste der Nation würdig und rein zu feiern, wie sie fallen, wieder einmal in Krampf, Verlegenheiten und krampfig-verlegener Ironie bekundet – auf diese Gefahr hin sei das offene Geheimnis ausgesprochen: daß Goethe auch hier die leidige Unzuverlässigkeit bezeigt, die es den Vielen von jeher so schwer gemacht hat, seiner froh zu werden.

Das fing schon früh an: Der junge Autor, durch seinen Götz in Deutschland, durch Werther in der Welt berühmt geworden, konnte sich lange nicht entschließen, seine Werke gesammelt herauszugeben. Er scheute die endgültige Fixierung; auch interessierte ihn Geschaffenes, Gewesenes nicht mehr: „Dann aber wieder zu was Neuen!" Er hat auch späterhin die eigenen Werke nur aus besonderer Nötigung wieder gelesen, hat manche von ihnen gar nicht im Hause gehabt, sie aus der öffentlichen Bibliothek entleihen müssen oder auf Auktionen, vergeblich, zu ersteigern gesucht. Nachdrucker machten sich diese Gleichgültigkeit zu Nutze, alle übertroffen von Himburg in Berlin, der 1775 und wiederholt „D. Goethen's Schriften. Mit Kupfern" herausbrachte. Vom Nachdruck hatten auch andere bedeutende Autoren zu leiden; bei Goethe aber war der Verlust nicht nur materiell, sondern traf, mittelbar, die Werke selbst. Als er nämlich, zur Zeit der Italienischen Reise, daran ging, eine eigene Sammlung seiner Werke herauszugeben, da wurden die Abschriften zur Druckvorlage nicht von den frühesten, besten Ausgaben genommen – die waren inzwischen selten geworden –, sondern aus Himburgs Nachdrucken, die eine von Auflage zu Auflage wachsende Anzahl von Fehlern mitschleppten. Ja wie ein Verhängnis war es, daß die Wahl unter verschiedenen fehlerhaften Nachdrucken meist gerade die verderbtesten traf. Auch in die späteren Gesamtausgaben (bei Cotta) von 1806 ff., 1815 ff. bis zu der „Ausgabe letzter Hand" von 1827 ff. pflanzten sich zäh viele der alten, oft versteckten Irrtümer fort – Auslassungen, Umstellungen, sinntrübende Änderungen, oft nur eines einzigen Buchstabens; und immer wieder herrschte, auch bei den rechtmäßigen Drucken, jenes Verhängnis: gab es von einem neuen Werk ihrer mehrere, so wurde wie ausgesucht nur zu oft der fehlerreichste zur Druckvorlage bestimmt.

So haben vor allem die bekanntesten Werke gelitten – Götz, Werther, Clavigo, Stella, aber auch Egmont, die „Lehrjahre" –, eben weil sie häufig wieder aufgelegt und gedruckt wurden. Sprödere Gebilde, wie die Natürliche Tochter, Pandora, die Wahlverwandtschaften, der West-Östliche Divan, sind daher weniger versehrt worden.

Der Werther nimmt eine besondere Stellung ein: ihn hat der Dichter für die erste Gesamtausgabe der Schriften von 1787 einschneidend umgearbeitet, auch im einzelnen; kaum ein Satz ist von der Feile verschont geblieben. Aber das Material, aus dem er hier schuf, war ein durch Himburgs Nachdruck entstelltes und getrübtes! Aus diesem oft nur silbenweise, aber hundertfach vom ursprünglichen Werk abweichenden Wortlaut ist der neue, endgültige hervorgegangen.

Auch eine spätere große Dichtung, die „Wanderjahre", die 1821 erschienen waren, hat Goethe als Achtzigjähriger nochmals gänzlich umgeschaffen; und wo der Text seiner Niederschriften und Diktate sich vom gedruckten unterscheidet, müssen wir uns oft genug fragen, was nun Absicht, was Versehen des Greises war.

Sein Vermächtnis schließlich, das „Hauptgeschäft" seiner letzten Jahre, den Zweiten Teil des Faust, hat er nur zur kleineren Hälfte gedruckt gesehen; er überließ die Handschrift der Sorge der Hinterbliebenen; und sie haben das Eindringen und Beharren bedeutender Fehler nicht verhindern können.

Fünfundzwanzig Jahre nach Goethes Tode, 1857, tat Heinrich Düntzer, der vielgeschmähte „Musenlose", dessen eifersüchtig-treue, unglückliche Liebe zu dem Großen uns heute zum Lächeln rührt, Vorschläge für „Herstellung einer vollständigen kritischen Ausgabe von Goethes Werken"; dabei wies er auf zahlreiche verschleppte Fehler und Schäden der bisherigen Ausgaben hin.

Etwa zehn Jahre später erregte dann ein Schriftchen von Michael Bernays Aufsehen: „Über Kritik und Geschichte des Goetheschen Textes". Es deckte als die Fehlerquelle die Himburgschen Nachdrucke auf und legte aus wenigen Werken eine bloße Auswahl von hundert oft erschreckenden Beispielen der Verderbnis vor.

Noch weitere zwanzig Jahre gingen hin, bis durch den Tod des letzten Nachkommen der handschriftliche Nachlaß Goethes der Forschung und der Öffentlichkeit erschlossen wurde: Das Goethe-Archiv in Weimar wurde gegründet und die historisch-kritische Gesamtausgabe seiner Werke, Briefe, Tagebücher entworfen und alsbald begonnen. Einhundertdreiundvierzig Bände sind es insgesamt, der erste 1887, der letzte 1919 erschienen.

Diese große „Weimarer Ausgabe", – auch Sophien-Ausgabe genannt, nach der Großherzogin von Sachsen-Weimar, die zur Erbin eingesetzt war – bleibt ein imposantes Monument, errichtet mit einer Unsumme von Wissen und Scharfsinn, von Fleiß und jener „Andacht zum Unbedeutenden", die Jacob Grimm vom Philologen fordert. Die gewaltige Menge der überlieferten Entwürfe und Bruchstücke, die Fülle handschriftlicher und gedruckter Lesarten zu den Werken, die sie in ihren Anhängen bietet, vor allem die Briefe und die Tagebücher machen sie zur unentbehrlichen Grundlage jeder ernsthaften Befassung mit Goethe, jeder wissenschaftlichen Arbeit über ihn.

Aber sie bleibt auch ein Denkmal ihrer Zeit, in der die Spezialisierung der Wissenschaft bereits erheblich und bedenklich vorgeschritten war.

Nicht weniger als achtundsechzig Gelehrte bildeten den Mitarbeiterstab, verstreut von Lemberg und Wien bis nach Straßburg, von Bern bis nach Hamburg und Glasgow; hochberühmte Greise und fähige Anfänger, dazwischen viele nach Jahren und Gaben Mittlere; aus ganz verschiedenen wissenschaftlichen Schulen und Richtungen. Mancher hat nur ein einziges kleines Stück herausgegeben; andere hatten große, ja übermäßige Lasten zu tragen; der oder jener starb über der Arbeit hin.

Diese kaum zu vereinende Vielzahl von Köpfen wurde gleich anfangs, noch ehe der erste Band erschienen war, des einzigen Mannes beraubt, der vielleicht imstande gewesen wäre, sie geistig, methodisch zusammenzufassen: durch den frühen Tod Wilhelm Scherers, des genialen Literarhistorikers und Philologen, dem die Leitung der Ausgabe zugedacht war.

Wohl waren gewisse Grundsätze der Bearbeitung durch Richtlinien festgelegt, die Scherer selbst noch hatte umreißen helfen; wohl überwachte jeden Bearbeiter ein Redaktoren-Ausschuß oder ein einzelner Redaktor. Aber die eigentlichen Schwierigkeiten, von der Materie her wie von den Personen der Herausgeber, traten erst während der Arbeit, im Laufe von Jahren, hervor.

Die ersten Bände waren, um das Interesse der Öffentlichkeit auszunutzen, die ungeduldige Erwartung nicht zu enttäuschen, sehr hastig herausgebracht worden. Bald wurden Übereilungen und Fehler offenbar, und der greise Düntzer, der nicht zur Mitarbeit gebeten worden war, begleitete das Erscheinen jeden Bandes mit bitterer Kritik. Auch als er verstummt war, blieb sie berechtigt.

Die Ausgabe, vornehmlich in ihrer Ersten Abteilung, den eigentlichen Werken, gleicht manchmal einem Tausendfüßler mit Gehstörungen: jedes Organ regt sich für sich, und kaum weiß eines vom nächsten, geschweige vom entfernteren. Der eine sucht, was der andere, freilich ohne es zu wissen, längst gefunden hat. Neben Meisterwerken der Editionstechnik – Sauers „Götz", Burdachs Divan-Band, den Lesarten zum Zweiten Teil des Faust, von Erich Schmidt – stehen die Halbarbeiten flüchtiger oder ungeübter Herausgeber; unzuverlässig im Wortlaut, unvollständig in den Lesarten, unzutreffend im Urteil über die Handschriften und Drucke. Und mitunter muß man von Glück sagen, wenn sich das Rechte wenigstens aus dem Anhang zusammensuchen läßt.

Gustav von Loeper, der Bearbeiter der Gedichte, ein edler Laie von reichem Wissen und großem Feingefühl, war doch in seinen letzten Jahren nicht mehr der Aufgabe gewachsen, gerade diese ersten Bände der Ausgabe aus der Unzahl der Handschriften befriedigend herauszuarbeiten. Er starb, und seine Nachfolger brauchten zwanzig Jahre und darüber, bis sie die fehlenden Lesarten und die Menge der Bruchstücke, mehr zerstreut als gesammelt, in unübersichtlichen Nachtragsbänden vorlegen konnten.

Der Herausgeber der „Wanderjahre", der mit Riesenfleiß und großer Kenntnis die Masse des Materials durchdrungen hatte, starb gleichfalls vorzeitig, und zu einem Teile der minutiösen Zeichen, mit denen er die Handschriften gesondert und gruppiert hatte, war der Schlüssel nicht zu finden.

Die „Wanderjahre" in ihrer ersten Gestalt, aber auch der ursprüngliche Werther wurden als selbständige Werke in der Ausgabe überhaupt nicht dargeboten; sie sind unbegreiflicherweise in die „Lesarten" der späteren Fassungen aufgelöst und so bis zur Unkenntlichkeit zersplittert worden.

Kurz vor dem Erscheinen des ersten Bandes der Werke wurde der „Urfaust" entdeckt, zehn Jahre nach dem Erscheinen des letzten der „Ur-Meister". Beide hochwichtigen Funde, Abschriften von Frauenhand, durch mundartliche Einflüsse getrübt, brachten zum reichen Zuwachs an Aufschlüssen auch neue kritische Fragen.

Verloren geglaubte eigenhändige Blätter Goethes tauchten unvermutet auf: Die Schlußszenen des Faust zum Beispiel, die Worte sogar des Chorus mysticus ganz am Ende, gewannen nun erst, Jahre nach dem Abdruck des Werks in der Sophien-Ausgabe, ihre endgültige Textform.

Während die Ausgabe erschien, verschob und änderte sich die Bewertung der verschiedenen Drucke. Neue Neben- und Seiten-Ausgaben wurden ermittelt, zum Teil von wichtiger Art; hätte man sie vorher gekannt, so wären die Texte manchmal anders ausgefallen.

Gerade die Sprachformen Goethes lassen sich nur beurteilen, die Fragen dieses Gebiets von Fall zu Fall sich nur entscheiden aus dem umfassenden Blick über das ganze Werk; und eben hierzu konnten, bei der aufspaltenden, spezialisierenden Anlage der Sophien-Ausgabe, nur wenige ihrer Mitarbeiter gelangen.

Nach alle dem wird es nicht Wunder nehmen, wenn wir die Weimarer Ausgabe der Werke nicht als die wünschenswerte Grundlage neuer Ausgaben bezeichnen können. Unter ihren Mängeln, die erst im Laufe der Zeit ins Bewußtsein traten, haben fast alle folgenden Ausgaben mehr oder minder leiden müssen. Der Text Goethes läßt sich aus ihr nicht einfach übernehmen, er will vom Kenner und in vorsichtiger Prüfung gewonnen werden.

Die Schwierigkeiten der Edition beginnen heute schon bei der Schreibung. Von dem Grundsatz der Weimarer Ausgabe: sie in der Form bestehen zu lassen, welche die „Ausgabe letzter Hand" bietet, ist man allgemein abgekommen. Diese Norm von 1830 ist nicht für Goethe charakteristisch, und uns würde sie heute nur stören. Man will sich daher, soweit nicht der Laut angetastet wird, nach der geltenden Schreibweise richten.

Aber wie ist das mit dem Laut? Hat ihn die neuere Orthographie nicht schon an einer Stelle unheilbar getroffen, indem sie das h aus Wörtern wie

Athem, Thräne, Thau ausmerzte? Karl Kraus, der große Zeit- und Sprachkritiker, hat auf den Tod dieses Buchstabens, dessen Seele ein Laut war, Verse bitterer Klage, ja der Anklage gedichtet. – Und wie, wenn der Laut bei Goethe selbst im Lauf der Jahrzehnte sich wandelt? wenn es die längste Zeit zum Beispiel „ohngefähr" heißt, und „ungefähr" erst zuletzt, als ein gelehrter Berater die „Ausgabe letzter Hand" normieren durfte? wenn z. B. „ergötzen" in den frühesten Ausgaben steht und auch wieder in den letzten, zwischendurch aber „ergetzen" lautet? – Soll man „ascetisch, Mycen, centaurisch" allenfalls das c zum z ändernd, stehen lassen, wie Goethe schrieb und drucken ließ; oder nach heutiger Weise „asketisch, Myken, kentaurisch" setzen? Soll man „Szepter" schreiben, weil es vielleicht einen Doppellaut bezeichnet, oder „Zepter", wie es die heutige Norm verlangt? – Soll man den oft so lästigen Apostroph dort bewahren, wo er das s im Auslaut stimmhaft erhalten hilft, in „leis'", „Ros'" und ähnlichen Formen der dichterischen Sprache?

Dies alles könnte man noch Kleinigkeiten nennen; obwohl der Laut, als das Urmaterial des Dichters, so wichtig ist wie in der Musik der Ton und die Farbe in der Malerei.

Aber wie ist es mit der Norm der Orthographie im Großen? Solange sie ungefähr so bliebe wie heute, möchte es hingehen. Was jedoch soll werden, wenn jene Reform-Bestrebungen sich durchsetzen, die in letzter Zeit laut, ja manchmal überlaut, geworden sind? Soweit man nach den bekannt gewordenen Proben urteilen kann, würde diese Reform in jedem Sinn auf die regelrechte Kurz- und Kleinschreibung der deutschen Sprache hinauslaufen. Lautung und Schriftbild unserer Klassiker, unzweifelhaft Bestandteil der geistigen Signatur des einzelnen Dichters wie seiner Zeit, – sollen sie, die schon durch die heutige Norm gelitten haben, vollends zerstört werden von einer kommenden? Oder wird unsere Schrift sich dann nach Alltags- und Feiertagsreden aufspalten, nach Gebrauchs- und Kunstsprache? Nähern wir uns einem Sanskrit, einer konservierenden Spezialform für Dichtung und Theologie, die besonders gelehrt und erlernt werden müßte?

Wie ist es mit der Interpunktion? Zu Goethes Zeiten vorwiegend musikalischphonetisch und hierin dem heutigen Brauch des Französischen und Englischen verwandt; von dem Dichter selbst oft vernachlässigt, dann wieder aufmerksam durchdacht und eigentümlich angewendet, – soll sie der heute geltenden geopfert werden, um morgen einer anderen Platz zu machen, die beispielshalber das Semikolon abzuschaffen gedenkt, dieses Zeichen der behutsamen Schwebe, das Goethe, wenn er es nicht vorgefunden hätte, gewiß erfunden haben würde? – Welche Zeichen Goethes sind unverständlich, mißdeutig geworden und also zu beseitigen? welche haben etwa eine noch nicht erkannte, heute anders auszudrückende Bedeutung? welche hingegen helfen uns dem Rhythmus seiner Verse mitschwingen, den Tonfall finden, ja das Verständnis erleichtern?

und wo wiederum darf und soll die moderne Interpunktion, zum Beispiel durch reichere Anwendung des Doppelpunkts, des Gedankenstrichs, sinnerhellend wirken?

Gewisse schwer verständliche Werke haben von den Deutungen der vielen Ausleger nicht Klärung, sondern neue Trübung erfahren. Spitzfindigkeiten sind durchgedrungen. Schon am Anfang des Faust, an den Versen der „Zueignung": „Mein Leid ertönt der unbekannten Menge" erörtert man mit Gründen hin und her, ob es nicht „Lied" heißen müsse. In der ersten Studierzimmer-Szene, wo es nach Wagners Abgang heißt: „Den leichten Tag gesucht und in der Dämmrung schwer / Mit Lust nach Wahrheit jämmerlich geirret", plädieren manche für „lichten Tag". Andere wollen im vierten Akt des Zweiten Teils, in der Hochgebirgs-Szene, die „Morgenstunde", von welcher der Kaiser spricht, in eine „Sorgenstunde" umwandeln. In Suleikas Lied vom Ostwind möchte man das „Diene Freunden und Betrübten" zu „Diene Freu'nden und Betrübten" ändern, und so weiter.

Das sind zum Teil Überlegungen, die von außen her an die Texte herangetragen wurden. Doch Handschriften und Drucke selber, deren oft eine große Zahl vorliegt, differieren untereinander. Nur ein Fall: In dem Gedicht „Die erste Walpurgisnacht" konnte man bisher lesen: „Der Wald ist frei / Von Eis und Reifgehänge". Eine Reinschrift von Goethes Hand, die neuerdings bekannt geworden ist, zeigt aber: „Eis- und Reifgehänge". Damit bestätigt sich die sonst schon gelegentlich gemachte Bemerkung: daß derartige Verbindungen bei Goethe viel häufiger sind, als sie im Druckbild erscheinen.

So begegnen wir – wie sich mit vielen weiteren Beispielen dartun ließe – auf Schritt und Tritt noch ungelösten Fragen, und neue treten hinzu. Sie sind nur scheinbar klein; wer ihre wahre Tragweite ermessen will, der lese den „Brief an einen Korrektor" von Hermann Hesse.

Jede einzelne fragliche oder strittige Stelle verlangt von einem Herausgeber, der den Namen verdient, eine selbständige Entscheidung. Goethes Wort gegen den Autoritätsglauben in der Wissenschaft gilt leider auch hier:

> Überliefrung, o du Tor,
> Ist auch wohl ein Hirngespinst,
> Nun geht erst das Urteil an!
> Dich vermag aus Glaubensketten,
> Der Verstand allein zu retten,
> Dem du schon Verzicht getan.

Die Folgerungen aber im Großen?

Die Sophien-Ausgabe von Goethes Werken bedarf der Ablösung durch eine neue, die ihre Ergebnisse erst wahrhaft fruchtbar machte, indem sie sie prüfend und schlußfolgernd zusammenfaßte und mit dem inzwischen Hinzugekommenen koordinierte, nach Grundsätzen, die unserer heutigen Einsicht entsprächen. In einem engen Zusammenwirken hieße es, zunächst nur für die eigentlichen „Werke", einen Text gewinnen, der Aussicht darauf hätte, auch in kommenden Zeiten verbindlich – um nicht zu sagen kanonisch – zu gelten. Solange ein solcher normativer Text fehlt, werden unsere Gesamtausgaben insgemein in diesem Hauptpunkt an den bewußten Mängeln weiter kranken müssen.

Das Erscheinen einer solchen Ausgabe wäre keine Sache von heute und morgen. Die gegenwärtigen wirtschaftlichen Schwierigkeiten würden uns ohnedies zwangsläufig vor jeder Übereilung bewahren; wir werden uns noch eine Weile mit Teil-Ausgaben begnügen müssen, deren Text sich freilich auch leichter zuverlässig gestalten läßt. Doch sollte man die notgedrungene Wartezeit bereits für die Vorarbeit nutzen. In Gemeinschaft mit einigen „musischen" Nichtfachleuten sollte ein nicht zu großer Kreis von Germanisten, die im Wesentlichen übereinstimmten, mit Goethes Welt geistig vertraut wären, dabei im philologischen Handwerk bewandert, erfahren in der Technik der Edition, sich beizeiten klar werden über den Umfang und die Art der Schwierigkeiten und darüber, wie ihnen zu begegnen sei; und dann an die Arbeit gehen. Je mehr Zeit man daran wenden könnte, den Grund dauerhaft zu legen, umso rascher und sicherer würde sich dann darauf bauen lassen.

Es gibt bei uns so viele Körperschaften, Fachverbände, Klubs, es finden so viele Tagungen, Sitzungen, Aussprachen statt, und so manche, von denen selbst jeder Teilnehmer im voraus weiß, daß sie ergebnislos verlaufen werden. Sollte es da ganz unzeitgemäß sein, eine Zusammenkunft vorzuschlagen, die wirklich, wenn auch auf begrenztem Gebiet, ein Ergebnis bringen könnte? Sollte nicht von den mancherlei Akademien, den Notgemeinschaften der Wissenschaft, die sich neu oder von neuem formieren, die eine oder andere es vermögen, einmal die nicht sehr vielen Wissenden zusammenzurufen, damit sie zu einer Goethe-Ausgabe, wie wir sie auf die Dauer nicht entbehren können, die ersten Schritte tun? Oder ist ein solcher Vorschlag im Deutschland des Goethe-Jahres, da doch so viel geredet wird, nicht der Rede wert? Und wäre seine Ausführung – wenn wir uns denn aufs Feiern so schlecht verstehen – nicht eine andere, würdige Form, den Großen zu ehren? „Des echten Mannes wahre Feier sei die Tat."

Erstdruck: Mitteilungen für den Buchhandel in der Französischen Zone. 15. Juli 1949, 4. Jahrgang, Nr. 14.

Das göttliche Wunder

Ein unerkannter Beitrag von Goethe

Immer wieder einmal vermehrt sich uns die Menge des von Goethe Hinterlassenen durch neue Aufschlüsse und Entdeckungen. Verhältnismäßig selten sind Arbeiten, die bereits zu seinen Lebzeiten im Druck erschienen sind, ohne daß doch die Forschung sie inzwischen erkannt und ihm zugewiesen hätte. Eine solche Arbeit können wir hier zum ersten Mal vorlegen:

Goethes Tagebuch vom 30. Dezember 1814 beginnt mit der Aufzeichnung ‚Das Göttliche Wunder aus dem Holländischen‘. Dieser lakonische Vermerk war bisher ein Rätsel, auf das in Goethes Schriften, Briefen, Gesprächen sonst nichts erhellend hindeutete. Durch den folgenden Beitrag löst es sich. Er steht in der Weimarer Zeitschrift ‚Curiositäten der physisch-literarisch-artistisch-historischen Vor- und Mitwelt; zur angenehmen Unterhaltung für gebildete Leser‘, und zwar in des Vierten Bandes I. Stück 1815, als Nummer II, auf den Seiten 28 bis 32. Die unterschriebene Chiffer, ‚G.‘ setzt, im Verein mit der Tagebuch-Notiz, Goethes Urheberschaft außer Zweifel (unten S. 13).

Man wird fragen: wie ein derart umfangreiches und noch dazu signiertes Stück Prosa an dieser Stelle so lange unbemerkt bleiben konnte. Nun, es gibt ‚offenbare Geheimnisse‘ – Goethe spricht oft von ihnen: sie liegen am Tage, und keiner nimmt sie wahr, weil herkömmliche Vorstellungen den Blick befangen. So hat die feste Formel von Goethe dem ‚großen Heiden‘ es wohl verhindert, daß zwischen ihm und dem ‚Göttlichen Wunder‘ die Verbindung hergestellt wurde. Herkömmliche Vorstellungen beruhen häufig auf Urteilen einer Wissenschaft, welche selbst inzwischen schon lange weiter vorgedrungen ist. Seit Jahr und Tag besteht kein Zweifel mehr darüber, daß Goethe zu jeder Zeit, im Nein wie im Ja, religiös war, das heißt, in lebendiger Beziehung zum Göttlichen stand; daß die immer erneute Auseinandersetzung mit dem Christentum sein ganzes Leben durchzogen hat; daß sein Werk, seine Bild- und Sprachwelt innig mit biblischem Erbe durchdrungen ist.

Das ‚Göttliche Wunder‘ erscheint uns, bei allem Anteil, den es vom Gegenstand her erwecken mag, vornehmlich wichtig durch die Zusammenhänge, in die es sich einfügt. Sie darzulegen, und damit ein näheres Verständnis zu erschließen, bedarf eingehender Ausführungen, welche wir dem Neudruck des originalen Textes folgen lassen.

DAS GÖTTLICHE WUNDER
Aus dem Holländischen
(Nebst einer, nach dem Originale gefertigten, Abbildung auf Taf. I.)

Im Jahre 1677 erschien zu *Amsterdam* bei Jacobus Robyn (in de Nieuwebrugh-Steegh, in de Stuurmann) ein großes ansehnliches Kupferblatt, das unter dem Titel Het Goddelyck Wonder, eine Wunderkur darstellt, welche mit unsern neuesten Erscheinungen der medicinischen Mystik, und den Wunderkuren der Sympathie, des animalischen Magnetismus, des Somnambulismus usw. in zu naher Verwandschaft zu stehen scheint, als daß wir sie nicht zu Nutz und Frommen der Starkgläubigen unserer Zeit hier unsern Lesern mittheilen sollten.

Folgendes ist der ziemlich ausführliche gedruckte Text unter diesem Kupfer.

„Das göttliche Wunder, geschehen zu *Amsterdam*, im dem Jahre 1676 an *Jaske Klaes*, verheirathet an *Rincke Abbis*, Schiffsmann. Sie, geboren zu *Harlingen* in Friesland und seit 32 Jahren wohnhaft zu Amsterdam, gegenwärtig 49 Jahr alt, war 14 Jahre lahm, an beiden Beinen von der Hüfte hinab, das eine völlig taub und gefühllos, so daß es mit keinem Dinge konnte versehrt werden, auch kein Nagel daran wuchs, dergestalt, daß sie nur an der Erde kriechen konnte, in einem Wägelchen gefahren, oder auch, wie ein Kind, auf den Armen getragen wurde. Nun, durch die Gnade Gottes und zur Verwunderung der ganzen Welt, ist sie wieder genesen auf solche Weise wie wir getreulich aus ihrem eigenen Munde aufgeschrieben.“

So lauten ihre Worte:

„Es war zwischen dem 13. und 14. Dienstag und Mittwoch im Oktober zu Mitternacht, daß ich die Glocke hörte Ein Uhr schlagen, und die Schaarwacht auch so rufen hörte. Ich kehrte mich auf meine rechte Seite und legte meine Hände oben auf die Decke, und so befiel mich wieder der Schlaf, dann ward ich an meinem rechten Arm, über der Hand, angegriffen, worüber ich aufwachte und nicht recht wußte, was das war. Dann werde ich zum zweitenmal an derselben Stelle mit einer kalten Hand angefaßt, worüber ich sehr erschrak, doch sprach ich nichts, denn ich war entsetzt. Aber als ich zum drittenmal angegriffen ward, sprach ich also: „Sehr lieber Herr! was ist's, das hier an meinen Arm kommt?“ Hierauf erhielt ich Antwort mit deutlichen Worten: „Erschrecket nicht, ich komme im Namen des Vaters, des Sohnes und des heiligen Geistes. Euer Jammer, darin ihr lange Jahre gewesen, soll aufhören, eure Bewegung und Gang soll euch wiedergegeben werden von Gott dem Herrn.“ Da richtete ich mich auf, und saß gerade in meinem Bette, legte meine Hände zusammen und sprach: „Sollte ich armer sündiger Mensch so glücklich seyn und meinen Gang wieder kriegen?“ worauf ich zur Antwort erhielt: „Er soll euch werden, aber haltet es verborgen bis auf näheren Bescheid." Da sprach ich überlaut, so daß es die über mir wohnende Nachbarin gehört hat: „O, lieber Herr! hätte ich doch Licht, daß ich sehen möchte, was mir hier wiederfährt." Unterdessen hatte ich meinen Mann bey dem Arm genommen, ihn aufzuwecken, doch er ward nicht munter. Da erhielt ich wieder zur Antwort: „Das Licht soll euch von Gott gegeben werden, eure Augen sollen geöffnet werden;" und damit kam ein helles Licht durch die ganze Kammer, und ich, über meine rechte Schulter niedersehend, sah ganz klar und deutlich, gleich wie ein Mensch den andern sieht, einen *Jüngling*, ungefähr so groß als ein Kind von zehn Jahren, mich sehr freundlich ansehend. Er hatte gelbes, krauses Haar, kurz wie die Mohren und ein weißes Kleidchen an, das hing ihm bis auf die bloßen Füße. Hierüber hatte er ein Ueberkleid, mit flachen Falten, auch weiß. Er wandte sich sachte herum und trat zwei Schritte weg, und mit dem dritten Schritt, als er seinen rechten Fuß niedersetzte, verschwand er mit seinem Licht. Da sprach ich: „o, Herr! soll ich euer Himmelslicht nicht länger genießen, als für so kurze Zeit?" Da legte ich mich wieder und blieb im Gebet zu Gott, nach meinem geringen Vermögen. So lange ich das Licht sah, habe weder ich noch das Kind etwas gesprochen, noch dachte ich in dieser Zeit an meinen Mann, noch an irgend irrdische Dinge. Kurz hernach schoß es aus meiner rechten Hüfte, wie ein Strahl laues Wasser, bis zur großen Zehe, wo ich Leben fühlte, und sie mit meiner Hand angriff, sagende: „O Herr! gebt ihr mir nun Gefühl wieder, das ich so lange Jahre nicht gehabt habe?"

Und als es nun Tag wird, und mein Mann ausgegangen war, kroch ich aus meinem Bette, und als ich Veränderung in meiner Zehe fühlte, wollte ich probieren, ob ich nicht auch stehen könnte: mit beiden Händen hielt ich mich an der Bettstelle fest, um mich aufzurichten, aber ich fiel und konnte nicht mehr stehen als vorher. So kroch ich fort und ward Mittwoch und den folgenden Tag ganz wehmütig, konnte nicht essen, sondern brachte die Zeit meist mit Weinen zu, zur Verwunderung meines Mannes und Anderer, die mich nach der Ursach fragten. Doch ich gab Niemand zu erkennen, was ich gefühlt, gehört und gesehen hatte.

Als es nun am zweiten Tage, nämlich Donnerstag den 15. Oktober Abend geworden, ungefähr sechs Uhr, saß ich in der Küchen am Heerde, um etwas Fisch zu kochen, besonders um meines Mannes alte Mutter, die krank lag, mit einer sauern Brühe zu erquicken, und als mein Mann mir den Schaumlöffel gegeben hatte und aus der Küche gegangen war, nach vornen zu, da kam mir ein starkes Geräusch in beide meine Ohren, und das ging mir durchs ganze Leben, durch alle meine Glieder, sagende: „Euer Gang ist euch von Gott gegeben. Verkündigt Niemand, was euch wiederfahren ist, aber geht zu eurem Mann in sein Gemach." Doch war dies keine äußerliche Stimme. Da stand ich sogleich auf mit diesen Worten: „O allmächtiger, guter himmlischer Vater!"

und ging aus der Küche nach der Vorderthüre zu, meinende, mein Mann säße
draußen, aber er war in die Seilkammer gegangen, und als ich wieder umkehr-
te, sah er mich vor dem Thürfensterchen vorbeigehen, verwunderte sich und
dachte: Wie kann eine Frau in's Haus kommen, da die Thür zu ist? Da begrüßte ich meinen Mann, sagende: „Mein lieber Mann, Gott hat mir meinen Gang
wiedergegeben, wir werden wieder zusammen gehen, das wir beinahe in vierzehn Jahren nicht gethan haben." Er aber, sehr erschrocken als vor einem
Geist, wich zurück und sagte: „Ihr seyd es nicht!" Darauf wollte ich meine Arme um seinen Hals schlingen, er aber wandte sich weg; da kam meine Tochter
mit ihrem Licht, sie hatte im Winkel des Heerdes gesessen, als ich aufstand,
aber sie, das Wunder sehende, war verstummt, nicht wissend, was es bedeuten
sollte. Da sagte mein Mann zu ihr „sollte das wohl eure Mutter seyn?" worauf
sie antwortete: „Ja Vater, seht euch nur um und seht, daß das meine Mutter
ist." Endlich, seine Hand zweifelhaft ausstreckend, sagte er: „Nun, wenn ihr
es denn seyd, so gebe ich euch meine Hand in Gottes Namen."

Dieß ist von dem Herrn, was an Geringen und Unbekannten geschah, als sie
in tiefer Bedrückung saßen, welche umständliche Erzählung die Sache vollkommen bestättigt, und wem die Ehre Gottes so viel werth ist, der kann es aus
ihrem eigenen Munde hören, so lange ihr Gott das Leben läßt: denn sie woh-
net auf *Prinzen Eiland* bei *Amsterdam*, in welcher Behausung die obenstehen-
de Abbildung nach dem Leben gezeichnet ist.   *Johannes Luyken.*

In unserer Zeit, wo so manche wunderbare Krisen zur Sprache kommen, durch
welche sich die Natur, theils aus eigenem Vermögen, theils durch kräftige Veranlassung, zur Heilung verhilft, ist die vorstehende Geschichte bedeutend genug, wie sich ein veraltetes Uebel in der Lichtform eines himmlischen Kindes
auflöst, wozu sich noch verschiedene Parallelgeschichten erzählen ließen.   G.

Zur Erläuterung

I.

Die ‚Curiositäten' erschienen seit 1811 im Verlag des H. S. priv. Landes-Indu-
strie-Comptoirs zu Weimar; sie wurden herausgegeben von Christian August
Vulpius (1762–1827), dem Bruder Christianens und Schwager Goethes. Auch
er hatte sich, auf seine Weise, in der Literatur einen Namen gemacht: durch
den Räuberroman ‚Rinaldo Rinaldini', der in ganz Europa verbreitet war und
nachgeahmt wurde. Im übrigen war er ein braver Bürger, akademisch gebildet,
belesen, von pedantischem Fleiß, und hatte es in seiner Heimatstadt Weimar,
nicht ohne verdiente Förderung durch den Minister v. Goethe, zum Bibliothe-

kar an der Herzoglichen Bibliothek gebracht. Aus ihren alten und seltenen
Büchern und Handschriften entnahm er meist das Material seiner ‚Curiositäten‘; überdies gewann er die Mitarbeit manches angesehenen Gelehrten. Auch
Goethe hat mehrmals zu der Zeitschrift beigetragen: in ihrem zweiten Jahrgang (1812) erschien als ‚Denkschreiben‘ sein bedeutender kleiner Aufsatz
‚Der Tänzerin Grab‘, sowie seine Untersuchung über ‚Zwei teutsche Altertü-
mer‘, Klanginstrumente und Armringe. Das gesteinskundliche Gutachten eines
‚Kenners‘, das mit der Unterschrift ‚G.‘ und dem Datum ‚Weimar, den 11. Mai
1816‘ einem Aufsatz von Vulpius im fünften Bande eingefügt ist, rührt ebenfalls von Goethe her.

Zu diesen Beiträgen tritt nun der vorliegende hinzu. Er besteht aus mehreren Teilen: Von Goethe selbst stammt unzweifelhaft die abschließende Bemerkung. Hingegen gehören die wortreichen einleitenden Zeilen, die sich dem Inhalt nach mit ihr überschneiden und im Ton – zumal in dem ironischen Appell
an die ‚Starkgläubigen‘ – ganz von ihr abstechen, wohl dem Herausgeber Vulpius; darauf deutet auch die Wendung an ‚unsere Leser‘. Das Hauptstück jedoch, die Übersetzung, muß von Goethe abgefaßt sein: mit dem knappen
Schlußwort allein ließe sich weder seine Namens-Chiffer unter dem Ganzen
rechtfertigen, noch die genaue Erwähnung in seinem Tagebuch.

II.

Aus dem Holländischen hat Goethe sonst, nach unserem Wissen, nichts übersetzt; auch hatte er wohl kaum Veranlassung. Der bedeutende Beitrag der
Niederlande zu den Wissenschaften war vornehmlich in lateinischer Sprache
abgefaßt; volkstümliche Werke (wie Dappers Reisebeschreibungen) lagen in
deutscher Übersetzung vor, und von der eigenen nationalen Dichtung ist damals wohl nur sehr wenig nach Deutschland gedrungen. Das verwandte Nieder-
deutsche war Goethe nicht fremd; so hat er sich eingehend mit den mundartlichen Dichtungen des Diederich Georg Babst beschäftigt und sich von ihnen
zu eigener Produktion anregen lassen. Auch war er, als Sammler von Kupfer-
stichen, immer wieder dazu genötigt, die Unterschriften und mitunter ausführlichen Texte der niederländischen Blätter zu studieren. Immerhin bleibe die
Frage offen, ob Goethe etwa den Rat eines Sprachkundigen eingeholt oder
– wie bei seiner Übertragung der Friedrichs-Rede Johannes v. Müllers – einer
von ihm veranlaßten Rohfassung Form gegeben habe. Die deutsche Gestalt
des Berichtes trägt jedenfalls, obwohl offenbar treu gebunden an den Original-
text, in ihrer leise altertümlich gehaltenen Einfachheit, die manchmal fast einen
biblischen Klang hat, das Gepräge seiner künstlerischen Hand, wie sich bis in
Eigenheiten der Wortwahl und der Satzfügung – z.B. an dem Gespräch zwischen Mann und Frau – dartun ließe.

Es ist übrigens auch ein Stück holländischer Literatur, das hier übersetzt wurde: Johannes (Jan) Luyken (1649–1712), von dessen graphischen Fähigkeiten die grobe Nachbildung in den ‚Curiositäten' bloß einen kümmerlichen Begriff gibt, war nicht nur bildender Künstler, sondern hat sich auch, als Jüngling schon, mit lyrischen Dichtungen hervorgetan.

Um Goethes Anteil völlig zu würdigen, müßten wir allerdings den Urtext kennen. Hierzu könnte vielleicht das Goethe-Nationalmuseum in Weimar behilflich sein; denn dort, in Goethes Kunstsammlungen, dürfen wir das Blatt vermuten. Jan Luyken gilt als einer der besten holländischen Kupferstecher nach Rembrandt und war einer der fruchtbarsten: man kennt von ihm über dreitausend Blätter, zumeist Buchillustrationen biblischen Inhalts.

Fast sieht es so aus, als sei Goethe damals erst auf den Künstler entschieden aufmerksam geworden; wenigstens kommt der Name im Tagebuch und in den Briefen nur späterhin vor. So erwähnt er am 28. Oktober 1817 ‚große Blätter von Niederländern … bildliche Zeitungen, die im 17. Jahrhundert sehr Mode waren' und nennt ausdrücklich Luyken. ‚In allen diesen Blättern ist eine Art Poesie, wodurch der Vorfall eindringlich wird.' Das gilt von dem ‚Göttlichen Wunder' wohl in besonderem Maße. Hier kam nun noch die eigentümliche, in gewisser Weise ergreifende Beschreibung hinzu. Wichtiger als dieses beides war aber wohl der Zeitpunkt, zu welchem Goethe Bild und Erzählung kennen lernte.

III.

Die Rhein- und Main-Reise des voraufgegangenen Sommers hatte in Goethes Leben den Höhepunkt und zugleich den Abschluß einer Epoche bedeutet, die mit der Napoleonischen Herrschaft über Deutschland nicht nur zeitlich zusammenfällt, sondern innerlich zusammenhängt.

Kurz nachdem er in der Schrift über Winckelmann (1805) noch einmal allen Glanz der Antike im Widerschein hatte aufleuchten lassen, war mit Schillers Tod und durch die Niederlagen bei Austerlitz und bei Jena die Kraft gelähmt und jede äußere Voraussetzung zerstört worden, weiterhin von Weimar aus die Künste zur griechischen Form anzuleiten. Nun, da das Heilige Römische Reich aufgelöst, der kirchliche Besitz verteilt war und Volk und Land darniederlagen, hatte Goethe, stets auf Bewahren bedacht und Unterliegendes zu stützen gewohnt, sich im Stillen allem zugewandt, was ihm zur geistigen Festigung der Nation dienlich schien. So ging er ins deutsche Mittelalter zurück, dem er seit seiner Straßburger Zeit sich so ganz entfremdet hatte, und begegnete dort aufs neue einer kraftvollen weltlichen, einer starken geistlichen Kunst, und dem ‚christlichen Olymp' der Heiligen und Seligen.

Wie er nun die Nibelungen studierte und vorlas, Dürers Zeichnungen pries, an einem deutschen historischen Volksbuch, einem Volksbuche deutscher Lyrik arbeitete, mundartliche Dichtung förderte, Volkslieder lobte – da traf er überall zusammen mit den bisher gemiedenen Romantikern, und er stellte eigene Ansichten und Absichten zurück, um alle, die er als redlich und ernsthaft ansah, zu einheitlichem Tun für das Große Ganze verbinden zu helfen. So kommt es zu der Annäherung an die Maler Friedrich und Runge, zur Förderung des Dichters Zacharias Werner, zur (verfehlten) Weimarer Aufführung von Kleists ‚Zerbrochenem Krug‘, zum Verkehr mit Arnim, Bettina Brentano, den Brüdern Grimm, Adam Müller, zu neuer Berührung mit Friedrich Schlegel.

Den Deutschen verheißt er damals ‚die erste Stelle in Wissenschaft und Kunst‘ und gibt ihnen in ‚Dichtung und Wahrheit‘ an seinem einzelnen Lebensgange das dauernde Bild eines großen Abschnitts ihrer Staats- und Geistesgeschichte.

Freilich, sie enttäuschen ihn oft genug. Auch die Selbstverleugnung, die er gegen einzelne geübt, bringt Rückschläge. Künstlerische Schwäche, die sich mit christlicher Gesinnung, und gar modisch berechnend, umkleidet, kann seinen höchsten Zorn erregen. Alle ‚Neukatholiken‘ werden ihm von vornherein verdächtig. Und unter seinen Anhängern aus dem romantischen Lager wittert er manche, die ihn ‚als eine Puissance ansehen und bes... ‘ (Tagebuch vom 1. Februar 1808). Darum ist er den Schlegels ausgewichen, darum entfernt er sich von Adam Müller und Kleist, von Arnim und Bettina, darum schüttelt er den einst begünstigten Werner ab.

Zuweilen überkommt ihn auch eine jähe Auflehnung gegen die ‚Absurditäten‘ des Dogmas. Immer wieder einmal sehen wir die beiden Strömungen des achtzehnten Jahrhunderts in seinem größten Sohn sich mischen, ‚unwillig, wie sich Feuer gegen Wasser / Im Kampfe wehrt‘: den selbstherrlich starken Verstand des Aufklärers und ein innig Gott suchendes Gefühl.

Aber alles das ‚gereicht zu höherem Gewinne‘. Geblieben ist ihm aus jener Zeit – von vielen dichterischen Früchten und Antrieben abgesehen – vor allem die Einsicht, daß Glaube der Quellgrund aller schöpferischen Kräfte ist. Auch sein Verhältnis zum Christentum und zu den Kirchen hat sich damals wohl endgültig bestimmt.

Als 1812 im siebenten Buch von ‚Dichtung und Wahrheit‘ der Abschnitt über die Sakramente des Katholizismus erschien, waren protestantische Freunde befremdet, ja bestürzt. Man wollte die Worte als Zugeständnis an den Zeitgeist entkräften; doch Goethe versicherte, das sei ‚wirklich seine Überzeugung‘. Mit Recht ist vermutet worden, daß hierzu die Bekanntschaft mit Sulpiz Boisserée (1811) beigetragen habe, dem Wiederentdecker und Sammler deutscher mittelalteriger Kunst, dem Erneuerer des Kölner Domes. An diesem herzhaften Manne, der bald sein Freund und Vertrauter wurde, fand Goethe das Gegenbild aller schwächlichen Mode-Mystik; an ihm stärkte sich sein Glaube und sein Wunsch, zu versöhnen und aufzubauen; was zu dem paradoxen Vorschlag führen konnte: man möge das Reformations-Jubiläum (1817) so begehen, daß ‚es jeder wohldenkende Katholik mitfeierte‘.

IV.

In jenem Sommer 1814 nun hatte Goethe nach siebzehnjähriger Pause die Heimat wieder besucht; hatte in Frankfurt bei den Verwandten Schlosser gewohnt und besonders mit dem geistvollen Christian Heinrich, einem ‚Neukatholiken‘, sich befreundet; war bei Brentanos im katholischen Rheingau zu Gast gewesen, hatte teilgenommen am Rochusfest zu Bingen, ja für die Kapelle des Heiligen ein Bild zu stiften gelobt. Dann war er nach Heidelberg gefahren, zu Boisserée und den Seinen und ihrer Gemäldesammlung. Vierzehn Tage hatte er vor den frommen Tafeln verweilt, ‚Stein, Heilge, Samt und Gold‘ betrachtend, und ungeahnte Farben.

Den überwältigenden Eindruck sucht er jedoch zu mäßigen und ins Gleiche zu setzen, indem er ihn geschichtlich faßt. Denn er tritt nun auf eine neue Stufe: heitere weite Übersicht, Geltenlassen, Duldung, Liebe werden seine Leitworte. Napoleon war besiegt, die Zeit der deutschen Selbstbesinnung schien vorüber, die Stunde gekommen, ‚uns zu erneuen, insofern wir noch eine Haut abzuwerfen haben‘.

‚Nun aber soll mein Blick entbrennen / In fremde Zeiten auszuschaun.‘ Jetzt kann er sich in seiner Lebensbeschreibung – auch hier manches ‚Einseitige‘ belächelnd – der italienischen Zeit wieder zuwenden, aus der sein Klassizismus erwachsen war. Die niederländisch-deutschen Bilder erblickt er nun im Zusammenhang einer Tradition, die von Byzanz, von Kleinasien herkommt. Und auf der ganzen Reise hat ihn bereits der ‚Divan‘ (Gedichtsammlung) des Mohammed Schemseddin Hafis begleitet und zu eigenen Liedern erregt. Diesem persischen Sänger des vierzehnten Jahrhunderts vergleicht er sich an Alter, Schicksalen, Sinnesart und auch, ausgehend von dem Beinamen Hafis = der Korankundige, an Kenntnis der Heiligen Schrift. Zwar blieb auch bei diesem Aufschwung der Rückschlag nicht aus: mitten im heitersten Singen befällt ein Unmut den Dichter, und die Glaubenslehren des Islam wie des Christentums reizen ihn zu bitter-höhnischen Strophen. Noch vom Dezember 1814 stammt die Notiz: ‚Das Abscheuliche, wohin das System der Einheit Gottes führt. Das Absurde, daß man ihm alle Namen (Prädikate) geben muß.‘ Im folgenden März jedoch zählt eine herrliche Hymne dann die ‚Beinamen der Allgeliebten‘ auf, nach eben jenem geschmähten Vorbild von ‚Allahs Namenhundert‘! Und schon zu Ende Januar hieß es, in einem Brief an Christian Heinrich Schlosser:

Was mich aber jetzo beinahe ausschließlich beschäftigt, gesteh ich Ihnen am liebsten, da ich dabei mit Freude Ihrer gedenken kann. Ich habe mich nämlich, mit aller Gewalt und allem Vermögen, nach dem Orient geworfen, dem Lande des Glaubens, der Offenbarungen, Weissagungen und Verheißungen.

Gleichzeitig mit dem Entschluß: von dem einzelnen persischen Sänger fortzuschreiten in die ganze Weite des Orients, von den ‚Liedern an Hafis‘ zu einem deutschen, zum ‚West-östlichen Divan‘, kündigt sich hier ein Übergang höherer Art an: aus der Skepsis, die Goethe selber dem tätigen Mannesalter zuspricht, zur Weltanschauung des Greises, dem Mystizismus.

Der Umschwung hat sich offenbar zu Ende Dezember 1814 vollzogen. Schon am 23. Dezember werden die Gedichte des Sommers durchgearbeitet, Spitzen und Schärfen entfernt, jene gehässigen Strophen unfertig beiseite gelassen. Und am 24. Dezember, am Heiligen Abend, entsteht zu dem noch werdenden ‚Divan‘-Ganzen ein Prolog, der bereits in dem Titel ‚Hegire‘ – epochemachender Ortswechsel – die Tragweite der neuen Wendung anzeigt. Wenige Tage danach folgt der Epilog ‚Gute Nacht‘. Beide Rahmengedichte bezeichnen das Ziel dieser geistigen Orient-Reise: das ‚Paradies‘, wie sichs der Dichter aus Elementen des christlichen und des mahometanischen Jenseits, ja des griechischen Elysium auferbaut. Das ‚Gute Nacht!‘ schließt sich seinerseits eng der Legende von den Siebenschläfern an, die ihm, auch der Entstehungszeit nach, unmittelbar vorangeht.

Die ‚Siebenschläfer‘-Legende wiederum wird in Goethes Tagebuche zum ersten Mal am 29. Dezember 1814 erwähnt, als letzter Eintrag dieses Tages. Und die nächstfolgende Notiz, unter dem 30. Dezember, ist die vom ‚Göttlichen Wunder‘!

Was diese aufs engste benachbarten Arbeiten Goethes verbindet, ist deutlich: beide gehören zu jenem neu betretenen Bereich ‚des Glaubens‘; beides sind Wundergeschichten mit lichten Knabengestalten im Mittelpunkt.

Das ‚himmlische Kind‘ auf Luykens Stich muß den Dichter auch an die Heidelberger Gemälde erinnert haben:

meine Blätter (niederländische spätere Meister) ... weiß ich erst recht in ihrer Maße zu ehren, da ich die Trefflichkeit ihrer Vorgänger kenne, von denen sie eine so gründliche Überlieferung erbten ... (an Boisserée, 19. November 1814).

Den Rückblick zu diesen Bildern und die neue Wendung nach Osten vereinigt auch das Gedicht, das, am ‚Christfest 1814‘ gleichzeitig mit ‚Hegire‘ entstanden, Goethes Porträt nach Heidelberg begleitete:

> Der Abgebildete
> Vergleicht sich billig
> Heilgem *Dreikönige*,
> Dieweil er willig
> Dem Stern, der ostenher
> Wahrhaft erschienen,
> Auf allen Wegen war
> Bereit zu dienen ...

So bringt beinahe jeder Tag damals ein Zeugnis jener glaubensfrohen Stimmung – ihr Inbegriff sind, in einem Neujahrsbrief an Boisserée, die allüberwölbenden Verse:

> Gottes ist der Orient,
> Gottes ist der Okzident;
> Nord- und südliches Gelände
> Ruht im Frieden seiner Hände.

V.

Das Nachwort zum ‚Göttlichen Wunder‘ spricht freilich zuvörderst von der ‚Natur‘, die sich durch Krisen zur Heilung verhilft; und scheint also ein übernatürlich-unmittelbares Eingreifen von oben, das eigentliche ‚göttliche‘ Wunder, abzulehnen. Aber das Beiwort ‚wunderbar‘ zu dem Worte ‚Krisen‘ gibt auch wieder ein Gegengewicht. Goethe hat Gott und Natur nicht durchaus gleichgesetzt. In einem seiner Briefe an Christian Heinrich Schlosser formuliert er ausdrücklich sein ‚Glaubensbekenntnis‘:

a) In der Natur ist alles, was im Subjekt ist.
y) und etwas drüber.
b) Im Subjekt ist alles, was in der Natur ist.
z) und etwas drüber.
b kann a erkennen, aber y nur durch z geahnet werden … Das Wesen, das in höchster Klarheit alle viere zusammenfaßte, haben alle Völker von jeher *Gott* genannt.

‚Wunderbare Krisen‘ durch ‚kräftige Veranlassung‘ methodisch hervorzubringen, gehörte wesentlich zu dem Verfahren des sogenannten ‚tierischen (animalischen) Magnetismus‘, das der Arzt Franz Mesmer gegen Ende des 18. Jahrhunderts entwickelt hatte. Zahlreiche Nachfolger setzten sein Werk fort, Schwärmer und Schwindler bedienten oder berühmten sich ähnlicher Künste, die romantische Naturforschung hatte manches aufgenommen, die Literatur den Stoff zu erregenden Wirkungen benutzt.

Goethe, der sonst lediglich, bei sich wie bei anderen, ein Ineinanderfließen von Poesie und Forschung zu verhüten suchte, im übrigen jedoch das ‚Magische der Natur‘ und das Wunderbare überhaupt, zum mindesten als Element der Dichtung, anerkannte, ja noch im Aberglauben die ‚Poesie des Lebens‘ schätzte – vom ganzen Bereich des ‚Mesmerismus‘ hat er sich dennoch durchaus ferngehalten: ‚die Sache ist weder ganz leer noch ganz Betrug. Nur die Menschen, die sich bisher damit abgegeben, sind mir verdächtig‘, das war von Anfang an sein Urteil, sein Empfinden.

In jenen Jahren nach 1806 aber hat er, zum Teil unmittelbar im Verkehr mit Ärzten und Forschern (G. H. v. Schubert, Windischmann, Schelver, Kieser usw.), Kenntnis genommen von den Bestrebungen der Romantik, die der

‚Nachtseite der Naturwissenschaft' (eine Formulierung v. Schuberts) besonders zugeneigt war.

In den ‚Wahlverwandtschaften' läßt er einen der besuchenden Engländer Pendelversuche mit Ottilie anstellen: die Erscheinungen werden beschrieben und als natürlich-wunderbar zugegeben: doch den Vorschlag zu einer magnetischen Kur weist die besonnene Charlotte hastig und mit einem Schauder zurück, in dem des Dichters eigene ‚Apprehension' mitschwingt.

Besonders eingehend, vermutlich auf Anregung von Kieser, beschäftigte ihn der tierische Magnetismus dann gerade um 1814. Er studierte im Dezember 1813 die nüchterne ‚Darstellung' des Berliner Mediziners K. A. F. Kluge (von 1811); im Januar 1814 las und erörterte er die Beschreibung eines einzelnen Falles durch den Baron v. Strombeck (1813), und bald nach seiner Reise entlieh er aus der Bibliothek das neu erschienene Werk des Hannöverschen Obermedizinalrats Johann (Israel) Stieglitz. In diesem Buche las er (nochmals?) am 12. und am 16. Dezember; und so dürfen wir die Anspielung des Nachworts zum ‚Göttlichen Wunder' wohl in Zusammenhang mit der nahvergangenen Lektüre bringen.

Nur zweimal werden in Goethes Schriften die Phänomene des animalischen Magnetismus gewissermaßen anerkannt: in dem Abschnitt ‚Blumen- und Zeichenwechsel' der ‚Noten und Abhandlungen' zum ‚West-östlichen Divan', und in dem Nachsatze zum ‚Göttlichen Wunder'; beidemale nebenher, in Beziehung auf einen vorgetragenen Einzelfall, der selbst bloß von ferne mit ihnen verwandt ist, und welcher beidemale als nur ein Beispiel aus mehreren bezeichnet wird. So rückt auch hierin die kleine Nebenarbeit an die Seite des großen ‚Divan'-Werks.

Kurz vor dieser zeitweiligen behutsamen Annäherung an die Sphäre des Okkulten, und eine Weile danach hat Goethe über sein Verhältnis zu ihr sich zusammenfassend geäußert:

Sodann ist im Wissenschaftlichen, wie in allem Irdischen, die Nacht mächtiger als der Tag ...
Diese Betrachtung bestimmte mich, ... überhaupt in poetischen, wissenschaftlichen, künstlerischen Äußerungen das Klare vor dem Trüben, das Verständige vor dem Ahnungsvollen vorwalten zu lassen ... (an Windischmann, 28. Dezember 1812).
Und: ‚nur an Ihrer treuen Hand konnt ich ein paar Schritte gegen die Nachtseite wagen. Mit meinem besten Willen aber mußt ich bald wieder umkehren: denn ich bin nun einmal dazu nicht berufen. Wo das Auge sich schließt und das Gehirn seine Herrschaft aufgibt, bin ich höchst erquickt, in einen natürlichen Schlaf zu fallen.' (an Nees v. Esenbeck, 23. Juli 1820).

Sein Interesse an dem ‚Göttlichen Wunder' bedeutet demgegenüber keine Ausnahme; denn was ihn daran anzieht, ist ja eben: daß dieser Vorgang, den man zur ‚Nachtseite' rechnen könnte, durch eine Lichterscheinung sich erhellt und verklärt.

VI.

Goethes Nachsatz verweilt aber mit Wohlgefallen auch bei der Form, die das Licht hier annimmt, bei der Gestalt ‚eines himmlischen Kindes‘.

‚Meinem Herzen sind die Kinder am nächsten auf der Erde‘ – so ruft schon Werther – ‚alles so unverdorben, so ganz! ... und immer wiederhole ich dann die goldenen Worte des Lehrers der Menschen: Wenn ihr nicht werdet wie eines von diesen!‘ – Und noch fünfzig Jahre danach sagt die ‚Elegie‘ von Marienbad ein gleiches:

> Nur wo du bist, sei alles, immer kindlich!
> So bist du alles, bist unüberwindlich.

Wie diese Worte ein junges Mädchen spricht, so empfangen gerade Goethes Mädchengestalten vielleicht ihren eigensten Reiz von solcher Kindlichkeit im höheren Sinn. Weibliche Kinder selbst begegnen bei ihm selten: in ihnen ist jene Ganzheit noch dumpf, dies Einheitliche, Unbeirrbar-Unbedingte, was erst die schon erwachsenen Wesen, handelnd wie duldend und auch in Schmach und Not, offenbaren, als Hingebung und Opfersinn, als Treue, Mut, Wahrhaftigkeit: von Dorothea zu Eugenie und Johanna Sebus, von Stella zu Ottilie, von Clärchen und Gretchen hinab zur Bajadere der Ballade; bis sie in ihrem Sterben vollends über alles Persönliche sich hinausschwingen, zu Idealen erhoben, zu Heiligen verklärt. Fast überall, wo bei Goethe die Idee leibhaft wird, gilt das Wort aus ‚Pandora‘: ‚Mir erschien sie in Jugend-, in Frauen-Gestalt‘.

Männlich hingegen verkörpert sich ihm das Ideelle nur im eigentlichen Kind und im jungen Knaben; nicht überpersönlich, wie dort, sondern gleichsam vorpersönlich. Das männliche Kind erblickt er als Spender oder Empfänger von Geist. Und beinah regelmäßig begleiten Lichterscheinungen die Knaben.

Figuren der bildenden Kunst mögen da mitwirken: Genien, Eroten, Putten, Engel, das Jesuskind.

So ruft ein Kupferstich, der eine Schrift Petrarcas illustriert, die Ballade vom ‚Schatzgräber‘ hervor: ‚Artige Idee, daß ein Kind einem Schatzgräber eine leuchtende Schale bringt‘ (Tagebuch vom 21. Mai 1797).

So werden andere Gestalten selbst wie Bilder uns vor Augen gestellt: ‚schön wie der Tag‘ wandeln die engelartigen Knaben der Josephsgeschichte (in den ‚Wanderjahren‘) den Gebirgspfad herab; und das flötende, friedenstiftende Kind der ‚Novelle‘ berühren die letzten Sonnenstrahlen, daß es verklärt erscheint.

Taminos und Paminas Sohn – in dem Bruchstück eines Zweiten Teils der ‚Zauberflöte‘ –, kaum geboren, schon lebendig eingesargt, sprengt sein Behältnis, und dringt in die Lüfte / Mit geistigem Lauf‘ – ‚ganz erleuchtet‘.

Im Zweiten Teil des ‚Faust‘ ist es, Geist-Flämmchen versprühend, der Knabe Lenker, welcher hernach, bald freilich schon mit den flackernden Zügen
des Jünglings, als Euphorion wiederkehrt; sodann Homunculus, der frühreife
‚allerliebste Knabe‘, in seiner Phiole geistig leuchtend; und schließlich die
Schar der ‚seligen Knaben‘ über den Bergschluchten im Fünften Akt.

Im ‚Divan‘ ist es Saki, der Schenke. Den Geist, der von dem greisen Dichter
ausgeht, nimmt er leibhaftig als Lichterscheinung wahr: ‚Denk, o Herr! wenn
du getrunken / Sprüht um dich des Feuers Glast, / Prasselnd blitzen tausend
Funken ...‘. In jenem Dezember 1814, mitten im Winter, ist das unbeschreib-
liche Zwiegespräch zwischen dem Dichter und dem Schenken entstanden; von
der ‚Sommernacht‘, die keine Nacht ist, weil der Schimmer scheidenden und
kommenden Lichtes sie unaufhörlich erhellt, dem Geiste gleich, den unter diesem Himmel das Alter an die Jugend weitergibt.

Ein paar Tage darauf beginnt Goethe die Legende von den Siebenschläfern,
den Knaben, denen ins bergende Dunkel ihrer Höhle der Engel, felsenspal-
tend, Licht bringt, ‚Daß die Sonne steigend, sinkend / Junge Wangen frisch erneute: / Und so liegen sie beseligt.‘

Zu allen diesen Gestalten gesellt sich nun das ‚himmlische Kind‘ des ‚Göttlichen Wunders‘, von dem wir nicht erfahren, ob es ein Engel, ob es ein Höherer sei.

Es hat aber in Goethes Schriften noch einen besonders nahen Verwandten:
in ‚Wilhelm Meisters Lehrjahren‘ berichtet die ‚Schöne Seele‘ aus ihrer Kind-
heit: ‚Ein ... Abenteuer mit einem reizenden kleinen Engel, der in weißem
Gewand und goldnen Flügeln sich sehr um mich bemühte, setzte ich so lange
fort, daß meine Einbildungskraft sein Bild fast bis zur Erscheinung erhöhte‘.

VII.

Die Lichtgestalt des Kindes wirkt bei Luyken – in dem Bericht mehr noch als
auf dem Bilde – besonders stark durch die karge Umgebung, neben der ver-
härmten Leidenden. Und die Erzählung sticht kräftig ab von dem süßlichen
Legendenton, der an den modischen Almanachen Goethe so sehr verdroß. In
dem Vorgang zwischen Mann und Frau, welchen die wenigen Worte mehr ver-
bergen als enthüllen, mag etwas ihn ähnlich angerührt haben wie in Hebels
Geschichte vom ‚Unverhofften Wiedersehen‘, die er im Jahre 1811 so enthusiastisch vorgelesen und gerühmt hatte.

Das Ganze könnte recht gut im ‚Rheinischen Hausfreund‘ stehen; und die
Veröffentlichung richtet sich denn auch an ein breiteres Publikum. Goethe erkannte damals, ‚bei der allgemeinen Befreiung deutscher Gemüter‘, die Möglichkeit, durch frische Mitteilungen augenblicklich-unmittelbar und doch regelmäßig und stetig zum Guten zu wirken. Aber ihm fehlte das publizistische
Organ. An früheren Beiträgen zu Cottas vielgelesenem ‚Morgenblatt‘ hatte er

ärgerlich erfahren, daß häufig ‚Aufsätze folgten, die dem vorhergehenden ganz heterogen sind', wobei ‚gar manches Gute verschlungen und mit dem Geringern ins Gleiche gestellt wird.' Nicht anders erging es dem ‚Göttlichen Wunder' in den ‚Curiositäten'. Hier mischte Vulpius zwischen entlegene Gelehrsamkeiten manches, was auf die Wunderlust und -sucht der Menge berechnet war, und hielt die Aufgeklärten schadlos durch billige Ironie und die ‚Enthüllung merkwürdiger Betrügereien'. Im selben Heft mit Goethes Beitrag steht ein Bericht über eine jüngst in England aufgetretene ‚neue Gottes-Mutter' und, anläßlich der Wiederzulassung des Jesuitenordens, ein gehässig glossiertes Sammelsurium aus alten und neuen Schmäh- und Spottschriften. Damit verglichen war das ‚Morgenblatt' das kleinere Übel.

Am 17. Februar 1815 sandte Goethe an seinen Freund und Minister-Kollegen v. Voigt ‚eine kleine Bemühung, der ich günstige Aufnahme erbitte'; man möchte annehmen, daß es das ‚Göttliche Wunder' in dem eben erschienenen Heft der ‚Curiositäten' gewesen sei. Drei Tage danach erklärt er sich auf Cottas Bitten, unter der Bedingung einer harmonischer abgestimmten Auswahl, bereit, regelmäßig zum ‚Morgenblatt' beizutragen; und das geschieht dann auch ein Jahr hindurch in reichem Maße. Inzwischen aber erwächst, aus der Rhein-Reise von 1815, die Zeitschrift ‚Über Kunst und Altertum', das Hausorgan, in welchem Goethe fortan alles, was ihn berührt, zur Sprache bringt. Das erste Heft ist geschmückt mit einer Wiedergabe der ‚Vera icon', des Schweißtuchs der heiligen Veronica, nach einem alten Gemälde in der Boisseréeschen Sammlung. Im Juni 1814 hatte Goethe, unter Beziehung auf ein gleiches Bild, an den ‚Korankundigen' die Verse gerichtet:

> Und so gleich ich Dir vollkommen,
> Der ich unsrer heilgen Bücher
> Herrlich Bild an mich genommen,
> Wie auf jenes Tuch der Tücher
> Sich des Herren Bildnis drückte,
> Mich in stiller Brust erquickte,
> Trotz Verneinung, Hindrung, Raubens,
> Mit dem heitern Bild des Glaubens.

Sie sprechen vielleicht am deutlichsten aus, auf welchem Wege er dem Wunderbaren – der Bibel, der Legende, auch dieses ‚Göttlichen Wunders' – näherkam: wie am farbigen Abglanz das Leben, so hatte er den Glauben, den Christenglauben, am herrlichen, am heitern Bild.

Erstdruck: Darmstädter Echo. Nr. 200 vom 27. August 1949, wiederholt als Sonderdruck des Darmstädter Echo mit erweiterter Erläuterung am 31. Dezember 1949.

Die Annahme, Goethe habe den holländischen Text selbst übersetzt – der sich übrigens auch Forster aus Cambridge angeschlossen hatte –, ist durch den Aufsatz von Arthur Henkel, beide veröffentlicht im Beiheft 18 des Euphorion (Studien zur Goethezeit. Erich Trunz zum 75. Geburtstag, hrsg. v. Hans-Joachim Mähl u. Eberhard Mannack, Heidelberg 1981) widerlegt worden.

Der Verfasser erhielt auf seine Bitte einige Zeit später vom Rijksmuseum Amsterdam eine photographische Aufnahme (Glanzabzug im Format 1:1) des originalen holländischen Textes. Sie enthielt eine in den „Curiositäten" nicht erwähnte Reimstrophe.

1997

Goethe über die Deutschen

Unter der Überschrift ‚Goethe über die Deutschen' ging zu Ende des Jahres 1945 durch die noch neuen deutschen Zeitungen ein Ausspruch zorniger Verachtung, der in den Worten gipfelte: „daß sie sich jedem verzückten Schurken gläubig hingeben, der ihr Niedrigstes aufruft, sie in ihren Lastern bestärkt und sie lehrt, Nationalität als Isolierung und Roheit zu begreifen..." Einige Monate später erschien dieser Ausspruch aufs neue, diesmal in verschiedenen Zeitschriften; ja beim Großen Prozeß von Nürnberg verflocht einer der Ankläger ihn, als das belastende Gutachten gleichsam eines Sachverständigen, in seine Rede.

Bei der zweiten Ausgabe, in den Zeitschriften, trug, mit Rücksicht, scheint es, auf den serioseren Charakter dieser Blätter, das Zitat einen Herkunfts-Vermerk: ‚Aus Riemers Mitteilungen über Goethe', der mit dem Zusatz ‚Insel-Ausgabe' den Eindruck der Glaubwürdigkeit offenbar besiegeln sollte.

Kenner konnten sich freilich nicht entsinnen, hier oder sonst in Goethes Werk, in den Sammlungen seiner Lebens-Zeugnisse, die Äußerung je gelesen zu haben; auch schien die Verbindung der Ausdrücke ‚verzückt' und ‚Schurke' ihnen weder zu des Dichters Sprachgebrauch zu stimmen, noch seiner Zeit und Umwelt gemäß zu sein; in der es, selbst unter den von ihm als schädlich, als unheilvoll Erkannten und Bekämpften, niemand gegeben hatte, auf den solche Worte in Zusammenhang mit dem ganzen deutschen Volk wären anwendbar gewesen. Wer in der Lage war, das zitierte Buch nachzuschlagen, suchte denn auch vergeblich. Einige wenige aber, welche während des Krieges, aus heimlich zirkulierenden Exemplaren, mit dem Roman ‚Lotte in Weimar' von Thomas Mann bekannt geworden waren, erinnerten sich nun, dort, und mit ingrimmigem Beifall, dieser Rede begegnet zu sein. Eben die Wendung vom ‚verzückten Schurken' war ihnen besonders haften geblieben: denn an dieser einzigen Stelle wird das kunstreiche Gewebe, das in des Buches letzten Kapiteln, mit einem so sicher wie kühn geworfenen Einschlag von Assoziationen, angezettelt ist aus wirklichen Worten und Gedanken, Eindrücken und Einfällen Goethes – eben an dieser Stelle wird es durchbrochen: hier richtet

der Autor, von selbstbereiteter Senne, einen eigenen Pfeil gegen das verhärte-
te Herz seiner Nation.

Der unbekannte Verbreiter des Ausspruchs hat also eine Fälschung begangen; eine Fälschung immerhin von seltener Art: denn indem sie unter dem
größten deutschen Namen Worte des gerühmtesten unserer lebenden Schriftsteller mißbraucht, verletzt sie die Hoheitsrechte gleich zweier Geister.

Dies wurde nun langsam ruchbar; jedoch bei weitem nicht in dem Maße wie
die Fälschung selbst. Und so kommt es, bei dem anhaltenden Mangel einer
Verbindung zwischen den Besatzungs-Zonen, daß die vorgeblichen Goethe-
Worte immer wieder einmal neu entdeckt und gedruckt werden. Wir glauben
indessen nicht, daß diese Fälschung, gleich so mancher anderen, Aussicht darauf habe, als Apokryphe fortzudauern: das Material liegt allzu deutlich am Tage, und ihr Substrat ist, auch in dieser Hinsicht, ‚unrecht‘ Gut; denn den Worten eines Thomas Mann gebricht es so durchaus an der massiven Dummheit,
dem pausbäckigen Pathos, dem verquollenen Sentiment und jenem Schuß Kolportage, aus denen Legenden solcher Art ihre Lebenskräfte ziehen.

Die Beweggründe des Täters sind so wenig gewiß wie die Richtung, in der
man ihn zu suchen hätte. Ein Freund der Wahrheit ist dieser unbekannte
Deutsche jedenfalls nicht; so mag er Goethes echte Worte über die Anonymi-
tät, über das ‚Falsum als ein heilig Mittel‘ und über die literarische Unredlich-
keit der Deutschen auf sich anwenden!

Wir haben es für richtig gehalten, dies vorauszuschicken; weil es gewissermaßen zur Vorgeschichte des gegenwärtigen Unternehmens gehört. Denn nach jenem Vorgang schien es angezeigt, alles das, was Goethe denn nun wirklich über
die Deutschen gesagt hat, nicht erst im Zusammenhang einer geplanten größeren
Sammlung darzubieten, sondern, als ein kleines Ganzes, schon heute und hier.

II.

Es ist, soweit wir wissen, zum ersten Male, daß diese Äußerungen in einem
Umfang versammelt werden, der vollständig genannt werden darf. Innerlich
vollständig, wie sogleich hinzugesetzt sei. Denn es wird hier nun nicht etwa
buchstäblich jede einzelne Erwähnung der Deutschen oder des Deutschtums
bei Goethe aufgeführt, wohl aber alles, was irgend wichtig ist oder, in gewis-
sem Betracht, wichtig erscheinen könnte. Und hierzu gehört es dann allerdings
auch, daß manche Wahrnehmungen und Gedanken, zuweilen bis in den Wortlaut hinein, wiederkehren; gerade solche Wiederholungen bezeichnen die eigentlich problematischen Punkte.

Die Äußerungen erscheinen in zeitlicher Folge; der einzigen, die einen un-
befangenen Überblick erlaubt.

Nur so läßt sich etwa bemerken, daß das früheste uns überlieferte Urteil Goethes über die Deutschen – auch dieses noch nicht schriftlich niedergelegt – aus seinem dreißigsten Jahre stammt; läßt sich feststellen, wie zwischen langen Pausen sein Anteil an den deutschen Dingen drei Mal kulminiert: zur Zeit des frischen Zusammenwirkens mit Schiller, während der Napoleonischen Herrschaft und ihrer nächsten Folgejahre, und nach 1827, ausgehend von einem umfassenden Studium neuerer französischer Literatur; läßt sich erkennen, wie die Betrachtung vom Ästhetischen allmählich ins nationalpolitisch-Ethische sich erweitert und schließlich mündet ins Kosmopolitische und Soziale – eine Entwickelung, für welche das Verhältnis zu Frankreich den deutlichsten Gradmesser abgibt.

Die Texte werden jedoch ohne Datierung oder sonstige Zusätze dargeboten; die Daten der Briefe und Gespräche, die Entstehungs- und Erscheinens-Zeiten der Schriften, aus denen zitiert wird, finden sich nummernweise in dem folgenden Anhang aufgereiht.

Goethe wirft den Deutschen immer wieder vor, sie wüßten nicht aufzunehmen, nicht, was ihnen geboten wird, mit Verständnis und gutem Willen zu ergänzen. Solchem Übelstande, wofern er heute noch andauern sollte, abzuhelfen, möchte gleichfalls der Anhang dienen; indem er auch Ortsangaben bietet, kurze Bemerkungen über die Adressaten der Briefe und die Teilnehmer der Gespräche, sowie Hinweise auf die Anlässe und Zusammenhänge. Denn allerdings bedürfen Goethes Worte, wie sie hier, scheinbar gleichberechtigt, nebeneinander stehen, mannigfacher Ergänzung, sie haben keineswegs alle gleiches Gewicht.

Zunächst scheiden sie sich in die zwei großen Gruppen: des unmittelbar von Goethe selbst Geschriebenen und Diktierten, und des mündlich Geäußerten, das bloß im Medium des Hörers oder gar eines Dritten auf uns gekommen ist.

Innerhalb dieser Gruppen aber sind wiederum die Unterschiede bedeutend: Da ragen etwa unter den Gesprächs-Partnern die Getreuen des beständigen Umgangs, die Haus- und Tischgenossen hervor. Von ihnen gilt das ‚Divan‘-Wort über die Jünger des Herrn: „Sie aber hattens gut gefühlt / Und jeder schrieb, so Schritt vor Schritt / Wie ers in seinem Sinn behielt / Verschieden. Es hat nichts zu bedeuten: / Sie hatten nicht gleiche Fähigkeiten." Während, was der pedantische Riemer als ‚Apophthegmata‘ notiert – kurze einzelne Bemerkungen immer nur, frisch unter dem Eindruck des Gehörten – für nahezu authentisch gelten kann, dürfen wir von Eckermanns so umfang- wie inhaltsreichen ‚Gesprächen‘ weniger die Echtheit des einzelnen Ausdrucks erwarten als die des Tonfalls, des Sinnes, der Stimmung, wie eine wunderbare Fähigkeit der Aneignung und der Wiedergabe sie, aus oft nur stichwortartigen Niederschriften mitunter erst nach Jahr und Tage kunstvoll komponierend, zum überzeugenden Ganzen zu bilden vermochte.

Anders wieder die nur gelegentlichen Besucher: welche Abweichungen der Temperamente, welch unterschiedliche Zuverlässigkeit des Charakters wie des Gedächtnisses, welcher Zeitabstand oft zwischen Erlebnis und Aufzeichnung!

Erst recht aber die ‚ipsissima verba‘ Goethes bilden eine Skala aus zahlreichen Stufen:

Vom wohlerwogenen und -abgetönten, zum Druck bestimmten Prosa-Wort des Schriftstellers, der sich vor der Nation, vor der Welt verantwortlich weiß, bis zu den halblauten Stoßseufzern, dem grimmigen Unmutsknurren in den ‚Zahmen Xenien‘; von des Verwundeten Haß und Hohn, der mit ungefügen Knittelversen wie mit Fäusten dreinschlägt, bis zur ruhigen, aller Einmischung des Subjekts enthobenen Beobachtung des Forschers; vom frechen ‚Schnippchen in der Tasche‘, dem sorglich in die ‚Paralipomena‘ versenkten, bis zur kadenzierten Rede einer Roman-Figur; vom wohlwollenden Antwortschreiben an einen jugendlichen Frager bis zum offenen Bekenntnis gegen den gleichaltrigen ‚Urfreund‘. Wobei die späten Briefe an Zelter wiederum eine ganz eigene Stellung behaupten: denn sie sind von vornherein zu posthumer Veröffentlichung bestimmt. Sie verfärben sich dadurch keineswegs ins Literarische; sie bleiben durchaus unbefangene, augenblicklich-frische Mitteilung; eben dadurch geeignet, auf scheinbarem Umweg sehr geradezu die Mitwelt und nächste Nachwelt zu treffen; als Mittel der Wirkung und Gegenwirkung höchst willkommen einem Autor, den Ruhm und Jahre zu gemessener Ausdrucksweise zu verbinden drohen. Diese Stundenblätter sind ein Seitenstück in Prosa zu dem poetischen Tagebuch der ‚Zahmen Xenien‘ – ‚läßliche‘ Altersformen und dabei von wahrhaft journalistischer Spann- und Schlagkraft.

Schließlich wirken auf die Äußerungen eines so unerhört reizempfänglichen und bestimmbaren Wesens neben der körperlichen Verfassung auch Jahreszeit, Wetter und der Ort mit seinem Klima, geistigem wie physischem, ein. „Sind wir ein Spiel von jedem Druck der Luft?“ Wie häufig setzt Goethe selber in seinen Briefen einer heftigen Entladung einschränkend hinzu, er sei in hypochondrischer Laune, und die Dezembertage der ‚Sonnenferne‘ konnten auf ihn drücken, daß er recht gut begriff, wenn „Heinrich III. den Herzog von Guise erschießen ließ, bloß weil es fatales Wetter war“. Rom ist nicht Weimar, die sommerliche Reise gibt frischere Farben und Töne her als die Enge der geheizten Arbeitsstube, und vor Jenenser patriotischen Professoren spricht es sich anders als im Karlsbader Umkreis der k. k. Hof- und Staatskanzlei.

III.

„Was aber“, so hören wir fragen, „ist denn nun erreicht, wenn wir Goethes hier versammelte Äußerungen so vielfachen Bedingnissen unterwerfen? Ersetzt nicht ein solches kritisch-psychologisches Verfahren jene scheinbare Gleichartigkeit der Zitaten-Reihe bloß durch eine andere, nur zu wirkliche? Derart, daß am Ende alles Kühle ein wenig angewärmt und jede Glut herabgemildert wäre zu einem unleidlich-leidlichen Mittelmaß?"

Wer dies im Ernst befürchten sollte, dem läßt die Form, in der Goethes Äußerungen hier dargeboten sind, alle Freiheit, mitschwingend den einzelnen Wallungen des großen Naturells, und die Reize der Sprach-Prägung kostend, bei dem bloßen Wortlaut zu verweilen.

Wir freilich legen diese Äußerungen hier vor als die überlieferten Zeugnisse dafür, wie Goethe über die Deutschen *geurteilt* hat; als ein Material, sich hierüber ein eigenes Urteil zu bilden. Das Urteil aber gedeiht nur in den gemäßigten Temperaturen, vor denen jene gefühligen Frager sich scheuen.

Wenn sie übrigens meinen, mit ihrer Betrachtungsweise dem Wesen Goethes näher zu sein und alles Zufällige hinter sich gelassen zu haben, so irren sie.

Denn was wäre, im ganzen, wohl zufälliger, als diese lückenreiche Reihe von Zeugnissen, so wie sie hier steht, zusammengetragen aus den verstreuten Resten mündlicher, brieflicher Überlieferung und aus unterschiedlichen Stükken der Schriften und des dichterischen Werks? Was könnte, im einzelnen, stärker mit Akzidentien vermengt und durchtränkt sein als die vielen Geburten des Tags und der Stunde, die sich in dieser Reihe befinden? Die Substanz erblickt man nicht, wenn man vom Zufälligen ab-, sondern indem man durch es hindurchsieht. Man muß es mit allem Detail prüfend zur Kenntnis nehmen, ohne sich daran zu verlieren.

Wenn wir nun – durch knappe Daten, welche nur erinnern und hindeuten können – die Vielzahl der Äußerungen hineinzusetzen suchen in die Zusammenhänge, die Umgebung, in das Leben, woraus sie hervorgegangen sind, so wird sich, glauben wir, die scheinbar gleichartige Reihe doch zu einer Art Rangordnung gliedern; wo denn, ob auch einzelne reizvolle Schärfen und Spitzen minder hervorstechen mögen, nun erst, da alles auf eine gemeinsame Ebene bezogen ist, gewisse Gipfel sich zur vollen Bedeutung erheben werden.

Was etwa wäre dann wohl ernster zu nehmen, als das Ungestüm jener Zornesausbrüche, die Goethe, sonst jede öffentliche Äußerung euphemistisch zu dämpfen gewohnt, dennoch bei Lebzeiten laut werden ließ?

Und mag sich die Reihe der Zitate äußerlich nicht zu einem Ganzen zusammenschließen, so wird vielleicht doch eine höhere Einheit sichtbar werden, ein Gefüge von Worten, ein Zusammenhang von Beziehungen, worin die Teile, jeder nun an seinem Ort, einander sowohl bedingen wie erhellen.

Die an den Anfang gestellte Frage wird allerdings oft auch gar nicht im Ernst erhoben, sondern allein aus der Absicht, die kritische Methode zu entwerten. Diese – welcher freilich manche ihrer eigenen Vertreter mehr geschadet haben, als alle Angriffe – ist in den historischen Disziplinen denjenigen lästig und zuwider, denen sie, durch lückenlose Ausbreitung der Materialien, die Möglichkeit benimmt oder schmälert, damit unkontrollierbar nach Willkür zu gebaren. Es stehen hier zwei Verfahrensweisen einander ähnlich gegenüber wie in der aktiven Politik die demokratische und die autoritäre Staatsform; und diese Ähnlichkeit ist gewiß nicht von ungefähr.

Bei der Darstellung von Goethes Leben, der Bestimmung seines Wesens, der Deutung seines Werks wird die ‚autoritäre‘ Methode begünstigt durch den flachen und stumpfen Mißbrauch, der sich hierzulande seit langem, in jedem Sinn des Wortes, eingebürgert hat: daß dieses Dichters Schöpfungen und Schriften dem allgemeinen Rede- und Schreibbedürfnis offenstehen als ein Zitaten-Magazin, wo noch der Unzulänglichste zulangen darf, um seiner oft sogar schmutzigen Blöße den Schein von Ansehen zu verleihen; und wo die verschiedensten Parteien, welche nur in einem Punkt: der Unkenntnis des Großen, übereinstimmen, sich Fähnchen herausfetzen, mit denen sie fuchteln können.

Goethe teilt dieses Schicksal, wie kein zweiter Autor, mit der Bibel, und das bezeichnet sein Wesen deutlicher als manche Charakteristik. Die Einheit jedoch, die aus der Bibel erst gewonnen werden will im Zusammenstimmen, in der Konkordanz einer Jahrhundert-Reihe von Zeugnissen und Zeugen, sie ist in Goethes Persönlichkeit, der menschlich-umgrenzten, tausendfach selbst-bezeugten, bereits gegeben; und auf sie muß, gegen alle Versuche, sie zu vermünzen oder zu anthologischem Goldstaub zu verflüchtigen, immer wieder, und gerade bei Unternehmen wie dem gegenwärtigen, hingewiesen werden.

Sind doch sogar die Aufsätze und Abhandlungen des eigentlichen Goethe-Schrifttums in zunehmendem Maße ausgeartet zu Knüpf- oder Zusammenlegspielen mit Zitaten. Und haben doch selbst redliche und bedeutende Geister in gewisser Weise an dem erwähnten Mißbrauch teilgenommen: alle jene nämlich, die ihr Goethe-Bild, von dem festen Standpunkt einer Weltanschauung aus, als Relief zu profilieren suchten und noch suchen; da ein Jahrhundert der Betrachtung und Deutung denn soviel doch ergeben haben sollte, daß diese Darstellungs-Form sich verbiete vor dieser einzigen Gestalt: freistehend gleichsam in runder voller Plastizität, worauf unterm wandelnden Schein der Zeit nur die eigenen Schatten wandern, will sie von allen Seiten umschritten sein.

IV.

Hier pflegt nun selten der Hinweis auszubleiben auf die Widersprüche, die sich unleugbar durch Goethes Urteile und Äußerungen hindurchziehen, und von denen er selber nur wenige in förmlichem Widerruf behoben hat. Man beruhigt sich dann entweder damit, sie unter einander ‚auszugleichen‘, d. h. neutralisierend zu vernichtigen; oder aber man leitet aus ihnen das Recht, ja, wie man vorgibt, eine Pflicht her zu Scheidung und Entscheidung, will sagen, zur Anwendung des ‚autoritären‘ Verfahrens. Die Begründung kommt in beiden Fällen etwa darauf hinaus, daß einer halt viel rede, wenn der Lebens-Tag lang sei. Man ist so höflich, hinzuzusetzen, nicht etwa Wankelmut, nicht bloß die Abhängigkeit des Übersensiblen von Stimmungen und Eindrücken sei schuld an jenen Widersprüchen; die Fülle der Aspekte erkläre sich allein schon aus der Fülle der Erscheinungen in diesen zweiundachtzig Jahren bewegtester Zeit. Hieran ist auch wohl etwas Richtiges, wenn man bedenkt, welche Umwälzungen, von Voltaire bis zu Hegel, von Friedrichs Kriegen bis zur Juli-Revolution, in dieses Leben fallen, und wie etwa, beim Gegenstande zu bleiben, Deutschland selbst – schon von Haus aus ein klassisches Land der Widersprüche, der ‚Kontraste und Paradoxen‘ – in diesen Epochen sich gewandelt hat.

Dennoch – jener Einwand, diese Betrachtungsweise, sie haften am Nacheinander zeitlichen Wechsels. Goethes eigenes „Die Welt ist voller Widerspruch / Und sollte sichs nicht widersprechen?“ – meint nicht den Zeit-Lauf der Welt, sondern das gleichzeitige Nebeneinander in ihr.

Goethe – das ist immer ein solches spannungsreiches Nebeneinander; ob er es polarisch nannte, Puls, Athem, Systole und Diastole oder mit welchem Namen sonst. Goethe, das ist das Sichwiegen ‚zwischen beiden Welten‘; Furcht vor dem Stillestehen als der Starre, gleichmäßige gesetzliche Bewegung, das immerwährend und immer wieder neu herzustellende und zu behauptende Gleichgewicht; ist das Wirken mit paarigen, ergänzend sich ineinander fügenden Organen, auch im Geistigen. Das einzelne Wort, wenn es nicht, dichterisch, dazu hilft, die Welt um Gestalt und Bild zu bereichern, soll Wagnis sein, ein ‚Stein im Brett‘, ein Schritt auf dem Weg; vereinzelt, bleibt es ein zugespitzt-Unwahres. „Jedes ausgesprochene Wort erregt den Gegensinn“; auch und zumal in Goethe dem Sprecher selbst. Von daher nicht nur Mephistopheles, der jenen ‚Gegensinn‘ ja geradezu verkörpert; von daher noch in den Gedichten die Dialoge, Gegenstücke, Widerrufe; der diskursiv-dialektische Zug der vielen Sprüche; aber auch, in ihrem Dreischritt, der an Hegel denken läßt, die Trilogien, die dreistrophigen Gebilde. Daher das Rhetorisch-Advokatorische, das ihn befähigt, eines jeden Partei wirkungsvoll zu vertreten, aus jeglicher Seele heraus zu reden; das ihn an den alten Tragikern eben diese Fähigkeit so hoch bewundern und also den Euripides so schätzen heißt. Von daher wiederum, was er das Konziliante seiner Natur genannt hat; was ihn untauglich machte, die Gegensätze im vollen Ernst auf die Spitze zu treiben, untauglich zum Schroffen, Scheidenden, Lebendurchschneidenden der eigentlichen Tragödie, ihrem unausweichlichen Entweder-Oder; was ihm allenfalls erlaubte, aus dem bewachsenen Boden des Epos, in der Fülle der Motive, auch das Verderben erwachsen zu lassen. Von daher rühren manche späten Strophen, in denen Sinn und Gegensinn dann nicht mehr auseinandertreten, sondern als Kräftespiel in einer Schwebe des Worts beruhend aufgehoben sind – wovon sie so unbestimmt schimmern, als wolle ihr leibhafter Umriß vor einem Übermaß an innerem Licht ins Formlose schmelzen. Von daher, daß der ruhige Betrachter und Forscher, der lebenslang vom Subjekt zum Objekt die brüchige Brücke, die beharrlich stets neu zu bauende, des Versuches schlägt, am Ende über dem Schauen verstummt und nur noch ,sich selber weiß‘, was der Weltgeist ihm ins Ohr sagt. Von daher auch sein Euphemismus, entstanden aus dem Grunde schöpferischer Kraft; von daher schließlich dies selige Rühren über allem Schmerz, das ,Es ist gut‘, der reine volle Einklang mit der Großen Ordnung; dies im eigentlichen Sinn Joviale, das vatergöttlich-Thronende seiner Natur, das ihn so hoch und milde, und wieder auch so kalt und fern erscheinen läßt.

                                   V.

Das Bild vom Jupiter, wie es sich den Besuchern des Alten immer wieder aufdrängt, ist erst gegen Ausgang des vorigen Jahrhunderts zur gipsernen Hohlform geworden. Um etwa die gleiche Zeit hat man Goethe den ,Lebenskünstler‘ genannt, im Sinne eines grandiosen Bonvivants, dem es gelungen sei, das Maximum an Genuß mit dem geringsten Einstand von Leiden zu erkaufen.

Es ist übrigens nur eine verfeinerte Form dieser Auffassung, wenn, auch heute noch, von Goethes ,Flucht in die Kunst‘ gesprochen wird. In diesem Ausdruck verrät sich die Kleinbürger-Meinung, Kunst sei dem Künstler ein zur Wahl gestellter Weg, ein Weg des minderen Widerstands; und es stünde dieser Weg auch den Unschöpferischen offen, die also von den Großen verführt werden könnten, ihn zu betreten.

Als wäre nicht im Gegenteil gerade dieses das Signum des Künstlers: daß er, vom Leben verfolgt wie alle, nicht gleich den meisten flüchtet, sondern sich stellt und es ins Auge faßt und nun es Schritt vor Schritt zurückzuweichen nötigt und vor sich her schiebt und treibt und jagt, den schmalsten, steilsten Pfad hinan, bis es sich endlich, mit fliegenden Pulsen, ergibt!

Vergesse man auch nicht, daß selbst dem Auserwählten der Weg zuzeiten verwehrt ist. Über der Fülle des Wortes, die der Dichter uns hinterließ, dürfen wir nicht überhören, wie oft auch er, als ein Mensch, in seiner Qual verstummen mußte. Was diesen Mund, selbst gegen die Getreuesten, verschloß, bis ein Blutsturz ihn aufbrach und das leibliche Herz an den Tod sich entzündete, das war nicht Trotz und Verleugnung, Kälte oder Wirklichkeitsscheu (– wir hätten hiervon vielleicht keinen so deutlichen Begriff ohne das, in der Zeit noch nahe Beispiel einer ähnlich gearteten, wenngleich minder kräftigen Natur: Hofmannsthals).

Und doch mögen auch wir Goethe als Lebenskünstler verehren; wenn damit der Empfänglichste, Empfindlichste bezeichnet wird, der Reizbarste, Störbarste, Verletzbarste; der es dabei versteht, sich immer wieder herzustellen; dem die sogenannte Gesundheit nur das beständig zu leistende Kunststück ist, Widerstrebendes ins Gleiche zu setzen; der die Krisen herbeizuführen, die Heilkräfte aufzurufen weiß; der sich am Leben hält, ans Leben hält, um Leben zu bleiben. Diese Operationen und Kunstgriffe einer höheren Equilibristik, er hat sie forschend und ahnend von der Großen Mutter selbst überkommen. Seinem ganzen Werk hat er diesen Pulsschlag mitgeteilt, und noch jene Partien, die nicht in ihrer Form schon die Gewähr der Dauer tragen, verstehen sich aufs Leben und Weiterleben. Dürfen wir Homer, Dante, Shakespeare Ewige nennen – sie, deren irdisches Dasein uns so unbekannt ist, wie das seinige vertraut – so könnte Goethe schlechthin der Lebendige heißen.

VI.

Das spannungsreich-gleichgewichtige Wesen, zu dem Goethes Natur in unablässiger Selbstbildung sich vollendet hatte, traf nun in den Deutschen auf einen ihm verwandten gewaltigen Drang nach Allumfassung, zugleich aber auch auf eine angespannte, selbstische Ausschließlichkeit, die ihm entgegengesetzt, die ihm zuwider war; wie tief, das läßt sich an der Heftigkeit seiner Äußerungen ermessen. Alles, was er am Deutschen tadelt, beklagt, anklagt, hat hier seinen Grund.

Kaum je finden wir übrigens bei ihm die negativen Urteile allgemeiner Art, die in der Charakteristik der Völker unter einander so hergebracht sind. Ausdrücklich wird immer wieder die Menge getrennt von den einzelnen. Der Tadel richtet sich fast immer gegen jene; insofern sie, als Publikum, sich zum Urteil befugt glaubt oder, als politische Mehrheit, zu handeln vermeint. Die einzelnen werden anerkannt, ja gelobt, mit Ausnahme der wenigen, die, als der Menge herrschsüchtige Knechte, um nur zu zählen, ihre brüchigen Existenzen auf die gemeinsamen Nenner der Klüngel und Cliquen bringen müssen. Auch wo sie nicht ausgesprochen ist, dürfen wir bei Goethe diese Unterscheidung zwischen Menge und einzelnen voraussetzen; redet er scheinbar allgemein von den guten, den lieben Deutschen, so ist allemal die Menge gemeint.

Aber selbst in solchem Verwerfen ist Goethes Urteil nie ausschließlich, nie absolut. Er weiß gewisse Fehler unabtrennbar mit gewissen Vorzügen – nicht krankhaft, sondern ursprünglich – verwachsen.

Umsomehr haben wir daher überall dort aufzumerken, wo er, als der ‚getreue Eckart‘, Rat erteilt. Hier können wir sicher sein, daß er die Übel, vor denen er warnt, nicht für unabwendlich, nicht als ewiges Erb und Eigen ansieht, daß er das Gute, das er anempfiehlt, auch für erreichbar hält. Hier heißt er uns hoffen auf Mittel der Änderung und glauben an Fähigkeiten in uns, die ihnen entgegenkommen.

Goethe redet ja nicht von außen, nicht von oben her auf uns ein. Wie würden wir in ihm eine Vollendung deutschen Wesens erblicken können, wie wollten so viele unserer Guten und Besten sich an ihm zurecht-, in ihm sich wiederfinden ohne innige Verwandtschaft? Alles, was er an den Deutschen zu rühmen weiß, besaß er auch selber; und von den Fehlern und Lastern, die er an ihnen rügen muß, hat er zuvor genug an oder in sich getragen.

Höher noch als seine Worte darf so sein eigenes Dasein, ein Bildnis dessen, was dem Deutschen möglich war, uns mahnend und ermutigend als Verheißung erscheinen.

VII.

Die hier versammelten Äußerungen sind im Lauf eines halben Jahrhunderts entstanden; es sind zu einem großen Teil gelegentliche Bemerkungen, zu einem kleineren sogar nur beiläufige; man wird von ihnen nicht systematischen Zusammenhang erwarten. Aber sie deuten fortgesetzt auf die hohe Wert-Ordnung im Geiste dessen hin, von dem sie stammen. Und wenn es unserem besten Wollen und Vermögen nicht gelingen wird, sie in sich befriedigend zu ergänzen, so finden sie doch eine Ergänzung weit vollkommenerer Art in den zwei großen Werken, die – nicht absichtlich, doch in der Tat – den Deutschen ,musterhaft', das heißt als Typus, verkörpern: im ,Wilhelm Meister' und im ,Faust'. Auch sie bilden, wie sie ineinandergreifen mit den verschiedenen Mitteln ihrer Gattungen, der Roman und die Tragödie, eins jener paarigen Organe Goethescher Welt-Umfassung und -Bewältigung.

Sehen wir einmal von ihrem übrigen Reichtum ab und nur auf das hin, was sie uns als Deutschen heute zu sagen haben, so können wiederum die einzelnen Glieder unserer Zusammenstellung den Blick zu schärfen beitragen. Was diese vernünftig und verständig, tendenziös, sentenziös, als Aperçus, Maximen und Reflexionen, aussagen oder predigen, das verkünden jene beiden Werke in der wortlos eindringlicheren Sprache von Bild und Geste, Handlung und Gestalt.

Es ist der Appell: wir möchten auf dem Wege, auf den wir verwiesen scheinen wie kein anderes Volk, auf dem Wege individueller Entwicklung, uns aus der Massenhaftigkeit erheben; nicht aber nun verstiegen zu jener selbstischen Ausschließlichkeit, die immer auch ein Ausgeschlossensein bedeutet; sondern weiterschreitend zu dem Ziel einer Gemeinschaft.

Gemeinschaft der Geister durch Zonen und Zeiten – sie gehört zu Goethes Credo. Zu solcher ,edlen Geisterschaft' ruft er auf: sich an die Vorfahren zu binden, in Pietät, zur Tradition; und an die Gleichzeitigen, zu fruchtbarem Zusammen- und Wechselwirken, in Duldsamkeit, Schonung, Wohlwollen; im Anerkennen oder doch Geltenlassen auch jedes andersgerichteten ernsthaften Strebens.

Da sind Grundsätze, die gewiß ein Unerreichliches aussprechen; die dessenungeachtet aber, als leitende Gestirne, sich, wo man ihnen folgt, zum Guten bewährt haben, selbst in politischen Gemeinwesen von gewaltigem Umfang, und bis in unsere Zeit herein.

Goethe – Weltbewohner und Weimaraner – ist der größte Deutsche und konnte zugleich ein größter Europäer werden. Er ist es geworden in dem Maße, wie er frei war, sich frei gemacht hat von den Eigenschaften, an denen der Deutsche krankt. Auch dies ist, im Hinblick auf unser Leben unter den Völkern, ein Anruf.

Erstdruck: Goethe über die Deutschen (Nachwort). Konstanz 1949.

Goethe-Studien

1. Unbekannte Handschrift zum West-östlichen Divan

Unter Goethes „Vorarbeiten und Materialien zum Divan", welche das Goethe-
und Schiller-Archiv in Weimar verwahrt, befindet sich eine Handschrift, deren
Inhalt und Bedeutung den Herausgebern der Sophien-Ausgabe offenbar entgangen ist. Zwar hat Carl Siegfried sie, als er die Paralipomena zum siebenten
Bande der Werke ordnete, mit aufgereiht und numeriert – als Nummer 114a –,
aber das war auch alles.
Es ist ein Oktavblättchen weißlichen Papiers, vom Wasserzeichen nur der Teil
eines Buchstabens sichtbar, auf beiden Seiten von Goethe selbst beschrieben.
Die eine Seite (a) enthält in Antiqua die folgende Bleistift-Notiz:

> Moundeville
>   Fabelhafter Alexand[er]
> Marco Polo
>   Dschendwisch Cha[n]
>   China
>   Valle   Ritterlich
>   Abentheuerlich
> Tavernier ⎫ Juvelier
> Chardin ⎭ Protestantisch
>   Franzosen

Darunter in Fraktur, mit Tinte: dieselbe.
   Auf der anderen Seite (b) stehen zwei Aufzeichnungen, mit Blei, Antiqua;
zuerst (b/1):

> Sturm prophezeyt
> Vorsicht
> Sturm bleibt aus
> Trocken Jahr
>   Sterndeuter ausge
>   lacht
>   Timur bricht ein

Darunter, durch einen kleinen Strich abgetrennt (b/2):

Jesus himml. Evang
Geschrieben Evang
Gottliche Idee
In den Madchen ver
korpert
Liebe irdisch
Zieht hinauf
Dorthin
Aber beyde zusammen

Diese letzten neun Zeilen sind mit Bleistift durchstrichen. Der gleichmäßige Schriftcharakter aller drei Notizen – das mit Tinte geschriebene Wort bleibe außer Betracht – läßt einheitliche Niederschrift vermuten.

Die Aufzeichnung a stellt fünf Reisebeschreiber zusammen, die auch in den „Noten und Abhandlungen" zum Divan (NuA) erwähnt und gewürdigt werden. Die Reihenfolge ist chronologisch, wenngleich nicht ganz genau:

Marco Polo hätte voranzustehen. Moundeville (Mandeville, Montevilla) ist einem „fabelhaften Alexander" verglichen, seine Reise also dessen Eroberungszuge bis nach Indien. Ähnlich hatte Knebel am 10. (16.?) Januar 1815 von Goethes eigener Geistesfahrt nach Osten ihm geschrieben: „Du nimmst dir wie ein großer Eroberer eine Provinz nach der andern, und willst jetzt sogar den Orient dein eigen machen. Glück zu: wir wissen, daß du auch deine Eroberungen zu behaupten weißt" (nicht in Guhrauers Ausgabe des Briefwechsels – Hs. im GSCHA, Eing. Briefe 1815/39–40). Und Goethe hatte das aufgenommen: „Schiras, als den poetischen Mittelpunct, habe ich mir zum Aufenthalt gewählt, von da ich meine Streifzüge (nach Art jener unzähligen kleinen Dynasten, nur unschuldiger wie sie) nach allen Seiten ausdehne. ... China und Japan hatte ich vor einem Jahre fleißig durchreist ... Nun will ich mich innerhalb der Grenzlinie der Eroberungen Timurs halten" (an Chr. H. Schlosser, 23. Januar 1815).* – Im gleichen Sinne steht in a dann Marco Polo neben Dschengis Khan, dessen Machtbereich, wie des Venezianers Reise, auch China umfaßte. – Die Prädikate, die Goethe danach dem Delle Valle zuspricht, kehren wieder in der ausführlichen Schilderung der NuA; und ebenso begegnen wir dort einer gemeinsamen Charakteristik Taverniers und Chardins.

Die Notiz b/1 bezieht sich auf den Dichter Enweri und seine astrologische Voraussage eines fürchterlichen Sturms, die nicht eintraf. Auch diesen Vorgang beschreiben die NuA, im Abschnitt „Enweri", und auch der schließt mit der Deutung auf das Hereinbrechen des mongolischen Eroberers; nur daß es dabei richtig „Dschengis Khan" statt „Timur" heißt.

Die Aufzeichnung b/2 ist, wie erwähnt, durchstrichen – bei Goethe ein ziemlich sicheres Zeichen dafür, daß sie anderweitig notiert oder verarbeitet worden ist. In der Tat enthält der West-östliche Divan zwei Gedichte, zu denen die Zeilen offenbar einen ersten Entwurf bilden. „Jesus himmlisches Evangelium" mit dem Widerspiel „geschrieben Evangelium" – das ist der Gegenstand der Verse „Vom Himmel steigend Jesus bracht" im „Buch der Parabeln"; und mit einem „Dorthin, aber beide zusammen!" endet ebenda die abschließende Parabel „Es ist gut": „Und ruft er uns – wohlan, es sei! / Nur, das beding ich, alle zwei." Auffallen muß aber, daß der Entwurf weder durch einen Einschnitt noch durch sonst ein äußeres oder inneres Merkmal auf die Absicht zu zwei getrennten Parabeln hindeutet. Andererseits bewahren die ausgeführten Gedichte keine Spur von den Mittelgliedern des Entwurfs: „Göttliche Idee ..." und „Liebe irdisch ...". Aus beidem darf man schließen, daß Goethe ursprünglich nur Ein Gedicht im Sinn gehabt habe, etwa folgenden Ganges: Das Evangelium, das „vom Himmel steigend Jesus bracht", wird im geschriebenen Zeugnis der Jünger menschlich beschränkt, persönlich bedingt. Wie in diesen Schriften die göttliche Idee sich auf irdische Weise „verkörpert", so auch in den „Mädchen". Dies Göttliche aber, indem es die irdische Liebe durchwirkt, „zieht" auch wieder „hinauf" – ein erotisch-ethischer Kreislauf –, und so strebt der Liebende, der Dichter „dorthin" – unter einer Bedingung: mit der Geliebten vereint zu bleiben.

Die selbständigen Gedichte, die zwillingsartig aus dem einen Keim erwuchsen, stehen schon in dem sogenannten Wiesbadener Register vom 30. Mai 1815 eng beieinander (Nr. 59. Evangelium – Nr. 60. Gottesgedanken – Werke 6, 314 f.) und haben diese verwandtschaftliche Nähe im gedruckten Divan behalten. Ebenso hängen sie ihrer Entstehungszeit nach zusammen: die Reinschriften sind beide datiert „d. 24. May 1815".

Von diesem terminus ad quem aus lassen sich auch Zeit und Art der drei Aufzeichnungen genauer bestimmen. War es zunächst von a und b/1 immerhin zweifelhaft, ob sie nicht Vorstudien zu den NuA seien, d. h. in die Jahre 1818/19 gehörten, so darf man sie nunmehr mit Sicherheit dem dichterischen Divan zurechnen. Terminus a quo ist der 21. Mai 1815: an diesem Tage entlieh Goethe aus der Weimarer Bibliothek, zum ersten Male, die „Six Voyages ..." des Tavernier, auf welche a sich bezieht (Keudell Nr. 996); daß er sogleich darin gelesen hat, bezeugt sein Tagebuch.

Schon lange bevor Goethe daran dachte, seinen west-östlichen Gedichten die Prosa der NuA beizugeben, hat er sich mit den einzelnen Erforschern und Schilderern des Orients befaßt. Bereits am 11. Januar 1815 schrieb er an Knebel: „Es ist wunderlich zu sehen, wie die verschiedenen Nationen: Franzosen, Engländer, Deutsche, wie die verschiedenen Stände: Theologen, Ärzte, Moralisten, Geschichtschreiber und Dichter den ungeheuren Stoff, jeder nach seiner Art, behandelt ...". Im Mai zuerst spricht er dann die Absicht aus, die Verdienste der Orient-Reisenden und Orientalisten dichterisch zu rühmen (an

Cotta, 16. Mai 1815, Werke 6, 316 ff.); aber schon im April war ein solches Gedicht – an den Freiherrn von Diez – entstanden (NuA, Abschnitt „von Diez"). Der Gedanke erweitert sich: im Wiesbadener Register vom 30. Mai heißt die Nummer 12 „Gönner, Förderer, Dolmetscher", und ein hierhin gehöriges Blatt (Werke 6, 472 f.) stellt eine Reihe von zwölf Namen zusammen, in welcher, mit Ausnahme des Marco Polo, auch alle in a Genannten vorkommen. An diese Rubrik der „Gönner, Förderer, Dolmetscher" – das spätere, nicht ausgeführte „Buch der Freunde" – dürfen wir also die Notiz a anschließen; ihr Gehalt ist allerdings dann in die NuA eingegangen.

Die Episode von Enweris Weissagung (b/1) hat Goethe mit allen Einzelheiten in Herbelots „Bibliothèque Orientale" von 1697 gefunden, die er seit dem Dezember 1814 regelmäßig als Nachschlagewerk benutzte. Daß ihn der Gegenstand zu dichterischer Darstellung einlud, geht hervor aus dem Bruchstück „Und nun erhebt sich das größte Gelächter" (Werke 6, 471 f. – Paralipomenon 8 = H 2). Die Zeile, mit der es abbricht – „Doch Boten auf Boten von Ost her vermelden ..."[1] –, deutet auf jenen Mongolen-Sturm, der den Poeten als Propheten bewährt. Mit dieser pointierenden Deutung, welche ebenso schon bei Herbelot vorkommt, beschließt Goethe noch 1819 den Abschnitt „Enweri" der NuA; mit ihr endet auch unsere Aufzeichnung – offenbar eine Vorstufe zu dem Gedicht-Fragment, das ihr sehr bald, wohl noch während der Reise nach Wiesbaden, gefolgt zu sein scheint; wenigstens weist alles, was H 2 sonst noch enthält, auf Ende Mai 1815.

Besonderen Wert gewinnt das Blättchen durch den Entwurf b/2. Die „Mädchen" – das sind die Huris des mahometanischen Paradieses, deren Bild in der Divan-Dichtung sich ständig steigert und erhöht, von den bösartigen Strophen des Sommers 1814 (Werke 53, 36) zu den Schlußzeilen in „Hegire" (Dezember 1814) und „Ferner sind allhier zu finden" (März 1815 – Werke 6, 444 f.). Der Entwurf b/2 von Ende Mai 1815 zeigt eine oberste Stufe dieser Vergeistigung. Noch wird immerhin die Vielzahl der „Mädchen" genannt, die „Himmelsmädchen-Schar", wie sie dem Islam gemäß ist. In der Ausführung sind mit den gedanklich verbindenden Mittelgliedern auch die „Mädchen" weggeblieben: eine Parabel vom Evangelium war nur christlich zu fassen; denn nach dem Koran hat Jesus (Isa) zwar einen ehrenvollen Platz im Himmel („Jesus auch, er darf da lehren" – Werke 53, 36), gilt aber doch nur als ein Prophet unter vielen, als ein Vorläufer Mahomets. So hat denn auch die verschwisterte Parabel, „Es ist gut", am Ende nur noch rein biblische, alttestamentliche Züge; dieser Liebende ist monogam, Von dem Entwurf leiten Fäden zu den Paradieses-Gedichten des Frühjahrs 1820, den sublimen Zwiegesprächen des Dichters mit der Huri. Aber auch zum Zweiten Teil des „Faust".

Eben in den Wiesbadener Sommerwochen 1815, denen b/2 vorangeht, hat Goethe nach langer Pause wieder einmal sich über die Fortsetzung des „Faust" geäußert. Das Ende sei „auch schon fertig", sagte er zu Sulpiz Boisserée, „und sehr gut und grandios geraten, aus der besten Zeit" (womit er zweifellos den Kampf zwischen Teufeln und Engeln meinte – die Szenen im Himmel waren noch nicht geschrieben). Das war an demselben Tag, an dem er den Freund mit den west-östlichen Gedichten bekannt machte. Und schon beim ersten Hören empfand Boisserée eine geistige Nähe dieser Divan-Dichtungen zum „Faust" (Boisserées Tagebücher, 3. und 4. August 1815, bei Firmenich-Richartz, Die Brüder Boisserée, I, Jena 1916, 394 ff.).

Mit den Zeilen „Göttliche Idee In den Mädchen verkörpert Liebe irdisch Zieht hinauf" spricht Goethe ein erstes Mal den Gedanken aus, den später der Schluß des „Faust" verkündet. Gerade in ihrer prosaisch-knapp umreißenden Vorform können sie zur Deutung des Wortes vom „Ewig-Weiblichen" beitragen.

2. Hatem Zograi

Als Goethe auf der Reise nach Wiesbaden am 24. Mai 1815 in Eisenach die beiden Gedichte niederschrieb, in denen er seinem „Liebchen" den Namen Suleika gibt („Daß Suleika von Jussuph entzückt war") und dann sich selbst den des Hatem zulegt („Da du nun Suleika heißest"), da führt er zwei Namenspatrone an, die er als Muster „vor Augen zu haben" wünscht: Hatem Thai und Hatem Zograi.

Hatem aus dem Stamme Thai, ein arabischer Edler zur Zeit Mahomets, ist im Orient sprichwörtlich geworden durch seine Freizügigkeit, so sehr, daß er „sozusagen diese Tugend um ihren eigentümlichen Namen gebracht hat: denn wenn man jemand wegen seiner Freigebigkeit loben will, so gibt man ihm immer den Namen Hatem Thai". So sagt es Herbelot in seiner „Bibliothèque Orientale" (deutsche Ausgabe, Halle 1785 ff.), einer Hauptquelle von Goethes Kenntnis des Ostens. Und hier wie in Saadis „Rosental" und sonst steht auch die Anekdote, die jene Tugend des Hatem Thai am deutlichsten bezeichnet: wie er einem griechischen Gesandten, der für seinen kaiserlichen Herrn das gepriesene Lieblingspferd des Hatem zu erbitten kommt, eben dieses unschätzbare Tier, bevor noch der Gast seinen Auftrag ausrichten kann, zur Abendmahlzeit auftischt, „weil er gerade damals nichts in seinem Hause hatte, womit er ihn hätte bewirten können" – eine Geschichte, die an den Falken im Boccaccio erinnert. Als den „alles Gebenden" rühmt denn auch Goethe-Hatem diesen ersten Namenspatron.

Der Beiname des zweiten, den er den „reichlichst Lebenden / Von allen Dichtern" nennt – Zograi –, kommt in der orientalischen Literatur so nicht vor. Man hat jedoch mit Sicherheit ermittelt, daß Goethe den Abu Ismail gemeint habe, der im Orient als Tograi (Tughrai) bekannt ist. Das war in der Tat ein sehr berühmter Dichter, „der vortrefflichste Schriftsteller seiner Zeit, sowohl in Prosa als in Versen" (Herbelot, nach dem Rabi alabrar); er lebte etwa fünfhundert Jahre nach Hatem Thai, war Vesir eines Seldschugen-Fürsten und wurde nach dessen Niederlage auf Befehl des Siegers hingerichtet. Sein dichterischer Ruhm, der im Orient bis heute dauert, beruht vornehmlich auf einem einzigen Werk aus sechzig gereimten Doppelversen, den „Lamyat al-Adjam", so benannt nach dem Buchstaben Lam (L), womit die sämtlichen Reimwörter endigen. Es gehört zu den ersten orientalischen Dichtungen, die auch im Westen weithin bekannt wurden: schon 1629 gab es der Niederländer Golius mit einer lateinischen Version heraus; ebenso 1661 Pócocke in Oxford und, unter anderen, 1756 auch Johann Jakob Reiske in Leipzig, damals der bedeutendste Arabist Europas.

Der Name Tograi bezeichnet eigentlich allgemein den hohen Beamten, der die Tughra, das Monogramm aus Namen und Titel des Herrschers, auf Dokumente setzen darf. Den Abu Ismail hat man wohl deshalb schlechtweg „Tograi" genannt, weil er eben der eine Dichter ist, der zugleich in diesem Staatsamt glänzte. Ihm durfte sich in solchem Betracht Goethe wohl vergleichen. Der Beiname des „reichlichst Lebenden" aber, den der neue Hatem von sich ablehnt, bezieht sich auf das große Vermögen, das Tograi, wie es selbst sagt, den Armen zugewendet, nach den Berichten anderer jedoch mit alchimistischen Spielereien vergeudet habe.

So weit scheint alles zu stimmen. Nur eines war unerklärlich: wie dieser Tograi gerade in diesem Gedicht, bei der Wahl des Namens Hatem, erwähnt werden konnte. Denn unter allen seinen vielen Namen (Mujad eddin Abu Ismail Ben Ali Ben Mohammed Ben Abdalsamat Raschid eddin Al Esfahani) kommt eben „Hatem" nirgends vor.

Wiederum ist es bei Goethes „gegenständlicher" Dicht- und Denkart kaum vorstellbar, daß er den Namen Hatem für den Tograi-Zograi einfach aus der Luft gegriffen, sich diesen Namenspatron willkürlich geschaffen habe. Doch waren die Kommentatoren um Aufschluß vergebens bemüht.

Neben einer Aufzeichnung von Anfang 1815, welche den Hatem Thai vermerkt (Werke 6, 484, Paralipomenon 36), gibt es nun unter Goethes Notizen zum Divan ein Blatt, auf dem der Name eines Hatem zusammen mit biographischen Daten erwähnt ist; es wird geschildert im siebenten Bande der Werke (S. 287 – Blatt 23 = Paralipomenon I/1m) und ist unbeachtet geblieben wahrscheinlich deshalb, weil der Bearbeiter der Handschriften, Carl Siegfried, ausdrücklich dazu versichert: „ohne jede Beziehung zum Hatem ... des Divan". Läßt man sich aber hiervon nicht beirren – und bei Siegfrieds offenbarer philologischer Unzulänglichkeit ist das ratsam –, so findet man auf der rechten Seite eines Folioblattes (grünliches Papier, Wasserzeichen: sächsisches Rautenwappen mit Hutkrone) die folgenden Aufzeichnungen Goethes (Blei, Antiqua):

                    Hatem
                    (Abusofana)
                    stirbt im 8ten Jahre
                       der Hedschra
                    Mavia geizige Frau
                    Reiscke Gedicht dessel[ben]
                       Gegenstände
                          Tapferkeit
                          Wohlthatigkeit

Links von den Zeilen 6 und 7 steht die ebenfalls eigenhändige Bleistiftnotiz:

                    S. Rehbinder
                       p. 73

Sie weist auf J. v. Rehbinders „Abul Casem Mohammed. Ein Beitrag zur politischen Menschengeschichte", Kopenhagen 1799 – ein Bändchen von noch nicht
hundert Seiten. Und die Stelle, die Goethe sich angemerkt hat, lautet (auf
S. 72 f.):
   „In diesem 8ten Jahr der Hedschra verlohr Arabien einen berühmten Dichter den Hatem, auch Abusofana genannt. Er war ein begüterter Mann. Tapferkeit und Wohlthätigkeit waren der Gegenstand seiner Muse, und er übte letz-
tere in so hohem Grade aus, daß er darüber ofte von seiner Ehefrau Mavia
bittere Vorwürfe hören mußte." Hierzu die Fußnote: „Reiske führt ein schönes Gedicht von ihm an, worinn er der filzigen Mavia sehr liebreiche Beleh-
rungen gibt."
   Wer sollte in diesen Angaben wohl denselben Hatem Thai erkennen, von
dem uns Goethes Gewährsmann Herbelot berichtet? In der Tat hatte Hatem
Thai eine Tochter Safana und hieß also auch Abu Safana; in der Tat war er
Dichter, und es gibt unter seinem Namen einen ganzen Divan, worin auch
wirklich ein Gedicht aus Anrufungen an die sparsame Gattin Mawya besteht;
und in der Tat setzen mehrere Geschichtschreiber seinen Tod in das Jahr 8 der
Hedschra. Aber von allen diesen Daten, welche Rehbinder ohne genauere
Nachweisung (wohl aus Reiske) anführt, steht auch nicht eines bei Herbelot!
Lediglich nebenher heißt es: „der auch dabei sehr tapfer und gelehrt war";
und eigens wird betont: „Hatem Thai lebte vor den Zeiten des Mahometismus".
Und bei Rehbinder wiederum fehlt dem Hatem gerade der Stammesname, der
ihm sonst unzertrennlich anhängt, der entscheidende Beiname „Thai"! Was
Rehbinder ferner erzählt, ist keineswegs bezeichnend für den Freigebigen κατ'
ἐξοχήν; Tapferkeit und Wohltätigkeit sind die vornehmsten Tugenden des Arabers überhaupt, und ihr Lob ist aller arabischen Lyrik gemeinsam.
   So durfte Goethe mit gutem Grund annehmen, Rehbinder spreche von einem
zweiten, einem anderen, einem Dichter Hatem. Dabei haben wir festzuhalten,

daß er sich aus der Schrift besonders aushob: Hatem – geizige Frau – Reiske Gedicht desselben – Gegenstände Tapferkeit, Wohltätigkeit.

Rehbinders Büchlein wird als Lektüre am 9. (und wohl auch am 10.) März 1815 in Goethes Tagebuch verzeichnet; unter den vier Werken über den Propheten, die er am 23. Februar aus der Weimarer Bibliothek entliehen hatte, war dies das einzige, das er bis kurz vor seiner Abreise nach Wiesbaden behielt (Keudell Nr. 970−973). Auch mit dem Gedicht des Tograi hat Goethe sich, wie die folgende Studie erweisen wird, eingehend beschäftigt, und zwar höchstwahrscheinlich um ebendiese Zeit. Die vollständige Abschrift einer deutschen Übersetzung dieser Lamyat al-Adjam, mit der Namensunterschrift „K.", befindet sich unter seinen Divan-Papieren; in Siegfrieds Zählung Blatt 5−10 (Werke 7, 293 – Paralipomenon I/2a γ). Siegfried deutet das „K." auf Kosegarten, den jungen Orientalisten, der erst 1817 nach Jena kam und dann den Dichter bei der Abfassung der NuA beriet; es ist jedoch aufzulösen als „Knebel".

Der „Urfreund" in Jena war schon im Dezember 1814 mit dem werdenden „deutschen Divan" bekannt geworden; ihm hatte Goethe am 8. Februar 1815 brieflich „zum allerschönsten" gedankt „für die mitgeteilten orientalischen Perlen", die er „sogleich mit aufgereiht" habe, und hinzugefügt: „Wenn du noch etwas dergleichen besitzest, so bitte mir es nicht vorzuenthalten". Darauf erwidert Knebel am 13. Februar: „Von orientalischen Gedichten habe ich jetzt weiter nichts als die berühmte arabische Elegie, die ich vor mehreren Jahren in Distichen gebracht habe und die im Merkur abgedruckt worden ist" (nicht im „Briefwechsel" – Hs. im GSCHA, Eing. Briefe 1815/77); und dann wieder am 7. April: „Von deinen Persischen Liedern und Gedichten schreibst du mir gar nichts ... Das Gedicht von Abu-Ismail-Tograï habe ich unter meinen Papieren gefunden. Es besteht aus 60 Distichen, und hat, wie die Nachrichten sagen, seinem Verfasser den grösten Ruhm bei seiner Nation gebracht, ja ihm sogar zur Vesirstelle verholfen. Der berühmte *Reiske* hat solches mit seinen Auslegungen und Noten in einem ganzen Bande herausgegeben, den ich einmal bei dem hiesigen Einsiedel fand, und es darnach übersetzte. Solltest du es zu sehen wünschen, so kann ich dir es abschreiben lassen. Es scheint mehr aus aphoristischen Sätzen zusammengesetzt, als zu einem ganzen Gedichte verbunden zu seyn" (nicht im „Briefwechsel" – Hs. im GSCHA, Eing. Briefe 1815/167−170).

Hier wird also *Reiske* nachdrücklich in Zusammenhang mit einem einzelnen *Gedicht* des Tograï genannt, wie bei Rehbinder mit einem jenes Hatem. Und in dem Gedichte selbst – den Lamyat al-Adjam –, dessen oben erwähnte Abschrift Goethe nicht lange danach erhalten haben dürfte, konnte er dann auch *Tapferkeit* und *Wohltätigkeit* gerühmt finden, und daneben das Gegenbild der furchtsamen, *geizigen Frau:*

> Ja, es erhöht den Scherz in der edlen Männer Gesprächen,
> Zeigt sich das edle Weib furchtsam und sparsamen Sinns.

Dieses Distichon (Nr. 22) ist sogar eines der dreie, die in der Handschrift durch Anmerkungen Knebels besonders auffallen.

Alles also, was Goethe aus Rehbinder sich über jenen Hatem notiert hatte, traf scheinbar auf den Tograi zu, und es lag nahe, daß die beiden in seiner Vorstellung zu einer Einheit zusammenwuchsen. Der Abstand von fünf Jahrhunderten konnte dabei um so eher verdeckt bleiben, als Knebel in der biographischen Notiz, die er seiner Übersetzung vorausschickt, weder Zeitalter noch Lebensdauer des Tograi überhaupt berührt.[2]

So, darf man schließen, entstand, als Goethe in der Kutsche und dann im Eisenacher Gasthof, von Exzerpten wie von Büchern fern, die Verse dichtete und niederschrieb, sein „Hatem Zograi".

3. Irrige Zuschreibung

In allen Gesamtausgaben der Werke oder der Gedichte Goethes stehen seit den siebziger Jahren die beiden Distichen:

> Als die Tage noch wuchsen, gefiel das Leben mir wenig;
> Nun, abnehmend mit Eil, könnten gefallen sie mir.

Und:

> Ich besänftige mein Herz, mit süßer Hoffnung ihm schmeichelnd;
> Eng ist das Leben fürwahr, aber die Hoffnung ist weit.

Der Dichter selbst hat sie in seine Werke nicht aufgenommen; aber das würde wenig besagen vor der großen Zahl von Gelegenheitsgedichten, die er nach eigenem Ausspruch verstreut hat, ohne Abschrift zu nehmen (vgl. zu Soret 13/V. 1823, Gespräche II, 630f.). Diese beiden allerdings waren noch bei seinen Lebzeiten gedruckt worden, und zwar in dem Sammelwerk „Göthe's Philosophie. Eine vollständige, systematisch geordnete Zusammenstellung seiner Ideen ... Herausgegeben von Friedrich Karl Julius Schütz, Dr. und Professor der Philosophie" (7 Bände, Hamburg 1825ff.). Sie stehen hier auf Seite 94 des Zweiten Bandes, als Nummern 308 und 309, und im Inhaltsverzeichnis heißt es von ihnen: „Aus einem Manuscript". Das erstgenannte Distichon wurde, nach einer Einzelhandschrift, 1870 von Düntzer wieder abgedruckt (Westermanns Monatshefte, September, 654). Das zweite fand Salomon Hirzel in der Schützschen Anthologie und erwähnte es 1874 in seinem „Neuesten Verzeichnis einer Goethe-Bibliothek", einem Privatdruck; die Fachwelt erfuhr davon 1876 durch Gustav v. Loepers Ausführungen über dieses Verzeichnis (Schnorrs Archiv V, 95).

Unmittelbare Beziehung zu Goethe hat jener Schütz, Gegner zugleich und Ausbeuter des Dichters, nicht gehabt. Vieles deutet jedoch auf eine Verbindung Schützens nach Frankfurt, zum weiteren Kreis der Familie Willemer, hin.

Der Zweizeiler „Als die Tage noch wuchsen ..." stand, von Goethes Hand, unterzeichnet mit seinem Namen und mit dem Datum „Zum Andenken des 28. August 1815", auch unter einer Landschaft „Frankfurt von der Gerbermühle gesehen"; es war eines der Blätter, die Goethe, nach einer jenem Tage gewidmeten graphischen Arbeit von Willemers Tochter Rosine Städel, in Weimar hatte drucken lassen und dann an Freunde verteilte. Dieses hier – die oben erwähnte Einzelhandschrift – war wohl ursprünglich Mariannen geschenkt und ist von ihr an ihre Stieftochter Meline Scharff weitergegeben worden (vgl. Max Heckers Anmerkungen zu dem Briefwechsel Goethes mit Marianne v. Willemer, Leipzig 1936, S. 371). – Das zweite Distichon („Ich besänftge mein Herz ..."), von welchem eine Handschrift nicht bekannt geworden ist, erscheint als Zitat verflochten in Briefe Mariannes an Goethe vom April 1821 (Briefwechsel Nr. 81) und von Ende September 1823 (Briefwechsel Nr. 107, dazu Hecker S. 411); Loeper durfte mutmaßen, dies seien die Verse gewesen, die Goethe, laut mündlicher Überlieferung in der Familie Willemer, beim ersten Jahresfeste der Leipziger Schlacht, am 18. Oktober 1814, auf die Wand des Mühlberghäuschens geschrieben habe (vgl. auch Hecker aaO). – Und auch ein größeres Gedicht Goethes – „Reicher Blumen goldne Ranken" –, das Schütz wiederum als erster, noch vor der „Ausgabe letzter Hand", veröffentlichte (in seinem „Mittagsblatt" vom 5. November 1826), war 1815 an Willemers gerichtet worden, und die Handschrift schmückte ein Zimmer ihrer Stadtwohnung (vgl. Briefwechsel Nr. 14, Nr. 83).

Die beiden Distichen sind aber nicht von Goethe. Sie finden sich in der Knebelschen Übersetzung der Lamyat al-Adjam des Tograi (s. oben „Hatem Zograi"), und zwar folgen sie in der Reihe der sechzig Distichen unmittelbar aufeinander als Nummer 39 („Ich besänftge mein Herz ...") und 40 („Als die Tage noch wuchsen ..."); in Pocockes lateinischer Version von 1661[3] entsprechen ihnen die Zeilen:

39. Mulceo animam meam, spe quam expecto
    Quam angusta (foret) vita, nisi (esset) latitudo spei!

40. Non placuit mihi vita, cum dies accederent (secundi essent)
    Quomodo ergo placeat, cum recedant festinanter?[4]

Damit würde sich als terminus a quo für Goethes Bekanntschaft mit ihnen der April 1815 ergeben (vgl. oben S. 76 f.); und die Vermutung von der Inschrift im Mühlberghäuschen wäre nicht zu halten.

Allerdings ist Knebels Übersetzung, wie sein oben zitierter Brief vom 13. Februar 1815 erwähnt, bereits lange zuvor im Druck erschienen: Der Neue Teutsche Merkur, Januar 1800, 1. Stück, Seite 8−18, unterzeichnet „v. K.“.[5] Goethe hat vermutlich alsbald Kenntnis von ihr genommen; wenigstens hat Knebel ihm das sehr nahegelegt: „Ich habe dem Böttiger eine *arabische Elegie* zu seinem Merkur zugesandt. Ich bin verlangend, was du dazu sagen wirst. Es ist ein eigner Geist darin“ (an Goethe, Ilmenau, den 2. Januar 1800 − Briefwechsel I, 232, Nr. 219). Und da Goethe zumal die Distichen des Freundes überschwänglich schätzte (Gespräche I, 390, Nr. 829 und V, 107, Nr. 1734a), erschiene es, bei seinem erstaunlichen Vers-Gedächtnis, nicht unmöglich, daß diese Zeilen sich schon damals ihm eingeprägt hätten. Dann hätte er aber wohl zitieren müssen: „Als mir die Tage noch wuchsen, gefiel mir wenig das Leben / Wie, abnehmend mit Eil, könnt es gefallen mir nun?“ Denn so lauteten im Druck von 1800 noch diese Verse, die Knebel erst später vollkommen ausgefeilt zu haben scheint. Und so läßt sich mit hoher Wahrscheinlichkeit sagen, daß Goethe die beiden Gedichtchen erst 1815 aufgegriffen hat, als er im Frühjahr hoffen durfte, Marianne bald zu sehen, und im Sommer dann, auf der Gerbermühle und in Heidelberg, sein Herz abermals mit Hoffnung besänftigen mußte.

Das war die hohe Zeit des West-östlichen Divans; und west-östlich im eigentlichen Sinne sind des Arabers Verse im antikisch-deutschen Gewand. Zudem aber sind es Worte jenes Dichters, den Goethe-Hatem als seinen Namenspatron ansah, als den „Hatem Zograi“. Wenn er die Distichen dieses vermeintlichen Hatem zitiert in diesem Frühjahr und Sommer 1815, ist es im Kleinen das Gleiche wie jahrs zuvor mit den Liedern des Hafis.

Aber wie alles, was er berührt, ihn bereichert, so adelt er es auch. „Als die Tage noch wuchsen ...“ – das ist die Stimmung des Sechzigers Goethe, dieselbe ein wenig wehmütige Ironie wie in den Strophen „Die Jahre sind allerliebste Leut“ und „Das Alter ist ein höflich Mann“. Bei Tograi (und auch bei Knebel) haben die Worte ganz anderen Ton und Sinn: da sind sie eine wegwerfende rhetorische Frage, Ausdruck einer Welt- und Zeitverachtung, die sich nicht verändert, bloß gesteigert hat; östlich folgerecht und starr. Goethe aber, indem er nur das eine Fragezeichen wegnahm, hat die Verse von Grund auf verwandelt: nun sagen sie auf einmal ihn aus. Dennoch wird man auf die kritische Frage: ob nicht die beiden Sprüche in seinen Werken stehen bleiben sollten, so antworten müssen wie der Dichter selbst.

Erstdruck: Zeitschrift für deutsche Philologie. 71. Band (1951), Heft 1.

Anmerkungen

- * Werke, Briefe, Tagebücher Goethes werden nach der Weimarer Ausgabe angeführt; Gespräche nach der Biedermannschen Ausgabe von 1909 ff.; seine Buch-Entleihungen nach Keudell, Goethe als Benutzer der Weimarer Bibliothek, Weimar 1931. Mitteilungen aus den Handschriften des Weimarer Goethe- und Schiller-Archivs (GSCHA) beruhen auf Studien, denen noch die freundliche Förderung durch den inzwischen verstorbenen Direktor des Archivs, Hans Wahl, zugute gekommen ist.
- [1] Burdach, Werke 6 aaO, liest irrig „von Ort her".
- [2] Ähnlich hat Goethe zu Anfang Januar 1816 in dem Gedichte „Lesebuch" (Divan, „Buch der Liebe"), das er aus einer Übersetzung umformte, den Namen „Nischani" der Vorlage in „Nisami" verwandelt, den des vierhundert Jahre früheren berühmten Persers. Vgl. auch: Fundgruben des Orients IV (1814), 461 f. Goed.[2] VII, 754 f. § 310 B. 93, C. 20.
- [3] Die Ausgabe von Reiske war nicht erreichbar.
- [4] Auch Knebels Übersetzung hat, 1800 wie 1815, Fragezeichen am Ende von Nr. 40, während Goethe – in der Handschrift und bei Schütz – Punkt setzt.
- [5] Bei Goedeke[2], VII, 588, Nr. 52a, ohne Hinweisung auf Knebel; fehlt auch Goedeke[3], IV/1, 675, Nr. 17 unter Knebels Schriften.

Eine Parodie von Marianne Willemer?

Herman Grimm hat, vor nun beinahe hundert Jahren, bekannt gemacht, wer die Suleika des West-östlichen Divans war, und daß die Lieder an den Ost- und den Westwind, welche als Schöpfungen Goethes galten, von ihr sind. Danken müssen wir ihm besonders die Art, wie er die überraschende Neuigkeit vorgetragen hat: leise, verhalten; andächtig und anmutig zugleich. Er läßt sie, in liebevollem Erinnern, als enthülle er nicht ein Geheimnis, sondern, vor einem kleinen Freundeskreis, einen Denkstein, hervorgehen aus der Schilderung des umgrenzten, in seiner Tiefe sorgsam behüteten Lebensbereichs einer geistreich zierlichen, ihr grundkünstlerisches Temperament klug beherrschenden alten Frau, die verjüngend ein Widerschein unsterblicher Augenblicke umgibt.

Marianne Willemer hatte schon 1828, im Kasseler Haus der Brüder Grimm, das noch nicht einjährige „Hermänchen" in der Wiege betrachtet. Gut zwanzig Jahre später war der Student bei ihr in Frankfurt eingekehrt, und sie hatte den hochbegabten, der Väterzeit pietätvoll zugewandten Jüngling alsbald aufgenommen in die Schar ihrer „Enkel". Ein Briefwechsel begann, der, anfänglich ungemein lebhaft, von Mariannens Seite oft herb kritisch, den Weg des jungen Schriftstellers begleitete, später, als des „Großmütterchens" Kränklichkeit zunahm, manchmal monatelang aussetzte, doch volle zehn Jahre, bis zu ihrem Tod, gedauert hat.

Die Briefe Mariannens haben sich fast ungeschmälert erhalten; was in ihnen Goethe betrifft, ist schon im Jahre 1907 von Reinhold Steig publiziert worden. Weggeblieben war dabei allerdings ein Gedicht, das Marianne am 16. Dezember 1853 dem jungen Freund mit den Worten übersandt hatte: „Hiebei findest du eine Parodie auf ‚Der Müllerin Verrath‘, ich weiß nicht, ob es dir bekannt sein kann, ich fand es unter alten Papieren, vielleicht ist es dir etwas Neues." Heute und hier dürfen wir diese Parodie nun wiedergeben.

Es ist freilich eine Parodie von ganz eigener Art, denn sie will den parodierten Dichter nicht spottend herabsetzen, sie nimmt vielmehr Partei für ihn; und überdies läßt sie ihn selber monologisch auftreten, als Hauptfigur jener famosen Affäre, die am 12. April 1817, mit dem von Gegnern erzielten Gastspiel eines dressierten Pudels auf der klassischen Weimarer Szene, den Rücktritt des Intendanten Goethe herbeiführte.

Woher in Jena so geschwinde,
Da heut in Weimar Schauspiel ist?
Die Kunst gleicht dem verwaisten Kinde,
Wenn ihren Goethe sie vermißt.
Was hat ihm dann die Lust benommen?
Mag er nicht mehr ins Schauspiel gehn?
Wie ist er nur dazu gekommen,
Der Kunst den Rücken zuzudrehn?

Ach wohl er flieht vom falschen Brette,
Wo er sich bessern Spaß versprach,
Und wenn er *andern* Ruhm nicht hätte
Wie gräßlich wäre seine Schmach!
So hat die Muse ihn betrogen
Um die er sich so viel geplackt,
Der Intendant ist abgezogen,
Die Kunst hat mit ihm eingepackt.

Warum auch opfert er der Hohen
Auf solch unheiligem Altar
Und stellt den *Genius* dem rohen
Parterre und Paradiese dar?
Er wird es nun wohl bleiben lassen,
Er drückte schnell sich aus dem Haus
Und bricht in Jenas engen Gassen
In weit-ertönte Klagen aus:

„Ich las in ihren Götterblicken
Doch keine Silbe von Verrat!
Sie schien entzückt von meinen Stücken
Und sann auf solche schwarze Tat –
Mein Tasso sollt uns heut erheben,
Zur Probe schon die Stunde schlug –
Sie hieß den ‚Hund des Aubri‘ geben,
Und – Hunde fanden sich genug.

Sich meiner Dichtung zu erfreuen,
Der Kunst, die solch ein Ende nahm!
Und erst die Bestien anzuschreien,
Gerad als ich zur Probe kam.
Da sprang an mich ein ganzes Rudel
Heran, ein wahrer Hunde-Bund!
Da kläfften Möpse, knurrten Pudel,
Da bellt' ein Dachs- und Hühnerhund.

Das war ein Lärm von all den Tieren,
Ein Bullenbeißer führt' den Chor!
Da foderten zum Dirigieren
Sie mich mit gräßlichem Rumor.

Was fällt euch Bestien anzusinnen
Dem Dichter *Iphigeniens* ein?
Um solche Lorbeern zu gewinnen,
Da muß man Schikaneder sein.

Weiß doch der *Kenner* edlerm Ziele
Der Schauspiel-Dichtung nachzugehn,
Er läßt fürwahr die ‚Teufelsmühle‘
Vor einem Faust und Tasso stehn.
Da rissen sie den Faust in Stücke
Und wollten auch den Tasso noch;
Wie nur so viel ästhetsche Tücke
Sich in dem Hundepack verkroch.

Da flucht ich der dramatschen Muse
(Wie's in den Wanderjahren steht):
‚Fahr hin, du trügrische Meduse,
Auf ewig sag ich dir Valet!‘ – –
Die Hunde wichen meinem Grimme,
Doch bellten sie mir lang noch nach,
So macht ich mich mit Donnerstimme
Von Weimar fort noch selbgen Tag.

Man soll euch Schönen des Olympus
So wenig wie den unsern traun,
Laßt würdig euch des Götter-Nimbus
In eurer Priester Opfer schaun!
Doch seid ihr auch wie unsre Damen
Aufs Animalische erpicht,
So labt euch an den Hunde-Dramen,
Doch nur von mir verlangt sie nicht.“

So klagt in Saal'-Athens Asyle
Der exilierte Intendant.
Da faßt mit liebendem Gefühle
Die Muse lächelnd seine Hand.
„So geht es“, spricht sie „jedem Dichter
Der unsre Hippokrene schlürft
Und Beifall suchend vom Gelichter
Die Perlen vor die Säue wirft.“

Dieser Text bedarf kaum des Kommentars; wir erkennen die Gegenspielerin, Karoline Jagemann, Primadonna am Hoftheater und Geliebte des Großherzogs, und dürfen in dem „Bullenbeißer“ ihren Günstling, den Bassisten Stromeyer, vermuten, der nach Goethes Abgang in die Intendanz eintrat; die „Teufelsmühle am Wienerberge“ war, seit 1800 etwa, ein beliebtes Singspiel.

Die Niederschrift der Strophen, auf einem Oktav-Doppelblättchen grünlich verschossenen derben Papiers, stammt, was bisher nicht beachtet worden ist, von Mariannens Gatten Johann Jakob Willemer; am Fuß der letzten Seite hat er vermerkt: „abgeschr[ieben] d[en] 28 Aug[ust] 1823", zu Goethes Geburtstag also. Das besagt nicht, daß sie damals entstanden wären. Aber schwerlich auch sind sie, wie man beim ersten Lesen meinen möchte, in frischer, kecker Aktualität unmittelbar jenen skandalosen Geschehnissen von 1817 entsprungen: sie dürften frühestens vier Jahre danach abgefaßt worden sein.

Das Vorbild zwar, Goethes Romanze „Der Müllerin Verrat", ist schon lange zuvor in verschiedenen Fassungen bekannt gewesen und stand in den Ausgaben der „Werke" unter den Balladen, zugehörig einem ganzen kleinen „Müllerin"-Zyklus. Einige Stellen der Parodie jedoch beziehen sich auf die ersten „Wanderjahre", und der Vers 58 spricht es geradezu aus: „Wie's in den ‚Wanderjahren' steht." ‚Wilhelm Meisters Wanderjahre' aber sind erst im Sommer 1821 erschienen.

So wenig demnach die Parodie aktuell auf gegenwärtige Verhältnisse gemünzt sein konnte, so wenig auch spiegelt sie im einzelnen die Vorgänge wider, die sich in Weimar und Jena wegen des Hunde-Spektakels abgespielt hatten. Erstaunlich genug, wie sie die Grundsituation des Konfliktes entfaltet und seine von der allgemeinen „Sage" bewahrten Elemente zusammenfaßt; denn aufs genaueste hält sie sich zudem an die formalen Eigenheiten ihres Vorbilds, der Romanze: nach Umfang, Versmaß, Strophenart, in Ablauf und Gliederung, in der Mehrzahl der Reime, ja oftmals im Wortlaut ganzer Zeilen. Das ist in der Beschränkung wahrhaft meisterlich. Dabei scheint es, als habe erst dieses streng eingehaltene Gesetz ihr die Freiheit gegeben zu der beinah übermütigen, einfallsreichen Laune, die das Ganze durchzieht; zu dieser gleichsam potenzierten mimischen Lust: den vorgezeichneten Bahnen so treulich folgen und dabei den Dichter selber, quasi authentisch, in seinen eigenen Rhythmen, Wendungen und Worten reden lassen zu können.

Wenn sich über alledem die Frage nach dem Autor dieser Parodie aufdrängt, so wird uns eben jene Distanz vom aktuellen Anlaß und Detail, durch welche vielleicht ein so reines Vergnügen künstlerischer Nachbildung erst möglich geworden ist, davon zurückhalten, ihn bei den Zeugen und Kennern der Fakten, in Goethes näherer Umgebung, zu suchen. Vielmehr bestärkt sich uns auch von dieser Seite die Vermutung, Marianne selber habe die Strophen verfaßt.

Für diese Vermutung spricht vieles:

Mariannens mimisch-improvisatorisches Talent („Mimianne" nennt ein Freund sie); die Beweglichkeit, womit sie den Empfindungen und Gedanken anderer folgen, auf sie, in sie eingehen, sie „durch die unmittelbarste Divination" erraten konnte (Goethe erzählt andeutungsweise davon in der Prosa des Divans); ihre Gabe, vorhandene Gebilde anmutig schöpferisch zu etwas überraschend Neuem zu kombinieren, komponieren – bewährt in den Chiffrebriefen aus

Hafis wie beim Zusammenfügen zierlichsten Blumenschmuckes (wofür Clemens Brentano sie als die „Kränzewinderin, Kronenbinderin, Sträußerkräuslerin" preist), zumal aber in zahllosen Gelegenheits-Gedichten, denen sie bekannte Melodien oder Texte unterlegte, ob nun eine Volksweise, einen Gassenhauer oder das „Lied der Lieder", das sie so unvergleichlich zur Gitarre zu singen wußte: Mignons „Kennst du das Land ..." Mit Bezug auf Goethe schreibt sie selber einmal an Herman Grimm: „Du siehst, wie gewandt ich bin, mir fremdes Gut anzueignen ... ich benutze als *mein* Eigentum, was der ganzen Welt angehört." Und wie die meisten ihrer Briefe mit Anspielungen durchwirkt sind, in denen sie Worte des Partners bereichernd facettiert – im Wortspiel dabei manchmal ebenbürtig dem Freunde Clemens Brentano, zuweilen einem Nestroy nahe –, so gibt es Gedichte von ihr, worin als leibhafte Erinnerungen die Worte anderer echoartig wider- und weiterklingen.

Auf der Gerbermühle, dem Landsitz Willemers, hatte man während Goethes Aufenthalt im Herbst 1815 mit den Figuren seines „Müllerin"-Zyklus „viel Spaß getrieben". Im „Privatisieren", dem scherzhaften Jargon der Familie, hieß nun Sulpiz Boisserée, den die Frauen begünstigten, der Müllersknecht („an dem nichts zu verderben"), Willemer war der Müller, und Marianne selbstverständlich die Müllerin.

Auf der Gerbermühle auch ist sie Zeugin geworden von Goethes Kynophobie; ihm die Hunde fernzuhalten, die im Tiergewimmel des Willemerschen Haushalts dominierten, war Mariannens Aufgabe gewesen. Sie verstand sich auf das Hundevolk; durch volle zwanzig Jahre hat sie, unerschöpflich variierend, zu Willemers Geburtstagen jene Pazzarello-Lieder gereimt, in denen der Lieblings-Hund die Wünsche des Hauses darbrachte; ein Gedichtchen „Servil und liberal" definiert geradezu den Charakter des Hundegeschlechts.

Auch die verdrießliche, oft lächerliche Last der Theaterleitung kannte sie aus der Nähe: Willemer, lange in der Oberdirektion der Frankfurter Bühne tätig gewesen, dann ein erbitterter Kritiker seiner Nachfolger, hatte Enttäuschung und Unmut in vielen wirkungslosen Flugschriften ausgelassen. Es gibt nicht das mindeste Indiz dafür, daß Marianne je an diesen Bemühungen, diesen Schriften Anteil genommen habe; als aber Willemer, ein Jahr vor Goethe, sich endgültig vom Theater abwendet, da gratuliert sie ihm in einer Pazzarello-Strophe zu der Befreiung „von Theaterschmach" – beides doch wohl auch Zeichen dafür, daß Herman Grimms Ansicht, Marianne hätte sich nur auf der Bühne vollenden können, und ihr Eintritt in Willemers Haus „habe ihrem eigentlichen Wesen die Spitze abgebrochen", nicht unbedingt zutrifft.

Über die Affäre vom „Hund des Aubri" könnte ihr der junge Fritz Frommann Einzelheiten berichtet haben, den Goethe brieflich an Willemers empfahl, nicht lange bevor er ihnen die „Wanderjahre" schickte, und der bis zum Frühsommer 1823 bei ihnen aus und ein gegangen ist. In Frommanns Jenaer

Elternhause, dem altbefreundeten, hatte Goethe zur Zeit des Theaterkonflikts regelmäßig verkehrt; ja dort hat er den Abend vor der Weimarer Aufführung des Hundestückes und den Abend nach ihr zugebracht.

So möchten wir vermuten, die Lesung der „Wanderjahre" habe Marianne zu der Parodie angeregt. Hier war sie nicht nur jener Romanze von der Müllerin wieder begegnet – hier traf sie, im dreizehnten Kapitel, auf die Stelle, wo Wilhelm von den Aufsehern vernimmt, daß und weshalb Drama und Bühne aus der Pädagogischen Provinz verbannt sind: „Das Drama setzt eine müßige Menge, vielleicht gar einen Pöbel voraus, dergleichen sich bei uns nicht findet; denn solches Gelichter wird, wenn es nicht selbst sich unwillig entfernt, über die Grenze gebracht." Von erlogener Heiterkeit und geheucheltem Schmerz ist da die Rede, von einer Kunst der Gaukeleien, zweideutigen Ursprungs, die sich der übrigen Künste bediene, sie aber verderbe. Und Wilhelm, nur halb überzeugt zwar, sieht in beschämendem Erinnern „mit einem tiefen Seufzer vor sich nieder". Es ist dieselbe „wunderliche Stelle", an welcher der Dichter, als „Redakteur dieser Bogen", aus der neutralen Haltung des Erzählers heraustritt, um sich persönlich zu erklären. War das nicht eine Abrechnung mit der Bühne, die Summe gleichsam seiner „theatralischen Abenteuer", die Quittung auf den „Hund des Aubri"?

Wenn die Parodie nun, in bewußtem Anachronismus, den zürnenden Ex-Intendanten im Jena von 1817 auf sein eigenes Werk von 1821 verweisen läßt, wo das Nähere nachzulesen sei, so erblicken wir darin einen der schalkhaften Winke jenes „lieben kleinen Criticus, der seinen Autor so sorgfältig studiert und, emsiger als die größten Philologen, alle die Umstände zu entziffern sucht, die zum Verständnis der wunderlichen Werke dienen können". Und das Reimwort „Gelichter", wodurch die letzte Strophe beinahe ins Derbe gerät, scheint uns absichtsvoll zum Schluß noch einmal anzuklingen an jene Stelle aus der Pädagogischen Provinz.

Eine wort- und lautspielerische Prägung wie „Hunde-Bund" – witzig-vollkommenes Äquivalent zu dem „Menschenstrom" der Romanze – stünde in den Gelegenheits-Dichtungen Mariannens nicht allein; die Nennung der „Teufelsmühle" und des seligen Schikaneder berührt uns wie ein Nachhall aus der Theaterkinderzeit der Österreicherin, und an dem Ausrufe „Was fällt euch Bestien anzusinnen / Dem Dichter Iphigeniens ein?" meinen wir etwas von der kühnen Gebärde zu finden, mit der in den schönsten Zeilen ihrer Lieder die Dichterin Marianne sich als Tänzerin erweist.

Auffallend, daß weder in Mariannens engerem Kreis, wo die Mehrzahl ihrer Verse in Abschriften umlief, sich eine Spur des Poems erhalten hat, noch daß wir in der weiten Goethe-Literatur irgend davon wissen. Hat Marianne es sekretiert? Hätte sie, aus Goethes Briefwechsel mit Zelter, erfahren, daß ihr Dichter ein „Todfeind von allem Parodieren und Travestieren" war, „weil die-

ses garstige Gezücht das Schöne, Edle, Große herunterzieht, um es zu vernichten"? Ein solcher Vorwurf konnte diese „positive" Parodie kaum treffen.
Dabei war Goethe der eigentliche Adressat der Strophen; er allein hätte sie
voll würdigen können. Ob sie ihm bekannt geworden sind? Auch ein anderes
Mal hat Willemer ein Gedicht Mariannens abgeschrieben und es ihm übersandt. Die Möglichkeit ist nicht auszuschließen: im September 1823 muß ein
Schreiben von ihm an Goethe gelangt sein; es ist nicht mehr vorhanden, ge-
antwortet hat Goethe nicht.

Mariannens Begleitworte an Herman Grimm nehmen sich nun erst recht
mehrdeutig und undurchsichtig aus. Das könnte für Mariannens Autorschaft
sprechen. Jedenfalls stimmt es zu der Zurückhaltung, die sie, selbst gegen den
jungen Freund, in allem beobachtete, was ihre Beziehung zu Goethe anging:
„Von den Briefen aus den früheren Jahren ... hat sie mir niemals etwas weder
zeigen noch lesen wollen ... Sie sprach ... mir nie von Goethe, ohne daß ich
sie mit leiser Nötigung dazu getrieben hätte."

Wir müssen uns mit Fragen, mit Vermutungen zufriedengeben. Was bleibt,
ist ein Zuwachs zu der schmalen Zahl geglückter deutscher Parodien.

Erstdruck: Insel-Almanach auf das Jahr 1964. Frankfurt am Main 1964.

Eine Parodie von Marianne Willemer? Unter diesem Titel erschien im Insel-
Almanach des Jahres 1964 (S. 115−124) ein längerer Beitrag des Verfassers. Er
bezog sich in der Form eines fingierten Monologes von Goethe auf dessen
einen ganzen Müllerinzyklus abschließendes Gedicht „Der M. Verrat". Auf
Marianne Willemer als Verfasserin schienen manche Indizien zu deuten: Die
Handschrift stammte von Johann Jakob Willemer, einige Ausdrücke schienen
österreichischer Prägung, ein Satz hatte die Anmut und den Schwung, den
man der Tänzerin Marianne zutrauen konnte, usw.

Alles dies schien jedoch hinfällig zu werden, als Dr. Alfred Liede, Germanist
und spezialisiert auf Nonsens-Dichtung, in einem Aufsatz darauf hinwies, daß
der gesamte Text der Parodie bereits im Jahre 1823 erschienen sei. Verfasser
sei der Schriftsteller Friedrich Karl Julius Schütz gewesen, der zwar 1828 „Wilhelm Meisters Wanderjahre" und den darin enthaltenen abwertenden Abschnitt über die Schauspielkunst beurteilt hatte, zugleich aber auch die ‚päd-
agogische Provinz' des Werkes, aus der die Schauspielkunst verbannt ist, mit
hohem Lob bedachte.

Nach Liedes frühem Tod wurden jedoch Tatsachen bekannt, welche die Zuweisung an Schütz zweifelhaft erscheinen ließen. Schütz hatte sich in mehreren
nachweisbaren Fällen als Plagiator erwiesen, zum Beispiel das Gedicht von

Chamisso „Tragische Geschichte" (Der Zopf, der hängt ihm hinten.) unter seinem eigenen Namen drucken lassen. Wohl hatte er nachweislich Verbindungen zum Hause Willemer, aber er scheint diese eben auch mißbraucht zu haben. So bleibt der Text dieses Beitrags einschließlich des Fragezeichens weiter in Kraft.

1997

Goethes Briefwechsel mit Marianne und Johann Jakob Willemer

Geschichtliches

Von einer Verbindung Goethes zu Johann Jakob Willemer und seinem Haus erfuhr die Öffentlichkeit zum ersten Mal im Jahre 1827 durch das Gedicht „Reicher Blumen goldne Ranken", im Vierten Bande der „Ausgabe letzter Hand". Es steht in der Abteilung „Inschriften, Denk- und Sendeblätter", überschrieben „An Geheimerat von Willemer"; die „Aufklärenden Bemerkungen" gedenken dabei jener Zeit, da der Dichter „im Orient hauste", und nennen Willemer als „geprüften alten Freund". Drei Jahre später erscheint der Name abermals, im 32. Band der Ausgabe, wo die „Annalen" von 1819 Willemers Besuch in Weimar und den traurigen Anlaß seiner Reise nach Berlin erwähnen. Von Marianne aber, deren schönste Strophen in den West-östlichen Divan aufgenommen und der die meisten Gedichte im Buch Suleika, so viele kleinere in der Sammlung „An Personen", den „Inschriften, Denk- und Sendeblättern" gewidmet sind, verlautet zu Goethes Lebzeiten kein Wort. Auch die Briefe und Sendungen, die Goethe seit dem Herbst 1815 nach Frankfurt richtet, sind anfangs an Mariannens Stieftochter und Freundin Rosine Städel, später, in Konzept und Reinschrift, an Willemer, nie an sie selbst adressiert und werden im Tagebuch, wie die empfangenen, unter des Geheimrats Namen, allenfalls dem Plural „Willemers" verzeichnet.

Wenn die Quartausgabe der Werke dann, vier Jahre nach Goethes Tod, unter so vielen Marianne zugedachten, zugeeigneten Versen des Nachlasses bloß einen einzigen mit ihrem Namen verbindet – „An Frau von Willemer" („Du! schweige künftig nicht so lange …") –, so haben, scheint es, die Herausgeber, Eckermann und Riemer, von welchen zum mindesten der erste Näheres wußte, das wahre Verhältnis nur weiterhin verhüllen wollen.

Als unverfänglich auch konnte zur gleichen Zeit Eckermann, im Zweiten Teil seiner „Gespräche mit Goethe", jenen Brief wiedergeben, der ihn bei der Rückkehr von Italien, 1830, zum zweiten Mal an Willemers verwiesen hatte, als an „Freunde, die im edelsten Sinne mit mir verbunden sind".

Im Jahre 1840 erlaubte Marianne dem jungen Germanisten Dr. Theodor Creizenach, in dem Gedenkbuch, das zur Frankfurter Jubelfeier von Gutenbergs Erfindung herauskam, einen der Briefe Goethes abzudrucken. Die Adressaten blieben, als „eine ihm [Goethe] befreundete Familie in Frankfurt", ungenannt.

Fast anderthalb Jahrzehnte danach hat Marianne nochmals eine solche Publikation ermöglicht: wichtige Abschnitte aus Goethes Brief an sie vom 3. Januar 1828 zitiert im Januar 1854 der Aufsatz einer wissenschaftlichen Zeitschrift. Als Empfänger ist Willemer angegeben. Der Verfasser des Aufsatzes, Mozarts Biograph Otto Jahn, scheint einer der Gelehrten gewesen zu sein, die, nach Creizenachs späterem Bericht, Marianne in den letzten Jahren „interviewed" hätten.

Erst in dem Jahrzehnt nach ihrem Tode jedoch wird schrittweise bekannt, welcher Rang ihr in Goethes Dichtung, in seinem Leben zukommt.

Der erste der zwei Bände „Sulpiz Boisserée", die, von der Witwe besorgt, im Jahre 1862 bei Cotta erschienen, vergegenwärtigt, Tag für Tag fast, in knappen, präzisen Berichten jene Wochen, die Goethe im Spätsommer und Herbst 1815 bei Willemers auf der Gerbermühle zugebracht, in einem häuslichen Kreis, den, liebevoll-erfinderisch jedem Wunsch des Gastes zuvorkommend, die „kleine Frau" mit Anmut und Geist belebt hatte. Gesang und Dichtung liegen in der Luft dieser Tage, und der Divan gedeiht. Den Höhepunkt der Schilderung bildet die Feier von Goethes Geburtstag auf der Mühle. Der Briefwechsel zwischen Goethe und Sulpiz, im zweiten Bande des Werks, reflektiert dann wieder und wieder jene glücklichen Wochen am Main. Aufmerksame Leser mochten nun manche Hindeutung in Goethes „Annalen" des Jahres 1815, manches Rätsel der kleinen Personengedichte sich erklären und lösen.

In demselben Jahr wird zum erstenmal auch der *Briefwechsel* Mariannens mit Goethe namentlich-öffentlich erwähnt. Eduard Genast, der als junger Weimarer Schauspieler und Sänger, von Goethe empfohlen, einst bei Willemers Besuch gemacht hatte, schreibt in seinen Memoiren: „Das war also die Frau, mit der Goethe seit langer Zeit in vertrautestem Briefwechsel stand", und gibt das Gerücht wieder, „daß diese Briefe nach Goethes Tode verbrannt worden seien".

Der Wahrheit näher war der Frankfurter Historiker Johannes Janssen, als er im Jahre 1868, in seiner Biographie Johann Friedrich Böhmers, gleichfalls den „anmutigen und gehaltvollen Briefwechsel Goethes mit Frau Willemer" erwähnte, der, „soviel wir wissen, auf der Frankfurter Bank aufbewahrt" liege. Nachdem er Marianne verständnisvoll charakterisiert hat, spricht Janssen geradezu aus, daß „im Buch Suleika die schönsten Gedichte an Marianne Jung gerichtet" sind und daß die unter Goethes Gedichte aufgenommenen Strophen „Zarter Blumen leicht Gewinde ..." von ihr stammen.

Fast unmittelbar darauf, zu Anfang des Jahres 1869, folgte dann, in den Preußischen Jahrbüchern, Herman Grimms großer Aufsatz „Goethe und Suleika"; an inniger Genauigkeit, an zarter Kraft des Erfassens und Umfangens bis heute von nichts erreicht, was über Marianne geschrieben worden ist. Nun wußte man, wer Suleika war und welche schönsten Lieder unter Goethes Namen ihr gehörten.

Man wünschte mehr zu wissen. Auch die Erwartung, die sich an den Briefwechsel knüpfte, wuchs. Hatte doch Herman Grimm – er, der schon in jungen Jahren warnend aufgetreten war gegen die gefährliche Vieldeutigkeit aller sogenannten direkten Lebenszeugnisse – nun selber mit Äußerungen Mariannens über Goethe auch Briefe von ihm an sie bekanntgegeben; ja vorausgesagt, es werde „neben der Korrespondenz mit Boisserée ... in Zukunft vielleicht die mit Marianne von Willemer als gleichwertig herlaufen".

Schon im Jahre 1870 wagte sich Heinrich Düntzer, in Westermanns Monatsheften, an eine biographische Skizze über Marianne, worin er die Mitteilungen Grimms auf Goethes Leben und Werk anwandte und mit den Ergebnissen eigener Studien verknüpfte. Vieles mußte in Kombinationen und Hypothesen steckenbleiben, da, wie er hervorhob, „die zwischen Goethe und Willemer und seiner Gattin gewechselten Briefe – es sollen an achtzig sein – auf der Darmstädter Bank ihrer in Aussicht genommenen Veröffentlichung entgegenruhen".

1872 teilte in den Preußischen Jahrbüchern Herman Grimm Abschnitte aus einem Brief Goethes an Willemer mit. Dem Abdruck zum Grunde lag eine Kopie des Kanzlers von Müller, dessen Nachlaß in Weimar, anders als der Goethesche, wissenschaftlicher Forschung offenstand; auch das Verzeichnis „Ungedruckte Briefe Goethe's" von C. A. Diezel (Frühjahr 1873) wies auf derartige Abschriften des Kanzlers hin. Beides mag den Entschluß beschleunigt haben, die Briefe nunmehr zu publizieren. Mit der Herausgabe betrauten die Erben Mariannens, als einen angesehenen, zuverlässigen Kenner Goethes, eben jenen *Theodor Creizenach*, nun Professor am Gymnasium in Frankfurt, der vor über dreißig Jahren zum erstenmal ein Stück aus dieser Korrespondenz veröffentlicht hatte. Als er die Blechkiste mit den Briefen, welche bis dahin auf der Bank deponiert gewesen war, aus der Hand des Kommerzienrats Jean Andreae-Passavant empfing, im Oktober 1873, kränkelte Creizenach bereits; die Arbeit, an die er seine freien Stunden wendete, mußte lange liegenbleiben.

So kam eine Anverwandte Mariannens, Emilie Kellner, geb. Andreae, ihm 1876 zuvor mit einem Erinnerungsbüchlein, „Goethe und das Urbild seiner Suleika", einer Melange aus glaubhaftem Bericht und fragwürdigem Geplauder, die freilich den Wunsch nach den authentischen Zeugnissen nur verstärken konnte.

Zu Anfang des Jahres 1877 erschien der Briefwechsel endlich, in Goethes altem Verlage, bei Cotta in Stuttgart. Creizenach erlebte noch die rühmenden Rezensionen, den starken Widerhall aus dem gebildeten Publikum; im Dezember starb er.

Seinem Buch war der persönliche Umgang mit Mariannens Angehörigen, ihren Freunden und Bekannten zugute gekommen; Vertrautheit mit Originalen, Lokalitäten, Spezialitäten des alten Frankfurt, mit Reliquien und Relikten, einer Überlieferung ersten Grades, die sich noch kontrollieren ließ. Er wußte in den Familien-Traditionen das Echte vom Falschen zu sondern, Irrtümer zu berichtigen, bloßen Klatsch auszuscheiden. Diese Ergebnisse und sein breites Wissen verwob er, in einem jahrweise abgeteilten zusammenhängenden Kommentar und mit zahlreichen Fußnoten, als „Lebensnachrichten und Erläuterungen" dem Abdruck der Briefe, deren Text er im wesentlichen richtig wiedergab, wenn auch die Krankheit ihm eine letzte kritische Genauigkeit verwehrt haben mag.

Gern hätte Creizenach das Buch als „Goethes Briefwechsel mit Johann Jakob und Marianne Willemer" hinausgehen lassen, „da der originelle Mann nicht bloß als Begleiter seiner hochbegabten Lebensgefährtin Bedeutung hat". Aber Willemers Briefe fehlten; man durfte sie bei der Hinterlassenschaft Goethes in Weimar vermuten. Diese jedoch stand damals, aller Neubegier des wissenschaftlichen Zeitalters zum Trotz, unzugänglich wie des Dichters Haus, in der halb ängstlich, halb hochmütig abweisenden Obhut der Enkel, und nur das wenigste war, nach ihrem Gutdünken und unter ihrer Zensur, zum Druck zugelassen.

Creizenachs Ausgabe war gerade zu rechter Zeit erschienen, beinahe im letzten fruchtbaren Augenblick. Seine Darstellung beleuchtete noch einmal einen kaum näher bekannten, eng an das alte Frankfurt gebundenen Kreis. Indem sie nahezu alles aufgriff, was dort an lebendigen Zeugnissen jener Zeit noch umging und zugänglich war, markierte sie zugleich einen historischen Einschnitt. Denn Frankfurt wandelte sich in gewaltsam beschleunigtem Wachstum aus der freistädtischen Lebensform, die unter dem Getriebe des Bundestages fast noch erstarkt schien, zur Handelsmetropole des neuen Reichs. Und wie vor Toresschluß erreichte das Buch jene Generation, die durch Eltern und Nahverwandte unmittelbar mit Goethe und seiner Zeit zusammenhing und für die, was der Kommentator beschrieb, sich noch in Anschauung umsetzte.

Die erste Auflage des Briefwechsels war schnell vergriffen; eine zweite erschien bereits im Frühjahr 1878, besorgt von Creizenachs Sohne Wilhelm, welcher als Literaturhistoriker in Breslau lehrte. Sie war „vermehrt" um sieben Briefe Goethes, die eine Enkelin von Rosine Städel-Thomas, Maxe von Weißenthurn, vor kurzem in einer Wiener Tageszeitung publiziert hatte; „ergänzt" auf Grund vieler berichtigender Mitteilungen der Rezensenten und Kenner. Noch im selben Jahr konnte eine unveränderte dritte Auflage folgen.

Bis zur nächsten gingen volle dreißig Jahre hin. Deutlicher läßt die Grenze der Menschenalter sich kaum bezeichnen. Die Generation letzter Zeitgenossen, Teilnehmer, Zeugen ist in diesen Jahren weggestorben.

Auch die beiden Enkel Goethes gehören zu ihr (Wolfgang † 1883, Walther
† 1885). Das generöse Testament, durch das zur Erbin des geistigen Nachlasses die Großherzogin Sophie eingesetzt ward, veränderte die Lage in Weimar
von Grund aus. 1887 begann die nach der Fürstin benannte historisch-kritische Gesamt-Ausgabe der Werke Goethes zu erscheinen, welche in jeder ihrer
vier Abteilungen nun Jahr für Jahr mehrere Bände produzierte, darunter die
Tagebücher und Briefkonzepte, zahllose unbekannte Entwürfe, Vorstufen,
Fragmente. Ergänzende Veröffentlichungen füllten die Reihen des Goethe-
Jahrbuchs und der Schriften der Goethe-Gesellschaft. Die Philologen fanden
sich überhäuft mit Stoffmassen, die kaum in Dezennien bewältigt werden
konnten.

Als im Jahre 1908 der Berliner Schriftsteller *Philipp Stein* den Briefwechsel
Goethes mit Marianne neu herausgab, war die große Weimarer Edition nahezu
in allen Teilen abgeschlossen. Nun wußte man, daß eine Anzahl von Mariannens Briefen nicht an sie zurückgelangt, sondern in Weimar liegengeblieben
war, und daß neben ihnen, wie schon vermutet, auch Willemers Briefe sich im
Nachlaß Goethes fast vollzählig erhalten hatten.

Freilich durfte Stein von diesem Weimarer Bestand nur das wenige übernehmen, was bereits im Druck vorlag – einen Brief Mariannens, der in den
Lesarten der Weimarer Ausgabe erschienen war, und zwei zuerst im Goethe-
Jahrbuch mitgeteilte Schreiben Willemers. Dazu kamen dann aber immerhin
sieben Briefe Goethes, unter ihnen zwei, die schon 1878 Hüffer in seiner Re-
zension der Creizenachschen Ausgabe bekanntgemacht hatte, und vier, von
denen nur die Konzepte vorhanden waren.

Steins Text-Behandlung war eklektisch: die Briefe Goethes reproduzierte er,
soweit möglich, nach dem Wortlaut der Sophien-Ausgabe, in dem berechtigten
Glauben, damit dem neuesten Stande der Forschung zu entsprechen; Mariannens Briefe gab er nach dem Abdruck bei Creizenach.

Das eigentlich Neue an seiner Ausgabe war die Gliederung: die Briefe standen als geschlossene Folge in der Mitte, von der kommentierenden Erzählung
des Herausgebers losgelöst, gemäß der richtigen Erkenntnis, daß die Funktion
des Zwischenredners, wie Creizenach sie fast in der Art eines Familien-Chro-
nisten hatte ausüben dürfen, einem anderen schwerlich anstehen mochte. Statt
dieses Kommentars und der vielen Fußnoten war nun den Briefen eine eigene
Rubrik „Anmerkungen" angehängt. Als „Einleitung" voraus ging eine essay-
artige Skizze vom Lebenslauf Mariannens.

Dieser Skizze vornehmlich suchte der Herausgeber das „reich strömende
Material" zuzuleiten, die „Fülle von Beziehungen und Parallelen" „aus dem
gewaltigen Schatz Goethescher Briefliteratur", der sich in den Archiven erschlossen hatte. So verhieß er,„vom Standpunkt heutigen Goethewissens" in

den „innersten Kern der Geschehnisse, in die Psyche der beiden Dichternaturen einzudringen".

Gefällig, allerdings im besten Sinn, war auch das Äußere des Buchs. Anstelle des unfroh-soliden Quasi-Quarts der Creizenachschen Ausgaben, statt ihres Satz-Bildes, das oftmals die verschiedensten Schriftgrade auf einer Seite zusammenführte, nun ein liebenswürdig-intimes, brevierartig zur Begleitung sich antragendes Kleinoktav, schmiegsames Dünndruckpapier, ein ruhiger Satzspiegel, „lebende" Kolumnen-Überschriften; Titel und Einband und besondere Zierstücke von einem Künstler, Heinrich Vogeler-Worpswede, zur Augenlust geschaffen. Neben der Broschur standen dreierlei Einbände zur Wahl. Das hatte, in den Grenzen des Jugendstils, jene Einheit von Außen und Innen, die einige wenige von England inspirierte Verleger damals für das deutsche Buch erstrebten.

Der Band ist im Insel-Verlag erschienen, welcher, seit Anton Kippenberg die Leitung übernommen hatte, als den Kompaß seiner Arbeit Goethe ansah; und hier ist die Ausgabe seitdem zu Haus.

Gleich Theodor Creizenach, ist Philipp Stein sehr bald nach dem Erscheinen seiner Edition gestorben (1909). Als Nachfolger gewann Anton Kippenberg den Archivar des Goethe- und Schiller-Archivs, *Max Hecker*, der für den Verlag schon einigemal in kleineren Aufgaben tätig gewesen war. Die Verbindung zu Weimar, welche der Edition dieses Briefwechsels bis dahin gefehlt hatte, bewährte sich nun in den drei Ausgaben von 1915, 1922, 1936.

Max Hecker (1870−1948), aus dem Rheinland gebürtig, hat nahezu sein ganzes Gelehrten-Leben, mehr als fünfzig Jahre, in Weimar verbracht. Zum Entziffern, Lesen, Erläutern von Handschriften begabt mit scharfem Auge, mit Akribie und Kombinationsvermögen, hatte er sich als Editor in der Sophien-Ausgabe an den Aufsätzen von „Kunst und Alterthum" und zumal auch den Briefen des alten Goethe erprobt. Er durchdrang und beherrschte seine Texte. Persönlichkeiten und Örtlichkeiten der Stadt und des Umkreises waren ihm vertraut, samt ihrer ganzen Fracht an Erinnerungen, Anekdoten und Klatsch. Er war den nicht immer getreuen früheren Dienern des großen Nachlasses auf die Schliche gekommen. Er kannte die Verwalter wie die Verehrer Goethes, die Forscher und die Wißbegierigen in allen Spezies und Varietäten aus aller Welt.

Weimar hatte ja, anders als Frankfurt, seine Eigenart bewahren können; übersichtlich eingeschränkt, erschien es auch nach dem Ende der Monarchie lange noch als die kleine aristokratische Residenz; lebendige Stille war und ist sein Stolz. Hier kam, vierzig Jahre nach Creizenach, Heckers Bemühung nicht zu spät; wie jener Frankfurt, so erschloß er Weimar für die Ausgabe; sie ründete sich.

Darf man gerade im Hinblick auf die beiden Orte die Wahl der Bearbeiter glücklich, die Zeitfolge, in der sie die Arbeit antraten, günstig nennen und das Ergebnis ihrer so getrennten Bemühungen als einen erwünschten Ausgleich ansehen, so lassen doch Schattenseiten sich nicht verhehlen.

Jener Ausgleich hat sich nicht im Austausch ergeben, sondern lediglich additiv. Gewonnen hat dabei die Erläuterung des Textes; der Text selber, Kern der Edition, ist zu kurz gekommen.

Hecker hat zwar die Zuverlässigkeit Creizenachs angezweifelt, aber er hat sie nicht geprüft. Weder er noch sonst ein Herausgeber seit 1877, auch keiner der Brief-Spezialisten der Sophien-Ausgabe, hat je die rund einhundertfünfzig Frankfurter Handschriften selber gesehen; keiner auch nur eine Photographie. Man glaubte sich auf Dritte verlassen zu können.

In seinen drei Editionen hat Hecker von der Steinschen Ausgabe nur den Grundriß bewahrt; die einleitende biographische Skizze veränderte er von Mal zu Mal entschiedener; die farblos-unselbständigen Anmerkungen hatte er von vornherein durch eigene ersetzt. Mit den Jahren immer zahlreicher und genauer durchdrangen diese die gegenständlichen Einzelheiten des Textes. Mit jeder Ausgabe wuchs aber auch der Briefwechsel selber an Umfang, vornehmlich aus den Beständen des Weimarer Archivs.

In der Ausgabe von 1915 stand dieser zweifache Zuwachs noch nicht im Gleichgewicht: die Anmerkungen waren fast auf das Doppelte vermehrt, der Briefteil nur um ein geringes: um vier Briefe Goethes, aus der Sophien-Ausgabe, und um zwei kleine, Mariannen zugeschriebene Gedichte, von denen aber eines Willemer gehört. Format und Satz waren unverändert geblieben, Vogelers Zierstücke jedoch verschwunden; auch Titel und Einband, von E. R. Weiß entworfen, trugen nicht mehr das Gepräge des Jugendstils.

Wer etwa erwartet haben mochte, Hecker werde der Ausgabe alsbald jene Briefe Mariannens und Willemers erschließen, die unter seiner Obhut noch unveröffentlicht im Weimarer Archiv lagen, mußte enttäuscht sein: sie enthielt nur, was stückweise bereits im Lesarten-Apparat der Sophien-Ausgabe mitgeteilt worden war, und Hecker hob in den Anmerkungen ausdrücklich hervor: „der Wortlaut in seiner Vollständigkeit harrt noch der Veröffentlichung".

Ob die Archiv-Direktion ihre Vorrechte zu wahren gewünscht, ob Hecker selber sich die gesonderte Publikation vorbehalten hatte – etwa zur gleichen Zeit mit der Ausgabe des Briefwechsels erschienen im Jahrbuch 1915 der Goethe-Gesellschaft, von ihm besorgt und in der gewohnten Weise kommentiert, doch ohne einen Aufschluß editorischer Art, nicht weniger als dreizehn Briefe Mariannens an Goethe aus den Jahren 1816–1830, zwei Briefe von ihr an August v. Goethe (1816), eine Nachschrift Rosine Städels und fünf Nachschriften und Beilagen Willemers. Zum erstenmal wurden vollständige Briefe Mariannens in der ursprünglichen Gestalt bekannt.

Diesen reichen Zuwachs brachte Hecker dann in die Insel-Ausgabe von 1922 ein, und nun doch auch vermehrt um weitere fünf bis dahin noch nicht bekannte Stücke. „Erst jetzt", so konnte er feststellen, „sind alle Briefe Mariannens, soweit sie sich erhalten haben, vereinigt." Und obwohl er soeben auch mehrere Briefe Jakob Willemers aufgenommen hatte, fügte er lakonisch hinzu: „Die Briefe ihres Gatten haben für eine weitere Lesewelt keinen sonderlichen Wert". Auch ein spät wieder aufgetauchter Brief Goethes, während des Drukkes noch im Anhang nachgebracht, bereicherte die Ausgabe. Sogar um den Text von Mariannens Briefen hatte man sich diesmal gekümmert, wenn auch wieder nur durch einen Mittelsmann; [der Ertrag dieser „peinlichsten Durchsicht" läßt sich negativ ablesen an dem Verzeichnis im Abschnitt „Textgestalt".] Zum erstenmal wird auch, freilich nur in Bezug auf zwei Gedicht-Handschriften, die Photographie als ein zur Prüfung von Texten brauchbares Verfahren erwähnt. Die Anmerkungen, in „durchaus erweiterter Gestalt", vermehrt auch um eine nützliche „Übersicht über Willemers schriftstellerische Tätigkeit", nahmen mit der Einleitung zusammen die Hälfte des ganzen Bandes ein. Das zierliche Format war aufgegeben zugunsten eines gediegenen Oktav; ein Buchkünstler ward nicht mehr genannt. Außer der Silhouette der Tänzerin Marianne, auf dem Titelblatt, enthielt der Band jetzt drei Tafeln in Tiefdruck: ein Faksimile von Mariannens Handschrift und zwei Landschaftsbilder.

Abermals vermehrt präsentierte sich die Ausgabe von 1936, die letzte, die wir Max Hecker verdanken. Hinzugekommen sind diesmal ausschließlich Briefe Willemers — nur durch Briefe von ihm ließ ja die Ausgabe sich noch erweitern —: neun vollständige, darunter zwei an August v. Goethe, vier gekürzte, drei bisher zum Teil gedruckte nun ganz. Aber was Hecker dazu sagt, ist doch bemerkenswert: „[Die Ausgabe] läßt den bisher nur allzusehr vernachlässigten Gatten Mariannens häufiger, als es bisher geschehen war, zu Worte kommen und zeigt in einer Reihe von Briefen seine zwar unausgeglichene, aber bedeutende Persönlichkeit." Das klingt nach einer Sinnesänderung, und man darf sie zurückführen auf Adolf Müllers tüchtige Willemer-Monographie vom Jahr 1925, die von dem „Menschen und Bürger", dem „Politiker, Patrioten und Erzieher", seinem „Denken und Wirken" einen ersten umfassenden Begriff vermittelt, seine Briefe an Johannes von Müller, seine Mitarbeit am Rheinischen Merkur von Görres bekanntgemacht hatte. Max Hecker selber war dem Autor mit ungedruckten Materialien behilflich gewesen, mußte sich dann aber von ihm Rüge und Berichtigung gefallen lassen, weil er einen wesentlichen Brief aus dem Krisenjahr 1818 falsch datiert und unvollständig wiedergegeben hatte. Hecker beherzigte die Vorwürfe: in der neuen Ausgabe steht das wichtige Dokument unverkürzt an seinem Platz, und eine Klimax zugehöriger Briefe ist noch beigefügt; der Briefwechsel hat einen neuen, folgenreichen Akzent erhalten.

Die Anmerkungen, die in der Ausgabe von 1922 zu sehr in die Breite geraten waren, sind nun, auf Ersuchen Anton Kippenbergs, um fast ein Drittel gekürzt. Aber schmaler geworden ist der Band nicht; denn die Briefe selbst erscheinen splendid in einem größeren Schriftgrad gedruckt. Die Zahl der Abbildungen ist auf zehn erhöht. Als Frontispiz begrüßt den Leser das neu entdeckte, dem de Lose zugeschriebene Jugendbildnis Mariannens.

Im Frühjahr 1947, als der Insel-Verlag eine während des Krieges entworfene neuartige Ausgabe des West-östlichen Divans zum Druck vorbereitete, sprach Anton Kippenberg den Wunsch aus, alsbald auch den Briefwechsel zwischen Goethe und Marianne Willemer wieder aufzulegen, welcher in die Divan-Dichtung so vielfältig verflochten ist und der nun, mit dem Buch Suleika, das einzige Denkmal dieser Freundschaft bildete; denn alles, was an sie und an den letzten Aufenthalt Goethes in seiner Heimat sichtbar erinnert hatte – die Gerbermühle bei Oberrad, das Haus Zum roten Männchen in Frankfurt am Main, das „Türnchen" auf dem Sachsenhäuser Mühlberg –, lag in Trümmern.

Max Hecker lebte noch; aber Gesinnungen und Ereignisse hatten ihn von Kippenberg entfernt. Der Auftrag lautete: Text und Kommentar seiner Ausgabe durchzusehen, daß man unverzüglich mit dem Satz beginnen und beide Bücher wo nicht gleichzeitig, doch kurz nacheinander hinausgehen lassen könne.

Mit dem unbekümmerten Schwung, der jene Zeit des Wieder-Anfangs kennzeichnete, ging man die Sache an: nach wenigen Monaten lag der Text in Fahnen vor, bald sogar schon umbrochen; auch die Anmerkungen waren rasch in die gewünschte straffere Form gebracht.

Die Einleitung freilich, so viel einzelnes Hecker auch im Lauf der Jahrzehnte geändert hatte, stimmte weder zum Stand der Forschung mehr noch in sich selbst. Auch belehrte ein Besuch im Weimarer Archiv über die Menge und den Gehalt der noch ungedruckten Briefe Willemers; mit dem Ergebnis: sie mußten in die Edition aufgenommen werden. Schon aber schoben sich, im Zeichen des Gedenkjahres 1949, andere Aufgaben nach vorn. Jener erste Elan war verflogen.

Nicht lange, und ein Beruf, welcher „den Tag im Tag verzehrt", schränkte die Arbeit des Herausgebers vollends, und dann durch nahezu fünfzehn Jahre, auf Nebenstunden und Urlaubszeiten ein. Inzwischen wuchs der Gegenstand selber unaufhörlich nach allen Seiten: jeder Aufenthalt in Weimar brachte neue Funde und Aspekte; bei Prüfung der Frankfurter Handschriften stellte sich heraus, daß der Text der Drucke vielfach verderbt war; in den Instituten wie in privatem Besitz stieß man allenthalben auf unbekannte Dokumente, weitere Aufschlüsse. Und das spezielle Schrifttum vermehrte sich beinahe mit jedem Jahr um Publikationen, welche dazu nötigten und reizten, die eigenen Ergebnisse zu korrigieren oder noch entschiedener auszuprägen.

Wirkungen

Der Aufsatz von Herman Grimm hatte, fünfzig Jahre nach dem Erscheinen des Divans, überraschend eine Unbekannte ins Licht gerückt. In Goethes Leben stand Marianne-Suleika auf einmal vor allen Frauen ausgezeichnet; ihre Lieder als ebenbürtig seinem lyrischen Hauptwerk einverleibt, unter seinem Namen vertont von Schubert, Schumann, Mendelssohn. Man war verwundert, verwirrt; Zweifel und Widerspruch wurden laut.

Sie mußten verstummen, als der Briefwechsel erschien. Auch hier sah man die Unbekannte plötzlich in Goethes Leben hervorragen: unter allem, was an brieflichem Austausch zwischen ihm und Frauen sich erhalten hat, war dies „ein *Vorzüglichstes*, sowohl der Innigkeit als der Dauer nach".

Man sah aber auch, wie Goethe, nach seiner vielberufenen Lust am Verhüllen, Verstecken, Mystifizieren, unter den scheinbar zum Spiel bestimmten Masken Hatems und Suleikas ein persönliches Geheimnis verborgen, wie er die Menge, welche „gleich verhöhnet", die „Anekdotenjäger", die da „emsig, nachzuspüren, / Wer dein Liebchen sei", irregeführt hatte, lange über seinen Tod hinaus; dank der Verschwiegenheit dieser Frau, die auch hierin ihren Rang behauptete.

Zugleich waren Einzelheiten aus einem Leben bekanntgeworden, das, ungewöhnlich von Anfang an, auf die Begegnung mit Goethe nur wie auf seinen Gipfel hinzuführen schien. Hier lagen die Ingredienzien zu einem Roman bereit, zu mehreren Romanen.

Kurz bevor der Briefwechsel herauskam, hatte schon das Büchlein der Emilie Kellner von der Rivalität erzählt, welche, Mariannens wegen, Willemer und seinen Sohn entzweit und diesen in den Tod getrieben habe.

Jetzt erfuhr man Genaueres über die Liebe des jungen Clemens Brentano zu der kindlichen Tänzerin, über die eifersüchtigen Spannungen zwischen ihm und Willemer; fand frühere Hinweise bestätigt, daß in den „Romanzen vom Rosenkranz" diese Geschehnisse und Empfindungen gespiegelt seien.

Beidemal erschien Willemer als der eigennützige, reiche alte Mann, der seine schöne Beute zu verteidigen weiß. Wohl setzte es Proteste, Dementis, Widerlegungen, aber man ließ sich den Reiz des Gerüchts nicht verkümmern.

Die Beziehung Mariannens zu Goethe zwar blieb vor solchem Leumund einstweilen geschützt. Der Wortlaut der Briefe war unverfänglich, den leidenschaftlicheren Ton der Suleika-Lyrik hatten die Literaturhistoriker als ein Korrelat des orientalischen Maskenspiels plausibel gemacht. Im einzelnen variierten sie wohl nach den verschiedenen Schulen: die einen fanden an dem Fall Marianne-Suleika ihre „Modell"-Theorie bestätigt; andere verfolgten an Boisserées und Goethes Aufzeichnungen von Tag zu Tag, wie hier das Erlebnis und die Dichtung, einander steigernd, zusammengingen; die dritten, ästhetischen,

konstatierten ein Musterbeispiel kühler „kommandierter Poesie", in welcher
Marianne nur wie aufs Stichwort den seit langem für eine Geliebte reservierten
Platz eingenommen habe. Im ganzen aber stimmten ihre Ergebnisse erwünscht
zu den Formulierungen jener Familienglieder, die an dem Ruhm des vielbegab-
ten, vielgeliebten Fremdlings nur in dem sicheren Gefühl partizipieren mochten, alles sei nach den Regeln bürgerlichen Wohlverhaltens zugegangen.

Allerdings deutete schon im Jahre 1896 Konrad Burdach auf das Tragische
in Mariannens Liebe hin, auf körperliche und seelische Leiden; dabei erwähnte er unbekannte Briefe Willemers an Goethe, die man im Weimarer Archiv
vermuten mußte. Noch fünfzehn Jahre danach klagt er – und nennt nun ausdrücklich das Goethe-Archiv –, diese „aufschlußreichen Briefe" seien ihm „bisher immer noch nicht zugänglich gewesen".

In dem Maße wie sie, erst während der folgenden Jahrzehnte, schrittweise
bekannt wurden, trat Willemer als die Schlüssel-Figur der Beziehung hervor:
mit dem düsteren Lebensrückblick vom Dezember 1808, mit den Nachrichten
über Mariannens Zustand in den Wintern 1816/17 und 17/18, mit seinen Bitten
und Mahnungen um Antwort; auch in Tagebuchs-Notizen Sulpiz Boisserées
vom Sommer 1815, die der erste Abdruck übergangen hatte.

Während dergestalt diese Beziehung unvermutete, schwer aufzulösende Züge
von Leiden, Not, Ratlosigkeit offenbarte, erwiesen sich überlieferte Einzelheiten, deren Richtigkeit nie angezweifelt worden war, als vieldeutig und rätselhaft,
wie die plötzliche, eilige Heirat; oder als geradezu erfunden: die sämtlichen
Angaben über Mariannens Herkunft. Der ganze Bereich schien in Bewegung
geraten.

Dies traf mit neuen Tendenzen der Goethe-Biographik überein.

Bedeutenden Arbeiten des Jahrzehnts vor dem Kriege – den Büchern von
H. St. Chamberlain, Simmel, Gundolf – folgten nach der politischen Revolution von 1918 Darstellungen, welche, auf Wirkung in die Breite bedacht, das
überkommene Monumental-Bild des Olympiers umzustürzen und an seine
Stelle ein „menschlicheres" zu setzen unternahmen.

Einmal wurden jetzt an Goethe die eruptiven Gewalten des Inneren hervor-
gekehrt; ein erhöhter Vortrag, ein Appassionato, ein bebendes Espressivo sollte der Größe und Leidenschaft dieses Lebens entsprechen. Die Neigung zu
Marianne erschien dabei unter dem Zeichen schicksalhafter, tragischer, dämo-
nischer Bedrohung. Zum anderen glaubte eine vulgarisierte Seelenkunde, nun
die Leiden des Großen aus Einem Punkte erklären zu können, mit dem re-
spektvoll-überlegenen Wohlwollen des Arztes, dem nichts Menschliches fremd
ist. Hier war, in Bezug auf Marianne (und Christiane) von Libido die Rede,
von Neurosen, von mehr oder minder geglückter Sublimierung.

Beide Tendenzen zielten auf ein neues Selbstverständnis, Selbstgefühl des
Menschen in einer veränderten Gesellschaft; die eine ethisch-fordernd, espres-

siv-überhöhend; die andere pragmatisch-aufmunternd, sozial-nivellierend. Beide lassen sich weiterverfolgen in dem seither stark angewachsenen Schrifttum über Marianne Willemer.

Lückenhafte historisch-biographische Überlieferung, Mangel an Daten, Fakten, Grundlagen übt gerade auf das mindere Talent oft einen Anreiz aus, sie zu verbinden, zu ergänzen. Auf so kargem Feld scheint der Kombination, der Mutmaßung, dem Phantasieren ein freierer Spielraum vergönnt und jede Bemühung, wäre sie noch so unzulänglich, schon als solche dankenswert.

Diese Art Literatur sieht und sucht das Ungewöhnliche, statt in den Charakteren, in den Fakten – ob sie sie harmonisiert oder dämonisiert. Aus ihnen meint sie sich die Charaktere, welche sie gestalthaft nicht vorzustellen vermag, herstellen, ja summieren zu können. Sie macht die Charaktere zu Funktionen der Fakten, während diese im Gegenteil doch als Funktion aus jenen hervorgehen sollten. Insofern sie die Fakten auf eine Weise motivisch verbindet, die unter dem Niveau der Persönlichkeiten bleibt, nähert sie sich der Kolportage (welche ganz gern einmal auch über die Vordertreppe kommt).

Solcher Betrachtungsweise finden wir nun Marianne Willemer unterworfen. Die Dreier-Konstellation, als die Grundfigur des Romanhaften, ist geblieben; nur daß jetzt Goethe selber dazugehört. Willemer erscheint hier zunächst wieder als der Eifersüchtige, Gereizte, dann aber als der auch äußerlich Schwache, der sich Marianne lediglich durch die überstürzte Heirat sichern kann. Endlich wird uns der Geschlagene vorgeführt, welcher, als die geliebte Frau ihm längst entglitten ist, in krankem Ehrgeiz noch der Niederlage Ruhm abtrotzen will, indem er dem vergötterten großen Freund die eigene Gattin zum Opfer darbringt, ja geradezu offeriert.

Der biographischen Studie von Hans Pyritz muß man den Zeitpunkt ihrer Entstehung zugute halten. Sie zeugt mit jedem Satz von dem Überdruck jener Jahre, die ins Nichts aufbrachen; von der so heftigen wie vergeblichen Anstrengung, diesen Druck in eine reinere Sphäre zu übertragen – ein schmerzhafter Kontrast zu der stillen Notwendigkeit, womit Goethes Leben sich noch in der Krisis entfaltet.

Die Synthese, die unter solchem Überdruck immerhin zustande gekommen schien, reißt auch widerstrebendes Material augenblicklich an sich; sie findet überraschend, was sie sucht; aber sie stimmt weder in den Einzelheiten noch in der großen Linie der Charaktere und Motive, und so kann sie nicht standhalten. Das hat zuerst Paul Böckmann wünschenswert deutlich ausgesprochen.

Dennoch ist von diesem Versuch eines wirksam geblieben: der Impuls des Protestes.

Er hat sich wo nicht entzündet, doch erhitzt an der biographischen Einleitung, die Hecker, immer noch auf dem Grundriß Steins von 1908, seiner Ausgabe des Briefwechsels auch 1936 mitgab. Dieses beständig tremolierende Pathos, diese stereotypische Schönrednerei straften sich selber Lügen; denn unmittelbar neben ihnen, ein erratischer Block zwischen rosarot angeleuchteten Kulissen, stand zum erstenmal die Briefreihe der Krisenzeit.

In jener Tonart wird heut über Goethe und Marianne nicht mehr gesprochen. Alle folgenden Darstellungen, mußten sie sonst auch sich von Pyritz distanzieren, behandeln die Beziehung, zuweilen spürbar widerstrebend, mit erneutem Ernst. Freilich ist der Ton in Pyritzens eigener „Studie" (dem Espressivo eines Emil Ludwig verblüffend nahe) uns heute nicht weniger fremd als der Max Heckers.

Paradox auch mutet es an, daß eben dieser sein Antagonist die „Studie" in einem entscheidenden Punkt verhängnisvoll hat influenzieren, man darf sagen: infizieren können – mit der Vermutung nämlich, Goethe habe 1818 „den grausamen Versuch gemacht, das Verhältnis [zu den Willemers] schweigend abzubrechen".

Es bleibt ein Verdienst von Pyritz, als erster darauf hingewiesen zu haben, daß unter den konventionellen Vorstellungen vor allem das Charakterbild Willemers zu leiden hatte und daß die Beziehung zwischen Goethe und Marianne „nicht erfaßt werden" könne, „bevor das schwer durchschaubare Verhältnis geklärt" sei, in dem jener zu beiden stand, „die rätselhafte Rolle, die er in der Entwicklung des Schmerzensbundes spielte". Pyritz hat allerdings nicht vermocht, die so klar erkannte Aufgabe zu lösen. Auch alle anderen Versuche, Goethes Beziehung zu Marianne aufzuhellen, kranken daran, daß sie das Wesen Willemers verfehlen; es vielleicht verfehlen mußten. Diesen zerklüfteten, doch keineswegs zerrütteten Charakter, diese „problematische Natur" zu ergründen reichen die landläufigen allgemeinen Daten und Willemers bisher bekannte Briefe an Goethe nicht aus; erst recht nicht darf man, wie Pyritz, meinen, es ließe sich einem einzelnen dieser Selbstzeugnisse, dem Brief vom 8. Dezember 1808, die Formel einer so komplizierten Existenz entreißen. Das Wollen des Schriftstellers wiederum, des Pädagogen, Philosophen, Politikers, wovon die Monographie Adolf Müllers, im Sinn einer „Rettung", vornehmlich handelt, ist doch wohl als ein ideeller, komplementärer Überbau zu verstehen. Nur aus der Gesamtheit der Dokumente und Zeugnisse dürfte dieser Charakter sich einigermaßen entziffern und darstellen lassen. Dabei sollte man beachten, was Otto Brahm schon 1884 einschärfte: daß dieser „durch und durch originelle Mensch … eine jener Persönlichkeiten" sei, „welche nur aus dem Geiste des achtzehnten Jahrhunderts heraus recht begriffen werden können".

Unsere Neuausgabe des Briefwechsels bringt zum erstenmal die sämtlichen noch vorhandenen Briefe Willemers an Goethe, vom Jahre 1814 an; sie reiht in einer bisher nicht gebotenen Vollständigkeit die Daten seines Lebens auf; [und nicht zuletzt versammelt sie im Apparat eine große Zahl biographischer Nachweise.

Dies alles kann so wenig wie die entsprechenden Angaben über Marianne eine umfassende biographische Darstellung ersetzen. Indem wir aber die bekannten, doch vielfach zerstreuten und unbeachtet gebliebenen Einzelheiten chronologisch zusammenstellen und sie um viele noch nicht bekannte vermehren, dürfen wir hoffen, daß „das Material bereit gemacht ist, eine verhältnismäßig sichere und korrekte Auffassung zu ermöglichen".]*

In der Art, wie die Literaturwissenschaft ihren Gegenstand behandelt und darbietet, läßt sich ein periodischer Wechsel beobachten, gleichsam ein Zyklus der Aggregatzustände. Irren wir nicht, so drängt die gegenwärtige Stunde wieder einmal zum Festen, zu Reinigung, Anreicherung, Erschließung des Bodens. Daß etwa ein Dichter wie Arno Schmidt, während mancher Zünftige noch ins Romanhafte abirrte, eine exemplarische Akribie an die Lebens-Spuren Fouqués hat wenden mögen, darf man als ein Symptom ansehen.

Wer so arbeitet, muß es hinnehmen, Mikrologe genannt zu werden. In einem Zeitalter, dem die Bedeutung der kleinsten Teilchen aufzugehen beginnt, sollte das kein Vorwurf mehr sein. Und es ist auch nur ein Vorwand; der Vorwand der Bequemen. „Mikrologe" könnte im biographischen Bereich doch nur heißen, wer sich und die Aufgabe, das umfassende Bild, über winzigen Einzelheiten verlöre. Wir meinen im Gegenteil: allein aus der Kenntnis aller Einzelheiten, auch der scheinbar geringsten, sei das Bild zu gewinnen; einer Kenntnis, welche freilich mit ihnen souverän zu verfahren wüßte und in einen schöpferischen Akt „unmittelbarer Intuition" mündete. Es geht nicht um die Zuordnung zu Kategorien und Typen, sondern um „das Individuelle in seiner schärfsten Bestimmung".

[Gerade durch die Menge dessen, was in diesem Band ausgebreitet ist, würden wir dem Berufenen gern die „Zusammenschau" der Wesenszüge erleichtern, Unberufene aber, womöglich, von ihrem Unterfangen abschrecken.]

Goethe spricht mehrmals von Vorgängen in seinem Leben, die sich im Bericht, in der Erzählung wie „Märchen" ausnehmen müßten; von niemand zu glauben, ja nur für möglich zu halten. Von dieser Art ist vieles in seiner Beziehung zu den Willemers. Das Wahre ist immer „ganz anders".

---

* Die in eckige Klammern eingeschlossenen Sätze beziehen sich auf den wissenschaftlichen Teil „Nachweise und Materialien" der Edition von 1965, welchen die vorliegende Ausgabe nicht enthält.

Eben dies beteuern freilich auch die professionellen Ehren-Hüter und -Retter, denen es einzig um Abziehbildchen für Schule und Haus zu tun ist; doch solche dialektische Überschneidung darf uns nicht irremachen.

„Die wahren Tugenden und die wahren Mängel eines Menschen kommen nie zur Evidenz, und was man von ihm hin- und widerträgt, sind alberne Märchen." Hier wendet Goethe das Wort gegen diejenigen, „welche nur [dann] das Wahre zu sehen glauben, wenn sie das Gemeine sehen".

In den zahlreichen biographischen Versuchen, die man neuerdings der Beziehung Mariannens zu Goethe, und also auch dem Verhalten Willemers zu beiden, gewidmet hat, finden sich immer wieder, namentlich unter den Arbeiten der Frauen, Beispiele von Sagazität und Takt, Einblicke in die Motive und Verkettungen, Aperçus, in denen Wirklichkeit überzeugend aufgedeckt ist. Um so mehr erschrecken uns diese Darstellungen, wenn sie dann wieder, im Ton terre-à-terre bis zum Burschikosen, in der Motivierung von banaler Plausibilität, allein die Denk- und Handlungsweise der Verfasser widerspiegeln. Ein schwacher Trost nur, daß dergleichen im Buch Suleika „von so langem prophezeit" war: „Kennt ihr solcher Tiefe Grund? ... Und ihr singt und liebt nur euch."

Zwei dieser biographischen Arbeiten zeichnen sich durch Gründlichkeit und Ernst aus und verdienen eine besondere Erwähnung um so mehr, als sie im deutschen Sprachgebiet bis heute ohne Wirkung, ja unbekannt geblieben sind.

In demselben Jahr 1931, das uns, als deutschen Beitrag zum hundertsten Todestage Goethes, den Marianne-Roman „Goethes liebe Kleine" bescherte, ist in Warschau die biographische Studie „Goethe. I Najpiękniejsze Dni w jego życiu. 1814−1832" von Ferdinand Hoesick erschienen, 536 Seiten stark, im Äußeren durch das Quart-Format, Papier, Druck, kostbaren Einband, beigegebene Abbildungen ansehnlicher als alles, was bei uns über Marianne publiziert worden ist. In Studien an Ort und Stelle und in kritischer Betrachtung der damals bekannten Zeugnisse und Nachrichten, zuvörderst des Briefwechsels, welchem die Darstellung streckenweise von Zeile zu Zeile folgt, hinblikkend auf andere Dichtungen Goethes, in denen er die Begegnung mit Marianne reflektiert findet, hat der Verfasser eine erstaunliche Arbeit geleistet, so einläßlich-genau, wie das von einer Nation zur anderen nicht häufig vorkommt. Dabei sind ihm einzelne Bemerkungen geglückt, für die wir zehn Jahre später Hans Pyritz höchlich belobt haben. Zu einer günstigeren Stunde wäre Hoesicks Buch in Deutschland gewiß nach Verdienst gewürdigt, wahrscheinlich auch übersetzt worden; so wissen wir nur von einer einzigen Zeitungs-Rezension in deutscher Sprache, und die stammt aus Wien.

Dreiundzwanzig Jahre danach hat Aurelia Grether Scott das Typoskript ihrer New Yorker Dissertation vorgelegt, die sie während ausgedehnter Studien-Aufenthalte in Deutschland bis kurz vor dem Zweiten Weltkrieg vorbereitet hatte. Der Radius des Themas wie der Kreis der verwerteten Dokumente reicht weiter als in Hoesicks Buch. Mit Spürsinn und Kombinationsvermögen sind hier, manchmal überraschend, Zusammenhänge erschlossen; eine nicht gewöhnliche Einfühlungsgabe und Ausdruckskraft befähigt die Verfasserin zu behutsam nuancierender Darstellung und bezeugt sich auch in vorzüglichen Übertragungen vieler Gedichte aus dem Buch Suleika. Lediglich die Interpretation der zweiten „Wanderjahre" im Hinblick auf Marianne erscheint manchmal einseitig und gepreßt. Das Werk, dessen Ergebnisse zuweilen mit den unseren zusammentreffen, ist uns spät zur Kenntnis gelangt.

Eine stets wachsende Menge empfängt heute den unübersehbaren Stoff der Welt, die Resultate aller Wissenschaften, zubereitet, vorgeschnitten als Konzentrat und Anthologie, als Kompendium, Bildfolge, „digest". Die Übersättigung erweckt einen Hunger: nach unmittelbarer Berührung mit dem Individuellen; „daher die große Freude an Vorträgen, Bekenntnissen, Memoiren, Briefen und Anekdoten abgeschiedener, selbst unbedeutender Menschen".

Der Leser von Briefen und Tagebüchern genießt ein Vorrecht: er darf zurücktauchen in den Strom der Zeit, darf „im flüßgen Element / Hin- und widerschweifen". Diese Dokumente des Augenblicks führen so viel Wirklichkeit mit, so viel unbewußten Gestus der Person, wie nur die Handschrift. Sie sind im eigentlichen Sinn biographisch, zugleich allerdings auch bewußte Selbstdarstellung; mitteninne zwischen Kunst und Natur.

In dem Briefwechsel Goethes mit Marianne überwiegt wohl die Kunst, zumal die des Gesprächs; zu welcher das Schweigen gehört: das gemeinsame des wortlosen Einverständnisses, das gleichzeitige, wenn die Entfernten einander gedankenweise begegnen. „Und wie die Zunge stockte, / So stockt die Feder auch." Das „Gedenke!", womit diese Verse ausklingen, könnte als Motto über dem Ganzen stehen.

Die Korrespondenz, welche sich durch sechzehn Jahre erstreckt, beruht auf den wenigen Wochen persönlichen Zusammenseins in den Sommern 1814 und 15. Das Gespräch der Liebenden war abgelöst worden von dem lyrischen Dialog zwischen Suleika und Hatem; ihn setzten die Briefe fort. Wie sie „Höheres und Höchstes" mit dem Alltag verknüpfen, wie alles gleich wichtig scheint, alles im Gleichgewicht, das ist vom Geist und Stil des Divans.

Wenn jedoch – um nur ein Beispiel zu nennen – Erich Schmidt schmunzelnd zu verstehen gibt, Goethe habe den Beginn „Also abermals Artischocken!" – in der Antwort auf Mariannens Brief mit dem Heidelberg-Gedicht („Euch grüß ich, weite, lichtumfloßne Räume ...") – als heilsame kalte Dusche in unerwünschte Gefühlswallungen gemeint, so sind hier allenfalls die Ironien von

„Lotte in Weimar" vorweggenommen, das Eigenste dieses Verhältnisses und dieses Briefwechsels aber ist gröblich verkannt. Ein Blick schon sollte darüber belehren, daß auch in Mariannens Brief die Artischocken vorgehen und das Gedicht erst am Ende erwähnt wird – was dem Diktierenden die Möglichkeit bot, diese Reihenfolge aufnehmend, seine Antwort scheinbar kühl zu beginnen, sie dann aber zu einem Dank für die Verse zu steigern, der ihnen an Wärme der Empfindung nichts nachgibt.

Goethes Briefe an Marianne sind großenteils „ostensibel"; den Dritten, an den er mitzudenken hat, vertritt der Schreiber, dem er sie diktiert. Fast immer geht ein Konzept voraus, oft ein zweites; selbst manche eigenhändigen Briefe späterer Jahre sind so entstanden. Über dem Grund einer wahren Neigung sind diese Briefe durchdacht, komponiert; absichtlich, vorsichtig, rücksichtsvoll. Goethe trägt Sorge, nichts zu berufen. Er will beschwichtigen; er beschweigt. Sein Euphemismus beschönigt weniger als daß er schont. Nur im Gedicht, selten, spricht sich das Gefühl freier aus. Stets liegt dann in Goethes Versen der Ton auf dem, was bleibt, dem Unverlierbaren: „So als wär kein Raum dazwischen".

Dieser Briefwechsel ist in seinem Innersten nach rückwärts gewandt. Der Gedanke des Wiedersehens geht wie ein Irrlicht darin um; aber die beiden wissen es längst anders; sie „wandeln den vorgezeichneten Weg".

Der Leser von Briefen ist auch gegen den einer Biographie oder einer monographischen Deutung dieser Briefe im Vorteil. Ihn „fesselt" nicht, und wäre es im geistigsten Sinn, eine nachträglich geschmiedete Kette von Motiven; er blickt in ein natürliches Gewebe hinein. Mag es ihn zunächst, und zeitweilig immer wieder, verwirren – es läßt ihm die Freiheit (man könnte zwar auch sagen, es nötige ihn), selber Verbindungen zu erkennen, zu erspüren; es gibt ihm die Freude, das Wahrgenommene zu berichtigen und zu steigern. Indem wir Rede und Gegenrede vernehmen und auf alles, was an Zwischentönen mitschwingt, achten – verstehend, mißverstehend, zurücknehmend, ablassend, neu ansetzend –, bleiben wir, den Widersprüchen, den Rätseln des Schweigens wie der Worte konfrontiert, in der Schwebe des Lebendigen.

Wir dürfen mit den Menschen, die da einander schreiben, fast so umgehen wie mit denen unseres nächsten Kreises, die wir in ihrem Ganzen, ihrer Vielfalt wahrzunehmen, zu begreifen, zu umfangen suchen.

Was wir so erkennen und imaginieren, gehört uns nicht fest, nicht dauernd an; wir „bewegen es in unserem Herzen". Es ist ein Vorgang, ähnlich wie Goethe ihn mit Bezug auf die Kaiserin Maria Ludovica schildert: „so fühle ich mich im Stillen glücklich, eine solche ungemeine Personalität im Busen immerfort wieder aufzubauen und mir selbst wieder darzustellen, da ich das Glück gehabt habe, ihre besonderen Züge mir zu vergegenwärtigen und sie festzuhalten." Eben dergleichen „besondere Züge" profilieren sich in diesen Briefen.

Der Leser muß dabei freilich, auf eine heute meist verlernte, fast schon verlorene Weise, teilnehmen, ja sich beteiligen können. Denn erst „die Synthese der Neigung ist es eigentlich, die alles lebendig macht".

Wir glauben, daß dieser Briefwechsel sie – immer noch, immer wieder – zu bewirken vermöchte.

Erstdruck: Goethes Briefwechsel mit Marianne und Johann Jakob Willemer (Einleitung). Frankfurt am Main 1965.

Goethes Gedicht „Die Weisen und die Leute"

Für Leopold Lindtberg, in Verehrung und Freundschaft

DIE WEISEN UND DIE LEUTE

Epimenides.

Kommt, Brüder! sammelt euch im Hain,
Schon drängt das Volk, es strömt herein,
Von Nord, Süd, West und Osten.
Sie möchten gern belehret sein,
Doch solls nicht Mühe kosten:
Ich bitt euch, haltet euch bereit
Ihm derb den Text zu lesen.

Die Leute.

Ihr Grillenfänger sollt uns heut
Zu Rede stehn, mit Deutlichkeit,
Und nicht mit dunklem Wesen.
Sagt! – Ist die Welt von Ewigkeit?

Anaxagoras.

Ich glaub es: denn zu jeder Zeit
Wo sie noch nicht gewesen
Das wäre schade gewesen.

Die Leute.

Doch, ob der Untergang ihr dräut?

Anaximenes.

Vermutlich! doch mir ists nicht leid:
Denn bleibt nur Gott in Ewigkeit,
Wird's nie an Welten fehlen.

Die Leute.

Allein was ist Unendlichkeit?

Parmenides.

Wie kannst du so dich quälen!
Geh in dich selbst! Entbehrst du drin
Unendlichkeit in Geist und Sinn,
So ist dir nicht zu helfen! –

Die Leute.

Wo denken und *wie* denken wir?

Diogenes.

So hört doch auf zu belfen!
Der Denker denkt vom Hut zum Schuh
Und ihm gerät, in Blitzes Nu,
Das Was, das Wie, das Beste.

Die Leute.

Haust wirklich eine Seel in mir?

Mimnermus.

Das frage deine Gäste. –
Denn, siehst du, ich gestehe dir:
Das artge Wesen, das, entzückt,
Sich selbst und andre gern beglückt,
Das möchte ich Seele nennen.

Die Leute.

Liegt auch bei Nacht der Schlaf auf
ihr?

Periander.

Kann sich von dir nicht trennen.
Es kommt auf dich, du Körper, an!
Hast du dir leiblich wohlgetan,
Wird sie erquicklich ruhen.

Die Leute.

Was ist der sogenannte Geist?

Cleobulus.

Was man so Geist gewöhnlich heißt
Antwortet, aber fragt nicht.

Die Leute.

Erkläre mir was glücklich heißt?

Crates.

Das nackte Kind das zagt nicht;
Mit seinem Pfennig springt es fort,
Und kennt recht gut den Semmelort,
Ich meine des Bäckers Laden.

Die Leute.

Sprich! wer Unsterblichkeit beweist?

Aristipp.

Den rechten Lebensfaden
Spinnt einer, der lebt und leben läßt,
Er drille zu, er zwirne fest,
Der liebe Gott wird weifen.

Die Leute.

Ists besser törig oder klug?

Demokrit.

Das läßt sich auch begreifen.
Hält sich der Narr für klug genug,
So gönnt es ihm der Weise.

Die Leute.

Herrscht Zufall bloß und Augentrug?

Epikur.

Ich bleib in meinem Gleise.
Den Zufall bändige zum Glück,
Ergetz am Augentrug den Blick;
Hast Nutz und Spaß von beiden.

Die Leute.

Ist unsre Willensfreiheit Lug?

Zeno.

Es kommt drauf an zu wagen.
Nur halte deinen Willen fest,
Und gehst du auch zu Grund zuletzt,
So hats nicht viel zu sagen.

Die Leute.

Kam ich als böse schon zur Welt?

Pelagius.

Man muß dich wohl ertragen.
Du brachtest aus der Mutter Schoß
Fürwahr ein unerträglich Los:
Gar ungeschickt zu fragen.

Die Leute.

Ist Beßrungstrieb uns zugesellt?

Plato.

Wär Beßrung nicht die Lust der Welt,
So würdest du nicht fragen.

Mit dir versuch erst umzugehn,
Und kannst du dich nicht selbst verstehn,
So quäl nicht andre Leute.

Die Leute.

Doch herrschen Eigennutz und Geld!

Epiktet.

Laß ihnen doch die Beute!
Die Rechenpfennige der Welt
Mußt du ihr nicht beneiden.

Die Leute.

So sag, was uns mit Recht gefällt,
Eh wir auf immer scheiden?

Die Weisen.

Mein erst Gesetz ist, in der Welt
Die Frager zu vermeiden.

I.

Das Gedicht, das uns in dieser Stunde beschäftigen soll, ist wenig bekannt, in der Sekundärliteratur kaum beachtet; die Kommentare gehen eilig darüber weg. Dem Dichter selber hingegen war es besonders lieb; er hat es ausgezeichnet durch die Stellung, die er beim ersten Druck und in der endgültigen Ausgabe seiner Werke ihm anwies, durch die Art, wie er es in Schriften, in Briefen erwähnt. Beides, diese Vorliebe und jene Unbekanntheit und Nichtbeachtung, hängen vielleicht mit einander zusammen. Schon von der Entstehung her nämlich ist etwas rätselhaft Unzugängliches an dieser Produktion, welche in ihrem Ablauf, ihrem Wortlaut sich doch geflissentlich so flächig, flüchtig, leicht, fast leichtfertig gibt, und die Goethe selber gern als einen „Scherz" bezeichnet hat.

Nicht als stünde Ihnen jetzt und hier eine tieflotende Deutung bevor, in Bezug etwa auf die erlauchten Namen griechischer Philosophie, die das Gedicht aufbietet. Dazu würden wir uns nicht berufen fühlen – es wäre dem Sinn des kleinen Werkes auch kaum gemäß.

Das, was wir daran rätselhaft-unzugänglich nennen, betrifft vielmehr seine äußeren Bezüge, gehört zu seinem Werdegang, seiner Geschichte, und so folge nun zuerst der Bericht hierüber und die Reihe der überlieferten Zeugnisse.

Am 7. Juni 1814 verzeichnet Goethes Tagebuch: „Nachmittag ,Die Weisen und die Leut' diktiert."

Das war während des Aufenthaltes in Berka, vor der großen Sommerreise zum Rhein und Main.

„Hat man dir etwa schon von einem Bade erzählt, das man zu Berka an der Ilm, 2 Stunden von hier [Weimar] einrichtet? Es ist hepatisches Wasser, wahrscheinlich aus den Gipsschichten erzeugt, welche unter einem alten Teiche seit mehreren hundert Jahren ihr galvanisches Wesen trieben. Jetzt hat man daselbst eine kleine Anstalt gemacht, ich fürchte mehr zur Zerstreuung und Hoffnung, als zu eigentlicher Heilung; ... ich denke auf einige Wochen hinauszugehen“ – so hatte zu Anfang Mai Goethe einem alten Freund geschrieben; vom 13. Mai an gebrauchte er dort nun die Kur. Nach einem Winter des Mißvergnügens, im Gefolg der kriegerischen Ereignisse und zumal der Leipziger Schlacht, wo „von der rohen losgelassenen Gewalt alles zu fürchten und vieles zu ertragen“ gewesen und „wir in achtundvierzig Stunden die ganze Stufenleiter vom Schreckbarsten bis zum Gemeinsten durchgeduldet haben“ – „so daß man [auch später noch] unversehens in den ruhigsten Augenblicken sich von panischen Schrecken überrascht und ohne äußeren Anlaß sich innerlich erschüttert fühlt“, nach diesen Monaten der Heereszüge und Einquartierungen schien jetzt, bei wiederkehrender „Friedenshoffnung“, der ländliche Aufenthalt doppelt heilsam. „Große Stille der Gegend“ notiert Goethe am 16. Mai; zwei Tage darauf schreibt er an Heinrich Meyer, den aus der Schweiz eben Zurückgekehrten: „In Berka hier ist es so still und friedlich, als wenn seit hundert Jahren und hundert Meilen weit kein Kriegsgetümmel existierte. Der Tag ist so lang, daß er manchmal langweilig wird, und dies wissen Sie ist der Erfindung sehr günstig.“

Er denkt dabei wohl an das kleine Stück, das er vorhat, eine Fortsetzung des Vorspiels „Was wir bringen“, für die Sommersaison des Weimarer Theaters in Halle, mit pietätvollem Bezug auf den dort jüngst verstorbenen berühmten Mediziner Reil.

Am selben 18. Mai schreibt er auch dem „Urfreund“ Knebel nach Jena: „Der Aufenthalt ist hier sehr angenehm, und bis jetzt äußerst stille ...“, aber dieses „bis jetzt“ klingt bereits leise vorbehaltlich, ahnungsvoll. Cotta, sein schwäbisch-betriebsamer, stets gehetzter Verleger, ist auf dem Heimweg von der Leipziger Buchmesse bei ihm in Berka eingekehrt; auch hat ihn aus Berlin, von Iffland, dem Generaldirektor der Königlichen Theater, der Auftrag ereilt, zur Rückkehr der verbündeten Monarchen aus dem Feldzug ein Festspiel zu verfassen – binnen vier Wochen!

Zunächst lehnt Goethe ab, macht Gegenvorschläge für einen späteren Termin; doch schon zwei Tage danach widerruft er – der Gedanke zu „Des Epimenides Erwachen“ ist ihm „beigegangen“. Und nun arbeitet er – zwischendurch noch, für eine neue Ausgabe seiner Werke, mit der Revision des „Wilhelm Meister“, des „Cellini“ befaßt – abwechselnd an beiden Theaterstücken; Riemer, der bewährte Mitarbeiter, muß mit seinem Reimtalent, seiner Kenntnis der antiken Mythe helfen. Dazwischen dann unversehens eine bedrohliche

Trübung: der Sohn August, auf Goethes Wunsch als einziger der gleichaltrigen Kollegen und Kameraden nicht mit ins Feld gezogen, sondern im Etappendienst verwendet, ist von den heimkehrenden Freiwilligen, denen er in Uniform arglos entgegengeritten war, verächtlich behandelt worden und soll sich nun mit einem Rittmeister schlagen – Boten her und hin, Konferenzen mit Freunden und Beratern; dazu, mitbemüht, die „Frauenzimmer" – Christiane und ihre vertraute Begleiterin Caroline Ulrich – unruhig-aufgeregt nicht aus Vergnügungslust diesmal, sondern voll Angst, immer unterwegs oder auf dem Sprung zwischen Berka und Weimar –: das Ganze ein ständiges Crescendo an Arbeit, Umtrieb und Sorgen.

Doch der Grundton bleibt heiter-behaglich, wie in dem Brief an Knebel vom 23. Mai: „Das Ich ist diesmal in ziemlich guten Umständen und würde wie eine epikurische Gottheit leben, wenn nicht das Nicht-Ich mit Anmut und Unmut mich in meine Einsamkeit verfolgte. Ich habe beinahe so viel Händel auf dem Halse, von guter und schlechter Sorte, als der Marschall von Bassompierre, welcher einer Tochter aus großem Hause ein Kind gemacht hatte, eine sehr gefährliche Ehrensache ausbaden sollte und zugleich im Fall war, von seinen Kreditoren in den Schuldturm geführt zu werden. Dieses alles hat er, wie er schreibt, durch die Gnade Gottes, vergnüglich überstanden, und so hoff ich, soll es mir auch ergehen."

Ausdrücklich lädt Goethe den Freund ein herüberzukommen; obwohl es ihm an Besuchern wahrhaftig nicht fehlt: der Erbprinz, Hofleute, Beamte, Schauspieler, Fremde; Freunde aus Berlin, aus Göttingen; die „Frauenzimmer", auch „Nebelhühner" geheißen, mit dem „Hühnermönch" August, der an dem Duell glücklich vorbeigekommen ist. Spaziergänge und -fahrten, Geselligkeit am Brunnen und „unter dem Zelt". Abends spielt dann der „Sumpfkönig", Bade-Inspektor Schütz, Organist zugleich, am Klavier Mozart und vor allem Bach – ein Übergang zu neuer Sammlung für die Arbeit am folgenden Morgen.

Aus dieser Grundstimmung eines turbulenten Idylls sind „Die Weisen und die Leute" hervorgegangen. Jener 7. Juni ist ein markantes Datum: am selben Tag erscheinen im Tagebuch – unmittelbar nach der Erwähnung des Gedichts – die Worte „Hafis. Divan". Cotta hatte die beiden Bändchen der Hammerschen Übersetzung als Verlagsgeschenk mitgebracht; mit dieser ersten Lektüre entscheidet sich Goethes Wendung zum Orient.

Wie Konrad Burdach bemerkt hat, sind die frühen „Gedichte an Hafis", die damals entstehen, meist auf Musik hin angelegt, ähnlich den Chören und Gesängen des Vorspiels für Halle und des „Epimenides". Auch unser Gedicht, das mit dem Namen des ersten der „Weisen" deutlich an den „Epimenides" anknüpft, war, nach Goethes eigenen Worten, „für gesellschaftliche Musik" bestimmt. So wird denn zuvörderst Zelter – Herr der Berliner „Liedertafel" – es kennengelernt haben, der am 23. Juni auf zwei Wochen in Berka und Weimar einsprach und mit Goethe dann wieder von Ende Juli bis zum 1. September in Wiesbaden zusammen war.

Bei ihm jedenfalls erkundigt Goethe sich am 31. Oktober, nach der Rückkehr von Rhein und Main: „Hast du eine Abschrift vom Gastmahl der Weisen? Ich zweifle daran. Riemer wollte noch die passenden Personagen darüber setzen."

Und der Freund erwidert am 10. November: „Dein Brief ... erinnert mich sehr schön ans *Gastmahl der Weisen*. Schicke mir es ja bald" und schärft in einer Nachschrift vom 12. nochmals ein: „*Das Gastmahl der Weisen* ... bitte ich nicht zu vergessen."

Darauf Goethe an Riemer, etwa Mitte des Monats: „Sie werden hiedurch, mein lieber Professor, ersucht, mir das *Gastmahl der Weisen* gefällig zu übersenden. Zelter erinnert mich", und an Zelter, 21. November: „das *Gastmahl der Weisen* wird indessen aufwarten."

Riemer scheint nun seinen Auftrag ausgeführt zu haben: als Goethe bald danach in Jena sich zu seiner Geistesreise in den Orient rüstet, kann er dem Freunde Knebel das „Gastmahl der Weisen" vorlesen; wieder, wie am 7. Juni, trifft die Erwähnung im Tagebuch (vom 14. Dezember) mit einem prägnanten Datum der west-östlichen Dichtung zusammen: „Deutscher Divan" heißt es da zum erstenmal.

Doch von jetzt an läßt Goethe nichts mehr über das Gedicht verlauten, auch gegen Zelter nicht. Der wartet geduldig auf die Abschrift, monatelang; schließlich, Ende April 1815, mahnt er, im Glauben, es läge nur wieder an Riemer: „Das ‚Gastmahl der Weisen' habe ich noch immer nicht; Riemer ist wohl so gut, es von seiner Vortrefflichen [Caroline Ulrich, seit dem November Riemers Frau] abschreiben zu lassen."

Nun aber muß er auf einmal von Goethe erfahren: „Das *Gastmahl der Weisen* habe ich sekretiert; wenn es bekannt würde, so müßte es gewisse Individuen sehr tief verletzen, und die Welt ist denn doch nicht wert, daß man sich, um ihr Spaß zu machen, mit der Welt überwerfe."

Diese überraschende Mitteilung, vom 17. Mai, setzt auf lange Zeit eine Zäsur.

Erst im Februar 1819 wieder, als Goethe für den 20., den letzten Band der neuen Cottaschen Ausgabe (B) eine „Summarische Jahresfolge" seiner Schriften zusammenstellt, nennt er darin, unter der Rubrik „1814", gleich nach dem „Epimenides" auch: „Das Gastmahl der Weisen". Daß er das Nebenwerk einer so exponierten Erwähnung wert hält, wiegt um so mehr, als es den Lesern ja unbekannt war und blieb; man könnte meinen, er habe sie neugierig machen wollen.

Im Herbst desselben Jahres hat Goethe sich auch unmittelbar wieder mit dem Gedicht befaßt: in einem seiner Schreibkalender auf das Jahr 1819, „der in Karlsbad und auf der Rückreise verwendet worden ist", finden wir den eigenhändigen Entwurf einer Variante zu den Versen 35—39; zunächst, nur im Ansatz, als Stichwort, die Frage der Leute:

> Ruht auch

dann die Antwort des Periander:

> Sie weiß sich wohl zu schicken
> Das kommt auf dich du Körper an
> Hast du dir mäßig wohl getan
> Wird sie sich auch erquicken.

Wiederum ein Jahr später, in einem Brief vom 26. Oktober 1820, äußert sich, zum erstenmal seit 1815, Goethe gegen Zelter über das kleine Opus: „Eben als ich endigen will, kommen beiliegende Revisions-Blätter bei mir ein. Du verlangtest das Gedicht schon vor einigen Jahren, wo ich es verweigerte; nun hat es den Stachel verloren und, wie ich hoffe, die Anmut behalten. Meinem Wunsch nach blieb' es jetzt geheim, du komponiertest es für die Liedertafel, mit Rücksicht auf die vorhandenen Stimmen und Charaktere; und wenn Ostern das Heft erscheint, brächtest du diesen Scherz sogleich mit ins Leben." (Die Revisions-Blätter gehören zum ersten Bogen des neuen Stücks von „Kunst und Alterthum" – Dritten Bandes erstes Heft.)

Zelter, augenkrank, meldet am 23. November ganz knapp nur: „‚Weisen und Leute' sind in Arbeit", aber das ist nun auch das überhaupt letzte Wort dazu in dem Briefwechsel der Freunde; von einer Vertonung durch Zelter wissen wir nichts.

Im Mai 1821 endlich, fast genau sieben Jahre nach der Entstehung, erscheint das Gedicht in „Kunst und Alterthum", an der Spitze des Dritten Bandes; zweifach beziehungsvoll präludiert. Bei Goethe selbst wird es dann nur noch einmal erwähnt: 1830, in den „Tag- und Jahresheften"; da heißt es, zum Jahre 1814: „Das *Gastmahl der Weisen*, ein dramatisch lyrischer Scherz, worin die verschiedenen Philosophen jene zudringlichen metaphysischen Fragen, womit das Volk sie oft belästigt, auf heitere Weise beantworten, oder vielmehr ablehnen, war, wohl nicht fürs Theater doch für gesellschaftliche Musik bestimmt, mußte aber, wegen Anzüglichkeit, unter die Paralipomena gelegt werden" – in der kargen Rubrik wiederum eine auffallende Hervorhebung des kleinen Werks.

Hatte aber jene Erwähnung in der „Summarischen Jahresfolge" von 1819 dem Erscheinen des Gedichtes vorgegriffen, so ist diese hier längst überholt: es stand nicht nur in „Kunst und Alterthum", sondern nun auch, seit dem Jahre 1827, im Dritten Bande der Ausgabe letzter Hand – abermals an hervorragender Stelle: als Schlußstück der gehaltreichsten Gruppe in Goethes Lyrik, „Gott und Welt".

Aber vielleicht sollte auch diesmal der Hinweis nur, durch die Wendung „wegen Anzüglichkeit", wieder ein wenig die Neugierde reizen.

Was hat es mit dieser „Anzüglichkeit" auf sich? Was ist mit dem „Stachel" gemeint, den das Gedicht verloren haben soll? Und wer sind die „gewissen Individuen", die sich durch ihn „sehr tief verletzt" hätten fühlen müssen?

Der erste Philologe, der diesen Fragen nachging, ist *Riemer* gewesen; er, dem das Gedicht von der Entstehung an vertraut war, der es abgeschrieben und vervollständigt hatte. Im Zweiten Band seiner „Mittheilungen über Goethe" (1841) widmet er dem kleinen Werk einen eigenen Abschnitt. Er zitiert Goethes Worte an Zelter von den „gewissen Individuen" und bemerkt dann:

„Es ist zu bedauern, daß Goethes oft zu ängstliche Diskretion, die ihm doch nichts geholfen, uns die nähere Kenntnis dessen vorenthält, was er doch mitzuteilen Lust hat und gern sähe, wenn es verstanden und genossen würde.

Die albernen Philisterfragen, die hier von den *Leuten* getan und von den *Weisen* persifliert werden, ... mögen freilich *gewissen Individuen* vorzugsweise angehören ... Allein man hat doch diese und ähnliche Fragen schon längst in älteren und neueren, zumal moralischen und popularwissenschaftlichen Schriften gelesen ... so hätte das Gedicht für einzelne nicht verletzender gewirkt als jedes andere von ähnlichem Inhalt und gleicher Tendenz, wäre es auch früher bekannt geworden. Es muß also G. noch andre und besondre Ursachen und Gründe gehabt haben, damit so zurückhaltend zu sein; sie sind mir aber nicht zur Kenntnis gekommen."

Ähnlich resigniert sich, in einer Studie vom Jahre 1895, *Hermann Henkel*; nur daß er die „gewissen Individuen" nicht unter den Fragern, sondern auf der Seite der „Weisen" sucht und den Text der Ausgaben als entschärft ansieht: „Worin aber in der ursprünglichen Fassung des Gedichtes die verletzenden Beziehungen bestanden und welchen der lebenden, auch hinter den antiken Masken noch kenntlichen Philosophen sie gegolten haben, ist eine Frage, die zu beantworten wir nicht imstande sind."

Nun gibt es aber noch eine andere Äußerung Riemers, im Ersten Band seiner „Mittheilungen", wo er, in streng abgeteilten und unterteilten Rubriken, von den Charakter-Eigenschaften Goethes handelt, auch von den Eigenheiten und Fehlern, die man ihm zuschrieb. Und da lesen wir, unter der Rubrik XI, f – „Bequemlichkeit" –: „Man hat G. als Geheimnislust vorgeworfen, daß er, wenn nicht furchtsam, doch behutsam durch Erfahrung gemacht, einem Gedanken, sobald er ihm mehr zu sagen oder zu verraten schien, als ihm jetzt eben gut zu sein dünkte, eine mildere wenigersagende Wendung zu geben suchte, oder ihn stumpf ablaufen ließ. Nicht nur in Versen war dies der Fall ...";

und eine Fußnote zu diesen letzten Worten lautet: „Z. B. in dem Gedicht ‚Die Weisen und die Leute' ..., wo in der Rede des Periander jetzt ein *qui pro quo* steht, das die ursprüngliche Schalkheit nicht einmal ahnden läßt. Es hat den Stachel verloren (Z. [= Briefwechsel zwischen Goethe und Zelter] Nr. 358)."

Hier gibt also Riemer unvermutet ein Wissen kund, das aus ganz anderer Richtung die Frage zu lösen bestimmt scheint. Denn wie er Goethes Wort an Zelter zitiert – „Es hat den Stachel verloren" –, setzt er jene „ursprüngliche Schalkheit" geradezu mit dem verletzenden „Stachel" gleich.

Auf den seltsamen Widerspruch zwischen den beiden Äußerungen Riemers hat als erster *Anton Kippenberg*, der große Verleger und Goethe-Kenner, hingewiesen; und er war zudem in der Lage, aufs schlagendste die Richtigkeit der einen darzutun: indem er – 1921, genau hundert Jahre nach dem Erscheinen des Gedichtes – aus seinen Sammlungen die fragmentarisch erhaltene Urfassung nach Riemers eigener Niederschrift in einem Privatdruck vorlegte. Und der Text dieser Urfassung stimmt allerdings in allem Wesentlichen mit dem der bekannten Drucke überein – bis auf die eine Stelle des Periander; und diese enthält wirklich, ganz wie Riemer gesagt hat, eine „Schalkheit", ein kleines skándalon:

Die Leute.

Liegt auch bei Nacht der Schlaf auf ihr?

Periander.

Zwei Fälle mußt du trennen:
Zwar liegt man wohl auf seinem Weib,
Doch ruht ihr vielgeliebter Leib
Gewöhnlich an der Seite.

Es greift somit alles beweisschließend ineinander: Goethe sekretiert das Gedicht, weil es verletzen müsse – der Urtext enthält nur eine einzige Stelle, die Anstoß erregen könnte: die Rede des Periander; – aus der Zeit zwischen Entstehung (1814) und Erscheinen (1821) ist nur e i n Versuch Goethes bekannt, am Text zu ändern: die oben erwähnte Lesart in dem Karlsbader Notizheft von 1819; sie betrifft eben diese Stelle – und als das Gedicht 1821 gedruckt wird, ist es wiederum diese Stelle, und ganz allein sie, die nochmals geändert worden ist. Hat also, nach Goethes eigenen Worten, das Ganze „nun [1820] den Stachel verloren", so kann einzig jene Periander-Rede der frühsten Fassung dieser „Stachel" gewesen sein; was überdies durch Riemers Bemerkung im Ersten Band ausdrücklich bekräftigt wird.

Und so durfte Kippenberg seiner kleinen Gabe an die Goethe-Freunde mit allem Recht den Titel geben: „Der Stachel. Ausgezogen von Goethe / wiedereingesetzt von der Stadelmann-Gesellschaft", einem scherzhaft fingierten, nach einem Diener Goethes benannten, vornehmlich in Kippenbergs Person verkörperten und aktiven Gegenstück zur Goethe-Gesellschaft. Selten wohl mag ein literarhistorisches Problem sich so einleuchtend, so elegant haben auflösen lassen wie hier – ein wahrer Glücks-, ein Ideal- und Modellfall.

So wäre der „Stachel" denn extrahiert – aber bleibt nicht auch ein Stachel zurück, in der Seele des Philologen?

Kann jene anstößige Stelle, welche man allenfalls pikant nennen mag, ernstlich als „Stachel" gelten, der „gewisse Individuen verletzen" *mußte*, und dazu „sehr tief"? Und steht die Frage nach jenen „gewissen Individuen" wie die nach Goethes plötzlichem Umschwung nicht weiterhin offen?

Kippenberg läßt es sich denn auch angelegen sein, diese Fragen beiseitezuschieben, und was damit zusammenhängt, zu entkräften. Da hat Riemer, wenn er sich widerspricht, über der späteren Erklärung die frühere, richtige eben vergessen, „was bei seiner uferlosen Zettelkastenarbeit freilich nicht Wunder nimmt". Und Goethe muß in seinen Äußerungen gegen Zelter den wahren Zusammenhang entweder absichtlich verschwiegen oder gleichfalls aus dem Gedächtnis verloren haben, während dann doch wieder seine späteste Äußerung über das Gedicht, in den „Tag- und Jahresheften" (1830), den wahren Grund, der ihn veranlaßt hatte, es zu sekretieren, mit aller Deutlichkeit bezeichnen soll: „mußte aber, wegen Anzüglichkeit, unter die Paralipomena gelegt werden."

Nimmt aber nicht Kippenberg das Wort „anzüglich" hier in einem Sinne, den es erst neuerdings entwickelt hat – nämlich als: indezent, zweideutig, sittlich anstößig, obszön? Und war die ältere, obschon ebenfalls pejorative Definition, zu Goethes Zeit wie bis zum Beginn unseres Jahrhunderts, nicht vielmehr ausschließlich: „was man auf sich deutet, ... was schmerzet, beißend, beleidigend", „etwas enthaltend, das jemand als eine Beleidigung sich anziehen kann", „auf etwas Unangenehmes anspielend"? anwendbar also doch nur auf Personen, das heißt in unserem Fall auf jene „gewissen Individuen"?

Sicherlich lassen Riemers beide Äußerungen sich mit einander nicht vereinen. Die früher publizierte geht auf die einzelne Strophe, die andere bezieht sich auf das Ganze. Zeigt aber nicht eben der Widerspruch zwischen ihnen an, daß Riemer sich mit jener ersten, so einleuchtend sie scheinen mochte, nicht zufrieden gab?

Sodann hat Kippenberg übersehen oder übergangen, daß Riemer in den „Mittheilungen" noch ein drittes Mal von dem Gedichte spricht; und zwar auch schon im Ersten Band (X: Eigenheiten, b: Diskretion):

„Wie nun Goethe für seine Person äußerst vorsichtig und zurückhaltend war, so riet er auch andern, auf die er Einfluß hatte, zu gleicher Vorsicht und Zurückhaltung ... Witzige Epigramme, satirische Einfälle, deren Bezug zu deutlich sich aussprach, bat er zu sekretieren; nicht aus Ängstlichkeit, sondern aus

Schonung. Er wußte wohl, daß er selbst durch dergleichen unmittelbare Angriffe manchen verletzt und sich zum Feinde gemacht hatte; nun wollte er andere vor ähnlichen Folgen bewahren.

Seine eigenen Invektiven gegen Personen oder Sachen hielt er ebenfalls zurück, ‚um des lieben Friedens willen' (Z. [= Zelter-Briefwechsel] Nr. 550), oder wenn er sie doch, aber erst nach Jahren, bekannt machte, ‚brach er ihnen die Spitze ab', um sie weniger empfindlich oder schmerzhaft zu machen.

So geschah es mit den folgenden Gedichten:

‚Die Weisen und die Leut' oder das Gastmahl der Weisen ..., das er sekretierte, ‚weil es gewisse Individuen sehr tief verletzen würde ...' (Z. Nr. 225) ..."

Auch hier schon bezieht also Riemer die Worte Goethes deutlich auf die „Individuen". Zwei übereinstimmende, das ganze Gedicht betreffende Äußerungen von ihm stehen gegen die eine punktuelle.

Wenn Goethe wirklich nur jener indezenten Strophe wegen das Gedicht sekretiert hätte, weshalb sollte er dies dem Freund, der sie doch seit dem Sommer schon kannte, nicht einfach gesagt und statt dessen „gewisse Individuen" vorgeschützt haben?

Diese vier Zeilen aber – reichen sie hin, des Dichters bestimmte und ernstbetonte Worte zu erklären? Angenommen sogar, Goethe, der doch die „Römischen Elegien", die „Venetianischen Epigramme" auch jetzt noch immer wieder in seinen Werken drucken ließ, wäre auf einmal höchst skrupulös in Fragen der Dezenz geworden?

Verletzen konnten diese Verse doch allenfalls die gute Gesellschaft überhaupt, nicht aber „gewisse Individuen"; und weder diese noch jene doch wohl „sehr tief". Eben die „Welt" aber hätte ja, jenem Brief zufolge, sogar ihren Spaß an dem Gedicht gehabt!

Und sollte Goethe, falls denn wirklich nur diese vier Verse das Hindernis waren, sie nicht alsbald haben ändern können? So wie er zur gleichen Zeit zahlreiche unebene oder auch aggressive Stellen in den Divan-Gedichten vom Sommer tilgte oder umformte? Waren diese vier Zeilen so wesentlich, daß ihrethalben das Ganze auf Jahre zu den Paralipomena gelegt werden *mußte*? Wenn das Gedicht sie später entbehren konnte, warum nicht damals schon? Oder verlangte diese Änderung ein Gestaltungsvermögen, das dem Dichter nicht jederzeit zu Gebote stand? War etwa dies hier der gleiche Fall, wie wenn der „Paria" „noch nicht parieren" wollte?

Es wäre unredlich, die Reihe dieser Fragen fortzusetzen. Und es muß zweifelhaft bleiben, ob diese Fragen, wie zuvor niemand sie gestellt hat, auch von uns je gestellt worden wären. Ein freundlicher Zufall hat uns aller Selbstprüfung enthoben, noch ehe wir die Äußerungen Riemers und Henkels, den ursprünglichen Text der Periander-Strophe und Kippenbergs Argumentation überhaupt kannten.

Bei Forschungen zum West-östlichen Divan, Ende der dreißiger Jahre, begegnete im Jahrgang 1814 des „Morgenblatts für gebildete Stände" dem Blätternden das folgende Reimgespräch; es steht in der Nummer 104 vom Montag, dem 2. Mai, auf der Titelseite, unterzeichnet mit der Chiffre „Hg.", und lautet:

DER IDIOT UND DER WEISE

Idiot.
Sag, ist die Welt von Ewigkeit?
Weiser.
Das ist für mich ein Rätsel.
I.
Doch ob der Untergang ihr dräut?
W.
Das ist ein zweites Rätsel.
I.
Allein was ist Unendlichkeit?
W.
Mein Freund, das ist ein Rätsel.
I.
Wo denken, und *wie* denken wir?
W.
Je nun! das – ist ein Rätsel.
I.
Haust wirklich eine Seel in mir?
W.
Ja – Nein – das ist ein Rätsel.
I.
Liegt auch bei Nacht der Schlaf auf ihr?
W.
Nicht ganz – doch ists ein Rätsel.
I.
Was ist der sogenannte Geist?
W.
Das ist – ein wahres Rätsel.
I.
Erkläre mir, was glücklich heißt!
W.
Man soll – das bleibt ein Rätsel.
I.
Sprich, wer Unsterblichkeit beweist.
W.
Ich – Nein – das ist ein Rätsel.
I.
Ists besser töricht oder klug?
W.
Das ist vielleicht ein Rätsel.

Idiot.
Herrscht Zufall bloß und Augentrug?
Weiser.
Das scheint mir noch ein Rätsel.
I.
Ist unsre Willensfreiheit Lug?
W.
Das ist vielleicht ein Rätsel.
I.
Kam ich als böse schon zur Welt?
W.
Das ist für uns ein Rätsel.
I.
Ist Beßrungstrieb uns zugesellt?
W.
Nach Taten scheints ein Rätsel.
I.
Doch herrschen Eigennutz und Geld?
W.
Ja wohl! Das ist kein Rätsel.
I.
Mein weiser Rätselmann, so sprich:
Beschämst du *hier* an Wissen mich?
W.
Nichts, leider! *wissen du* und *ich:*
Denn Keiner löst die Rätsel.

Sie erkennen auf den ersten Eindruck: Goethe hat den wesentlichen Teil dieses Reim-Dialogs, die Fragen, unverändert nach Wortlaut und Reihenfolge übernommen – um sie ironisch abzufertigen. Die Übernahme, die Aneignung ist weder Zitat noch gar Plagiat, vielmehr Teil eines polemisch-parodistischen Aktes ganz eigener Art. Belehren wir uns darüber, daß der Autor, der sich der Chiffre „Hg." bedient, kein gleichgültiger Reimer ist, sondern *Friedrich Haug*, der leitende Redakteur des Morgenblattes, und wissen wir hinter ihm den Gründer und Herausgeber der Zeitung, *Johann Friedrich Cotta*, Goethes Verleger, so steht außer Zweifel: die Veröffentlichung der Parodie nicht lange nach dem Erscheinen des Dialogs, ja schon ihr bloßes Bekanntwerden, hätte allerdings diese beiden „Individuen sehr tief verletzen" können.

Damit rückt das Gedicht, das wir bisher lediglich in seinem äußeren Werdegang betrachtet haben, in andere Aspekte. Wir müssen, um sie einigermaßen einzusehen, Goethes Verhältnis zum Morgenblatt untersuchen.

II.

Das „Morgenblatt für gebildete Stände" sollte mit dem Beginn des Jahres 1807 als unpolitische Tageszeitung neben das große politische Organ Cottas, die Allgemeine Zeitung, treten, die schon fast ein Jahrzehnt lang bestand. Mit der Neugründung zog Cotta in seinem Bereich die Konsequenzen aus der Niederlage von Jena, durch welche die napoleonische Vorherrschaft einstweilen unumstößlich etabliert schien; er öffnete dem Bürgertum ein Gelände erwünschter harm- und gefahrloser Unterhaltung. Es mußte ihm daran liegen, den berühmtesten Autor seines Hauses, für den er eben eine Gesamtausgabe vorbereitete, dem neuen Unternehmen zu verbinden.

Noch ehe aber die erste Nummer des neuen Blattes erschienen war, hatte Goethe bereits aus besonderen Gründen seine Mitarbeit generell verweigern wollen.

Die Allgemeine Zeitung hatte im November und Dezember 1806 Korrespondenzen aus Weimar gebracht, die man dort als „gemeinste Klatschereien" empfinden mußte. Goethe diktierte am Heiligen Abend in den heftigsten Ausdrücken einen Brief an Cotta; wie immer bleibt er nicht an der einzelnen Kränkung haften, sondern deutet auf den allgemeinen Schaden: „Das Übel ist groß und unersetzlich genug, das wir leiden, und es wäre schlimm, daß wir es durch unsre eigne Niederträchtigkeit noch verdienten ... Man weiß sehr gut, daß der Friede, wie das stehende Wasser, solches Ungeziefer hervorbringt; wenn es aber im Kriege erscheint, dann ist es erst recht ekelhaft ..." Und so kommt er zu den „persönlichen Folgen": „Ich bitte Sie inständigst, mir die Zeitung vom neuen Jahr an nicht mehr zu schicken: denn es ist mir abscheulich, etwas von Ihrem guten Willen zu erhalten, was mich oder meine Umgebung verletzt und beleidigt. Zweitens folgt daraus, daß es mir und meinen Nächsten ganz unmöglich wird, an Ihrer neuen Tagesschrift [dem Morgenblatt] auf irgend eine Weise Teil zu nehmen." Er schließt: „Ich muß nur eilen, diesen Brief zusammenzufalten und fortzuschicken: denn vielleicht hätte ich morgen Bedenken, und schwiege zu diesen Avanien wie zu andern." Aber er hat den Brief dann doch zurückgehalten; wie so oft bleibt sein Ärger im Konzept stecken; am Weihnachtstag geht nur ein kurzes allgemeines, wenn auch scharfes Schreiben ab, worin vom Morgenblatt nicht mehr die Rede ist.

Wenige Tage später trat nun dieses neue Blatt hervor. So wie Goethe – ganz abgesehen vom augenblicklichen Verdruß – zur Institution der Tagespresse stand, kann er es nur mit Mißtrauen aufgenommen haben.

In einer eigenhändigen Instruktion für das Morgenblatt hatte Cotta das „Hauptgesetz" bestimmt, „das jeder Nummer zur Norm dienen" müsse: „Allen etwas". Da die einzelne Nummer jedoch nur vier Seiten in Quart umfaßte, war der innere Zuschnitt vorgezeichnet. – „Sie möchten gern belehret sein, / Doch solls nicht Mühe kosten."

Schon in der Ankündigung des Blattes wird allerenden das Angebot an Miszellen und Anekdoten herausgestellt, an Kostproben und Auszügen, an „Sittengemälden", in welchen die Universitäten gleichen Rang einnehmen mit „Messen, Bädern, Karnevals"; und angelegentlich versichert man immer wieder, vor allem kleine, kurze, leichte Beiträge zu bringen. Dafür ward jedem Abonnenten bereits durch den Titel täglich bescheinigt, daß er zu den „gebildeten Ständen" gehörte.

Alles deutete ein Unternehmen an, das berechnet war, und zweifellos richtig berechnet, auf des Augenblicks Begehrnisse, nicht Erfordernisse, auf Zerstreuung, nicht auf Besinnung.

Durch ein Periodicum war Goethe einst mit Cotta in erste Verbindung gekommen; doch von den „Horen" welch ein Abstand zum „Morgenblatt"!

In der „Nro. 1" entwarf Goethes alter Antipode Jean Paul die „Abschieds-Rede beim künftigen Schlusse des Morgenblattes", worin er jenes Leitwort Cottas variierte: „allen allerlei vom All". Die eigentliche Taufrede indessen durfte der Mann halten, den Goethe glücklich aus Weimar vertrieben hatte, der aber an den jüngsten „Avanien" der Allgemeinen Zeitung nicht unbeteiligt war: Carl August Böttiger – „ein Rädelsführer, / Ein unermüdlich unverschämter Präger / Papierner Münze … / Den Lumpenbrei der Pfuscher und der Schmierer / Mit B......r zum Meisterwerk zu stempeln". Und wie geschaffen zum An- und Ausfüllen eines Blattes mit alle dem verheißenen Streusel und Stückwerk von Gnomen und Rätseln, Bonmots und Geschichtchen schien allerdings auch der eine der von Cotta gewählten Redakteure, welcher bald der leitende blieb: Johann Christoph Friedrich Haug.

Dieser Landsmann und Karlsschul-Kamerad Schillers war nur den Jahren nach sein Altersgenosse – in allem Wesentlichen des geistigen Habitus um Generationen älter. Höherer Kanzlei-Bediensteter und unermüdlicher Verseschmied – so befährt er, Amtsschimmel und Pegasus im Zwiegespann, die goldene Mittelstraße und gleicht aufs Haar den „witzigen Köpfen" und Kleinmeistern des 18. Jahrhunderts. „Mittelmäßigkeit, die auf einiges trotzen kann" – auf ein Bändchen drolliger Sinngedichte – und die nun, furchtbar fruchtbar, lebenslang ein gehorsames Reimtalent betätigt, mit Vorliebe in den Zwergformen, mit den Typen, dem Ton, die von jeher die Gattung beherrschten. Und mit ihm Arm in Arm der erste und fleißigste Mitarbeiter, zum Verwechseln ihm ähnlich, sein Zwilling, ja Doppelgänger: der fast auf den Tag gleichaltrige Landsmann Friedrich Weißer; ihre Vorbilder eingestandenermaßen: Uz, Haller, Hagedorn, Gleim, Ramler, Lichtwer, Ewald Kleist und freilich auch Klopstock.

Als Person scheint Haug, nach dem Zeugnis der Zeitgenossen, ein heiterer, harmloser, an scherzhaften Einfällen reicher Gesellschafter gewesen zu sein.

Ohne den Charakter jedoch, der noch den Beschränkten adeln kann, ohne Kraft selbst zur Bosheit, nur mit unbeirrbarer Affinität zu allem Halben und Mediokren, war er nicht der Mann, ein Publikum zu leiten; er konnte es allenfalls bedienen.

Goethe war den Dioskuren nicht geheuer, ein inkalkulabler Proteus, mit dem man dennoch rechnen mußte; Namen und Autorität mochte man nicht entbehren, wo sie sich etwa zweckmäßig verwenden ließen. Gern benutzte man die Verbindung zum gemeinsamen Verleger und das unverfängliche Mittel des Vorabdrucks aus den Buchausgaben der Werke.

So suchte man gleich zu Anfang den Großen als Gesinnungsgenossen hinzustellen bei der einzigen Polemik, die man sich leistete: gegen die Romantiker und namentlich gegen ihre Erneuerung der Sonettenform. In den Korrekturbogen der neuen Gesamtausgabe (A), die Cotta eben vorbereitete, hatte man die skeptischen Zeilen gefunden: „Sich in erneutem Kunstgebrauch zu üben ..." und druckte nun dieses ältere, längst widerrufene Sonett gegen das Sonett wie eine neue Äußerung ab, um sich daran anzubiedern: „*Das* ists, was ich meine ... Wenn ein Göthe *mitunter leimen müßte*, wer von den Nicht-Göthen wagt noch ein Kling-Gedichte?" Dank diesem Manöver erschien Goethe, seltsam anachronistisch, zu Anfang 1807 als Gegner der Form, die er in eben diesem Jahr, seinem „Sonettenjahr", so leidenschaftlich ergreifen, so reich erfüllen sollte.

Der Dichter scheint den Mißbrauch seiner Autorität damals ignoriert oder nicht bemerkt zu haben; aber wie dann Cotta, nach einem weiteren Zwischenfall mit der Allgemeinen Zeitung, ihn offenbar durch begütigende Worte doch bewogen hat, Weimarer Nachrichten und andere kleine Beiträge für das Morgenblatt zuzusagen, da bedingt Goethe sich eines aus: „bei dieser Mitteilung, sowie bei den übrigen, die ich wohl bald nachsende, meinen Namen nicht zu nennen". So wird es denn auch mit allem, was er schickt, gehalten; Kapital schlagen läßt sich aus seiner Mitarbeit vorerst nicht. Im Herbst aber muß er wiederum daran erinnern: „das, was unsre politische Existenz betrifft und nicht von mir kommt, von Ihren Blättern abzuweisen".

Wie berechtigt solche Sorge war, erwies noch vor dem Abschluß des ersten Jahrgangs ein Vorfall, der Aufsehen erregte: Gegen eine Reihe anonymer Reiseberichte des Morgenblattes über wissenschaftliche und private Verhältnisse in Heidelberg protestierten im „Rheinischen Bundesblatt" achtzehn namhafte Heidelberger Gelehrte, meist Universitäts-Professoren, mit fast den gleichen Gründen und Ausdrücken, die Goethes nicht abgesandter Brief an Cotta vom Jahr zuvor enthalten hatte. Und wenn auch Cotta und die Seinen sich aufs schärfste verwahrten – ganz auslöschen konnten sie den peinlichen Eindruck nicht.

Zu Anfang des folgenden Jahres war dann der erste Streit- und Klagepunkt, den Goethe selber bei Cotta zur Sprache brachte, der sogenannte Sonetten-

Krieg, der zwischen dem Morgenblatt und den Heidelberger Romantikern
– Arnim, Brentano, Görres – ausgetragen wurde und der in Baggesens „Kling-
klingel-Almanach" dann (1809) kulminierte. In Nummer 58 vom Dienstag,
dem 8. März 1808, hatte Johann Heinrich Voß mit einem eigenen Sonett sich
direkt „An Goethe" gewandt; die Warnungen und Vorwürfe des alten Schul-
meisters suchen äußerlich anzuknüpfen wiederum an Goethes schon erwähnte
ältere Verse – „Sich in erneutem Kunstgebrauch zu üben ..." –, setzen in
Wahrheit aber privat erlangte Kenntnis seiner jüngsten leidenschaftlichen So-
netten-Produktion voraus. Wenige Tage später folgen neue törichte Angriffe
gegen diese Kunst-Form: Das „Schreiben eines Studierenden auf der Universität ... an seinen Vater, den Baudirektor R ... zu B ..." macht sich über
romantische Philosophie und Ästhetik lustig und endet mit einem Karikatur-
Sonett „Das Posthorn". Dabei versucht man, Goethe gegen die junge Romantik auszuspielen – der fingierte Student äußert sich abfällig über die ältere
Dichter-Generation und auch über ihn –, doch zugleich verhöhnen der Aufsatz
selbst und das Sonett jenes Wort von der „Baukunst als einer erstarrten Musik", das Goethe als den „schönen Gedanken" eines „edlen Philosophen"
(Schelling?) schätzte; und überdies klingt eine Zeile jenes Posthorn-Sonettes
– „Am Jüngsten Tage, wenn das Posthorn kräht ..." – zufällig? absichtlich? –
wie das fatale Echo eines seiner eigenen, ihm besonders werten Sonette dieses
Winters: „Am Jüngsten Tag, wenn die Posaunen schallen ...".

Indigniert schreibt Goethe an Cotta: „Daß die Redacteurs Ihres Morgenblatts, die doch sonst verständige Männer zu sein scheinen, auch es in manchen Punkten ganz läßlich nehmen, in andern, z. E. gegen das Sonett, eine so
komische Aversion beweisen, ist mir unbegreiflich. Als wenn dem Genie und
dem Talent nicht jede Form zu beleben freistünde." Und an Zelter: „Wie lächerlich ists, mein Sonett, in dem ich einigermaßen zu Ungunsten der Sonette
gesprochen, immer wiederkäuen, aus einer ästhetischen Sache eine Parteisache
zu machen und mich als Parteigesellen heranzuziehen."

Am Ende des Jahres steht sein Urteil fest: „Ein Volk, das ein Morgenblatt,
eine Elegante Zeitung, einen Freimüthigen p. habe, und *Leser* dazu, sei schon
rein verloren".

Fünf Jahre lang gab es nun ein leidliches, indifferentes Nebeneinander:
kaum ein Klage Goethes, aber auch keine Beiträge von Belang, nur Selbstan-
zeigen, Nachdrucke, Vorabdrucke; gelegentlich ein Übergriff des Blattes, den
Cotta alsbald applanierte. Doch von der Leipziger Schlacht an, welche eine
neue Ordnung der Dinge in Deutschland und Europa einleitete, ändert sich
Goethes Verhalten. Alle seine Äußerungen – und die Zahl allein der Briefe ist
groß – zielen jetzt, ähnlich wie nach der Niederlage von 1806, auf eine Erneuerung von innen her. Nur ist es diesmal nicht „Systole", was er den Jüngeren
anrät, sondern Ausgreifen, Mitteilung, Zusammenwirken der Entfernten, zu

tätigem Genuß der neugewonnenen Freiheit. Ausschauen empfiehlt er, Kennenlernen, Anerkennenlernen vor allem. In immer neuer Abwandlung des Ausdrucks kehrt das Bild vom „heiligen Feuer der Wissenschaft und Kunst" wieder, das es zu hüten gilt, weil seiner „die nächste Generation um so mehr bedürfen wird, als sich schon jetzt im Praktischen der Mangel theoretischer Vorübungen so hart empfinden macht".

Er selber setzt sich besonders eines vor: „Genauer als sonst werde ich die Tagesschriften, sie mögen sich hervorbringend oder beurteilend beweisen, lesen und betrachten." Hierbei wird ihm das Morgenblatt zu einem beständigen, freilich produktiven Ärgernis.

Zunächst, Anfang November 1813, erregt Haugs Fabel „Der Iris Bogen rief verwegen …" seinen heftigen Widerspruch, in der Gestalt der Verse „Regen und Regenbogen"; dann erzürnt ihn, Ende Januar 1814, das Reimsal „Der Geist und die Schönheit. Keine Fabel", und er erwidert mit dem Gedicht „Geist und Schönheit im Streit" – im Tagebuch (vom 4. Februar) heißt es noch unverblümt: „Die Schönheit gegen Hg.".

Über die Gründe seines doppelten Unmuts spricht er sich am 7. Februar gegen Cotta in aller Klarheit aus: „Für die fortgesetzte Sendung der Allgemeinen Zeitung und des Morgenblattes bin ich verbunden. Beide sind belehrend und unterhaltend; doch macht mir letzteres manchmal einen trüben Augenblick. Grüßen Sie unsren verdienten Herrn Haug und sagen ihm, daß ich leider nicht an seiner Seite fechten kann, wenn er der Schönheit und dem Regenbogen den Krieg macht; jenes allgemeine und dieses besondere Phänomen verbindet ganz eigentlich im sittlich- und sinnlichen Sinne den Himmel mit der Erde; und wer möchte leben, ohne sich an einer so herrlichen Vermittlung zu erfreuen?" So steht es im Konzept. Auch dieses Mal hat Goethe in der Reinschrift den Text verkürzt und neutralisiert: „… doch wünschte ich letzterm [dem Morgenblatt], bei der allgemeinen Befreiung deutscher Gemüter, auch völlige Geistes- und Geschmacksfreiheit, woran es ihm öfter zu gebrechen scheint."

Aber schon bald danach bereitet Haug ihm neuen Verdruß, mit seiner Strophe „Das Opfer", Morgenblatt vom 15. März. Diesmal setzt Goethe die Zeilen, die ihn gereizt haben – „Weihrauch ist nur ein Tribut für Götter / Und für die Sterblichen ein Gift …" – seiner Gegenstrophe voran, und deren erster Reim – im Druck durch einen Gedankenstrich bezeichnet – verlangt den Namen Haug (wenngleich mit frankfurtischem Reibelaut): „Soll denn dein Opferrauch / Die Götter kränken? / Du hältst die Nase zu – / Was soll ich denken?"

Das Geist-und-Schönheit-Gedicht hatte den Gegner sogar mit vollem Namen (freilich auch wieder in der mundartlichen Lautung) apostrophiert: „Herr *Hauch*, uns längst bekannt / Als würdger Geistrepräsentant". Die „Gegenfabel" vom Regenbogen nennt ihn zwar nicht, ist aber um so heftiger im Ton: „Ein Philister" hat die Göttin Iris beleidigt, und ihre grimmige Scheltrede steigert und versteigt sich zu den Schlußworten „Drum wühle du, ein andres Schwein, / Nur immer den Rüssel in den Boden hinein / Und gönne dem verklärten Blick / An meiner Herrlichkeit sein Glück."

In einer Reihe, welche – wie öfter bei seinen trilogischen Kompositionen – umgekehrt zur Zeitfolge ihrer Entstehung verläuft, hat Goethe die Gedichte dreizehn Jahre später unter dem Titel „Drei Palinodien" zu einer Klimax jovialen Zorns vereinigt.

Diesen Manifestationen des Unmuts, den speziell gegen Haug als „Geistsrepräsentanten" gerichteten, gesellt sich nun – die vierte innerhalb von sieben Monaten und die letzte, umfangreichste, bedeutendste – das Gedicht „Die Weisen und die Leute" bei.

Die Spitze gegen Haug lag hier allerdings weit weniger zutage als in den drei Palinodien, und so scheint Goethe zunächst ziemlich unbefangen an Vertonung und Publikation gedacht zu haben.

Sonst pflegte er ja für dergleichen „Inkommunikabilien" eine bestimmte Praxis zu beobachten: „Ich habe ... bei allen Versuchen, meine Wirkung zu stören, zu schmälern, zu vernichten ..., mit dem besten Humor ein Schnippchen in der Tasche geschlagen und ganz im Stillen meinen Gegnern etwas angehängt und damit geistreiche ... Freunde oft unterhalten, ohne dadurch dem Öffentlichen beschwerlich zu sein oder zu irgend einer Erschütterung Anlaß zu geben." So hatte er es zum Beispiel 1812 mit dem Gedicht „Groß ist die Diana der Epheser" gehalten, dessen polemischer Bezug – auf Friedrich Heinrich Jacobi – den Freunden, denen er es mitteilte, nicht verborgen blieb. Mit den Palinodien aber gegen Haug hat, scheint es, Goethe sich nicht einmal dieses unschuldige Vergnügen erlaubt; selbst von der äußerlich am wenigsten persönlichen, eben dem „Gastmahl der Weisen", haben auch die drei, vier Vertrauten, die es kennenlernten, den wahren Zusammenhang nie erfahren.

Daß Goethes anfängliche Mitteilungsfreude gegen Zelter plötzlich verstummt, daß er das frühere Anerbieten zurücknimmt, könnte als eine zusätzliche und übertriebene Ängstlichkeit erscheinen. Eben in dem Brief aber, in welchem er nun dem Freunde die Abschrift „verweigert", an einer davon weit entfernten Stelle dieses langen Briefes vom 17. Mai 1815, läßt sich heute das Motiv der scheinbar so wunderlichen Wendung ablesen; welches Zelter selber damals unmöglich erkennen konnte. Die Stelle lautet: „Seit einiger Zeit habe ich gerade soviel Humor, Aufsätze ins Morgenblatt zu geben; damit du aber nicht lange zu suchen brauchst, bezeichne ich dir die Nummern ..." Er benennt drei Beiträge, die bereits erschienen sind, und kündigt vier weitere an.

Goethe also, der Gegner des Morgenblatts, der seit Jahren, wenn auch meist schweigend, an ihm gelitten, der es noch jüngst getadelt, geschmäht,

heimlich bekämpft hat – Goethe nun auf einmal regelmäßiger Mitarbeiter?
Was war geschehen? Wie ist das zugegangen?

Wir können es ziemlich genau, Schritt für Schritt fast, verfolgen.

Noch auf der Reise nach Frankfurt und Wiesbaden, am 27. Juli 1814, zieht
Goethe in einem Divan-Lied die Summe seines Unmuts gegen die Journale;
an oberster Stelle steht dabei das Organ der Haug und Cotta:

> Und das Morgenblatt es kann sich
> Mit Freimüthigem vereinen
> Und die Elegante dann sich
> Allenfalls die beste scheinen.
>
> Daß nur immer in Erneuung
> Jeder täglich Neues höre
> Und zugleich auch die Zerstreuung
> Jeden in sich selbst zerstöre.

Doch schon unmittelbar vor der Abfahrt hat er seinen Verleger wissen lassen,
die Zurüstungen zur neuen Ausgabe der Werke seien weit genug gediehen,
daß „zu Michael allenfalls die ersten 6 Bände für den Druck übersendet werden" könnten. Zugleich schickt er ihm das Vorspiel für Halle, mit der Bemerkung: „Können Sie es zum Schlusse des Damenkalenders brauchen, so steht es
zu Diensten, für das Morgenblatt wär es zu lang, doch wird nichts dagegen zu
erinnern sein, wenn Sie die Szene der Parzen darin abdrucken wollen ..."

Nun jedoch überrascht ihn das Morgenblatt zu Anfang September durch den
unverkürzten Abdruck des Vorspiels, welcher sich über vier Nummern erstreckt; auch hat Haug wieder einmal einen Huldigungs-Vers fallen lassen:

> Dank, Goethe, du sangst erotische Lieder,
> Woran es uns Deutschen gebrach.
> Traun! kämen Properz und Anakreon wieder,
> Dich ahmten sie beide nach.

Und noch während Goethe sich in der Main- und Neckargegend aufhält, erscheint im Morgenblatt vom 28. September, als Spitze gegen die lauen und lahmen Mitbürger des Dichters, jener berühmt gewordene Bericht über eine an-
gebliche Aufführung des ‚Tasso', mit welcher das Frankfurter Nationaltheater
den größten Sohn der Stadt bei seinem Besuch der Heimat gefeiert habe. Eine
solche Reihe freundlicher Akte mag nicht ohne Wirkung geblieben sein.

Dazwischen liegt der kurze Brief, in welchem Goethe am 14. September,
von Frankfurt am Main aus, Cotta begrüßt, der auf dem Sprung ist, zum Wiener Kongreß zu reisen. „Diesen Winter", heißt es da, „bringe ganz in unsern
gemeinschaftlichen Angelegenheiten zu."

Eben diesen Angelegenheiten, der neuen Ausgabe der Werke, widmet auch Cotta, mitten in seinen Wiener Geschäften, am 30. November ein Schreiben, das Goethe in Jena, vermutlich am 10. Dezember, erhält. „Cottas Brief bedacht", steht im Tagebuch vom 13. Dezember als letzte Eintragung. Das ist am Vorabend des Tages, an welchem – wir erinnern uns – Goethe das „Gastmahl der Weisen" bei Knebel vorliest.

Und nun beginnt die eigentliche Verhandlung über die zwanzigbändige neue Ausgabe der Werke: Bereits am 21. Dezember formuliert Goethe in einem Schreiben an Cotta seine Bedingungen, darunter erhebliche finanzielle Ansprüche; am 20. Januar 1815 empfängt er „Nachricht von Cottas Akzeption", zugleich einen „Antrag, für den Damenkalender und das Morgenblatt etwas mitzuteilen". Seiner umfangreichen Sendung nach Stuttgart vom 20. Februar fügt er denn auch ein Blatt bei, worin die „Bereitwilligkeit" ausgesprochen ist, „zum Damenkalender und Morgenblatt mitzuwirken". Bei der Gelegenheit betont er, „daß es keineswegs Eigensinn gewesen, wenn ich daran nicht öfter teilgenommen", begründet dies näher und ersucht nur um eines: „daß der Herr Redakteur, dem ja soviel Stoff zu Gebote steht, die Gefälligkeit hätte, eine Auswahl zu treffen, so daß nicht Aufsätze folgten, die dem Vorhergehenden ganz heterogen sind, wie es mir einigemal bei Dingen ergangen, auf die ich einigen Wert legte". Schließlich kündigt eine Nachschrift an: „Die erste Lieferung zum Morgenblatt wird nächstens abgehen."

Alsbald setzt denn auch jene lebhafte Mitarbeit ein, die später der Mai-Brief an Zelter bezeugt; den darin genannten Beiträgen – zwei im März, einer vom April, zwei vom Mai, zwei im Juni; über Kunst, Literatur, Theater, darunter ein so bedeutender Aufsatz wie „Shakespeare und kein Ende" – ist noch im Juni ein weiterer gefolgt, und nach dem Intervall der Rhein- und Mainreise erscheinen zwischen Februar und Mai 1816 abermals sieben Beiträge Goethes im Morgenblatt.

Bald auch schon lobt er Verleger und Redakteur: „Sehr angenehm ist es mir, daß meine Mitteilungen ins Morgenblatt mit Ihren [Cottas] Wünschen übereintreffen und daß der Herr Redakteur den Aufsätzen für gute Nachbarschaft sorgt." Ja er läßt sogar „Herrn Haug viele Empfehlungen" ausrichten!

Wir haben den Ablauf der Dinge so bis ins einzelne ausgebreitet, weil nur in diesem Hin und Her der Zwiespalt zur Erscheinung kommt, an welchem Goethes Verhältnis zu Cotta krankte: daß der Verleger, auf dessen Hilfe und Freundschaft er angewiesen ist, in weitverbreiteten Zeitungen Tendenzen duldet, wo nicht gar fördert, die er, der wichtigste Autor seines Hauses, als gegen sein eigenstes Dichten und Trachten gerichtet, als schädlich, verderblich, als schlechthin „das Schlechte" ansehen muß. In der raschen Folge der Äußerungen gegen Haug, wie sie abschließen mit den Strophen vom Juli – „Und das

Morgenblatt es kann sich ...", – finden wir diesen Zwiespalt fast krisenartig verschärft. Dabei weiß Cotta kaum von der wachsenden Verstimmung; und Haug scheint nicht einmal etwas zu ahnen.

Nun soll Goethe, nach gewissen Zeichen guten Willens, die das Morgenblatt gegeben hat, sich diesem Verleger aufs neue zu einer großen „gemeinschaftlichen Angelegenheit" verbinden.

Am Abend des 13. Dezember hat er „Cottas Brief bedacht". Wir stellen uns vor, er habe damals, vielleicht auch erst, als er Cottas Januar-Brief empfangen, nach seiner Art, sich die Beziehung zu dem Verleger, welche, von Schiller eingeleitet, nun durch nahezu zwanzig Jahre bestand, in ihrem ganzen Umfang vergegenwärtigt, und dabei sei ihm deutlich geworden, wie seinem lang angestauten, nie aber offen entladenen Verdruß, den verstohlenen partiellen Ausbrüchen, diesen heimlichen Polemiken, alle den „Schnippchen in der Tasche" und „am Kamin", etwas Unaufrichtiges von Versteckspiel und Hinterhalt anhaftete. Cottas „Antrag" nun bot eine Handhabe, solchem halbschierigen Zustand ein Ende zu machen.

Des Verlegers Briefe sind uns im Wortlaut nicht zugänglich; doch möchte man fast vermuten, er habe mit jenem „Antrag" zur Mitarbeit am Morgenblatt geradezu angeknüpft an Goethes gelegentliche Kritik; habe ihm nahegelegt, durch unmittelbar-aktive Beteiligung dem Blatt etwas von dem Gehalt und Charakter zu geben, den er daran vermißte. Damit wäre Cotta jedenfalls dem Wunsche Goethes nach „frischer Teilnahme und Tätigkeit" begegnet, seinem Grundbestreben in jener Zeit: „sich mehr als bisher geschehen, einander mitzuteilen und sich zu gemeinsamen Zwecken zu vereinigen".

Dies alles sind Mutmaßungen. Deutlich bezeichnet jedoch die Dezembermitte 1814 eine entschiedene Wende in Goethes Verhalten. Am 21. Dezember geht seine Antwort an Cotta hinaus; am 23. Dezember revidiert er die Unmuts-Gedichte seines Deutschen Divans; persönliche Spitzen und Schärfen werden weggeschliffen; auch die Zeile vom Morgenblatt fällt. Und von nun an äußert er gegen Zelter kein Wort mehr über das „Gastmahl". Als er es, am Tag nachdem er „Cottas Brief bedacht", dem Freunde Knebel vorlas, scheint er es gleichsam verabschiedet zu haben. Der ernste, keineswegs nur pflichtschuldige Eifer, mit dem er seine Zusage einhält, die Produktivität, die sich in Zahl und Vielfalt der Beiträge bezeugt, die Genugtuung, womit er davon redet, bekräftigen uns den Eindruck, er habe diese Mitarbeit in jedem Sinn als eine Lösung begriffen und begrüßt.

Nun schreibt er an Cotta (27. März 1815): „Ich denke unter dieser Form manches zur Sprache zu bringen, worüber sich zu erklären sonst keine Gelegenheit findet." Und an den Berliner Professor Levezow: „In Dresden hat man ... Mitteilungen herauszugeben angefangen, wodurch manches Gute bewirkt werden kann. Meine Absicht ist, auf dem Wege des Morgenblattes etwas

Ähnliches zu tun." Und ein volles Jahr später, wiederum an Zelter: „Sieh doch manchmal ins Morgenblatt, dort findest du von mir einzelne Mitteilungen, die ins Ganze gehen." Völlig deutlich und prinzipiell sodann, kurz danach, im Morgenblatt selber: „Da ... unter einer Menge von Wünschen und Forderungen [aufmerksamer Leser] sich mehrere finden, die ein allgemeineres Interesse zu haben scheinen, in dem sie wiederholt an mich ergehen, so habe ich den Vorsatz gefaßt, über solche Punkte meine Erklärungen durch das Morgenblatt nach und nach bekannt zu machen."

Dies ist am 9. April 1816 geschrieben worden, am 27. April im Druck erschienen; aber um eben diese Zeit hört Goethes Mitarbeit so unvermutet auf wie sie begonnen hatte.

Dabei hat gerade damals Haug – in einem wechselseitig zunehmend gereizten Verhältnis zu Cotta – sich von den Redaktionsgeschäften mehr und mehr entfernt – entfernen lassen? –, und Therese Huber, geborene Heyne aus Göttingen, die Witwe Georg Forsters und Ferdinand Hubers, die schon seit einer Weile neben Haug gearbeitet hat und die des Verlegers volles Vertrauen genießt, übernimmt immer entschiedener die Führung: eine gescheite, selbständig denkende Frau mit einem Zug ins Grandiose; dem Dichter Goethe verehrungs- und verständnisvoll zugetan. „Auch hat Madame Huber sich recht wohl und zart gehalten. Grüßen Sie diese werte Frau zum schönsten. Ich vergesse nie, daß sie sich jederzeit mit Neigung und Wohlwollen gegen mich erwiesen hat" (an Cotta, 30. Oktober 1816).

Man könnte meinen, dies wären ideale Voraussetzungen gewesen für ein harmonisch gesteigertes Zusammenwirken. Daß Goethe eben jetzt die Arbeit am Morgenblatt einstellt, darf uns dennoch nicht überraschen. Der Vorgang ist, in dialektischer Umkehrung, der gleiche wie im Dezember 1814, als Goethe teilzunehmen sich entschloß. Eben weil diese Frau die Leitung des Blattes antritt, darf er sich davon zurückziehen; bei ihr weiß er die „Geistes- und Geschmacksfreiheit", die er meint, gut aufgehoben. Und wie seinen Wünschen damals der Antrag Cottas entgegengekommen war, bietet sich nun wie von selbst ein Instrument an, womit er seine Wirksamkeit, ohne Unterbrechung, gesammelter noch und als sein eigener Redakteur, fortsetzen, seinen Einsichten und Absichten das gemäße Organ schaffen kann. Aus dem Memorandum, das er auf Steins Betreiben den Kunstschätzen der Rheinlande gewidmet hatte, um die neue preußische Verwaltung und die Behörden überhaupt zu informieren und anzuregen, aus diesem einzelnen Heft „Ueber Kunst und Alterthum in den Rhein und Mayn Gegenden" wird er eine ständige kleine Publikation von loser Folge entwickeln; hier wird er von jetzt an Künste und Literaturen aller Zeiten und Völker betrachten, in Beziehung bringen, darstellen als ein persönliches Panorama; den Begriff einer Weltliteratur anschaulich machen und in Kurs setzen – „Ueber Kunst und Alterthum", Hauszeitschrift und Weltblatt in einem.

Hier auch ist denn im Mai 1821, als Eröffnung des Dritten Bandes, unser Gedicht „Die Weisen und die Leute" zuerst erschienen; kurze Zeit danach folgte der Abdruck im Morgenblatt der Therese Huber – ein seltsamer Kreislauf seit dem Dialog vom Idioten und dem Weisen. Ob Haug seine Verse wiedererkannt haben mag? Wer im Marbacher Archiv die tausende und abertausende von Reimgebilden sieht, die jener hervorgebracht hat, wird es bezweifeln.

Im Mai 1827, zwei Jahre vor seinem Tod, ist Haug noch in Weimar gewesen; „er war 6 Tage hier", schreibt der Kanzler v. Müller, „gefiel sich und uns allen ungemein. Ich brachte ihn zuletzt nach Jena zu Knebeln. Ihm und Goethen widmete er anliegendes Distichon …"

Damals waren soeben, im Dritten Bande der Ausgabe letzter Hand, nicht nur „Die Weisen und die Leute" erschienen, sondern auch die „Drei Palinodien". Haug scheint es nicht gewußt, nicht realisiert zu haben; sonst hätte er vermutlich Goethe weder besucht noch bedichtet.

III.

Den „Stachel" des Persönlichen hatte das Gedicht ohne Zutun verloren. Von dem, was es behalten hat – und das ist nicht allein die Anmut, die der Dichter hervorhebt –, mag nun, nachdem wir bei seiner Zeitlichkeit so lang, vielleicht zu lang, verweilt haben, zum Schluß noch die Rede sein.

Überliefert ist das Gedicht in mehreren Handschriften, von denen die Weimarer Ausgabe nur eine, die am wenigsten wichtige, verzeichnet; Eigenhändiges, außer den paar Varianten zur Periander-Strophe, ist nicht bekannt. Die früheste Niederschrift – Sie hörten es schon – war „diktiert" – vermutlich an Caroline Ulrich, die grazile „Uli", Christianens vielumworbene Freundin, die der Dichter, in seinem durch den Krieg reduzierten Bureau, sehr gern auch als Schreiberin um sich sah. Diese Handschrift (H), in welcher die Mehrzahl der Sprechenden noch unbenamst gewesen sein muß, hat sich nicht erhalten. Die älteste der vorhandenen Niederschriften, jenes Fragment der Düsseldorfer Sammlung Kippenberg (Hf), stammt von Riemer. Sie endet mit Vers 61; bis dorthin hat Riemer, getreu seinem Auftrag, „die passenden Personagen" über die Strophen gesetzt. Einzig den Namen des Epimenides hatte er, als Überschrift der ersten Strophe, bereits vorgefunden; die übrigen fünfzehn mußte er zusammensuchen. Von diesem Bemühen zeugt sein Manuskript: die meisten Überschriften sind erst provisorisch mit Bleistift eingetragen; noch kommt der Name des Diogenes an zwei Stellen vor, deren eine – Vers 44–47 – dann dem Crates zugefallen ist. Vor allem aber finden wir hier die Fragen der „Leute" noch solistisch aufgeteilt: „Ein Leut", „Ein andrer Leut", „Noch ein Leut", „Doktor Leut" usw. – ein Späßchen, das nach Riemer riecht, seinem breitbehäglichen Schulmeister-Humor. Der Titel indessen ist bereits derselbe, der sich gegenüber dem anderen, immer wieder und noch lange daneben gebrauchten – „Das Gastmahl der Weisen" – am Ende durchgesetzt hat: „Die Weisen und die Leute".

Den Glanzpunkt des Fragments bildet jedoch die Rede des Periander in ihrer frühesten, frechen Gestalt. Dabei erhebt sich die Frage, ob Goethe die heikle Stelle etwa seiner anmutigen Sekretärin in die Feder gesagt habe. Aber wir dürfen diese Frage wohl, mit gutem Gewissen in jeder Hinsicht, verneinen.

Es gibt nämlich noch eine weitere vollständige authentische Handschrift des Gedichts, welche bisher anscheinend nicht beachtet worden ist (H1). In einem Konvolut der Wiener Nationalbibliothek fanden wir die Vorlage zu dem ersten Abdruck in „Kunst und Alterthum". Mitten in der zierlich-sauberen Niederschrift des Sekretärs Kräuter ist da die ominöse Strophe mit einem Streifen überklebt, der von der Hand Johns den endgültigen, harmlosen Text enthält. Unter diesem Streifen aber ist die alte Fassung erkennbar geblieben, und es läßt sich deutlich ausmachen, daß in ihr von Kräuters Hand nur die erste Zeile herrührt – „Zwei Fälle mußt du trennen" –, während die anderen drei, die verfänglichen, von Goethe selber in eine ausgesparte Lücke eingetragen worden sind. Ähnlich dürfte Goethe auch vor der charmanten Uli die Dezenz gewahrt und die Mitteilung der „schalkischen" Lesart dem jungen Ehemann Riemer überlassen haben, der in eroticis nicht eben zimperlich war.

Bevor wir nun die Eigenart des Gedichtes zu würdigen suchen, einen Blick noch auf den Reim-Dialog von Haug!

Dünn und flach wie ein Fladen liegt er in gleichmäßigen Streifen vor uns. Gradlinig-munter schnurren die Frage-Zeilen ab; die Hebung am Ende hält jeweils mit dem Frageton den Reim hinlänglich über die Distanz der Antwort-Zeile fest. Diese Antwort-Zeile aber, mit ihrem stereotypen Kehrwort, fällt uns schon bald auf die Nerven – und das soll sie. Wenn wir spätestens beim dritten Male wissen, daß diese Antwort nun immer wiederkommen wird, ist des Autors Absicht erreicht: der „Weise" ist langweilig geworden, töricht, lächerlich, und sein verlegenes, vergebliches Drucksen und Stammeln muß diese Wirkung noch verstärken. Auf den „Idioten" aber – das Wort ist hier noch dem ursprünglichen Sinne nah: der Unbelehrte, Kenntnislose, der Laie – auf ihn sammelt sich mit dem Interesse – was wird er noch für Fragen wissen? – bald auch alle Sympathie: Respekt, wer einen Weisen so in die Enge zu treiben versteht! Es ist wie bei einem Boxmatch, bei dem der Professional den schlecht gehaltenen Titel abgeben müßte an den jungen Amateur: der „Weise" erweist sich als den eigentlichen Idioten; der Partner hingegen – wo nicht ein Weiser, immer doch ein Wißbegieriger, der an letzte Dinge gerührt hat – verdient gleichsam „für seine Kühnheit schon den Kranz".

Goethe nun, das ist evident, hat, ohne am Wortlaut oder auch nur in der Reihenfolge das mindeste zu ändern, aus Haugs Dialog die sämtlichen fünfzehn Fragen übernommen – in dem neuen Ganzen einen nach Struktur wie Inhalt gleichermaßen bedeutenden Bestandteil. Aber nicht, um sich die Verse anzueignen, wie er sonst fremde Worte ans Herz nimmt – als den glücklichen Ausdruck dessen, was er selber meint und will, als einen Gruß aus den Weiten von Raum und Zeit –, sondern als ein Fremdes, dem er das Eigene geradezu entgegenhält.

Sein Gedicht ist eine polemische Parodie – wenn man will: eine Palinodie –, mit der Besonderheit, daß die bestrittenen Worte nicht vorangestellt oder als bekannt vorausgesetzt sind, sondern eines nach dem anderen vor unseren Augen und Ohren abgefertigt werden. Was Goethes Art so entsprach: die dialogische Trennung der Ansichten, die wörtliche Erledigung jeden gegnerischen Satzes – so wie er sie etwa gegen Newton, im Polemischen Teil der Farbenlehre, geübt hatte –, das war hier vorgegeben, ohne daß er, wie dort, den Zusammenhang zerreißen mußte; der Gegner persönlich brachte ihm die Stichworte zu, in einer Vollständigkeit und einer Form, wie er selber sie besser nicht hätte erfinden können; und er brauchte sie nicht zu färben, zu verzerren, durfte sie nur für sich sprechen lassen und in die Lücken, die gleichsam für ihn bereitgestellten, seine Erwiderungen eintragen – und schon traten die Gegensätze in voller Schärfe hervor, kamen getrennte Sinnesarten mit allen Unterschieden der Sprechweise und des Rhythmus, höchst eigentümlich und vollkommen typisch dabei, zu Worte.

Sind jene Fragen aber auch ganz die gleichen wie bei Haug, so sind sie doch die selben nicht mehr. Nicht ernst genommen, zeigen sie auf einmal, wie ernstlos sie gestellt waren. Und was ihnen dort, vor der billigen Folie des stotternden „Weisen", den Anschein von Stoßkraft verlieh: ihr unaufhaltsames Ablaufen, das unbekümmerte Immerwiederansetzen – das ist nun, nach der zweiten, dritten Abfuhr, wirkungslos und ohnmächtig geworden, zur mechanischen Komik des Stehaufmännleins. Ja selbst die Sprach- und Klangform, welche doch in sich so geblieben ist wie sie war, zeigt eine andere Seite: umgeben von luftigen, lockeren Satzgebilden, die sämtlich in klingende Zeilen ausgehen, erhalten die Fragen, wie sie jedesmal einzeilig verlaufen, stumpf enden, im Ton hochschnappen, jetzt einen neuen Ausdruck kurzatmiger, pedantisch-dümmlicher Wichtigkeit, daß man gezückte Brauen, ernsthaft gerunzelte enge Stirnen, erhobene Zeigefinger zu sehen meint.

Es würde sich verlohnen, im einzelnen nachzuweisen, wie hier über Schablone und Karikatur ein Kunstwerk gewachsen ist; wie auf papierenem Niemandsland, wo zwei Rede-Schatten wispernd huschten, nun mit wenigen Zügen Raum und Bewegung erstehen, Gruppen gegeneinander treten, sich selbst exponieren, einander kennzeichnen; wie der ungleiche Umfang der Antworten, die künstliche und doch nicht regelmäßige Verschlingung der Reime, der Wechsel klingender mit stumpfen Vers-Ausgängen an die Stelle schematischer Starre ein pulsierend Lebendiges setzen; wie derart bei verdoppelter Zahl der Verse, das Ganze doch rascher, ja kurzweilig abläuft; und wie, höchst wunderbar, an der Verwandlung auch das scheinbar unverändert Fremde teilhat, das nun, indem es eine höhere Funktion einnimmt, gleichsam rückwirkend, auch eine höhere Dimension gewinnt. Man glaubt mitanzusehen, wie in leeres Stroh nachträglich die prallen Körner hineinwachsen.

Gewiß, hier galt es nicht Thesen zu entkräften oder formulierte Meinungen zu widerlegen: nur Fragen werden abgewiesen oder pariert. Doch steht hinter diesen freilich eine bestimmte Geistesart und Gesinnung. Haugs Dialog, welcher sich als harmloses Späßchen gebärdet – näher besehen, redet er der Menge das Wort, dem Publikum, den Vielen. Wenn der „Idiot" den „Weisen" mattsetzt, das ist ihr Sieg; sie werden in ihrem Sein bestätigt und bestärkt; ihnen gibt der Autor Recht, ihnen zollt er Beifall, ihnen schmeichelt er, indem er ihre Neugierde als Erkenntnisdrang sanktioniert. Und die Moral des Ganzen kommt genau auf das hinaus, was später Nietzsche entlarvt hat als die „Philisterlosung" schlechthin: „Es darf nicht mehr gesucht werden!" Sie in die Tat umzusetzen, gibt es mancherlei Mittel; das gefährlichste: wenn der Philister selber sich als Suchenden geriert.

Der junge Goethe bereits hatte in dem scheinfrommen Appell, „des Menschen allerhöchste Kraft" abzudanken, eine Philisterparole erkannt zu Ermutigung, Ermächtigung der Menge. Schon dem verehrungswürdigen Haller war er hier entgegengetreten:

> „Ins Innre der Natur –"
> O du Philister! –
> „Dringt kein erschaffner Geist."
> Mich und Geschwister
> Mögt ihr an solches Wort
> Nur nicht erinnern:
> Wir denken: Ort für Ort
> Sind wir im Innern …

Er kannte das Unwesen von früh an aus der Nähe: seit dem Leipzig Gottscheds, von den Tagen der Xenien und Antixenien her, der späteren Zeit, da er gegen Böttiger und Kotzebue auf die Seite der Brüder Schlegel getreten war, im Sonetten-Krieg gegen Voß und Konsorten sympathisiert hatte mit den Arnim, Brentano, Görres. Und nun brodelte wieder und immer noch der abgestandene Sauerteig – „das hör ich sechzig Jahre wiederholen". Der alte Grimm kommt über ihn, der alte Furor, Mut und Übermut: „Eine zudringliche, oft platte, oft tückische Menge, mit ihren Chorführern, lähmt seine Tätigkeit;

erst waffnet er sich mit Stolz und Verdruß, dann aber, zu scharf gereizt und gepreßt, fühlt er Stärke genug, sich durch sie durchzuschlagen."

Als man dem draufgängerischen Helden des Befreiungskrieges bei Lebzeiten ein Denkmal errichtet, zu welchem er selber, Goethe, die Inschrift abgefaßt hat, da vergleicht der eben Siebzigjährige, dem die Freunde ein gleiches
zudenken, seine Leistung mit der des Feldherrn:

> Ihr könnt mir immer ungescheut,
> Wie Blüchern, Denkmal setzen:
> Von Franzen hat er euch befreit,
> Ich von Philister-Netzen.

Und da einmal Nietzsche genannt ist, sei die Bemerkung erlaubt, daß Goethe
1814, nach dem Sieg der Waffen, gegen das deutsche Philistertum schon ähnlich stand wie 1872 der Unzeitgemäße; selbst der „Bildungsphilister", den dieser zuerst beschrieben hat, ist angelegt im Leser des „Morgenblatts für gebildete Stände".

Gleich der Titel teilt neue Akzente aus: die beiden Partner sind in den Plural
versetzt, und die Weisen stehen voran. Der Plural rückt den scheinbar harmlosen (wenn auch gewiß paradigmatisch gemeinten) Einzelfall des Haugschen
Dialogs anschaulich in die gehörige Breite. Der Plural schont zugleich den
Gegner; Goethe – obwohl die intendierte musikalische Form es nahegelegt
hätte, Haug etwa als einen jener „Chorführer" herauszuheben – zielt hier nicht
mehr, wie noch in den „Palinodien", persönlich auf den einzelnen:

> Niemand haß ich, soll ich hassen,
> Auch dazu bin ich erbötig,
> Hasse gleich in ganzen Massen ...

So steht es in dem erwähnten Unmuts-Gedicht vom Juli 1814, das in seiner ursprünglichen Gestalt die Lieblingszeitungen der Menge genannt hatte, obenan
das Morgenblatt. Doch der Dichter schont auch sich selber, wie ein verwand-
tes Gedicht aus gleicher Zeit, den Gedanken variierend, es andeutet:

> „Aber nenn uns doch die Feinde!"
> Niemand soll sie unterscheiden:
> Denn ich hab in der Gemeinde
> Schon genug daran zu leiden.

Deshalb ebnet Goethe, wie wir gesehen haben, sogar das Minimum individueller Züge ein, das bei Riemer – in dem Fragment Hf – die Fragenden noch
von einander abhebt. Sie sollen, gesichts- und namenlos, sich darstellen als

„kompakte Majorität": „die Leute", Landsleute zumal, „die lieben, kostbaren Deutschen".

Fast immer treffen wir bei Goethe den Weisen in Gesellschaft der Toren, der Narren an; er ist „polarisch" an sie gebunden. So darf man den Ausdruck „die Leute", den der Dichter diesmal gebraucht, wohl als eine höfliche Umschreibung auffassen.

Wie die Weisen im Titel voranstehen, hat einer von ihnen auch das erste Wort; der einzige, wir erinnern uns, dessen Name von Goethe bestimmt worden war: Epimenides, jener mythische Seher und Schläfer, den er soeben in dem Friedens-Festspiel dargestellt hatte als ein Sinnbild eigenen Tuns und Lassens. Hier gibt der Dichter zu verstehen, daß er, ein *primus inter pares*, für sich selber spricht.

Die Weisen insgemein sind gegenüber dem anonymen Kollektiv der „Leute" gedacht als eine Schar von profilierten Einzelnen. Im Gang des Gedichts tritt aber jeder von ihnen lediglich einmal auf, um sein Wort zu sagen. Nur in Bezug auf ihre Widersacher, in Haltung und Richtung der Abwehr schließen sie sich allenfalls zur Gruppe, zu einer Mannschaft im Kampfspiel zusammen, und allenfalls im kumulierenden Nacheinander wächst Gewicht und Gewalt solcher Abwehr. Wirklich geeint zum Chor hören wir sie auch nur ein einziges Mal: am Ende des Ganzen, im Unisono der lakonischen Schluß-Zeilen – als habe erst die immer lästigere Fragerei der anderen solche letzte Einigung herbeigeführt.

Antworten freilich kann man die Reden der Weisen auch nicht gut nennen; Widerworte vielleicht. Aber es ist vollkommen in Goethes Art, wie hier Frage um Frage mit belustigt-ärgerlicher Schelte, halb hoch-, halb gutmütiger Ironie zurück- und zurechtgewiesen wird. Wenn jener Haugsche Dialog sein bißchen Witz aus dem Nichtigen bestritt, mit bloßen Fragen, leerem Antwort-Kehrreim, so steckt zwar auch jetzt in jeder Erwiderung ein Nein, aber nun ist es, mit Anmut jedesmal anders umkleidet, von Hause aus heiter; ein Nein aus Überfluß und Übermut, wie sie der Vorstellung vom Gastmahl entsprechen. Wirklich, wir werden Zuschauer bei einem Geistes-Symposion: den ungebetenen Gästen, die nach den Früchten und süßen Kernen langen, klopfen die Tafelnden auf die Finger, schnippen Brotkügelchen und Nußschalen, spritzen Wasser nach ihnen. Doch, und auch dies ist goethisch: die kleinen Wurfgeschosse sind nicht alle ungenießbar; noch im Verweigern beschenken die Weisen; „derb und tüchtig" stupfen, stoßen sie die Frager aufs Nächste und Nötige, auf die „Forderung des Tages".

So wenig jene Reden der Weisen eigentliche Antworten sind, so wenig erfahren wir aus ihnen, wer da jeweils spricht. Nur die Überschriften, welche Goethe der Wahl des Mitarbeiters überließ, dienen zu leidlicher äußerer Bezeichnung – für den Leser. Der Versuch, die Sprecher gestalthaft zu individualisieren, ist im Literarischen stecken geblieben; nach den „Charakteren", die Goethes Brief vom Oktober 1820 zur Komposition empfiehlt, hat Zelter wohl vergeblich suchen müssen.

Man sollte hieraus jedoch nicht schließen, die Reden der Weisen seien eben chorisch konzipiert gewesen und erst hinterdrein und notdürftig zu Solo-Strophen aufgesplittert worden. Im Gegenteil: am Ende sprechen aus alle den Wechselreden der Weisen und der Leute doch nur wieder zwei einzelne: Goethe und Haug. In dieser Unstimmigkeit des Gedichts: daß es ein solcher Einzel-Dialog nicht sein will und soll und doch wieder auch nicht einen dramatischen Zusammenprall zweier Gruppen hergibt, nicht ausreicht zu einem Gegensatz charakteristisch profilierter Soli und geschlossener großer Chor-Partien – hierin zeichnen sich die vorgegebenen Grenzen dieses sonst so vielfach gelungenen Wurfes ab. Hier liegt vermutlich auch der Grund dafür, daß eine musikalische Komposition nicht zustande gekommen ist.

Dennoch sind die Namen der Weisen, wie Riemer sie aus der Geschichte der Philosophie zusammenlesen mußte, mehr als nur angeheftete Unterscheidungs-Schilder. Wie unser Gedicht den Gegner Haug ganz aufgehen läßt in die Masse der Seinigen, der Zeitgenossen, der „Leute", deren „verehrendes Gedränge" den „Geistsrepräsentanten" sonst umgibt und trägt und den „Chorführer" heraushebt – so ruft auch Goethe-Epimenides in den „Weisen" sich eine Schar von Ebenbürtigen zusammen, derengleichen für ihn, den einsam letzten seiner Epoche, freilich nur als „Zeitgenossen aus vielen Zeiten" zu finden waren. Immerhin, die Namen, die er den „Personagen" beigegeben wünschte – wenn auch die einzelnen Männer ihm nicht alle gegenwärtig sein mochten –, vermitteln doch den Umriß einer Gemeinschaft der Geister und des Geists.

Riemer übrigens, der sich alle Mühe gegeben hat, die Antworten der einzelnen Weisen mit Namen antiker Überlieferung in Einklang zu bringen, glaubte, er müsse es besonders rechtfertigen, daß diese Weisen – zum Teil nicht einmal Philosophen von Profession, sondern Staatsmänner, ja Tyrannen – verschiedenen Zeiträumen angehören: „Da alle Verstorbenen *gleich verstorben* sind, das heißt einer nicht *mehr tot* als der andere, so gelten sie … für gleichzeitig."

Da hätte Goethe vermutlich widersprochen. In seiner Vorstellung sind alle Weisen gleich lebendig – zeitlos vereint zu einer ideellen Akademie, Glieder jener „edlen Geisterschaft", die sein „Vermächtnis" meint. Ihm schwebt, oft wiederkehrend, eine Paradieses-Landschaft vor; er spricht davon stets mit leichter Ironie, doch immer auch mit spürbarem Anteil; ob nach Wielands Tode – „er ist zu seinen Göttern und Heroen hinübergegangen" –, ob zum Lob des Übersetzers Gries – „Ich werde nicht ermangeln, es bei Calderon zu rühmen, wenn ich ihm drüben begegne" – oder in dem „Gute Nacht", womit der Divan endet: „Um des Paradieses Weiten / Mit Heroen aller Zeiten / Im Genusse zu durchschreiten / Wo das Schöne, stets das Neue / Immer wächst nach allen Seiten / Daß die Unzahl sich erfreue".

In einer Sphäre hohen Ernstes klingt, wenige Wochen nach der Entstehung unseres Gedichts, der Gegensatz der Weisen und der Leute nochmals an: „Sagt es niemand, nur den Weisen / Weil die Menge gleich verhöhnet".

Die mit soviel Keimen trächtige Idylle von Berka, wo alles, wie in den Frankfurter Jugendtagen, sich „dramatisiert" – auch die frühsten Gedichte an Hafis haben dialogisches Gepräge –, sie lebt aus dem Gefühl der politischen Erneuerung, der Verjüngung, frischer Fülle – „Dichten ist ein Übermut". Ein solches Produkt aus dem Vollen, gegen Dürre und Armseligkeit, sind auch „Die Weisen und die Leute".

Mit der Gebärde souveräner Leichtigkeit und Laune, im Ton des spielenden Behagens trägt das Gedicht sich vor – aber wieviel Kunst steckt dahinter. Zehn Zeilen Exposition voraus – sieben der Weisen, drei der Leute –, und schon die erste Rede – Epimenides – konstituiert gleich in dem ersten Vers gedrängt die Akademie, umreißt den Schauplatz; die Fronten sind aufgestellt, die Absichten bekannt, der Ton ist angegeben. Dann setzen die Fragen ein.

Diese fünfzehn einzeiligen Fragen – bei Haug ihrer drei jeweilen, über die gleichfalls einzeilige Antwort weg, durch den Reim verbunden – werden jetzt mehr oder minder weit auseinandergehalten durch Antwort-Strophen von zwei bis fünf, meist aber vier Zeilen Länge; in der Regel reimt dabei der letzte Vers einer Antwort auf den ersten der folgenden. So sind die Fragen der „Leute", Haugs Zeilen, buchstäblich in die Zange genommen. Sie verlieren dabei den Anschein fordernden, drängenden Elans; sie wirken isoliert, in jedem Sinne bloßgestellt. Das Kräfteverhältnis hat sich verkehrt: war man vor Haugs Dialog beinahe neugierig darauf, welche Fragen der „Idiot" noch wissen werde, dem „Weisen" zuzusetzen, so schrumpft nun ihre scheinbare Fülle und Vielfalt zusammen – dermaßen sehen sie einander gleich, in Umfang, Verlauf, Tonfall und Gesinnung. Jetzt sind wir im Gegenteil gespannt, zu wieviel gescheiten Repliken, zu welch immer neuen Einfällen so insistente Torheit die Weisen noch reizen mag. Wo sich bei Haug der leere Kehrreim vom „Rätsel" repetiert, stehen jetzt Antworten, die mit Rhythmus und Gebärde, in Umfang und Gehalt, durch Witz und Wendigkeit ein absolutes Übergewicht behaupten. Die Frager sind dabei in die Funktion verwiesen, die bei Haug der „Weise" mit seiner stereotypen Antwort einnahm: die Unermüdlichen ermüden uns. Unsere wachsende Ungeduld sprechen die Weisen selber aus; in der zweiten Hälfte des Ganzen, mit immer kürzerem Abstand, dreimal. Diese perspektivisch beschleunigte Gegenbewegung, wie der ungleiche Umfang der Antworten, die Verteilung auf so viele einzelne Sprecher – alles trägt dazu bei, die Monotonie, die von den vorgegebenen Fragen, von ihrer starren Reihenfolge ausgeht, aufzuwiegen, aufzuheben.

Dem nämlichen künstlerischen Zweck, unter anderem, dient aber auch eine innere Abstufung: daß die Antworten nicht gleichermaßen abwehrend-ironisch sind, sondern mitunter, wie schon erwähnt, positive Lebensregeln ausprechen, Hinleitungen zu täglichem Tun.

Die Konfrontation mit dem wörtlichen Text eines Gegners hat Goethe in seinem dichterischen Werk nicht wieder und auch zuvor nur einmal, in nuce, unternommen: in jenen Versen, mit denen er Hallers vier Zeilen „Ins Innre der Natur …" polemisch umgab. In dem Gedicht gegen Haug sehen wir mehr geleistet. Dem Bernstein gleich, der die Eintagsfliege mit tödlicher Dauer umschließt, ist es ein Gebilde, wie unsere Dichtung sonst keines kennt.

Goethes Vorliebe für das Gedicht kam wohl aus der handwerklichen Freude, etwas in seiner Art Neues geschaffen zu haben, dessengleichen auch er selber noch nicht gemacht hatte; aus der Genugtuung, dem Dankgefühl darüber, wie hier Fund und Erfindung einander begegnen, Fremdes mit Eigenem zusammenklingt, Verdienst und Glück sich verketten. Mitgespielt hat gewiß aber auch die oft gescholtene „Geheimnislust", womit er sich zumal am „offenbaren Geheimnis" delektierte und die ihn schadlos dafür hielt, daß Dichten selber „schon Verrat" ist.

Goethe hat „Die Weisen und die Leute" – wir hörten es – einen „dramatisch-lyrischen Scherz" genannt. Es ist einer von den „sehr ernsten Scherzen", zu welchen er auch den Zweiten Teil des Faust zählte. Im Inneren dieser Repliken tönt manches wider vom Reichtum der Gruppe „Gott und Welt", an deren Ende – unmittelbar übrigens neben jene Verse gegen Haller – er das Gedicht zu heiterem Beschluß gesetzt hat.

Wir haben, begünstigt durch einen Zufall, es unternommen, den Werdegang des kleinen Werks zu erhellen, haben versucht darzulegen, weshalb es seine aktuell-polemische Kraft nicht hat entfalten können; wie sie, ohne je zu Tage getreten zu sein, sich unbemerkt und beinahe spurlos verflüchtigen mußte in die Zeit; haben zuletzt auf allgemeinere Wirkungen hingedeutet, welche noch von ihm ausgehen mögen.

Sein Rang als Form hingegen, als Kunst- und Wagestück der Worte, seine Stellung in Goethes „Reflex-Poesie", sein Platz endlich in der deutschen parodistischen Literatur wären erst noch zu bestimmen.

Die hier vorgelegte Darstellung ist umrißweise, bis etwa zur Hälfte, schon im Winter 1938/39 niedergeschrieben und in solcher unfertigen Gestalt im Sommer 1939, als der Ausbruch eines Krieges drohte, bei dem Goethe-Forscher Prof. Carl F. Schreiber, Ph. D., Yale University (New Haven, Conn., U.S.A.) deponiert worden.

Im Sommer 1967 wurde die Arbeit wieder vorgenommen und als Rede ausgeführt; sie erscheint hier, anders als beim mündlichen Vortrag, ungekürzt und um Anmerkungen vermehrt.

Vortrag, auf Einladung der Philosophischen Fakultät der Universität Freiburg im Breisgau gesprochen am 7. November 1967.
  Erstdruck: Freiburger Universitätsreden. Neue Folge, Heft 4 (1969).

Die Rede, mit welcher der Verfasser seinen Dank an die Philosophische Fakultät der Albert-Ludwigs-Universität Freiburg i. Br. für die Ernennung zum Dr. h. c. abstattete, folgt zunächst, wenngleich zögernd, der von Anton Kippenberg herrührenden Argumentation, wonach Goethes Wort „Anzüglichkeit" zwei im Kontext harmlose erotische Zeilen meint; dieses Wort erwies sich dann aber, auf Grund einer überraschenden Entdeckung, als Teil eines polemisch-parodistischen Aktes, der sich gegen Friedrich Haug, den leitenden Redakteur des „Morgenblattes", und mittelbar auch gegen dessen Gründer und Herausgeber Johann Friedrich Cotta, Goethes Verleger, richtet. In der Tat hätte dies, wie aus den Briefen Goethes an Zelter hervorgeht, mit dem er ohne Nennung von Namen den Gedanken einer Vertonung erörtert hatte, die beiden „Individuen sehr tief ... verletzten" müssen, woraufhin Goethe seinen Vorschlag kurzerhand fallenließ. Den Text der Rede ergänzt eine Darstellung von Goethes Verhältnis zum „Morgenblatt" seit dessen Gründung im Jahre 1807 bis zum Jahre 1816, wo die von Goethe geschätzte Therese Huber den Redakteur Haug ablöste; Beschluß bildet eine Würdigung von Gehalt und Form des Dialogs. Das Aperçu zu dieser Rede erschien dem Laudator und der Fakultät bedeutend genug, den Text in die „Freiburger Universitätsreden" aufzunehmen.

Anmerkungen

I.

Seiten 131–136. *einem alten Freund:* an F. W. H. v. Trebra, 7. 5. 1814, WA Br 24, 249 – *„von der rohen ...":* an Gräfin Josephine O'Donell, 30. 10. 1813, WA Br 24, 22 – *„so daß man ...":* an Christian Gottlob v. Voigt (31. 12. 1813), WA Br 24, 78 – *„Große Stille ...":* WA Tageb – *an Heinrich Meyer:* Berka 18. 5. 1814, WA Br 24, 273 – *Fortsetzung von „Was wir bringen":* WA Werke 13/I, 93–114 – *Cotta in Berka:* WA Tageb 18. 5. 1814 – *von Iffland Antrag:* WA Tageb 17. 5. 1814 – *lehnt ab:* an Franz Kirms, Berka 18. 5. 1814, WA Br 24, 277ff – *widerruft:* an denselben, Berka 20. 5. 1814, WA Br 24, 284 – *Gedanke zu Epimenides:* WA Tageb 19. 5. 1814; „Vorspiel für Berlin" – *Rittmeister:* v. Werthern-Wiehe – *Duellforderung:* vgl. WA Tageb 23., 25., 27.–31. 5. 1814; Müller, Tageb. 28., 30. 5. (Unterh. 11f); Berka 28. 5. (?) 1814, an Caroline v. Wolzogen (? – WA Br 24, 291f; laut Wilhelm Bode, Goethes Sohn, Berlin 1918, 198, vielmehr Frau v. Wedel, geb. v. Wöllwarth); vgl. auch Charlotte v. Schiller und ihre Freunde, hrsg. v. Ludw. Urlichs, I, 1860, 678, III, 1865, 354; Heinr. Düntzer, Charlotte v. Stein, 2. Bd., Stuttgart 1874, 412; Wilhelm Bode, Aus d. Großh. Sächs. Hausarchiv, Sechste Reihe, Stunden mit Goethe 8 (1912), 290 – *an Knebel, 23. 5. 1814:* WA Br 24, 286 – *lädt ein:* ebd. 287; laut WA Tageb war Knebel am 16. 6. in

Berka – *Besucher sonst:* siehe WA Tageb 13. 5. bis 17. 6., 20.–28. 6. 1814 – *„Nebelhühner":* an Caroline Sartorius, Berka 17. bis 18. 5. 1814; Goethes Briefw. mit Georg u. Carol. Sartorius, hrsg. v. Else v. Monroy, Weimar 1931, 133 – *„Hühnermönch":* siehe Goethes „Reineke Fuchs" I, 186–268; vgl. an August, Karlsbad 3. 6. 1808, an denselben, 14. 1. 1814 – *„Sumpfkönig":* so nennt sich auch Georg Sartorius in einem Briefgedicht an Caroline Ulrich, Berka 23. 4. 1814 (KatSK II, 62f, Nr. 4498) – *Burdach:* Goethes eigenhändige Reinschrift des West-östlichen Divan, SchrGGes 26 (1911), 10 und 12; derselbe, Zur Entstehungsgeschichte des West-östlichen Divan, hrsg. v. Ernst Grumach, Dt. Akad. d. Wissensch., Veröffentl. d. Instit. f. dt. Sprache u. Lit. 6² (1959), 75 – *„für gesellschaftliche Musik":* TJh 1814, WA Werke 36, 89, 17 – *„Riemer wollte noch . . .":* am 4. 8. 1814 hatte er an Goethe nach Wiesbaden geschrieben: „Ich befand mich eben im Hause bei Redaktion der Gedichte. Ich schreibe an den 7 Weisen, die vortrefflich zu den Geselligen Liedern passen, u. nun ihren Pendant an den heiligen 3 Königen finden. Es ist wie ein Dominospiel: man kann mit einer 1 manchmal an eine 6 rücken. – Ich hoffe, daß Ew. Ex. nicht ganz unzufrieden mit der Folge sein werden." Waltraud Hagen, die das Schreiben aus dem Besitz des GSchA mitteilt – AA ErgBd 2¹, 493f, Nr. 1177 – fragt, Anm. 3: „Bestand ursprünglich der Plan, es [das Gedicht] in die Gruppe Gesellige Lieder aufzunehmen?" Man kann diese Frage nur bejahen; die Absicht wurde, wohl Mitte Dezember, aufgegeben, als Goethe sich entschloß, das „Gastmahl" zu sekretieren. Die Anordnung der Gedichte für die Ausgabe B zog sich noch länger hin (vgl. an Cotta, 21. 12. 1814; Absendung des Manuskripts: 27. 3. 1815) – *an Riemer (Mitte November):* WA Br 25, 78 – *an Zelter, 17. 5. 1815:* WA Br 25, 330, 15ff – *„Summarische Jahresfolge":* WA Werke 42/I, 77–87 – *Variante zu Vers 35–39:* H182 in WA Werke 3 (1890), 403 und 421, zu Nr. 11; eine zweite Hs, etwa gleichzeitig, WA Werke 5/II (1910), 399 zu Nr. 85 – *an Zelter, 26. 10. 1820:* WA Br 33, 324 – *erster Druck:* KuA, III, 1. Heft, 7–14; zu Beginn der Rubrik „Poesie, Ethik, Literatur" – *zweifach präludiert:* Seite (2), gegenüber dem Schmutztitel: „Seit vielen Jahren hab ich still / Zu eurem Tun geschwiegen . . ." und Seite (4), gegenüber dem Titelblatt: „Wenn du am vollen Flusse wohnst . . ." – *„Tag- und Jahreshefte":* AlH 32, 90; WA Werke 36, 89 – *„wohl nicht fürs Theater":* „wohl" Hör- oder Schreibfehler für „wo"? – *karge Rubrik:* unter denen der Jahre 1801–1822 die kürzeste – *Druck in der Ausgabe letzter Hand:* 3, 114–118.

Seiten 136–138. *Riemer, Mittheilungen:* II, Abschnitt VII (Goethes Schriften), 574f – *Hermann Henkel:* Goethes satirisch-humoristische Dichtungen, (Herrigs) Archiv f. d. Stud. d. neuer. Sprachen u. Litn., XLIX. Jg., 95. Bd. (1895), 1/2, 127ff – *Riemer, Erster Band:* 351 – *fragmentarische Urfassung:* Hs, KatSK I, 15, in Nr. 134 – *Privatdruck:* siehe oben Abkürzungen, „Kippenberg"; 23 Seiten 8⁰, „Dreißigmal gedruckt im Dezember 1921"; vorhanden FDH, GMK (KatSK I, 160f, Nr. 1820). Ein „Verswechsel" über die „Stachel"-Schrift, zwischen dem Literarhistoriker Albert Köster und Anton Kippenberg, 4 Seiten in 12 Expl. gedr., verzeichnet in KatSK I, 161, als Nr. 1821, fehlt heute im GMK; vorhanden ist lediglich noch ein originaler Bestandteil: hs, quer auf einem Blättchen (16,2 x 10,3 cm) mit Zierrand, 12 ghaselartige Reimzeilen „Da zu den Dreißig ich gehör . . .", überschrieben „An Herrn Kippenberg", unterzeichnet „Albert Köster" – *„Liegt . . .":* Haugs Zeile „Liegt auch bei Nacht der Schlaf auf ihr?" zielt wohl auf eine „galante" Gedankenverbindung; Goethe hingegen hebt kontrastierend das „ruht" hervor. Als er auf der Karlsbader Reise 1819 die Variante festhält (oben S. 12), zitiert er aus dem Gedächtnis die vorangehende Frage gleichfalls mit „Ruht" – *Stadelmann-Gesellschaft:* vgl. Ernst Beutler, Stadelmann und die Stadelmann-Gesellschaft, jetzt: Essays um Goethe, Slg Dieterich, Bd. 101⁶, Bremen 1962, 630–641.

Seiten 138—141. *„was bei seiner uferlosen . . ."*: Kippenberg 17 f Anm. – *aus dem Gedächtnis verloren*: ebd. 16 – *späteste Äußerung bezeichnet wahren Grund*: ebd. 22 – *„anzüglich" erst neuerdings = „indezent"*: siehe Das deutsche Wort, hrsg. v. Rich. Pekrun (zuerst 1933), Liz.-Ausg. Zürich 1965, 47; Wb. d. dt. Gegenwartsspr., hrsg. v. Ruth Klappenbach/Wolfg. Steinitz, Berlin, Akad.-Verl., 1965, 1. Bd., 196 – *ältere Definition*: Zitate Adelung, Gramm.-krit. Wb. d. hochdt. Mundart², I, Leipzig 1793, Sp. 409; Sanders, Wb. d. dt. Sprache, II, 2, Lpz. 1865, S. 1796 (Stichw. „züglich"); Moritz Heyne, Dt. Wb., Lpz. 1890, Sp. 139 („jetzt die alleinige Bedeutung"); eines seiner Beispiele zu dieser Definition – aus Heyses „Im Paradies" 1, 60 – geht allerdings schon in die Richtung von „schlüpfrig, anstößig". Vgl. Riemer, mit direkter Beziehung auf unser Gedicht: „so mußten doch die Bescheidgebenden durch Persönlichkeit und Namen sich auszeichnen, und da diese nicht aus der Gegenwart genommen werden durften, um nicht anzüglich zu werden und irgend wen zu kompromittieren . . ." (II, 575 f) – *„Paria nicht parieren"*: an Zelter, 1. 1. 1817, WA Br 27, 302, 23 f.

II.

Seiten 142—148. *Korrespondenzen über Weimar*: z. B. AZ 1806, Nro 328, Mo 24. 11., 1311, r. Sp. (über Goethes Heirat); Nro 352, Do 18. 12., 1406 ff: „Weimar, 16. Nov. (Aus einem von dem Verf. nicht zum Druck bestimmten Briefe)" (über den Rückzug der Franzosen, Plünderungen usw., mit Einzelheiten aus dem Privatleben der Schriftsteller C. A. V[ulpiu]s und D. F[alk]) – *„gemeinste Klatschereien"*: an Cotta (24. 12. 1806; Konzept, worin die zitierten Stellen) = WA Br 19, 516—519, zu Nr. 5302; zuvor GJb XVI (1895), 16—19 (B. Suphan) – *Schreiben vom 25. 12. 1806*: WA Br 19, 252 f – *Instruktion für das Morgenblatt*: Liselotte Lohrer, Cotta, Geschichte eines Verlags 1659—1959, Stuttgart 1959, 67, Nr. 10 – *Ankündigung des Blattes*: MGBl 1807, Monats-Umschlag Januar, Seiten (II) und (III) – *Jean Paul, Abschieds-Rede . . .*: MGBl Nro 1, Do 1. Jänner 1807, 1—4; zitierte Stelle: 3, 1. Sp. – *Taufrede*: „An die Leser des Morgenblatts", Nro 3, Sd 3. 1. 1807, 9 f, Nro 4, Mo 4. 1., 13 f – *Böttiger nicht unbeteiligt*: Maria Fehling, Briefe an Cotta I (Stuttgart u. Berlin 1925), nennt Böttiger (93, Anm. 17) geradezu den Verfasser; „der ihm befreundete Redakteur der Allg. Zeitung ließ die Einsendung eigenmächtig abdrucken". Dabei stützt sie sich auf Worte Böttigers (an Cotta, Dresden 5. 12. 1806, aaO 485): „Eben sende ich wieder acht enggeschriebene Blätter Beiträge zur Allgemeinen Zeitung ab. Ich verwende jetzt jeden Augenblick, der mir vom Amte übrig bleibt, auf solche Beiträge." Böttiger selber jedoch ist zur fraglichen Zeit gar nicht in Weimar gewesen. Plausibler scheint vielmehr, was er, zwar 25 Jahre später und in sentimentaler Stimmung, unmittelbar nach Goethes Tode gestand, als er (25. 3. 1832) den gemeinsamen Freund Rochlitz dazu ermunterte, in der Allgemeinen Zeitung den Nachruf zu schreiben: „. . . diese Aufgabe ist mir zu schwer und eine innere Stimme sagt mir: Goethe mag dich nicht zum Totenredner haben. Sie wissen, wie sehr ich ihm, bei Gott nicht durch meine Schuld, entfremdet wurde. Grade die Allgemeine Zeitung hat durch eine unglückselige Verwechslung seine frühere Abneigung befestigt. Nach der Schlacht bei Jena schrieb mir Fernow [der Kunsthistoriker, 1763—1808] manches zur Mitteilung . . . Ich beging die Indiskretion, jene Briefe auch an diese Stelle zum Abdruck einzusenden . . ." GJb XVIII (1897), 156 f (L. Geiger) – *„ein Rädelsführer . . ."*: Vers 12 ff, 16 f in Goethes Schweif-Sonett „Triumvirat", WA Werke 5/I, 172 – *Redakteure*: „Redakteur im ersten Jahr war Karl Grüneisen, Friedrich Haug war ihm beigegeben" Liselotte Lohrer, aaO 67 f – *Haug*: 1761—1829 – *„Mittelmäßigkeit, die . . ."*: Hebbel (mit Beziehung auf Rückert), 30. 12. 1836, Sämtl. WA Werke, hrsg. R. M. Werner, II. Abt., 1. Bd. (1905), 98 f, Nr. 538 – *Sinngedichte*: Hundert Hyperbeln auf Herrn Wahls große Nase (Stuttgart 1804) – *Weißer:* 1761–1836 – *an Einfällen reich:* „Haug ist ja auch etwas, ein Mensch, wer kann leugnen, daß er einen Einfall habe?“ Goethe zu Riemer, Mitte November 1810, Riemer, Briefe von und an Goethe, Leipzig 1846, 339; vgl. Friedrich v. Müller an Graf Reinhard, 20. 11. 1826 (Unterh 333, Nr. 175) – *den Dioskuren nicht geheuer:* „man drückte sich gern mit einem scheuen, widerwilligen Gruß an ihm [Goethe] vorüber“ Hermann Fischer, D. schwäb. Lit. i. 18. u. 19. Jh., Tübingen 1911, 33; ein Musterbeispiel: Gemeinnützliche Blätter f. d. Großherzogthum Frankfurt, Nro 103, Mi 28. August 1811, 420 (letzte Seite, neben Handelsanzeigen und Frivolitäten): „*Goethe /* Welch ein Genie! / Glaubt, daß die Pierinnen / Weit mehr durch ihn gewinnen / Als er durch sie. / *Haug.*“ Fritz Adolf Hünich, JbSK 3 (1923), 297 nennt Haug sogar, neben Müllner und K. F. J. Schütz, unter denen, die sich in „Spott und Schimpf“ gegen Goethe „besonders hervorgetan“ hätten, wußte dies jedoch später (auf Anfrage vom 21. 4. 1939) nicht mehr zu belegen – *gleich zu Anfang:* MGBl 1807, Nro 4, Mo 5. 1., 15f („Das deutsche Sonett“) – *„Sich in erneutem Kunstgebrauch …“:* Goethe's WA Werke, Tübingen, Cotta, 1806ff (A), Bd. 1 (1807), 95 = WA Werke 2, 255; als Entstehungszeit darf man 1800–1801 ansetzen; jedenfalls hat ein zweites Sonett – „Natur und Kunst sie scheinen sich zu fliehen …“ – gedruckt 1802 in dem Lauchstedter Vorspiel „Was wir bringen“ (19. Auftritt, WA Werke 13/I, 84), insbesondere mit Vers 3 („Der Widerwille ist auch mir verschwunden“), bereits den Charakter des Widerrufs – *Zwischenfall mit der Allgemeinen Zeitung:* siehe an Cotta, 24. 1. 1807, WA Br 19, 269f – *Cottas begütigende Worte:* wohl in einem Brief vom 2. 3. 1807 – *„bei dieser Mitteilung“:* an Cotta, 18. 3. 1807, WA Br 19, 285, 17ff – *„was unsre politische Existenz betrifft“:* an Cotta, 7. 10. 1807, ebd. 428, 9ff – *Reiseberichte über Heidelberg:* Bruchstücke aus einer Reise durch Deutschland, MGBl 1807, Nrn 277, 279, 293, 295, 296 (Nov.–Dez.) – *protestierten im Rheinischen Bundesblatt:* Nro 98, Heidelberg 13. 12. 1807; bei den Unterzeichnern Creuzer, Daub, Görres, Marheinecke, Wilken; abgedruckt auch MGBl Nro 306, Mi 23. 12. 1807, 1223 und im Anhang zur Buchausgabe der Berichte: Heidelberg und seine Umgebungen im Sommer 1807 in Briefen von Georg Reinbeck, Tübingen, Cotta, 1808, 138–141 – *Cotta und die Seinen:* MGBl 306, Mi 23. 12., 1223f: Gegenerklärungen der Redaktoren (Stuttgart 21. 12.), Reinbecks (Mannheim 16. 12.) und Cottas (ohne Datum); auch in Reinbecks Buch, 144–147, 150ff, 152–158. Vgl. Heinrich Voß an Goethe, Heidelberg 21. 1. 1807 (lies: 1808), GJb V (1884), 53ff (F. Th. Bratranek) – *Sonetten-Krieg:* vgl. Frieda Höfle, Cottas Morgenblatt … u. s. Stellg. z. Lit. u. z. lit. Kritik, Diss. Phil. München 1933 (Druck 1937), Kap. III; ferner Oscar Fambach, Ein Jahrh. dt. Literaturkritik, Bd. V, Der romantische Rückfall, Berlin, Akademie-Verlag, 1963, 225–322 – *Johann Heinrich Voß, „An Goethe“:* MGBl 1808, Nro 58, Di 8. 3., 229 (Titelseite): „Sonett. Als ich folgendes von *Goethe* gelesen hatte“, danach Abdruck von „sich in erneutem Kunstgebrauch …“, darauf Vossens Sonett; am Kopf der Seite bedeutsames Motto: „So weit, wie Maro kam und Mäonides / Mit Liedestanze, kämen mit ihrem Reim / Die Neuern? unter seinem Schutze / Sicher im Gange, da ganz hinunter? / Klopstock“ – *privat erlangte Kenntnis:* vgl. Achim v. Arnim an Bettina, Heidelberg 12. 3. 1808, Fambach aaO, 257 – *„Schreiben eines Studierenden“:* MGBl 1808, Nro 61, Fr 11. 3., 241f – *„schöner Gedanke“:* MuR, 234, Nr. 1133 – *„Am Jüngsten Tag …“:* Sonette XIII, „Warnung“, Vers 1, zuerst Ausgabe B (1815), wo die neue Gruppe „Sonette“ den Zweiten Band eröffnet, unter dem Motto: „Liebe will ich liebend loben, / Jede Form sie kommt von oben.“; vgl. hier Seite 22 („Als wenn dem Genie …“) – *an Cotta:* (9. 4. 1808), WA Br 20, 44f, unvollständig; genauer: Briefe an Cotta, aaO I, 97f – *an Zelter:* Karlsbad 22. 6. 1808, WA Br 20, 85, 25ff – *Urteil fest:* zu Friedrich v. Müller, 14. 12. 1808, Unterh 7 – *Übergriff:* der eigenmächtige Nachdruck der Logen-Rede zu Wielands Andenken: MGBl 1813, Nrn 87–92, Mo 12, bis Sd 17. 4.; vgl. an Charlotte v. Stein,

23. 3. 1813, WA Br 23, 299, an Fritz Schlosser, 26. 3., ebd. 302, besonders an Knebel, 27. 3., ebd. 304, 11−15 − *Cotta applaniert:* wohl im Schreiben vom 6. 4. 1813; vgl. WA Br 23, 507, zu Nr. 6583; ferner an Cotta, Teplitz 13. 7. 1813, ebd. 399, 6−9 − *Erneuerung von innen her:* z. B. an Carl August, 1. 1. 1814, WA Br 24, 80, 19; an Caroline de la Motte-Fouqué, (3. 1.) ebd. 85, 3 ff; an Josephine O'Donell, 8. 2., ebd. 139, 15−21; an H. K. A. Eichstädt, 9. 2., ebd. 143, 7 ff − *Anerkennen:* an Caroline de la Motte-Fouqué (?, Konzept, nicht abgesandt?), wohl Anfang Dez. 1813, WA Br 24, 53, 27−54, 3; Goethe selber gibt Beispiele: er nimmt den im Zerwürfnis abgebrochenen Briefwechsel mit Arnim wieder auf (22.−23. 2. 1814, WA Br 24, 175 ff), er lobt den sonst gemiedenen Jean Paul fast überschwenglich (an Knebel, 16. 3. 1814, WA Br 24, 201, 13−25) − *„das heilige Feuer":* an Knebel, 24. 11. 1813, WA Br 24, 43, 16−19; an Joh. Friedr. John (27. 11. 1813), ebd. 48 f (hier auch: „die nächste Generation ...")*;* an Chr. G. v. Voigt, 14. 12. ebd. 66, 20 ff; an J. P. v. Langer, 17. 1. 1814, ebd. 106, 13 („der Herd") − *„Genauer als sonst ...":* an Franz Bernhard v. Bucholtz, 14. 2. 1814, WA Br 24, 153, 18 ff − *„Der Iris Bogen ...":* MGBl 1813, Nro 270, Do 11. 11., 1080 − *„Der Geist und die Schönheit":* MGBl 1814, Nro 17, Do 20. 1., 65 (Titelseite), dazu bedeutsames Motto: „Euch nur welket im einsamen Herbst die Blume des *Herzens,* / Welchen der Frühling nie Reife des *Geistes* verhieß. / v. Brinckmann" − *„Geist und Schönheit im Streit":* angeschlossen in AlH 3, 198 (1827) noch die Strophe „Ἄλλως" − *Tagebuch vom 4. 2. 1814:* vgl. Riemers Tageb. 6. 2.: „Zu Goethe. Las er mir seine neuesten Gedichte auf die Zeitläufte vor. Gegen Haug ..." (bei Pollmer, JbSK 3, 1923, 59 ist der Name in den des Naturforschers Hauy verkehrt) − *an Cotta, 7. 2. 1814:* Konzept WA Br 24, 353, zu Nr. 6732; Reinschrift ebd. 131, 5−10 − *„Geistes- und Geschmacksfreiheit":* vielleicht mit ironischem Bezug auf ein „Geistesfreiheitslied" von Weißer, MGBl 1813, Nro 246, Do 14. 10., 981 f; vgl. MuR 16, Nr. 80: „Der Deutsche hat Freiheit der Gesinnung, und daher merkt er nicht, wenn es ihm an Geschmacks- und Geistesfreiheit fehlt."; zuerst gedruckt, zugleich mit unserem Gedicht, KuA III, 1 − *„Das Opfer":* MGBl 1814, Nro 63, Di 15. 3., 249 (Titelseite), mit bedeutsamem Motto: „Wer hungrig ist auf *Lob,* ist gern an Tugend leer. / v. Logau" − *„Drei Palinodien":* AlH 3, 196−200 (Gruppe „Parabolisch"), WA Werke 3, 188−191 − *„Ich habe bei ... allen Versuchen ...":* WA Werke 42/II, 54, 18 bis 55,8; vgl. NuA, Künftiger Divan, Buch des Unmuts, WA Werke 7, 139; zu Soret 16. 5. 1828, Gespräche (hrsg. v. Biedermann, 1909 ff), 3, 506, Nr. 2581 − *„Groß ist die Diana ...":* WA Werke 2, 195 f − *Freunden nicht verborgen:* an Wilhelm v. Humboldt, Karlsbad 31. 8. 1812, WA Br 23, 86, 17−21; an Graf Reinhard, Jena 14. 11. 1812, ebd. 154; an Seebeck, 29. 11. 1812, ebd. 183 f − *„Seit einiger Zeit ...":* an Zelter (17. 5. 1815), WA Br 25, 329, 9 ff.

Seiten 148−149. *„Und das Morgenblatt es kann sich ...":* „Als wenn das auf Namen ruhte ...", Str. 5−6, WöD, Buch des Unmuts, WA Werke 6, 396 f (Lesarten), endgültiger Text ebd. 102 f − *an Cotta, vor der Abfahrt:* 19.−24. 7. 1814, WA Br 24, 320, 6 f und 21−26 − *Abdruck des Vorspiels:* MGBl 1814, Nrn 212−215, Mo 5. 9. bis Do 8. 9. − *„Dank, Goethe ...":* MGBl 1814, Nro 210, Fr 2. 9., 839 − *Bericht über Tasso-Aufführung:* „Goethe in seiner Geburtsstadt", MGBl 1814, Nro 232, Mi 28. 9., 928; Verfasser nicht, wie lange angenommen, J. J. Willemer, sondern Ludwig Robert; siehe „Cotta ... Ausstellung der Stuttgarter Zeitung ..." Kat Stuttgart 1959, 116, Nr. 378 (Hrsg. Liselotte Lohrer); vgl. Marianne und Johann Jakob Willemer, Briefwechsel mit Goethe ..., Frankfurt a. M. 1965, 586 f (Hrsg. Hans-J. Weitz) − *an Cotta, 14. 9. 1814:* WA Br 25, 35, 18 f − *Cotta an Goethe, 30. 11. 1814:* Auskunft von Dr. Dorothea Kuhn, Marbach a. N., welche die Herausgabe der Korrespondenz Goethe-Cotta vorbereitet − *vermutlich am 10. 12. 1814 erhalten:* WA Tageb, „Wiener Depeschen. Von Weimar." − *an Cotta, 21. 12. 1814:* WA Br 25, 101 ff − *„Cottas Akzeptation":*

Wien, 11. 1. 1815; WA Tageb 20. 1.; vgl. WA Tageb 5, 365, zu 148, 8 – „Antrag …": WA Br
25, 386, zu 204, vor 25 – Sendung vom 20. 2. 1815: WA Br 25, 196, 16 ff; 204 f – Blatt: ebd
204, 25–205, 18 – Goethes Beiträge zum Morgenblatt 1815–16: 1815 1.) Nachricht von altdeutschen, in Leipzig entdeckten Kunstschätzen, Nro 69, Mi 22. 3., 273 f (nicht signiert) –
2.) Des Epimenides Erwachen. Ein Festspiel. Aufzuführen Berlin, den 30. Mai 1815 (Von
Goethe.), Nrn 75–76, Mi 29., Do 30. 3., 297 ff, 301 ff – 3.) Ueber das deutsche Theater.
(Von Goethe.) Nrn 85–86, Mo 10., Di 11. 4., 337–340, 341 ff – 4.) Shakespear und kein
Ende! Nro 113, Fr 12. 5. 449–452, gez.: Goethe – 5.) Don Ciccio, Nro 121, Mo 22. 5.,
481 ff, gez.: G. – 6.) Auf die Anfrage eines gegen mich wohlgesinnten Landsmannes, Nro
32 des deutschen Beobachters … (12 Zeilen), Nro 130, Do 1. 6., 520, dat.: Weimar d.
12. Mai 1815, gez.: Goethe – 7.) Proserpina. Melodram von Goethe, Musik von Eberwein,
Nro 136, Do. 8. 6., 541–544 – 8.) Zu Schillers und Ifflands Andenken. Weimar, den
10. Mai 1815. [und:] (Nachspiel zu den Hagestolzen), Nrn 151, 152, Mo 26., Di 27. 6.,
601 ff, 605 ff (nicht signiert). – 1816. 1.) West-Oestlicher Divan …, Nro 48, Sd 24. 2., 189 f,
gez.: v. Goethe – 2.) Ueber Kunst und Alterthum in den Rhein- und Maingegenden. Von
Goethe. Nrn 60–62, Sd 9., Mo 11., Di 12. 3., 237 f, 241 f, 245 f – 3.) Epilog zu Schillers
Glocke. Wiederholt und erneut bey der Vorstellung am 10. May 1815. Nro 63, Mi 13. 3.,
249 f (nicht signiert). – 4.) Ueber die Entstehung des Festspiels zu Ifflands Andenken, Nro
67, Mo 18. 3., 265 f, dat.: W. im Mai 1815., gez.: Goethe – 5.) Ueber die neue Ausgabe der
Goethe'schen WA Werke Nro 101, Fr 26. 4., 402 f, datiert: Weimar, den 31. März 1816
(nicht signiert) – 6.) Die Geheimnisse. Fragment von Goethe. Nro 102, Sd 27. 4., 405 f,
dat.: Weimar den 9. April, gez.: Goethe – 7.) Ruysdael als Dichter. Von Goethe. Nro 107,
Fr 3. 5., 425 ff – „Sehr angenehm ist es mir …": an Cotta, Wiesbaden 15. 6. 1815, WA Br
26, 11, 5–8 – „gute Nachbarschaft": beziehungsvolle Vers-Motti am Kopf der Titelseiten,
auf welchen die meisten der Beiträge Goethes, wie auch jeweils die Fortsetzungen, beginnen; Texte von Brinckmann, Bürger, J. H. v. Collin, Herder, Klopstock, Logau, Ramler,
Schiller, A. W. Schlegel und von Goethe selber – „Herrn Haug … Empfehlungen": an
Cotta, Heidelberg 6. 10. 1815, WA Br 26, 94, 21.

Seiten 149–152. „das Schlechte": vgl. „Als wenn das auf Namen ruhte …", Str. 3–4, WA
Werke 6, 102 – „Schnippchen am Kamin": an Graf Reinhard, Jena 14. 11. 1812, WA Br 23,
154, 13 f – Cottas Briefe im Wortlaut nicht zugänglich: mit Rücksicht auf die bevorstehende Publikation, vgl. hier oben – „frischer Teilnahme": an Fürst Metternich (?, Konzept)
(November?) 1813, WA Br 24, 332, Lesarten nach Nr. 6629 – „sich mehr als bisher geschehen …": an J. P. v. Langer, 17. 1. 1814, WA Br 24, 106, 7 ff – revidiert am 23. 12. 1814: zwei-
tes Datum der Hss „Keinen Reimer wird man finden …", WöD, Buch des Unmuts, WA
Werke 6, 395 (Lesarten) und „Als wenn das auf Namen ruhte …", ebd. 396 f – Zeile vom
Morgenblatt: die Namen der Zeitungen (siehe oben Seite 148) werden ersetzt durch „Herr
Knitterer", „Zersplitterer", „Verwitterer" – an Cotta, 27. 3. 1815: WA Br 25, 238, 24–
239, 3 – an J. A. C. Levezow: 13. 4. 1815, WA Br 25, 259, 26–260, 1 – an C. F. M. P. Grafen
Brühl, 1. 5. 1815, WA Br 25, 293, 3 f – an Zelter: 14. 4. 1816, WA Br 26, 339, 4 ff – im Mor-
genblatt selber: Die Geheimnisse, MGBl 1816, Nro 102, Sd 27. 4., 405 f; die Stelle: WA
Werke 41/I, 100, 15–21 – Mitarbeit hört auf: mit dem Beitrag „Ruysdael als Dichter",
MGBl 3. 5. 1816. – Der Brief an Cotta vom 30. 10. 1816, WA Br 27, 210 f, beginnt: „Bei-
kommendes bietet man dem Morgenblatte unentgeltlich an. Sollte man Bedenken tragen
den Aufsatz einzurücken, so erbitte mir solchen baldigst wieder zurück."; es ist „ein Aufsatz über [die Sängerin] Mme. Catalani", und er erschien im MGBl, Nrn 275–279, Fr 15.
bis Mi 20. 11., datiert „Hannover. Im Oktober 1816" und unterzeichnet mit der Chiffre
„K". In den Lesarten WA Br 27, 417, zu Nr. 7532, bemerkt Carl Schüddekopf, nachdem er

alle diese Fakten aufgezählt hat: „Verfasser unbekannt. An Zelter ... ist nicht zu denken." Dabei bedurfte es keiner besonderen Kombinationsgabe, aus ihnen und dem Umstand, daß zwischen 25. 9. und 21. 10. 1816 wiederholt „Mad. Kestner von Hannover" in Goethes Tagebuch vorkommt – Lotte in Weimar –, ihren Sohn August als Autor zu erschließen. Die umfangreiche Monographie „August Kestner und seine Zeit" von Marie Jorns, Hannover 1964, weist zwar mehrmals (94, 177) auf Kestners freundschaftliche Verehrung der Sängerin hin, zitiert auch (110) aus seinem Brief an die Schwester Lotte, Rom 19. 9.–22. 10. 1817, worin er von dem Erfolg seines „Aufsatzes für die Catalani" berichtet, geht aber dem Zusammenhang nicht nach; wiederum war ein Aufsatz über sie, den Kestner 1826 in Rom (wo sie allerdings damals aufgetreten ist) für das MGBl geschrieben habe (Jorns aaO, 177) im Jg 1826 nicht zu finden – *Therese Huber:* siehe Ludwig Geiger, Therese Huber 1764 bis 1829, Leben und Briefe einer deutschen Frau, Stuttgart 1901; ihr Urteil über Haug ebd. 251 – *übernimmt die Führung:* „Haug hatte sie bis vor einigen Monaten", Therese Huber an Usteri, 7. 6. 1816 (Geiger aaO, 282); „ein bestimmter Termin für die Übernahme der Redaktion" sei nicht anzugeben (Geiger ebd.); „sicher ist nur, daß Therese seit Anfang 1817 ein bestimmtes Redaktionsgehalt ... erhielt" (Geiger aaO, 283). Förmlich zurückgetreten ist Haug jedenfalls erst auf Ende September 1817: so sein Brief an Cotta, Stuttgart 27. 7. 1817, Cottas Antwort, Stuttgart 31. 8. 1817; beides Cotta-Archiv, Stiftung der Stuttgarter Ztg, Schiller-Nationalmuseum Marbach a. N., Hss Haug Nr. 19, 19a – *dem Dichter zugetan:* siehe Therese an Cotta, 23. 11. 1816, 2. 12. 1816, GJb XVIII (1897), 132 (L. Geiger); vgl. Geiger aaO, 312 ff – *an Cotta, 30. 10. 1816:* WA Br 27, 211, 2–6 – *„Die Weisen und die Leute" erste Drucke:* KuA III/1, vgl. hier oben zu S. 135.; ausgegeben etwa am 20. 5. 1821, vgl. WA Tageb 21., 28., 30. 5., aber auch WA Tageb 5. 3.; Abdruck im MGBl 1821, Nro 151, Mo 25. 6., 601 f – *„[Haug] 6 Tage hier [in Weimar]":* Friedrich v. Müller an Graf Reinhard, 16. 7. 1827, Unterh 339 (Briefe), Nr. 192; vgl. ebd. 152, Tgb. 20. 6. 1827 und WA Tageb 29. 5. 1827: „Abends Herr Haug mit Herrn von Froriep." – *im Dritten Bande der AlH:* ausgegeben April 1827, vgl. an F. J. Frommann, 15. 4. 1827, WA Br 42, 143, 2 f – *„Distichon":* nicht bekannt; Haugs Auswahl seiner Gedichte, Leipzig und Hamburg 1827, enthält – Bd. II, 240 – ein Distichon „An Göthe": „Deines unsterblichen Ruhms mißgünstige Leugner verlache! – / Weil *Nachfolgen* mißlang, Göthe, *verfolgen* sie dich."
Therese Huber so wenig wie Cotta selber hat in den folgenden Jahren verhindern können, daß der bekannte Bühnenautor Adolf Müllner, als selbständiger Redakteur des zum MGBl gehörigen Literatur-Blatts, Goethe in kränkender Weise bekrittelte, ja angriff; sein Nachfolger Wolfgang Menzel übertraf ihn hierin womöglich noch. Als 1826 Cotta dem Dichter durch Boisserée vorschlagen ließ, die Zeitschrift KuA zu größerer Verbreitung dem MGBl selbständig anzuschließen, erwidert Goethe (an Boisserée, 15. 9. 1826, WA Br 41, 153, 14–21): „... ich müßte nur erst völlig vergessen, daß es [das MGBl] lange Zeit zu meinem Schaden und Verdruß wirkte und wohl das einzige Beispiel gab, daß ein Verleger seinen eignen Verlag diskreditierte." Auf ein wiederholtes Anerbieten Cottas erklärte Goethe sich bereit, seine Zeitschrift nach Abschluß des VI. Bandes dem MGBl zu verbinden (an Cotta, 12. 3. 1827, WA Br 42, 78, 10–16 sowie Lesarten 318, zu Nr. 73); doch kam sein Tod der Ausführung des Projektes zuvor.

III.

Seiten 152–153. *am wenigsten wichtige Hs:* Vorlage zum Druck von AlH 3 = H148 in WA Werke 3, 377 und passim – *Hs H diktiert an Caroline Ulrich:* sie schrieb damals, in Berka wie in Weimar, die Konzepte vieler Briefe, auch manche Reinschriften (vgl. WA Br 24,

Lesarten zu den Nrn 6836 ff), ferner fast das ganze Tagebuch vom Juni; vgl. WA Tageb 5, Lesarten 352; vgl. Arthur Pollmer, Caroline Ulrich und Goethe, JbSK 6 (1926), 14−64 − *Namen Epimenides vorgefunden:* Riemer, Mittheilungen II; 576 − *Titel:* Der zeitweise erwogene Titel „Das Gastmahl der *sieben* Weisen", welcher einen kanonischen Begriff antiker Überlieferung festhält, war mit der gegebenen Zahl der Fragen und Antworten wohl nicht zu vereinbaren; er kommt außer im Tagebuch von 1811, 2. 8. (Lektüre im Plutarch) WA Tageb 4, 225, 4f nur in Riemers Brief an Goethe vom August 1814 vor (s. hier oben) und in Johns Hs zur „Summarischen Jahresfolge" von 1819 (vgl. oben 134), WA Werke 42/ I, 419, Lesarten zu 86, 21f. „Das Gastmahl der Weisen" hingegen, ein flexibler, bequem zu zitierender Titel, wird während des ganzen Briefwechsels zwischen Goethe und Zelter 1814−15 ausschließlich gebraucht, steht 1819 in der „Summarischen Jahresfolge" (WA Werke 42/I, 86), 1820 im Entwurf zur Einteilung von KuA III/1 (WA Werke 41/I, Lesarten 462, Nr. 4, 3), ja noch 1830, in den TJh 1814 (WA Werke 36, 89), obwohl das Gedicht seit neun Jahren unter dem endgültigen Titel gedruckt war − *Vorlage zum Druck in KuA:* National-Bibl. Wien, Handschr.-Abt., Cod 12482 /: Suppl. 275 :/; umfaßt einen Teil des Ms zum 1. Heft des III. Bandes, das auf Cottas Wunsch, um einem Nachdruck durch Geistinger zu begegnen und eine rechtmäßige Ausgabe bei Kaulfuß & Armbruster eventuell zu sichern, der Wiener Zensurbehörde unterbreitet worden war; dasselbe Ms, das die Frommannsche Offizin in Jena für den Erstdruck verwendet und welches Goethe Anfang Mai 1821 ihr zu jenem Zweck zurückgesandt hatte; vgl. Waltraud Hagen, AA Erg.-Bd. 2[1], 559−563; ferner an Frommann, 8. 5., an Wesselhöft, 9. 5. 1821, WA Tageb 8. 5., 9. 5. und 25. 7. 1821. Im Register der Tagebücher (WA Tageb 15/II, 219) fehlen zum Stichwort „Über Kunst und Alterthum, Wiener Druck" die wichtigen Stellen 8, 51, 11−13, 18−20, 27, 28 und 52, 1−3; ein „Wiener Druck" von KuA ist übrigens nicht zustande gekommen. − Die Hs bedarf eingehender Darstellung, zumal sie in ihrer Art vereinzelt dasteht. Daß sie erhalten geblieben ist, verdanken wir anscheinend, wie auch wohl die Rettung der eigenhändigen Divan-Hss, die heute der Wiener National-Bibliothek gehören, dem Verleger Armbruster. Er hat auch in dem − jetzt gebundenen − Konvolut unter den „Parablen" (Bll. 9−15) die eine eigenhändige Niederschrift Goethes − Nummer IV („Tritt in recht vollem klaren Schein ...") − durch besonderen, signierten Vermerk hervorgehoben. Die Lesarten dieser Hs, für die Interpunktion von Wert, wären zu verzeichnen; ebenso Goethes eigenhändige Korrekturen in den Schreiber-Abschriften.
Das Gedicht „Die Weisen und die Leute" steht auf den Bll. 5−8 − 5a: Überschrift, Verse 1−15; 5b: 16−28; 6a: 29−40; 6b: 41−53; 7a: 54−66; 7b: 67−79; 8a: 80−85. Der überklebte Streifen auf 6a, der jene Variante der Periander-Strophe enthält − 3,8 x 16,2 cm −, verläuft unterhalb des Personennamens „Periander" und überschneidet noch das Initial D der folgenden Überschrift „Die Leute". Bemerkenswert ist die Hs auch durch das Papier, welches von dem der „Parablen"-Hss dreifach absticht: in dem etwas größeren (Groß-Oktav-) Format, in der weißen Farbe (Bll. 9, 11−15 grünlich, Bl. 10 bräunlich) und in dem Wasserzeichen, einem Basel-Stab. Von dieser Papier-Sorte hat, unterwegs nach Karlsruhe, am 3. 10. 1815 Goethe in bedeutendem Zusammenhang mit Sulpiz Boisserée gesprochen: „[sein] Vorhaben, ein Naturgedicht zu schreiben. Er verwirft es jetzt ... Besser einzelne abgerissene Gedanken wie die einzelnen Gedichte des Divan − die man nachher in ein Ganzes ordnet. Ich muntere ihn dazu auf. Er geht darauf ein und sagt: ‚ja einen Anlaß muß man doch zu allem haben, und so wollen wir von Heidelberg gleich 2 Buch Baseler Papier mitnehmen, darauf schreib ich so gern, die lassen wir in einzelne Blätter schneiden'. Ich bitte mir aus, sie ihm schenken zu dürfen" (BT, 3. 10. 1815). Diesen Vorsatz hat Boisserée erst nach Monaten ausgeführt, zugleich mit dem anderen, eine gewisse Goldtusche zu erproben, für welche Goethe bei seinen Nachbildungen orientalischer Wid-

mungsblätter Interesse gezeigt hatte. In BT kann man die langwierig-wiederholten Versuche und Zurüstungen verfolgen, die endlich Mitte Januar 1816 soweit gediehen, daß ein anspielungsreich geschmückter Umschlag, jenes Basler Papier enthaltend, an Goethe abgeschickt werden konnte; vgl. Boisserée an Goethe, Heidelberg 15. 1. 1816 („Sulpiz Boisserée", Stuttgart 1862, II, 99 ff), dazu: an Boisserée, 21. 2. 1816, WA Br 26, 268, 1−4; 5. 3. 1816, ebd. 284, 15 ff. Die mit letzterem Brief übersandte Hs der Verse „Granit, gebildet, anerkannt …" (WA Werke 4, 130, Lesarten WA Werke 5/II, 90 f, H382), heute UB Bonn, ist nicht auf Basler Papier geschrieben. Wohl aber stehen auf Blättern solchen Papiers (zweier Sorten) die undatierten Reinschriften einiger Divan-Gedichte, die in den Herbst 1815 gehören. Ob Goethe sie schon vor dem Gespräch mit Sulpiz niedergeschrieben hatte, ob es Reinschriften auf Blättern des Boisseréeschen Geschenks vom Januar 1816 sind, bliebe zu prüfen. − Nahezu sechs Jahre später überraschte Goethe den Freund mit der Nachricht: „Und nun wird es Ihnen gewiß erfreulich sein, wenn ich vermelde, daß der herrliche Blatt-Codex … jetzt … in seine Rechte tritt … − Freund Riemer macht mir zur Pflicht, alles, was ich seit mehreren Jahren zu Ehren der hohen *natura naturans* gedichtet, auf Blätter zusammenschreiben zu lassen … Dies wird nun alles … Ihrem Geschenk einverleibt …" an Boisserée, 18. 11. 1821, WA Br 34, 176, 6−26. Vgl. Boisserée an Goethe, Stuttgart 5. 1. 1822 (aaO 324), Stuttgart 29. 4. 1822 (aaO 331, 11 ff − unrichtig datiert 25. 4.) und die Antwort, Jena 1. 6. 1822, WA Br 36, 51, 3−6. Vgl. ferner: an Riemer, Jena 28. 10. 1821, WA Br 35, 157 f; an denselben (Jena 1. 11. 1821), ebd. 165 (dazu über Riemers Brief vom 26. 10., ebd. Lesarten 352, zu Nr. 116); WA Tageb 31. 10., 1. 11., 6. 11. 1821. Siehe auch TJh 1821, WA Werke 36, 187, 17−20. − Was hier entstand, ist die Gruppe „Gott und Welt", deren Name sich zum ersten Mal in einem Schema findet, das wohl vom 2. 5. 1822 stammt; siehe WA Tageb von diesem Datum und den „Vorschlag zu einer vollständigen Ausgabe …", WA Tageb 8, 369 ff, insbesondere 370, Z. 3 v. u. Die Blätter indessen, auf denen Goethe diese Gruppe „zusammenschreiben" ließ, sind, ebenso wie der „herrliche vergoldete Umschlag", verschollen. Dort, wo man sie zunächst vermuten sollte, in der vollständig vorhandenen Satz-Vorlage zum ersten Druck von „Gott und Welt" − H148 in WA Werke 3, 396 − findet sich, laut Auskunft des GSchA, „kein Blatt" jenes Basler Papiers. Einzig also das Wiener Ms „Die Weisen und die Leute" (H1) − geschrieben freilich mindestens ein Jahr vor der Sammlung der „Naturgedichte" (vgl. an J. H. Meyer, Jena 1. 9. 1820, WA Br 33, 183, 26 f; an Frommann, Jena 13. 9. 1820, ebd. 221; WA Tageb 21. 10., 27. 10. 1820) − überliefert uns ein Glied der Gruppe „Gott und Welt" auf jenem Basler Papier, das für sie bestimmt war. − Auch für die Textgestalt ist die Hs von Belang: mit dem Wortlaut des Verses 38 − „Hast du dir leidlich wohlgetan" − bestätigt sie gegen H148 und die Drucke („leiblich") eine Vermutung Anton Kippenbergs (aaO 17 f, Anm. 1), zu der sich auch Albert Köster bekannte − Vers 11 f des erwähnten Dank-Ghasels: „Und in dem Punkt der Conjectur / Gehör ich zu den ‚Leidlichen'".
Riemer nicht zimperlich: Einzelheiten wußte Anton Kippenberg zu erzählen; er hatte noch Riemers originale Tagebücher aus dem Besitz von Robert Keil (1826 bis 1894) gesehen, mußte jedoch, als er später einen Hauptteil des Riemerschen Nachlasses erwarb, sich mit einem „gereinigten" Auszug aus ihnen begnügen, da die Urschrift, angeblich durch die Witwe Keil, vernichtet worden war; vgl. KatSK II, 12, Nr. 3773; JbSK 1 (1921), 123 ff (Arthur Pollmer).

Seiten 153−156. *„Philisterlosung":* Unzeitgemäße Betrachtungen, Erstes Stück: David Friedrich Strauß, der Bekenner und der Schriftsteller (1872), Abschn. 2 − *scheinfrommer Appell:* aus gleicher Gesinnung setzt Haug, MGBl 2. 5. 1814, seinem Dialog vom Idioten und dem Weisen das Motto von Uz voran: „− Lernt, Sterbliche, den stolzen Nacken beugen / Vor einer höhern Macht, / Die vom *umwölkten* Thron aus heilgen *Finsternissen* / Das große Ganze still regiert, / Und uns nach einem *Plan, von dem wir wenig wissen,* / Durchs kurze Leben führt." – *„Ins Innre der Natur …":* Albrecht v. Haller (1708–1777), Die Falschheit menschlicher Tugenden (1730), Vers 289f (Gedichte, hrsg. v. Ludw. Hirzel, Frauenfeld 1882, 74) – *Goethes Palinodie:* „Allerdings. Dem Physiker", AlH 3, 112 = WA Werke 3, 105; dazu: „Ultimatum", AlH 3, 113 = WA Werke 3, 106 – *„Das hör ich sechzig Jahre …":* „Allerdings", Vers 11 – *„Eine zudringliche …":* NuA, Künftiger Divan, Buch des Unmuts, WA Werke 7, 142, 22–27 – *„Ihr könnt mir immer ungescheut …":* Zahme Xenien VII (Nachlaß), Verse 289–292, WA Werke 5/I, 103.

Seiten 156–159. *„Niemand haß ich …":* „Als wenn das auf Namen ruhte …", WöD, Buch des Unmuts, Vers 6ff, WA Werke 6, 102 – *„Aber nenn uns doch die Feinde …":* „Übermacht, ihr könnt es spüren …", entstanden 26. 7. 1814, Vers 21–24, ebd., 99 – *„Landsleute":* so heißen die Strophen „Als wenn das auf Namen ruhte …" in Goethes Wiesbadner Register der ersten hundert Divan-Gedichte, vom 30. 5. 1815, WA Werke 6, 314, Nr. 47 – *„die lieben, kostbaren Deutschen":* an Eichstädt, 12. 2. 1816, WA Br 26, 258 – *„verehrendes Gedränge":* gegen Böttiger; WA Werke 5/I, 175, Vers 1 – *„Zeitgenossen aus vielen Zeiten":* Oskar Loerke (Buchtitel) 1925 – *„Da alle Verstorbenen …":* Riemer, Mittheilungen II, 576 – *„Vermächtnis":* AlH 22 (1829), 261f; WA Werke 3 (Gott und Welt), 82f – *nach Wielands Tode:* an Wilhelm v. Humboldt, 8. 2. 1813, WA Br 23, 279, 12ff – *Lob des Übersetzers Gries:* an Knebel, 13. 6. 1821, WA Br 34, 282, 3f – *„Gute Nacht":* WöD, Buch des Paradieses, WA Werke 6, 271, Vers 9–14.

Seiten 159–160. *Hallers vier Zeilen:* so hat – in „Allerdings", Vers 1, 3, 9f – Goethe die ursprünglichen zwei Alexandriner aufgeteilt und dabei die Zäsuren durch einen Reim („Natur" – „nur") ersetzt – *„sehr ernste Scherze":* an Wilhelm v. Humboldt, 17. 3. 1832, WA Br 49, 283, 13.

Des Pindus Adler*

In der Klassischen Walpurgisnacht des „Faust" erzählt Nereus dem Thales und dem Homunculus, welche ihn um Rat bitten, als ein Beispiel für die Unbelehrbarkeit der Menschen: wie er mit der Weissagung von Troias Untergang den Paris vergebens „väterlich gewarnt" –

> Des Alten Wort, dem Frechen schiens ein Spiel,
> Er folgte seiner Lust, und Ilios fiel –
> Ein Riesenleichnam, starr nach langer Qual,
> Des Pindus Adlern gar willkommnes Mahl.
> (Vers 8118–8121)

Die meisten Kommentare zum „Faust" gehen über die Stelle hinweg; gelegentlich wird der Pindus als der große Gebirgszug in Nordgriechenland erwähnt. Nur Georg Witkowski bemerkt (Goethes Faust, Leiden 1936, 2. Bd., S. 352): „daß die Adler des Pindus, vom Leichengeruch angelockt, nach Troia geflogen seien, erfindet Goethe".

Der verdiente Philologe hat dabei übersehen, daß nicht von einer Masse wirklicher Leichen die Rede ist, sondern metaphorisch von der zerstörten Stadt als einem Ganzen, welches Mauern, Burg, Häuser und Menschen gleichermaßen in sich begreift. Diesem Riesenleichnam Troia entsprechen keine wirklichen Aasvögel.

Auch Erich Schmidt hat (1906) in seinem „Faust"-Kommentar (Cottasche Jubiläums-Ausgabe, Bd. 14) die Zeile nicht erklärt. Er wäre der nächste dazu gewesen; denn er hatte (1888) in der Weimarer Ausgabe die Lesarten zum Zweiten Teil des „Faust" bearbeitet. Aus zwei dort mitgeteilten Handschriften – II H 56 und H 58 (WA Werke 15/II, 39 und 60) – erfahren wir, was gemeint ist.

In H 56 steht von Goethes eigener Hand:

> Der Dichter schaar ein gar willkommnes Mahl.

Vor dem Worte „schaar" ist eine erste Fassung – „volck" –, nach ihm eine weitere – „schwarm" – durchstrichen. Und H 58 hat zunächst:

Dem Dichtervolck ein gar willkommnes Mahl.

und statt dessen dann die endgültige Form: „Des Pindus Adlern ...“

Die Vorstellung kröpfender Vögel scheint bereits in „schaar“ und „schwarm“ mitzuwirken. Doch solange die Dichter selbst geradezu genannt wurden, war das poetische Bild nicht rein. Erst als er statt ihrer, bei der vierten Änderung, die Adler setzt, hat Goethe es vollendet.

Nicht ein unedler Aasvogel ist der Adler, sondern den Göttern zugesellt. Ein „Adler, der mit einer Lyra sich aufwärts schwingt“ war der von Goethe selbst bestimmte Gegenstand eines der Gemälde, die bei festlichen Gelegenheiten 1814 und 1825 die Front seines Hauses zierten, und deren gestochene Wiedergaben er später mit unterschriebenen Versen zu versenden pflegte (Werke 4, 132 f. und 5/II, 91 f.). „... wird wohl durchaus von der Poesie verstanden werden“, so erläuterte er in Prosa diese symbolische Abbildung (Werke 53, 217; vgl. auch Eckermanns Gespräche, Zweiter Teil, [11. März] 1832). Das gilt erst recht von seinen Adlern des Pindus; denn der Pindus ist der Berg des Apoll und der Musen. Fast ausschließlich in diesem Sinn erscheint er in Goethes Dichtung: „Klopstock will uns vom Pindus entfernen ...“ („Die Kränze“, V. 1 – Werke 2, 136) – „Auf! kehret zum Pindus, / Fraget dorten die Neune ...“ („Physiognomische Reisen“, V. 10 f. – Werke 2, 264) – „Ging zum Pindus, dich zu schildern ...“ (An Henriette Sontag, Juli 1826, V. 1 – Werke 4, 272).

„Des Pindus Adler“ in der Rede des Nereus – das wären also, vergröbernd umschrieben, Dichter aller Zeiten, welche im ewigen Bereich der Musen zu Haus sind, und die der ungeheure „Stoff“ von Troias Untergang immer aufs neue anlockte.

---

* Den Beitrag „Des Pindus Adler“ hatte die Redaktion dieser Zeitschrift bereits im Jahr 1951, zusammen mit zwei anderen, zur Veröffentlichung angenommen; da einer von diesen jedoch dem Verfasser nicht Genüge tat, zog er damals alle drei zurück. Heute scheint ihm die Publikation des einen auch im Hinblick auf die Erklärung angezeigt, die das Goethe-Wörterbuch (I. Band, 3. Lieferung) zu der Stelle bietet (Sp. 268, Artikel „Adler“, 2).

Erstdruck: Zeitschrift für deutsche Philologie. 88. Band (1969), Heft 2.

Unerkannte Grüße Goethes
an Marianne Willemer

I.

Solo der Sulamith

Dem Andenken an Helene Herrmann

Meine Damen und Herren, wenn ich der Leitung des Freien Deutschen Hochstifts, Herrn Direktor Dr. Lüders zumal, für das ehrende Vertrauen danke, womit sie die heutige Bemühung in ihre Vortragsreihe aufgenommen hat, so geschieht es nicht ohne Beklommenheit; denn ich weiß nicht, ob auch Sie ihr und ihm dieses Vertrauen werden danken können.

Was ein Herausgeber der Werke Goethes allenfalls mitzuteilen hätte, sagt er für gewöhnlich im Apparat seiner Editionen oder im Miszellen-Teil philologischer Fachzeitschriften – es sind Einzelheiten zumeist, welche erst innerhalb eines größeren Ganzen vielleicht einigen Wert gewinnen.

So muß ihm davor bangen, dergleichen Einzelheiten; statt sie ins Ganze einzusetzen, zu isolieren und nur in dem Sinne „darzustellen", wie man etwa mit Bestandteilen einer chemischen Verbindung verfährt.

Gilt dies in hohem Maß für Werk und Leben Goethes überhaupt, so in noch höherem von der Dichtung, deren Bereich wir heute wo nicht betreten, doch berühren sollen: dem West-östlichen Divan. Wie hier, in einem Gebilde unvergleichlicher Art, vom inneren Gegenstand wie vom Wesen des alternden Dichters her alles mit allem zusammenhängt, ein Gespinst und Geflecht aus Welt und Geist – wie der Geist hier die Welt durchleuchtet und beglänzt und an ihr als gleichsam leibhaft in Erscheinung tritt –, das dürfte jeden Versuch vereiteln, mit Einzelheiten etwas auszurichten.

Aber es gab und es gibt – Sie wissen es wahrlich – immer wieder solche Versuche, dies große Leben und dieses große Werk in deutliche, greifbare, kausale Wechsel-Beziehungen zu setzen; und Goethe selber hat, mit seinen autobiographischen Schriften wie durch seine dokumentarische Hinterlassenschaft, Anlaß dazu und bis zu einem gewissen Grad Rechtfertigung dafür geboten.

Eben der West-östliche Divan verlockt und verleitet in dem reichsten seiner Bücher, dem ‚Suleika nameh', obschon der Dichter hier den Anteil eigenen

Erlebens mit einem Geheimnis bis über seinen Tod hinaus zu schirmen wußte
– ja gerade deswegen wohl –, zu persönlich-biographischer Deutung.

Auch der Titel, unter dem unsere heutige Bemühung angezeigt worden ist – er
stammt vom Vortragenden selber –, setzt sich dem Mißverständnis aus – weil
in diesem Jahre ja nicht nur ein Jubiläum des West-östlichen Divans begangen
wird, sondern auch das der ‚Entdeckung‘ Marianne Suleikas –, wir zielten auf
eine derart problematische Verbindung zwischen Werk und Leben.

Die Forschung, sicherlich, nachdem einmal die Briefe und viele andere
Zeugnisse der Neigung zwischen Goethe und Marianne Willemer bekannt ge-
worden sind, nachdem man das Leben des seltsamen Mannes Johann Jakob
Willemer von allen Seiten her zu erkunden, zu erschließen begonnen hat – die
Forschung ist auch auf diesem Gebiet nicht aufzuhalten; und so werden wir
immer wieder mit allenfalls wohlgemeinten, kaum je aber wohlgelungenen
Versuchen konfrontiert werden, ihre Ergebnisse auf die Geheimnisse dieser
Neigung und dieser Dichtung anzuwenden. Die ‚biographie romancée‘ hat hier
ihr weites, mit Unkraut überzogenes, fruchtarmes Feld; und immer wieder begegnen wir zwei Extremen der Darstellung: dem Überdruck einmal, womit
manche Autoren das empfundene Gefälle des Niveaus zu überwinden suchen,
indem sie uns, gleichsam unter permanentem Beben der Nüstern, im Tonfall
des Hofmannsthalschen Baron Neuhoff, Bedeutungsschwerstes zuraunen –
zum anderen einem unerschrocken entspannten Geplauder, das uns mit Wesen
einziger Art gar zu gern auf Duzfuß stellen möchte.

Aber lassen Sie mich, zu Ihrer Beruhigung, sogleich bemerken, daß wir heute nur im Vorhof der großen Dichtung bleiben und also hoffentlich kaum in
Gefahr geraten werden, Kunst und Leben voreilig zu vermengen.

Dabei kann freilich das erwähnte Gefühl von Beklommenheit sich nur noch
steigern, aus dem Bewußtsein, wie allein schon dieser Saal, sonst Ihnen gewohnt als angemessenes Gehäuse weitgespannter Betrachtungen und Gedanken, im Mißverhältnis stehen müsse zu den unscheinbaren, ja winzigen Details,
um die es diesmal geht, und denen allenfalls ein Raum entsprechen würde,
worin man im vertrauten Kreise eine häusliche Kammermusik spielte.

So bleibt denn nur die Hoffnung auf ein Auditorium, das unseren mikrologi-
schen Versuch, der nach jeder Seite hin lückenhaft ausfallen muß, aus eigener
Kenntnis und Liebe ergänzte.

Nicht mit dem großen Ganzen der Divan-Dichtung haben wir es hier und
heute zu tun; das der Dichter zu seinem siebzigsten Geburtstag den Seinen bescherte, und das ihn in jedem einzelnen Gedicht als einen Neuen, so nicht Gekannten zeigte – nicht mit der Fülle und Weite dieser Dichtung, die es heut,
150 Jahre nach ihrem Erscheinen, rühmlich wäre zu rühmen. Auch nicht mit
den einzigartig fruchtbaren Zeiten ihres Entstehens: dem frohen Berkaer
Frühling von 1814, dem ersten nach der Befreiung Deutschlands; den großen

Sommerreisen dieses und des folgenden Jahrs nach der Heimat am Rhein und Main; dazwischen dem Winter einer stürmischen Aneignung des Orients.

Es ist die Abseite vielmehr, die lichtlose, ja finstere dieser Wochen und Monate des Überflusses und Überströmens, in denen „genug nicht genug" gewesen war – ein Gegensatz, wie ihn im ‚Buch Suleika' das Gedicht ‚Nachklang' vom 7. November 1815 festhält, das auf das ‚Hochbild' vom selben Tage folgt:[1]

> Es klingt so prächtig, wenn der Dichter
> Der Sonne bald, dem Kaiser sich vergleicht;
> Doch er verbirgt die traurigen Gesichter,
> Wenn er in düstern Nächten schleicht.
>
> Von Wolken streifenhaft befangen
> Versank zu Nacht des Himmels reinstes Blau;
> Vermagert bleich sind meine Wangen
> Und meine Herzensthränen grau.

Wir erinnern uns, daß Goethes, des Sechsundsechzigjährigen, zweite Rheinreise in eine Art Krise gemündet war, in welcher der wiederholte Schmerz des Abschieds von Marianne Willemer, die Scheu, sie abermals und nur zu neuer Trennung zu treffen, die Überreizung nach fast fünfmonatiger ununterbrochener Folge von Eindrücken, Tätigkeiten, Begegnungen, Produktionen, der Widerwille gegen drohende leere Gesellschafts-Pflichten im Mannheimer Kreise der Jagemann, die Furcht schließlich vor Erkrankung sich mit dem Verlangen nach Ruhe und nach der heimischen Umgebung zu der Einsicht verdichteten: „muß flüchten".[2] Er eilte, statt über Frankfurt – wo, außer dem Großherzog, Marianne auf ihn wartete –, über Würzburg zurück.

In den Tagen unmittelbar vorher und danach hat Goethe, mündlich gegen Sulpiz Boisserée, brieflich gegen manche Freunde, in oft umwegigen Wendungen das Gefühl ausgesprochen, einer Weisung von Oben zu folgen.[3] Wir treffen da immer wieder auf ein Beispiel, ein Bild, das er, zwischen Glauben und Aberglauben, gern für das Unerwartet-Unausweichliche gebraucht: die biblischapokryphe Geschichte vom Habakuk, „dem guten ehrlichen Landmann und Hausvater", der „seinen Schnittern das ersehnte Mus zur Erquickung bringen will, von dem Engel aber beim Schopfe ergriffen, den Propheten in der Löwengrube speisen muß".[4] Und immer wieder auch auf ein Wort, das ihm zur Chiffre wird für das Walten guter wie böser und solcher Mächte, die zwischen Gut und Böse stehen; ein Wort, mit dem wir freilich nicht vorsichtig genug umgehen können, weil es heruntergekommen ist – allgemein durch kleinbürgerliche Klischees, im besonderen durch deren unzulässige Anwendung auf Goethes ganz persönlichen Begriff und Sprachgebrauch. Wir meinen das Wort ‚Dämonen' oder ‚dämonisch'.

Bei jener ‚Flucht‘ heimwärts, im Herbst 1815, hat Goethe Einwirkung solcher Art empfunden – „ganz allein dadurch beruhigt, daß ich, ohne Willkür
und Widerstreben, den vorgezeichneten Weg wandle und um desto reiner
meine Sehnsucht nach denen richten kann, die ich verlasse".[5] Oder, wie das
Gedicht es in dem ‚Hochbild‘ vom Sonnengotte Helios festhält, welcher die
„Wolkentochter", Iris, nicht erreichen kann – mit Worten festhält, die wir
wahrnehmen, ernstnehmen müssen:[6]

> So, nach des Schicksals hartem Lose,
> Weichst du mir, Lieblichste, davon …

In diesem Winter 1815/1816, dem ersten der Entfernung und des Entbehrens,
haben die beiden in Chiffernbriefen aus dem Divan des Hafis „ihre Trauer mit
Perlen seiner Worte"[7] geschmückt. Die eigentlichsten Schmerzenslaute aber,
jenes Gedicht-Paar vom 7. November etwa, Ausrufe wie diesen: „Auch in der
Ferne dir so nah! / Und unerwartet kommt die Qual …" oder jene Strophen,
worin er Suleika reden läßt, indem er Worte aus Mariannens Chiffernbriefen
aufnimmt – ‚Vollmondnacht‘ („Ich will küssen! Küssen! sag‘ ich"), „Und warum sendet / Der Reiterhauptmann …", Gedichte endlich wie „Laßt mich weinen! umschränkt von Nacht …", „Nicht mehr auf Seidenblatt …"[8] – sie alle
teilt Goethe nicht mit; Jahre später wird sie einige im gedruckten Divan lesen;
die anderen werden erst nach seinem Tod bekannt.

„Der ich, wie sonst, in Sonnenferne / Im Stillen liebe, leide, lerne", so sagt
es damals ein Weihnachts- und Geburtstagsgruß an Charlotte von Stein.[9]

Das Jahr jedoch, das mit der Sonne heraufwächst, 1816, ist in Goethes Leben eines der düsteren, unglückreichsten. Das hat er selber so nur brieflich
einmal ausgesprochen,[10] in dem späten Rückblick der ‚Tag- und Jahreshefte‘
jedoch übergangen, und es kommt auch in den Biographien, welche mit dem
einzelnen Jahr dieses Lebens meist summarisch verfahren müssen, kaum zur
Erscheinung. Deshalb lassen Sie uns bei ihm verweilen.

„Unfälle auf Unfälle", so sagt er selber es am Ende, seien in diesem Jahre
auf ihn eingestürmt.[10a] Verlust und Verdruß, gehäuft und gesteigert, treiben
ihn schrittweise in sich selbst zurück und verkümmern, mindern, rauben ihm
die gewohnten Hilfsquellen.

Das beginnt schon zu Mitte Januar, mit dem Tod der geliebten jungen Prin-
zessin Caroline von Mecklenburg-Schwerin, der Tochter Carl Augusts.[11] Bald
danach wird ihm, dem Bühnenleiter, im eigenen Theater die Aufführung seines ‚Epimenides‘ von aburteilenden Orchester-Musikern durch „Gemeinheit
…, Dünkel …" und den „höchsten Grad der Unverschämtheit" dermaßen
vergällt, daß er „ein Gelübde" tut, „keine auf meinen Text neukomponierte
Oper" solle „hier am Orte jemals aufgeführt werden",[12] und den Plan einer

orientalischen Oper[13] begräbt. Im März verliert er die stärksten Stützen seiner Bühne an das Berliner Königliche Schauspiel: Pius Alexander Wolff, seinen Lieblingsschüler, den einzigen Menschen, „der sich ganz nach meinem Sinne von Grund auf gebildet hat",[14] und dessen Frau Amalie Wolff-Malcolmi; am 23. März treten sie zum letztenmal in Weimar auf.[15] Mitte April versetzt ihn die „Nachricht von dem Ableben der Kaiserin von Österreich", Maria Ludovicas, der noch nicht dreißigjährigen Fürstin, die er wie keine andere enthusiastisch verehrt, ja vergöttert hatte, „in einen Zustand, dessen Nachgefühl mich niemals wieder verlassen hat".[16]

Am Tag danach fährt er, um Trost zu suchen, nach Berka, dem ländlichen Badeort, wo zwei Jahre zuvor in heiterster Umgebung der ‚Epimenides‘, der scherzhaft-parodistische Dialog ‚Die Weisen und die Leute‘, vor allem aber die ersten westöstlichen Gedichte entstanden waren. Er kehrt zu Mittag beim Bade-Inspektor Schütz ein, der auch Musiker und ein profunder Kenner Bachs ist. Und wie in jenem Frühjahr 1814 läßt er sich „nach Tische Sebastian Bachische Sonaten" vorspielen. „Der Tag war sehr schön", bemerkt das Tagebuch.[17] Eine Woche später muß es verzeichnen: „Traurige Nachricht von dem ... zu Berka ausgebrochenen schrecklichen Feuer ...".[18] „Das gute Berka an der Ilm", schreibt er an Zelter, „wo wir zusammen mit Wolf und Weber und Duncker [Berliner Freunden] auf so mannigfaltige Weise gelebt haben! – denke dir nun erst das hübsche Wiener Klavier des Organisten Schütz, seine Sebastian, Philipp Emanuel Bache usw. – dieses Berka ist vom 25. auf den 26. April von der Erde weggebrannt."[19]

Mitte Mai verschlimmert sich der Zustand Christianens, die schon im Jahr vorher gefährlich krank gewesen war, und wird zu Ende des Monats hoffnungslos.[20] Am 3. Juni gesteht Goethe seinem Verleger Cotta: „Der doppelt große Verlust, den ich dieses Jahr durch den Tod der Erbgroßherzogin von Mecklenburg und der Kaiserin von Österreich erlitten, hat mich so getroffen, daß mein poetisches Talent darüber verstummt"[21] – es klingt wie ein Gegenstück zu dem stolzen Wort seines Tasso. Drei Tage später stirbt die Frau – „letzter fürchterlicher Kampf ihrer Natur ... Leere und Totenstille in und außer mir".[22] Und was er ihr nachruft – diese vier Zeilen „Du versuchst, o Sonne, vergebens ..."[23] –, bestätigt nur, scheint uns, die Worte an Cotta; ein Riß, fast körperhaft schmerzlich, spaltet diese Verse in zwei Hälften: das Bild der Sonne, ob nun von wirklichen Wolken, ob innerlich verdüstert – und den seltsam starren, fast epigrammatisch zugespitzten, bilanzierenden Schluß.

Es folgen die Wochen, in denen sein „Zustand an die Verzweiflung grenzt", und wo er langsam „umherzuschauen" beginnt, „wie viel Gutes und Liebes mir noch übrig bleibe".[24] Endlich bestimmt sich nun auch das Ziel seiner Sommerreise, nach einem auffallenden monatelangen Schwanken zwischen den böhmischen Bädern und dem Rhein und Main,[25] das gelegentlich sich zu dem

Wunsch erschöpft zu haben schien, „wohl einmal einen Sommer zu Hause" zu bleiben.[26] Cotta, der merkantilisch Vieltätige, neuerdings Mit-Eigentümer des Badischen Hofs in Baden-Baden, hatte ihn dringend eingeladen; den Ausschlag haben wohl Worte Boisserées gegeben, des treuen Zeugen der leidenschaftlichen Wochen im vorigen Herbst, der auf jener ‚Flucht' sein Begleiter bis Würzburg gewesen war: „Sie waren schon in den verflossenen Jahren geneigt, diesen schönen Ort zu besuchen, und ich dächte, es dürfte Ihnen diesmal gerade gelegen sein, zwischen Wiesbaden und Karlsbad (gleichsam wie zwischen Scylla und Charybdis) mitten durch nach solch einem ruhigeren Hafen zu steuern. Den Weg über Würzburg nach Heidelberg kennen Sie."[27]

Dieser einfühlsam kluge Vorschlag des Freundes umging wie den Ort so das Wort Frankfurt; und daß hier ein Schmerzens-Punkt lag, ist bei aller Zurückhaltung, die wir uns im Urteil auferlegen, ziemlich gewiß.

Dabei schien sogar, aus ganz anderer Richtung, ein neuer böser Verdruß diese Abkehr von Frankfurt auch für die dortigen Getreuen plausibel zu machen: befreundete Familien, mit denen Goethe seinerseits dort während beider Sommer lebhaft verkehrt hatte, seine Anverwandten Schlosser und der Geheimerat von Guaita, den Brentanos eng verbunden – Katholiken alle –, waren öffentlich in heillosen Streit geraten. „Verderbender bürgerlicher Zwist", schrieb Goethe an Fritz Schlosser, „könnte nicht schrecklicher dargestellt werden ... ich würde in einer solchen Lage verzweifeln ... Für den Augenblick aber trifft mich dieser bürgerliche Zwist ... so hart und bedenklich, daß ich meinen Weg nach Baden am Rhein über Würzburg zu nehmen entschlossen bin, um nicht da, wo ich so gern friedlich eingekehrt wäre, auf Streit und Zersplitterung zu treffen."[28]

Eine Reise nach Baden-Baden aber ließ immer doch „die Hoffnung ..., daß es möglich sein werde, mit den Gewässern abwärts zu ziehen und bei Ihnen einzukehren".[29] So steht es in einem Brief vom 19. Juli an Frau Toni Brentano, die Landsmännin und Freundin Mariannens in Frankfurt, und wir haben Anlaß zu glauben, die Zeilen seien mit für sie bestimmt gewesen, die seit Monaten von Goethe kein persönliches Wort mehr vernommen hatte.

Auch diesen 19. Juli, den Tag vor der Abreise, beschattete noch ein Zerwürfnis, zwischen August Goethe und dem alten Freund und Mitarbeiter Riemer.[30] Der 20. Juli brachte dann, nach wenigen Fahrtstunden, den vergleichsweise harmlosen Unfall, der Goethe entschied umzukehren.

Man hat diesen Entschluß, wohl mit Recht, als den Verzicht gedeutet, nochmals die Heimat und jemals Marianne wiederzusehen; man hat an die Strophen erinnert, die im folgenden Jahr die Summe aus vielen und gewiß auch den jüngsten Erfahrungen zogen; ‚Daimon' heißt das erste dieser ‚Urworte. Orphisch' und ‚Ananke' das vierte: „Da ists denn wieder wie die Sterne wollten ..."[31]

Es ließe sich eine noch knappere, härtere Formel nennen:

Prüft das Geschick dich, weiß es wohl warum:
Es wünschte dich enthaltsam! Folge stumm.

– ein Wort, das aus dem Divan des Hafis herkommt, derselben Dichtung, von welcher zwei Jahre zuvor der Ruf zu frohem Genießen – zu „Trinken, Lieben, Singen" – ausgegangen war.[32] Nun führt dieser Geleiter „durchs rauhe, milde Leben"[33] den Dichter in den Bezirk der Entsagung; die Zeilen werden zum Motto der ersten ‚Wanderjahre'.

Wieder ist es, wie in den Tagen vor der ‚Flucht' 1815, vulkanischer Boden gleichsam, auf dem sich die Äußerungen Goethes ergehen: von „obern und untern Dämonen" ist die Rede; er fühlt sich „mit Protest zurückgewiesen", „gewarnt", und selbst die nächsten Pläne und Überlegungen stellt er unter sorglichen, ängstlichen Vorbehalt: „wenn mich der Engel des Herren nicht beim Schopfe faßt" – „wenn die Dämonen nicht wieder grillenhafte Streiche spielen" – „ohne schmähliches Hindernis der Dämonen".[34]

Er geht, auf „schröcklichem Weg" – „ich habe niemals so viel Not und Qual auf einem Wege von acht Stunden erlebt" –, für sieben Wochen in ein obskures kleines Schwefelbad des nördlichen Thüringen, in die „absoluteste Einsamkeit", welche Freund Meyer während einer Weile mit ihm teilt.[35] Und in der ersten Hälfte dieses Tennstädter Aufenthalts – zunächst bei „fürchterlichem" Wetter[36] – schildert er den strahlenden Tag des Sankt Rochus-Festes, das er zu Bingen im August 1814 mit Zelter und anderen Freunden mitbegangen hatte – ähnlich etwa wie sein Divan-Gedicht von der persischen ‚Sommernacht' in einem Jenaer Dezember entstanden ist.[37] Er schildert auf Grund genauer Aufzeichnungen und wirklich im Sinne jener altdeutschen Tafeln, die er bei Boisserées aufs neue hatte betrachten wollen: „Wenn man es nicht macht wie die Maler, die jemehr sie ausführen, destomehr sie auch wieder lasieren, um die Gegenstände auseinander und wieder zusammenzubringen, so kann aus solchen Dingen nichts werden."[38] Es ist, im Glanz aller Farben, die Landschaft der Heimat; aber ohne jeden Hauch von Orient, und ohne Marianne.

Seit dem 5. April hatte er nicht mehr unmittelbar an sie oder an Willemer geschrieben; die „Trauer-Notifikation"[39] stammte von Augusts Hand. Zwischen dem März 1816 und dem Dezember 1817 kennen wir kein Lied an Suleika, keine west-östliche Dichtung überhaupt; erst gedruckt, auf Korrekturbögen, sind im Herbst 1818 einige Divan-Gedichte zu ihr gelangt.

Doch ähnlich wie im Jahr zuvor ihn die ‚Flucht' gleichsam ermächtigt hatte, „um desto reiner seine Sehnsucht nach denen zu richten, die er verließ",[40] fühlte er nun wohl durch die Umkehr, durch das stille Gelübde des Verzichtes, sich frei zu neuer, regerer Mitteilung.

Sein erstes Schreiben nach der Ankunft in Tennstädt geht an Willemers, und bis zum Jahresende folgen vier weitere.[41] Der wichtigste dieser Briefe beginnt zwar mit dem Worte „Entbehrung" und wiederholt es wie ein Leitmotiv;[42] sonst aber verschweigen sie oder deuten nur leise an, was Goethe gegen ande-re nun häufiger und immer resigniert-bedrückter ausspricht: daß die Unbilden dieses Jahres nicht enden mögen – wie er, beispielsweise, Zelter, der ihn be-sucht, mit der Nachricht vom Tode der Lieblingstochter begrüßen muß; wie den kleinen Staat, dessen Minister er ist, eine aggressive Auslegung der Pres-sefreiheit in gefährlichen Konflikt versetzt, und wie ihm selber „die Dämonen ... allerlei leidige Hauemärchen" erzählen.[43]

Verhüllen also diese Briefe eher, schonen sie und bewegen sich im Kreise anmutig scherzender, ja manchmal zärtlicher Euphemismen, so fehlt ihnen nun aber auch der Hintergrund, der Goethes früheren Äußerungen die Di-mension der Tiefe gegeben hatte: die Dichtung.

Dieses Schweigen ist einmal, gewiß, und zum mindesten wie für eine Art Trauerjahr, willentlich: „Das Liebste wird vom Herzen weggescholten ..."[44] Aber der Wille trifft zunächst auch überein mit jenem Verstummen des poeti-schen Talents.

Außer der Darstellung des Rochusfestes ist überhaupt in dem Jahr nichts Nennenswertes entstanden; Verse seit dem April nur wenige Male und immer nur unter dem Druck eines Termins. Ganz am Ende des Jahres finden sich zu der so lang ausgetragenen ‚Ballade' – „Die Kinder sie hören es gerne ..." – zwei abschließende Strophen ein und, eine frische augenblickliche Produktion zum Epiphaniasfest der Berliner Akademie, das ‚Künstlerlied', das dann in die ‚Wanderjahre' übergegangen ist.[45]

Ein einziges Mal in diesem ganzen Jahr hat den Dichter ein größerer Plan beschäftigt, auch er durch einen Termin von außen bedingt: eine Kantate zur Dreihundertjahr-Feier der lutherischen Reformation, im Oktober 1817.

Schon vom Anfang des Jahres 1816 an und bis in den Herbst hinein treffen wir auf Äußerungen Goethes, die seinen Anteil an diesem Jubiläum, seine Absicht bezeugen, das Fest bekennend und tätig mitzubegehen, als einen Akt geistiger Befreiung, der allen Deutschen, ja aller Welt zugute gekommen sei.[46] Noch in Tennstädt hatte er, nachdem „St. Roch für diesmal abgeschlossen" war, viel in der Bibel gelesen: das Buch der Könige, die Psalmen, Luthers Vor-reden, Jesaias, dann Esdra, Nehemia, Judith, Hiob. Wir kennen den Anlaß nicht genau; aber „alte Plane, epischer Form" – die spätere ‚Novelle' – sind ihm damals wieder in den Sinn gekommen.[47]

So fand ihn am 7. November ein Brief von Zelter mannigfach vorbereitet und gestimmt. Der kurze Eingangs-Satz – „Schon eine Weile trage ich mich mit dem Gedanken: zu dem bevorstehenden Reformationsfeste eine Musik zu machen, die sich vielleicht aus lauter Lutherischen Dictis zusammensetzen ließe. Du bist wohl so gut mir hierüber deine Gedanken wissen zu lassen, wenn du nicht gar der Mann bist, der allein so etwas zu beschaffen unterrichtet und ausgestattet wäre" –, aber auch die ausführlichere Nachricht von einem geplanten Monument für Luther, wozu in Berlin schon 30–40 000 Thaler „gesammelt und deponiert" seien und für welches man – Schadow und Schinkel werden genannt – den Rat und Beistand Goethes erhoffe,[48] – beides hat sogleich gezündet. Das Tagebuch verzeichnet am 7., 8., 10. und 11. November insgesamt achtmal Beschäftigung mit „Luthers Monument" und „Zelters Kantate zu diesem Zweck"; und am 14. geht ein erster Entwurf, im Konzept, nach Berlin.[49]

Er gliedert das geplante Ganze in zwei Teile, gemäß dem „Hauptbegriff des Luthertums", den Goethe in den Gegensatz-Paaren von Gesetz und Evangelium, Notwendigkeit und Freiheit ausgeprägt sieht, wie sie im Alten und im Neuen Testament erscheinen; sodann in der „Vermittelung solcher Extreme" – ein Kreis, in welchem „alles enthalten ist, was den Menschen interessieren kann". „Diese Konzeptionen in einem singbaren Gedichte auszusprechen, würde ich mit dem Donner auf Sinai, mit dem: *Du sollst!* beginnen; mit Christi Auferstehung aber, und dem: *Du wirst!* schließen."

Die „Folgenreihe des Ganzen" zeigt sechs Abschnitte für den Ersten, alttestamentlichen Teil, fünf für den Zweiten, neutestamentlichen; dort als Höhepunkt „Die Einweihung des Tempels Salomonis", hier den „Einzug [Christi] in Jerusalem".[50] Goethe deutet Entsprechungen der einzelnen Abschnitte und beider Hauptteile unter einander an – „Tausend andere Verhältnisse werden dir beim ersten Anblicke einfallen. Diese Dinge dürfen nicht historisch sondern lyrisch verknüpft werden; jedermann kennt das Ganze und wird sich auf Flügeln der Dichtkunst gern aus einer Region in die andere versetzen lassen."[51]

Zelter meldet am 23./24. November „große große Freude" über den Entwurf, der ihn „ganz in Besitz genommen" habe. Doch mit Bezug auf Goethes Worte „Baue dir … selbst etwas auf"[52] bekennt er: „Bauen ohne Steine habe ich nicht gelernt. Du … mußt mir nun die Materialien in natura anweisen …"

Am 6. Dezember scheint Goethe dann das Schema der Kantate „weiter entwickelt" zu haben; am 11. sendet er es, mit erläuternden Bemerkungen, an Zelter ab – „laß es auch in dir ferner aufblühen".[53]

Dieses zweite Schema, von beinahe dem vierfachen Umfang des ersten, liegt heute nur noch in einer Abschrift vor, die Goethe für sich zurückbehalten hatte; doch existiert auch noch das vorangehende Konzept.[54] Außerdem aber haben sich einige wenige Ansätze zu einer Ausführung erhalten, insgesamt nicht mehr als zweiundzwanzig, zum Teil unvollendete Zeilen.[55]

In seinen Begleitworten bemerkt Goethe: „Ich habe nach Anleitung des Händelischen Alexander-Festes statt des dortigen einen Timotheus mehrere Sprecher aufgeführt, welche teils bloß rezitierend, teils in Gesang übergehend, teils mit dem Chor wetteifernd gedacht werden können ... – Die Sprechenden sind meist Männer; es lassen sich aber auch, wenn es nötig wäre, Frauen substituieren. Vor allen Dingen wünscht' ich zu erfahren, wie etwa die Hauptstimmen zu verteilen sind und an welchen Stellen man eigentliche Arien einschaltete ..."[56]

Zelters Antwort, vom 15./16. Dezember, begrüßt dieses Schema als ganz nach seinem Sinne, nennt diese und jene eigene Bemühung, unterbricht sich dann aber mit dem etwas müden Stoßseufzer: „Wären wir nur näher zusammen, man kann ja nicht alles schreiben." Und Goethes anfängliches Feuer scheint nun auch verglimmt; am 26. Dezember erwidert er: „Deinen werten, mit meinen Vorschlägen übereinstimmenden Brief habe erhalten, vorerst aber zu meinen übrigen Papieren gelegt; denn wie ich weiter eingreifen kann, seh ich nicht klar. Wären wir beisammen, dann würde es sich geschwinder ergeben. Nun aber lastet die Witterung zugleich mit einer Menge Einzelheiten auf mir, daß ich, wenn ich mir auch ein glücklicheres Jahr denke als das vorige, nicht weiß wie ich fertig werden will."[57] Damit ist das Projekt, ausdrücklich unter dem Zeichen dieses unfruchtbaren Jahres, aufgegeben. Uns aber soll es jetzt noch beschäftigen.

„Die Sprechenden sind meist Männer", schreibt Goethe zum erweiterten Schema. Es sind *nur* Männer: im Ersten Teil Aaron, Josua, Samuel, Elias, Jonas, Jesaias, im Zweiten Johannes (der Täufer), Christus, drei (nicht näher benannte) Apostel und ein Evangelist.

Goethes Bereitwilligkeit, „wenn es nötig wäre, Frauen zu substituieren", seine Frage, „wie etwa die Hauptstimmen" – das heißt die Gesangs-Soli – „zu verteilen" seien „und an welchen Stellen man eigentliche Arien einschaltete", bezeugen den Autor, den Bühnenleiter, der mit der Ökonomie der Vokalmusik vertraut ist. Und Zelter, in seiner schleunigen Antwort vom 15./16. Dezember, hatte denn auch betont: „Außerdem ist eine weibliche Solopartie fast notwendig, um eine ordentliche Sängerin zu beschäftigen, und allenfalls zwei."

Eine Frauen-Gestalt, eine einzige, war in Goethes zweitem Schema zur Kantate doch bereits genannt (wenn auch Zelter auf sie gar nicht einging). Gleich nach den Zeilen „Salomons Regierungsantritt" steht da:

> Frauenchöre.

und:

> Sulamit die Geliebteste in der Ferne.[58]

Sonderbar: das Hirtenmädchen aus dem Hohen Lied als einzig-einzelne ihres Geschlechts in der Reformations-Kantate! Sonderbar auch, daß dieser Name, vor allen übrigen in dem Entwurf, durch ein Beiwort ausgezeichnet ist – und welches Beiwort: „die Geliebteste“, ein Superlativ, der sie doppelt und dreifach vereinzelt – und noch durch einen Zusatz: „in der Ferne“.

Seltsam sodann: diese so stark herausgehobene Gestalt, auch die umgebenden Chöre, haben zunächst gar nicht im Entwurf gestanden; sie sind erst nachträglich hineingelangt.[59] Und seltsam erst recht: die Ausführung, jene wenigen Zeilen, die wir erwähnten, sie setzt eben bei dieser so spät hinzugekommenen Figur ein. Zehn von den zweiundzwanzig Zeilen gehören ihr oder zu ihr:[60]

> [Sulamith.]
>
> Wenn mich auch die Wächter schlügen
> Da dem Liebsten forsche nach
> Einzig ist mir das Vergnügen
> Seiner Liebe Nacht und Tag
>
> *Chor.*
>
> Salomo in Königsherrlichkeit
> Dem Einzigen dem
> Sonne   Sterne Sterne
> Alles glänzt was ihn umgibt
>
> *Sulamith.*
>
> Und ich stehe stehe ferne
> Und ich weiß es daß er liebt

Noch einiges muß auffallen:

Als Goethe, später, in den ‚Noten und Abhandlungen‘ zum Westöstlichen Divan, Kapitel ‚Hebräer‘, das Hohe Lied liebevoll charakterisiert, da umreißt er „jene Zustände ... in welchen die Dichtenden gelebt“: „Durch und durch wehet eine milde Luft des lieblichsten Bezirks von Kanaan; ländlich trauliche Verhältnisse, Wein-, Garten- und Gewürzbau, etwas von städtischer Beschränkung, sodann aber ein königlicher Hof, mit seinen Herrlichkeiten im Hintergrunde.“[61]

Der Plan zur Kantate hingegen kehrt diese Perspektive um: die „Einweihung des Tempels“ soll, schon im ersten Entwurf, den „höchsten Gipfel“ bilden,[62] „Salomons Regierungsantritt“, gleicherweise als Glanzentfaltung gedacht, geht voraus; und die „Geliebteste“ erscheint nur „in der Ferne“.

Bei der Ausführung aber hält sich der Dichter an diesen neuen Blickpunkt dann doch wieder nicht; er eilt sogleich und zuerst zu der Entfernten, ungeduldig, scheint uns, ungestüm, wie „das Herz durch alle Wüste rennt“.[63]

Und wenn die Charakteristik in den ‚Noten und Abhandlungen‘ das lebhafte Auf und Ab der Bewegung und der Gefühle vor Augen rückt – „glühende Nei-

gung jugendlicher Herzen, die sich suchen, finden, abstoßen, anziehen"[64] –,
halten die fragmentarischen Zeilen der Sulamith allein den einen Ton zuver-
sichtlichen Ergebens fest:

> Einzig ist mir das Vergnügen
> Seiner Liebe Nacht und Tag
>
> Und ich weiß es daß er liebt

Was hier als Abweichung wirkt, entspricht aber, so meinen wir, ziemlich genau
dem Bild, unter welchem Goethe damals Marianne Willemer gesehen hat, in
diesem Winter 1816, der ihr wohl freundliche, schonende, scherzhafte Zeilen,
aber kein Lied mehr, keinen Reimgruß, keine Gabe bringt.

So denkt sich, glauben wir, Goethe damals die „Geliebteste, in der Ferne";
besser: so mag er sie sich denken: „Einzig ist mir das Vergnügen / Seiner Liebe Nacht und Tag" – „Und ich stehe, stehe ferne / Und ich weiß es daß er
liebt".

Es sind die Rhythmen und Maße, die im Divan vorherrschen, in den Ha-
tem- und den Suleika-Strophen: die vierhebigen Trochäen im Wechsel der
Reimgeschlechter. Aber es ist nicht Suleika, die er hier reden läßt; es ist eine
Gestalt, die ihm von früh auf schon vertraut gewesen ist, das braune Mädchen
aus dem Hohen Liede Salomons. Schon im Frankfurter Herbst von 1775, im
letzten Stadium seiner Liebe zu Lili, hat Goethe die Dichtung verdeutscht und
an Merck darüber die so oft zitierten Zeilen geschrieben: „Ich hab das Hohe-
lied Salomons übersetzt, welches ist die herrlichste Sammlung Liebeslieder,
die Gott erschaffen hat."[65]

Das ist eine alte, nie abgestorbene Liebe. Noch in den Versen, die um 1827
eine Weltliteratur verkünden, gedenkt er, wie „Der Winzerin Lied am Throne
lieblich klang"; und noch ganz am Ende, 1831, als er im Vierten Teil seiner Lebensbeschreibung von Lili spricht, beruft er dieses Lied: „Es war ein Zustand,
von welchem geschrieben steht: ich schlafe, aber mein Herz wacht."[66]

Gerade daß es eine so lang vertraute, fest umrissene, eine gewissermaßen
historische Gestalt war, bot ihm, so möchten wir vermuten, Gelegenheit, sein
Gelübde des Schweigens auf Augenblicke zu umgehen, und, indem er Sulamith so reden läßt, von Marianne und zu ihr zu reden. Wenn wir annehmen
dürfen, daß der Dichter diese Gelegenheit nicht nur ersah und ergriff, sondern
sie sich verschaffte, ja schuf – dann erklären sich, lösen sich alle jene Züge, die
uns unter dem Gesichtspunkt des Kantaten-Plans befremden und verwundern
mußten.

Es ist nicht Suleika, wiederholen wir, die hier redet; aber diese Sulamith ist
eine Erscheinung, die auf sie hin gleichsam transparent wird, ihr verwandt, ihr
ähnlich, in dem Maß etwa wie die Namen anklingen – Sulamith, Suleika (und

auch Suleiman-Salomon) –, ein farbiger Schatten, ein Widerschein; wir dürfen an die entoptischen Farben denken, die ihn zu jener Zeit so sehr beschäftigten:

> Spiegel hüben, Spiegel drüben,
> Doppelstellung, auserlesen;
> Und dazwischen ruht im Trüben
> Als Kristall das Erdewesen

oder an seine Huri der späten Paradieses-Gedichte: „Und wenn ich auch nicht Suleika wäre ..., / So glich sie mir wohl auf ein Haar."[67]

Diese einsame Gestalt hat er sich, so meinen wir, gegenübergestellt, sie wendet sich zu ihm hin und an ihn. Dieses „Und ich stehe, stehe ferne ..." scheint uns statuarisch nicht nur im Stil des Oratoriums; es stellt ihre eigene räumliche Position – „in der Ferne" – vor Augen.

Sozusagen wortlos bereits, in ihrem bloßen Dastehen – „Und ich stehe, stehe ferne" –, gewinnt die Gestalt aber auch etwas ragend Rufendes, Mahnendes:

> Mephisto, siehst du dort
> Ein blasses schönes Kind allein und ferne stehen?[68]

Doch diese Gestalt hier bleibt kein starres, stummes Bild; sie redet wirklich; sie redet von ihm, den sie bei Namen nicht nennt; redet von seiner Liebe – nicht von ihrer. Um diese seine Liebe kreisen ihre Worte; Anfang und Ende der wenigen Zeilen sagen das gleiche: „Einzig ist mir das Vergnügen / Seiner Liebe Nacht und Tag" – „Und ich weiß es daß er liebt". Nur im Echo dieser Worte spricht er selber; sie geben den Grundton an, den er in seinen Briefen nicht anzuschlagen wagt; die imaginierte Rede, ihr in den Mund gelegt, rechtfertigt das Schweigen in seinen Briefen; und so beschwichtigt er die eigene innerste Stimme.

In dem Wort „Vergnügen" überwiegt hier noch der ältere, uns nicht mehr geläufige Sinn: eines stillen Genügehabens, eines hellen Zufriedenseins, eines innigen, freudigen Sichbescheidens, wie Goethe in einer Zahmen Xenie es der Lustigkeit entgegensetzt: „Sei lustig! geht es nicht, so sei vergnügt";[69] und wie Sie es als eine dankbar-fromme Ergebung aus Eduard Mörikes Strophe kennen: „Herr, schicke was du willt ..."

Ganz im Ton der Sulamith-Verse klingt bereits eines der zwei Gedichte aus, die, wahrscheinlich im Februar 1816,[70] ein Chiffernbrief Mariannens hervorgerufen hat. Der Brief, aus Zeilen des Hafis zusammengesetzt, lautet:[71]

> Lange hat mir der Freund schon keine Botschaft gesendet,
> Lange hat er mir Brief, Worte und Gruß nicht gesandt.
>
> Beglückt der Kranke, welcher stets
> Von seinem Freunde Kunde hat.

Und dies sind die beiden kleinen Gedichte Goethes:
Das erste:[72]

> Und warum sendet
> Der Reiterhauptmann
> Nicht seine Boten
> Von Tag zu Tage?
> Hat er doch Pferde,
> Versteht die Schrift.
>
> Er schreibt ja Talik,
> Auch Neski weiß er
> Zierlich zu schreiben
> Auf Seidenblätter.
> An seiner Stelle
> Sei mir die Schrift.
>
> Die Kranke will nicht,
> Will nicht genesen
> Vom süßen Leiden,
> Sie, an der Kunde
> Von ihrem Liebsten
> Gesundend, krankt

Das zweite:[73]

> Schreibt er in Neski,
> So sagt ers treulich,
> Schreibt er in Talik,
> 's ist gar erfreulich,
> Eins wie das andre,
> Genug er liebt.

In beiden Gedichten empfinden Sie einen verwandten Puls des Verses; spüren in dem ersten das „Liebeschmerzliche" und den leisen Umschwung von Moll nach Dur; begegnen in dem zweiten einer fraglosen Zuversicht und jenem „Vergnügen seiner Liebe"; das Wort „Vergnügen" ist hier reduziert oder konzentriert auf seine Stammsilben „Genug", in welchen, als ein fast jubelnder Oberton, noch die alte Bedeutung „Fülle und Überfluß" mitschwingt. So trachtet der Dichter schon damals – wie dann in den Versen der Sulamith –, sich den inneren Zustand der Entfernten harmonisch zu befestigen.

In das Konzept des zweiten Schemas zur Reformations-Kantate hat Goethe eigenhändig die Zeile „(Frauenchöre)" nachgetragen.[74] Sie bereichert, zusammen mit der noch späteren Einführung der Sulamith, das Ganze, vom Inhalt wie von den Klangmitteln her, um ein Motiv steigernden Kontrastes. Wofern man aus den ungeformten, stichwortartigen Ansätzen der Ausführung etwas schließen darf, sucht hier der Dichter den Schimmer und Glanz, der „Salomons Regierungsantritt" umgibt, im Reflex weiblicher Bewunderung wie in einem Brennspiegel zu sammeln, damit über diese „Königsherrlichkeit" wie über die Chöre der Frauen sich Sulamiths Stimme, im zweiten Einsatz, um so strahlender erheben könne. (Auch das Erinnern an die eminente Sängerin Marianne mag mitgewirkt haben.)

Es gibt im West-östlichen Divan eine Anzahl von Gedichten, welche ähnlich die geliebte Person, als einzelne, einzige, aus vielen anderen ihres Geschlechts hervorheben. Als Goethe, nach zwanzig Monaten des Schweigens, zum erstenmal wieder ein Gedicht zum Divan schreibt, im Dezember 1817, ist es eines von diesem Typus; nur daß hier von der Menge der *Männer* die Rede ist, aus denen Hatem hervorragt: „Kenne wohl der Männer Blicke ..."[75] Im übrigen spricht wiederum die Liebende, wieder vergewissert sie sich, ohne daß er selber ein Wort sagte, nur aus dem einen Blick, den sie aufgefangen hat – denn diesmal ist offenbar er es, der „ferne steht" –, seiner Liebe, die alle anderen überglänzt. In Situation und Haltung ist das Gedicht also den Zeilen der Sulamith vom Jahr zuvor eigentümlich nahe.

Es hängt aber auch eng zusammen mit dem ersten jener zwei kleinen Gedichte, die wir in den Februar 1816 setzen. Dort wie hier wendet (um nicht zu sagen: verwendet) Goethe das gleiche Bild, welches ihm auch sonst in ähnlicher Lage eines „unglückselgen Glücks" sich einstellt;[76]
dort:

> Die Kranke will nicht,
> Will nicht genesen
> Vom süßen Leiden,
> Sie, an der Kunde
> Von ihrem Liebsten
> Gesundend, krankt.

hier:

> Daß wir uns gesundet fühlen,
> Wieder gern erkranken möchten.
> Da erblicktest du Suleika
> Und gesundetest erkrankend,
> Und erkranketest gesundend ...[77]

Eine gleiche Verwandtschaft hatten wir auch schon zwischen dem zweiten dieser Februars-Gedichte und den Sulamith-Versen vom Dezember 1816 bemerkt.

So läßt sich nun, über die große Pause der Suleika-Lyrik, über diese zwanzig
Monate hinweg, in vielfachen Gleichheiten und Ähnlichkeiten von Situation,
Ton, Metaphorik eine Verkettung erkennen; die Fragmente der Reformations-
Kantate bilden darin das nur wenig sichtbare, gebrechliche und doch feste Mit-
telglied.

Von den vielen Frauen Salomonis handelt übrigens streckenweise auch ein Gedicht aus dem Bereich des Divans selber, „Süßes Kind, die Perlenreihen ...“,
welches insofern zu dem erwähnten Typus von den Vielen und der Einen gehört.[78] Über volle vier Strophen wird da die Geliebte, die der Liebende anre-
det – es ist nicht sicher, ob sie Suleika, er Hatem sei –, in ihrer Unvergleich-
lichkeit mit jenen „Närrinnen“ kontrastiert.

Zwar hat Goethe dieses Gedicht, einen Ausfall gegen Kreuzeszeichen und
Christentum, auf den Rat Sulpiz Boisserées, der es „zu bitter, hart und einseitig“ fand, vom gedruckten Divan ausgeschlossen,[79] aber Salomon und Sulamith gehören diesem doch rechtmäßig an. Gleich zu Beginn des ‚Buchs der
Liebe‘ erscheinen sie an auffallender Stelle, als letztes jener sechs Paare, die
der Titel ‚Musterbilder‘ umfaßt, und als einziges mit einem Rufzeichen akzentuiert:[80]

> Süße Liebeslaune:
> Salomo und die Braune!

Dieses ‚Buch der Liebe‘ hat seinen Namen nicht von Anfang an getragen und
hat sich im Divan wohl überhaupt erst spät herausgebildet. Ursprünglich hatte
Goethe die Liebesgedichte des Divans auf zwei Bücher Suleika verteilen wollen; dann aber löste er das eine dieser Bücher ganz von der Gestalt Suleikas
ab. Dieses ‚Uschk nameh‘, das ‚Buch der Liebe‘, vereinigt nun Huldigungen
an verschiedene Frauen; unauffällig, unverfänglich sind aber darin auch einige
Grüße an Marianne untergebracht, nicht an Suleika wohlgemerkt, sondern an
Marianne Willemer, und einer von ihnen, geradezu ‚Gruß‘ genannt, führt wiederum in den Bereich der Salomons-Sage: durch den gefiederten Liebesboten,
Hudhud den Wiedehopf, welcher, vom ‚Buch Suleika‘ streng ausgeschlossen,
dafür um so häufiger, mit Bitten, Aufträgen und deren Erfüllung betraut und
beschäftigt, in Denk- und Sendeversen wie in den Briefen, gelegentlich auch
einmal bildnisweise, zwischen Marianne und Goethe hurtig, eifrig, „vigilant“
hin und her fliegt.[81]

Salomon selbst aber ist einmal sogar in das ‚Buch Suleika‘ gelangt; in einem
jener Gedichte, die, dem Briefwechsel zugehörig oder nah, nicht von Hatem
und Suleika reden, sondern von Ich und Du:[82]

Wenn ich dein gedenke,
Fragt mich gleich der Schenke:
„Herr! warum so still?
Da von deinen Lehren
Immer weiter hören
Saki gerne will."

Wenn ich mich vergesse
Unter der Zypresse,
Hält er nichts davon,
Und im stillen Kreise
Bin ich doch so weise,
Klug wie Salomon.

Bei seinen Studien zum Divan mag Goethe die Erläuterung eines alten Orientalisten gefunden haben, wornach der Name Salomon auch „Mann der Ruhe" bedeutet. Jedenfalls scheint der Name an diesem doppelt prononcierten Platz dem Bereich der Stille und der Verschwiegenheit zugeordnet, zu welchem für den Liebenden die Schenke und *der* Schenke gehört:[83]

Ja, in der Schenke hab ich auch gesessen,
Mir ward wie andern zugemessen,
Sie schwatzten, schrieen, händelten von heut,
. . .
Ich aber saß, im Innersten erfreut,
An meine Liebste dacht ich . . .

Sitz ich allein,
Wo kann ich besser sein?
Meinen Wein
Trink' ich allein,
Niemand setzt mir Schranken,
Ich hab' so meine eigne Gedanken.

Und manchen Namen nenn ich leis
Still schöppelnd meinen Eilfer,
Sie weiß es wenn es niemand weiß . . .

Nur zu! geliebter Schenke,
Den Becher fülle still!
Ich sage nur: Gedenke!
Schon weiß man was ich will.

Über dem Reichtum dessen, was der West-östliche Divan an gestaltetem Wort enthält, an geglücktem Wagnis, die Grenzen des Sagbaren zu erweitern und bis an und in das Unsägliche zu dringen, dürfen wir nicht übersehen – und es verdiente einmal ausgeführt zu werden –, daß er, gemäß seiner „geeinten

Zwienatur", welche schon der Titel ausspricht, auch einen weiten Bereich jenseits der Worte umfaßt:

> Wenn sie mich an sich lockte,
> War Rede nicht im Brauch ...
>
> Singe du den andern Leuten
> Und verstumme mit dem Schenken.

Da gelten Blick und Kuß – „Denn die Worte gehn vorüber / Und der Kuß der
bleibt im Innern" – und der Gestus des erhobenen Bechers; bis hinauf zu jenen
„Dialekten" im „höheren und höchsten" Paradies: „Wie sich Mensch und Engel
kosen, / Der Grammatik, der versteckten, / Deklinierend Mohn und Rosen ..."[84]

Am letzten Tag des unglücklichen Jahres 1816 schreibt Goethe an Marianne,
und seltsam begegnet uns in diesem Brief – nicht als Anrede, aber doch so gebraucht, daß Marianne es auf sich beziehen darf – jenes Wort, das uns bereits
in dem Schema der Kantate so aufgefallen war: „die Geliebteste".[85]

Sonst aber ist zu dieser Geliebtesten nichts hingedrungen von den Worten
der Sulamith, mit denen, wie wir überzeugt sind, sie gemeint war; und wenn
es in einem späten Divan-Gedicht an Suleika-Marianne[86] heißt:

> Nun tön es fort zu dir, auch aus der Ferne;
> Das Wort erreicht, und schwände Ton und Schall ...

so gilt das nicht von den Zeilen, die wir heute betrachtet haben. Sie sind vielleicht auch gar nicht Wort zu nennen, gestaltetes Wort; sind eher ein Ton, der
geschwunden ist.

Eben dies aber – daß wir es nicht mit einem schlackenlosen Gebilde der
Kunst zu tun hatten, daß hier noch das Leben sichtlich hereinwirkt –, hat unsere Bemühung erleichtert, ja überhaupt erst Mut zu ihr gemacht.

Marianne muß in dem Winter 1816 auf 17 viel gelitten haben; ein Brief ihres
Mannes an Goethe aus dem folgenden Jahr[87] nennt ihren gegenwärtigen Zustand „furchtbar", fügt aber hinzu, daß dieser Winter 1817/18 sich besser anlas-
se, als „der vorige *war*!" Ihr Inneres, das dürfen wir mit Gewißheit sagen, hat
den Worten der Sulamith nicht entsprochen.

Die wenigen Trümmer dieses Textes können dennoch, scheint mir, behilflich
sein, die immer wieder beredete Krise von 1818 zu erhellen, das Schweigen
Goethes zumal, welches man weder als Verstummen noch gar Entsagen, son-
dern als ein Versagen beurteilt, verurteilt hat; sie könnten dazu beitragen, eines
Tages aus umfassender Einsicht in alle Einzelheiten vielleicht ein unverstelltes
Bild der so viel hin- und hergezerrten Beziehung zu gewinnen.

Erstdruck siehe Seite 218.

Gegen Ende des Jahres 1816 bereitet man in Preußen Feiern zum Andenken
an Luthers Reformation vor (Anschlag der Thesen in Wittenberg 1517). Aus
diesem Anlaß entwirft Goethe im Blick auf Händels Oratorion eine ‚Kantate'.
Gegenüber Zelter gebraucht er den Ausdruck ‚die Sprechenden'; dabei bleibt
unbestimmt, ob er bloße Sprecher meint oder Sänger, welche Rezitative, gege-
benenfalls auch Arien vorzutragen hätten. Da heißt es: „Die Sprechenden sind
meist Männer." Es sind aber n u r Männer. Im einzelnen nennt er als Sprecher
Propheten, Apostel, Jünger, Evangelisten. Sprecher-Namen sind Josua, Elias,
Jonas, Jessaias, Johannes, Christus, 3 Apostel, ein Evangelist. In einem späteren Stadium fügt Goethe für den ersten Teil das Wort ‚Frauenchöre' ein und
setzt ganz spät hinzu die Zeile: „Sulamith, die Geliebteste in der Ferne." Was
er meint, ist in den Versen ausgesprochen:

> „Und ich stehe, stehe ferne,
> Und ich weiß es, daß er liebt."

So denkt, so wünscht er sich die Geliebte.

Sonderbar die Vorstellung, daß hier, genau genommen, der Dichter sich selbst
besingt.

Zu vergleichen Faust I, Walpurgisnacht, Vers 4181 f.

1997

II.
„Tableaux und Attituden"

Im Gedenken an Herbert Küsel

Am 6. Oktober 1815, in Heidelberg, schreibt Goethe in sein Tagebuch: „Entschluß zur Abreise".[88]

Sulpiz Boisserée, in dem seinen, drückt das mit den Worten aus: „[er] muß flüchten". In einigen vorangehenden Sätzen deutet er auch Motive an: „Die Jagemann hat ihn von Mannheim gedrängt – und die anderen Damen, er soll herüberkommen zu Tableaux und Attituden. Er fürchtet den Herzog [Carl August]." Diese Notiz verknüpft sich mit der vom Vorabend, bei der Rückkehr aus Karlsruhe: „Wir fanden Briefe von Mannheim – an den Goethe" und mit der vom folgenden Tag, als er seinen Gast auf beschleunigter Heimreise begleitete: „Im Wagen erholt sich der Alte allmählich. Die Sicherheit, nicht mehr vom Herzog oder der Jagemann erreicht zu werden, beruhigt ihn sichtbarlich."[89]

Goethes lakonischer Vermerk verschweigt mehr, als Boisserée zu berichten weiß; nur die Notizen über die Post, die er an jenem 6. Oktober schrieb – „Frau v. Heygendorf [die Jagemann], Mannheim. Madame Städel, Frankfurt. Geh. Rat Willemer, Frankfurt ... Serenissimo"[90] –, erschließen uns einiges, da wir diese Absage- oder Abschiedsbriefe, bis auf den erstgenannten, kennen.

Wie weit Sulpiz schon damals Näheres von Goethes Neigung zu Marianne gewußt hat, läßt sich nicht bestimmen; das „offenste Vertrauen" zwischen den Reisegefährten, wovon Goethes folgender Brief an Rosine Städel (Meiningen, 10. Oktober) spricht, hatte sich wohl erst in den letzten Stunden des Zusammenseins eingestellt, die „wie es zu geschehen pflegt, ... die interessantesten" gewesen waren.[91] Boisserées Äußerungen jedenfalls aus diesen Reisetagen wie auch über die beiden ganz mit Gesprächen ausgefüllten sechsstündigen Fahrten von Heidelberg nach Karlsruhe und zurück, am 3. und 5. Oktober, verraten hierüber nichts. Wohl aber geben seine Berichte, namentlich die von der Karlsruher Exkursion, sonst – wenn auch nur mittelbar – manchen Aufschluß über die „inneren Zustände".

Auf der Fahrt nach Karlsruhe, am 3. Oktober, läßt Goethe die jüngstvergangenen gemeinsamen Tage Revue passieren: „wie sich alles gedrängt usw.".[92] Wirklich war schon sein Aufenthalt in Frankfurt am Main – vier Wochen auf der Gerbermühle, acht Tage, die er, Abstand suchend, allein in Willemers Stadtwohnung zugebracht, die abschließenden drei Tage auf der Mühle, während deren nun auch Sulpiz mit draußen gewohnt hatte – in eine „große Hetze" ausgelaufen;[93] und von da an gab es ein ständiges Auf und Ab: die Reise über Darmstadt nach Heidelberg (18.–19. September), dem Großherzog Carl

August entgegen, der sich vom zweiten französischen Feldzug nun auf der Jagd im Badischen erholte; der nicht ganz unerwartete und doch überraschende Besuch der Willemers, mit allen Erregungen des ‚Wiederfindens‘ und eines wiederholten Abschieds, vom 23. bis 25. September; die Ankunft des Großherzogs endlich, am 28.; die Fahrt mit ihm zur Jagemann (30. September und 1. Oktober), welche in Mannheim die Reise nach Italien unterbrochen hatte, um den fürstlichen Freund bei ihrer Schwester, Frau v. Danckelmann, zu erwarten; und nun, auf Carl Augusts Betreiben, dieser Ausflug nach Karlsruhe.

Mit dem Lob des Großherzogs beginnt denn auch, vor der Abfahrt noch, das große Gespräch der Rückreise: „daß er wohlgetan, nach Karlsruhe zu gehen, sich von dem Herzog influenzieren zu lassen ... der bestimme ihn immer zu etwas Gutem und Glücklichen“.[94] Dann aber nimmt die Unterhaltung zeitweise düstere und unheimliche Züge an; und heute entdecken wir darin fast alle jene Elemente beieinander, die, sehr viel später, 1831, der letzte Teil von ‚Dichtung und Wahrheit‘ und die gleichzeitigen Gespräche mit Eckermann unter dem Begriff des ‚Dämonischen‘ zusammenfassen.[95]

Das Wort „Dämonen“ kommt bei Boisserée nicht vor, aber es scheint im Gespräch doch gefallen zu sein; denn gleich im ersten Brief an den Freund, vom 23. Oktober, im ersten Satz schon, gebraucht Goethe es, als nehme er die Unterhaltung nur wieder auf.[96]

„Ahndungsvoll“ nennt Boisserée denn auch mehrmals die Stimmung dieses Gesprächs vom 5. Oktober.[97] Mit den gegenwirkenden Kräften, deren Goethe da gedenkt – „Personen, ... die einen ganz unheilbringenden Einfluß auf ihn hätten“ –, scheint auch die Jagemann gemeint gewesen zu sein; zum mindesten in der dringenden Frage Boisserées, „ob dergleichen Unglücksboten etwa in der Nähe wären“; und wenn Goethe dies hier auch verneint, so stehen dem doch entgegen die erwähnten Äußerungen einer fast panischen Furcht, die Sulpiz aus den folgenden Tagen notiert und die sich nun auch auf den Großherzog, den sonst als einen wohltätigen Dämon gepriesenen, erstrecken.[98]

Seltsam, auf dieser Fahrt nach Würzburg, die sich in Boisserées Darstellung beinah wie eine Flucht vor der Jagemann ausnimmt, begegnet den beiden, zwischen Neckarelz und Hardtheim – Ferdinand Jagemann, der weimarische Hofmaler, der seinerseits nach Mannheim zu den Schwestern reist! Und schon dreht sich wieder Gedanke und Gespräch um diese Familie und um die „Not, die der Herzog mit [ihr] hat“.[99] Hier scheint wirklich etwas wie eine ‚Anziehungskraft des Bezüglichen‘[100] zu spielen. Goethes Tagebuch erwähnt die Begegnung nicht.

Erlauben Sie uns nun, den unübersehbaren Komplex der Gefühle, Erinnerungen, Bilder und Gedanken, die in jenen Tagen Goethe bewegt haben, mehr noch einzuengen, als dies schon in Boisserées Notizen geschehen ist, und bei einem einzelnen der von diesem genannten Motive zu verweilen.

Schreckhaft scheint auf den Dichter vor allem das Drängen der „Jagemann und der anderen Damen" gewirkt zu haben, er solle „herüberkommen zu Tableaux und Attituden".

„Tableaux und Attituden" – das waren ‚tableaux vivants' ‚lebende Bilder', wie noch unsere Väter- und Großväterzeit sie als gesellschaftliche Unterhaltung kannte, und pantomimische oder ‚mimisch-plastische' Stellungen – Nachbildungen berühmter Kunstwerke oder mehr oder minder freie Variationen darüber, gelegentlich auch Gestaltung selbstgewählter Themen; jene häufiger von mehreren dargestellt und nach Gemälden, diese von einzelnen, meist nach Statuen; jene ein Bereich der Amateure, diese am eindrücklichsten durch künstlerisch selbständige Persönlichkeiten verkörpert, die bei begleitender Musik, unter wohlberechneter Verwendung faltenreicher Shawls und Kleider, solche Stellungen zur Bewegungs-Folge zyklisch ausbildeten, sie auch mit Deklamation oder Gesang zu bereichern suchten.[101] Beides Erscheinungen, die Goethe vermutlich als modische Halbkünste ansah – schon das Schema über den Dilettantismus (1799) erwähnt kurz die Tableaux[102] –, was ihn nicht hinderte, sich die Attituden einzelner Talente gefallen zu lassen[103], auch einmal selber an Tableaux als an Vergnügungen höfischer Zirkel, adeliger Häuser, beratend oder indem er erläuternde Strophen beisteuerte, teilzunehmen.

Gerade zu Beginn dieses Jahres 1815 hatte er die Attituden-Mode für ein eigenes Werk genutzt: als er, zum Geburtstag des Erbgroßherzogs am 2. Februar, das Monodram ‚Proserpina', einst „frevlich in den ‚Triumph der Empfindsamkeit' eingeschaltet und ihre Wirkung vernichtet", mit einer neuen Musik von Eberwein einstudierte.[104] Die Paraderolle der Proserpina war dabei nicht mit der Jagemann besetzt gewesen, sondern mit Goethes Liebling Amalie Wolff-Malcolmi. In seinem Bericht für das ‚Morgenblatt' (8. Juni), der das Stück den Direktionen deutscher Bühnen nahebringen sollte, rühmt Goethe die Künstlerin, ohne sie zu nennen: „bewegliche Zierlichkeit der Gestalt und Kleidung flossen in eins zusammen".[105] Ein ganzer Abschnitt seines ausführlichen Aufsatzes handelt von den beiden neuen Gattungen.[106] In einem Brief an Zelter aber, vom 17. Mai, hatte er, mehr im Ton des Metiers, formuliert: „Meine Proserpina habe ich zum Träger von allem gemacht, was die neuere Zeit an Kunst und Kunststücken gefunden und begünstigt hat: 1) Heroische, landschaftliche Dekoration, 2) gesteigerte Rezitation und Deklamation, 3) Hamiltonisch-Hendelische Gebärden, 4) Kleiderwechslung, 5) Mantelspiel und sogar 6) ein Tableau zum Schluß ..."[107]

„Hamiltonisch-Hendelische Gebärden" – damit sind die zwei Frauen genannt, eine Engländerin, eine Deutsche, denen die Gattung der Attitude (und in gewisser Weise auch die des Tableaus) Entstehung, Ruhm, Verbreitung verdankt.

Goethe war beiden begegnet: in Italien bereits, 1787, der Emma Lyons-Harte, Freundin, dann Gattin Sir William Hamiltons, romanhaft-unsterblich durch ih-

re Verbindung mit dem Nationalhelden Horatio Nelson; in Weimar, 1810, der
Hendel – Henriette, geb. Schüler, nach ihrer vierten Eheschließung (1811)
Hendel-Schütz –, welche seit der Mitte der neunziger Jahre, durch pantomimische Vorstellungen und Deklamatorien, reisend einen europäischen Ruhm behaupten konnte, der sich in beschreibender und bildlicher Wiedergabe ihrer
Zyklen wie auch in vielfacher, meist dilettantischer Nachahmung manifestier-
te.

Doch schon bevor die Hendel, am 26. Januar 1810, in seinem Hause „verschiedene ihrer Akte" zum besten gab, vor einem Zuschauerkreis, welchem
außer Carl August und mehreren Prinzen auch die Jagemann angehörte,[108]
hatte der Dichter Attituden und Tableaux ausführlich geschildert – im Zweiten
Teil der ‚Wahlverwandtschaften'.

Charlottens Tochter Luciane bringt dort, wie Sie sich erinnern, mit ihren
Versuchen in „pantomimischen Stellungen und Tänzen, in denen sie verschiedene Charaktere auszudrücken gewandt" ist, dann aber auch mit veritablen
Tableaux, ziemlich gewaltsam Leben in einen großen Zirkel von Gästen, die
sie als Mitwirkende oder als Publikum teilzunehmen nötigt.[109]

Der Dichter, Sie wissen es, hat seine Schilderungen dieses gesellschaftlichen
Treibens genugsam akzentuiert, Luciane als eine „für andere vielleicht unange-
nehme Erscheinung"[110] hinzustellen. Sie ist in jedem Zug das Gegenbild seiner
Heldin, und da sie die stille Überlegenheit dieses ganz in sich gekehrten Wesens spürt, „erzeugt ... sich ... eine wahrhafte Bitterkeit ... in ihrem Verhältnis zu Ottilien",[111] was in vielen lieblosen Handlungen zutage tritt, zumal auch
in der Art, wie sie sie von ihren persönlichen Exhibitionen auszuschließen
weiß.

Deshalb unternimmt es in seiner stummen Zuneigung der junge Architekt,
nachdem Luciane und ihr Begleiter-Schwarm davongestoben sind, Ottilie ge-
bührend zu erhöhen, indem er sie in einem Krippenbild, dem frommen Ursprung aller Tableaux, die Muttergottes darzustellen bewegt.[112]

Zum erstenmal sehen wir hier bei Goethe ‚Tableaux und Attituden' als die
Vehikel einer Wesensart: eines „selbstischen Mutwillens", eines Gefallenwol-
lens, das „alles ... auf [sich] selbst berechnet".[113] Und ganz natur-, vielmehr
unnaturgemäß gehört auch die Weise dazu, wie Luciane sich „mit Gesang zur
Guitarre" vernehmen läßt und „ihr Glück im Rezitieren" versucht: „Das Instrument spielte sie nicht ungeschickt, ihre Stimme war angenehm; was aber
die Worte betraf, so verstand man sie so wenig, als wenn sonst eine deutsche
Schöne zur Guitarre singt. Indes versicherte jedermann, sie habe mit viel Ausdruck gesungen ..." – „Ihr Gedächtnis war gut, aber, wenn man aufrichtig reden sollte, ihr Vortrag geistlos und heftig, ohne leidenschaftlich zu sein ... Dabei hatte sie die unglückliche Gewohnheit angenommen, das, was sie vortrug,
mit Gesten zu begleiten ..."[114]

Bei alledem erscheint aber Luciane keineswegs nur abstoßend; sie hat Reize und Reiz, Anlagen und Talente, hält auch „die andern in den strengsten Grenzen der Sittlichkeit gegen sich"; und der Dichter entläßt sie mit der Aussicht auf eine mögliche „sehr angenehme und liebenswürdige Reife".[115] Vor allem wird ihre körperliche Schönheit immer neu ins einzelne beschrieben und „in ihrem höchsten Glanze" gerühmt; sie kann es sich sogar leisten, bei einem Tableau nach Poussin zu den sie „umgebenden unterstützenden Mädchen lauter hübsche, wohlgebildete Figuren" auszusuchen.[116]

Solchem Glanz verglichen, ist Ottiliens Schönheit ein stilles, freilich unverlöschliches Leuchten: „obgleich Ottilie sehr einfach gekleidet ging, so war sie doch oder so schien sie wenigstens immer den Männern die Schönste. Ein sanftes Anziehen versammelte alle Männer um sie her, sie mochte sich in den großen Räumen am ersten oder am letzten Platze befinden."[117]

Wir scheinen vielleicht etwas weit von dem Ziel unserer Betrachtung abgewichen; lassen Sie uns nun um so entschiedener ihm wieder zustreben.

„Tableaux und Attitüden" in Mannheim! Am 30. September, kurz nach dem zweiten, dem Heidelberger Abschied von Marianne, war Goethe mit seinem Fürsten drüben gewesen. Im Kreise der Jagemann, ihrer Schwester und der Familien des ehemaligen Gesandten Stryck van Linschoten, den er von früher her kannte, und des Admirals Kinckel hatte er einen „angenehmen Abend" zugebracht.[118]

Von „Ringepitheten"[119] berichtet sein Tagebuch; Eigenschaften edler Steine vermutlich die, nach überlieferten Kategorien, der Mineraloge auf Charaktere und Schicksale der Trägerinnen zu deuten wußte. Eigens erwähnt werden, als letztes Merkwort des Tages, „Smaragde". Die damit wohl gemeinten Strophen, die Goethe an diesem Abend oder am nächsten Morgen schrieb – „Soll ich von Smaragden reden ..." –, geben einen Begriff seiner Auslegungskunst; sie galten der schönen Tochter des Hauses Stryck, Betty, und sind in das ‚Uschk nameh‘ des Divans, das ‚Buch der Liebe‘, eingegangen.[120]

Anscheinend hatten sich damals auch, ganz ungezwungen, Gruppen ergeben, die an Tableaux gemahnen konnten; wenigstens schreibt Boisserée am 27. Oktober an Goethe: „da Sie gern etwas Ausführlicheres über Mannheim wissen wollen, muß ich Ihnen von betrübten Frauen und Kindern erzählen, die um einen Entflohenen trauern; vor allem von einer bedaurungswürdigen Mutter, die sich nicht zu fassen weiß [Frau Stryck?] und jedem sagt: ‚Ach wenn Sie es nur gesehen hätten! da saß er [Goethe], da saß sie [Betty?], es war wie Egmont und Klärchen‘!"[121] Und Goethe, in seiner Antwort vom 6. November, spinnt das weiter aus: „Ich leugne nicht, daß eine Schilderung jenes geselligen Vereins, von Palamedesz' Hand, mir sehr erwünscht wäre, und wenn auch der Prinz von Gavre etwas parodiert werden müßte. Am Liebchen war nichts auszusetzen."[122]

Aber auch an regelrechten Attituden hatte man sich offenbar, laut Boisse-rée, versucht: „Von dem Töchterchen und ihren Übungen in allen Stellungen der Jungfrau Maria sage ich nichts, denn das hübsche Kind ist Ihnen gewiß noch vollkommen gegenwärtig."[123]

Fast in derselben Stunde freilich, als er die Verse für Betty Stryck nieder-schrieb, hat Goethe das Lied gedichtet „Locken! haltet mich gefangen ...", dessen Leidenschaft nach allen Bildern von vulkanischer Glut, von Lava, Brand und Asche greift.[124]

Vergleichen wir Sulpizens Andeutungen über die Mannheimer Geselligkeit (bei welcher er nicht zugegen gewesen war) mit seinen Berichten über die letz-ten Abende auf der Gerbermühle, wo Marianne gesungen, Goethe Balladen und von den neuen west-östlichen Gedichten vorgelesen, und Witz und Scherz bis zur Ausgelassenheit die Gespräche belebt hatten, so wird nur zu begreif-lich, daß in dem Augenblick, als Goethe sich das Wiedersehen in Frankfurt versagte – und wir meinen allerdings, er habe nicht noch einmal sich einem Abschied aussetzen wollen, er, dem „jede große Trennung einen Keim von Wahnsinn" zu enthalten schien und der bereits bei dem ‚Wiederfinden' in Hei-delberg sich gestanden hatte: „Eingedenk vergangner Leiden / Schaudr' ich vor der Gegenwart" –, daß in dem Augenblick solchen Verzichts schon der Gedanke ihn schrecken und in die Flucht treiben mußte: im engsten Kreis der Jagemann, und ohne den Fürsten diesmal, gesellige Nichtigkeiten zu wieder-holen.[125] Diese „schöne Freundin" – so redet er sie in Briefen an – war gewiß, nicht anders als Luciane zu Ottilie, in allem der Gegensatz Mariannens. Und in den Darbietungen der ‚Tableaux und Attituden', wie auf der Bühne oder beim Gesang, treten Kontraste dieser Art nur noch schneidender hervor.

So ist er denn geflüchtet. Und kaum hat er auf dem Heimweg sich von Bois-serée getrennt, da entsteht ein Gedicht; in Meiningen schreibt er es nieder; ‚Hatem und Mädchen' nennt er es im Tagebuch:[126]

> Wie des Goldschmieds Bazarlädchen
> Vielgefärbt-, -geschliffne Lichter,
> So umgeben hübsche Mädchen
> Den beinah ergrauten Dichter ...

Sie drängen sich zu ihm, an ihn, jede will von ihm geschildert und gepriesen sein; und alle werden sie, wirklich wie im Laden des Juweliers, prompt und gefällig bedient: jede erhält, als teile er ‚Ringepitheten' aus, einen Lobspruch, denn an jeder läßt sich etwas Rühmenswertes entdecken. Doch diese gelasse-ne, fast lässige Ruhe des Willfahrens und Gewährens ist ihnen nicht geheuer, scheint ironisch, hinterhältig gar: sie haben von einer Rivalin Suleika gehört. Nach ihr suchen sie ihn auszuhorchen; wollen bezweifeln, daß sie schön sei, ja daß sie überhaupt existiere. Aber seine Antworten entziehen sich; ihr Bild

bleibt ausgespart: „Denn so wie ich euch erhoben / War die Herrin mit beschrieben."[127]

Und dann sagt er die Wahrheit, sagt ihnen auf die niedlichen Köpfchen zu:[128]

> Kennt ihr solcher Tiefe Grund?
> ....
> Von euch Dichterinnen allen
> Ist ihr eben keine gleich:
> Denn sie singt mir zu gefallen
> Und ihr singt und liebt nur euch.

Wieder ist es der Gegensatz, den wir in den ‚Wahlverwandtschaften' zuerst an-
trafen: der Selbstisch-Flachen, Flatterhaften, Herrsch- und Geltungslustigen
und des getreuen, demütig-stillen, innigen Wesens, das zur ‚Herrin' bestimmt
ist. Freilich finden wir die glanzvolle Schönheit der einen Luciane hier gleichsam aufgespalten in eine Vielzahl der Hübschen, Netten, Zierlichen, zu denen
und von denen sich nur im Deminutiv reden läßt.[129]

Auch geht es diesmal nicht um ‚Tableaux und Attituden'; alles bleibt in der
Sphäre dichterischen Gesangs. Und wohl nicht nur, weil Marianne sich überraschend als Poetin erwiesen hatte: das körperhafte Element ihrer Begabung
vielmehr, das Mimisch-Tänzerische, ihre damit verbundene Vergangenheit
scheinen dem Dichter, dem Liebenden ‚apprehensiv' gewesen zu sein. Beinahe
ängstlich zeigt er sich besorgt, sie allem fernzuhalten, was an diesen Dunst-
kreis erinnern oder gar aufs neue zu ihm hinziehen könnte.

Sie entsinnen sich der Notiz Boisserées aus den letzten Tagen von der Gerbermühle: „Abends Gesang ... ,Der Gott und die Bajadere' – Goethe wollte
dies anfangs nicht – es bezog sich dies auf ein Gespräch das ich kurz vorher mit
ihm geführt – daß es fast ihre eigene *Geschichte* – so daß er gesagt, sie soll es
nimmer singen."[130] Im gleichen Sinn hat Goethe ihm gegenüber „die Rettung
der kleinen liebenswürdigen Frau [durch Willemer, der sie von der Bühne weg-
genommen und zur Musik hatte ausbilden lassen] ein großes sittliches Gut"
genannt.[131] Und wohl deswegen auch setzt Goethe, als er, im März 1816, sein
Gedicht ‚Gegenwart' für Marianne variiert, anstelle der Strophe „Wenn du im
Tanze dich regst ..." die neue ein: „Singst du dem himmlischen Dom ..."[132]

Ihm war Marianne vor allem die Sängerin; er hat Musik ja überhaupt am
tiefsten und liebsten als Gesang erfahren; in welchem Seele und Sinne, Wesen
und Kunst sich einen.[132a] So rühmt er dann doch wieder, wie Marianne eben
jenes Lied zu singen weiß: „Gott und die Bajadere hört ich vortragen, so
schön und innig als nur denkbar" (an Zelter, 29. Oktober 1815).[133]

Im Hinblick auf sie reflektiert, so meinen wir, der Dialog zwischen Hatem
und den Mädchen – vollkommenste Ausprägung übrigens des erwähnten Ge-
dicht-Typus von den Vielen und der Einen[134] – die Begegnung mit der „Jage-

mann und den anderen Damen", von den ‚Ringepitheten' bis zu der ‚Flucht'; freilich in anmutigster Form: als eine unter höflicher Huldigung, galantem Scherz halb verhüllte Absage und Abkehr.

Nun aber, meine Damen und Herren, wenden wir uns noch einmal zum Herbst des Jahres 1816, das wir zu Beginn unserer Betrachtungen als ein unglückliches, unproduktives haben kennen lernen.

In diesem Herbst, Mitte Oktober, erschien zwar der Erste Teil der ‚Italienischen Reise'; aber der war im wesentlichen eine Frucht der Jahre 1814 und 1815; und als der befreundete ältere Frommann, in dessen Jenaer Offizin das Werk gedruckt wurde, gleich nach Goethes Rückkehr von Tennstädt auch nur um einiges weitere Manuskript bat, damit der Band den erwarteten Umfang erreiche, lautete die Antwort: „Ich bin jetzt nicht im Stande, die Redaktion vorzunehmen."[135] Dem Zweiten Band ist das übrigens gut bekommen; er ließ sich nun zu einem dreigeteilten Ganzen – Neapel, Sizilien, Neapel – gliedern; doch einstweilen bleibt alles vorbearbeitete Material, neben den schon abgeschlossenen Partien, liegen.

Goethes erste Lektüre nach der Heimkehr gilt immerhin den noch unfertigen Abschnitten der ‚Reise', dem Aufenthalt in Neapel; er liest eine Reihe von Büchern, die sich auf Emma Harte-Hamilton beziehen: die ‚Memoirs', kurz nach ihrem Tod (1815) erschienen, Lord Nelsons ‚Letters to Lady Hamilton', zwei biographische Werke über ihn.[136] Zwischen dem 13. und dem 25. September 1816 verzeichnet sein Tagebuch neunmal solche Lektüre; am 7. Oktober gehen die Bände zurück an die Bibliothek.[137]

Damit wären wir wieder bei den ‚Tableaux und Attitüden'; denn von dem Antikenkabinett Sir William Hamiltons, des Kenners und Sammlers griechischer und römischer Bildwerke, war diese Kunstübung oder -gattung und die ihr folgende modisch-gesellige Spielerei neu ausgegangen. Hier hatte Goethe das junge schöne Geschöpf in mehreren Separat-Vorführungen gesehen. Sie lebte damals erst seit etwa einem Jahr mit Hamilton zusammen; 1791 machte er sie zu seiner Frau, 1793 kam Nelson in das Haus.

Goethe, die eigenen Zeugnisse jener Zeiten zur Hand, Korrespondenz und Notizen in chronologischer Folge, erinnert sich; und er liest die Geschichte der Lady, die Briefe, die Nelson ihr geschrieben hat. Eine Konfiguration zeichnet sich da ab: Im Ufer-Haus des reichen Alten, des Diplomaten und schriftstellernden Sonderlings, des „Kunst- und Mädchenfreundes"[138] die junge, von ihm entdeckte, den Musen zugeführte Schönheit. Und neben ihnen ein Dritter, ein Gast; von ihm bewundert und verehrt, und ihr bald in erwiderter Liebe verbunden: der außerordentliche, geniale Mann, der gefeierte, berühmte.

Dürfen wir vermuten, dem Dichter sei diese Konfiguration bewußt geworden, als er die Gedanken zum Main richtete, der nun so unerreichlich war wie das Tyrrhenische Meer?

Daß er eine Analogie empfunden, daß er erinnernd verglichen habe, scheint uns aus dem, was jetzt noch darzulegen ist, gewiß.

Die Papiere von Neapel und Sizilien bleiben lange liegen; nimmt man zwei Ansätze zur Arbeit aus – je eine Woche im Oktober 1816 und im Januar 1817 –, nahezu acht Monate lang. Im November kommt, wie wir gesehen haben, der Plan zur Reformations-Kantate auf, der dann so bald wieder versinkt; in den letzten Dezember-Tagen gelingen die Schlußstrophen der ‚Ballade‘ und das ‚Künstlerlied‘.

Die letzten Stunden aber dieses Unglücksjahres bringt Goethe bei Frau v. Heygendorf zu; mit ihrem Namen schließt, ‚ominos‘ genug, das Tagebuch von 1816.[139] Für den Rückblickenden scheint sich in der Notiz schon anzuzeigen, daß die unheilvolle Konstellation von 1816 fortdauert, ja unter dem Zeichen dieses Namens in die eigentlich kritische Phase eintritt, die erst mit der Niederlage vom 13. April kulminierend enden wird.

Dieser letzte Kampf um die Theaterleitung beginnt noch im Januar 1817, und es ist tragikomisch-rührend zu sehen, wie zwei volle Monate hindurch der siebenundsechzigjährige Goethe mit allen Kräften buchstäblich Tag und Nacht sich müht, die weimarische Bühne aus Stagnation und Schlendrian, an denen er selber nicht unschuldig war, noch einmal herauszureißen, einer neuen ‚Diastole‘ entgegen;[140] wie er Memoranden und Verfügungen erläßt, Gespräche führt, Sessionen abhält, Engagements-Verhandlungen einleitet, Stücke liest, Neuheiten und Reprisen einstudiert, ja Wochen seines Lebens darangibt, ein Schauspiel von Kotzebue abkürzend umzuarbeiten[141] – dies alles, während, unter Führung der „schönen Freundin“, die Gegenkräfte sich längst formiert haben, und an der Zündschnur einer so robust wie keck, dabei nicht ohne Eleganz angelegten Intrige das Fünkchen unabwendbar auf die Explosion zuläuft.

Bereits in der zweiten März-Hälfte war Goethe, halb um abzuwarten, nach Jena gegangen, fand sich dann aber bald in eine Lage „genötigt [und] zwar hart genötigt“,[142] die nur den Rücktritt offenließ. Gleich danach scheint mit einemmal das Lastende und Widrige der letzten vierzehn Monate verflogen.

Zwischen neuen Pflichten wissenschaftlicher ‚Oberaufsicht‘ wendet er sich um so entschiedener zur Naturbetrachtung. Zu Anfang Juni kann er melden, „daß die moralische Weltordnung, nach an mir verübten unverantwortlichen Systolen, mich auf einmal, erhoffter, aber nicht erwarteter Weise, begünstigt hat, dadurch daß sie mich die Auflösung des Rätsels der entoptischen Farben … endlich finden ließ“.[143]

Wenige Tage später nimmt er, „in der lieblichsten Gartenwohnung“,[144] die Arbeit an der ‚Italienischen Reise‘ wieder auf. Wie bei den übrigen Publikationen, die er gleichzeitig, die Druckerei in der Nähe, betreibt, läßt er sich zum „erstenmal ... von dem Setzer hetzen".[145] Während schon gedruckt wird und täglich neue Korrekturbogen einlaufen, muß der Schlußteil, der Zweite Aufenthalt in Neapel, noch redigiert, zusammengestellt, streckenweise überhaupt erst geschrieben werden. Zu Michaelis soll das Buch herauskommen, aber noch am 8. Juli, in einem Brief an Johann Heinrich Meyer, zeigt der Autor sich verlegen um Stoff: „deuten [Sie] mir an womit ich allenfalls noch meinen 20tägigen 2. Aufenthalt in Neapel ausstatten und würzen könnte ... Es fällt Ihnen gewiß noch etwas ein was mir Lethe schon getrübt hat."[146]

Bis zur Mitte des Monats wird im Tagebuch Arbeit am Zweiten Aufenthalt in Neapel vermerkt; und erst am 17. Juli – als schon der 18. Revisionsbogen vorliegt – geht das Manuskript davon in die Druckerei, am 20. Juli die wohl abschließende „Fortsetzung"; der letzte Revisionsbogen wird am 29. Juli „remittiert".[147] So hatte sich immerhin Goethes Wunsch erfüllt, den Druck „noch im Laufe des Julius ... zu vollenden";[148] zur Herbstmesse 1817 erschien der Band.

Zweimal ist in diesem Zweiten Teil der ‚Italienischen Reise' auch von Emma Harte-Hamilton die Rede; bei jedem der beiden Aufenthalte in Neapel, welche den sizilischen flankieren: unter den Daten „Caserta, den 16. März 1787" und „Neapel, den 27. Mai 1787".[149]

Die beiden Berichte unterscheiden sich stark voneinander. In dem ersten schildert Goethe den Besuch bei Hamilton und die „Stellungen, Gebärden, Mienen etc." des schönen Mädchens.[150] Er gibt unmittelbar Vorgang und Eindruck wieder, ohne Reflexionen, heiter, fast ein wenig belustigt; die ganze Schilderung frisch hintereinander weg, ein Abschnitt von gut dreißig Zeilen, dem nur noch wenige Sätze anderen Gegenstandes folgen.

Der zweite Bericht hingegen ist ein merkwürdig ungleiches Kompositum aus elf Abschnitten; offensichtlich eines jener Füllstücke des letzten Arbeits-Stadiums, mittels deren die Einfassung ‚Neapel' sich einigermaßen proportioniert um den Hauptteil ‚Sizilien' schließen sollte.

Noch einmal schreibt Goethe hier von einem Besuch bei Hamilton, erwähnt kurz: „Gegen Abend produzierte Miß Harte auch ihre musikalischen und melischen Talente", schildert dann ausführlich das „Kunst- und Gerümpelgewölbe" Sir Williams und auch den „Kasten", mit welchem er die Freundin als „buntes unnachahmbares Gemälde" zu umrahmen pflegte; aber nun springt die Darstellung ziemlich unvermittelt über auf eine „Liebhaberei der Neapolitaner", die „Krippchen (presepe)", als die vermutliche Ur- und Grundform aller ‚lebenden Bilder',[151] und kehrt ebenso sprunghaft, abrupt fast, noch einmal zu Miß Harte zurück; allerdings nur, um sich recht unbarmherzig von ihr zu distanzieren:[152]

„Darf ich mir eine Bemerkung erlauben, die freilich ein wohlbehandelter
Gast nicht wagen sollte, so muß ich gestehen, daß mir unsere schöne Unter-
haltende doch eigentlich als ein geistloses Wesen vorkommt, die wohl mit ihrer
Gestalt bezahlen, aber durch keinen seelenvollen Ausdruck der Stimme, der
Sprache sich geltend machen kann. Schon ihr Gesang ist nicht von zusagender
Fülle."

Das ist, zunächst einmal, in aller umschweifigen Vorbehaltlichkeit, Prosa
des alten Goethe.

Das ist aber auch eine Häufung negativer Urteile, wie man sie von ihm, zumal über Frauen, kaum kennt.

Diese Negationen werden allerdings wieder aufgewogen, aufgehoben, wenn
auch keineswegs zugunsten der mißhandelten Miß Harte, durch den Absatz,
der ihnen zum Beschlusse folgt:[153]

„Und so mag es sich auch am Ende mit jenen starren Bildern verhalten.
Schöne Personen gibts überall, tiefempfindende, zugleich mit günstigen Sprachorganen versehene viel seltener, am allerseltensten solche, wo zu allem diesen
noch eine einnehmende Gestalt hinzutritt."

Stufenweise gesteigert bis zum höchsten Superlativ, eröffnet sich hier die
Sicht auf ein Gegenbild, das die dort vermißten Eigenschaften sämtlich vereinigte. Freilich scheinen sie dem ersten Blick derart ferngerückt und wie auf ein
bloßes Wunschgebilde gehäuft zu sein, daß man versucht ist, dem Dichter, wie
seine ‚Mädchen' dem Hatem, zuzurufen: „Merken wohl, du hast uns eine /
Jener Huris vorgeheuchelt!"[154] Ein Kommentator meint denn auch, Goethe
habe „den Abschnitt mit einem allgemeinen Gedanken ausklingen lassen"
wollen.[155]

Doch das glauben wir nicht. Dieser Autor ist zu reich und zu ‚gegenständlich', als daß er hier von der Negation in die Abstraktion ausweichen müßte.
Ihm hat, so meinen wir, ein wirkliches Wesen vorgeschwebt, ein geliebtes,
leibhaftes; die nämliche, an deren Existenz die ‚Mädchen' vorgeblich zweifeln,
um Hatem zum Reden zu reizen: Marianne-Suleika.

Wer auch ließ in „musikalischen und melischen Talenten" sich überzeugen-
der mit Miß Harte kontrastieren; wer entschiedener dem „geistlosen Wesen"
sich gegenüberstellen, als „sie, die Geistreiche", die „den Geist zu schätzen"
weiß![156]

Noch einmal treffen wir hier auf den Gegensatz, den Goethe zwischen Luciane und Ottilie, zwischen den Mädchen und Suleika statuiert hat; auch jetzt
wieder verweilt seine Kritik an der Nur-Schönen bei dem wesentlichen Kriterium, welches schon Lucianen aberkannt wird, beim „seelenvollen Ausdruck
der Stimme, der Sprache", beim „Gesang". Dieser zweite Bericht über die
Harte-Hamilton, durch zweihundert Seiten von dem ersten getrennt, schließt
absichtsvoll alles aus, was ihre Stärke, ihr eigentlicher Ruhm gewesen ist. Die

herben Bemerkungen dienen, als ‚repoussoir‘, „zu Verherrlichung der Lieben“,[157] und mithin darf, so scheint es, aller Mangel an Courtoisie gegen die schöne Lady vergeben und vergessen sein.

Denken wir an Boisserées Aufzeichnung: „Abends singt die Marianne Willemer mit ganz besonderem Affekt und Rührung: ‚Der Gott und die Bajadere‘. Dann: ‚Kennst du das Land ...‘, auch ausdrucksvoller als ich es noch gehört“; an Goethes eigene Worte: „Gott und die Bajadere hört ich vortragen, so schön und innig als nur denkbar“; an Sulpizens späteren Bericht, vom 23. September 1824: „die kleine Frau singt abends mit ihrem so eigenen seelenvollen Ausdruck die schönsten Lieder“[158] – vergegenwärtigen wir uns, daß Marianne Sängerinnen von europäischem Ruf ausgebildet hat:[159] dann wird die Steigerung verständlich, womit Goethe jenen Abschnitt beschließt; dann erweisen die scheinbar theoretischen Worte ihren persönlichen Gehalt.

Es ist eine so konkrete wie diskrete Huldigung, was Goethe hier dem „lieben kleinen Criticus“ bereitet hat, „der seinen Autor so sorgfältig studiert und, emsiger als die größten Philologen, alle die Umstände zu entziffern sucht, die zum Verständnis der wunderlichen Werke dienen können“;[160] eine Huldigung von der Art, auf die einer seiner späten Briefe an Marianne ausdrücklich hinweist: „Soviel jedoch würde sich durchaus ergeben, daß irgendwo [in seinen „kleinen Gedichten und den größern Werken“] ein *Vorzüglichstes*, sowohl der Innigkeit als der Dauer nach, auffallend entgegen träte.“[161]

Ähnlich wie in der Reformations-Kantate hat hier, scheint uns, Goethe die Gelegenheit ersehen und wahrgenommen, Marianne „aus der Ferne“ zu grüßen; und dieses Mal hat sein Gruß sie erreicht.

„Und so mag es sich auch am Ende mit jenen starren Bildern verhalten.“ Der Satz, schwank wie ein Waage-Balken, läßt sich einerseits auf Miß Hartes Attituden beziehen, das heißt auf die Schilderung aus Caserta, und würde also rückwirkend auch die dort ausgesprochenen Lobesworte noch paralysieren; andrerseits auf die Sätze, die ihm zunächst folgen; als habe Goethe, immer im Blick auf Marianne, jene Art von weiblicher Schönheit mitgemeint, der die „starren Bilder“ gemäß sind; in seiner Dichtung Luciane zum Beispiel,[162] in seiner Wirklichkeit etwa die „schöne Freundin“, die ihn zwei Jahre zuvor durch angedrohte „Tableaux und Attituden“ in die ‚Flucht‘ getrieben und ihn jetzt, mit Hilfe eines Hundes, aus einem eigensten Gebiet verdrängt hatte.

Unmittelbar nach Erwähnung der „starren Bilder“ sagt er, in gleichgültigem, fast wegwerfendem Ton: „Schöne Personen gibts überall ...“

Das ist die Denk- und Redeweise seines alten Chiron, der nur ein „Vorzüglichstes“, nur das „Allerseltenste“ gelten läßt – hat er doch Helena auf seinem Rücken getragen:[163]

> Was! ... Frauen-Schönheit will nichts heißen,
> Ist gar zu oft ein starres Bild;
> Nur solch ein Wesen kann ich preisen
> Das froh und lebenslustig quillt.
> Die Schöne bleibt sich selber selig;
> Die Anmuth macht unwiderstehlich ...

Erstdruck siehe Seite 218.

In der „Italienischen Reise" (Caserta, 16. März 1787, und Neapel 27. Mai 1787) gibt Goethe zwei ganz verschiedene Darstellungen der als Schönheit viel gerühmten Gefährtin des Gesandten am Hof von Neapel Sir William Hamilton, der Emma Harte (urspr. Lyons?). Einmal rühmt er ebendiese Schönheit, welche sie in den verschiedensten Stellungen präsentiert, zum anderen setzt er sie mit den Worten herab: „... daß mir unsere schöne Unterhaltende doch eigentlich als ein geistloses Wesen vorkommt, die wohl mit ihrer Gestalt bezahlen, aber durch keinen seelenvollen Ausdruck der Stimme, der Sprache sich geltend machen kann. Schon ihr Gesang ist nicht von zusagender Fülle."

Und so mag es sich auch am Ende mit jenen starren Bildern verhalten. „Schöne Personen gibts überall, tiefempfindende, zugleich mit günstigen Sprachorganen versehene viel seltener, am allerseltensten solche, wo zu allem diesen noch eine einnehmende Gestalt hinzutritt." Mit fast den gleichen Worten sagt Chiron in der Klassischen Walpurgisnacht:

> „... Frauen-Schönheit will nichts heißen,
> Ist gar zu oft ein starres Bild;
> Nur solch ein Wesen kann ich preisen
> Das froh und lebenslustig quillt.
> Die Schöne bleibt sich selber selig;
> Die Anmuth macht unwiderstehlich, ..."

                                                    Vers 7399 ff.

In dieser Zeit liest Goethe die leidenschaftlichen Briefe Lord Nelsons an Emma Harte-Hamilton. Da scheint es nicht abwegig, in Analogie an Goethes Leidenschaft für Marianne Willemer zu denken an die Konstellation Johann Jakob Willemer – Marianne – Goethe. Beide Male auch spielt sich die Szene an Gewässern ab.

1997

Exkurse

1. Zur Datierung zweier Divan-Gedichte aus dem Nachlaß

Die beiden Divan-Gedichte ‚Und warum sendet ...‘ und ‚Schreibt er in Neski ...‘ – im folgenden auch als Ch 1 und Ch 2 bezeichnet[164] – sind zuerst in der zweibändigen sogenannten Quart-Ausgabe (Q) gedruckt worden, die, von Riemer und Eckermann redigiert, 1836 bei Cotta erschienen ist.[165] Sie stehen dort, unter den Titeln ‚Die Liebende spricht‘ und ‚Die Liebende abermals‘, eingeschaltet ins ‚Buch Suleika‘, zwischen den Gedichten ‚Wenn ich dein gedenke ...‘ und ‚Ich möchte dieses Buch wohl gern zusammenschürzen ...‘. Die späteren Cottaschen Ausgaben, auch die Hempelsche (Gustav v. Loeper, 1872) sind dem gefolgt;[166] Heinrich Düntzer freilich bemerkte dazu (1878), die Gedichte wirkten an dieser Stelle „ganz fremdartig“.[167]

Im Divan-Band der Weimarer Ausgabe gab dann (1888) Konrad Burdach zum erstenmal die sechs Chiffernbriefe wieder, die sich von Goethe und von Marianne erhalten haben.[168] Dabei konnte er nachweisen, daß die Strophen ‚Und warum sendet ...‘ durch einen undatierten kurzen Chiffernbrief Mariannens hervorgerufen worden sind:[169]

> Lange hat mir der Freund schon keine Botschaft gesendet,
> Lange hat er mir Brief, Worte und Gruß nicht gesandt.
> Beglückt der Kranke, welcher stets
> Von seinem Freunde Kunde hat.

Im übrigen machte Burdach die Eingriffe der Quart-Ausgabe rückgängig und faßte, maßgebend für alle künftigen Editionen, die nachträglich eingeschalteten Gedichte zu einer Rubrik ‚Aus dem Nachlaß‘ zusammen, in deren analog dem Divan angeordneter Folge das Gedichtpaar Ch 1 − Ch 2 im Bereich des ‚Buches Suleika‘ erscheint.[170] Als Zutaten Eckermanns in Q tilgte Burdach auf Grund der Handschriften den Titel ‚Die Liebende spricht‘ und das Wort ‚abermals‘ in dem zweiten Titel. Entgegen seinen Angaben fehlt jedoch in der einzigen authentischen Niederschrift der Strophe Ch 2 ein Titel überhaupt.[171] Die irrtümlich stehengelassene Überschrift ‚Die Liebende‘ hat sich nicht nur in seinen eigenen Divan-Editionen von 1905 und 1937 konserviert, sondern auch in alle ihm folgenden übertragen; erst in der neuen Insel-Ausgabe (1949 u. ö.) ist sie beseitigt worden.[172]

Die Divan-Herausgeber und -Kommentatoren stimmen zwar darin überein, daß beide Gedichte eng zusammengehören; nicht aber darüber, wer hier spreche. So meint Düntzer 1878, also bevor Mariannens Chiffernbriefe bekannt waren, und wohl auf Grund der Titel in Q, die er für authentisch hielt: „Zwei Reden einer Liebenden, nicht Suleikas.“[173] Burdach wiederum (1905) erläu-

tert: „redete dort [in Ch 1] der besorgte Freund (Willemer), so hier [Ch 2] die
liebende Suleika Marianne selbst".[174] Rudolf Richter, sonst, nach dem eklekti-
schen Prinzip seiner Ausgabe (1924) freigebig im Zitieren, hält sich in diesem
Fall, offenbar kritisch, zurück.[175] Dagegen ist der Meinung Burdachs – nachdem schon Hans Pyritz (1941) in seiner ‚biographischen Studie' über Goethe
und Marianne von Willemer sie aufgenommen hatte[176] – Ernst Beutler beige-
treten, welcher in seiner Ausgabe (1943) bemerkt: „Goethes Gedicht [Ch 1],
das Mariannens Chiffrebriefe [!] in eigene drei Strophen umsetzt", und zu
Ch 2: „Fortsetzung des vorigen, nun aber im Munde Mariannens."[177] Erst wieder Erich Trunz (1949) kennzeichnet die Strophen Ch 1 zutreffend als „Ein Su-
leika-Gedicht".[178]

Eine andere Auffassung hätte, scheint uns, gar nicht aufkommen dürfen,
seit man die Herkunft aus Mariannens Chiffernbrief kannte; am wenigsten
aufkommen durch den, der diese Herkunft nachgewiesen hat. Wer denn außer
Marianne-Suleika könnte die Verse sprechen: „An seiner Stelle / Sei mir die
Schrift"? Hier hat, wie so manchesmal, verhängnisvoll für seine Nachfolger,
Burdach über der einmal gefaßten Meinung den Text nicht mehr gesehen.

Auf die *Entstehungszeit* dieser Gedichte ist er allerdings nie eingegangen;
insofern liegt es nicht an ihm (obgleich eben das Fehlen seines autoritativen
Spruches dazu beigetragen haben mag), daß sie in der neueren Divan-Litera-
tur unterschiedlich und oft mit auffallender Unsicherheit datiert, ja bisweilen,
trotz ihrem sonst zugegebenen engen Zusammenhang, in der Zeit weit voneinander entfernt werden.

So setzt Hans Gerhard Gräf (1914) die Strophen Ch 1 mit „1816?" an, Ch 2
jedoch mit „1815–19".[179] Ihm folgt Rudolf Richter (1924), nur daß er für Ch 2
die Zeitspanne um ein Jahr verringert: „1816–19".[180] Beutler (1943) sagt von
Ch 1: „nicht genau zu datieren", fügt aber hinzu: „aus der ersten Zeit der
Trennung", was auf den Winter 1815/16 deuten würde; allerdings annulliert er
diese Worte seines Kommentars dann wieder im Inhaltsverzeichnis, wo es zu
beiden Gedichten heißt: „vermutlich zwischen 1816 und 1819".[181] Trunz endlich
(1949), welcher nur Ch 1 in seine Auswahl ‚Aus dem Nachlaß' aufgenommen
hat, äußert sich sehr behutsam: „wahrscheinlich 1818 (vielleicht auch 1816–
17)";[182] ähnlich Liselotte Lohrer (1950): „zwischen 1816 und 1818?" zu Ch 1,
„unbestimmt" zu Ch 2.[183] Um so stärker hebt sich von derlei Schwankungen
die Gewißheit ab, womit Hans Pyritz (1941) erklärte: „Die Verse passen nach
Gehalt und Stimmung nur in das Krisenjahr 1818. Zwei Jahre früher, wohin
die gewöhnliche Vermutung sie weist, wären sie ohne Anlaß und Zusammenhang."[184]

So viele Widersprüche und Gegensätze rechtfertigen wohl den Versuch, die
Entstehungszeit der beiden Gedichte näher zu bestimmen.

Wir dürfen von den Tatsachen ausgehen, daß die Strophen ‚Und warum sendet …‘ an den Chiffernbrief Mariannens anknüpfen, und daß der Chiffern-Briefwechsel überhaupt im Sommer 1815 begonnen hat – frühestens während der zweiten Septemberwoche, als Goethe allein in Willemers Frankfurter Haus Zum roten Männchen wohnte, spätestens kurz nach seiner Abreise von Frankfurt, am 18. September; das Gedicht ‚Geheimschrift‘, entstanden in Heidelberg am 21. September, rühmt bereits Marianne, „weil sie die Kunst erfand“.[185]

Bei unseren Überlegungen nehmen wir die Worte ernst, mit denen Goethe, in dem Abschnitt ‚Chiffer‘ der ‚Noten und Abhandlungen‘ zum Divan, diese Mitteilungsart erläutert; vor allem die folgenden: „sie [die Liebenden] bezeichnen Seite und Zeile [im Divan des Hafis], die ihren gegenwärtigen Zustand ausdrückt“.[186] Das bedeutet, unter anderem: im genauen Gegensatz etwa zu den Suleika-Liedern, in welche einzelne Elemente des Erlebens auf eine Weise dichterisch eingeschmolzen sind, daß die biographische Interpretation sich nahezu verbietet,[187] dienen hier Zeilen eines großen Dichters (wenn auch in abschwächender Übertragung), unter anderem, zur Nachricht über die jeweiligen „inneren Zustände“ der Korrespondierenden. Hier also dürfen wir nach solchen biographischen Elementen auch einmal fragen.

Wir können zunächst feststellen, daß der Chiffern-Briefwechsel sich nicht weit über den ersten Winter der Trennung, den Winter 1815/16, hinaus erstreckt habe; wenigstens bieten die vorhandenen Zeugnisse keinen Anhaltspunkt für eine längere Dauer. Dabei lassen wir vorerst jenen Chiffernbrief Mariannens, aus welchem Ch 1 hervorgegangen ist, außer Betracht.

Unter den fünf übrigen ‚Briefen‘ – drei von Marianne, zwei von Goethe (zu denen noch der Entwurf eines dritten kommt)[188] – sind zwei datiert: einer vom 10. Oktober (Goethe), einer vom 18. Oktober (Marianne); ein ‚Brief‘ Mariannens gehört, gemäß den Zeilen „Die Stadt verließ seit einer Woche / Mein Mond, mir scheints ein Jahr“, in die erste Zeit nach dem Abschied;[189] früher noch, wohl in der Nähe Mariannens, scheint der andere ‚Brief‘ Goethes entstanden zu sein, welcher, beginnend mit den Zeilen „Leicht ist die Lieb' im Anfang, / Es folgen aber Schwierigkeiten“, auf einen unbeschwerten, ja frohen Ton gestimmt ist.[190] Ein dritter ‚Brief‘ Mariannens endet maßvoll, gefaßt, beinahe zuversichtlich: „Klag' über die Trennung nicht, mein Herz: / Es wechselt auf der Erde / Bald Gram, bald Lust, bald Ros', bald Dorn / Hinauf und itzt hinunter“;[191] er kann also nicht als Zeugnis jenes tiefen Leidens verstanden werden, von dem wir aus dem Winter 1816/17 und dem folgenden wissen.

Daß der Chiffern-Briefwechsel im ersten Halbjahr 1816 aufgehört habe, dafür spricht aber auch noch ein weiteres – soviel wir sehen, bisher nicht beachtetes – Moment.

Es ist wohl aufgefallen, meist aber mißdeutet worden, daß aus diesem er-

sten Winter der Trennung eigene Briefe Mariannens nicht vorliegen. Man hat
zunächst vermuten wollen, sie habe ihre Briefe aus dieser Zeit später vernichtet; doch war das nach dem Wortlaut der Briefe Goethes wie nach anderen
Merkmalen nicht aufrechtzuhalten.

Pyritz hingegen sieht Marianne „stumm verharren", sich „in ein befremden-
des Schweigen" hüllen, sich auf „wortlose Sendungen" beschränken und inter-
pretiert das einzige briefliche Grußwort, das wir aus dieser Zeit von ihr kennen, die Zeile: „Empfehlen Sie mich Ihrer Frau und grüßen Sie August von
Ihrer Marianne" – unter einem Briefe Willemers vom Dezember –, als „eisig";
nachdem er bereits die Möglichkeit „eines innersten Verletztseins durch den
Treubruch" erwogen hat, „als den sie Goethes Absage an das vereinbarte Wiedersehen empfinden konnte".[192]

Dem stehen jedoch Zeugnisse gegenüber wie Mariannens Chiffernbrief vom
18. Oktober – leidenschaftliche Zeilen des Hafis, voller Beteuerungen der Liebe – und ihr eigenes Gedicht vom 23. Dezember, „Wie mit innigstem Behagen
...".[193] Pyritz bemüht sich denn auch, solchen Kontrast zu erklären: „Goethe
war gekommen, sie aus dem gemessenen Bezirk ihres unentfalteten Wesens
auf die Höhe eines nie gekannten Glücks zu reißen, und hatte sie dann im
Rausch der Ekstase, im schutzlosesten und hilfsbedürftigsten Augenblick verlassen ... so gibt es nur eine Deutung: daß dieser jähe, so nicht erwartete Umschwung ... sie ins Mark ihrer Behauptungskraft getroffen, den Rhythmus ihrer Natur gebrochen, ihr (im Kern unzerstörbares) Empfinden für den Freund
einem fiebrigen Wechsel der Stimmungen preisgegeben hat."[194]

Auf solche aufwendige Art verschiebt Pyritz aber die Krise, die Marianne
zweifellos in den Wintern 1816/17 und 1817/18 durchgemacht hat, um ein volles
Jahr nach vorn; ein Verfahren, das in vieler Hinsicht bedenklich erscheint.

Seit Goethes Heimreise im Oktober und bis zum Jahresende hat Marianne,
das wissen wir, an ihn ein „Protokoll vom 18. Oktober" gelangen lassen – das
heißt vom Gedenktag der Leipziger Schlacht, den sie 1814 gemeinsam auf dem
Mühlberg-„Türnchen" Willemers in Sachsenhausen hatten feiern sehen; dazu
den Chiffernbrief vom gleichen Tag; ferner „so manches", wofür sein Brief an
Rosine Städel vom 21. Dezember dankt (darunter mindestens ein weiterer
Chiffernbrief – der oben genannte „dritte"?); endlich das Gedicht vom 23. Dezember.[195] Das ist, gemessen an Mariannens zurückhaltender Natur, ihrem
Mangel „an einer gewissen Zuversicht",[196] gemessen auch an den Abständen
im späteren Briefwechsel, eine beträchtliche Reihe von Mitteilungen, Grüßen
und Gaben.[197] Und gerade ihre Chiffernbriefe sind, so glauben wir, als ein volles, wenn auch nicht vollkommenes Äquivalent unmittelbarer Äußerung anzusehen; zugleich als ‚Geheimschrift' im eigentlichen Sinn.

Wir müssen uns gegenwärtig halten, daß auch Goethe in jener ganzen Zeit
keinen seiner Briefe unmittelbar an Marianne gerichtet hat. Immerhin konnte

er sich an zwei Menschen ihrer nächsten Umgebung wenden: Rosine Städel und Willemer.[198]

Marianne aber hat diesen beiden Wissenden offenbar nur dichterische und musikalische Grüße für ihn anvertraut, und eben die ‚Geheimschrift‘. In diesen künstlichen Briefen aus Hafis, dieser Lyrik zweiten Grades, verbirgt sich ihre Scheu, eigene Worte an den Freund zu richten, in das Haus, das eine andere mit ihm teilte: Christiane, die, seit ihrer Begegnung (1807 oder 1808 in Frankfurt) ihr antipathisch,[199] immer doch Goethes Frau war.

Jenes eine aus diesem Winter vorhandene Briefwort Mariannens scheint uns nicht „eisig", wie Pyritz es fand, sondern eher farblos, neutral, konventionell; und dies allerdings absichtlich: weil es mit für Christiane bestimmt war.

Der erste Brief an Goethe, den wir von Marianne kennen, überhaupt wohl der erste, den sie nach Weimar gerichtet hat, ist jedenfalls erst acht Wochen nach Christianens Tod geschrieben.[200] Zu dieser Zeit hatten die Chiffernbriefe – deren Reiz, wie ihre Quelle Hafis, nicht unerschöpflich war – die Bedeutung der ‚Geheimschrift‘ verloren.

Wären wir nunmehr einigermaßen sicher, daß der Chiffern-Briefwechsel kaum über den ersten Winter der Trennung hinaus gedauert hat, so dürfen wir jetzt auch fragen, wohin dann der kurze Chiffernbrief gehöre, dem wir die Strophen Ch 1 – ‚Und warum sendet …‘ – verdanken.

Es müßte eine Zeit zwischen Herbst 1815 und Frühjahr 1816 sein, auf welche die Worte zuträfen: „Lange hat mir der Freund schon keine Botschaft gesendet …".

Die Reihe der Briefe nun, die Goethe in dieser Zeit an Willemers gesandt hat, läßt sich zunächst, für den Rest des Jahres 1815, deutlich überblicken; allenfalls mag ein einzelner dichterischer Gruß verlorengegangen sein. Diese Briefe stammen vom 27. September (Heidelberg), 6. Oktober (Heidelberg, zwei Briefe), 10. Oktober (Meiningen), 26. Oktober (dazu ein Gedicht vom 27. Oktober), 15. November, 18. Dezember, 21. Dezember (dazu ein Gedicht vom 16. Dezember).[201]

Danach kennen wir erst wieder eine Gedicht-Sendung vom 13. März 1816 – „Alles kündet dich an …" –, welcher ein „monostrophisches Lied", offenbar nur um wenige Tage, vorausgegangen ist. Der nächste und bis zur fehlgeschlagenen Rheinreise (Ende Juli) letzte Brief ist dann vom 5. April (mit einer gesondert am 8. abgeschickten Beigabe); am 11. Mai folgt noch eine Sendung an den gemeinsamen Frankfurter Freund Ehrmann, kleine Geschenke auch für Willemers enthaltend, darunter ein Vierzeiler an Rosine Städel; am 2. Juni schließlich, durch Schlossers, ein Exemplar der Schrift ‚Ueber Kunst und Alterthum …‘.[202]

In dieser Reihe von Briefen und Sendungen findet sich nur einmal eine größere Lücke: die zehn oder elf Wochen zwischen dem 21. Dezember und dem

Anfang März. Hierhin, gegen das Ende dieses Zeitraums, hätten wir also
Mariannens chiffrierte Klage „Lange hat er mir Brief, Worte und Gruß nicht
gesandt" zu setzen; das Gedicht ‚Und warum sendet ...' dürfte, wo nicht unmittelbar, so doch sehr bald nach dem Empfang dieses Chiffernbriefes entstanden sein.

Um eben diese Zeit sehen wir Goethe auch beschäftigt mit Übungen in der
arabischen Schrift, von welcher in beiden Gedichten die Rede ist.[203]

Schon im Herbst 1815 hatte er bei dem Theologen Paulus in Heidelberg
„14 Tage Arabisch geschrieben".[204] Ende November in Jena nahm er die Arabische Grammatik des Silvestre de Sacy vor, die ihm sein Berater, der dortige
Theologe Lorsbach, schon früher empfohlen hatte, auch weil darin „das arabische Alphabet ... gut vorgestellt" sei, und führte das Buch nach Weimar
mit.[205] Hier ließ er sich alsbald aus der Bibliothek – im Austausch gegen früher
entliehene orientalische Manuskripte – Handschriften des Schah nameh und
des Korans kommen, offenbar um sie nachzubilden.[206] Am 19. Februar entlieh
er dort nochmals Chardins ‚Voyage en Perse et autres lieux de l'orient' sowie
zwei Werke von Carsten Niebuhr, die er bei seinen orientalischen Studien bisher nicht benutzt hatte:[207] die ‚Reisebeschreibung nach Arabien und andern
umliegenden Ländern' und die ‚Beschreibung von Arabien ...'. Am 10. März
gab er an Lorsbach die Arabische Grammatik wieder zurück, am 11. März die
Niebuhrschen Werke an die Bibliothek.[208]

Es scheint, damals habe eine Komponente des geplanten Divans, welche
ursprünglich stärker angelegt war, als die vollendete Sammlung erkennen läßt
– die Fiktion der Wüstenreise –, sich noch einmal belebt.[209] Unsere beiden Gedichte gehören in diesen Bereich.

In der zweiten Hälfte nun dieses Vierteljahrs zwischen Ende November und
Anfang März, am 29. Januar 1816, werden, in einem Brief an die Brüder Boisserée, zum ersten und einzigen Mal in Goethes Korrespondenz und sonstiger
Prosa, auch die zwei Schriftarten erwähnt, die in den beiden Gedichten genannt sind: Neski und Talik. „Warum kann ich nicht ein halb Jahr in Heidelberg sein! ich wollte in Neßki und Talik hoffentlich meinen Dank zierlich
schreiben lernen." Dennoch werde, so heißt es weiter, „immer des Orients lesend, schreibend und dichtend gedacht".[210]

Bei der engen Nachbarschaft von Brief und Gedicht in Goethes geistigem
Haushalt (auf die schon R. M. Werner hingewiesen hat) darf dieser Brief als
ein weiteres Indiz für die Entstehungszeit der Neski- und Talik-Verse gelten.[211]

Hans Gerhard Gräf scheint seine Datierung von Ch 1 – „1816?" – sogar allein auf diese Briefstelle gegründet zu haben.[212] Was er seinerzeit vermutete,
bestätigt sich nun, von der hier gewonnenen breiteren Basis aus; nur ist kaum
einzusehen, weshalb er zugleich, verwirrungstiftend, Ch 2 auf „1815–19" datierte; denn nicht nur stehen die Zeilen dem Gedicht Ch 1, unbestrittenerma-

ßen, im Gegenstand wie in Ton und Versmaß ganz nahe – sie tragen überdies, am Kopf des eigenhändigen Manuskripts, auch noch eine Schreibübung Goethes in Neski![213]

Wenn alle diese Merkmale konvergierend darauf deuten, daß beide Gedichte zu Anfang 1816 entstanden seien, so wird uns nun auch die Entschlossenheit nicht mehr beirren, mit der Hans Pyritz, wie erwähnt, einzig das Jahr 1818 wollte gelten lassen; obschon sie auf Beutler und andere anscheinend Eindruck gemacht hat.[214]

Pyritz griff zunächst Burdachs (oben widerlegten) Irrtum auf, die Zeilen Ch 1 seien als Worte des wissenden Dritten, Willemers, zu verstehen; was freilich zu seinen eigenen Kombinationen paßte.[215] Er übersteigerte, überhitzte sodann das Liebevoll-Mahnende der ersten Strophe und spürte nun offenbar nicht mehr, wie in der letzten, welche den Empfang der sehnlich erwarteten Botschaft vorwegnimmt, freundlichere Züge des zwiespältigen Zustands – „süßen", „gesundend" – überwiegen.[216] Vor allem jedoch übersah oder überging er, daß den drei Strophen von Ch 1 jene andere, ‚Schreibt er in Neski ...', zur Seite steht, worin Trennung und Entbehrung vollends in ein „Vergnügen", fast ins Freudige, aufgehoben erscheinen.

Wollte man aber vom Äußeren, vom Zeitablauf her auf Pyritzens Datierung eingehen, so hätten wir anzunehmen, Marianne sei 1818, zwei Jahre nach dem Ende des uns bekannten Chiffern-Briefwechsels und unter gänzlich veränderten Umständen, noch einmal zu dieser Form der Mitteilung zurückgekehrt, und Goethe habe ihren Chiffernbrief dann zum Gedicht umgeschaffen, obwohl er dem Bilde vom Erkranken und Gesunden, welches den Schluß beherrscht, bereits Monate zuvor – am 12. Dezember 1817 – in dem Suleika-Lied ‚Kenne wohl der Männer Blicke ...' – die für den Divan gültige Form gegeben hatte.[217] Oder sollen wir glauben, er habe den ‚Brief' zwar zu Anfang des Jahres 1816 erhalten, dann aber liegen lassen, bis die Krise von 1818 ihm Gelegenheit gab, die aufs neue aktuell gewordenen Worte des Hafis zum selbständigen Gedicht weiterzubilden?

Keins von beidem scheint uns möglich; wir datieren die Gedichte auf Ende Februar 1816.

2. Die anderen Bruchstücke der Reformations-Kantate

Die wenigen Ansätze zu der Reformations-Kantate haben sich, von Goethes eigener Hand, auf einem Folioblatt erhalten. Der erste Herausgeber, Bernhard Suphan, hat die Zeilen der Sulamith und der zugehörigen Frauen-Chöre an die Spitze gestellt; in der Handschrift gehen ihnen zwei andere Strophen voraus:[218]

Was soll all der Prunk bedeuten?
Regt er nicht der Seele Spott
Wenn wir in das Freie schreiten
Auf den Höhen da ist der Gott

Auf den Höhen rein umsäuselt
Wie es auch sich fügen mag.
Wenn das Locken-Haar sich kräuselt
Knaben Mädchen hier ist Tag!

Diesem Bruchstück, worin die sechste Zeile nur als ein rhythmisches Füllsel
gelten kann, entsprechen im zweiten Schema die Angaben: „Dienst auf Höhen
und im Freien. Chöre des Volks, das zur Heiterkeit früheren freiern Himmelslebens zurückkehrt. Muntere Festlichkeit, minder religiös.“[219]
    Zuletzt stehen auf dem Blatt vier kurze Zeilen, eine Strophe jener „Chöre
der Priester Baals, pfaffenartig mit Härte und Roheit imponierend“, die das
zweite Schema unmittelbar nach den oben zitierten Volks-Chören vorsieht:[220]

Baal der im Grimme
Euch zu vernichten
Weiß der Geschichten
Ende zu deuten.

Darf diese Strophe, als ein bloßer Ansatz von minderer Bedeutung, hier wohl
beiseitebleiben, so verdienen die zwei anderen unsere Aufmerksamkeit.
    Im Schema folgen diese „Chöre des Volks“ auf den geplanten ersten „Gipfel“-
Punkt der Kantate: die „Einweihung des Tempels“ unter Salomo (1. Kön. 8);
von hier zu ihnen überleiten sollte der „Sprecher (Elias)“, „die Abweichung
gegen Baal vorbereitend“.[221]
    Es ist ein gemischter Chor junger Menschen, welche, abgestoßen von dem
Kultus im neuen Prachtgebäude (1. Kön. 5−8), sich wieder dem „Dienst auf
Höhen und im Freien“ (1. Kön. 3, 2ff.) zuwenden, was aber das Alte Testament nicht als einen Rückfall in Formen „früheren freiern Himmelslebens“ ansieht, sondern als Abfall vom Gesetz.
    Diese „Abweichung gegen Baal“ erscheint jedoch überhaupt als „minder re-
ligiös“ und muß daher auch den Priestern Baals mißfällig sein; sie drohen mit
Zorn und Strafen des Gottes. Somit stünde – falls wir die Andeutungen des
Schemas richtig lesen – der „Dienst auf Höhen und im Freien“ dem dogma-
tisch geregelten Kult beider Seiten gleichermaßen fern, ja entgegen.
    Ebenso wie die Gestalt der Sulamith, fehlt dieser Chor im ersten Entwurf,
und noch im zweiten stand zunächst (Konzept H 1) lediglich „Chöre des
Volks“; der Relativsatz ist, wie die Sulamith-Zeilen, eine Zutat ‚letzter
Hand‘.[222] Auch „parallelisieren“ – nach Goethes Betrachtungsweise – die bei-

den Fragmente: beidemal steht dem „Prunk" des Herrschers Salomo, seines
Tempels, seiner Hofhaltung, „enthusiastisch" das reine Gefühl ländlich-einfa-
cher junger Menschen gegenüber.[223] Und wie schon in den spät eingefügten
Zeilen des Prosa-Entwurfs beide Male deutlich die Sympathie des Dichters
mitschwingt, so klingen die Verse der Abtrünnigen wie ein Bekenntnis, in das
er einstimmte.

Mögen diese Chöre freien Gottesdienstes sich dem Grundgedanken der
Kantate anschließen, gewissermaßen frühe Muster reformatorischer Impulse,
Vorboten des lutherischen Protestes, so stehen sie, nachträglich eingeschaltet,
doch zu der ursprünglichen Anlage, in welcher die Einweihung des Tempels
ein Höhepunkt sein sollte, gleichsam quer. Auch hier setzt, wie bei der Gestalt
der Sulamith, die Ausführung weitab vom Zentrum des ersten Planes ein; freilich wieder ebendort, wo Goethes innerer Anteil rege ist.

Das hat schon Bernhard Suphan hervorgehoben, als er, etwa gleichzeitig mit
seiner Edition der Fragmente (1895), das Thema ‚Goethe und das Jubelfest
der Reformation 1817‘ zusammenfassend behandelte; wobei er allerdings die
Gestalt der Sulamith lediglich als „das Symbol der freien Hingabe des Herzens" begriff.[224]

Vom ‚Brief des Pastors‘ und dem ‚Ewigen Juden‘ bis zur ‚Ersten Walpurgisnacht‘, zur ‚Diana der Epheser‘, zum ‚Vermächtnis altpersischen Glaubens‘,
zum ‚Paria‘ – immer sind es die Minderheiten, die Ketzer und Sektierer, die
Unterlegenen und Bedrängten, immer ist es eine ‚ecclesia pressa‘, bei welcher
Goethe den Glauben, die Frömmigkeit in ursprünglicher Reine findet oder
aufsucht. Immer hält er der Mehrheit, die sich im Besitze der Heilsmittel sicher meint, erinnernd und mahnend dieses Daseins der Minderheiten vor, weil
erst zusammen sie das Ganze bilden, auf das es ihm ankommt. Dies ist seine
Art von Christentum; sein Protestantismus, seine Katholizität.

Nicht aber nur eine Grundtendenz Goethes bezeugt sich in dem Fragment; es
bildet auch gewisse frische Eindrücke ab und eine bestimmte aus ihnen gewon-
nene Vorstellung.

Am 16. August 1814 hatte Goethe mit Zelter und dem Wiesbadner Ober-
bergrat Cramer teilgenommen an dem Sankt Rochus-Fest in Bingen, der ersten
großen Wallfahrt zu der „vom Kriegsverderben" wieder hergestellten Kapelle
des Heiligen.[225] Hier hatten sie, Protestanten unter Katholiken, die Predigt
mitgehört, die der Geistliche auf der Höhe des Rochusberges im Freien gehalten. „Wir ... schauten indes zu dem reinen Gewölbe des Himmels hinauf ...
Kein Prediger, vor mehrern tausend Zuhörern sprechend, sah je eine so reiche
Landschaft über ihren Häuptern ..."[226]

Zwei Monate später, am 18. Oktober, war er in Frankfurt Zeuge der ersten
Feier zum Gedenken der Leipziger Schlacht gewesen, hatte zusammen mit

Willemers auf dem Mühlberg in Niederrad, von deren „Türnchen" aus, „nachts
... die durch tausend und abertausend Feuer erleuchtete Gebirgsreihe und
sonstige ferne und nahe Gegend" beschaut.[227] Ein Kupferstich dieser Gegenden, auf welchem Marianne die Feuer mit roten Tupfen markiert hatte, war im
Dezember an ihn gelangt und hielt die Erinnerung an das Fest und an „die liebe Hand", die das „Panoram ... bezeichnet", lebendig.[228]

Bereits in den nachträglichen Schlußstrophen des ‚Epimenides', die er am
2. Februar 1815 nach Berlin sandte, spiegeln sich die Eindrücke vom 18. Oktober:[229]

> Und wie's von Berg zu Bergen flammt,
> Entzücken flamm hinan!

Zu jeder Wiederkehr des Tages in den folgenden Jahren gedenkt er, bei abend-
lichen Ausfahrten auf die thüringischen Hügel wie im brieflichen Rückblick,
dieser Feier und ihrer „glücklichsten Umgebung"; bis die Karlsbader Beschlüs-
se den politischen Horizont endgültig verhängen.[230]

In den Tennstädter Wochen des Spätsommers 1816 ist dann die Darstellung
des Rochusfestes aus immer erneuten Abschriften zu „Bestimmtheit und
Glanz" gediehen.[231] Schon dieses Fest war ihm als ein „politisch-religiöses" erschienen, welches ganz allgemein „für ein Symbol gelten sollte des wiederge-
wonnenen linken Rheinufers sowie der Glaubensfreiheit an Wunder und Zeichen".[232] So hatte er auch die Feier des 18. Oktobers als ein allgemeines, die
Deutschen aller Konfessionen umfassendes und vereinendes Fest erlebt.[233]

Und nun bildet sich, im Hinblick auf das kommende Reformations-Jubiläum,
bei ihm eine eigentümliche Vorstellung aus. Sie hat ihren zugespitzten Ausdruck in einem späteren Brief an Zelter erhalten: „Dieses Fest wäre so zu begehen, daß es jeder wohldenkende Katholik mitfeierte."[234]

Goethes enge Berührung mit dem Katholizismus während der Rhein- und
Main-Reisen von 1814 und 1815 ist wiederholt dargestellt worden. Vorbereitet
war sie schon durch die Würdigung der sieben Sakramente im Siebenten Buch
von ‚Dichtung und Wahrheit' (1812); welche manchen der protestantischen
Freunde befremdet, ja erschreckt hatte.[235] In Wiesbaden und Winkel, in
Frankfurt und in Heidelberg war er dann vornehmlich und beinahe immer
von katholischen Freunden umgeben gewesen: Schlossers, Brentanos, Boisserées, Marianne Willemer; erzprotestantische Beobachter hatten das mit miß-
günstiger Besorgnis verfolgt.[236] Die Annäherung kulminierte anschaulich in
Goethes ‚Gelübde', für die Binger Rochus-Kapelle ein Bild des Heiligen zu
stiften, und in der Ausführung dieses Plans durch drei Protestanten: Goethe,
der das Bild entwirft, Heinrich Meyer, der die Skizze liefert, Luise Seidler,
die es malt – während im Frankfurter Kreis die Geldspenden gesammelt wer-

den; am 15. Juli 1816 geht das Gemälde von Weimar an die Geistliche Behörde in Bingen ab.[237]

Aus verwandter Gesinnung heißt es dann am 27. September, in einem Brief an Christian Schlosser, vom Reformations-Jubiläum: „Das Eigene was ich mir bei dieser Feier denke, dürft ich nur mündlich sagen, Sie würden lächeln und, wenn ich sogar als Kollektant käme, einem Beitrag nicht abgeneigt sein."[238] Und bereits dem ersten Entwurf zur Reformations-Kantate, vom 14. November, sind Zeilen angefügt, „den Katholizismus betreffend"; sie enden mit dem oben zitierten zugespitzten Satz, dem noch die Worte folgen: „Doch davon ein andermal."[239]

Diese genauere Ausführung seiner Gedanken steht in einer Niederschrift, die erst 1895 bekannt geworden ist; man darf sie mit dem Herausgeber Suphan auf Ende November 1816 datieren.[240] Mit praktischen wie mit höheren Gründen stützt Goethe darin seinen Vorschlag, das Reformationsfest „auf den 18. Oktober zu verlegen".[241] Der letzte und gewichtigste dieser Gründe ist: „Und dann läßt sich in keinem Sinne ein höheres Fest finden als das *aller* Deutschen. Es wird von allen Glaubensgenossen gefeiert und ist in diesem Sinne noch mehr als Nationalfest: ein Fest der reinsten Humanität. Niemand fragt, von welcher Konfession der Mann des Landsturms sei, alle ziehen vereiniget zur Kirche und werden von demselben Gottesdienste erbaut; alle bilden Einen Kreis ums Feuer und werden von Einer Flamme erleuchtet. Alle erheben den Geist, an jenen Tag gedenkend, der seine Glorie nicht etwa nur Christen, sondern auch Juden, Mahometanern und Heiden zu danken hat. Man denke sich nun den Geist von diesem großen Weltfeste zurück auf ein speziales Kirchenfest gelenkt, an welchem ein reines Gemüt oft keine vollkommene Freude haben kann, weil man an Zwiespalt und Unfrieden, ein ungeheures Unglück einiger Jahrhunderte erinnert wird, ja was noch schlimmer ist, daß er sich sagen muß, daß er sich von denjenigen, mit denen er sich vor vierzehn Tagen aufs innigste und kräftigste verbunden gefühlt, trennen und sie durch diese Trennung kränken muß . . ."[242]

Zu den Freunden, die er mit diesen Worten gemeint hat, gehörte auch Marianne, an deren Seite er das erste Fest des 18. Oktobers, unvergeßlich, erlebt hatte. Wenn er dem Entwurf der Kantate spät jene Chöre einfügt, in welchen der abgöttische „Dienst auf Höhen und im Freien . . . zur Heiterkeit früheren freiern Himmelslebens" zurückführt, so sind sie nicht nur künstlerisch mit der Erscheinung der Sulamith „parallelisiert" und verknüpft, sondern hängen, wie diese, auch ihrem Ursprung nach mit Marianne, mit den Willemers zusammen.

Philologen und Biographen haben dem Satz: „Dieses Fest wäre so zu begehen, daß es jeder wohldenkende Katholik mitfeierte" vielsagende Ausrufungszeichen (mit und ohne Klammern) angehängt. Er ist zu seiner Zeit aber vielleicht

nicht so verstiegen und widersinnig erschienen wie später. Zum mindesten auf
der Gerbermühle hat man ähnlich gedacht.

In einem (noch ungedruckten) Brief vom 30. September 1815, also kurz nach
dem Zusammensein mit Goethe, weist Willemer, Urenkel, Enkel, Neffe luthe-
rischer Pfarrer in Frankfurt und Württemberg, freilich in gemischter Ehe le-
bend, das Gerücht von seinem Übertritt zurück und artikuliert seine Überzeugung: „ich will nicht, daß der Protestant zum Katholiken werde, sondern daß
beide Arten von Christen gegenseitig in ihren Kirchen das Abendmahl genießen, ohnerachtet der Verschiedenheit ihrer Ansichten ..., fortan nicht mehr
Katholik- und Protestanten, sondern *Süd*- und *Nord*-Christen *benamt* ...".[243]

Es war also kein Zufall, wenn das Gerücht einer Konversion ebendort und
-damals, nicht zum erstenmal, auch auf Goethe übergriff, welcher „nicht nur
den Schlosserschen Proselyten und Proselytenmacher[n] sich immer enger an-
schließt, sondern nun auch eine ganze Zeit her bei Willemer, der auch überge-
treten ist, auf dessen Mühle bei Frankfurt sich aufhält".[244] Und um die gleiche
Zeit, wo Goethe im folgenden Jahre den ,ökumenischen' Gedanken zum Refor-
mations-Fest ausbildet, sendet Willemer ihm seine neueste Schrift, ,Teutschlands
Hoffnungen', in welcher es, mit Bezug auf die Heilige Allianz der siegreichen
Monarchen von Rußland, Österreich und Preußen, heißt: „Wie ihrer Drei im
Himmel Eins (gleichen Sinnes) sind, geloben die drei verbündeten Mächte,
freiwillig und unaufgefordert ... Gott an, daß sie auf Erden unter sich Eins
(einig, gleichen Sinnes) sein wollen, mithin auch die drei Kirchen, deren ein
jeder der drei Fürsten zugetan ist, die griechisch-katholische, die römisch-katho-
lische und die protestantisch-katholische, in dem Sinn, wie die Kirchenväter
das Wort katholisch gebrauchten."[245]

Dürfte dies auch schwerlich eine Hoffnung aller Deutschen gewesen sein, so
doch vielleicht nicht nur die des Außenseiters Willemer, der ja bisweilen die
Regungen der Stunde so deutlich erspüren konnte wie kaum ein Politiker vom
Fach. Goethe jedenfalls hat bei seinen Gedanken zur Reformations-Feier mit
den Willemers wo nicht im Einvernehmen gestanden, so doch sich im Einklang
gewußt.

In den letzten Dezembertagen 1816, als Goethe den Plan der Reformations-
Kantate zu seinen „übrigen Papieren" gelegt hat, dichtet er das ,Künstlerlied'
für das Epiphaniasfest der Berliner Akademie.[246] Von den Dank- und Freu-
denfeuern, die ihm vorgeschwebt hatten, erkennen wir in den Schlußzeilen
noch einen Widerschein:[247]

> Und gesangweis flammt und rauchet
> Opfersäule vom Altar.

Der Gedanke, das Reformations-Jubiläum und die Feier der Leipziger Schlacht gleichzeitig, am 18. Oktober, zu begehen, ist im Jahre 1817 Wirklichkeit geworden, auf weimarischem Boden sogar; freilich nicht durch Goethe und auf sehr andere Art: beim Wartburg-Fest der Burschenschaft. Anders auch als er sichs gedacht hatte, ist von daher nur neuer „Zwiespalt und Unfriede" unter die Deutschen gekommen.

Nachbemerkung

Das ‚Aperçu' zu dem ersten Teil gehört in die Anfänge der ‚Divan'-Studien des Verfassers (1935 ff.). Die Fragmente der Reformations-Kantate waren kaum je beachtet worden, seit (1895) Bernhard Suphan, zwar protestierend, sie gemäß den Prinzipien der Weimarer Ausgabe nur im Anhang des 16. Bandes hatte publizieren dürfen. Den „Suleika-Ton" in den Strophen der Sulamith hat, unseres Wissens, einzig der Biograph Richard Friedenthal (‚Goethe', 1963) bemerkt.

Nicht viel mehr als jenes ‚Aperçu' trug der Verfasser Ende April 1938, unter der Schluß-Rubrik ‚Verschiedenes', in der Gesellschaft für deutsche Literatur zu Berlin vor; auf Einladung seines verehrten Lehrers Max Herrmann, der, als Jude schon 1933 seiner Professur an der Berliner Universität enthoben, jener Gesellschaft nach wie vor präsidierte. Es war eine ihrer letzten Sitzungen; im selben Jahr, nach der ‚Kristallnacht', wurde sie aufgelöst. Unter den Teilnehmern befanden sich, neben jüdischen Gelehrten – dem greisen Georg Ellinger, gleichfalls amtsenthoben, Eduard Berend, Julius Bab –, der Kleist-Forscher Paul Hoffmann, der abgesetzte Stadtschulrat Reimann, der ehemalige Stadtverordnete Horlitz. Auch Max Herrmanns Frau Helene, geborene Schlesinger, welche nun junge Jüdinnen in die deutsche Literatur einführte, um ihnen von dem Land, das sie verlassen sollten, einen würdigen Begriff einzuprägen, war mit einigen Schülerinnen anwesend. Sie zumal begrüßte das kurze Referat lebhaft, schärfte aber dem Verfasser ein, es bald auch näher auszuführen; ein Brief, worin sie die Mahnung wiederholte, hat, nebst dem beigefügten, schon damals vergilbten Abdruck ihrer Interpretation eines Suleika-Gedichtes, den Bombenkrieg überdauert. Die Worte der feurig-klugen Frau blieben haften und bestärkten die Neigung zu dem Gegenstand. Erst nach Jahr und Tag freilich – Max und Helene Herrmann waren längst in den Lagern umgekommen – konnte der Verfasser die Arbeit angehen; mit großen Intervallen nahm er sie immer wieder auf und führte sie 1969 als Vortrag zu Ende. Dieser wurde in der Reihe des Freien Deutschen Hochstifts am 26. November 1969 gesprochen; in etwas veränderter und erweiterter Form auch, am 3. Juni 1970, im Goethe-Museum der Stadt Düsseldorf (Anton und Katharina Kippenberg-Stiftung). Der

Titel der Ankündigung in Frankfurt, auf den sich die einleitenden Worte beziehen, lautete: „‚… auch aus der Ferne …' Unerkannte Grüße Goethes an Suleika. Zum Jubiläum des West-östlichen Divans."

Der zweite Teil, seit etwa 1959 aus den Arbeiten an der Edition des Briefwechsels zwischen Goethe und Marianne und Johann Jakob Willemer erwachsen, ist 1970 niedergeschrieben worden; er sollte ursprünglich – wovon noch einige Spuren zeugen – mit dem ersten Teil zusammen vorgetragen werden, wurde dann aber, als zu umfangreich, davon abgelöst. Gesprochen in der Darmstädter Goethe-Gesellschaft am 30. November 1970.

Vortrag des ersten Teils, gesprochen in der Reihe des Freien Deutschen Hochstifts am 26. November 1969 und im Goethe-Museum der Stadt Düsseldorf am 3. Juni 1970.
Vortrag des zweiten Teils, gesprochen in der Darmstädter Goethe-Gesellschaft am 30. November 1970.
Erstdruck: Jahrbuch des Freien Deutschen Hochstifts. Tübingen 1970.

Anmerkungen

[1] Werke 6,184 ff.

[2] BT, 6. 10. 1815, S. 425.

[3] Z. B. an Rosine Städel, 6. 10. 1815, Br 26, 92,7 f.; an Willemer, 6. 10., 93,6 ff.; an Carl August, 8. 10., 97,4−10; an v. Leonhard, 20. 10., 102,19 f.; an Sulpiz Boisserée, 23. 10., 108,14 f.

[4] Werke 41/I, 259, 18−260,3.

[5] An Willemer, 6. 10. 1815, Br 26, 93,7−10.

[6] Werke 6, 185,1 f.

[7] Werke 7, 131,2.

[8] Werke 6, 172,9 f.; 190; 291; 290; 293.

[9] Br 26,200,14 f.

[10] „Das vorige Jahr war eins der ungünstigsten meines Lebens dessen Folgen ich noch kaum verwinde", an Fr. Chr. Perthes, 26. 6. 1817, Br 28, 146,18 f.

[10a] An Christian Schlosser, 27. 9. 1816, Br 27, 173,7; an Nicolaus Meyer, 10. 12. ,271,4 ff.

[11] GT, 17. 1. 1816 = WA Tageb 5, 201,8 f.; 24. 1. = 202,9 f.; an Knebel, 27. 1., Br 26, 234,10 f.; vgl. unten Nr. 21; an Constanze v. Fritsch, 2. 3., 282,12 ff.

[12] Erste Weimarer Aufführung des ‚Epimenides': 7. 2. 1816, zweite: 10. 2.; an die Hoftheater-Kommission, 18. 2., Br 26, 265 f.; an Tr. M. Eberwein, 24. 2., 270,9−14.

[13] ‚Feradeddin und Kolaila', Werke 12, 308−312, 426 f.; vgl. GT, 18. 1. 1815 = WA Tageb 5, 148,1 f., GT, 12. 4. = 156,11, GT, 8. 2. 1816 = 205,15 f.; Tag- und Jahreshefte 1816 = Werke 36, 106,21−107,3.

[14] An Zelter, 23. 2. 1832, Br 49, 249,19 f.

[15] WA Tageb 5, 217,18 f.; vgl. an Zelter, 29. 10. 1815, Br 26, 124,26−125,4; an den Berliner Generalintendanten Carl Graf Brühl, 10. 2. 1816, 252,21 bis 253,5.

[16] GT, 16. 4. 1816 = WA Tageb 5, 223,22 f.; Tag- und Jahreshefte 1816, Werke 36, 114,20−23.

[17] GT, 17. 4. 1816 = WA Tageb 5, 223,28−224,4.

[18] GT, 26. 4. 1816 = WA Tageb 5, 226,9f.

[19] An Zelter, 3. 5. 1816, Br 27, 6,26−7,17.

[20] An Riemer, Jena 25. 5. 1816, Br 27, 22,6ff.; GT, 21., 29., 30., 31. 5., 1.−5. 6. = WA Tageb 5, 233,3f., 236,20f., 237,1f., 7,19f., 238,4f.,8−13,26f., 239,4f.

[21] Br 27, 45,12−16.

[22] GT, 6. 6. 1816 = WA Tageb 5,239,11ff.

[23] ‚Den 6. Juni 1816‘ (‚Gatte der Gattin‘), ‚Inschriften, Denk- und Sendeblätter‘, Nr. 78, Werke 4, 61.

[24] An Boisserée, 24. 6. 1816, Br 27, 63,18f.; an Wilhelm v. Humboldt, 24. 6., 70,1f.

[25] Siehe z. B. an Pauline Servière, 1. 2. 1816, Br 26, 248, 5−8; an Carl Ludwig v. Woltmann, 8. 2., 251,13−17; an Seebeck, 22. 3., 300,24−301,3; an Pauline Servière, 20. 4., 343,23−344,4; an Boisserée, 8. 6., Br 27, 49, 17f.; an Zelter, 8. 6., 51,10−14; an Boisserée, 24. 6., 65,22−25; an Wilhelm v. Humboldt, 24. (26.) 6., 70,6−10.

[26] An Boisserée, 10. 5. 1816, Br 27, 13,12f.

[27] An Cotta, 8. 7. 1816, Br 27, 76,3ff., an Boisserée, 10. 7., 79,1−7; Boisserée an Goethe, Stuttgart, 2. 7. 1816 ‚Sulpiz Boisserée‘, Stuttgart 1862, Bd. 2, 122 (Abdruck fehlerhaft; hier und im folgenden nach den Originalen im Goethe- und Schiller-Archiv, Weimar).

[28] An Fritz Schlosser, 13. 7. 1816, Br 27, 83,17−20, 84,24−85,2; vgl. an die Großherzogin Louise, 17. (19.) 7., 111,3ff.

[29] An Antonie Brentano, 19. 7. 1816, Br 27, 113,16ff.; vgl. Marianne an Goethe, Bad Soden, 1. 8., Willemer, Briefw. 40, Nr. 39.

[30] An Riemer, 19. 7. 1816, Br 27, 115,13−17. Der nächste uns bekannte Brief Goethes an Riemer ist vom 8. 3. 1819 datiert; den Besuch Riemers im Weimarer Haus erwähnt GT nach dem 26. 6. 1816 erst wieder am 3. 11. 1818 (nicht im Register KA III, 193) 15/1.

[31] ‚Urworte. Orphisch‘, Werke 3,96, Vers 25.

[32] Werke 6,119; vgl. arcadia, Bd. 5 (1970), Heft 2, 197f. (Weitz).

[33] ‚An Hafis‘, Werke 6,45, Vers 56.

[34] An Zelter, 22. 7. 1816, Br 27, 118,19; 119,26; an die Großherzogin Louise, Tennstädt 7. 8., 135,18; an Zelter, Tennstädt 9. 8., 141,25f.; an Zelter, Tennstädt 28. 8., 150,23f.; an Boisserée, Tennstädt 29. 8., 155,15.

[35] GT, 24. 7. 1816 = WA Tageb 5, 257,19; an J. H. Meyer, Tennstädt 29. 7. 1816, Br 27,122,8f.; 124,14.

[36] An J. H. Meyer, Tennstädt 29. 7. 1816, Br 27, 123,3.

[37] GT, 15. 12. 1814 = WA Tageb 5, 143,17.

[38] An Zelter, 7. 11. 1816, Br 27, 223,5−9.

[39] Vom 10. 6. 1816, Br 27, 379f.

[40] Vgl. oben Nr. 5.

[41] 23.−25. 7. 1816, Br 27, 116, Nr. 7474, vgl. GT (Tennstädt), 25. 7. = WA Tageb 5, 258,3f., sowie Willemer, Briefw. 618ff. zu Nr. 38; Briefe vom 6. 10., 8. 11., 7. 12., 31. 12. 1816 = Br 27,193ff., 227f., 257f., 296f.

[42] 6. 10. 1816, Br 27, 193,20, 194,7, 195,9.

[43] An Zelter, etwa 27. 9. 1816, Br 27, 169; vgl. an Boisserée, 13. 10., 197,13−198,4; an Carl August, 5. 10., 184−193, vgl. GT, 23. 11. = WA Tageb 5, 288,19; an Charlotte v. Stein, 21. 11., 241,13.

[44] ‚Urworte. Orphisch‘, Werke 3,96, Vers 29.

[45] An Zelter, 1. 1. 1817, Br 27, 302, 20−23; Werke 3, 115f. (Rubrik ‚Kunst‘) = Wilhelm Meisters Wanderjahre, 2. Buch, 8. Kapitel, Werke 25/I, 17f.

[46] An Chr. G. v. Voigt, 27.2.1816, Br 26, 280,3−9; an Christian Schlosser, 27.9., Br 27, 174,6−12; an v. Leonhard, 7.11. (nicht abgesandt), 421, 4−9; vgl. GT, 4.−6.11.1816 = WA Tageb 5, 283,2,17f., 284,7.

[47] GT, 14.8.1816 = WA Tageb 5, 264,19; GT, 21., 22., 23.8., 3.9. = 265,26ff., 266,3f., 10, 268,18f.; GT, 24.8. = 266,14f.

[48] Zelter an Goethe, 3.−5.11.1816.

[49] WA Tageb 5, 284,15,17f., 22ff., 27f., 285,7ff., 22f.; an Zelter, 14.11.1816, Br 27, 232,20−24, 233,17−234,26.

[50] Br 27, 233,23−236,6; der erste Entwurf auch Werke 16, 573−574,5.

[51] Br 27, 236,7−11.

[52] Br 27, 237,20f.

[53] GT, 6.12.1816 = WA Tageb 5, 292,1f.; an Zelter, 10.12.1816, Br 27, 259,5ff.

[54] An Zelter, ebd., 260,18−263,27; auch Werke 16, 574,6−577,9.

[55] Werke 16, 577f. (B. Ansätze zur Cantate).

[56] Br 27, 264,5−9,11−15.

[57] Br 27, 287,2−10; vgl. Tag- und Jahreshefte 1816, Werke 36, 107,22−27.

[58] Br 27, 261,12ff.

[59] Br 27, 430, Lesarten zu Nr. 7576, Konzept S. 261, Z. 13ff.

[60] Werke 16, 577f., B. [1.].

[61] Werke 7, 8, 10−16.

[62] An Zelter, 14.11.1816, Br 27, 235,26f.

[63] Werke 6, 171,3.

[64] Werke 7, 8, 16ff.

[65] An Merck, ca. 10.10.1775, Der junge Goethe (hrsg. von Max Morris), Leipzig 1911, 5. Bd., 306; die Übertragung: Werke 37, 299−310.

[66] Werke 4, 133,2; Dichtung und Wahrheit, 17. Buch, Werke 29, 57,18f.; Hohes Lied 5,2.

[67] ‚Entoptische Farben‘ (Rubrik ‚Gott und Welt‘), Werke 3, 101,5−8; Werke 6, 259, Verse 58,60.

[68] Faust, Erster Teil, Verse 4183f., Werke 14, 210.

[69] Zahme Xenien I, Werke 3, 244, Vers 243.

[70] Siehe den Exkurs 1.

[71] Vgl. Werke 6, 490, Nr. 45.

[72] Werke 6, 291; die erste Strophe anknüpfend an Verse, die in Hammers Hafis-Übersetzung auf die zwei ersten Zeilen von Mariannens Chiffern-Brief folgen: „Hundertmal schrieb ich, allein es hat mir der Führer der Reiter / Keinen Boten geschickt, keine Begrüßung gesandt."

[73] Werke 6, 292.

[74] Vgl. oben Nr. 59.

[75] Werke 6, 151.

[76] Vgl. Tag- und Jahreshefte 1809, Werke 36, 43,24−27.

[77] Werke 6, 291,13−18 und 151,18−22.

[78] Werke 6, 288f.

[79] BT, 8.8.1815, S. 403f.

[80] Werke 6, 49,13f.

[81] Werke 6, 59; Willemer, Briefw. 937 (Register), Stichwort Hudhud.

[82] Werke 6, 174.

[83] Werke 6, 201,1ff., 5f.; 202,1−6; 302,13ff.; 173,9−12.

[84] Werke 6, 173,5f.; 216,11f.; 216,7f.; 265,22ff.

[85] Br 27, 296,1−11.

[86] ,Behramgur, sagt man, hat den Reim erfunden ...', Werke 6, 180,13 f.

[87] Willemer an Goethe, 20. 2. 1818, Willemer, Briefw. 73, Nr. 64.

[88] WA Tageb 5, 185,28.

[89] BT 425; ungenaue Lesungen hier und im folgenden berichtigt nach dem Original im Historischen Archiv der Stadt Köln; Abkürzungen sind aufgelöst.

[90] WA Tageb 5, 185,23 ff.; Br 26,92 f., 95 ff.

[91] Br 26, 99,25 und 22 f.

[92] BT 421.

[93] BT 415 (15. 9.), 418 [18. 9.].

[94] BT 424.

[95] BT 424 f.; Dichtung und Wahrheit, Vierter Teil, 20. Buch, Werke 29, 165–192; Eckermann, Gespräche II, 28. 2., 2. 3., 8. 3. 1831.

[96] Br 26, 108,14.

[97] BT 425.

[98] Bt ebd.; siehe oben Seite 148; vgl. Eckermann, Gespräche II, 8. 3. 1831.

[99] BT 426 (8. 10.).

[100] Untertitel einer Schrift von Wilhelm von Scholz (,Der Zufall', 1924).

[101] Vgl. August Langen, Attitude und Tableau in der Goethezeit, Jb. d. Dt. Schillergesellschaft, 12. Jg. (1968), 194–258.

[102] Werke 47, 317,12; in Langens Aufsatz nicht erwähnt.

[103] Vgl. etwa die Strophen ,Bilder-Szenen', ,Inschriften, Denk- und Sendeblätter', Nrn. 75–76, Werke 4,59 f. und 84,6 f.

[104] Die Aufführung erst am 4. Februar 1815; Werke 17, 314 f. setzt der Herausgeber Max Roediger irrig Hauptprobe und Aufführung auf den 2. 2., obwohl GT an diesem Tag „Abends Hofball" und erst am 3. 2. die (wohl abendliche) „Hauptprobe Proserpina" verzeichnet. Die zitierte Stelle: ,Tag- und Jahreshefte – Bis 1780', Werke 35, 6,9 f.

[105] Werke 40, 106–118; zitierte Stelle: 112, 12 f.

[106] Ebd., 117,16–28.

[107] Br 25, 328,21–329,2.

[108] GT, 26. 1. 1810 = WA Tageb 4, 93,7–13. Schon einige Monate vor dem Weimarer Besuch und Gastspiel der Hendel hat Goethe von dem Maler J. N. Peroux aus Frankfurt am Main, einem eifrigen Teilnehmer an den Weimarischen Preisaufgaben, dessen „nach der Natur" gezeichnete Blätter ,Pantomimische Stellungen von Henriette Hendel', 26 Kupferstiche in Großfolio, zum Geschenk erhalten (Goethes Bibliothek, Katalog, Bearbeiter: Hans Ruppert, Weimar 1958, 375, Nr. 2534); vgl. GT (Jena), 2. 8. und 5. 8. 1809 = WA Tageb 4, 48,25–49,1; 50,4 f. Goethe betrieb damals den Druck der ,Wahlverwandtschaften' und erhielt in jenen Tagen erste Korrekturbogen; zwischendurch änderte er immer noch am Text, ja schrieb oder diktierte ganze Kapitel um. Es wäre zu prüfen, ob auf die Darstellung der Attituden im 4. Kapitel des Zweiten Teils, welches offenbar erst am 4., 5., 6. September die endgültige Form erhielt (WA Tageb 4, 58,23; 59,1, 14), der Anblick der Perouxschen Bilder eingewirkt habe.

[109] Die Wahlverwandtschaften, Zweiter Teil, 4. und 5. Kapitel, Werke 20, 231–234 (zitierte Stelle: 231,23 ff.) und 251,25–256,7.

[110] Ebd. (6. Kapitel), 264,15.

[111] Ebd., 246,5 ff.

[112] Ebd. (6. Kapitel), 269,24–275,5.

[113] Ebd., 246,4; 230,6.

[114] Ebd., 250,3–9; 251,14–17,19 ff.

[115] Ebd., 244,20 f.; 264,11 (6. Kapitel).

[116] Ebd., 252,10−13; 255,4−23; 254,8f.

[117] Ebd., 247,2−7.

[118] WA Tageb 5, 184,20.

[119] Ebd.

[120] Werke 6, 55 (‚Bedenklich‘); vgl. GOETHE, 1. Jg., 2. Heft (Juni 1936), 141ff. (Hans Wahl).

[121] ‚Sulpiz Boisserée‘, Stuttgart 1862, II, 69f.

[122] Br 26,137,19−138,2.

[123] ‚Sulpiz Boisserée‘, II, 70.

[124] Werke 6, 168 (‚Buch Suleika‘).

[125] BT 417f.; Maximen und Reflexionen, hrsg. von Max Hecker, Schriften der Goethe-Gesellschaft, Bd. 21 (1907), 210, Nr. 998; Werke 6, 188, Vers 7f.; vgl. auch Charlotte v. Stein an ihren Sohn Fritz, 1. 5. 1812: „Goethe kann das Abschiednehmen nicht leiden ...“ (Briefe an Fritz von Stein, hrsg. von Ludwig Rohmann, Leipzig 1907, 193).

[126] GT, 10. 10. 1815 = WA Tageb 5, 186,22; Werke 6, 164−167.

[127] Werke 6, 166, Verse 39f.

[128] Ebd., Verse 50, 53−56.

[129] Ebd., 165, Verse 17, 19, 21.

[130] BT 418 ([17.]9.).

[131] BT 421 (3. 10.).

[132] Vgl. Willemer, Briefw. 357f.

[132a] Verwandt die Äußerungen über Cantilene: Maximen und Reflexionen, siehe oben Nr. 125, 221, Nr. 1063; an Zelter, 1. 6. 1831, Br 48, 207,21−26.

[133] Br 26, 123,17ff.

[134] Siehe oben S. 143. Hierher würde auch die Bemerkung Mariannens, in ihrem Brief vom 9. Oktober an Sulpiz Boisserée, gehören: „Der Nachricht zufolge die einige Damen (ich weiß nicht ob sie unter die Odiosa zu rechnen sind) nach Frankfurt brachten, dürfte Ihr Gast wohl schon abgereist sein“ – falls mit den Damen die Jagemann und eine oder mehrere der Ihren gemeint sind. Diese Annahme hätte manches für sich: nach einer Exkursion ins Rheingau und vor der Heimreise machte Carl August damals in Frankfurt Station; es lag nahe, daß die Jagemann vor ihrer Italienfahrt den Freund noch einmal aufsuchte. Sie konnte aus Goethes (nicht mehr vorhandenem) Schreiben vom 6. Oktober (vgl. oben S. 192), das einen kürzeren Postweg hatte als die gleichzeitigen Briefe an die Freunde in Frankfurt, die Änderung seiner Dispositionen auch früher wissen als Marianne (welche erst in einer Nachschrift des Briefes an Sulpiz meldet: „Soeben erhielten wir Goethes Brief ...“). Der Ausdruck „Odiosa“, anscheinend eine Vokabel der mit lateinischen Brocken durchsetzten Gesellschaftssprache der Gerbermühle, des ‚Privatisierens‘, läßt vertrauliche Andeutungen Boisserées oder Goethes vermuten. – Der Brief vom 9. Oktober zuerst gedruckt: 1907, Deutsche Rundschau, XXXIII. Jg. (Bd. 132), Heft 12, September, 418f. (Franz Schultz).

[135] An C. F. E. Frommann, 14. 9. 1816, Br 27, 164,13f.

[136] Siehe Elise v. Keudell, Goethe als Benutzer der Weimarer Bibliothek, Weimar 1931, 170f., Nrn. 1061f., 1066f.

[137] GT, 13., 15.−19., 21., 25. 9. 1816 = WA Tageb 5, 270,12,20,27; 271,7f.,22,25; 272,2,13; 273,14. Zu beachten auch GT, 14. 6. 1816 (= WA Tageb 5, 242,4f.), dessen letzte Notizen lauten: „Bei Serenissimo. Geschichte der Lady Hamilton.“ Hängen diese Notizen miteinander zusammen?

[138] Werke 31, 251,22.

[139] WA Tageb 5, 299,11f.

[140] Vgl. an Zelter, 7. 11. 1816, Br 27, 222,7−11; 23. 2. 1817, 350,25 bis 351,13.

[141] Siehe GT, 29. 1.−20. 3. 1817 = WA Tageb 6, 8,18−23,13; dort auch zur Bearbeitung von Kotzebues ‚Schutzgeist‘; deren Text: Werke 13/II, 1−102, Lesarten 342−352.

[142] Im Konzept gestrichene Stelle eines Briefs an den Sohn August, Jena 5. 6. 1817, Br 28,397, Lesarten zu Nr. 7766, S. 122,22.

[143] An den Sohn August, Jena 5. 6. 1817, Br 28, 120,24−121,6.

[144] Im Botanischen Garten; an Zelter, Jena 29. 5. 1817, Br 28, 107,4.

[145] An Boisserée, 18. 6. 1817, Br 28, 129,8f.; vgl. an den Sohn August, Jena 5. 6., 121,22f.

[146] Br 28, 173,10−13,14f.

[147] WA Tageb 6, 77,26f.; 79,1f.; 84,20.

[148] An J. C. Wesselhöft (Frommannsche Druckerei), Jena 2. 7. 1817, Br 28, 159,19ff.

[149] Werke 31, 54f. und 249−253.

[150] Ebd., 54,25f.

[151] Ebd., 250,21−24; 250,25−251,16; 251,17−252,4; 252,5−27. Goethe hat die Bemerkung über die ‚presepe‘ hier nur wiederholt; sie steht bereits in dem Schema über den Dilettantismus (siehe oben Nr. 102); aber auch in den ‚Wahlverwandtschaften‘ (Zweiter Teil, 6. Kapitel, Werke 20, 270, 13−20) und in dem Aufsatz ‚Proserpina‘ (vgl. oben Nr. 105), Werke 40, 117,22−25.

[152] Werke 31, 252,28−253,7.

[153] Ebd., 253,8−13.

[154] Werke 6, 167, Verse 57f.

[155] Ludwig Geiger, Cottasche Jubiläums-Ausgabe, 27. Bd. (1907), 347.

[156] ‚Noten und Abhandlungen‘ zum Divan, Abschnitt ‚Künftiger Divan − Buch Suleika‘, Werke 7, 146,9.

[157] Werke 6,157, Vers 25.

[158] BT 417 ([16.]9.); an Zelter, siehe oben Nr. 133; ‚Sulpiz Boisserée‘, II, 376.

[159] Sabine und Clara Heinefetter. Noch in seinem letzten Brief an Marianne, 23. 2. 1832, spricht Goethe von diesem „so eminenten Falle" (Br 49, 246,13−22).

[160] An Willemer, 18. 12. 1815, Br 26, 182,5−8.

[161] An Marianne, 19. 4. 1830, Br 47, 25,14−20.

[162] „Der Graf ... brachte Lucianen ... auf eine neue Art von Darstellung, die ihrer Persönlichkeit sehr gemäß war." Werke 20, 251,25−252,1.

[163] ‚Faust‘, Zweiter Teil, II. Akt (Peneios), Verse 7399−7404.

[164] Die Texte oben Seite 186.

[165] Bd. I, 359, r. Sp.

[166] Bei Loeper: 148f., als Nrn. 30 und 31.

[167] Erläuterungen zu den Deutschen Klassikern, Erste Abt., XXXI bis XXXIII., Leipzig 1878, 343f., zu Nrn. 33, 34. In seiner eigenen Ausgabe, (Kürschners) Deutsche National-Litteratur, 85. Bd., Berlin u. Stuttgart o. J. (1886), gibt er beide Gedichte unter den Fußnoten des ‚Buchs Suleika‘, 132f., als Nrn. 28a und 28b.

[168] Werke 6, 485−493, Paralipomena (IV), Nrn. 43−47.

[169] Ebd., 490, Nr. 45; die ersten zwei Verse aus dem Gedicht von Hafis und die in Hammers Ausgabe unmittelbar folgenden zwei, welche das Motiv des ‚Reiterhauptmanns‘ enthalten, werden schon bei Loeper (1872) als Quelle genannt; siehe oben Nrn. 72, 166.

[170] Werke 6, 291f.

[171] Ebd., Lesarten, 456 (‚Die Liebende‘), Hs R.

[172] West-östlicher Divan, Gesamtausgabe (hrsg. von Hans-J. Weitz), Leipzig 1949, Wiesbaden 1951, 274f.

[173] Düntzer, Erläuterungen, siehe oben Nr. 167.

[174] Burdach, Cottasche Jubiläums-Ausgabe, 5. Bd. (1905), 427.

[175] Rudolf Richter, Fest-Ausgabe des Bibliographischen Instituts, Leipzig 1926, 3. Bd. (Sonderdruck 1924), 340, zu Nrn. 18, 19.

[176] Hans Pyritz, Goethe und Marianne von Willemer. Eine biographische Studie, Stuttgart 1941 u. ö., hier zitiert nach ²1943; 81.

[177] West-östlicher Divan, hrsg. u. erl. von Ernst Beutler, Leipzig 1943 u. ö. (Slg. Dieterich, Bd. 125), 773f. zu Nrn. 18, 19.

[178] Hamburger Ausgabe, 2. Bd. (1949 u. ö.), 583; in der 8. Auflage (1967), 632, fehlt diese Feststellung – weil der Herausgeber sie für selbstverständlich hält, oder weil er davon abgekommen wäre?

Seine Deutung der Verse 16ff., im Wortlaut der Ausgaben von 1949 und von 1967 leicht abgewandelt, besagt: ‚Sie‘ (die Liebende) sei krank, da sie nur gesunden könne, wenn sie Kunde ... erhalte. Das kann, gemessen an dem hohen Anspruch, zu welchem uns der Kommentator Trunz gewöhnt hat, nicht recht befriedigen. Der Zustand dieser liebenden Frau scheint zwiespältiger, widersprüchlicher; es sind ‚vermischte Empfindungen‘. ‚Sie‘ – wie ‚ihr Geliebter‘ in der ‚Vollmondnacht‘ – „erprobt / Gleicherweis‘ im Sauersüßen / Fühlt ein unglückseliges Glück;". Das wiederholte „will nicht" (Vers 13f.) bezeichnet schwerlich – wie man bei jener Deutung fast annehmen müßte – eine Krankheit, die nicht weichen wollte; vielmehr den Willen der Kranken: sie wünscht nicht zu genesen, denn das Leiden selber ist „süß". Der folgende Partizipialsatz enthält dementsprechend, so meinen wir, keine kausale oder konditionale Komponente, sondern stellt, präsentisch, diese Gleichzeitigkeit des Gegensätzlichen dar. Zu vergleichen ‚Tag- und Jahreshefte‘ 1809 über die ‚Wahlverwandtschaften‘: „eine ... Wunde, die im Heilen sich zu schließen scheut, ein Herz, das zu genesen fürchtet" (Werke 36, 43,24−27); ferner ‚Kenne wohl der Männer Blicke ...‘, Verse 18−22, Werke 6, 151; verwandt ‚Faust‘, Zweiter Teil, Verse 7459f.: „Geheilt will ich nicht sein ..."

[179] Goethe über seine Dichtungen, Dritter Teil, 2. Bd., 2. Hälfte, Frankfurt a. M. 1914, Register; zu Ch 1: Seite 1182, zu Ch 2: Seite 1160.

[180] Richter, a. a. O.

[181] Beutler, a. a. O., 773 zu Nr. 18; Inhaltsverzeichnis Seite 848.

[182] Trunz 1949: 583; ⁸1967, 632: „Undatiert, vielleicht 1818, vielleicht früher."

[183] Goethes Poetische Werke, Stuttgart, Cotta, 1950, 2. Bd., Register, 870, r. Sp.

[184] Pyritz, 127, Anm. 241.

[185] Werke 6, 191, Vers 12.

[186] Werke 7,130,22ff.

[187] Vgl. Paul Böckmann, Die Heidelberger Divan-Gedichte. In: Goethe und Heidelberg, hrsg. v. d. Direktion d. Kurpfälzischen Museums, Heidelberg 1949, 204−239.

[188] Zuerst gedruckt 1952: Werke Goethes, hrsg. v. d. Deutschen Akademie d. Wissenschaften zu Berlin, West-östlicher Divan, Bearbeiter: Ernst Grumach, 3. Bd., Paralipomena, 61, Nr. 93; auch Willemer, Briefw. 339f., hier, auf Grund der Worte: „ich gehe fort" und: „O prüfe meine Redlichkeit / Wenn du dran zweifelst", eingeordnet als mögliche Beilage zu einem der beiden Briefe Goethes (an Rosine Städel und an Willemer) vom 6. Oktober.

[189] Werke 6, 490f., Nr. 46, zitierte Stelle: 491, Vers 13f.

[190] Ebd., 487f., Nr. 43b, zitierte Stelle: 488, Vers 1f.

[191] Ebd., 489f., Nr. 44, zitierte Stelle: 490, Verse 19−22.

[192] Pyritz, 64, 63.

[193] Werke 6, 492f., Nr. 47; 194.

[194] Pyritz, 64 f.

[195] An Willemer, 26. 10. 1815, Br 26, 120,9−16; an Rosine Städel, 21. 12., 196,7 ff.; Werke 6, 489 f., Nr. 44.

[196] Marianne an Goethe, 22. 6. 1829, Willemer, Briefw. Nr. 178, S. 210.

[197] Hierzu muß auch gezählt werden, was Rosine und Willemer über Marianne, und mitunter wohl auch in ihrem Namen, berichten. Besonders der nur fragmentarisch überlieferte Brief Willemers vom Dezember 1815 (Willemer, Briefw. 34, Nr. 30) scheint in seinen verlorengegangenen Partien ausführliche Mitteilungen dieser Art enthalten zu haben; das läßt Goethes Antwort vom 18. Dezember (Werke 26, 181 f.) erkennen, welche neben der von Pyritz hervorgehobenen Sorge darüber, daß Marianne nicht mehr singt, in heiterstem Ton auch Mitteilungen von der philologischen Tätigkeit des „lieben kleinen Criticus" erwähnen kann.

[198] Auch in allen folgenden Jahren, in denen Goethe nun unmittelbar an Marianne schrieb, hat er nach Frankfurt keinen seiner Briefe an sie adressiert und auch im Tagebuch Marianne nie genannt, sondern allenfalls in den Plural „Willemers" mit aufgenommen.

[199] Christiane hatte im April 1807, zum erstenmal als Frau v. Goethe, die Schwiegermutter in Frankfurt besucht; Umgang mit Willemers ist anzunehmen, aber nicht bezeugt. Nach dem Tod der Frau Rath kam sie im Herbst 1808 zur Regelung der Erbschafts-Fragen nochmals nach Frankfurt und war nun häufig, mitunter auch in Begleitung Augusts, bei den Willemers zu Gast. Von Marianne ist nur eine vereinzelte späte, aber vielsagende Brief-Äußerung über Christiane bekannt: an Herman Grimm, 21. 11. 1855 (Willemer, Briefw. 757); Bestätigendes teilt, auf Grund mündlicher Überlieferung, Heinrich Düntzer mit: Goethe und Marianne Willemer, (Westermanns) Illustrirte Deutsche Monatshefte, XXVIII, Heft 168, September 1870, 643, 1. Sp.

[200] Bad Soden, 1. August 1816; zuerst gedruckt: Willemer, Briefw. 40 f., Nr. 39; Pyritz hat den Brief noch nicht gekannt.

[201] Br 26, 83 ff. (mit dem Gedicht ‚Gingo biloba', Werke 6, 152); 92 f.; 99 ff.; 120 f. (Gedicht: ‚Ein Spiegel er ist mir geworden ...', Werke 6, 193, ‚Abglanz', Willemer, Briefw. 32 f.); 151 f.; 181 f.; 196 (Gedicht: ‚Mir will es finster bleiben ...', Werke 6, 173 und 422 f., Willemer, Briefw. 36 f.).

[202] Willemer, Briefw. 37 f., Nr. 34; Br 26, 325,13−16; vgl. Willemer, Briefw. 359 f. Brief vom 5. April: Br 26, 324 f.; vgl. Willemer, Briefw. 360 zu: „Lied ist vorgeeilt"; an Ehrmann, 11. Mai: GT, 4.−7. 5., 11. 5. 1816 = WA Tageb 5, 228,1−3; 9 f., 14 f., 25 ff.; 229,28−230,4; der Vierzeiler: Werke 4, 250; Sendung vom 2. Juni: an Fritz Schlosser, Br 27, 47, GT, 2. 6. 1816 = WA Tageb 5, 238,1−4.

[203] Ch 1, Verse 7−10, Ch 2, Verse 1, 3.

[204] An Knebel, 21. 10. 1815, Br 26, 106,14 ff.; GT, 21., 22., 26. 9. = WA Tageb 5, 183,7,10 f., 15; 184,2 f.; vgl. das (lange mißdeutete) arabische Zeichen GT, 27. 9. = WA Tageb 5, 184,7 f., Willemer, Briefw. 601 f.

[205] GT, 22., 23. 11. 1815 = WA Tageb 5, 193,1,5 f.; Lorsbach an Goethe, Jena 4. 2. 1815, Grumachs Divan-Ausgabe (Akademie-Ausg., siehe oben Nr. 188), 3. Bd., 211, Nr. 216.

[206] Keudell (siehe oben Nr. 136), 160, Nrn. 1008, 1009; früher entliehene: ebd., 151, Nr. 955 B; 153, Nrn. 964, 965; vgl. auch ‚Tag- und Jahreshefte' 1817, Werke 36,125,24−126,5.

[207] Keudell, 164, Nr. 1028; 163 f., Nrn. 1026, 1027.

[208] GT, 10. 3. 1816 = WA Tageb 5, 213,24 ff.; Keudell, siehe Nr. 207.

[209] Vgl. auch das vom 31. 1. 1816 datierte Gedicht ‚Bist du von deiner Geliebten getrennt ...', ferner Goethes Ankündigung des Divans im ‚Morgenblatt' (vom 24. 2. 1816;

verfaßt, laut GT, am 3. 2., abgesendet am 13. 2.): „Der Dichter betrachtet sich als einen Reisenden. Schon ist er im Orient angelangt ...“ – Werke 6, 171; Werke 41/I, 86, 14 f.

[210] Br 26, 236,22−25, 237,2 f.

[211] R. M. Werner, Kleine Goetheana, II. Brief und Gedicht. In: (Schnorrs) Archiv f. Literaturgeschichte, 15 (1887), 278−286.

[212] Gräf (oben Nr. 179), II/1, 81, Nr. 1493.

[213] Werke 6, 456, zu R; abgebildet in Grumachs Divan-Ausgabe 3. Bd. (oben Nr. 188), Tafel 33.

[214] Irren wir nicht, so legen fast alle nach dem Erscheinen von Pyritzens Studie herausgekommenen Editionen bei der Datierung von Ch 1 einen Akzent auf das Jahr 1818; bemerkenswert die Abschwächung bei Trunz (⁸1967), vgl. oben Seite 164 und Nr. 182.

[215] Pyritz, 81, dazu 76−80.

[216] Verse 15, 18.

[217] Werke 6,151,15−22.

[218] Werke 16, Anhang, 577 f., B [1.]; 578, [2.], Verse 11−18.

[219] Ebd., 575 (A, 2.), 9−12; zum Abdruck Br 27 vgl. oben Nrn. 54, 56, 58 f.

[220] Ebd., 575, 13 f.; 578, B [3.], Verse 19−22.

[221] Ebd., 575,5, 7 f.

[222] Ebd., 575, Lesarten zu Z. 3.4, 10.11.

[223] Ebd., 573 (A, 1.), 22 ff.

[224] Goethe-Jahrbuch XVI (1895), 3−12; über Sulamith: 9.

[225] ‚Sanct Rochus-Fest zu Bingen‘, Werke 34/I, 8, 24 ff.

[226] Ebd., 39, 5 f.,16 ff.

[227] An F. A. Wolf, 8. 11. 1814 (Beilage), Br 25, 73, 22,24 ff.

[228] An Willemer, 28. 12. 1814, Br 25, 122,9 ff.

[229] Werke 16, 381, Verse 985 f.; der Brief an den Kapellmeister B. A. Weber, dem die Strophen beigefügt waren, ist vom 30. 1. datiert, aber, laut dem Verzeichnis der Postsendungen, erst am 2. 2. expediert worden: Br 25,185 f.; 421, 1. Sp.

[230] 1815: an Willemer, 26. 10., Br 26, 121,3−12; WA Tageb 5, 188,9 f. – 1816: WA Tageb 5, 279, 4 f. – 1817: an Willemer, 17.−19. 10., Br 28, 285,9−15, 18 ff. (zitierte Stelle), 286,16−22, 286,25−287,6; WA Tageb 6, 124,7 f. – 1818: WA Tageb 6, 255,5 f.

[231] An Zelter, 7. 11. 1816, Br 27, 223,4.

[232] Werke 34/I, 21,15−18.

[233] Ein prägnantes Zusammentreffen im Tagebuch vom 18. Oktober 1816: „... Rochusfest korrigiert ... Hauptprobe des Epimenides ... Nachts die Feuer auf den Höhen, umhergefahren ...“ (WA Tageb 5, 279,1−5).

[234] An Zelter, 14. 11. 1816, Br 27, 237,17 f.

[235] Z. B. Rochlitz (an Böttiger, 12. 11. 1812), Goethe-Jahrb. I (1880), 336; Heinrich Voß d. J. (an ?, 4. 1. 1813), B. G. Niebuhr (an Perthes, Februar 1813), Chr. G. v. Voigt (an Böttiger, 5. 11. 1813) – die Äußerungen zusammengestellt bei Wilhelm Bode, Goethe in vertraulichen Briefen seiner Zeitgenossen, 2. Bd., Berlin 1921, 380 f., 385 f., 389 f.

[236] Siehe unten Nr. 244.

[237] Vgl. an Pauline Serviere, 1. 2. 1816, Br 26, 247 f.; 20. 4., 343 f.; an die Geistliche Behörde in Bingen, 15. 7., Br 27, 95 ff.

[238] Br 27, 174,9−12.

[239] An Zelter, Br 27, 236,25−237,19.

[240] Siehe oben Nr. 224; a. a. O., 3 ff. (auch Werke 42/II, 32 ff.).

[241] Ebd., 3 (Werke 42/II, 32,7 f.).

[242] Ebd., 4 f. (Werke 42/II, 33,19−34,20).

[243] Willemer an den Kirchenrat Friedrich Heinrich Christian Schwarz in Heidelberg, Schwiegersohn Jung-Stillings; Basel, Universitäts-Bibl., Handschriften-Abt., Nachlaß Schwarz: XV Willemer, Nr. 13, S. 1/b.

[244] Helene Jacobi an Ernestine Voß. Aus F. H. Jacobi's Nachlaß. Hrsg. von Rudolf Zoeppritz, Leipzig 1869, 2. Bd., 171, Nr. 160, datiert: „(1815)"; auch bei Wilhelm Bode. siehe oben Nr. 235, 461; Bodes Datierung: „Um diese Zeit" (= Ende November 1815) wäre abzuändern in: September 1815.

[245] Willemer an Goethe, August−September 1816, Willemer, Briefw. 44, Nr. 42; ‚Teutschlands Hoffnungen in Gefolg der pariser Convention vom 26. September 1815. Ein Nachtrag zu der Schrift ‚Teutschlands Erwartungen'. Von Willemer ... Frankfurt am Main ... 1816', 38 Seiten; die zitierte Stelle: Seite 16. In der gleichen Gesinnung widmete Willemer die Schrift ‚Erfahrungen, Meinungen und Berathungen' (1821) den ihm befreundeten Frankfurter Geistlichen Orth (katholisch), Kirchner (lutherisch) und Stein (reformiert).

[246] Gedichte, ‚Kunst', Werke 3, 115 f.; auch ‚Wilhelm Meisters Wanderjahre', Zweites Buch, 8. Kapitel, Werke 25/I, 17 f.

[247] Werke 3,116, Verse 39 f. (Werke 25/I, 18,27 f.).

„Prüft das Geschick dich ..."

Ein Spruch im „West-östlichen Divan"

Zu seiner *Hegire* nach Osten ist Goethe, wie man weiß, durch die Begegnung mit Hafis veranlaßt worden. In ihm sah er anfänglich vor allem den Sänger geistig erhöhten Genusses; *genießen* und *Hafisen* ist in der Frühzeit der *Divan*-Dichtung, im Sommer 1814, ein selbstverständlicher Reim. Freilich bald schon, in den Strophen *Selige Sehnsucht*, streift Goethe auch den mystischen Bezirk des Hafis. Dann aber wendet er sich von dem Perser zu den Weiten des Orients.

Nach dem Abschied, im Herbst 1815, schreiben Marianne und Goethe einander jene Chiffern-Briefe, deren Erfindung und Verfahren ein Lied im *Buch Suleika*, ein Kapitel der *Noten und Abhandlungen* kundgibt. Dieser Chiffern-Briefwechsel beruht ebenfalls auf der Lyrik des Hafis. Doch nichts von *Genießen* mehr: *die Entfernten finden ein tröstliches Ergeben, indem sie ihre Trauer mit Perlen seiner Worte schmücken.*

1821 erscheint die erste Fassung der *Wanderjahre*, mit dem Untertitel *Die Entsagenden*. Dem Roman voran stehen elf Gedichte, von welchen sechs, einander folgende, dann in die zweite Ausgabe des *West-östlichen Divans* (1827) eingegangen sind, wo sie, benachbart im *Buch der Sprüche*, ihren Zusammenhalt einigermaßen behaupten. Zumal eines, in den *Wanderjahren* durch seine Stellung hervorgehoben, spricht eindrücklich das Gesetz der Entsagung aus:

> Prüft das Geschick dich, weiß es wohl warum:
> Es wünschte dich enthaltsam! Folge stumm.

Auch dieser abweisend strenge Spruch kommt von Hafis her. Christian Wurm bereits, der früheste, fleißigste (und am fleißigsten benutzte) Erläuterer des *West-östlichen Divans*, meinte (1834), wie er mehrere Sprüche jener Sechser-Gruppe als Nachbildungen aus der Bibel und aus orientalischen Dichtern (Ferdusi, Enweri) hatte erweisen können, den Ursprung entdeckt zu haben, und alle Kommentatoren haben die von ihm bezeichneten Verse (meist unter Weglassung des zweiten) nachgedruckt:

> Gibt dir das Schicksal Frist, verlasse nicht den Weg,
> Wer sagt, daß eine Metze dem Betrug entsagt?
> Du frag nicht um warum und wie, ein treuer Knecht
> Vollzieht ein jedes Werk das ihm sein Sultan sagt

(in Hammers Übertragung I 132).

Die Verse beginnen zwar in der Wortfügung ähnlich wie der Spruch bei Goethe und berühren sich mit ihm in dem Worte *Schicksal* und dem *Warum*; aber (von dem Unterschied der Form – ein Zweizeiler hier, vier Zeilen dort – ganz abgesehen) ihnen fehlen gerade die Elemente, denen er seinen Platz in den *Wanderjahren* verdankt: die Begriffe der ‚Prüfung' und der ‚Enthaltsamkeit'.

Die Stelle bei Hafis, die in zwei Zeilen beide Begriffe vereinigt, ist dem Scharfblick Wurms entgangen. Sie findet sich, innerhalb eines umfangreichen Gedichts, gleichfalls im Ersten Band von Hammers Übertragung, Seite 452 (Buchstabe Dal, CLXVII):

> Prüft dich das Los, so hat es keinen anderen Zweck nicht,
> Als daß einst dein Herz rein durch Enthaltsamkeit sei.

Goethe zitiert, wie in den erwähnten Nachbildungen aus Ferdusi und Enweri, teilweise wörtlich. Doch indem er den Begriff des ‚reinen Herzens', als immanent, beiseiteläßt, das Wort *enthaltsam* – durch Zäsur, schwebenden Ton, Rufzeichen – heraushebt und dem Schluß eine völlig neue Wendung vorbehält: diesen lakonischen Imperativ, zwei Worte, drei Silben, deren entscheidende letzte den dumpfen Endreim bildet, erteilt er dem Spruch das eigene Gepräge: eines Gebots an seinen *Wanderer*.

Jene Nachbildungen aus Ferdusi und Enweri sind vermutlich zu der gleichen Zeit entstanden wie andere Glieder der Sechser-Gruppe: zwischen Mai und Oktober 1818. Damals befaßte Goethe sich, während der lyrische Teil seines *Divans* bereits gedruckt oder eben im Druck war, noch einmal mit den persischen Poeten, um sie für die *Noten und Abhandlungen* zu charakterisieren, welche er, *zu besserem Verständnis*, den Gedichten mitgeben wollte.

Denken wir uns den Zweizeiler aus Hafis um diese Zeit verfaßt, so würde er sehr genau – und hierin verwandt der *Ananke*-Strophe der orphischen *Urworte*, vom Herbst 1817 – jener Erkenntnis entsprechen, die Goethe seit der Umkehr von der dritten Rhein-Reise (Juli 1816) erneuert hatte und die sich zumal auch während des Jahres 1818, in dem Schweigen gegen Marianne und Willemer, bezeugt.

Der Spruch entstammte dann der gleichen späten Berührung mit dem Perser, aus welcher das große Lied *An Hafis* hervorgegangen ist. Wie die

Schlußzeilen dieses Liedes ihn als Geleiter *durchs rauhe milde Leben* rühmen, umfassen sie die beiden Bereiche, die Goethe in ihm ‚polarisch‘ verbunden fand.

Erstdruck: Arcadia. Zeitschrift für vergleichende Literaturwissenschaft. Band 5 (1970), Heft 2.

Das früheste Gedicht im „West-östlichen Divan"

Als das früheste Gedicht im ‚West-östlichen Divan' gelten fünf Strophen aus
dem ‚Buch des Sängers', welche den Titel ‚Erschaffen und Beleben' führen;
sie sind in einer eigenhändigen Reinschrift Goethes datiert „Berka an der Ilm
d. 21. Juni 1814" und noch unbetitelt; eine Überschrift – „Buchstabe Dal 18te
Gasele" – bezieht sie auf eine Stelle in der Gedichtsammlung, dem Divan, des
Persers Mohammed Schemseddin Hafis (gestorben 1389)[1]. Und sie lauten:[2]

> Hans Adam war ein Erdenkloß,
> Den Gott zum Menschen machte,
> Doch bracht er aus der Mutter Schoß
> Noch vieles Ungeschlachte.
>
> Die Elohim zur Nas' hinein
> Den besten Geist ihm bliesen,
> Nun schien er schon was mehr zu sein,
> Denn er fing an zu niesen.
>
> Doch mit Gebein und Glied und Kopf
> Blieb er ein halber Klumpen,
> Bis endlich Noah für den Tropf
> Das Wahre fand, den Humpen.
>
> Der Klumpe fühlt sogleich den Schwung,
> Sobald er sich benetzet,
> So wie der Teig durch Säuerung
> Sich in Bewegung setzet.
>
> So, Hafis, mag dein holder Sang,
> Dein heiliges Exempel,
> Uns führen, bei der Gläser Klang,
> Zu unsres Schöpfers Tempel.

Ein Trinklied also, derb in Ton und Rhythmus, aber mit einem geistigen
Grundzug, das am Ende sich auf einen Bezirk der Weihe hin öffnet – von einer
Spannweite, ähnlich etwa derjenigen zwischen Papageno und Sarastro, in der
‚Zauberflöte', welche eben damals der Dichter wieder „vor Augen gehabt"
hat.[3]

Sie mögen erwartet haben, unsere heutige Bemühung werde diesem Lied gewidmet sein; um so eher, als von ihm aus der schicklich-festliche Übergang zu einem allgemeinen „ergo bibamus" sich unschwer vollziehen ließe. Aber es wird Sie hoffentlich nicht zu sehr enttäuschen, wenn wir von diesem frühen Divan-Gedicht, welches wohl immer das älteste handschriftlich datierte bleiben dürfte,[4] uns abwenden und versuchen, ein anderes als noch früher zu ermitteln.

Damit verlassen wir allerdings den weiten Raum möglicher Interpretation und beschränken uns in die Gehege der Ziffern und Daten, mit welchen wir nun, wenn anders Sie unserem Unterfangen etwas abgewinnen sollen, uns eine Weile – einerlei ob sie lang oder kurz erscheine – werden beschäftigen müssen.

Der ‚West-östliche Divan', Sie wissen es, ist vor allen großen Gedichtsammlungen Goethes, ja unserer Literatur überhaupt, dadurch merkwürdig und einzig, daß er kunstvoll Reichtümer des Inneren wie des Äußeren zusammenbindet, welche doch von Anfang an organisch keimhaft, nach allen Seiten wachsend sich zu einer Einheit hin entfaltet hatten.

Goethe selber hat diesem Hervortreiben und -sprießen, dieser Entwicklung zuweilen zugesehen wie einem Natur-Ereignis; verwundert und dann auch wieder mit Genugtuung. Er hat die unverhoffte Ernte eingetragen, in jedem Sinn; auch in dem des schriftlichen Bezeichnens, Bezifferns, Aufreihens, Registrierens; hat sie wiederholt zu sondern, zu gliedern und jenes Wachstum noch zu lenken, zu fördern, zu reizen gesucht und vermocht.

Damit hängt auch die ebenfalls unvergleichliche Überlieferung dieses Spätwerks zusammen: die Fülle an eigenhändigen Niederschriften, an aufbewahrten Vorformen, Notizen, Entwürfen, Zwischenstufen. Ausgebreitet, geordnet, in ihre zeitlichen Zusammenhänge eingesetzt hat diese einzigartige Überlieferung als erster Konrad Burdach, der noch nicht Dreißigjährige, im fünften Werks-Band der großen Weimarer Ausgabe (1888); und ihm allein blieb sie auf beinahe fünf Jahrzehnte als eine Art Domäne willig überlassen zur Edition und Interpretation[5]; was, wie jedes Monopol, bedenklich, ja gefährlich werden mußte, je mehr der Inhaber, alternd, sich in Eigenheiten, in Absonderlichkeiten verlor.

Während seiner letzten Jahre, nach 1930 etwa, regte sich denn auch Kritik. Doch wenn wir heute eine stets wachsende Zahl von Interpreten sich mit der Formen-Vielfalt und dem Zusammenhang dieser Gedichtsammlung befassen sehen, muß Konrad Burdachs gedacht werden als dessen, der schon um die Jahrhundertwende ihnen den Weg bereitet hat. Immer aufs neue ist er vornehmlich, anregend auch im Irrtum, den frühen Stadien des Divans nachgegangen, den verschiedenen Prozessen seiner „Gestaltung, Umgestaltung".

So hat er ein für allemal die Berkaer Anfänge des ‚West-östlichen Divans' charakterisiert: die gesellig-heitere, mit Musik gesättigte Frühlings- und Friedens-Atmosphäre, in welche, als ‚erregendes Moment', zu einer Begegnung, die in Goethes Leben wahrhaft Epoche zu machen bestimmt ist, unter der Gestalt des Hafis der Nahe Osten eintritt, die Fremde – wie eben damals der ‚Epimenides' sie beruft: „Nun aber soll mein Blick entbrennen / In fremde Zeiten auszuschaun."[6]

Zwischen dem Frühjahr 1814 und dem Frühjahr 1815 lassen sich, von Burdach zuerst bezeichnet, drei solcher Stadien unterscheiden:

1. Die ‚Gedichte an Hafis' – Berka an der Ilm und erste Reise nach Wiesbaden, Juni–Juli 1814: „Die Gedichte *an Hafis* sind auf 30 angewachsen", meldet er am 29. August es an Riemer, nachdem er sie schon am 31. Juli „geordnet" hatte;[7]

2. der früheste ‚Deutsche Divan' – Jena und Weimar, Dezember 1814 bis Januar 1815: nun rund 50 Nummern, mit einem (nicht mehr vorhandenen) Verzeichnis;[8]

3. ‚Des deutschen Divans mannigfaltige Glieder' – versammelt zu Beginn des zweiten Aufenthalts an Main und Rhein, im sogenannten ‚Wiesbadener Register' vom 30. Mai 1815: 100 Nummern.[9]

Sie sehen: Ende August 1814 – 30 Gedichte; Ende Dezember 1814 – 50 Nummern (die Nummer 51 ist vom Silvester-Abend) – Ende Mai 1815 – das Register von 100 Nummern; jedesmal eine Art Abschluß auf Ultimo, mit runden Zahlen.

Die Stadien 1 und 2 umgreift in den Reinschriften eine Nummerierung, bis zu 53 reichend, angebracht jeweils rechts oben auf dem einzelnen Blatt, fast immer mit schwarzer Tinte, die dann mit roter durchstrichen ist, zugunsten der neuen Ordnung des Stadiums 3, des Wiesbadener Registers, mit Ziffern jeweils links oben und in roter Tinte.

Auf Hafis beziehen sich diese frühesten Gedichte in zweierlei Weise: entweder indem sie unmittelbar einige seiner Verse einschmelzend in einen anderen Zusammenhang übernehmen; in diesen Fällen trägt meistens das Blatt der Reinschrift, wie wir es bei ‚Erschaffen und Beleben' gesehen haben, eine Zeile mit dem Namen des ‚Buchs' aus dem Divan des Persers und mit der Nummer des betreffenden Ghasels. Oder aber: der deutsche Dichter ruft stattdessen (manchmal auch außerdem) geradezu den persischen an; nennt zum mindesten dessen Namen; dies häufig am Schluß, wohl in lockerer Nachbildung der hafisischen Ghaselen, von denen ihr Übersetzer, Joseph von Hammer, mitteilt: „Im Schlußverse nennt sich der Dichter immer mit seinem Beinamen [Hafis]".[10]

In allen diesen Gedichten trägt übrigens der Name Hafis, nach dem Muster der Hammerschen Übersetzung, den Ton zunächst auf der zweiten Silbe – Hafís; so auch in den flektierten Formen: Hafísens, Hafísen. An der Richtigkeit dieser Betonung wurde Goethe jedoch während der ersten Rheinreise irre; vermutlich durch den befreundeten Theologen Paulus in Heidelberg (den Vater des ‚Schenken').[11] Am 2. November 1814, kurz nach der Rückkehr, erbat er sich hierüber die Auskunft des Jenenser Orientalisten[12]; sie lautete: „Es leidet keinen Zweifel, daß im Namen Hafis ... die erste Silbe lang, die zweite kurz ist."[13] Daraufhin berichtigte Goethe in den Blättern der Reinschrift überall dort die Nennform des Namens, wo sie gegen das Metrum verstieß; er stellte um oder änderte sogar den Wortlaut.[14] Wo wir in einem Reinschrift-Blatt die Betonung Hafís (oder ihre Korrektur) antreffen, ist dies also ein weiteres zuverlässiges Merkmal früher Entstehung.

Fast alle Reinschrift-Blätter des Divans sind von Goethe selber geschrieben, die Mehrzahl trägt auch Daten von seiner Hand; manche geben nicht nur den Tag an, sondern auch den Ort und die Tageszeit, ja die Stunde. Zuweilen ist ein zweites Datum beigefügt; ein Kennzeichen dafür, daß das Gedicht erst später abgeschlossen oder doch revidiert und verändert worden ist.[15]

Nicht immer bezeichnen solche Daten den Zeitpunkt der Entstehung, oft eher den der Reinschrift, welche freilich während der beiden Reisen an Rhein und Main meist bald auf die Entstehung folgt – Zeichen von Genugtuung und Genuß an einem schöpferischen Vermögen, das den Autor selber überrascht und das er später, mit dem bekannten Wort, aus einer „wiederholten Pubertät" hergeleitet hat.[16]

Eine Anzahl der Reinschriften ist jedoch undatiert; von ihnen läßt sich nur ein Teil mehr oder minder genau, aus den Angaben der Tagebücher oder aus anderen Indizien, chronologisch bestimmen; für manche übrigen gibt es überhaupt keinen Anhalt zu näherer Datierung.

Nach diesem beschwerlichen Exkurs, der unsere weiteren Bemühungen erleichtern möge, lassen Sie uns eintreten in die heitere Frühjahrs-Region von Berka an der Ilm. Dieses Städtchen, „12 Kilometer südsüdwestlich von Weimar, 277 Meter über dem Meere, in einem anmutigen Wiesentale gelegen, umgeben von Fichten-, Kiefern- und Buchenwäldern"[17], war gleichsam über Nacht zum Bade- und Kurort geworden. Im Herbst 1812 hatte man den Schwefelgehalt der dortigen Quellen untersucht, der Erbprinz Karl Friedrich interessierte sich für eine Erschließung, und Goethe, als Mineralog, aber auch als erfahrener Kurgast der großen böhmischen Bäder, wurde mit näheren Berichten beauftragt.[18] Gutachten der Jenenser Naturwissenschafter – darunter des Mediziners Kieser, der schon einmal im Hannöverschen ein ähnliches Unternehmen eingeleitet hatte – lauteten nicht ungünstig, und nun handelte man rasch; bereits am 24. Juni 1813 – während Goethe die Kur in Teplitz gebrauchte – wurde die Bade-Anstalt zu Berka an der Ilm festlich eingeweiht. Die Einrichtung allerdings war primitiv, ja dürftig. Im Frühjahr 1814 eröffnete man nun die erste Saison nach dem Krieg, und Goethe bezeigte diesmal besonderen Anteil an dem noch immer schwankenden Wagnis: zu Ende Februar machte er mit Christiane Quartier im ‚Edelhof'; am 13. Mai zogen sie ein.[19] Als Arbeit hatte er sich – außer der Durchsicht der ‚Lehrjahre' und des ‚Cellini' für die neue Ausgabe der Werke, und der Redaktion der ‚Italienischen Reise' – ein kleines Theaterstück vorgenommen, das Mitte Juni bereits beim Gastspiel der Weimarer Bühne in Halle aufgeführt werden sollte: die Neufassung des alten Lauchstädter Vorspiels ‚Was wir bringen', mit lokalem und aktuellen Bezug auf den jüngstverstorbenen berühmten Arzt und Universitätslehrer Reil.[20]

Wiederholt hat man seit Burdach die Atmosphäre dieser Frühlingstage geschildert: wie die anfängliche Stille sich immer mehr belebt durch Gäste des Ortes und persönliche Besucher, wie dann die große Politik hereingrüßt – Vorbereitungen zum Wiener Kongreß, aber auch der plötzliche Antrag Ifflands, für das Königliche Theater in Berlin ein Festspiel zur Rückkehr der verbündeten Monarchen zu verfassen – und zwar binnen vier Wochen –, ein Antrag, den Goethe zunächst ablehnt, und schon zwei Tage später doch übernimmt[21], und dessen Ausführung (‚Des Epimenides Erwachen') alle anderen Pläne und Arbeiten zeitweilig beiseite drängt; wie inzwischen eine Duell-Affäre des Sohnes August den häuslichen Himmel verdüstert, dann aber, gleich einer rossinischen ‚tempestà', vorüberzieht, damit er um so heiterer blaue[22]; wie Abgesandte des Berliner Theaters zu ausführlichen Beratungen eintreffen[23], nachdem neun Tage lang ein anderer Berliner, einer der interessantesten und anstrengendsten Freunde, ihn heimgesucht hat: der große Philologe Friedrich August Wolf[24]; und wie bei und trotz alledem und unter dem Kurgebrauch und den tätigen Sorgen um den Ausbau, die Verschönerung des Bade-Ortes[25] doch auf Spaziergängen, in Morgenstunden des Diktierens, nach abendlichem Hören Bachischer und Mozartscher Sonaten, die der Organist Schütz (Bade-Inspektor nebstbei) auf seinem Flügel vorspielen muß[26], eine unerhörte Produktivität nicht nur alle übernommenen poetischen Pflichten meistert, sondern neben zahlreichen Vers'chen und Reimscherzen überraschend ganz neuartige Gebilde hervortreibt: die große polemische Palinodie ‚Die Weisen und die Leute' zum Beispiel[27], und, vor allem, eben die west-östliche Lyrik der ‚Gedichte an Hafis'.

Zwei Briefe Goethes an Freunde halten den Zustand fest:

Das Ich ist diesmal in ziemlich guten Umständen und würde wie eine epikurische Gottheit leben, wenn nicht das Nicht-Ich mit Anmut und Unmut mich in meine Einsamkeit verfolgte. Ich habe beinahe so viel Händel auf dem Halse, von guter und schlechter Sorte, als der Marschall von Bassompierre, welcher einer Tochter aus großem Hause ein Kind gemacht hatte, eine sehr gefährliche Ehrensache ausbaden sollte und zugleich im Fall war, von seinen Kreditoren in den Schuldturm geführt zu werden. Dieses alles hat er, wie er schreibt, durch die Gnade Gottes, vergnüglich überstanden, und so hoff ich, soll es mir auch ergehen. (an Knebel, 23. Mai 1814)

Damit mein metallisches Wesen recht geläutert und gediegen werde, bin ich abermals wie [in] eine neue Össe geworfen wo die gewaltigsten Blasebälge mich anfauchen. Geheimerat Wolf ist seit einigen Tagen hier, und dieser wundervolle Mann nimmt mich unter den Amboß der Kritik, da mich die Flammen der Poesie, aus denen mein Festspiel hervorgeht, schon flüssig genug geschmolzen hatten. Wie sehr hätte ich Sie zu uns gewünscht, denn da wird alles aufgeregt was man besitzt und einem ein noch ungeheurer[er] Reichtum aufgedrungen; bald weiß ich nicht mehr, wie ich schleppen soll. (an Johann Heinrich Meyer, 9. Juni)[28]

Ein Stöhnen beidemal, und deutlich doch auch ein gewisses Behagen.

Die Begegnung mit dem persischen Dichter, in welchem der Deutsche einen „Zwilling" erkennt, der in gleichem Alter, bei ähnlicher Weltlage größter kriegerischer Umwälzungen, sein Dichten und Trachten gegen Frömmler, Neider, Narren ruhig behauptet und dem großen Eroberer-Despoten jener Zeit, dem Timur, so gelassen gegenübertritt wie er dem Napoleon – diese Geistes-Begegnung ereignet sich bei der Lektüre des Hafisischen Divans. Das Werk, welches Joseph von Hammer „zum erstenmal ganz übersetzt" und mit Vorrede und Anmerkungen versehen hatte, war unter den Jahreszahlen 1812 und 1813 bei Goethes Verleger Cotta erschienen; Cotta selber hat es ihm – das wissen wir aus einem Brief Goethes vom Mai 1815 – im Jahr zuvor, 1814 also, geschenkt.[29] Den genauen Zeitpunkt kannte man bisher nicht.

Der Name Hafis erscheint bei Goethe zum erstenmal in seinem Tagebuch vom 7. Juni 1814, in Berka[30]; ohne daß zu sagen wäre, ob die Notiz eine Lektüre in den Divan-Bändchen meint oder etwa schon eigene Produktion in Bezug auf den persischen Dichter. Das früheste überlieferte Datum eines solchen ‚Gedichts an Hafis' steht, wie eingangs bemerkt, auf der Reinschrift von ‚Erschaffen und Beleben': „Berka an der Ilm, den 21. Juni 1814". So hat man Goethes Begegnung mit Hafis und den Beginn seiner west-östlichen Dichtung bisher stets allgemein in den Juni 1814 gesetzt, ohne sich um eine präzise Bestimmung zu kümmern. Die Sache verdiente aber, und verlohnte auch, scheint uns, ein näheres Hinsehen.

Cotta hat im Frühjahr 1814 Goethe zweimal besucht: in Weimar am Sonntag, dem 1. Mai, unterwegs zur Leipziger Messe, der ersten nach dem Krieg; und auf der Rückreise nach Stuttgart, am 18. Mai, einem Mittwoch, in Berka.[31]

Da liegt es nahe anzunehmen, damals auch habe er ihm die orientalistische Messe-Novität[31a] seines Verlags zum Geschenk gemacht. Diese Vermutung wird zur Gewißheit dank einem Briefchen Cottas an Goethe, welches, noch ungedruckt bisher, im Weimarer Archiv erhalten geblieben ist.

Der agile Schwabe, immer unstet und flüchtig in jedem Sinn und hierin ein Vorläufer mancher seiner heutigen Kollegen, schreibt:

Euer Exzellenz

habe ich die Gnade die verlangte Ex[emplare] von Cellini und vierten Band der Werke nebst einigen Neuigkeiten meines Verlags zu übersenden. Die Einlösungsscheine ... werde ich nächsten Dienstag oder Mittwoch die Ehre haben zu überbringen, da die Geschäfte sich bälder als gewöhnlich endigen lassen.

Mit untertäniger [unleserliches Wort]

Ew. Exzellenz

untertänig

Cotta

Stuttgart [statt: Leipzig] 10 Mai 1814[32]

Die Beförderung der Post ging damals in ganz Deutschland zuverlässiger und oft wohl auch rascher vonstatten als heute. Die beiden Divan-Bändchen müßten, falls nicht etwa Cotta selber sie erst mitbrachte, mit der Leipziger Postsendung vom 10. Mai angelangt gewesen sein, als er am 18. Mai in Berka eintraf.

In jedem Fall dürfen wir den 18. Mai als den terminus ad quem bezeichnen, als den Zeitpunkt, bis zu welchem spätestens Goethe den Divan des Hafis erhielt.

Wollten wir nun die Tagebuchs-Notiz vom 7. Juni – „Hafis Divan." – so verstehen, daß an diesem Tage Goethe sich zum erstenmal mit dem persischen Dichter, lesend oder produzierend, befaßt hätte, so wären zwischen dem Empfang des Buchgeschenks und einer frühesten Reaktion darauf beinahe drei Wochen vergangen; ja bis zum ersten sicher datierten ‚Gedicht an Hafis' noch weitere zwei.

Das Tagebuch überhaupt, und erst recht eine so vereinzelte Notiz, böte freilich für derartige Annahmen eine kaum zureichende Basis. Selbst in den Zeiten großer Ausführlichkeit – wo die Eintragungen jeden Tages (im Druck der Weimarer Ausgabe) zehn und mehr Zeilen umfassen – überliefert es nur Ausschnitte aus Goethes weitgezogenem Kreis. Lektüre wird keinesfalls regelmäßig erwähnt, und die Entstehung einzelner lyrischer Gedichte höchst selten, in besonderen Fällen. Während der Berkaer Wochen gar, und zumal im Mai, spiegelt das erwähnte tumultuarische Auf und Ab sich im Tagebuch wider als eine auffallende Zerstückelung: eigenhändige Eintragungen Goethes wechseln immerzu, oft für denselben Tag, mit solchen von dritter Hand, und mitunter sind die Notizen überaus knapp und beschränken sich auf rein häusliche Dinge. Für den 26. Mai zum Beispiel enthält es nicht einmal eine ganze Zeile, für den 27. und 28. Mai je anderthalbe; für den 1. Juni zweieinhalbe, für den 2. Juni zwei, für den 3. noch nicht anderthalb Zeilen.[33]

Um so mehr muß es da verwundern, daß man bisher eine andere, frühere Notiz des Berkaer Tagebuchs gar nicht beachtet hat, welche sich, so meinen

wir, ebenfalls auf Hafis bezieht. Sie steht dort, unter dem 19. Mai 1814, ganz
isoliert, fremd, sonderbar. Es ist ein einziges Wort, zwei Silben, sechs Buchstaben: „Locken".[34]

Was aber hätte, mögen Sie fragen, dieses eine Wort mit Hafis zu tun?

Darauf kann Goethe selber antworten:

„Unaufhörlich finden wir den Dichter [Hafis], wie er mit *Locken* spielt.

> Es stecken mehr als funfzig Angeln
> In jeder Locke deiner Haare;

ist höchst lieblich an ein schönes lockenreiches Haupt gerichtet, die Einbildungskraft hat nichts dawider, sich die Haarspitzen hakenartig zu denken..."[35]

Gleich beim Aufschlagen des Cottaschen Buchgeschenks mußte ihm das
Wort begegnen – in dem kurzen Motto, das jedes der beiden Bändchen auf der
Titelseite trägt:

> Keiner hat noch Gedanken,
> Wie Hafis, entschleiert,
> Seit die Locken der Wortbraut
> Sind gekräuselt worden.

(Es sind die Zeilen, aus denen Goethe später das Motto zum ‚Buch Hafis' in
seinem eigenen Divan entwickelt hat: „Sei das Wort die Braut genannt, /
Bräutigam der Geist; / Diese Hochzeit hat gekannt / Wer Hafisen preist."[36])
Und schon auf der Seite 1 des Ersten Bandes traf er es abermals an:

> Wegen des Moschusgeruchs,
> Welchen der Ostwind geraubt
> Deinen gekrausten Locken ...

und so auf Seite 3[37] und immer, immer wieder.

Gut – aber die Tatsache, daß bei Hafis die „Locken" häufig vorkommen,
rechtfertigt ja wohl kaum in der drangvollsten Berkaer Zeit diese einsame,
seltsame Notiz?

Sicherlich nicht. Dieses eine Wort „Locken" jedoch, welches an dieser Stelle
so unzugänglich, so rätselhaft anmutet – wir finden es wieder im Wiesbadener
Register des hundertgliedrigen Divans vom 30. Mai 1815; dort ist es, unter der
Nummer 27, der Name eines Gedichts![38] Und dieses Gedicht hat sich, in seiner
ursprünglichen Gestalt, einer eigenhändigen Reinschrift Goethes, erhalten;
und sie weist außer der roten Ziffer links oben auch eine rot durchstrichene
schwarze rechts oben auf: 18a; dazu in der vorletzten Zeile zunächst die alte,
verkehrte Betonung des Namens Hafis, welche dann, mittels geringer Retou-

chen, berichtigt ist. Damit rückt es in den engen Kreis der ‚Gedichte an Hafis', die zu Ende August 1814 schon „auf dreißig angewachsen" waren.

Ein frühes Divan-Gedicht also, ohne Frage. Aber nun gleich auch das früheste?

Meinte die „Locken"-Notiz vom 19. Mai 1814, wie wir behaupten, das später ebenso benannte Gedicht, so müßte es ja unmittelbar, vielleicht nur einen Tag nach dem Eintreffen des Hafisischen Divans entstanden sein. Erschiene eine solche Annahme nicht sehr gewagt, ja gewaltsam?

Wir meinen im Gegenteil, sie stimme genau zu der Art, womit Goethe auf geistige Begegnungen, wie Schriften und Bücher sie vermitteln, zu reagieren pflegte: „Eine Besonderheit, die ihn sowohl als Künstler als auch als Menschen immer bestimmt," heißt es in seiner bekannten Selbst-Charakteristik von 1797, „ist die Reizbarkeit und Beweglichkeit, welche sogleich die Stimmung von dem gegenwärtigen Gegenstand empfängt, und ihn also entweder fliehen oder sich mit ihm vereinigen muß ... er darf nicht lesen, ohne durch das Buch bestimmt zu werden, er ist nicht gestimmt, ohne daß er, die Richtung sei ihm so wenig eigen als möglich, tätig dagegen zu wirken und etwas Ähnliches hervorzubringen strebt."[39]

Diese „Besonderheit" läßt sich vielfach belegen. Hier genüge ein späteres Beispiel aus dem nämlichen Bereich, und ebenfalls in Zusammenhang mit einer Arbeit Joseph von Hammers: am 3. Mai 1818 liest Goethe zum erstenmal in dessen ‚Geschichte der schönen Redekünste Persiens'; und noch am selben Tag entsteht daraus das große Gedicht im ‚Buch Suleika': „Behramgur, sagt man, hat den Reim erfunden ...".[40]

Gemessen an solcher Verhaltens- und Verfahrensweise, wäre ein erstes Reagieren nach drei oder gar fünf Wochen, wie man es in unserem Fall sonst annehmen müßte, ungewöhnlich, wir dürfen sagen: unwahrscheinlich.

Nun ließe sich hier allerdings einwenden: Goethe, der eben damals, am 17. Mai, einen Tag vor Cottas Besuch, den Antrag zu dem Vorspiel für Berlin erhalten und zunächst abgelehnt hatte, Goethe habe allen Grund gehabt, die Begegnung mit Hafis zu „fliehen", die ihn nur weiter hätte ablenken und vollends zersplittern müssen; und erst recht, nachdem, wieder einen Tag später, am 19. Mai, ihm „ein Gedanke [zu dem Vorspiel] beigegangen"[41] und er am 20. Mai doch noch auf Ifflands Antrag eingetreten war, sich also eine neue Last aufgebürdet hatte.

Aber diesen Einwand würden wir nicht gelten lassen. Eben der Entschluß zu dem Berliner Vorspiel bedeutet für Goethe, so meinen wir, die Nötigung, in der gedrängten Zeit von vier Wochen alle Hilfsmittel zu mobilisieren, die einem solchen bedeutenden ‚Gelegenheitsgedicht' irgend zugute kommen konnten; Materialien, Anregungen, Eindrücke poetischer Art, wo immer sie sich fanden, aufzugreifen, aufzusuchen und sie einzuschmelzen in den feurigen

Prozeß. Die Erscheinung des persischen Erzpoeten mußte ihm da höchst will-kommen sein.

Bereits am 20. Mai kann Goethe den Plan zum ‚Epimenides' genauer ausbil-den, am 22. wird ein ausführliches ‚Programm' geschrieben, am 24. geht eine Reinschrift davon an Iffland ab.[42] Nach diesem frühesten Entwurf schon soll der ‚Dämon der Sklaverei' (später: ‚der Unterdrückung') – Napoleon ist ge-meint – „auf orientalische Weise" gekleidet sein und „mit Shawl und Turban an die asiatische Despotie erinnern" (der endgültige Text schreibt vor: „im Ko-stüm eines orientalischen Despoten").[43]

Wir glauben uns nicht zu täuschen, wenn wir diese Angaben als eine erste Einwirkung der Lektüre in Cottas Buchgeschenk ansehen, vor allem in der be-reits erwähnten Hammerschen Vorrede, welche, anspielend auf Napoleons russischen Feldzug, die Greuel der Raubkriege Timurs grell mit dem Leben und der Dichtung des Hafis kontrastiert:

„Dynastieen, die sich haßten und bekämpften, eine auf den Trümmern der andern sich erhoben und dann wieder über einander stürzten, unterhielten immerfort den Brand des Krieges, bis daß durch Timurs alles verheerenden Eroberungsbrand ganz Asien aufflammte, eine weite schreckliche Feuers-brunst …"[44]

Resümieren wir:

am 17. Mai	Ifflands Antrag zum Berliner Festspiel;
am 18.	Cottas Besuch; (spätestens) Empfang des Hafisischen Divans;
am 19.	Gedanke zum Berliner Festspiel;
am 20.	Plan dazu ausgebildet;
am 22.	das umfangreiche ‚Programm' zum ‚Epimenides'
	(mit den orientalischen Akzenten) geschrieben.

Mitten in dieser Reihe von Daten – und ein Zeugnis, glauben wir, der gleichen produktiven Bewegung – erscheint die „Locken"-Notiz.

Bevor wir aber das Wort dieser Notiz und den gleichlautenden Gedicht-Na-men des Wiesbadener Registers mit gutem Gewissen einander völlig gleichset-zen können, läßt sich nach den vielen „wegeverlängernden ärgerlichen Krüm-mungen" unseres Vortrags, denen Sie so ausdauernd bis hierher gefolgt sind, eine letzte nicht umgehen.

Die Handschrift des ‚Locken'-Gedichtes trägt, wie erwähnt, die alte Zahl 18a. Das ist eine zusätzliche, der schwarzbezifferten Reihe erst später ein- oder an-gefügte Nummer. Deutet sie nicht auch auf eine spätere, obschon vielleicht nur wenig spätere, Entstehung?[45]

Aus der Ziffer selbst, der Stellung des Gedichtes innerhalb der Reihe würde sich darüber kaum etwas folgern lassen, auch wenn diese Reihe der schwarz-

bezifferten Blätter sonst streng chronologisch wäre. Denn eben die Einord-
nung unseres ‚Locken'-Gedichts stellt einen sachlichen, einen thematischen
Zusammenhang her. Das läßt sich ablesen an dem zugehörigen Gedicht-Blatt
mit der alten Nummer 18, welches, in Goethes eigenhändiger Niederschrift,
gleichfalls erhalten geblieben ist. Es trägt zwar, wie das von 18a, weder Datum
noch Titel; aber mit seiner anderen Nummer, 26, geht es auch im Wiesbadener
Register unmittelbar dem ‚Locken'-Gedicht voran; und sein eigener Name
hier – ‚Locken und Zöpfe' – betont diese Zusammengehörigkeit noch besonders.[46]

Wann allerdings die Ziffer 18a geschrieben, wann das Gedicht eingereiht
wurde, das ist näher nicht zu bestimmen; theoretisch käme dafür die gesamte
Geltungsdauer der schwarzen Nummern in Betracht, das heißt die Zeit vom
Sommer 1814 bis etwa zum April 1815. Nur darf man, meinen wir, aus der
nachträglichen Einschaltung des Gedichtes nicht ohne weiteres auf seine spätere Entstehung schließen.

Innerhalb der schwarzbezifferten Reihe ist diese Einschaltung ‚18a' die einzige; direkt vergleichen können wir daher nicht. Wohl aber bieten sich nahe
Analogien an: zu der rotbezifferten Reihe des Wiesbadener Registers gehören
nicht weniger als sechs solcher a-Nummern. Und zwei unter ihnen sind auch
datiert: vom 27. Mai 1815[47]; das Register hingegen ist in den Tagen danach angelegt und erst am 30. Mai ins Reine geschrieben worden.[48] Goethe hat also
dieser neuen Reihe nachträglich Gedichte angegliedert, die bereits vor dem
Register, vor der Reihung vorhanden waren.

Daß in eine lyrische Sammlung ein Gedicht noch spät eingeschaltet wird,
weil es erst später entstanden ist, stellt immer nur eine von vielen Möglichkeiten dar. Ebenso könnte es, beispielshalber, zunächst vergessen, übersehen
worden, es mag wegen allzu persönlicher Beziehungen erst einmal ausgeschlossen gewesen, es kann aus formalen Gründen, als zu ähnlich etwa einem
anderen oder wegen eigener Mängel und Unvollkommenheiten, beiseite geblieben sein. Dies stünde Fall für Fall zu untersuchen.

Übrigens hat die gegenständliche Verwandtschaft der zwei Divan-Gedichte,
welche sich in ihrer ältesten Bezifferung wie in ihrer ersten Benennung äußert,
sie beide für die Dauer zusammengefügt: auch an ihrem endgültigen Platz im
‚Buch der Liebe' folgen sie einander wie seit je, sie heißen hier ‚Gewarnt'
(18 = 26 = ‚Locken und Zöpfe') und ‚Versunken' (18a = 27 = ‚Locken').[49]

Nun aber, meine Damen und Herren, ist sich der Vortragende bewußt, Ihre
Geduld für seine Ausführungen in einem Grade erschöpft zu haben, daß möglicherweise kaum noch eine Ungeduld verblieben ist nach dem Gedichte
selbst. Sie haben jedenfalls allen Anspruch darauf, es endlich zu hören:[50]

Buch der Liebe

Versunken

Voll Locken kraus ein Haupt so rund! – –
Und darf ich dann in solchen reichen Haaren
Mit vollen Händen hin und wider fahren,
Da fühl ich mich von Herzensgrund gesund.
Und küß ich Stirne, Bogen, Augen, Mund,
Dann bin ich frisch und immer wieder wund.
Der fünfgezackte Kamm wo sollt' er stocken?
Er kehrt schon wieder zu den Locken.
Das Ohr versagt sich nicht dem Spiel,
Hier ist nicht Fleisch, hier ist nicht Haut,
So zart zum Scherz, so liebeviel!
Doch wie man auf dem Köpfchen kraut,
Man wird in solchen reichen Haaren
Für ewig auf und nieder fahren.
So hast du es, Hafis, getan,
Wir fangen es von vornen an.

Ein Liebesgedicht, wahrlich, und wenn wir es, wie unsere Absicht ist, an den
Anfang der west-östlichen Dichtungen stellen dürften, so wäre das ganz nach
des Autors Sinn, den ein anderes der frühen ‚Gedichte an Hafis' ausspricht:[51]

Liebe sei vor allen Dingen
Unser Thema, wenn wir singen.

Es wäre nun verführerisch, dem vielfältigen Formen-Reichtum und -Reiz dieses Gebildes nachzugehen. Wir müssen darauf aber heute und hier verzichten.
Denn vor jeder anderen Frage steht uns für diesmal doch das alte ‚Quis?' der
Chrie. Wer ist hier angeredet, wer gemeint? wer ist – erlauben Sie den Ausdruck aus dem vorigen Jahrhundert, worin sich ein fast wissenschaftliches
Bestreben nach Objektivität mit bürgerlicher Reputierlichkeit so treuherzig-
trocken verbindet – wer ist der ‚Gegenstand' dieses Gedichts gewesen und dieser Neigung?
    Die Frage schmeckt nach Positivismus – den man auch heute freilich nicht
verwerfen sollte, solange er dazu dient, Interpretation und höhere Betrachtung zu fundieren. Goethe jedenfalls, den ‚Anekdotenjägern' sonst abhold bis
zur Feindseligkeit, hat solche Fragen zugelassen.[52]

Ursprünglich einmal war der Divan, wie Sie sich erinnern, auf zwei ‚Bücher
Suleika' hin angelegt, zwischen welche die große Zahl erotischer Gedichte
wohl gleichmäßig verteilt worden wäre.[53] Dann aber hat Goethe das eine,
eigentliche ‚Buch Suleika', ungeachtet seines Umfanges, als den geschlossenen

Bereich eines orientalischen Duodrams und zu überraschender Steigerung, der zweiten Hälfte der Sammlung vorbehalten und davon das relativ schmächtige und blassere ‚Uschk Nameh' abgesondert, das dritte der Divan-Bücher, ‚Buch der Liebe'. Auch hier finden wir einige Gedichte an Marianne Willemer, doch solche von mehr privat-persönlichem Charakter[54], welche an diesem Ort gleichsam versteckt bleiben konnten zwischen Dichtungen sehr unterschiedlichen Gewichts und Tones. Einzelne von diesen hat man in ihren Zusammenhängen aufgeklärt; andere aber, und zwar gerade solche aus der frühesten Zeit, darunter auch die beiden Locken-Gedichte, sind ohne Bezug und ohne befriedigende Deutung geblieben. Sie haben im Schatten des ‚Buches Suleika' gestanden, und die Goethe-Philologie, sonst oft beklemmend emsig, hat sich um sie nicht sonderlich gekümmert.

Zweierlei Meinung ist, soviel wir wissen, laut geworden. Die einen, Burdach voran, wollten diese Gedichte, für welche eine biographische Beziehung nicht nachgewiesen war, als beziehungslos erklären, als „allgemein-typisch", Gebilde einer ‚kommandierten Poesie'[55]. Der andere – denn es ist nur einer: der verdiente dänische Germanist Hammerich – geht im Gegenteil unbekümmert-resolut auf eine einzelne Person in Goethes nächster Nähe zu: auf Christiane[56]. Schieben jene die frühe Liebeslyrik des Divans ins Abstrakte ab und machen sie, bis hin zu den ersten Gedichten im ‚Buch Suleika', zu Äußerungen eines unbestimmten Sinnens und Sehnens, bestenfalls zu Akten der Antizipation, der dichterischen Vorwegnahme, genährt aus verschiedenen Elementen und Schichten der Erinnerung, so statuiert Hammerich dagegen konkrete Akte solchen Erinnerns, dankbaren persönlichen Gedenkens, in Art etwa des Liedchens ‚Gefunden' oder auch der Stanzen des ‚Tagebuchs'.[57]

Beidemale, ob abstrakt oder konkret gedeutet, in die Vergangenheit oder die Zukunft projiziert, werden diese Divan-Gedichte gegenwartslos. Wir können den einzelnen Meinungen hier nicht weiter nachgehen. Uns jedenfalls erscheinen Verse wie die von den Locken vor allem als Inbegriff leibhafter Gegenwart.

Ist es wohl schicklich, zulässig, entschuldbar, zu vorgeschrittener Stunde noch Aufmerksamkeit zu erbitten für eine neue Person, die in den Kreis der Betrachtung treten solle? Dergleichen wird dem Bühnenautor allenfalls verziehen als ein sogenanntes retardierendes Moment; eine veritable Hauptfigur aber erst gegen den Schluß einzuführen, ist nicht nur auf dem Theater ein Risiko.

Diese Person ist bisher heute, mit voller Absicht, ausgespart geblieben. Dabei hätte sie von rechtswegen schon bei Erwähnung der Berkaer Wochen nicht fehlen dürfen, denn ohne sie ist diese wichtige produktive Zeit in Goethes Leben kaum zu denken. Diese Person, Persönchen eher, Frauenzimmerchen, ist Caroline Ulrich, später die Gattin von Goethes nahem Mitarbeiter, Nachlaßredaktor, Biographen Friedrich Wilhelm Riemer.

Riemer auch hat in seinen Tagebüchern und in Briefen jener Zeit die Mehrzahl der Daten überliefert, auf denen die einzige Darstellung beruht, die es über Goethe und Caroline Ulrich bisher gibt: der feinfühlige, so maß- wie liebevolle Aufsatz von Arthur Pollmer, erschienen 1926 im Jahrbuch der Sammlung Kippenberg.[58]

Diese äußerlich so stattliche Reihe von Bänden, in welcher der große Verleger und kundig-aktive Goethe-Verehrer einzelne Schätze seiner Sammlung ausgebreitet hat, ist leider, aus manchen Gründen, zu wenig beachtet worden. Auch was Pollmer, ein genauer Kenner des weit verstreuten, umfangreichen Riemerschen Nachlasses[59], in jenem Aufsatz mitteilt, hat offenbar nicht die verdiente Aufmerksamkeit gefunden.

Wir können heute nur nachdrücklich auf seine Studie hinweisen. Doch sollen Sie die wichtigsten der darin verarbeiteten Daten (meist aus Riemers Tagebüchern) erfahren, welche sich an einer Stelle noch haben ergänzen lassen.

Caroline Ulrich, Juristentochter aus Rudolstadt, seit ihrem fünften Jahr in Weimar, früh elternlos und unter Vormundschaft, ist seit dem Februar 1808 wöchentlich einmal Tischgast bei Goethes und wird bald häufiger zugezogen, als Gesellschafterin und Reisebegleiterin Christianens. Ende 1809 nimmt man sie ins Haus auf; sie steht zu dieser Zeit im zwanzigsten Jahr, um fünfundzwanzig Jahre jünger als Christiane, um volle vierzig jünger als Goethe.

Binnen kurzem schon ist sie unentbehrlich – Vorleserin, Briefschreiberin, Briefstellerin der Hausfrau, Gefährtin aller Vergnügungsausflüge und Ballbesuche der Tanzlustigen, zum Schluß Tanzwütigen[60]; aufmerksame Leserin aber auch und, bei den Mahlzeiten und Geselligkeiten, Hörerin des Dichters.

Den Freunden und Gästen des Hauses mußte sie auffallen: zierlich gewachsen; ein apartes Gesichtchen, in dessen eher niedere Stirn die dunklen Locken hangen, bis dicht an die Augen heran, die unter kräftigen, langgezogenen Brauen in schmalen Einschnitten ruhen; ein stiller, beinahe apathischer Blick, nachdenklich, zurückhaltend, zurückweisend fast; daher wohl um so anziehender.[61]

Goethe selber hat ‚Carolinchen', in seinen Briefen an Christiane, mit immer neuen Namen begrüßt und geschmückt: schöne Freundin, schöne Begleiterin, der hübsche Secretair, das schöne Kind, der liebe Secretarius, die Juvenile, der kleine Mandarin und später meistens: Uli. Und wenn dann, längere Zeiten hindurch, solche Grüße unterbleiben oder einem kollektiven „ihr" und „euch" Platz machen, so geschah das kaum von ungefähr.

Caroline wird nicht nur beachtet, sie ist bald begehrt, umworben. „Mademoiselle Ulrich macht täglich neue Unglückliche" – schreibt eine Bekannte –

„wie viele Herzen hat sie nun geraubt, und immer bleibt sie kalt."[62] Zu den an-
hänglichsten Verehrern gehören Heinrich von Bülow, nachmals Schwiegersohn
Wilhelms von Humboldt und preußischer Minister[63], der schon genannte Mediziner Kieser und Riemer, der als Goethes ständiger Mitarbeiter und Berater,
bis 1812 auch Hausgenosse, ihr am häufigsten nahe sein darf. Zwischen ihm
und Kieser spitzt sich die Rivalität schließlich entscheidend zu.[64]

Wir kennen einen Brief Goethes, vom 20. März 1813, worin er dem Bewer-
ber Kieser, der einen Korb empfangen hat und nun fürstliche Hilfe zu bemühen denkt, energisch den Kopf zurechtsetzt und ihn um Respekt für die Bindung zwischen Caroline und Riemer ersucht.[65] Im Jahr danach aber sehen wir
Kieser, welcher als Freiwilliger ins Feld gerückt war und dem eine große ärzt-
liche Laufbahn gewiß zu sein scheint, in seinem anhaltenden Bemühen um Caroline von Goethe unterstützt: er kann seine Verlobung mit ihr bekanntge-
ben![66] Und erst nach neuen schweren Wirren setzt sich am Ende, durch eine
Art Handstreich, Riemer doch noch durch.

Man hat Goethes Sinnesänderung, auch das Verhalten seiner Frau, aus einem
Egoismus erklären wollen. Denn inzwischen hatte Uli, da seine „ganze Kanzlei
das Schwert ergriffen", es übernommen, ihm „mit der Feder beizustehen"[67]:
sie war seine Schreiberin geworden – eine damals ungewöhnliche Situation;
wir denken an Valérys ‚Faust' und das von erotisierter Geistigkeit knisternde
Verhältnis zu seiner schönen Sekretärin ‚Lust'.

Fast acht Monate lang, vom Herbst 1813 bis zum Frühjahr 1814, nur selten
einmal abgelöst durch andere, Riemer etwa, schreibt sie nach Goethes Diktat
die Briefkonzepte und auch die Mehrzahl der ‚Munda'[68]; schreibt am Text von
‚Dichtung und Wahrheit', schreibt die umfangreichen Schemata zur ‚Italienischen Reise', schreibt Akten, schreibt in Berka die ausführlichen, für Iffland
bestimmten Bemerkungen zum ‚Epimenides' und ein erstes Gesamtmanuskript dieser Dichtung, aber auch das übermütige Dialoggedicht ‚Die Weisen
und die Leute'[69]. Und sie schreibt in diesen Wochen überdies wesentliche Partien von Goethes Tagebuch, im Juni sogar beinahe den ganzen Monat allein.[70]
Den kleinen Eginhard nennt Goethe sie nun – anspielend auf den Vertrauten
Karls des Großen.[71] Diese Berkaer Zeit ist der Höhepunkt ihrer Tätigkeit und
wohl auch der persönlichen Beziehung.[72]

Goethes eigenes Tagebuch ist damals, wir erwähnten es schon, oft knapp
und karg, wie es auch sonst die inneren Vorgänge eher verschweigt. In einzelnen Stichwörtern vermerkt es aber doch ein paarmal unscheinbare kleine Züge von der idyllischen Seite jener sonst so turbulent gewordenen Berkaer Wochen; und immer finden wir dann Caroline in Goethes Nähe.

Eines dieser Stichwörter – „Kanarienvogel", am 17. Mai – hat uns Pollmer
erklärt, an Hand einer „Aufzeichnung in Riemers Nachlaß"[73]: „Goethe liebte
unter den Tieren die Vögel, besonders die Kanarienvögel. Er verstand auch

die Kunst, sie zu approvisionieren, und lehrte diese eine junge Person, die in seinem Hause als Gesellschafterin seiner Frau lebte." Ein zweites – „Bei der Schafschur", vom 7. Juni[74] – wird uns noch kurz beschäftigen. Ein drittes Stichwort dieser Art haben wir in unserem „Locken" vom 19. Mai vor uns.

Diesen Andeutungen mögen nun, auszugsweise, die konziseren Notizen Riemers folgen:[75]

1813 – 30. Mai: „Mittags bei Goethes ... Brief von Goethe vorgelesen. Die Goethe unausstehlich durch ihr Bremsenartiges."
– 2. August: „... Mit der Goethe Aufklärung über die Ulrich ... Ich sollte mich um eine andre bewerben; Vorschläge. Ich hörte von allem nur das Nein."

1814 – 11. Januar: „Bei Goethe. Kieser in der Uniform der Freiwilligen."
– 23. Januar: „Bei Goethe ... Nachher zu den Frauenzimmern. Die Goethe tobte einmal wieder."
– Berka, 1. Juni: „... Nach Tische spazieren ... Die Ulrich war sehr liebenswürdig, aber etwas zurückgezogen, und Goethe tat sehr schön mit ihr ..."
– 2. Juni: „... Sie zeigte mir nach Tische den Ring, den ihr Goethe geschenkt: ein Rubinchen mit Perlen und Schlange als Ring. Ich sollte es ihr deuten. Darauf ein Sonett als Erklärung gemacht. Gegen Abend vorgelesen. Goethe dabei; ‚Ihr seid ein wahrer Calderon' ... Abendessen. Ulrich wohlwollend. Las sie uns aus dem Cellini vor. Anmutig im höchsten Grade. Melodische Stimme. Knabenhaft und mit einer gewissen Kadenz."
– 15. Juni: „... Abends nach Tische spielte der Sumpfkönig [Schütz] ... saß Uli in Goethes Stube ganz auf der Erde (wie die Genoveva bei Cranach, nur schöner), in der Eile gezeichnet."
– Weimar, 12. Juli: „Sagte die Ulrich, daß es nicht mehr auszuhalten, die Goethe fange nun wieder an, eifersüchtig zu werden."
– 23. Juli: „Zu Goethe. Mittags zu Tisch. Machte Goethe die Ulrich weinen durch die Bemerkung, wer ihm nun die Krumen ausschneiden würde? und wer ihm schreiben würde? Ulrich weinte, und mir tat es weh. Sie erholte sich erst spät."
– 15. August: „Zu Goethes hinaus. Die Goethe krank. – Besorgnisse wegen der Goethe, die wahrscheinlich die Wassersucht kriege."
– 16. August: „Zu Uli, wo Kieser und Assessor [August v. Goethe] im Gartenhaus. – Einen Augenblick allein mit ihr. Sie aufmerksam gemacht, daß wenn die Goethe abginge, sie Goethen nicht verlassen könne. ‚Ja, aber was die Leute sagen würden?' Goethe würde sie zu seiner Frau machen. ‚Warum er da aber darauf gedrungen, daß sie Kieser nehmen solle?'"
– 23. August: „Zu Goethes. Uli. Notifikation ihrer Vermählung [mit Kieser] (ward mirs wunderlich)."
– 24. August: „Im Garten mit der Goethe. Über Kiesers Brummigkeit, und daß es nichts werden könne mit der Heirat. Warum solle sie das Mädchen aufopfern? Aus dem Hause tue sie sie nicht. Wenn er sie haben wolle, so müßte er Anstalt machen pp. (Einigermaßen Trost für mich.)"
– 28. August: „Einladung zu Goethes. Mittags sehr lustig. Uli in Wonne. Zum Dessert gab ich Champagner. Es ging nach Belvedere. Kriegte die Goethe den Magenkrampf. Um 6 Uhr herein."
– 29. August: „Uli schrieb Kieser, daß er nicht ins Haus käme, weil es immer Krakehl gebe."

– 25. September: „Zu [dem Schauspieler Pius Alexander] Wolff. Seine Frau in Jena. Über Ulis Konfession, daß sie seiner Frau geklagt, daß sie mit Schauder an die Hochzeit denke."
– 23. Oktober: „... Nachts in einem Briefe an Wolff meine Gesinnungen über Uli und mein Anerbieten vorgebracht ..."
– 24. Oktober: „Kam Wolff und erklärte, daß die Ulrich nicht abgeneigt scheine und er es sogar für gewiß annehme ..."

Hier können wir Teile eines Briefes einschalten, den Riemer auf diesem Wendepunkt der Krise – etwa am 25. Oktober 1814 – an Caroline gerichtet hat; er ist bisher unveröffentlicht; Pollmer erwähnt ihn nicht; die Handschrift liegt im Düsseldorfer Goethe-Museum, Anton-und-Katharina-Kippenberg-Stiftung[76].

„Noch darf ich Sie nicht in Ihrem Hause sehen; ich fürchte mein Herz nicht verhehlen zu können, ich fürchte, was so natürlich ist, meinen Empfindungen nicht den Schein der Unbefangenheit und Gewohnheit zu geben, der nötig ist, um uns beide nicht zu verraten. Erlauben Sie daher, bis wir uns an einem dritten Orte sprechen können, Ihnen nur das Notwendigste schriftlich zu vertrauen.
... Beharren Sie auf Ihrem innersten Entschluß. Ich sage dies nicht, als ob ich zweifeln könnte – ... – ich sage dies, weil Entschuldigungen aller Art und Reuethränen, von einer andern Seite her Ihr Herz bestürmen werden ...
Suchen Sie vor allem den Feind Ihrer Ruhe von hier entfernt zu halten, indem Sie ihn [!] von nun an kalt und kälter ... unbewunden sagen, daß nichts zu hoffen sei. Sie sind nicht dazu da, ein Opfer Ihres Wortes zu werden. – – Ich habe kein anderes Verlangen, als Ihre Existenz zu sichern und Ihre Neigung erst zu verdienen.
Nach reifer Überlegung finde ich, daß wir uns durchaus zuerst G[oethe] entdecken müssen, und zwar nicht *einzeln*, sondern *beide zusammen*. Diesen Proteus fesseln wir nur auf diese Weise: denn er kann nicht zweierlei Gestalten zugleich annehmen ... Was wir ihm zu sagen haben, um seine Eigenliebe nicht zu verletzen, wollen wir mündlich vorher beraten ...
Zu bedenken wäre auch, ob wir nicht den A[ugust] auf unsere Seite bringen und in das Geheimnis ziehen sollten. Die brüderliche Neigung zu Ihnen, die Achtung gegen mich, wird ihn doch vor ungebührlichen Ausbrüchen etwaiger Unzufriedenheit zurückhalten, und sein Interesse wird befriedigt durch das endliche Resultat, das auch so noch das alte bleibt ...
Doch auch den schlimmsten Fall gesetzt: vertrauen Sie mir, so vertrauen Sie mir auch ganz, und kein Opfer kann mir zu teuer sein. Erklären Sie also nur dreist, daß Sie das Haus [Goethes] verlassen wollen, und präparieren nur Ihre Tante, auf kurze Zeit Sie aufzunehmen. Frei sollen Sie werden, in *der* Zuflucht ficht Sie nichts an, und ich vertraue *Der* die mir vertraute und mich auf einmal zum bessern Menschen heranhob ...
Ich sehe Sie doch wohl diesen Abend?"

Wir blicken in die Motive des bedrängten Paares hinein; sie wollen, ehe noch Goethe zurückkehrt und etwa mit Autorität und ‚attrattiva' den halbschierigen Zustand verhängnisvoll verlängern könnte, sich selber helfen, um einigermaßen selbständig zu bleiben (man denke an Eckermanns endlose Verlobungszeit).

Und nochmals Riemers Tagebuch:[77]

1814 – 27. Oktober: „Nachmittag zu Goethes, wo Wolffs. War Goethe eben angekommen. Kam vor, aber ganz verstört. Küßte Uli, auf eine schmerzliche Weise, wie Mad. Wolff bemerkte …"

– 28. Oktober: „Zu Goethe im Garten, der die Sache als ganz bekannt annahm und mir mit lustigen Phrasen entgegenkam … Dann zu den Frauen, wo ich hörte, daß er ganz auseinander sei. Mußte mittags bei Tisch bleiben. Verließ ihn alles, und auch mich schickte er zuletzt fort."

– 1. November: „Zu Wolff. Kam Uli. Weinte sie über die Behandlung bei Goethes, von ihr und dem Assessor. Drang sie in mich, das Aufgebotsgesuch einzureichen. Gleich hingerannt …"

Am 8. November war dann die Trauung, Goethe nahm an der Zeremonie nicht teil.[78]

Diese Dokumente in ihrer Gesamtheit sprechen, scheint uns, für sich; und sie rechtfertigen wohl die zusammenfassenden Worte Pollmers, gegen den Schluß seiner Studie:[79] „In ihrer Bedeutung, ihrem Wert für Goethe Caroline einer Charlotte von Stein oder Marianne von Willemer an die Seite zu stellen, wird niemand in Versuchung kommen, aber vor Silvie von Ziegesar oder Pauline Gotter darf sie entschieden genannt werden."

Bezeichnend für Caroline Ulrich ist es, daß wir verhältnismäßig viele Zeugnisse über sie besitzen, und nur sehr wenige von ihr; zahlreiche Texte zwar, die sie im Auftrag oder nach dem Diktat anderer geschrieben hat, kaum aber eigene; kein Tagebuch, bloß ein Heft mit Exzerpten aus ihrer Lektüre.[80] Wir erfahren von „herrlicher Stickerei"[81] und sonstigen „vorzüglichen [Hand-]Arbeiten"[82].

Bezeichnend auch, daß jene Zeugnisse vornehmlich ihr Äußeres betreffen und die Wirkung, die davon ausgeht; daß die Männer im Lob dominieren[83] und die negativen Urteile, an denen es nicht fehlt, und die sich dann auch auf ihren Charakter erstrecken, meist von Frauen stammen; wo denn Ungünstig und Mißgünstig nicht immer deutlich zu sondern sind.[84] So erscheint sie uns heute als eine fast ‚stumme Schönheit'.

Auch das ‚Locken'-Gedicht zieht seinen eigentümlichsten Reiz aus der stummen Liebkosung, deren Zeuge wir werden, und welcher, so spüren wir, ein sprach- und reglos hinnehmendes Wohlgefallen, den zärtlichen Eifer nur noch anstachelnd, entgegnet; aus der Wortlosigkeit eines Geschehens auch, das nun doch in Worte gefaßt ist – in Worte, die den Tastvorgang beinahe plastisch-sinnenhaft mitvollziehen, indessen, gleichsam unterhalb ihrer, kaum vernehmbar, ein Continuo innigen Behagens sie begleitet; als summe da eines ganz leise vor sich hin.

Was für ein Gegensatz mit den Suleika-Liedern, die so durchaus, selbst im Schweigen des Partners, auf Zwiesprache und Erwiderung gestimmt sind.

Als Goethe zu Anfang des Jahres 1816 – immer noch sehr verfrüht, wie sich zeigen sollte – das Erscheinen des ‚West-östlichen Divans' öffentlich ankündigt, sagt er vom ‚Buch der Liebe': „Manche dieser Gedichte verleugnen die Sinnlichkeit nicht"[85]. Diese Worte aber trafen zu dieser Zeit, genau genommen, einzig auf unser Gedicht zu; ein anderes, an Marianne gerichtetes, für welches sie mitgelten können – ‚Ja die Augen warens, ja der Mund...' – existierte damals noch nicht; es ist erst in der zweiten Ausgabe, 1827, erschienen.[86]

Im Divan-Druck von 1819 jedenfalls, unter den zwölf Gedichten des ‚Buchs der Liebe', ist ‚Versunken', mögen andere es an Geist und Anmut übertreffen, der Substanz nach das stärkste.

Auch von daher wird es verständlich, daß Goethe das Gedicht – diesen Erstlings-Keim einer neuen Produktivität – wie nur wenige andere des Divans, der Erwähnung im Tagebuch würdigte, einer Erwähnung freilich, die den Charakter der Chiffre hat (ähnlich dem Tagebuchs-Wort vom 15. Dezember – „Sommernacht" –, welches die Entstehung des großen Dialoges im ‚Schenkenbuch' festhält).[87]

Die ‚nicht verleugnete' Sinnlichkeit des ‚Locken'-Gedichts und die mögliche Neugierde nach seinem ‚Gegenstand' mag übrigens der Grund gewesen sein, weshalb es zunächst in die frühe Reihe der ‚Gedichte an Hafis' nicht aufgenommen war. Auch daß diesem Gedicht wie dem benachbarten ‚Locken und Zöpfe' (‚Gewarnt') in der Reinschrift – anders als den meisten übrigen – weder Zeit- noch Ortsangabe beigefügt sind, könnte mit dem Wunsch zusammenhängen, eine persönliche Deutung zu verhüten.[88]

Wieweit etwa ‚Locken' = ‚Versunken' mit dem Nachbargedicht ‚Locken und Zöpfe' = ‚Gewarnt' nach Anlaß und Entstehungszeit zusammengehört, können wir hier nicht untersuchen; nur im Vorbeigehen sei erwähnt, daß auch diejenigen zwei Gedichte, die sich der frühesten dreißiggliedrigen Reihe ‚an Hafis' anschließen, die Nummern 31 und 32 der schwarzen Bezifferung, beide datiert „Wiesbaden den 31. August 1814" und später gleichfalls auf die Dauer Nachbarn im ‚Buch der Liebe', wohl als Grüße an Caroline Ulrich zu verstehen sind: ‚Unvermeidlich' und ‚Geheimes'.[89]

Hafis wird in ihnen nicht mehr namentlich angerufen; aber beide beginnen mit Versen aus seinem Divan.

> Wer kann gebieten den Vögeln
> Still zu sein auf der Flur?

lauten die ersten Zeilen von ‚Unvermeidlich'[90]. Doch schon die nächsten

> Und wer verbieten zu zappeln
> Den Schafen unter der Schur?

spielen auf das kleine Erlebnis an, das von Ulis Hand im Tagebuch der Berkaer Zeit verzeichnet steht: „Bei der Schafschur" (7. Juni).[91]

> Stell ich mich wohl ungeberdig,
> Wenn mir die Wolle kraust?
> Nein! die Ungeberden entzwingt mir
> Der Scherer, der mich zerzaust.
>
> Wer will mir wehren zu singen
> Nach Lust zum Himmel hinan,
> Den Wolken zu vertrauen
> Wie lieb sie mirs angetan?

Ähnlich scheint das andere, ‚Geheimes', das mit zwei Zeilen aus Hammers Hafis einen Ausdruck aufnimmt, welcher in Goethes Haus und Kreis für jedes erotische Geplänkel gebraucht wurde:[92]

> Über meines Liebchens Äugeln
> Stehn verwundert alle Leute

auch wieder Carolinen zu gelten, der so manche Huldigung die Gewalt „sanftherrschender Blicke"[93] attestiert:

> Ja, mit ungeheuren Mächten
> Blicket sie wohl in die Runde[94]

Lassen Sie uns den so ausgedehnten Versuch nun abschließen mit einem merkwürdigen Zeugnis, das wie kaum ein anderes für die hier vorgetragene Zuweisung spricht.

Merkwürdig nennen wir es, weil es einen evidenten Fehler aufweist und dennoch in hohem Grade authentisch ist.

In seinen ‚Mittheilungen über Goethe', von 1841, kommt Riemer auf Bettina und ihren ‚Briefwechsel Goethes mit einem Kinde' zu sprechen, und nicht im Guten, versteht sich. Er verübelt ihr, unter sehr vielem anderen, daß sie Suleika-Gedichte im ‚West-östlichen Divan' auf sich hat beziehen wollen, und sagt schließlich:[95]

„Wenn alle diejenigen Frauen und Fräulein, denen G. seine Gedichte vorlas, sie als unmittelbar an sie gerichtet hätten glauben sollen, so würde es eine hübsche Menge nachzuweisen geben. Ja selbst im engern Kreise ließ sich doch keine beikommen, er habe bei einem solchen Gedicht gerade nur an sie gedacht. Sonst könnte *die*, welche die Stanzen *dictando* schrieb:

> Hände meiner Augenweide [!]
> O, wie drück und küss' ich sie.

oder:

> Locken, haltet mich gefangen
> In dem Kreise des Gesichts.

mit ebendem Rechte glauben, er habe die ihrigen dabei im Auge und im Sinne gehabt, zumal wenn er *Actu* diese Hände wirklich drückt und küßt, diese Locken so apostrophiert ..."

Sie sehen: hier ist ganz Unvereinbares mit einander vermengt. „Hände, meiner Augen Weide ..." – das sind Verse aus dem ‚Epimenides'; der ‚Dämon der Unterdrückung' spricht sie verführerisch zur ‚Liebe', die er in Fesseln zu legen gedenkt.[96] Und diese Zeilen, in Berka, Mai oder Juni 1814 entstanden, hat Caroline gewiß, wie beinahe das ganze Werk, während jener Wochen wirklich nach Goethes Diktat geschrieben.[97] „Locken, haltet mich gefangen ..." hingegen, das Lied Hatem-Goethes an Suleika-Marianne, ist im Herbst 1815 gedichtet worden, als Uli längst Frau Professorin Riemer war – gedichtet in Mannheim und Heidelberg, wovon die Reinschriften und zumal die Bleistift-Entwürfe zeugen, die Sulpiz Boisserée damals geborgen hat.[98]

Riemers Irrtum – nicht der einzige in dem Buch des Siebenundsechzigjährigen – ist offensichtlich; aber er umschließt einen Wahrheits-Gehalt: die Erinnerung an ein Locken-Gedicht aus dem Berkaer Bereich des Divans, welches ‚Actu' mit Caroline Ulrich zusammenhängt.[99] Wir kennen es wohl nun.

Bliebe die Frage: weshalb Caroline, Mitarbeiterin und Schreiberin des Gatten[100], diesen Irrtum nicht berichtigt hat. Wußte sie selber es nicht mehr? oder begnügte sie sich damit, es allein zu wissen?

Der gegenwärtige Versuch geht auf Notizen aus den frühen Nachkriegsjahren zurück; ausgearbeitet wurde er zu Anfang des Jahres 1973 und vorgetragen am 30. März 1973 bei der Festveranstaltung zum 25jährigen Bestehen der Darmstädter Goethe-Gesellschaft, im dortigen Georg Moller-Haus; wiederholt in abgeänderter Form am 6. März 1974 im Düsseldorfer Goethe-Museum (Anton- und Katharina-Kippenberg-Stiftung). Der gedruckte Text kombiniert beide Fassungen.

Erstdruck: Jahrbuch der Sammlung Kippenberg. Neue Folge 3 (1974).

Anmerkungen

[1] Hafis I, 223 f. und Anm.
[2] WA Werke 6, 16 und 367; die Handschrift (R) jetzt: Familienbesitz Bodmer, Cologny bei Genf.
[3] sogar am selben Tag: an Riemer, Berka 21. 6., Br 24, 304, 15–18; vgl. auch an Zelter, 15. 3. 1814, ebd. 199, 8 ff. (Antwort auf dessen Brief vom 21.–22. 2.) und an J. H. Meyer, Berka 30. 5., ebd. 294, 11.

⁴ allerdings ist das in Cologny aufbewahrte Reinschrift-Blatt (R), welches, ohne Korrektur, die richtige Betonung des Namens Hafis aufweist, um Monate später anzusetzen als das ursprüngliche, jetzt verschollene; vgl. Burdach, WA Werke 6, 367; Maier, 2, 97, zu 1, 8.

⁵ siehe oben ‚Siglen …', Burdach.

⁶ II. Aufzug, 10. Auftr., V. 951f. = WA Werke 16, 379; zu „entbrennen" vgl. in dem Gedicht ‚Nachbildung' vom 7. 12. 1814 (‚Buch Hafis') V. 7 und V. 11 = WA Werke 6, 40.

⁷ Br 25, 27, 24−28, 3; GT 30. und 31. 7. 1814 (Wiesbaden) = WA Tageb 5, 121, 15f. und 24−27; vgl. Maier, 2, 145 zu III,6. In dem Brief an Riemer vom 29. 8. 1814 heißt es von den 30 „Gedichten an Hafis", sie machten ein „kleines Ganze, das sich wohl ausdehnen kann, wenn der Humor wieder rege wird". Das deutet auf eine Pause während des Augusts; zwei Tage später entstehen bereits neue Gedichte: ‚Unvermeidlich' und ‚Geheimes' (WA Werke 6, 61 und 62), auf den schwarzbezifferten Reinschrift-Blättern 31 und 32. Das Blatt mit der Ziffer 30 fehlt; welches der Divan-Gedichte darauf gestanden hat, wissen wir nicht. Nummer 29, ‚Selige Sehnsucht', ist vom 31. Juli 1814 datiert. Die Frage bleibt, ob wir die volle Zahl von 30 Gedichten schon für den 31. Juli annehmen dürfen, ob also das Gedicht mit der Blattziffer 30 am selben Tag wie ‚Selige Sehnsucht', allenfalls unmittelbar davor oder danach, entstanden, oder ob es in die nächste Nähe des 29. August zu setzen sei; wir möchten das erste vermuten.

⁸ vgl. GT 14. 12. 1814 = WA Tageb 5, 143, 8. Daß zu dieser Reihe der schwarzbezifferten Blätter ein Register gehört haben muß, welches dann durch WR abgelöst wurde, geht hervor aus Goethes Brief an Christiane, Wiesbaden (ca. 1.−) 7. 6. 1815: „Auch sind die neuen Glieder des *Divans* reinlich eingeschaltet und ein frischer Adreßkalender der ganzen Versammlung geschrieben …"; Br. 26, 5, 21ff.

⁹ WA Werke 6, 314f.

¹⁰ Hammer, Vorrede, Hafis I, S. II, Anm. Vgl. ebd. S. XLI: „Es ist ein unerläßliches Gesetz des Gasels, daß der Dichter in dem letzten oder vorletzten Verse seinen Beinamen künstlich verschlinge."

¹¹ die tagebuchartigen Berichte an Christiane (Br 25, Nrn. 6912−6914, 6919) verzeichnen zwischen 25. 9. und 8. 10. 1814 zahlreiche Begegnungen.

¹² Georg Wilhelm Lorsbach (durch Vermittlung H. K. A. Eichstädts, Redaktors der Jenaischen Allgemeinen Literatur-Zeitung); an Eichstädt, 2. 11. 1814, Br 25, 68. Vgl. WA Tageb 5, 136, 26.

¹³ Br 25, 357, zu Nr. 6924.

¹⁴ z. B. WA Werke 6, 15, V. 3; 16, V. 17; 18, V. 11; 33, V. 3, V. 14; 101, V. 26; die obliquen Casus blieben manchmal unverändert oder in der Schwebe; so WA Werke 6, 21, V. 26; 31, V. 4; 278, V. 14.

¹⁵ WA Werke 6, Lesarten: 395 (‚Keinen Reimer …'); 396 (‚Als wenn das …'); 418 (‚Nur wenig ists …'); 448 (‚Siebenschläfer').

¹⁶ Eckermann (III), Gespräch vom 11. 3. 1828.

¹⁷ Hans Gerhard Gräf, Goethe in Berka an der Ilm, Weimar 1911, 5f.

¹⁸ an den Erbprinzen Karl Friedrich, Jena 13. 11. 1812, Br 23, 138ff., besonders 139, 7−21; vgl. auch an Carl August, 18. 12. 1812, ebd. 204; an D. G. Kieser, 6. 1. 1813, ebd. 229f.; an v. Trebra, 6. 1. 1813, ebd. 231−235.

¹⁹ WA Tageb 5, 97, 28 und 107, 3f.; vgl. auch GT 13. 4. 1814 = ebd. 103, 5f.

²⁰ WA Werke 13/I, 93−114; vgl. an die Badedirektion in Halle, Berka 18. 5. 1814, Br 24, 276f.; an J. H. Meyer, Berka (19. 5.), ebd. 281, 20−25.

²¹ an Franz Kirms, Berka 18. 5. und 20. 5. 1814, Br 24, 277ff. und 284.

²² GT 23., 25., 27.−31. 5. 1814; v. Müller Tagebuch 28. und 30. 5. (Müller, Unterh. 11ff.); weiteres vgl. Weitz, 38f.

23 GT 24.–26. 6. 1814 = WA Tageb 5, 114, 19f., 22f., 26, 27f.
24 GT 8.–16. 6. 1814 = WA Tageb 5, 111, 15, 19, 25, 27; 112, 2, 4f., 6f., 9, 16f., 21f.; 112, 28–113, 1; 113, 3f.
25 an J. H. Meyer, Berka, am Himmelfahrtstage (19. 5.) 1814, Br 24, 281, 3–15, und Beilage: 282f.
26 GT 10., 12.–15., 17., 20., 21. 6. 1814 = WA Tageb 5, 111, 27f.; 112, 7f., 11f., 18f., 24f.; 113, 9f., 26; 114, 7.
27 vgl. Weitz.
28 an Knebel, Berka 23. 5. 1814, Br 24, 286, 12–287, 1; an J. H. Meyer (?9.) 6. (nicht abgesandt, da durch M.s Ankunft überholt), ebd. 390, Lesarten nach Nr. 6859.
29 an Cotta, 16. 5. 1815 (Konzept und nicht abgesendete Reinschrift) = Br 25, 414, 3 v. u.; auch WA Werke 6, 316, 12f.; ähnlich ‚Tag- und Jahreshefte 1815' (erschienen 1830), WA Werke 36, 91, 2ff.; hingegen setzen NuA, Abschnitt ‚von Hammer' (WA Werke 7, 231, 8ff.) die Bekanntschaft mit der Hafis-Übersetzung irrig in den Frühling 1813.
30 WA Tageb 5, 111, 12.
31 WA Tageb 5, 105, 1ff.; 107, 28.
31a Die Vermutung, entgegen den Jahreszahlen der Titelblätter (I: 1812, II: 1813) seien die beiden Bändchen erst zur Ostermesse 1814 herausgekommen, hat sich anhand von Materialien bestätigt, die im Cotta-Archiv (Stiftung der Stuttgarter Zeitung, Marbach a. N.) Frau Dr. Dorothea Kuhn freundlich bereitstellte.
      Aus einem Brief Joseph v. Hammers an Cotta, Wien 29. 6. 1811, geht hervor, daß schon damals der Erste Band zum Druck fertig war und der Zweite „in ein paar Monaten beendigt sein" werde. Als das Cottasche ‚Morgenblatt für gebildete Stände' dann, am 4. 9. 1812, erste ‚Proben aus Hafis Divan' veröffentlichte (Nro 213, S. [849]), hieß es in der begleitenden Fußnote: „Aus dem zweiten Bande des künftigen [!] Jahr erscheinenden durch die glücklichste Nachbildung und die vortrefflichsten Erläuterungen gleich interessanten Buches ...". Fünfzehn Monate später (Wien 6. 12. 1813) monierte Hammer bei seinem Verleger, daß die Angabe „Aus dem zweiten Bande" falsch gewesen sei, und bat um „die Exemplare von Hafis, dessen Erscheinung ich wenigstens im Jahre 1814 zuversichtlich erwarte ..."; am Schluß des Briefes erinnert er nochmals: „Mich verlangt sehr von der baldigen Erscheinung des Rosenöls [einer von ihm besorgten Anthologie] und Hafisens zu hören." Hiernach, und auch nach Cottas eigenhändigen knappen Notizen im Druckauftrags-Buch, sieht es so aus, als sei das Werk damals ausgedruckt gewesen, aber, der unsicheren Nachkriegs-Lage halber, zurückgehalten worden.
      Eine Sammelmappe mit Rundschreiben des Verlags an die Sortiments-Buchhändler – ‚Circulaire 1790–1840 (u. 1843, 1844)' – enthält, unter dem Datum „Stuttgart den 3. Jul. 1812", ein „Verzeichnis unserer zur Michaelis-Messe erscheinenden Neuigkeiten", dazu als Nachtrag von Cottas Hand rund dreißig weitere Titel und Autor-Namen; die zwei ersten sind ‚Rosenöl' und ‚Hafis'. Aber das nächste Zirkular, „Stuttgart und Tübingen, den 1. Jan. 1813", führt noch keinen dieser beiden Titel auf. Erst im dann folgenden, „Stuttgart und Tübingen, den 1. Januar 1814", welches neun Titel von Neuigkeiten nennt, findet sich an der dritten Stelle ‚Hafis Divan' und an der siebten ‚Rosenöl, oder Sagen des Morgenlandes'. Endlich wird am 23. 4. 1814, in der Beilage zu Nro 97 des ‚Morgenblatts', dem ‚Intelligenz-Blatt' Nro 5, auf der ersten Seite, unter den „Neuigkeiten der J. G. Cotta'schen Buchhandlung, Ostermesse 1814" wenigstens ‚Hafis Divan, aus dem Persischen, von J. von Hammer' angezeigt; ‚Rosenöl' fehlt noch immer.
      Aus dem Zögern des Verlegers erklärt sich wohl auch die Ungenauigkeit in den Angaben der Bücher-Verzeichnisse: Heinsius, 5. Bd., Leipzig 1817 (Zweite Abt., Sp. 230)

nennt als Erscheinungsjahr 1815; Kayser, Dritter Teil, Leipzig 1835 (S. 7, r. Sp.), die Jahre 1813, 1814. Vgl. unten Anm. 44.

[32] GSchA, Eing Br, 1814, Nr. 205. Den Briefwechsel zwischen Goethe und Cotta bereitet Dorothea Kuhn, Marbach a. N., zur Veröffentlichung vor. Unsere Abschrift des Briefs, wie die Druck-Erlaubnis des GSchA, stammt vom 14. 10. 1946.

[33] vgl. WA Tageb 5, 107−115 und Lesarten 350−353.

[34] WA Tageb 5, 108, 5.

[35] NuA, Abschnitt ‚Übergang von Tropen zu Gleichnissen‘, WA Werke 7, 105, 1−7.

[36] WA Werke 6, (31).

[37] Hafis 1, 3: „Kann mein *versammeltes* Gemüt / Mit Deines Haares Locken / Die ganz *zerstreuet* sind, o Gott! / Sich je zusammen finden."

[38] WA Werke 6, 314, linke Sp., letzte Z.

[39] WA Werke 42/II, 507, 8−16.

[40] WA Tageb 6, 205, 2 f.; 6 ff.; WA Werke 6, 186.

[41] an Kirms, Berka 20. 5. 1814, Br 24, 284, 9; vgl. WA Tageb 5, 108, 6.

[42] WA Tageb 5, 108, 15, 18, 22, 27 f., 109, 3 f.; WA Werke 16, 519, 3−8.

[43] WA Werke 16, 499, 20 ff.; 350, vierte Z.
  Ein weiteres Beispiel dafür, wie Goethe in diesen Tagen jede Gelegenheit wahrnimmt, das entstehende Werk anzureichern, sind die Verse 141−147 im ‚Epimenides‘ (WA Werke 16, 341), in die er aus einem eben empfangenen Brief der Herzogin Louise ein angebliches jüngstes Dictum Napoleons einbringt, um seinen ‚Dämon des Krieges‘, welcher gleichfalls Züge des Korsen trägt, gewissermaßen authentisch zu profilieren: Die Herzogin an Goethe, 8. 6. 1814, Br 24, 390, zu Nr. 6859; an die Herzogin, Berka 9. 6., ebd. 298, 15−20; vgl. Max Morris, Notiz, Lit. Echo 3 (1901), Sp. 1732; derselbe, Goethe-Studien, Berlin ²1902, II, 268 f.

[44] Hammer, Vorrede, Hafis I, S. xxx f.
  In einer Publikation vom Jahre 1812 müßten solche Äußerungen kühn erscheinen. Aber selbst wenn sie wirklich damals schon gedruckt gewesen sein sollten − woran man zweifeln darf, da die römisch paginierte Vorrede eine spätere Zutat sein könnte −: zu lesen waren sie erst nach dem Sturz Napoleons. Siehe oben Anm. 31 a.

[45] so vermutet Maier (2, 145, zu III, 6) „Entstehung nach der Numerierung der ersten 29 Gedichte (die wahrscheinlich am 31. Juli 1814 durchgeführt wurde)".

[46] WA Werke 6, 314, linke Sp., und 381 zu ‚Gewarnt‘; auch hier, V. 3, zunächst die unrichtige Betonung ‚Hafís‘.

[47] a-Nummern zu WR: *5a* = ‚Freisinn‘ (WA Werke 6: 9 und 364); die Hs: Bibliotheca Bodmeriana, Cologny bei Genf; vgl. Ernst Grumach in: Burdach 1930, 67, Zusatz zu Anm. 1, und Maier, 2, 85 f. zu 1, 3 – 43 a = ‚Sitz ich allein‘ / ‚So weit bracht es …‘ (ebd. 202 und 431) − *61a* = ‚Genügsam‘ (ebd. 58 und 382) − *64a* = ‚Wenn der Körper …‘ (ebd. 207 und 432) − *67a* = ‚Ergebung‘ (ebd. 60 und 382f.) − *70a* = ‚Glaubst du denn …‘ (ebd. 109 und 398). Datiert, vom 27. 5. 1815, sind 64a und 67a. Auf eine weitere a-Nummer zu WR weist die Nummer 73b der (verschollenen) Hs R ‚Frage nicht durch welche Pforte‘ (WA Werke 6: 77; 345; 389 f.; siehe auch WA Werke 5/II, 363 ff., Paralip. 20; WA Werke 53, 562.) Maiers Angaben (2, 179 ff., zu IV, II) hier teilweise unstimmig.

[48] GT 27.−30. 5. 1815 = WA Tageb 5, 163, 6, 13 f., 18, 24 f.

[49] in der Erstausgabe (E, 1819): Seiten 51 und 52; in der Ausgabe letzter Hand (Kleinoktav, C1, 1827): ebenso; in der Oktav-Ausgabe 1. H. (C, 1828): Seiten 53 und 54.

[50] WA Werke 6, 54, V. 15 hier im ursprünglichen Wortlaut. Nach der Korrektur in der Handschrift wie in den Drucken: „So hast du(,) Hafis(,) auch getan".

[51] ‚Elemente', vom 22.7.1814; WA Werke 6, 14f., V 5f.

[52] an J.J. Willemer, 18.12.1815, Br 26, 182, 5–9.

[53] WA Werke 6, 379, zum Titel ‚Uschk Nameh', und 412, zum Titel ‚Suleika Nameh'.

[54] ‚Gruß' und, seit 1827, ‚Ja die Augen warens ...', ‚Liebchen, ach! im starren Bande' (WA Werke 6, 59; 52, 56).

[55] Burdach 1896, *21 f.: „Eine weibliche Gestalt mußte in den Divan-Zyklus eingeführt werden, und wenn man beobachtet, wie bewußt geradezu ihr Auftreten vorbereitet wird, gedenkt man des bekannten Wortes aus dem Faustvorspiel vom *Kommandieren* der Poesie. – Schon unter den 50 Gedichten des ... Deutschen Divan von 1814 waren einige erotische gewesen, die später ... dem ‚Buch der Liebe' zugefallen sind. Sie hielten sich im Allgemeinen, in Reflexionen, zehrten von Erinnerungen, die an des Hafis Gedichten sich spiegeln ..." – Burdach 1905 (JA), 379 (Anm. zu S. 65, ‚Einladung'): „Möglicherweise ... Beziehung auf eine nur gedachte Geliebte ..., auf einen Typus und Genius der Liebe, auf ein Wesen, in dem sich Eros verkörpert". Vgl. Burdach 1911, 13, zu ‚Geheimes', Burdach 1930, 83 (zu WR 23), 90 (zu WR 53–54).

Rudolf Richter 1924, Einleitung z. WöD (Sonderdruck aus Meyers Klassiker-Ausgaben, Leipzig o.J.), S. 12: „Die wenigen frühesten Liebeslieder ... sind ... allgemeintypisch gehalten"; derselbe, Anm. zu ‚Einladung': „Zu beziehen ... vielleicht nur auf eine gedachte Geliebte", ebd., 318.

Claude David 1951, Note sur le Divan ... (in: Études Germaniques, 6, 220–230): „Que conclure, sinon qu'en mai 1815, Suleika n'est pas Marianne. Qui est-elle? Mais personne sans doute: un mythe, un jeu, une affabulation littéraire ... c'est d'abord la Bien-Aimée idéale ...", 222.

[56] L. L. Hammerich, Goethes West-östlicher Divan, Studier fra Sprog- og Oldtidsforskning ... Nr. 162, København 1932.

[57] Hammerich setzt als festen terminus a quo aller Marianen-Lyrik im Divan den 12. September 1815 und beansprucht für Christiane nicht nur einige der frühen Gedichte im ‚Buch der Liebe', sondern auch mehrere Stücke des ‚Suleika Nameh' (‚Einladung' zum Beispiel, WA Werke 6, 143), sowie den Platz der „Herrin", neben dem „Herrn" Carl August, in dem Gedicht ‚Höchste Gunst' (ebd., 88); dazu aber auch einzelne Wendungen in verschiedenen anderen Gedichten (‚Vier Gnaden', ebd., 12; ‚In tausend Formen magst du dich verstecken', ebd., 197). ‚Versunken' behandelt er zunächst (a.a.O. 57) innerhalb der Gruppe WR 25–31 und mit Berufung auf die Kommentatoren, welche „für diese Gedichte bestimmte Stellen in den orientalischen Vorlagen finden" – eben zu ‚Versunken' kennt man keine (vgl. unten Anm. 88) –, dann aber (a.a.O. 66) möchte er doch „möglicherweise auch die Locken (krøllerne)" auf Christiane beziehen.

Bei dem Lied ‚Geheimes' hat sogar Burdach (1905, 348) „unwillkürlich an Christiane Vulpius" denken müssen: „In Goethes älteren Briefen an sie wird oft genug über das ‚Äugeln' gescherzt." Er ruft sich aber gleich zur Ordnung: „der Dichter selbst" schneide „solche Modellsuche ab durch das hier angeschlossene" Gedicht ‚Geheimstes'. Später jedoch hat Burdach auch die Schlußverse in ‚Es ist gut' (WA Werke 6, 236) und das am selben Tag entstandene ‚Schlechter Trost' (ebd. 57) aus dem Gedenken an Christiane herleiten wollen (Burdach 1930, 90–93). Wir treten aber hierauf nicht ein, da Burdach, offenbar absichtlich, die Publikation dieses Akademie-Vortrags, wie der vorangehenden von 1916 und von 1904, unterlassen hat. Der dokumentarisch-historische Wert der posthumen Veröffentlichung sei damit nicht bestritten.

[58] siehe oben ‚Siglen ...', Pollmer 1926.

[59] siehe oben ‚Siglen . . .', Pollmer und RT; ferner JbSK 1 (1921), 123–131, Aus Friedrich Wilhelm Riemers Tagebüchern; hier allerdings – 127, 131 – mehrere von Riemer lediglich zitierte Stellen aus Schriften Goethes.

[60] vgl. die oft angeführte bittere Äußerung Riemers, an Frommann, ca. 10.3.1814, Heitmüller 217, Nr. 172.

[61] siehe die Abbildung, nach einer Portrait-Miniatur, Pollmer 1926, vor S. 17.

[62] Louise Seidler an Pauline Schelling, geb. Gotter, 22.6.1813, Aus Weimars goldenen Tagen v. Hermann Uhde, in: Im neuen Reich, 5. Jg. 1875, 731.

[63] vgl. Pollmer 1926, 45 und 63 (Anm. 43); an Christiane, Heidelberg 27.9.1815, Br 26, 87, 14–24.

[64] Unter dem Titel ‚Kampf um Uli' hat Otto Deneke diese spannende Episode geschildert: Göttingische Nebenstunden 17, Göttingen 1938, 45–51; seine Darstellung fußt durchaus auf Pollmers Publikationen im JbSK, die er jedoch nur summarisch, ohne Namensnennung erwähnt.

[65] Br 50, Nachtrag, 143f., Nr. 653a; hier noch ‚An?' überschrieben. Den Adressaten erkannt hat Pollmer (1922, 26).

[66] Pollmer 1926, 43f., und 56; Kieser an die Jenaer Professoren Döbereiner und v. Münchow, Berka 8.7.1814, Hs: GMK 4299, KatSK II, 48, r. Sp.

[67] an T. J. Seebeck, 3.1.1814, Br 24, 84, 5f.; die Handschrift im GMK (NW 1068/1968).

[68] vgl. Lesarten Br 24, Br 25.

[69] vgl. Weitz, 30 und 45.

[70] Pollmer (1926, 39 und 62, Anm. 33) nimmt an, Caroline habe damals einzelne Partien des Tagebuchs selbständig formuliert. Seine Behauptung (1922, 26): „ihre Hand schrieb die ersten Gedichte des Divans" ist ohne Stütze.

[71] Pollmer 1926, 36 und 61, Anm. 28; vgl. GT 1810, 14.–16.4. = WA Tageb 4, 110, 13ff., 18f., 22f.

[72] Wohl schreibt Caroline, am Schluß von Christianens Brief an Goethe, 25.8.1814: „Uli legt sich Ew. Exzellenz zu Füßen und wünscht nichts mehr als bald ihr Amt wieder als Secretär anzutreten" (Goethes Briefw. m. s. Frau, hrsg. v. H. G. Gräf, Frankfurt a.M. 1916, 2. Bd. 326); doch dazu ist es nicht mehr gekommen. Worauf C. A. H. Burkhardt (Zur Kenntnis der Goethe-Handschriften, Wien 1899, also vor dem Erscheinen von Br 24–26, 1901f.) die Angabe gründet: „(Caroline) . . . lag diesen [Schreib-] Arbeiten in Goethes Haus noch oft ob, nachdem sie sich verheiratet hatte", wissen wir nicht.

[73] WA Tageb 5, 107, 24; Pollmer 1926, 61f., Anm. 32.

[74] WA Tageb 5, 111, 10.

[75] RT 1813, JbSK 3 (1923): 48 (30.5.), 49 (2.8.); 1814, ebd.: 57 (11.1.), 58 (23.1.), 65 (1. und 2.6.), 67f. (15.6.), 70 (12.7.), 71 (23.7.), 72f. (15. und 16.8., 23. und 24.8.), 73 (28. und 29.8., 25.9.), 74 (23. und 24.10.).

[76] GMK 3800; KatSK 11, 13, linke Sp.

[77] RT 1814, a.a.O. 75f. (27. und 28.10., 1.11.).

[78] RT 1814, a.a.O. 76.

[79] Pollmer 1926, 51.

[80] Ebd., 19f.; GMK 3810, KatSK 11, 14, linke Sp. Doch siehe JbSK 2, 289–294.

[81] „Herrliche Stickerei der Riemern" (zu Goethes Geburtstag), v. Müller, Tagebuch 28.8.1827 (Müller, Unterh. 158); entstanden vermutlich auf Grund eines der Berliner „Stickmuster", die Goethe selber mit dem Vierzeiler ‚Wenn sie gleich dein Fest versäumt' vom 20.3.1827, tags zuvor als nachträgliche Geburtstagsgabe (zum 14.3.) an Caroline gesendet hatte; WA Werke 4, 277 und 5/II, 169f.; dazu GT 19.3.1827 = WA

Tageb 11, 34, 14f.; vgl. GT 16. und 18. 3. = ebd. 33, 12f.; 34, 3−6; RT 1827, 19. 3., JbSK 4 (1924), 47. Vgl. Pollmer 1926, 49 und RT 28. 8. 1830, a. a. O. 60.

[82] GT 6. 3. 1829 = WA Tageb 12, 34, 11 f.; vgl. Pollmer 1926, 49 f.

[83] vgl. Franz Bernard von Bucholtz, 27. 9. 1812, Nachträge z. Goethes Gesprächen (H. G. Gräf), JbGGes 5 (1918), 211 f.; Ferdinand Heinke, 1. 11. 1813, ‚Weimarische Tage im Jahre 1813' (mitget. v. Max Hecker), JbGGes 13 (1927), 257; – Hs jetzt im GMK, NW 1167/1969, Smlg Redslob; Georg Sartorius in einem Scherzgedicht an Caroline („mein vielgeliebtes Kind"), unterzeichnet: „Berka d. 23t. Apr. 1814 Der Sumpfkönig" – sonst Spitzname des Berkaer Bade-Inspektors Schütz (siehe oben S. 246, vgl. RT 1814, 27. 5. und 15. 6., JbSK 3, 64 und 68) – Hs: GMK 4498, KatSK 11, 62, r. Sp.; Fr. Aug. Wolf (siehe oben S. 235), in Carolinens Stammbuch: „Reizvoll war dem Sandbewohner das Tal von Berka, seitdem sanftherrschende Blicke den Winden Ruhe geboten und des Himmels Heiterkeit mit freundlichen Augen wetteifert. Jun. 12.−15., 1814", gedruckt in: Robert und Richard Keil, Die Deutschen Stammbücher des 16.−18. Jahrhunderts, Berlin 1893, 237; ebd., 236f., auch Eintragungen von Goethe, Zelter, Knebel, Gries. Vgl. auch GT 2. 9. 1823 (Karlsbad) = WA Tageb 9, 106, 26−107, 3.

[84] Betty Wesselhöft an ihren Neffen Fritz Bohn, Jena 6. 11. 1814: „Sie hat kein Vermögen, ist aber hübsch – doch mißfällt sie mir, und ich fürchte, der gute Riemer bindet sich eine Rute", Bei Goethe zu Gaste v. Theodor Gaedertz, Leipzig 1900, 105, vgl. Pollmer 1926, 45; Sulpiz Boisserée, Tagebuch, Weimar 18. 5. 1826: „Bei der Schopenhauer ... erfahre ich ... daß Riemer nicht glücklich ist mit seiner eben nicht häuslichen, zuweilen sogar etwas gemeinlichen Schönen. – Wer hätte das gedacht – als ich das Mädchen in 1811 bei Goethe sah, schien sie zart, edel gebildet und eher zur Sentimentalität geneigt." Ed. Firmenich-Richartz, Die Brüder Boisserée, 1, Jena 1916, 428 (von Pollmer nicht erwähnt).

[85] Morgenblatt für gebildete Stände, 1816, Nr. 48, Sd. 24. 2., 189 f. = WA Werke 41/I, 86−89, die Stelle: 87, 10 f.

[86] WA Werke 6, 52 und 381.

[87] GT 15. 12. 1814 (Jena) = WA Tageb 5, 143, 17.

[88] Diese liegt auch dadurch nahe, daß außer der Erwähnung des Namens in den Schlußversen (15 f.) weder die Hs noch das Gedicht selbst irgend einen Bezug auf Hafis oder auf seinen Divan enthält; vgl. Maier, 2, 145, Antezedenzien zu 111, 6.

[89] ‚Unvermeidlich' (alte Nummer 31 = WR 68, ‚Unverwehrtes') und ‚Geheimes' (alte Nummer 32 = WR 69, ‚Liebchen'), in der Erstausgabe (E, 1819) Seiten 59 und 60, in der Ausgabe letzter Hand (Kleinoktav C1, 1827) ebd.; in der Oktavausgabe letzter Hand (C, 1828) Seiten 61 und 62.

[90] Hafis II (Buchstabe Schin, Gasele XXII), 87, Z. 9 f.: „Wer kann wohl gebieten den Vögeln / Still zu sein auf der Flur"; WA Werke 6, 61.

[91] vgl. oben Anm. 74; am selben Tag erste Erwähnung des Namens Hafis in GT (a. a. O., Z. 12), ferner: „Die Weisen und die Leut diktiert" (a. a. O., Z. 11).

[92] Hafis I (Buchstabe Dal, Gasele CX), 368, V. 1−2; WA Werke 6, 62.

[93] vgl. die Stammbuch-Eintragung F. A. Wolfs, oben Anm. 83; auch Knebels Wort von dem „hellaugichten Nebengeschöpf", Heitmüller 13.

[94] ‚Geheimes', V. 9 f.

[95] Riemer, Mittheilungen ... I, Berlin 1841, 37 f.

[96] WA Werke 16, 357 f., V. 479−486.

[97] Weder eigenhändige Entwürfe Goethes noch das nach seinem Diktat gefertigte Gesamtmanuskript noch die folgenden Abschriften haben sich erhalten; vorhanden ist

heute ein einzelnes frühes Blatt mit 17 Versen, von Carolinens Hand (= H in WA Werke 16, 524).

[98] WA Werke 6, 168 und 421; Ernst Grumach in: Goethe, 14/15 (1952/53), 334−340; vgl. Maier, 2, 310−313 (zu VIII, 20, H 110).

[99] Schon Pollmer hat etwas dergleichen gespürt: „Bei Riemer ... erscheint der Irrtum immerhin verwunderlich. Nicht ausgeschlossen ist die Möglichkeit einer verlorenen früheren Fassung, die in Berka 1814 entstanden ... ist" (1926, 52, Anm. 1 zu S. 14) und: „Es ist nicht ausgeschlossen, daß auch das eine oder andere, unter späterem Datum überlieferte Divangedicht aus der Berkaer Zeit stammt." (ebd., 41).

[100] Pollmer 1926, 50.

Nachschrift

Am Ende dürfen wir noch einmal zurückschauen zu jenen Interpreten, denen wir (oben S. 243) es verdachten, die frühen, die ‚vor-mariannischen' Liebesgedichte des Divans gegenwarts- und gegenstandslos gemacht zu haben. Man könnte versucht sein, hier, für beide Seiten, die Verse aus dem ‚Hafis Nameh' zu reklamieren: „Und doch haben sie recht, die ich schelte / Denn, daß ein Wort nicht einfach gelte, / Das müßte sich wohl von selbst verstehn".

Den Dichter des West-östlichen Divans blickt allenthalben „im Gegenwärtigen Vergangnes" an. Immerfort, immer wieder schieben sich Schichten dieses Bewußtseins in- und übereinander, gehen die Elemente des Imaginierten, Erinnerten, Erlebten neue Verbindungen ein. So mag auch bei dem Lockenkopf des jungen Mädchens, an das er seine Verse zu allererst richtet, ihm der andere erschienen sein, den er einst leidenschaftlicher geliebkost hat und welcher nun, verändert, alt, entstellt – und wäre die Liebe auch jetzt noch „eine Konservationsbrille"? – neben jenem jugendlichen alle Tage sein Gegenüber ist.

Wir hüten uns, Goethes Neigung zu der schönen Uli in eine (wenn auch nur temporäre) Ausschließlichkeit zu überhöhen. Unsere Zuweisung verliert nicht, wenn wir sie begrenzen.

Ein Motiv in den „Wanderjahren".
Der Fingerschnitt

Bei ihrer Wanderung durchs Bergland gelangen Wilhelm Meister und sein Sohn Felix, wie erinnerlich, auf dem Umweg über Felsen-Fälle und Verlies, den ihnen die Schelmerei des kleinen Fitz bereitet hat, in die gastliche Sphäre des zugehörigen Schlosses, dessen Herr, ein philosophisch-praktischer Sonderling, meist, begleitet von der Feldküche, innerhalb seiner Besitzungen unterwegs ist, während die jungen Nichten Juliette und Hersilie das Hauswesen besorgen[1].

Der Knabe, der sich gegen die unvermutete Einkerkerung ohnmächtig-tobend aufgelehnt hatte und dann in tiefen Schlaf gefallen war, faßt in der neuen, verwöhnenden Umgebung, beim Abendessen im *großen Erdsaale*[2], eine unschuldige erste Leidenschaft zu der einen der Schwestern[3]:

Die beiden Frauenzimmer nahmen Wilhelm in die Mitte, die Beamten saßen an beiden Enden, Felix an der andern langen Seite, wo er sich sogleich Hersilien gegenüber gerückt hatte, und kein Auge von ihr verwendete.

Während der allgemeinen Unterhaltung *war die Richtung der feurigen Blicke des schönen Felix Hersilien keineswegs entgangen, sie fühlte sich überrascht und geschmeichelt, und sendete ihm die vorzüglichsten Bissen, die er freudig und dankbar empfing. Nun aber, als er beim Nachtisch über einen Teller der schönsten Äpfel zu ihr hinsah, glaubte sie in den reizenden Früchten ebensoviel Rivale zu erblicken. Gedacht, getan, sie faßte einen Apfel und reichte ihn dem heranwachsenden Abenteurer über den Tisch hinüber; dieser, hastig zugreifend, fing sogleich zu schälen an; unverwandt aber nach der reizenden Nachbarin hinblickend schnitt er sich tief in den Daumen. Das Blut floß lebhaft; Hersilie sprang auf, bemühte sich um ihn, und als sie das Blut gestillt, schloß sie die Wunde mit englischem Pflaster aus ihrem Besteck. Indessen hatte der Knabe sie angefaßt und wollte sie nicht loslassen; die Störung ward allgemein, die Tafel aufgehoben, und man bereitete sich zu scheiden.*

Das Motiv nun, das Goethe, in einem der Schemata zu der zweiten Fassung des Romans, mit den Worten *Felix Äpfel Fingerschnitt* bezeichnet[4], stammt aus dem Orient, aus dem Kreis der Josephs-Sage. Nicht zwar aus der biblischen Geschichte[5], an welcher sich schon der Dreizehnjährige versucht hatte, sondern aus der Version des *Korans*[6]:

Und gewisse Weiber sagten in der Stadt öffentlich, des Edelmanns Frau hat bey ihrem Knecht schlaffen wollen: Er hat ihre Brust mit Liebe entzündet; und wir sehen, daß sie sich schrecklich betrieget. Und als sie von ihrer Hinterlistigkeit hörte, sandte sie zu ihnen, und bereitete ein herrliches Gastmahl für sie zu; und sie gab einer jeden darunter ein Messer, und sagte zu dem Joseph, komme herfür zu ihnen! Und als sie ihn sahen, priesen sie ihn höchlich; und sie schnitten sich in ihre Finger und sprachen, o GOtt, dieses ist kein sterblicher Mensch, sondern ein wahrhaffter Engel, der die gröste Hochachtung verdienet. Da sprach seines Herrn Frau zu ihnen, dieser ist es, um dessent willen ihr mich so getadelt habt.

So lautet der Text in der Übersetzung von Theodor Arnold (Lemgo 1746)[7], die Goethe bei seiner letzten nachweisbaren Lektüre des *Korans* benutzt hat: um die Jahreswende 1818/19, als er für die *Noten und Abhandlungen zu besserem Verständnis des West-östlichen Divans* das Kapitel *Mahomet* vorbereitete[8]. Dieses Kapitel schließt mit den Worten[9]: *Man sehe, wie er die Überlieferungen des Alten Testaments ... in Legenden zu verwandeln weiß ...; wobei er sich denn manches Märchenhafte, obgleich immer zu seinen Zwecken dienlich, zu erlauben pflegt. Bewundernswürdig ist er, wenn man in diesem Sinne die Begebenheiten Noahs, Abrahams, Josephs betrachtet und beurteilt.*

Aber auch Joseph von Hammer, einer der wichtigsten Anreger des *West-östlichen Divans*, der sich als Übersetzer gern einmal Jussuf nannte[10], hat diese Episode aus der Geschichte seines Namensverwandten behandelt; er räumt ihr in seiner *Schirin*, einer weitschweifig wielandisierenden Vers-Erzählung *nach morgenländischen Quellen*, fünf achtzeilige Strophen ein, von welchen die letzten lauten[11]:

> Kurz: fühlt S u l e i c h a gleich in ihrem Busen Liebe,
> So ist sie doch auch überzeugt, es bliebe
> Vor dieser himmlischen Gestalt
> Kein Weiberherz gefühllos oder kalt.
> Sie weiß, man dürfe ihn nur schauen,
> Um sich und Andern Alles zu verzeih'n,
> Deswegen ladet sie die tugendhaften Frauen,
> Die viel auf sie geschmäht, zu einem Mahle ein.
>
> Das Messer und Citronen haben sie
> Nun eben in der Hand. Da öffnet sich die Thüre
> Und J u s s u f tritt herein. O eitle Tugendschwüre!
> O übermächt'ge Sinnensympathie!
> Der Frauen Blick verirrt sich in den Regionen
> Der Schönheit, sie vergessen den Verstand,
> Und schneiden, statt in die Citronen,
> Wie sinnenlos, sich alle in die Hand,
>
> So groß ist ihr Verlangen und ihr Sehnen,
> Daß keine sich bewußt ist, was sie thut;

> In ihren Augen stehen Thränen,
> Und von den Fingern rinnet Blut,
> Da ruft S u l e i c h a : „Es haben euch die Flammen
> Der Schönheit in das Herz gebrannt ein Maal,
> Ihr Freundinnen! o seyd ein andermal
> Nicht so geschwinde im Verdammen."

Mit dem Lobe der *glänzenden Schirin* beschließt Goethe in den *Noten und Abhandlungen* den Abschnitt *von Hammer*, worin er bezeugt, *wie viel* [er] *diesem würdigen Mann schuldig geworden*[12] (der ihm nie sympathisch gewesen ist). So dürfen wir annehmen, daß er auch die Strophen der Jussuf-Suleicha-Episode gelesen habe; möglicherweise bald nach der erwähnten Lektüre im *Koran:* am 12. April 1819 erhielt er aus Wien eine Sendung mit Hammerschen Gedichten[13]; und spätestens in der ersten Juli-Woche ist jener Abschnitt *Von Hammer* entstanden[14].

An die zweite Fassung der *Wanderjahre* ist Goethe allerdings erst im Sommer 1825 herangegangen, mehr als sechs Jahre nach dem Abschluß der *Noten und Abhandlungen*[15]; und es wird kaum zu bestimmen sein, ob das Motiv sich ihm schon bei der vermuteten Lektüre von 1819 (wo nicht bereits früher[16]) eingeprägt habe oder ob die Erinnerung daran später noch einmal angefrischt worden sei.

Die Erzählung im *Koran* darf als ein Beispiel gelten für die von Goethe gerühmte Fähigkeit des Verfassers, biblische *Überlieferungen ... in Legenden zu verwandeln.* Wie weit Mahomet auch diese Episode *zu seinen Zwecken dienlich* behandelt habe, im Hinblick etwa auf die Verleumdungen, denen er selber und die Seinen ausgesetzt waren[17] – darauf einzutreten sind wir nicht befugt.

In Hammers *Schirin* erscheint der *Fingerschnitt*, als fest umrahmte Miniatur gleichsam, eingelassen in die Haupthandlung: der Künstler Ferhad zeigt und erläutert seiner Schirin eine Reihe von Bildern mit Szenen aus klassischen Liebesromanen, darunter auch diese von Suleicha und Jussuf.

Das Motiv wird – im *Koran* ziemlich gerad- und groblinig, bei Hammer mit einiger Kunstbemühung – als große Szene vorgetragen, beinah als Schau. Die Frauen – bei Hammer eine ungenannte Zahl, im *Koran*, laut den Kommentaren, ihrer vierzig, darunter die fünf Hauptverleumderinnen[18] – bilden eine kompakte Einheit; nur Suleicha, die Liebende, bleibt für sich. Nach dem stummen, ja starren Solo-Auftritt Jussufs, des ungerührten unberührten – hier genügt das bloße Erscheinen: kam, ward gesehen, siegte – setzt ,attacca' die orchestrale Antwort ein: der *Fingerschnitt* – (bei Hammer zumal) ein lautloser Tutti-Strich zierlich bewaffneter Hände. Wir sehen das helle Gelb der Früchte, dazu das rinnende Blut (von einer Ersten Hilfe bei dem Gruppen-Unfall erfährt man dagegen so wenig wie vom weiteren Verlauf des offenbar kaum erst begonnenen Gastmahls). Das Ganze ein Vorgang kollektiver Trance, mit der leisen Komik, die solcher Massenzauber leicht mit sich führt; eine Ensemble-Pantomime, welche dann doch wieder – dort nach dem einstimmigen Lobruf der Frauen, hier aus der Sprachlosigkeit der staunend Beschämten – bei Suleicha und in Einzelrede mündet: in ihr Schlußwort, das Vergeltung, Rechtfertigung, Genugtuung zusammenfaßt.

Unter den Händen des westlichen Autors, verflochten in das dichte (und manchmal freilich auch undichte) Gewebe der zweiten *Wanderjahre*, hat das *Fingerschnitt*-Motiv sich gründlich verwandelt, ja umgewendet. Die breite Bühne der Schauhandlung ist reduziert auf ein Duodramolett, das sich in der Intimität der kleinen Tischgesellschaft, während heiterer Konversation, anspinnt und abspielt; nebenher, ohne Worte, von niemand bemerkt als dem Erzähler. Die Richtung der Aktion (oder Passion) hat sich dabei umgekehrt: von dem schönen Knaben hin zu seinem erwählten Gegenüber.

In den verschwiegenen Dialog schaltet nun aber, gegen das Ende, der Dichter doch noch – auf einen Augenblick und als Möglichkeit nur – eine Vielzahl (gleichfalls stummer) *Rivale* ein: die *Äpfel*, welche auf einmal, *reizend* wie die Nachbarin selber, Inbegriff der Verlockung, zwischen den beiden stehen. Indem sie eine der Früchte ergreift und dem Knaben reicht, bemächtigt sich Hersilie der drohenden Gegenwirkung und überbietet, überwindet sie.

Der ganze wortlose Verkehr der Blicke und Gesten wird dann im *Fingerschnitt* mit Blut besiegelt. Es zeigt die frisch empfangene innere Wunde an, die nicht so rasch heilen wird wie die körperliche.

Eben Hersiliens Bemühen, das Blut zu stillen, die Wunde zu schließen, diese Berührung – eine entfernte Responson zur ersten Begegnung Wilhelms mit Natalien[19] – erweckt in Felix das leidenschaftliche Verlangen der Dauer: er will die Schöne nicht loslassen. Der Abend endet mit einer Dissonanz; ein Fortgang, eine Auflösung bleibt zu erwarten, zu hoffen.

Von dem östlichen Motiv hat sich nur zweierlei erhalten: der pantomimische Grundzug, und die Wirkung der *vis superba formae* (bei Hammer heißt es: *der Schönheit Macht*)[20], welche sich hier so eigentümlich körperhaft darstellt – der (erotisch-)ästhetische Eindruck als Anästheticum.

Ob Goethe sich bewußt war, daß er mit dem *Fingerschnitt* in seinen Roman der *Entsagenden* ein Motiv aus der Geschichte des östlichen Muster-Paares der Entsagung aufnahm, muß eine Frage bleiben.

Exkurs zur Datierung des Folioblatts Fragmente

Die letzten zwei Eintragungen (Nr. 10 und 11) sind am weitesten von dem ursprünglichen Charakter der Sammelhs. entfernt. Keine von ihnen ist Fragment. Nr. 10, das überhaupt umfangreichste Stück auf dem Blatt, ist ein selbständiges Gedicht und ist auch nicht, wie alle übrigen, eine Reinschrift, sondern gibt, in übereinstimmendem Duktus von Text und Korrekturen, unmittelbar den Entstehungs-Prozeß. Und den Beginn eines solchen stellt auch Nr. 11 dar, die erste Strophe, und wohl auch die Keimzelle, des großen Dialoges zwischen dem Dichter und dem Schenken – *Sommernacht*. Hier treffen gleichfalls, scheint es, Entstehung und Niederschrift annähernd zusammen.

Hätte Burdach sich je ganz lösen können von der Vorstellung, *Sommernacht* sei im Sommer 1814 zum mindesten auch begonnen worden, so würde er wahrscheinlich das Blatt *Fragmente* als Ganzes nicht so früh angesetzt haben. Denn die Entstehung von *Sommernacht* wird in GT am 15. Dezember verzeichnet, die eigenhändige Niederschrift (Nr. 49 der ältesten Bezifferung) ist vom 16. Dezember datiert. Und unsere Nr. 10 – *Wer wird von der Welt verlangen* – kann nicht viel früher entstanden sein: die ebenfalls eigenhändige Reinschrift trägt die Nummer 41 jener Ziffern-Reihe *(Deutscher Divan)*, welche zu Silvester 1814 die Nummer 51 erreichte und die in ihrem Schlußteil streng chronologisch verläuft. Von den zwei Gedichten zum Beispiel, deren Hss. beide die Nummer 43 tragen, stammt die eine – *Wanderers Gemütsruhe (Werke* VI 106) – (wohl irrig so beziffert statt ‚42‘, welche Nummer in der Reihe fehlt) vom 19. November, die andere – *Offenbar Geheimnis* (ebd. 41) – vom 10. Dezember 1814. Man darf die zwei letzten Nummern des Blattes *Fragmente* somit, bei vorsichtiger Berechnung, zwischen Mitte November und Anfang Dezember setzen.

Trifft auf diesen Teil des Blattes unstreitig H. A. Maiers Datierung „Spätherbst 1814" zu, so wird sie zweifelhaft für die erste Gruppe, die Nummern 1–3.

Der letzte dieser Vierzeiler, welchen das vierhebig-trochäische Versmaß gemeinsam ist (allerdings mit der bemerkenswerten Abweichung des Reimgeschlechtes in Nr. 1) – *Und so sah ich es auch juste* –, ist eine jener Strophen, die Goethe durchstrichen hat, nachdem er sie in die zugehörigen Gedichte eingefügt hatte; bei einer abschließenden Redaktion, als deren Zeitpunkt man, gewiß mit Recht, das spätere der zwei Daten der Reinschrift-Blätter ansieht: *26. Jul 23. Dec.*

Diese Strophe hat also in der (nicht mehr vorhandenen) ersten Niederschrift des Gedichts *Keinen Reimer wird man finden*, vom 26. Juli (oder einem der folgenden Tage), gefehlt. Dennoch tragen wir Bedenken, diesen Teil der Hs. H 10, mit H. A. Maier gegen Burdach, nun gleich in den Spätherbst 1814 zu verweisen.

Die Art, wie Goethe während der Reise im Wagen solche Strophen oder Zeilen festzuhalten pflegte – mit Bleistift in Heften von grobem Papier, deren einzelne Blätter er dann manchmal herausriß, um das Notierte, oft schon auf den Stationen der Fahrt, im Posthaus etwa oder im Gastzimmer, ins Reine zu schreiben –, diese Art bringt es mit sich, daß einzelne solcher Bleistift-Aufzeichnungen zeitweilig zurückbleiben und sich erst später wieder anfinden, ja zuweilen dem Dichter wohl auch ganz aus den Augen geraten.

Wir glauben jedenfalls, die *Koriander*-Strophe sei nur wenig später entstanden als die übrigen Strophen des Gedichts; in dem gleichen Umschwung zum ‚Unmut', zur pessimistisch-sarkastischen Äußerung, der den zweiten und den dritten Tag von Goethes Reise nach Westen kennzeichnet. Denn diese Strophe ist keinesfalls ein bloßer „Einschub" (Maier 201); vielmehr schafft sie erst die Voraussetzung zu dem Bilde der folgenden: indem sie das unsaubere Durcheinander darstellt, das der Sonderung oder Beseitigung durch *solche rüstge neue Besen* bedarf.

Für unsere Datierung spricht ferner, daß die mittlere Strophe der Gruppe – Nr. 2: *Hör ich doch in deinen Liedern* – ein sicheres Merkmal früher Entstehung aufweist: die dem Vorbild des Übersetzers v. Hammer folgende Betonung *Hafís*.

An der Richtigkeit dieser Betonung ist Goethe während seiner Reise irre geworden, und zwar durch einen *Kenner*; so steht es in dem Brief an Eichstädt, worin er, kurz nach der Heimkehr (27. Oktober), die Auskunft des Jenenser Orientalisten Lorsbach erbat (2. November). Sie bestätigte seinen Zweifel: am 10. November trägt Goethe ins Tagebuch – welches am 2. November die Frage verzeichnet hatte: *Hâfis?* – den Namen mit dem jetzt gesicherten Akzent ein: *Moh[ammed] Schems[eddin] Hâfis* (ähnlich in einem Brief an Riemer, Mitte November: WA Br XXV 78, Z. 8).

Die *Divan*-Forscher haben sich daran gewöhnt, diesen 10. November 1814 nicht nur als den terminus a quo für die richtige Betonung anzusehen – wie Goethe sie dann Ende Dezember bei Revision seiner west-östlichen Gedichte in zahlreichen Fällen herstellte –, sondern auch als terminus ad quem für die unrichtige. Das ist zwar theoretisch korrekt, aber in diesem Fall, an der Realität gemessen, doch vielleicht übergenau. Wenigstens kennen wir zwischen Ende Juli 1814 (*All-leben* v. 3, *Werke* VI 26) und Anfang Dezember (*Unbegrenzt* v. 14, *Offenbar Geheimnis* v. 1 – ib., 39 und 41) kein *Divan*-Gedicht, das den Hafis überhaupt noch namentlich anriefe. Goethe scheint im Sommer – wie der Brief an Riemer, Wiesbaden 29. August 1814, es ausspricht – bewußt ein erstes Stadium der west-östlichen Dichtung abgeschlossen zu haben. Seit dem Beginn des Wiesbadener Aufenthaltes sehen wir ihn von der direkten Anrufung, wie er sie seit den Berkaer Anfängen nach v. Hammers Vorschrift geübt hatte, dazu übergehen, sich nur noch auf Gedichte oder Gedicht-Stellen aus dem Di-

van des Hafis zu beziehen. Die Schenken-Gedichte vom Oktober 1814 vollends – in Heidelberg oder auf der Heimreise entstanden – stehen gerade noch
soweit in einem Bezuge zu Hafis, als auch bei diesem die Gestalt des Schen-
kenknaben erscheint. Erst im Winter, auf einer höheren Stufe umfassenden
Überblicks, differenzierter Einsicht, kehrt Goethe zur Würdigung des persischen Poeten zurück. Der vereinzelte Zuruf unseres Vierzeilers (Nr. 2) gehört
der überschrittenen Stufe an und ist nicht einmal mehr in puncto Betonung
korrigiert worden.

So möchten wir, mit dem Vierzeiler *Hör ich doch in deinen Liedern*, die ganze erste Gruppe (Nr. 1–3) in die Tage der Reise zum Rhein, 25.–29. Juli 1814,
verweisen.

Das betrifft freilich nur ihre Entstehung; auf das Blatt *Fragmente* übertragen
hat Goethe sie gewiß erst später; allerdings, so meinen wir, zu einer Zeit, als
die Betonung Hafís ihm noch nicht zweifelhaft geworden war, das heißt, bevor
er, gegen Ende September 1814, nach Heidelberg kam.

Denn wir wüßten keinen *Kenner* zu nennen, der ihn während seiner Reise
auf den Fehler aufmerksam gemacht haben könnte, als H. E. G. Paulus, den
altbefreundeten Theologen (und Vater des ‚Schenken'), mit dem er in den
Heidelberger Wochen (24. September bis 8. Oktober) beinahe täglich zusammen war (und bei dem er im Herbst 1815 dann förmlich Arabisch trieb).

So schlagen wir vor, die Niederschrift der ersten Gruppe auf den Sommer
1814, bis etwa Ende August, zu datieren, in die ‚schöpferische Pause' der
Wiesbadener Kur. Das würde der (sonst freilich zu summarischen) Datierung
Burdachs immerhin nahekommen.

Die zweite Gruppe des Blattes indessen, die umfangreichste (Nrn. 4–9),
läßt sich zwar, dank ihrer Mittelstellung, der Zeit nach leidlich allgemein ein-
ordnen – zwischen August und Mitte November 1814 –, kaum jedoch im einzelnen und genauer.

Wohl scheint eines der Fragmente (Nr. 5) unmittelbar auf der Fahrt im Wagen konzipiert zu sein, aber damit wissen wir noch nicht, ob es vom Hinweg
oder vom Heimweg stammt, oder etwa von einer der Reisen zwischen Frankfurt am Main und Heidelberg.

Drei weitere, einander folgende Glieder der Gruppe (Nrn. 6–8) lassen dann
immerhin eine gewisse Distanzierung von Hafis erkennen, wie sie in der frühesten Zeit des bedingungslos-enthusiastischen Bewunderns nicht begegnet. Alle
drei beziehen sich, mit zunehmend negativen Zügen, auf das Verhältnis des
Dichters zu den vorgegebenen, vorgeschriebenen poetischen Formen. Doch
wird sich kaum entscheiden lassen, ob diese kritische Distanz nun jenem Stadium der Reise nach Wiesbaden angehöre, wo wir den Dichter in wachsendem
Maße skeptisch, reizbar, unmutig finden, oder ob sie sich während der minder
produktiven August-Wochen eingestellt habe.

In dem dritten dieser Fragmente (Nr. 8) findet sich dann sogar doch noch einmal der Name des Hafis; nun aber nicht mehr als Anrufung, nur im flektierten Dativ der dritten Person. Anders als bei der Nennform (und dem gleichlautenden Vokativ) hat Goethe diese flektierten Formen, mit ihrem Ton auf der zweiten Silbe – Hafisen –, auch nach der Belehrung durch Lorsbach unverändert gelassen; ja gelegentlich noch einmal neu gebraucht (Motto zum *Buch Hafis*, *Werke* VI 31). Für die Datierung geben sie also kaum etwas her. Allenfalls könnte man noch das Metrum untersuchen.

Die Nummern 6 und 7 stimmen unter sich im Versmaß – fünfhebige Trochäen – überein. Sieht man einmal davon ab, daß in Nr. 8 der zweite Vers eindeutig jambisch ist – *Der dóch / der bést / begáb / te wár / –*, so könnte man auch die erste Zeile als einen fünfhebigen Trochäus lesen: *Únd so / ísts auch / Háfi / sén er / gángen*. Dabei hätte sich sogar die ‚richtige' Betonung Háfisén ergeben, und das würde dann allerdings als ein Indiz dafür gelten dürfen, daß Nr. 8 nach dem 10. November 1814 entstanden wäre. Aber: diese erste Zeile läßt sich auch – analog zu der folgenden Einzelzeile Nr. 9: *Und da schléppt / sich ein Mánn / auf den Kníe / èn* – als Anapäst auffassen: *Und so ísts / auch Hafí / sen ergán / gèn!* Und damit wären wir wieder bei der für die Datierung so unergiebigen Form Hafísen.

Die übrigen Nummern (4 und 9) zu datieren wagen wir nicht. In der insgesamt recht heterogenen Gruppe könnte überhaupt einzelnes aus der frühen Zeit der Reise nach Späterem in einer Art Nachlese zusammengekommen sein.

Erstdruck: Teilnahme und Spiegelung. Festschrift für Horst Rüdiger zum 70. Geburtstag. Berlin 1975.

Anmerkungen

[1] *Wilhelm Meisters Wanderjahre* (zweite Fassung) I 4 und 5 [= WA *Werke* XXIV 63–70].
[2] Ebd. 70, Z. 16.
[3] WA *Werke* XXIV 70, Z. 23–27; 71, Z. 17–72, Z. 7; *der schönsten:* fehlt in Satzvorlage und Druck, vermutlich aus Versehen; von E. Joseph in den Text eingesetzt auf Grund der frühesten Hs. (Schreiber Krause) – vgl. WA *Werke* XXV/2,27, Lesarten zu XXIV 71, Z. 22.
[4] WA *Werke* XXV/2, 219. Z. 17, Paralipomena und Schemata Nr. XIV.
[5] I. Mo. 30; 37; 39–50.
[6] Sure XII: Joseph, v. 31 ff.
[7] Nach der engl. Übers. v. George Sale (1734); von Goethe der Weimarer Bibliothek entliehen 1818 Sept. 28 – 1819 Juni 5: E. v. Keudell: *Goethe als Benutzer der Weimarer Bibl.*, Weimar 1931, 186, Nr. 1165.

[8] GT 1818 Dez. 29–30, 1819 Jan. 2 (= WA Tageb VI: 276, Z. 18, 23, 28; 277, Z. 1f.; VII: 1, Z. 16f.). – Arbeit am Kapitel *Mahomet* der NuA vermutlich 1819 Jan. 8–11: *Orientalia* [= WA Tageb VII: 3, Z. 14; 4, Z. 1, 13, 15f., 27; 5, Z. 1] *(Abschrift durch John der frühern Epoche).* – Satzvorlage an Frommann: 1819 Febr. 10 (= WA Tageb VII: 14, Z. 26 – 15, Z. 1). – Revisions-Bogen gelesen 1819 März 3, zurückgesendet März 4 (= WA Tageb VII: 22, Z. 7, 15f.).

[9] *WA Werke* VII 37, Z. 7f., 12f., 15–20.

[10] Vgl. z. B. Goedeke, Grundriß ²1916, Bd. VII 750, § 310 B 93, Nr. 17a.

[11] *Schirin, Ein persisches romantisches Gedicht nach morgenländischen Quellen* (ohne Vf.namen), Leipzig, Fleischer, 1809, Zweyter Theil …, S. 83, Zweyter Gesang, Str. 90–92.

[12] *WA Werke* VII: 234, Z. 3; 231, Z. 2f.

[13] WA Tageb VII 36, Z. 10f.; an C. F. A. v. Schreibers nach Wien, 25. 4. 1819 (= WA Br XXXI 139, Z. 15ff.), WA Tageb VII 42, Z. 1f.

[14] GT 1819 Juni 30: *Manuskript in die Druckerei bis Diez incl.;* Juli 8: *Den 33. Bogen von dem Divan* aus der Druckerei, darin der Abschnitt Von Hammer; Juli 11: *Revision … Divan drei und dreißigster [Bogen]* (= WA Tageb VII: 64, Z. 4f.; 67, Z. 13; 69, Z. 6f.).

[15] GT 1825 Juni 26 (= WA Tageb X 72, Z. 20).

[16] Es ist natürlich nicht auszuschließen, daß Hammers *Schirin* in dem Jahrzehnt seit ihrem Erscheinen Goethe schon einmal begegnet war.

[17] Z. B. auf *das falsche Gerücht von der Aischa,* seiner Frau, ihre eheliche Treue betreffend, das der *Koran* (XXIV, v. 11) zurückweist; vgl. die erste Fassung von Goethes *Divan*-Gedicht *Auserwählte Frauen (Ferner sind allhier zu finden …),* WA Werke VI 444, v. 21f., v. 24.

[18] In Sale-Arnolds *Koran*-Ausg. (s. oben Anm. 57) 270, Sales Anm. d, dazu Arnolds Anm. 6.

[19] *Wilhelm Meisters Lehrjahre* IV 6, WA Werke XXII 42–46.

[20] *Ein schönes Wort von Johannes Secundus …,* MuR 68 und 329. Nr. 362; *Schirin* a. a. O. 82, Str. 89, Z. 1.

Aus dem „West-östlichen Divan" auszuschließen

1. *Daß des Hauses Glanz sich mehre* und Zubehör

Daß des Hauses Glanz sich mehre
Als ein ewig Eigenthum
Und der Sohn so halt auf Ehre
Wie der Vater hielt auf Ruhm

Dieser Vierzeiler Goethes ist zuerst 1836 in der von Riemer und Eckermann besorgten zweibändig-zweispaltigen sogenannten Quart-Ausgabe der WA Werke gedruckt worden: unter den Sprüchen des *Hikmet nameh* im *West-östlichen Divan*[1]. Seitdem haben ihn alle *Divan*-Ausgaben, die den Anspruch der Vollständigkeit erheben, wo nicht ebendort, so bei den Gedichten aus dem Nachlaß oder den Paralipomena eingereiht[2]. Zu Unrecht, meinen wir.

Von den Versen gibt es eine einzige authentische Niederschrift: an der Spitze eines (unten durch Schnitt um einen schmalen Streifen verkürzten) Folioblattes, welches auf beiden Seiten durchweg von Goethe selber – mit Tinte, in Antiqua – beschrieben ist und unter der gleichfalls eigenhändigen Überschrift *Fragmente* elf – im Umfang zwischen einer Zeile und acht Zeilen – vereinigt; sechs davon auf der Vorderseite (a), fünf auf der Rückseite (b), die meisten durch kurze horizontale Striche voneinander abgesetzt[3]. Konrad Burdach, der 1888 im *Divan*-Band der Weimarer Ausgabe den Inhalt zuerst mitgeteilt hatte, hat 1911 das Faksimile des Blattes veröffentlicht[4].

Im Textteil dieser Publikation nennt er die Handschrift ein „Sammelblatt unfertiger Gedichte", auch „Sammelkonzept", welches dem Autor „wohl eine bequeme Übersicht ... über die bei guter Gelegenheit auszuführenden und zu vollendenden ersten Einfälle" habe bieten sollen. Und er datiert, mit nicht eben zwingender Begründung, das Ganze vor den 26. Juli 1814[5], d. h. auf den Beginn der Main- und Rhein-Reise, welche an diesem Tag bis nach Hanau führte.

Demgegenüber hat H. A. Maier (1965) das Blatt in den Spätherbst 1814 verwiesen, also in die Zeit nach Goethes Heimkehr von dieser Reise[6].

Den Bemerkungen Burdachs läßt sich einiges hinzufügen: 1. das Blatt enthält nicht nur Fragmente: zwei Strophen auf Seite b (Nrn. 7 und 10) erscheinen als selbständige Glieder im *West-östlichen Divan* von 1819 – die eine im *Buch Hafis*, die andere im *Buch des Unmuts*[7]. – 2. nicht alle hier niedergeschriebenen Texte gehören eindeutig zum *West-östlichen Divan:* eines der mehrzeiligen Fragmente (Nr. 5), das Riemer und Eckermann in die Quart-Ausgabe gar nicht aufgenommen hatten, setzte Burdach zwar 1888 in die *Divan-Paralipomena*, doch daneben bot ein anderer Band der Weimarer Ausgabe (1893) es auch unter den *Zahmen Xenien*[8]. Ein weiteres (Nr. 4) ist offenbar Vorstufe eines Achtzeilers, den Goethe zwiefach formuliert und einmal der Rubrik *Epigrammatisch*, das anderemal den *Zahmen Xenien* zugewiesen hat[9]. Ein drittes (Nr. 9) hat Burdach selber von seiner zweiten *Divan*-Ausgabe (1905) ausgeschlossen[10]. – 3. der Duktus der Niederschriften ist nicht der gleiche: mindestens drei Stadien zeichnen sich ab – die Nummern 1–3; 4–9; 10 und 11.

Diese Feststellungen gestatten es vielleicht auch, das Blatt minder summarisch zu datieren als bisher und so den Abstand, der zwischen den Zeitbestimmungen Burdachs und H. A. Maiers klafft, zu überbrücken[11].

Unter den Versen des frühesten Stadiums steht, wie schon erwähnt, der Vierzeiler *Daß des Hauses Glanz sich mehre* obenan. Ton und Begriffsbereich dieser Zeilen haben nichts gemein mit dem frühesten *Divan*, jenen *Gedichten an Hafis*, die seit dem Mai 1814 in Berka an der Ilm, auf der Reise zum Main und Rhein und in Wiesbaden entstanden sind und deren Zahl spätestens Ende August auf dreißig angewachsen war[12]. *Ehre, Ruhm*, von feierlichem Ernst getragene Wünsche, mehrere Generationen eines adeligen oder fürstlichen *Hauses* umfassend – dergleichen finden wir im *West-östlichen Divan* erst – und selten genug – nachdem sich der Dichter von der ausschließlichen Bindung an Hafis gelöst und dem weiteren Orient zugewendet hat: seit dem Jenaer Aufenthalt, Mitte Dezember 1814. Da betritt er den Kreis des Ferdusi und seines *Schah nameh*, da nimmt er nähere Kenntnis von östlicher *enkomiastischer* Poesie, da zuerst denkt er an eigene ähnliche Gedichte der Würdigung, Huldigung, Widmung; deren früheste dann zu Anfang des neuen Jahres (Januar–April 1815) entstehen[13].

Aber auch die metrische und Reim-Form dieser Strophe – im Schema a-b-a-b achtsilbige Zeilen mit weiblichem, siebensilbige mit männlichem Reim – kommt im frühen *Divan* nicht vor. Vierhebige Trochäen zwar, jenes *leichteste, faßlichste Silbenmaß seiner Mundart*[14], kennzeichnen die west-östlichen Dichtungen Goethes von Anfang an. Nur sind es lange Zeit hindurch fast lauter gleichförmige Achtsilber, durchweg mit weiblichem Reim. Unter allen vierhebig-trochäischen Divan-Strophen von 1814 ist keine, worin allein b-Zeilen männlich endeten[14]. Solche Zeilenausgänge bringt im *Divan* erst und fast einzig das *Buch Suleika;* ja der Wechsel weiblicher und männlicher Reime ist recht eigentlich das Merkmal der Zwiegespräche Suleikas mit Hatem. Vor dem Herbst

1815 begegnet uns der Strophentypus nur zweimal, und in dem gleichen Umkreis[15]: *Hätt ich irgend wohl Bedenken* (17. Februar 1815) und *An Suleika* (27. Mai 1815).

Hingegen treffen wir diese dem *Divan* von 1814 fremde Strophenart in demselben Jahr in einem Bereiche an, der den Dichter unmittelbar zur Zeit der lebhaftesten *Divan*-Produktion, während der heißen Juli-Tage seiner Reise nach Wiesbaden, beschäftigt hat: in dem Entwurf einer Oper *Der Löwenstuhl*[16].

Dieser Opern-Plan ist bekannt als die dritte Erscheinungsform eines jener *großen Motive*, die sich ihm *vierzig bis fünfzig Jahre lebendig und wirksam im Innern* erhielten[17]. Ein erster Versuch, den Gegenstand als Schauspiel zu behandeln (etwa 1803), war steckengeblieben[18]; und auch die im Herbst 1813 begonnene *Ballade*[19], in welcher sich das Motiv dann endgültig ausprägen sollte, lag vorerst wieder still, als im Frühsommer 1814 Goethe mit dem Komponisten Bernhard Anselm Weber zusammentraf, den Iffland aus Berlin entsendet hatte, die Musik für das Auftragswerk zur Siegesfeier – *Des Epimenides Erwachen* – mit dem Dichter zu verabreden[20]. Aus dieser Zusammenarbeit und im Hinblick auf die Königliche Bühne zu Berlin erwuchs damals wohl der Gedanke, den langgehegten Vorwurf als Oper auszubilden[21]. Wenige Wochen danach, auf der Fahrt nach dem Westen, als am zweiten Reisetag die Flut der *Gedichte an Hafis* allmählich trübe verebbte, wendete Goethes Produktivität sich auf einmal – neu erregt anscheinend durch den Eindruck der Burgruine von Gelnhausen[22] – dem mittelaltrigen *Löwenstuhl* zu; es entstand in kürzester Frist, zwischen dem 27. Juli und dem 1. August[23], verteilt über 25 Folioblätter, ein Schema der Handlung und ein Entwurf der näheren Ausführung, welcher auch Ansätze zu Gesangstexten sowie zu Reden und Repliken enthält[24]. Weiter ist das Projekt auch später offenbar nicht gediehen[25].

Von den 55 zum Teil lückenhaften oder abgebrochenen Verszeilen, die insgesamt, über fünf Szenen verstreut, sich auf diesen Blättern finden, sind 26 in vierhebigen Trochäen gehalten; beinahe die Hälfte davon endet männlich[26]. Und dreimal erscheinen vollständige, im Schema a-b-a-b durchgereimte Strophen jenes Typus, dem auch der Vierzeiler *Daß des Hauses Glanz sich mehre* angehört; zum Beispiel[27]:

> Ja, du sollst die Meine werden
> Ja, die Meine bist du schon
> Teile den Genuß der Erden
> Meine Länder, meinen Thron

Die überhaupt ersten Verse in dem Opern-Entwurf lauten[28]:

> Denn die Treue
> Legt der Ehre
> Noch der Güter
> Fülle zu.

Das ist der gleiche gehobene Ton, die gleiche Sphäre ritterlicher Begriffe der ‚Mittelzeit', der gleiche Kreis abstrakter Substantive wie in der Strophe von *des Hauses Glanz*. Und der in dieser enthaltene Bezug auf mehrere Generationen – Sohn, Vater und, möglicherweise, den Wünschenden selber – entspricht wiederum genau dem Grundriß, auf welchen der *Löwenstuhl* in allen drei Gestalten, schon von seinen Ursprüngen her – der Novelle des Boccaccio und der Ballade *The Beggar's Daughter of Bednall Green* – angelegt ist[29].

Wir setzen im folgenden Goethes *Ballade* (1816, gedruckt 1820) nebst der zugehörigen *Betrachtung und Auslegung* (1821)[30] als bekannt voraus und suchen – wie es schon Max Morris in seinem grundlegenden Aufsatz *Der Löwenstuhl* getan hat[31] – aus ihnen und dem frühen Schauspiel-Fragment, soweit Handlung und Motive übereinstimmen – und das ist sehr weit –, die Bruchstücke des Opern-Entwurfs zu ergänzen.

Das *Haus*, in der zwiefachen Bedeutung: Gebäude, Stammburg und: Familie, Adelshaus, erscheint in der *Ballade* – *Verläßt er das hohe, das herrliche Haus* – wie auch, mehrfach, in der *Betrachtung und Auslegung*[32]: *daß ein Bettler sich ins Haus geschlichen* – *Der Alte legitimiert sich dadurch als Hausbesitzer, daß er die Stelle der vergrabenen Schätze anzudeuten weiß, verkündigt übrigens eine allgemeine Amnestie sowohl im Reiche als im Hause* [...]

In dem Ersten Akt des frühen Schauspiel-Bruchstückes aber finden wir als Entwurf zur zehnten Szene – *Greis. Kinder* – geradezu, gesprochen vom Greis im Anblick der Kinder, eine *Anrede ans Haus   Preis dem Bauenden   Glückes Gefühl   Daurender Zustand* etc. *(Monostrophisch)*[33].

Als Teil einer ähnlichen Anrede, für die Opern-Fassung von 1814 bestimmt, mögen wir die Strophe *Daß des Hauses Glanz sich mehre* ansehen.

Der darin ausgesprochene Wunsch erstreckt sich allerdings mit auf den oder die Enkel, könnte also auch zu dem Segensspruch gehören, in welchen der Schauspiel-Entwurf hier, von der Skizze übergehend zur Ausführung, mündet[34]:

> G r e i s
> Abschied.
>
> Dich mildgebornes junges Paar
> Segn ich, segn ich, lege die Hände euch auf,
> Daß ihr solcher edlen Wohnung festlichen Anblick
> Gönnen möget dem trüberen Blick.
> Welch Gefühl ergreift den lange Schweifenden
> Diesen Ort erblickend.

Freilich, wie der Wünschende zu unterscheiden scheint zwischen der *Ehre*, die er dem (Enkel-)*Sohn* ans Herz legt, und dem *Ruhm*, auf den der *Vater* (Schwiegersohn), zu ausschließlich wohl, gehalten habe, das wäre auch zu denken am ‚*erfreulichen Ende*' der Oper, das der Alte durch *Entdeckung und Entwicklung* herbeiführt, und bei dem er *die milden Gesetze* (der Amnestie) verkündet[35].

Einerlei aber, an welcher Stelle: als einen mahnenden Wunsch der Hauptgestalt, des greisen Bettlers, dürfen wir nun die Strophe wohl den Bruchstücken des Opern-Entwurfs hinzufügen.

Einwenden ließe sich hiergegen vielleicht, daß jene 25 Folioblätter die eigenhändige Reinschrift sind, in welche Goethe offensichtlich alles eingebracht hat, was er während der Reisetage an einzelnen Motiven und Ansätzen, seiner Gewohnheit nach meist mit Bleistift in Notizheftchen, eilig festgehalten hatte. Sonderbar wäre es da doch, könnte man meinen, wenn bei dem Sichten und Sammeln zur Reinschrift einzig unsere Strophe unbemerkt geblieben sein sollte.

Aber sie ist die einzige nicht. In einem Nachtragsband der Weimarer Ausgabe hat (1914) Julius Wahle ein anderes Bruchstück des Opern-Entwurfs bekanntgemacht[36]. Es betrifft sogar unmittelbar das (in die *Ballade* nicht aufgenommene) Motiv vom Löwenstuhl, jenem Hochsitz, den der Stammherr des Hauses, nachdem er im Jähzorn einen Pagen oder Knappen erschlagen, errichtete, als eine Freistatt, wohin Bedrohte, Verfolgte sich flüchten könnten:

> O die Weisheit des Beherrschers
> Der sich selber und den Seinen
> Solche Warnung einst ersann

Dieses Bruchstück zeigt noch den frühesten Zustand der Niederschrift[37]: „g1 [Goethe mit Bleistift] auf einem aus einem Notizheft herausgerissenen Oktavblatt rauhen Konzeptpapiers" – d. h., Goethe hat es offenbar, als er das Folio-Konvolut anlegte, übersehen, ja es ist sogar jener Nachlese entgangen, bei der die Zeilen von *des Hauses Glanz* immerhin auf das Sammelblatt *Fragmente* gelangt sind.

Wir dürfen diesen Vierzeiler also mit Sicherheit dem Opern-Fragment *Der Löwenstuhl* zuweisen. Von den Paralipomena zum *West-östlichen Divan* wäre er demnach auszuschließen.

Noch eine andere, vereinzelte Zeile des Blatts *Fragmente* (Nr. 9), für welche sich zum *Divan* von 1814 eine Beziehung nicht hat herstellen lassen[38]:

> Und da schleppt sich ein Mann auf den Knieen

wäre vielleicht dem *Löwenstuhl*-Komplex anzuschließen – wenn wir annehmen, daß der scharf umreißende, körperhaft-handlungshaltige Satz die *Hülfsbedürftge kummergraue/Schlechtbekleidete Gestalt* des *hochbetagten Mannes*[39] meine, der im Begriff wäre, sich in den Schutz des Löwenstuhls zu retten.

Die *Ballade* freilich stellt uns den Greis in seiner vollen Überlegenheit, unerschüttert aufrecht, vor Augen[40]:

> Die Schergen sie lassen den Würdigen stehn
> …
> Noch stehet der Alte mit herrlichem Blick,
> Die eisernen Schergen sie treten zurück

Aber in der *Ballade* hat Goethe ja, wie erwähnt, auf das Motiv vom Löwenstuhl verzichtet! Eben zu diesem ursprünglichen Motiv jedoch könnte das Knien gehört haben – nicht so sehr als Merkmal der Hinfälligkeit, wie etwa als eine freiwillige Ehrfurchts-Bezeugung oder als die vorgeschriebene Weise, sich dem engsten Bezirk der Freistatt zu nähern. Auf eine ähnliche Ehrfurchts-Haltung deutet jedenfalls eine andere Stelle im Schauspiel-Entwurf[41]:

> Kinder [zum Greis]
> Soll ihnen erzählen! sich setzen auf den Löwenstuhl
> Greis
> Beugt sein Knie davor
> Kinder
> Bringen einen Feldstuhl

Mit noch höherer Wahrscheinlichkeit gehört in den Bereich des Opern-Plans eine andere kurze Bleistift-Aufzeichnung Goethes. Sie steht dem Blatt *Fragmente* insofern nahe, als sie zusammen mit dem erwähnten davon abgeschnittenen Streifen und mit zwei weiteren, *Divan*-Splitter enthaltenden kleinen Zetteln auf ein größeres Blatt geklebt ist[42]. Sie lautet:

> Trumpf: Und wenns der Vater wäre

Auf den ersten Blick eine vierhebig-trochäische Zeile. Trennt man aber – wie der Doppelpunkt es nahelegt – das erste der sechs Wörter von den übrigen, so bilden diese fünf, als Frage zu verstehen – *Und wenns der Vater wäre?* – eben den *Trumpf*. Ausgespielt von der Gattin, müßte er den Herzog, der gegen den hergelaufenen alten Bettler wütet, erinnernd zur Besinnung bringen, ihn verstummen, ihn einhalten lassen. Ein Bettler war es ja, der einst die Tochter dem jungen Edelmann *Am Scheidewege* […] / *Bedenklich traute*[43]. Und was die Frau nun ausruft, soll nicht den wehrlosen Alten für den Augenblick nur schützen – es ist die aufblitzend erahnte Wahrheit.

Die Bezeichnung *Trumpf* erwiese den Satz als Bestandteil der dramaturgisch-dialogischen Konzeption zur *Löwenstuhl*-Oper; er wäre also gleichfalls aus den Paralipomena des *West-östlichen Divans* auszuscheiden[43a].

2. „Worte ohne Sinn"

Die Weimarer Ausgabe führt im siebten Band der Werke – *Noten und Abhandlungen zu besserem Verständnis des West-östlichen Divans* – unter den Paralipomena ein von Goethe selbst mit Tinte beschriebenes Oktavblatt auf (Bl. 42), dessen eine Seite (42b), unter anderem, den Satz enthält: *Er hat geschrien daß er keinen Zahn mehr im Munde hat* (vermutlich eine Notiz aus orientalischer Quelle) sowie, laut der Darstellung des Herausgebers Carl Siegfried, „Daneben quer ein paar Zahlen"[44]. Den Inhalt der anderen Seite (42a) bezeichnet Siegfried als „Durchstrichne Bleistiftzeilen. Worte ohne Sinn[45]: *Schicklich. Stuhl. Glocken. Bohrer. Lehnstul. Keine wirkliche Schaufeln. Bohrer. Die Mädchen besser Bongi. Der Braut. Koran.*"

Nun war der Theologe Siegfried, orientalistischer Experte der Weimarer Ausgabe, im Entziffern von Handschriften (auch von deutschen) wenig glücklich. Wieviel Unheil hat nicht, zum Beispiel, unter Biographen und Interpreten seine Fehl-Lesung der arabischen Schriftzeichen angerichtet, mit denen Goethe im Tagebuch vom 27. September 1815 einen Bezug auf Marianne Willemer verhüllte[46].

So hat Ernst Grumach in den „paar Zahlen" von Siegfrieds Seite 42b den Entwurf eines jener Chiffrenbriefe erkannt, die, auf Grund von Joseph von Hammers Hafis-Übersetzung, zwischen Goethe und Marianne gewechselt wurden[47].

Auch den Text in 42a liest Grumach anders[48]:

> Schicklich Stuhle
> Glocken
> Bohrer
> Lehnstuhl
> Keine wirkliche [e]
>   Schaufeln
> Bohrer
>
> Die Mädchen
>   bessen [?] Bouge [?]
> Der Braut im
>   Koran

Freilich, auch in dieser Lesung will der Sinn, den Siegfried an dem Text vermißte, sich nicht einstellen. Die Worte *Der Braut im Koran* sind so unergiebig wie die zwei anderen neuen Lesarten, welche Grumach selber mit Fragezeichen versehen muß; sein *Bouge* führt nicht weiter als das *Bongi* bei Siegfried, und dessen *besser* ist immer noch weniger rätselhaft als Grumachs *bessen*.

In der asyndetischen Reihung von Substantiven, welche vornehmlich reale Gegenstände bezeichnen, und zwar solche unserer westlichen Sphäre, bildet *Koran* das einzige eindeutig orientalische Element. Vermutlich deshalb hat Grumach an dieser Lesung Siegfrieds festgehalten. Aber auch sie stimmt nicht, meinen wir; der Augenschein ergab vielmehr[49] für die Zeilen 8—11:

> Die Mädchen
> besser Bouqu
> Der Braut ein
> Kran

Ergänzen wir im gesamten Text die Endsilben oder -buchstaben, welche hier, wie hundertfach sonst in den eiligen Bleistift-Notizen Goethes, weggeblieben sind, so liest man:

> Schicklich[e? ere?] Stuhle
>   Glocken
>   Bohrer
>   Lehnstul
>   Keine wirklich[en]
>   Schaufeln
>   Bohrer
>   Die Mädchen
>   besser[e?] Bouqu[ets]
>   Der Braut ein
>   Kran[z]

Und damit erwiese sich alsbald auch der Charakter der Aufzeichnungen: es sind Notizen von einer späten Theaterprobe ‚mit technischem Apparat', allenfalls von einer Aufführung; Notizen, wie leitende Bühnenleute oder ihre Assistenten sie heute noch ebenso machen: rasch hingeworfene Stichworte, oftmals auf konkrete Gegenstände bezüglich – auf Teile der Dekoration und der übrigen Ausstattung.

Ausdrücke wie *Schicklich[e, ere]*, *Keine*, *besser[e]* halten Monita und kritische Forderungen fest. Das zweimal genannte Wort *Bohrer* wiederum dürfte sich auf die gebräuchliche primitive Vorrichtung gleichen Namens beziehen, mittels deren kleinere Dekorationsteile, sogenannte Versatzstücke zum Beispiel, ‚von Hand' auf den Brettern befestigt werden; damals, wo der Bühnenboden noch regelmäßig ein Gefälle zur Rampe hin hatte, sicherte man in dieser Weise vielleicht auch größere Möbel.

Was bisher unklar, ja unerklärlich anmuten mußte, würde sich nun lösen: nichts von Orient – wir wären auf der deutschen Szene eines Schauspiels oder Singspiels; wohl beim hochzeitlichen Schluß. Von den elf Zeilen beträfen die ersten sieben die eigentliche Bühne – Möbel (1,4), Requisiten (2?, 5f.), Geräusch (2?), Technisches (3, 7) –, die davon abgesetzten Zeilen 8–11 das Kostüm der Damen.

Beachten wir auch: die Zeilen sind sämtlich durchstrichen. Bei den vielen erhalten gebliebenen Arbeitspapieren zum *Divan* ist dies fast immer ein Zeichen der Erledigung – die Notiz, das Exzerpt ist in dichterische Form oder prosaische Formulierung umgesetzt. Und beinahe regelmäßig läßt diese endgültige Fassung sich im *Divan* auch nachweisen. Daß es von dem durchstrichenen Text der Seite 42a eine solche Umsetzung nicht gibt, sollte einleuchten: erledigt – das heißt mitgeteilt und befolgt – werden Monita dieser Art unmittelbar bei der Proben-Kritik oder nach der Aufführung. Die leere Rückseite (b) des Blattes 42 aber wäre danach frei geworden für allfällige andere Notizen, von welchen nun wirklich mehrere, wie erwänt, in den west-östlichen Bereich gehören.

Dergleichen Blätter aus dem Theater-Betrieb – Besetzungs- und Probenzettel, Kassenrapporte usw. – haben zeitiger als andere amtliche Belege, ja meist schon mit dem Geltungstage, ausgedient. Die Rückseiten solcher Theaterblätter hat Goethe gerade für Aufzeichnungen und Exzerpte zum *Divan* mit Vorliebe verwendet; die Weimarer Ausgabe verzeichnet unter den Substraten der *Divan*-Notizen nicht weniger als 18 derartiger Blätter, mit Daten zwischen dem 23. Februar 1813 und dem 18. März 1815[50].

Das vermeintliche Paralipomenon (42a) wäre also aus dem *West-östlichen Divan* auszuscheiden. Zu fragen bliebe, auf welches Theaterstück sich Goethes Bemerkungen beziehen. Die Antwort könnte von Wert sein für die Datierung der west-östlichen Aufzeichnungen in 42b, zumal des Chiffrenbrief-Entwurfs.

Erstdruck: Teilnahme und Spiegelung. Festschrift für Horst Rüdiger zum 70. Geburtstag. Berlin 1975.

Von Goethes Hand sind in Bleistift geschrieben zwei fast gleich lautende Texte überliefert, die von ‚Experten' auf den Islam bezogen werden: „Der Braut ein Koran" – so steht es einmal bei Carl Siegfried, dem Bearbeiter der Lesarten zu Band 7 der Sophienausgabe, Weimar 1893, S. 301, und im Band 3 der Akademieausgabe Berlin/Ost von Ernst Grumach (1952, S. 188).

Die Worte „Der Braut ein Koran" lassen an die christliche Sitte denken, dem Brautpaar nach der Trauung ein Neues Testament zu überreichen, was in der NS-Zeit durch ein Exemplar von „Mein Kampf" ersetzt wurde (Auch das Exemplar des Verfassers von 1935 stammt daher.).

Unsere Lesung lautet ganz anders. „Der Braut ein Kranz" und, vermutlich auf die Brautjungfern bezüglich, also Buketts – Notizen, wie sie auch heute noch von Regisseuren als kritische Bemerkungen während einer Probe oder Aufführung üblich sind. Die fraglichen Worte Goethes beziehen sich auf ein Lustspiel oder Singspiel in deutscher Sprache.

Daß die ‚Divan-Kenner' beider Editionen offenbar nur sehr flüchtig ihre Texte behandelt haben, läßt nicht gerade auf tiefe Kenntnisse deutscher Spezialisten schließen.

1997

Anmerkungen

[1] *Goethe's poetische und prosaische Werke in zwei Bänden,* Stuttgart/Tübingen 1836, I, 1. Abt., 353, r. Sp.

[2] *Divan-Editionen* (meist innerhalb von Ausgaben der Werke Goethes): G. v. Loeper, Berlin, Hempel [1872], 110, ‚Buch der Sprüche Nr. 43' – H. Düntzer, Berlin/Stuttgart, Spemann [1887] (= Kürschners Dt. Nat.-Litt. Bd. 85 [Goethes Werke IV]), 96, ‚Buch der Sprüche Nr. 43a; dazu: „gehört unter die persönlichen Gedichte ... Sollte Goethe an sein eigenes Haus gedacht haben und die Verse etwa in die Zeit der Vermählung seines Sohnes fallen?" – K. Burdach, *Werke* VI, 1888, 281, Aus dem Nachlaß; dazu 453 – G. Ellinger, Leipzig/Wien, Bibliogr. Inst., Bd. IV [1903], 329, A. d. Nachl.; dazu 537: „... als Weihespruch gedacht" – Burdach, Stuttgart/Berlin, Cotta Nachf. [1905] (= Jubiläums-Ausg. Bd. V), 134, A. d. Nachl.; dazu 424: „Fragment eines Gedichts? Vielleicht als Hausinschrift oder Gelegenheitsspruch" – E. Ermatinger, Berlin, Bong, T. III [1913], 111, A. d. Nachl. – R. Richter, Leipzig, Bibliogr. Inst. [1924] (= Sonderdruck aus Meyers Klassiker-Ausg. [Festausg. Bd. III]), 138, A. d. Nachl.; dazu 338, Nr. 7: „Gräf Bd. 2 I, S. 429 vermutet hierunter das Gedicht mit der Überschrift *Dem jungen Geschäftsmann.* Enstanden in den Jahren 1815–21" – Burdach, Welt-Goethe-Ausg. [Bd. V], Leipzig, Insel, 1937, 165, A. d. Nachl. (zum ‚Buch der Betrachtungen') – E. Beutler, Leipzig, Dieterich, 1943 (= Samml. Dieterich Bd. 125), 138, Nr. 7; dazu 766: „Ein Segenswunsch, vielleicht ein Trinkspruch, ob östlicher, westlicher Herkunft, ist nicht zu sagen" – L. Lohrer, Stuttgart, Cotta Nachf., 1950, Bd. II, 165 A. d. Nachl. – E. Grumach, AA 48, Nr. 58, ‚Verse und Fragmente unbestimmter Stellung' – Berliner Ausg., Bd. 3, bearbeitet v. U. M. Beyer, Aufbau-Verlag 1965, 338, Paralipomena; dazu 769.

Die Ausg. des Vf., Leipzig 1949 / Wiesbaden 1951 ([2]Leipzig 1972 / Frankfurt a. M. [1973]), hat die Verse ausgeschlossen; vgl. daselbst 588 ([2]576).

[3] Seite a): 1. *Daß des Hauses Glanz sich mehre* (4 Z.); 2. *Hör ich doch in deinen Liedern* (4 Z.); 3. *Und so sah ich es auch juste* (4 Z.); 4. *... wenn alle sprechen* (1½ Z.); 5. *Seh ich zum Wagen heraus* (5 Z.); 6. *Solcher Bande darf sich niemand rühmen* (4 Z.).

Seite b): 7. *Zugemeßne Rhythmen reizen freilich* (7 Z.); 8. *Und so ists auch Hafisen ergangen* (2 Z.); 9. *Und da schleppt sich ein Mann auf den Knieen* (1 Z. – hiernach statt horizontaler Linie ein Spatium von etwa 3 Zeilen); 10. *Wer wird von der Welt verlangen* (8 Z. + 1 Korrektur-Z.); 11. *Niedergangen ist die Sonne* (4 Z.).

Die Nrn. 3, 7, 10 und 11 sind von Goethe selbst mit Tinte diagonal durchstrichen, jeweils von oben links nach unten rechts – Zeichen der Übernahme in die Divan-Reinschrift.

[4] 1888: *WA Werke* VI 342 (H 10), 475 f. (Paralip. 13); 1911: SchrGGes 26 (1911), Tafel XXVIII.

[5] A. a. O. 37, Nr. 12, mit einschränkendem „wahrscheinlich"; ebd. 29, Nr. 7 (zu Tafel XI) ohne solche Einschränkung unmittelbar dem 26. Juli zugewiesen.

[6] Maier 51 (H 10) und 201 (zu H 10).

[7] *West-oestlicher Divan von Goethe,* Stuttgart, in der Cottaischen Buchhandlung, 1819, 44 und 95.

[8] Erster Druck: Fr. W. Riemer: *Briefe von und an Goethe,* Leipzig, Weidmann, 1846, 359. 1888: *WA Werke* VI 475, Paralip. 13b; 1893: *WA Werke* V/1 111, v. 190–194.

[9] *WA Werke* III 156 (Vielrat) und 310, v. 1147–1154.

[10] Es erscheint wieder bei Grumach, AA 49, Nr. 65.

[11] S. dazu den Exkurs unten S. 291–294.

[12] An Riemer, Wiesbaden 29. 8. 1814, WA Br XXV 27, Z. 24–28, Z. 3.

[13] *Schach Sedschan und Seinesgleichen,* ? Januar 1815, *WA Werke* VI 87; *An Geheimrat von Willemer,* 12. 2. 1815, *WA Werke* IV 20; (an H. F. v. Diez) 21. 4. 1815, *WA Werke* VII 222, Z. 16–23.

[14] NuA, Einl., *WA Werke* VII 5, Z. 6 f.

[14a] Regelbestätigende Ausnahme: *Selige Sehnsucht,* Str. 4, *WA Werke* VI 28.

[15] Buch Suleika, *WA Werke* VI 158; Buch des Timur, ebd. 139.

[16] *WA Werke* XII 294–299 und 421 f.

[17] Bedeutende Fördernis durch ein einziges geistreiches Wort, WA II. Abt. (Naturwiss. Schr.), XI 60, Z. 16 ff.

[18] *WA Werke* XII 300–307 und 422–426; vgl. M. Morris, unten Anm. 31.

[19] *WA Werke* III 3–6; zuerst gedruckt KuA II, 3. H. (1820); dazu GT 1813 Okt. 28–31, Nov. 20 (= WA Tageb V: 81, Z. 1, 5, 13, 20; 84, Z. 21 f.).

[20] GT 1814 Juni 24–26, 29–30 (= WA Tageb V 114 f.).

[21] An B. A. Weber 21. 12. 1814 und [2. 2. 1815] (= WA Br XXV 106, Z. 12–21 und 185, Z. 19–186, Z. 3).

[22] GT 1814 Juli 27, August 5 und 6 (= WA Tageb V 120, Z. 12 ff.; 123, Z. 16, 24); an Christiane, Hanau [28. 7.] und Wiesbaden 1. 8. 1814 (= WA Br XXV 2, Z. 10–28; 3, Z. 18 f.; 7, Z. 22 ff.). Im Zusammenhang mit dem Löwenstuhl-Motiv zu beachten: *Denn hier ist ein Asyl. Die [Burg-]Insel war nie der Stadt unterworfen …* ebd. 2, Z. 23 f. Vgl. *WA Werke* XLI/1, 473 f.

[23] GT 1814 Juli 28–29, Aug. 1. (= WA Tageb V 120, Z. 17 f.; 121, Z. 9 f.; 122, Z. 6); an Christiane, Hanau [28. 7.] (= WA Br XXV 3, Z. 24 f.).

[24] S. oben Anm. 16.

[25] An B. A. Weber 9. 4. 1815 (= WA Br XXV 255, Z. 16–256, Z. 12); an C. F. M. P. von Brühl 1. 5. 1815 (= ebd. 293, Z. 5–9).

[26] Vierhebige Trochäen: WA Werke XII 294–299, v. 5–9, 10–17, 42–47, 48 f., 51–55; davon männliche Versausgänge (R = Reim): 9, 11 (R), 13 (R), 15 (R), 17 (R), 43, 45 (R), 47 (R), 48 (R), 49 (R), 52, 55.

[27] Ebd. v. 10–13; ferner v. 14–17, v. 44–47.

[28] Ebd. v. 1–4.

[29] Vgl. Morris, unten Anm. 31.

[30] Zuerst KuA III, H. 1 (1821); vgl. oben Abkürzungen (Betr. Ausl.).

[31] GJb Bd. 31 (1910), 85–116.

[32] *Ballade* v. 11; Betr. Ausl. a. a. O. 225, Z. 25 f.; 226, Z. 20–23.

[33] *WA Werke* XII 305, vor Z. 125; Z. 126 f.

[34] Ebd. 306, Z. 141–147; vgl. *Ballade* v. 53, 55; Betr. Ausl. a. a. O. 225, Z. 16–19.

[35] Betr. Ausl. a. a. O. 226, Z. 24; *WA Werke* XII 299, szenische Anweisung zu (11); *Ballade* v. 95.

[36] *WA Werke* LIII 366, Paralip. 49.

[37] J. Wahle, ebd.; er weist auch darauf hin, daß ein anderes Blatt aus demselben Notizheft zwei (in die Reinschrift eingegangene) Bruchstücke des Opern-Entwurfs (v. 16 f. und v. 42 f.) enthält. Mit der Zuweisung des Vierzeilers Nr. 1 zum Opern-Plan *Der Löwenstuhl* gewinnt unser Versuch (s. unten Exkurs), aus Indizien der Nrn. 2 und 3 die erste Gruppe des Blatts *Fragmente* in die Tage der Reise von Thüringen nach Wiesbaden zu datieren, noch an Wahrscheinlichkeit; denn über die wenigen Tage vom 27. Juli bis 1. August ist Goethes aktive Beschäftigung mit dem Plan nicht hinausgegangen.

[38] Bei Burdach *WA Werke* VI 476, Paralip. 13d (H 10); bei Grumach AA III 49, Paralip. 65.

[39] Schauspiel-Entwurf, a. a. O. v. 102 ff.

[40] *Ballade* a. a. O., v. 64, v. 73 f.

[41] A. a. O., Z. 130 ff.

[42] *WA Werke* VI 479 f. (H 63 [= Siegfrieds Bl. 60]), Paralip. 24; Grumach AA III 49, Paralip. 66.

[43] Opern-Entwurf a. a. O., v. 37, v. 40.

[43a] So geschehen in der Ausg. des Vf., vgl. oben Anm. 2.

[44] *WA Werke* VII 301, Paralip. I. 3b.

[45] Ebd.

[46] WA Tageb V 378, zu S. 184, Z. 8; vgl. Willemer, Briefw. 330 und 601 f. Ohne auf die hier (1965) gebotene Lesart einzutreten, versucht sich K. A. Wipf, *Jb. des Freien Dt. Hochstifts* 1973, 112–116, an einer eigenen Deutung.

[47] AA 61, Paralip. 93; Grumachs Wiedergabe läßt allerdings nicht erkennen, daß Goethe die bedeutsamen Verse 9–12 erst nachträglich in den Entwurf aufgenommen hat; vgl. Willemer, Briefw. 339 f.

[48] A. a. O. 188, Paralip. 193.

[49] Aufzeichnung des Vf.: Goethe und Schiller-Archiv Weimar, Oktober 1946.

[50] *WA Werke* VI: 341, H 5, H 6 (= Siegfrieds Bll. 55, 59); 479, H 63 (= Siegfrieds Bl 60) – *WA Werke* VII: 283, Bl. 70, Bl. 72; 284, Bl. 74, Bl. 76; 285, Bl. 79; 288 Bl. 24, Bl. 25; 288 f., Bl. 119; 289, Bl. 26, Bl. 27; 290, Bl. 66, Bl. 77; 304, Bl. 67; 305, Bl. 118 – *WA Werke* LIII: 361, Paralip. 41.
Ein (allerdings bedeutenderes) Analogon: Bernhard Suphan, erster Herausgeber von Goethes Entwurf *Schillers Totenfeyer*, in: *WA Werke* XVI (1894), 561–569, hat die zugehörige eigenhändige Zeichnung des Dichters (ebd. 563) als eine „figürliche Übersicht des Aufbaues" verstanden (ebd. 561) und sie in einem späteren Aufsatz (*Dt. Rundschau*, 81 [1894], 274–293) als ein ideelles Schema, „sozusagen vier"

Ein Schweizer Maler bei Goethe

Herrn Dr. René Wehrli zugeeignet

Sehr verehrte Damen und Herren, nach einem bewährten rhetorischen Herkommen hätte der Vortragende zuallererst sich des Wohlwollens seiner Hörer zu versichern. Mit solcher *captatio benevolentiae* hapert es diesmal bei ihm, ja er steht in Gefahr, sich dieses Wohlwollens von vornherein zu verscherzen. Nicht nur muß er diejenigen unter Ihnen – vermutlich die Mehrzahl – enttäuschen, die sich aufgrund der Ankündigung, im Vertrauen auf die Veranstalter und eine als seriös ausgewiesene Lokalität, heute eine Bereicherung ihrer kunstwissenschaftlichen Kenntnisse erwartet haben. Hierzu fühlt sich er, der auf diesem Gebiet kaum als Nebenfachmann gelten darf, vor einem kundig-kritischen Publikum keineswegs berufen. Aber auch von einer unmittelbaren Verbindung oder gar Wechselwirkung zwischen Literatur und bildender Kunst, wie man sie aus dem Titel unserer Conférence vielleicht herzuleiten versucht sein möchte, kann kaum gesprochen werden. Und selbst wer unter Ihnen bloß darauf zählen sollte, etwas über eine bisher noch nicht oder nur wenig bekannte persönliche Beziehung eines Schweizer Malers zu Goethe zu vernehmen, über einen Besuch in Weimar etwa, deren so viele uns aus Gesprächen oder Berichten überliefert sind – auch der würde nicht auf seine Rechnung kommen.

Die Präposition ‚bei‘ nämlich, welche dem Namen Goethe hier – gestehen wir es nur – nicht ohne Arglist vorangestellt worden ist, besagt in unserem Falle lediglich, daß von einem Maler die Rede sein soll, der bei Goethe vorkommt, in seinem dichterischen Werk.

Genau gesprochen: in seinem Roman ‚Wilhelm Meisters Wanderjahre‘.

Und schon sind wir mitten in den Mißlichkeiten.

‚Wilhelm Meisters Wanderjahre‘, mit dem Untertitel ‚Die Entsagenden‘ in zwei sehr verschiedenen Fassungen, die eine, Fragment gebliebene von dem Zweiundsiebzigjährigen 1821, die andere, endgültige 1829 vom Achtzigjährigen vorgelegt, sind unter den vier Romanen Goethes der letzte: der am wenigsten gekannte, der verkannteste, von Anfang an auch noch durch eine gleichzeitige, gleichnamige Fälschung mit Vorurteilen meistbehaftete. Zudem gilt des Autors Wort über die ‚Lehrjahre‘, sie seien „eine der inkalkulabelsten Produktionen"*, von dieser Fortsetzung erst recht. Wer heute liest schon die ‚Wanderjahre‘?

Dabei sollte dieses Buch uns eigentlich näher stehen als die anderen, nicht nur den Jahren nach, sondern auch durch seine Thematik, zu welcher das ‚Maschinenwesen‘ des heraufkommenden Industrie-Zeitalters ebenso gehört wie die Erziehung in unseren und zu unseren Jahrhunderten des Spezialistentums; das soziale und politische Zusammenleben der Menschen in neuen Gemeinschaften ebenso wie die Ausblicke in außerirdische Bereiche.

Aber die Form, die der alte Dichter diesen Lebensentwürfen gegeben hat – indem er seinen Wilhelm Meister in halb vorgeschriebenem, halb freiwilligem Entsagen sich von der Geliebten, Natalie, auf Jahre trennen und, anfänglich mit dem Sohne Felix, dann allein umherziehen läßt – nirgend länger als drei Tage verweilend, bestimmt von Zufällen, die sich als Fügungen erweisen, zahlreiche neue Verbindungen und Beziehungen anknüpfend, worein sich die älteren dann auch wieder verschlingen; diese oft lang ausgesponnenen, manchmal aber auch plötzlich wieder abgerissenen und lose heraushängenden Handlungs-Fäden, die allenfalls ein eilfertig geschürzter Notknoten festigen soll; diese eingeflochtenen mehr oder minder disparaten, dem Sinne nach freilich meist zum Thema der Entsagung stimmenden kleineren Novellen und Märchen, welche, oft aus der besten Zeit, der frischesten, heitersten Laune des Erzählers Goethe hervorgegangen – ‚Die pilgernde Törin‘, ‚Die neue Melusine‘, ‚Wer ist der Verräter?‘ –, wohl das Ganze belebend durchwirken, von denen aber dann doch wieder einige – ‚Das nußbraune Mädchen‘, ‚Der Mann von funfzig Jahren‘ – in die Haupthandlung unabtrennbar hineinwachsen – alles das, untermengt mit Diskursen, förmlichen kunstvoll durchgegliederten Reden, angereihten Aphorismen, bildet ein so vielfältig-vielspältiges Gesamt, daß es bedeutenden Interpreten, welche seinen inneren Reichtum dankbar zu würdigen wissen, doch als problematisch, als ein Zeugnis des Nachlassens der Kräfte erscheint; während andere darin ein zwar seltsames, aber gerade in seiner gelockerten Gestalt auf die jüngste Entwickelung der Epik vorausweisendes Werk wahrnehmen, das von uns, den Lesern, erst noch zu entdecken sei.

2

Zu den erwähnten Mißlichkeiten gehört es nun, daß bei solcher Beschaffenheit des Ganzen, welches der Dichter selber gelegentlich ein „Aggregat“* oder ein „Geschlinge“ nennt, sogar wer die ‚Wanderjahre‘ einmal gelesen hat, wohl erst daran erinnert werden muß, was dieser ‚Maler‘, von dem wir zu reden vorhaben, innerhalb des Werkes darstellt.

Schon in der früheren Fassung des Romans, welche 1821 als ‚Erster Theil‘ erschien, ohne daß ein Zweiter gefolgt wäre, treffen wir diesen Maler an. Eine jener Erzählungen, die in die Haupthandlung übergreifen – ‚Der Mann von funfzig Jahren' – ist hier noch nicht zu Ende geführt, sondern nur bis zu einem kritischen Punkt. Hilarie, die Nichte des Majors, des Titelhelden, von einer tiefen Neigung zu ihm ergriffen, sträubt sich gegen die lang schon geplante Heirat mit seinem Sohn, ihrem Vetter Flavio. Dieser wiederum liebt leidenschaftlich eine schöne Witwe, die ihm vor anderen Hoffnung zu machen schien, sich indes nicht für ihn entschließen kann. Der Major selber, durch manche kleinen Vorkommnisse an sein Alter gemahnt, aber auch angezogen von der unwiderstehlichen Anmut jener Witwe, wagt nicht, die so viel jüngere Nichte an sich zu binden. Entfernung, wo nicht Entsagung, scheint geboten: Die beiden so verschiedenartigen und doch durch Schicksale so verknüpften weiblichen Wesen reisen gemeinsam nach Süden. Wilhelm Meister, den seine Wanderschaft in die Gegend des ‚Großen Sees' führen soll, wo einst seine Mignon aufgewachsen ist und wohin sie sich bis zum frühen Tod vergeblich zurückgesehnt hat – Wilhelm ist durch ein ingeniöses Zeichen-System* auf die Spur der zwei Frauen gewiesen, welche sich ebenfalls dort aufhalten.

Und nun heißt es, im Zwölften Kapitel der Ersten Fassung:

„daß Wilhelm auf einen jungen lebhaften Reisegefährten traf*, durch welchen möglich ward ein lebendiges und kräftiges Andenken jener frommen Wallfahrt, jener heiligen Stunden für sich und die Seinigen aufzubewahren. Unvermutet findet er sich mit einem Maler zusammen, dergleichen zwar viele in der offenen Welt, mehrere noch in Romanen und Dramen umherwandlen und -spuken, der sich aber diesmal als ein wirklich ausgezeichneter Künstler augenblicklich darstellte. Beide schicken sich gar bald in einander, vertrauen sich wechselseitig Neigungen, Absichten, Vorsätze; und nun wird offenbar, daß der treffliche Künstler, der aquarellierte Landschaften mit geistreicher, wohlgezeichneter und -ausgeführter Staffage zu schmücken weiß, leidenschaftlich eingenommen sei von Mignons Schicksalen, Gestalt und Wesen. Er hatte sie gar oft schon vorgestellt und begab sich nun auf die Reise, die Umgebungen worin sie gelebt der Natur nachzubilden; hier das liebliche Kind in glücklichen und unglücklichen Umgebungen und Augenblicken darzustellen und so ihr Bild, das in allen zarten Herzen lebt, auch dem Sinne des Auges hervorzurufen.

Die Freunde gelangen bald zum Großen See, Wilhelm trachtet die angedeuteten Stellen nach und nach aufzufinden. Ländliche Prachthäuser, weitläufige Klöster, Überfahrten und Buchten, Erdzungen und Landungsplätze wurden gesucht und die Wohnungen kühner und gutmütiger Fischer so wenig als die heiter gebauten Städtchen am Ufer und Schlößchen auf benachbarten Höhen vergessen. Dies alles weiß der Künstler zu ergreifen, durch Beleuchten und Färben der jedesmal geschichtlich erregten Stimmung anzueignen, so daß Wilhelm seine Tage und Stunden in durchgreifender Rührung zubrachte.

Auf mehreren Blättern war Mignon im Vordergrund, wie sie leibte und lebte, vorgestellt, indem Wilhelm der glücklichen Einbildungskraft des Freundes durch genaue Beschreibung nachzuhelfen und das allgemeiner Gedachte ins Engere der Persönlichkeit einzufassen wußte.

Und so sah man denn das Knaben-Mädchen in mannigfaltiger Stellung und Bedeutung aufgeführt. Unter dem hohen Säulenportal des herrlichen Landhauses stand sie, nachdenklich die Statuen der Vorhalle betrachtend. Hier schaukelte sie sich plätschernd auf dem angebundenen Kahn, dort erkletterte sie den Mast und erzeigte sich als ein kühner Matrose.

Ein Bild aber tat sich vor allem hervor, welches der Künstler auf der Herreise, noch eh er Wilhelmen begegnet, mit allen Charakter-Zügen sich angeeignet hatte. Mitten im rauhen Gebirg glänzt der anmutige Scheinknabe, von Sturzfelsen umgeben, von Wasserfällen besprüht, mitten in einer schwer zu beschreibenden Horde. Vielleicht ist eine grauerliche, steile Urgebirg-Schlucht nie anmutiger und bedeutender staffiert worden. Die bunte, zigeunerhafte Gesellschaft, roh zugleich und phantastisch, seltsam und gemein, zu locker um Furcht einzuflößen, zu wunderlich um Vertrauen zu erwecken. Kräftige Saumrosse schleppen, bald über Knüppelwege, bald eingehauene Stufen hinab, ein buntverworrenes Gepäck, an welchem herum die sämtlichen Instrumente einer betäubenden Musik, schlotternd aufgehängt, das Ohr mit rauhen Tönen von Zeit zu Zeit belästigen. Zwischen allem dem das liebenswürdige Kind, in sich gekehrt ohne Trutz, unwillig ohne Widerstreben, geführt, aber nicht geschleppt. Wer hätte sich nicht des merkwürdigen, ausgeführten Bildes gefreut? Kräftig charakterisiert war die grimmige Enge dieser Felsmassen; die alles durchschneidenden schwarzen Schluchten, zusammengetürmt, allen Ausgang zu hindern drohend, hätte nicht eine kühne Brücke auf die Möglichkeit mit der übrigen Welt in Verbindung zu gelangen hingedeutet. Auch ließ der Künstler mit klugdichtendem Wahrheitssinne eine Höhle merklich werden, die man als Naturwerkstatt mächtiger Kristalle, oder als Aufenthalt einer fabelhaftfurchtbaren Drachenbrut ansprechen konnte."

Der Reisegefährte erschließt Wilhelm, dem „die Natur kein malerisches Auge gegeben"*, „die wechselnden Herrlichkeiten der Gegend":

„Und so schwammen die Freunde* auf zierlichem Nachen von Ufer zu Ufer, den See in jeder Richtung durchkreuzend. In der schönsten Jahreszeit entging ihnen weder Sonnenaufgang noch -untergang und keine der tausend Schattierungen, mit denen das Himmelslicht sein Firmament und von da See und Erde freigebigst überspendet und sich im Abglanz erst vollkommen verherrlicht.

Eine üppige Pflanzenwelt, ausgesäet von Natur, durch Kunst gepflegt und gefördert, umgab sie überall. Schon die ersten Kastanien-Wälder hatten sie willkommen geheißen, und nun konnten sie sich eines traurigen Lächelns nicht enthalten, wenn sie, unter Zypressen gelagert, den Lorbeer aufsteigen, den Granatapfel sich röten, Orangen und Zitronen in Blüte sich entfalten und Früchte zugleich aus dem dunklen Laube hervorglühend erblickten."

Begabt auch zum Gesange, den er auf einer entliehenen alten Laute zu begleiten weiß, findet der Maler an allen Enden des Sees beifälliges Gehör und verschafft sich und Wilhelm die günstigste Aufnahme:

„Nun hätte zuletzt* ein Dritter, die Freunde beobachtend, gar wohl bemerken können, daß die Sendung beider eigentlich geendigt sei: alle die auf Mignon sich beziehenden Gegenden und Lokalitäten waren sämtlich umrissen, teils in Licht, Schatten und Farbe gesetzt, teils in heißen Tagesstunden treulich ausgeführt.

Auch fühlte Wilhelm selbst, daß ihre eigentliche Absicht erreicht sei, aber leugnen konnte er sich nicht, daß der Wunsch: Hilarien und die schöne Witwe zu sehen, auch noch befriedigt werden müsse, wenn man mit freiem Sinne diese Gegend verlassen wollte. Der Freund, dem er die Geschichte vertraut, war nicht weniger neugierig und freute sich schon einen herrlichen Platz in einer seiner Zeichnungen leer und ledig zu wissen, den er mit den Gestalten so holder Personen künstlerisch zu verzieren gedachte.

Nun stellten sie Kreuz- und Querfahrten an, die Punkte wo der Fremde in dieses Paradies einzutreten pflegt beobachtend. Ihre Schiffer hatten sie mit der Hoffnung Freunde hier zu sehen bekannt gemacht, und nun dauerte es nicht lange, so sahen sie ein wohlverziertes Prachtschiff herangleiten, worauf sie Jagd machten und sich nicht enthielten sogleich leidenschaftlich zu entern."

Die folgenden Tage lebhaften Umgangs, der zwischen Annäherung und der von Wilhelms Gelübde gebotenen Entfernung hin und her wogt, gipfeln in dem gemeinsamen Aufenthalt – „drei volle himmlische Tage"* – auf der „geschmücktesten der Inseln" (Isola Bella). Dabei findet Hilariens verwundetes Herz Linderung, indem ihr Talent zur Malerei hervortritt und von dem Maler auf den rechten Weg gewiesen wird:

„... es geht ihr auf* daß sie nur Mut fassen, einige Hauptmaximen, die ihr der Künstler gründlich, freundlich-dringend, wiederholt überlieferte, ernst und sträcklich befolgen müsse. Die Sicherheit des Striches findet sich ein, sie hält sich allmählich weniger an die Teile als ans Ganze, und so schließt sich die schönste Fähigkeit unvermutet zur Fertigkeit auf: wie eine Rosenknospe, an der wir noch Abends unbeachtet vorübergingen, Morgens, mit Sonnenaufgang, vor unsern Augen hervorbricht, so daß wir das lebende Zittern, das die herrliche Erscheinung dem Lichte entgegen regt, mit Augen zu schauen glauben ..."

„Und nun vergegenwärtige man sich* die Viere, wie sie, im zierlichsten Raum, beisammen, gegen einander übersitzen in der seligsten Welt von lindem Lufthauch angeweht, auf glänzenden Wellen geschaukelt. Man denke das weibliche Paar, wie wir sie vor kurzem geschildert gesehen, das männliche, mit dem wir schon seit Wochen ein gemeinsames Reiseleben führen, und wir sehen sie nach einiger Betrachtung sämtlich in der anmutigsten, obgleich gefährlichsten Lage.

Für die Drei, welche sich schon, willig oder unwillig, zu den Entsagenden gezählt, ist nicht das Schwerste zu besorgen, der Vierte jedoch dürfte sich nur allzubald in jenen Orden aufgenommen sehen."

„Der letzte Abend* war nun herangekommen und ein hervorleuchtender klarster Vollmond ließ den Übergang von Tag zu Nacht nicht empfinden. Die Gesellschaft hatte sich zusammen auf einer der höchsten Terrassen gelagert, den ruhigen, von Morgen und Abend her erleuchteten und widerglänzenden See, dessen Länge sich zum Teil verbarg, seiner Breite nach ganz und klar zu überschauen.

Was man nun auch in solchen Zuständen besprechen mochte, war doch nicht zu unterlassen, das hundertmal Besprochene, die Vorzüge dieses Himmels, dieses Wassers, dieser Erde, unter dem Einfluß einer gewaltigern Sonne, eines milderen Mondes nochmals zu bereden, ja sie ausschließlich und lyrisch anzuerkennen.

Was man sich aber nicht gestand, was man sich kaum selbst bekennen mochte, war das tiefe schmerzliche Gefühl, das in jedem Busen, stärker oder schwächer, durchaus aber gleich wahr und zart sich bewegte. Das Vorgefühl des Scheidens verbreitete sich über die Gesamtheit; ein allmähliches Verstummen wollte fast ängstlich werden.

Da ermannte, da entschloß sich der Sänger, auf seinem Instrument kräftig präludierend, uneingedenk jener früheren wohlbedachten Schonung. Ihm schwebte Mignons Bild mit dem ersten Zartgesang des holden Kindes vor. Leidenschaftlich über die Grenze gerissen, mit sehnsüchtigem Griff die wohlklingenden Saiten aufregend, begann er anzustimmen:

> Kennst du das Land? wo die Zitronen blühn,
> Im dunklen Laub – – –

Hilarie stand erschüttert auf und entfernte sich, die Stirne verschleiernd; unsere schöne Witwe bewegte, ablehnend, eine Hand gegen den Sänger, indem sie mit der andern Wilhelms Arm ergriff. Hilarien folgte der wirklich verworrene Jüngling, Wilhelmen zog die mehr besonnene Freundin hinter den beiden drein. Und als sie nun alle Viere im hohen Mondschein sich gegenüber standen, war die allgemeine Rührung nicht mehr zu verhehlen. Die Frauen warfen sich einander in die Arme, die Männer umhalsten sich und Luna ward Zeuge der edelsten, keuschesten Thränen. Einige Besinnung kehrte langsam erst zurück, man zog sich auseinander, schweigend, unter seltsamen Gefühlen und Wünschen, denen doch die Hoffnung schon abgeschnitten war. Nun fühlte sich unser Künstler, welchen der Freund mit sich riß, unter dem hehren Himmel, in der ernst-lieblichen Nachtstunde, eingeweiht in alle Schmerzen des ersten Grades der Entsagenden, welche jene Freunde schon überstanden hatten, nun aber sich in Gefahr sahen abermals schmerzlich geprüft zu werden."

Am nächsten Morgen sind „die Damen abgefahren*. Ein Brief von der Hand unserer Herzenskönigin enthielt zum Schluß die harte Forderung daß man den Freundinnen weder folgen noch sie irgendwo aufsuchen, ja, wenn man sich zufällig begegnete, einander treulich ausweichen wolle."

In der nun entzauberten Landschaft hält es auch die Freunde nicht länger:

„Sie faßten sich indes* so gut es sich fügen wollte, unser Künstler packte sorgfältig seine Arbeit zusammen, sie schifften beide sich ein, Wilhelm begleitete ihn bis in die obere Gegend des Sees, wo jener, nach früherer Verabredung, seinen Weg zu Natalien suchte, um sie durch die schönen landschaftlichen Bilder in Gegenden zu versetzen, die sie vielleicht so bald nicht betreten sollte. Berechtigt ward er zugleich den unerwarteten Fall bekennend vorzutragen, wodurch er in die Lage geraten von den Bundesgliedern des Entsagens aufs freundlichste in die Mitte genommen und durch liebevolle Behandlung, wo nicht geheilt doch getröstet zu werden."

Hiernach verlieren wir den jungen Maler aus dem Gesicht. Zwar sollte er, dem ursprünglichen Plan zufolge, im Zweiten Teil des Romans wieder vorkommen*, aber das ist unterblieben. Goethe hat das Kapitel vom Großen See – abgesehen von ein paar einleitenden, dem neuen Ganzen angepaßten Sätzen* – fast ohne Änderung in die endgültige Gestalt des Romans übernommen. Das ist für unsere heutige Absicht von Vorteil: wir brauchen nicht verschiedene Versionen mit einander zu vergleichen. Die Erscheinung des Malers ist bestimmt und begrenzt als eine genau umrissene Episode, eine in sich vollkommene Partie der Haupthandlung.

3

Ehe wir uns nun entschiedener unserem Gegenstand zuwenden, steht uns indessen eine weitere Mißlichkeit bevor. Man könnte fragen: welche Art von Ehrgeiz wohl dazu anspornen mag, eine Figur in der abstrakt-abstrusen Haupthandlung dieses Spätwerkes persönlich identifizieren zu wollen, wie wir dies offenbar im Schilde führen.

Nicht erst heute, wo jedermann, der in literaturwissenschaftlichen Dingen etwas auf sich hält, auch den bloßen Anschein positivistischer Regungen zu meiden hat – nein, schon zur Blütezeit des Positivismus selber war die Suche nach ‚Modellen' der Dichtung bald suspekt und verpönt. Mit gar zu schnaufendem Eifer hatte man solche Suche betrieben, allzu unbekümmert laut über die Ergebnisse jubiliert.

Die Dichter selbst, wenn sie, wie so manchesmal, ihr Eigenstes in Gestalten fassen, derengleichen ihnen im äußeren Leben begegnet sind, haben dann oft von vermeintlich Betroffenen Proteste und Klagen, auch solche vor Gericht, zu gewärtigen und zu erdulden. Schon der vierundzwanzigjährige Autor des ‚Werther' hatte auch diese Leiden erfahren, war dann freilich im ‚Clavigo' noch einen Schritt weiter gegangen, indem er, ganz ungeniert, zwei Zeitgenossen, ‚public characters' der literarischen Welt, unter ihren international bekannten Namen aufs Theater brachte und sie ganze Partien eines Textes sprechen ließ, den einer von ihnen (Beaumarchais) geschrieben hatte (was freilich damals noch ohne urheberrechtliche Konsequenzen ablief).

In späteren Werken hat auch Goethe derlei persönliche Bezüge und Reflexe verhüllt; aus Rücksicht nicht so sehr auf Dritte, wie auf die Gesetze der Kunst. Von seinen ‚Wahlverwandtschaften' durfte er sagen, es sei darin „kein Strich enthalten, der nicht erlebt*, aber kein Strich so wie er erlebt worden". „Anekdotenjäger"* nannte er die Neugierigen, die solchen Beziehungen nachspürten, um sie in Klatsch umzumünzen, wie ihn auch damals schon die Journale gern honorierten.

Aber selbst Goethe hat diese Art Neugier und Klatschsucht gelegentlich in Rechnung gestellt; nicht zwar in dem, was er schrieb, doch zum Beispiel bei der letztwilligen Verfügung* über die handschriftlichen Bestände seiner Korrespondenz:

„... Wenn man bedenkt, daß ... die Anekdotenjagd so viele Namen, Ereignisse, Meinungen und Aufklärungen finden wird, die ... von älteren Zeiten her immer mehr geschätzt werden, so wird man begreifen, was ein kluger Unternehmer aus diesen Dingen werde für Vorteil ziehen können."

Und gerade zu einer Gestalt jenes Romans, über dessen persönliche Bezüge Sie soeben seine ausschließenden, abwehrenden Worte gehört haben, hat er selber eine solche Bezüglichkeit herzustellen erlaubt; in seinen ‚Tag- und Jahresheften' ließ er im Jahre 1830, zum Jahre 1811, drucken:

„Von Personen*, die dieses Jahr in Weimar eingesprochen, find ich ... bemerkt: *Engelhardt*, Architekt von Kassel, auf seiner Durchreise nach Italien. Man wollte behaupten, ich habe ihn in früherer Zeit als Musterbild seines Kunstgenossen in den ‚Wahlverwandtschaften' im Auge gehabt."

Nun ließe sich zwar der Maler aus den ‚Wanderjahren' in mancher Hinsicht mit dem Architekten der ‚Wahlverwandtschaften' vergleichen, und wir könnten schon dadurch unsere heutige Betrachtung vielleicht von dem Makel einer niederen Jagd einigermaßen befreien; aber es gibt noch gewichtigere Gründe.

Ein Absatz nämlich über den Maler ist Ihnen bisher noch vorenthalten worden, vielmehr vorbehalten Ihrer besonderen Aufmerksamkeit; ein Absatz, welcher innerhalb jenes Zwölften Kapitels auch eine besondere, eine abgesonderte Stellung einnimmt.

Bei der Schilderung jenes dreitägigen Aufenthaltes der vier Personen auf der „geschmücktesten der Inseln" wird es als „der größte Vorteil" gerühmt, „daß die sämtlichen Portefeuilles* des trefflichen Künstlers, zum erstenmal alle beisammen, ihm Gelegenheit gaben den Weg den er genommen, in stetiger Folge den Schönen zu vergegenwärtigen. Man nahm die Arbeit mit Entzücken auf. Nicht etwa wie Liebhaber und Künstler sich wechselsweise präkonisieren, hier ward einem vorzüglichen Manne das gefühlteste einsichtigste Lob erteilt."

Und nun fährt der Erzähler fort:

„Damit wir aber nicht* in Verdacht geraten, als wollten wir mit allgemeinen Phrasen dasjenige was wir nicht vorzeigen können gläubigen Lesern nur unterschieben, so stehe hier das Urteil eines Kenners, der bei jenen fraglichen sowohl, als gleichen und ähnlichen Arbeiten, mehrere Jahre nachher, bewundernd verweilte"

und er schließt, in Anführungszeichen, als Zitat also, die folgende Würdigung an:

„„Ihm gelingt die heitere Ruhe* stiller Seeaussichten darzustellen, wo anliegend-freundliche Wohnungen, sich in der klaren Flut spiegelnd, gleichsam zu baden scheinen; Ufer mit begrünten Hügeln umgeben, hinter denen Waldgebirge und eisige Gletscherfirnen aufsteigen. Der Farbenton solcher Szenen ist heiter, fröhlichklar; die Fernen mit milderndem Duft wie übergossen, der, nebelgrauer und einhüllender, aus durchströmten Gründen und Tälern hervorsteigt und ihre Windungen andeutet. Nicht minder ist des Meisters Kunst zu loben in Ansichten aus Tälern näher am Hochgebirge gelegen, wo üppig bewachsene Bergeshänge niedersteigen, frische Ströme sich am Fuß der Felsen eilig fortwälzen.

Trefflich weiß er, in mächtig schattenden Bäumen des Vordergrundes, den unterscheidenden Charakter verschiedener Arten, so in Gestalt des Ganzen, wie in dem Gang der Zweige, den einzelnen Partien der Blätter befriedigend anzudeuten; nicht weniger in dem auf mancherlei Weise nüancierten frischen Grün, worin sanfte Lüfte mit gelindem Hauch zu fächlen und die Lichter daher gleichsam bewegt erscheinen.

Im Mittelgrund ermattet allmählich der lebhafte grüne Ton und vermählt sich, auf entfernten Berghöhen, schwach violett mit dem Blau des Himmels. Doch unserm Künstler glücken über alles Darstellungen höherer Alpgegenden; das einfach Große und Stille ihres Charakters, die ausgedehnten Weiden am Bergeshang, mit dem frischesten Grün überkleidet, wo dunkel einzeln stehende Tannen aus dem Rasenteppich ragen und von hohen Felswänden sich schäumende Bäche stürzen. Mag er die Weiden mit grasendem Rindvieh staffieren, oder den engen, um Felsen sich windenden Bergpfad mit beladenen Saumpferden und Maultieren, er zeichnet alle gleich gut und geistreich; immer am schicklichen Ort, und nicht in zu großer Fülle angebracht, zieren und beleben sie diese Bilder, ohne ihre ruhige Einsamkeit zu stören oder auch nur zu mindern. Die Ausführung zeugt von der kühnsten Meisterhand, leicht, mit wenigen sichern Strichen und doch vollendet. Er bediente sich später englischer glänzender Permanentfarben auf Papier, daher sind diese Gemälde von vorzüglich blühendem Farbenton, heiter, aber zugleich kräftig und gesättigt.

Seine Abbildungen tiefer Felsschluchten, wo um und um nur totes Gestein starrt, im Abgrund, von kühner Brücke übersprungen, der wilde Strom tobt, gefallen zwar nicht wie die vorigen, doch ergreift uns ihre Wahrheit, wir bewundern die große Wirkung des Ganzen, durch wenige bedeutende Striche und Massen von Lokalfarben, mit dem geringsten Aufwand hervorgebracht.

Eben so charakteristisch weiß er die Gegenden des Hochgebirges darzustellen, wo weder Baum noch Gesträuch mehr fortkommt, sondern nur zwischen Felszacken und Schneegipfeln sonnige Flächen mit zartem Rasen sich bedekken. So schön und gründuftig und einladend er dergleichen Stellen auch koloriert, so sinnig hat er doch unterlassen, hier mit weidenden Herden zu staffieren, denn diese Gegenden geben nur Futter den Gemsen, und Wildheuern einen gefahrvollen Erwerb.'"

Auf diese Charakteristik folgt, durch horizontale Trennstriche als Einschiebsel gekennzeichnet, noch die Erläuterung:

„Wir entfernen uns nicht* von der Absicht, unsern Lesern den Zustand solcher wilder Gegenden so nah als möglich zu bringen, wenn wir das eben gebrauchte Wort *Wildheuer* mit wenigem erklären. Man bezeichnet damit ärmere Bewohner der Hochgebirge, welche sich unterfangen auf Grasplätzen, die für das Vieh schlechterdings unzugänglich sind, Heu zu machen. Sie ersteigen deswegen, mit Steigehaken an den Füßen, die steilsten, gefährlichsten Klippen, oder lassen sich, wo es nötig ist, von hohen Felswänden an Stricken auf die besagten Grasplätze herab. Ist nun das Gras von ihnen geschlagen und zu Heu getrocknet, so werfen sie solches von den Höhen in tiefere Talgründe herab, wo dasselbe, wieder gesammelt, an Viehbesitzer verkauft wird, die es der vorzüglichen Beschaffenheit wegen gern erhandeln."

Diese Zutaten sind es, die seit jeher die Kommentatoren der ‚Wanderjahre' zu Vermutungen, Fragen, Nachforschungen angeregt haben.

4

In den ‚Wanderjahren' wie in keinem anderen seiner Romane wendet Goethe sich immer wieder unmittelbar an den Leser; er unterbricht den Gang der Erzählung, aber nicht, um ihren Zusammenhang, nach Art der Romantiker, ironisch zu zerstören, sondern im Gegenteil, um den Eindruck von der Wirklichkeit des Geschehens zu befestigen. Damit darf er sich aber auch frei glauben von den Pflichten, die der Autor herkömmlicherweise, gottähnlich allwissend, zu erfüllen hätte. Er schützt Rücksichten vor, er lenkt und leitet ab, er zeigt sich in Verlegenheit (und ist es vielleicht manchmal sogar wirklich), er läßt

Lücken ganz unverhohlen offen, gestattet sich Sprünge über Zeiten und Räume, springt aber auch mit dem Leser nach Gutdünken um; macht etwa auf interessante Partien aufmerksam, die er nur deshalb beiseitelasse, weil sie jetzt aufhalten müßten, bleibt die versprochene spätere Mitteilung jedoch schuldig – und was der Capricen und Capriolen mehr sind.

Mit dem Einschiebsel indessen, das den jungen Maler betrifft, steht es doch anders. Hier gerade erhebt er jenen Anspruch auf Wirklichkeit mit unüberhörbarem Ernst, in fast beteuerndem Appell an die „gläubigen Leser". Und die Anführungszeichen zu diesem Absatz, wie sie von gleicher Art sonst in dem ganzen Romanwerk nicht vorkommen, betonen vollends, auch für den Blick, daß hier ein anderer zitiert wird, ein Augenzeuge von real Vorhandenem, ein Gewährsmann ‚für die Richtigkeit'.

Es ergibt sich also eine Doppelfrage, gewissermaßen eine Gleichung mit zwei Unbekannten: Wer ist der ‚Kenner', der hier urteilt? wer der Maler, von dem er spricht?

5

Nach einem ‚Kenner' in Goethes Nähe, welcher befugt war, über Werke bildender Kunst zu urteilen, mußte man nicht lange suchen. Ein und der andere der Kommentatoren* nennt denn auch – und verwundern muß daran nur eines: daß es nicht mit größerer Entschiedenheit geschieht – den Namen: Heinrich Meyer.

Dieser Zürcher vom Jahre 1760, der seine Jugend in Stäfa zugebracht hat, etwas herablassend burschikos der ‚Kunschtmeyer' genannt, mit Goethe von gemeinsamen römischen Monaten des Jahres 1786 her befreundet, seit 1791 sein Hausgenosse in Weimar, Lehrer an der dortigen Zeichenschule, 1806 ihr Direktor, als Maler akademisch-mittelmäßig, als Charakter von seltener Redlichkeit und Ausgeglichenheit, war bedeutend durch weite historische Kenntnisse, Genauigkeit des Sehens und Beschreibens, und mit Goethe verbunden in gleichen Gesinnungen über die Aufgaben der Kunst und der Künstler, in gemeinsam entwickelten, formulierten, betätigten Theorien; in der Nachfolge Johann Joachim Winckelmanns, den beide als Vorkämpfer und Bildner klassisch-klassizistischen Geschmacks obenan stellten. Zusammen haben sie an der Herausgabe von Winckelmanns Werken und Briefen mitgewirkt, zusammen unter der Chiffre WKF (Weimarische Kunst-Freunde) zahlreiche Rezensionen verfaßt, zusammen jahrelang durch Preis-Aufgaben von Weimar aus die Richtung der bildenden Kunst in Deutschland zu bestimmen gesucht – mit geringem Erfolg, wie man hinzusetzen muß.

Eine ‚Geschichte der Kunst'*, an welcher Heinrich Meyer viele Jahre gearbeitet hat – sie ist erst kürzlich, in Weimar, zum ersten Mal gedruckt worden –

wurde von Goethe als „ein ewiges Werk"* gepriesen. Selbständige kleinere Aufsätze* verschafften dem Kunstkritiker Meyer zeitweise ein hohes Ansehen, so daß er scherzen konnte: „Hierdurch bin ich gleichsam* der Verwalter des Geschmacks in ganz Deutschland, und wer sich mausig macht, der kann sich in Acht nehmen".

Die Maler der Romantik freilich, so die Nazarener um Overbeck, und ihre Wortführer konnten ihm die Abfertigung nicht verzeihen, die er im Schutze von Goethes Autorität unter dem Titel ‚Neu-deutsche religios-patriotische Kunst'* 1817 veröffentlicht hatte. Sie sahen Meyer als pedantisch-trockenen und steifen Schulmeister.

Für den alternden Dichter, der die unmittelbare Anschauung farbiger Kunstwerke entbehren mußte, war Heinrich Meyer bis zum Tode – er starb, wie Zelter und Cotta, dem Freunde innert weniger Monate nach – ein wichtigster Gesprächspartner und Berater.

Gerade an den ‚Wanderjahren' hat Heinrich Meyer von Anfang an rege teilgenommen. Goethes erste uns bekannte Äußerung über die Absicht, ‚Wilhelm Meisters Lehrjahre' fortzusetzen, – in einem Brief an Schiller – stammt aus dem Sommer 1796.* Zu dieser Zeit war Heinrich Meyer nochmals in Italien. Goethe gedachte ihn dort zu einem dritten römischen Aufenthalt zu treffen; als er indessen, durch sorgfältige Studien vorbereitet, im Sommer 1797 die Reise – via Frankfurt am Main und Stuttgart – antrat, ließ die kriegdrohende politische Lage ihn bald von dem Vorhaben abstehen. Die beiden trafen sich in der Schweiz; statt in Rom und Florenz verweilte Goethe in Zürich und Stäfa, nahezu sechs Wochen lang. Damals vermutlich entstand bei ihm der Gedanke, die Wanderung „eines Reisenden und seines Zöglings"* zu beschreiben, „unter romantischem Namen sich an Wilhelm Meister anschließend".

Ob während des Aufenthaltes in Stäfa auch bereits der Plan aufgekommen sei, Verhältnisse der ländlichen Baumwoll-Manufaktur im Gebiet des Zürichsees – als Beispiel einer problematischen Entwickelung – in die Sozial-Schilderungen des Romans aufzunehmen, ist nicht gewiß. Mitteilungen Heinrich Meyers* über Einzelheiten dieses Zweiges der Heimarbeit werden – mit Hinblick auf den Roman – zuerst 1810, ein Jahrzehnt vor dessen frühester Niederschrift, in Briefen und Tagebüchern Goethes erwähnt. Derartige Blätter von Meyers Hand, Notizen mit erläuternden Zeichnungen, haben sich erhalten.* Sie zeigen, daß Goethe ganze Partien dieser Texte wörtlich in die zweite, endgültige Fassung des Romans übernommen hat; verteilt über ein Tagebuch, das Lenardo, einer seiner Auswanderer, führt,* während er im Gebirge den Spuren einer Jugendgeliebten nachgeht.

Im Winter 1820/21, als er die Erste Fassung zum Druck bereitete und noch meinte, er könne ihrem Ersten Teil alsbald den Zweiten folgen lassen, hat Goethe dann jene Aufzeichnungen Heinrich Meyers wieder hervorgeholt.*

Überhaupt zieht er in den Wochen der Drucklegung den schweizerischen Freund ständig zu Besprechungen, zur Ergänzung und Kontrolle des entstehenden Textes heran. Die ersten vier Kapitel des Buchs – mit der Geschichte von St. Joseph dem Zweiten – lagen seit langem fertig; sie waren, wie auch großenteils das achte und das elfte Kapitel, dem Publikum schon vor Jahren in Taschenbüchern* des Verlages Cotta bekannt geworden. Aber die dazwischenliegenden und nächstfolgenden, insbesondere die Kapitel 12 bis 14, werden in Goethes Tagebuch viele Male zusammen oder am selben Tage mit dem Namen Heinrich Meyers erwähnt. Allein zwischen dem 29. Januar und dem 17. Februar 1821 finden sich derartige Notizen über das Zwölfte Kapitel,* die Episode des jungen Malers, am 29. Januar, 3. Februar, 6., 7., 8., 9., 10. und 17. Februar; dazu kommt ein Brief an Meyer vom 16. Februar.*

Daß die Landschaft, der äußere Raum der ‚Wanderjahre‘ die Schweiz sei, steht außer Zweifel (der Name ‚Schweiz‘ wird allerdings so wenig genannt wie der eines bestimmten einzelnen Ortes oder einer einzelnen Familie). Wie bereits jener Plan von 1798 eine Reise mit der Geschichte Wilhelm Meisters zu verbinden suchte, so sehen wir Wilhelm und sein Söhnchen Felix gleich zu Anfang des Romanes unterwegs in einer Gegend mit allen Zügen der Schweizer Alpen, des einzigen Hochgebirges, das Goethe wiederholt durchwandert hat. Wir wissen ferner, daß die kultivierte Ebene der Pädagogischen Provinz, in welcher Wilhelm seinen Felix als Zögling unterbringt, in der Art der Fellenbergschen Ländereien von Hofwyl zu denken sei, mit denen wie mit Anlage, Tendenzen und Methoden des ganzen Institutes Goethe durch mannigfache Nachrichten bekannt war;* wir kehren endlich, in der Zweiten Fassung des Romans, bei den Baumwoll-Spinnern, -Webern, Garnhändlern ein, die sich nun auch durch Mundart-Wörter (aus den Berichten Heinrich Meyers)* – wie ‚Rädli-Garn‘, ‚Muggen-Garn‘, ‚Brittli‘ – als Schweizer erweisen und in den Hochtälern oberhalb des Zürichsees lokalisiert werden können.

Auch die „malerischen Darstellungen“, die das Urteil des ‚Kenners‘ schildert, sind zweifellos solche der Schweiz; der Ausflug des Malers zum ‚Großen See‘ wiederum, dem Lago maggiore, welchen bereits die ‚Lehrjahre‘ als Mignons Heimat deutlich bezeichnet hatten, führt in das Grenzgebiet zwischen der südlichen Schweiz und Italien.

Wenn wir also die Schweiz als den Schauplatz der ‚Wanderjahre‘ ansehen dürfen, und den Schweizer Heinrich Meyer als den ‚Kenner‘ im Zwölften Kapitel, so ist doch damit noch nichts gesagt über die Nationalität, die Herkunft, die Person des Malers selbst.

Bildliche Darstellungen der Schweizer Alpen hat in ‚malerischen Reisen‘ – ‚Voyages pittoresques‘ – seit man um die Mitte des achtzehnten Jahrhunderts im Sinne Rousseaus und nach dem Vorgang der Haller, de Saussure und anderer, das Hochgebirge als Ziel und Gegenstand von Forschung und Dichtung, als Landschaft grandioser Ursprünglichkeit, als Wohnsitz unverbildet-naturhafter Menschen entdeckte und zu erschließen anfing, immer wieder auch der oder jener ausländische Künstler unternommen. Insbesondere die Gegenden des Lago maggiore hatte zum Beispiel gerade in den neunziger Jahren ein Frankfurter Landsmann und naher Bekannter Goethes, der gleich ihm in weimarische Dienste getreten war, der Maler Georg Melchior Kraus, bereist und in einer Folge von Radierungen abgebildet;* diese waren 1796 und 97 in Weimar erschienen, und Goethe hat sie zu Anfang des Jahres 1821, eben als er am Zwölften Kapitel der ‚Wanderjahre‘ arbeitete, im Haus gehabt und betrachtet.* Aber zu diesem hofrätlichen Herrn vom Jahrgang 1733, Vorgänger Meyers in der Leitung der Weimarer Zeichenschule wollen die präzisen Angaben des ‚Kenners‘ über den jungen Maler im einzelnen wie insgesamt so wenig passen wie zu den verschiedenen Schweizer Künstlern,* die von den Kommentatoren in Betracht gezogen worden sind. So hat man bis heute die Frage nach dem Maler in den ‚Wanderjahren‘ immer wieder erhoben.*

6

Und doch liegt die Antwort – wie so manches Mal bei Goethe: als ein ‚offenbares Geheimnis‘ – seit achtzig Jahren zu Tage, man könnte sagen: zu Tagebuch. Dort nämlich – 1896 gedruckt – steht, aus der Zeit der intensiven letzten Arbeit an den ‚Wanderjahren‘ von 1821,* der Zeit jener häufigen Konsultationen mit Heinrich Meyer, welche besonders auch dem Zwölften Kapitel gelten, unter dem 7. Februar – nachdem es am 6. Februar geheißen hatte: „Wanderjahre. Wallfahrt nach dem Großen See“ und einige Zeilen weiter: „Hofrat Meyer. Dieser blieb bis 8 Uhr“ – nun also am 7., zwischen den Worten „Wanderjahre fortgesetzt“ zum Morgen und, zum Abend, „Hofrat Meyer. Nachts allein. Fortgesetzte Revision des 12. Kapitels“, die erhellende Notiz: „Aufsatz über die Kunstverdienste des jungen Lory“.*

7

Dieser Künstler aus Bern, auf den des ‚Kenners‘ Charakteristik in jedem Punkte zutrifft: Gabriel Lory – nicht irgendein Aquarellist von Schweizerlandschaften, sondern damals in diesem Fach der Erste – stand 1821 schon in seinem siebenunddreißigsten Jahr und heißt in der Tagebuchs-Notiz der „junge“ vermutlich im Hinblick auf seinen Vater und Lehrer gleichen Vornamens, mit welchem er von Kind auf durch gemeinsame Arbeiten untrennbar, manchmal auch ununterscheidbar, zusammengehört.

Die Gleichheit der Vornamen bereits schließt die beiden für das Bewußtsein eng aneinander. Der Name Lory ist übrigens eine französierte Form, welche der Vater wohl erst beim Eintritt in die Künstlerkreise von Genf annahm,
mit Rücksicht vielleicht auch auf das maßgebende Paris; die Familie stammt
von Münsingen im Bernbiet und schrieb den Namen ursprünglich ‚Lori‘ oder
‚Lohri‘.

Auch in der Literatur erscheinen Vater und Sohn – Gabriel Lory père und
Gabriel Lory fils sind die hergebrachten Benennungen – zusammen: in der
knappen biographischen Skizze, die Carl Brunner,* beiden noch nahe in der
Zeit, im Jahre 1848 – acht Jahre nach des älteren, zwei Jahre nach des jüngeren Tod – als ein Neujahrsblatt der Künstlergesellschaft Zürich veröffentlichte; in der reich illustrierten Monographie, die ihnen Conrad von Mandach,
Konservator des Berner Kunstmuseums, widmete;* in den kleineren Arbeiten
desselben Kunsthistorikers;* im Katalog der großen Berner Ausstellung von
1919.*

In diesen Schilderungen sowie in den Lexika* mag man denn auch die Einzelheiten nachlesen, mit denen Sie heute nicht weiter aufgehalten werden sollen: über leibliche und künstlerische Deszendenz, über die auf Bern, Herisau,
Genf, Neuchâtel begrenzten Lebensverhältnisse, über Zugehörigkeit zu den
örtlichen Malerschulen und Gruppierungen, Einflüsse des Auslandes und so
weiter.

Wie in ähnlichen, bekannteren Fällen ist auch hier der Jüngere der als
Künstler Überlegene, der vollkommenere Techniker, der Renommiertere, Ge-
suchtere, der besser Bezahlte; er hat Erbe und Lehre des Älteren zu sublimie-
ren, zu bereichern vermocht. Das Verhältnis der beiden gleicht beinahe dem
zwischen Brüdern: Gabriel Lory der Ältere war fast auf den Tag einundzwan-
zig, als ihm aus einer Liebes-Ehe der Sohn geboren wurde – nach frühem Tod
einer Tochter bald das einzige Kind, auf welches Neigung, Hoffnung, Ehrgeiz
sich nun sammelte; und dieser geringe Abstand der Jahre vermindert sich
noch dadurch, daß die starke Begabung des jungen Gabriel schon sehr zeitig
hervortritt: mit zehn bereits soll er selber im Zeichnen unterrichtet haben, mit
vierzehn wesentlich zu seinem Unterhalt beigetragen. Gerühmt wird die körperliche Schönheit des Knaben – Kollegen des Vaters wählten ihn zum Modell –, gerühmt aber mehr noch sein liebenswürdig-heiteres Wesen, seine ver-
bindlichen Umgangsformen, die Fähigkeit, sich in jede Umgebung zu schicken,
mit Menschen aller Stände wie mit seinesgleichen zu verkehren. Von dem Vater hingegen, dem Sohn eines Lohnkutschers, sind Züge leidenschaftlicher
Heftigkeit – in Liebe und Haß – überliefert, und sein Portrait bestätigt sie;
eine vielleicht aus dem empfundenen Mangel an häuslicher und Schul-Bildung
herrührende Scheu, ja Abneigung vor dem Umgang mit Hochgeborenen und
Reichen, auf deren Kundschaft er doch angewiesen war; Ungeschicklichkeit in

Gelddingen, Unvermögen, sich anzupassen; wir hören von Grobheit, Trotz und Eigensinn, einer wenig glücklichen zweiten Ehe, die ihm den Sohn entfremdete; von seiner Sympathie für die Französische Revolution.

Gemeinsam aber war ihnen, nach dem Zeugnis der Zeitgenossen, die lebhafte, ja enthusiastische Hingebung an ihre Kunst, und die physische Kraft dazu; der Einklang von Talent und Fleiß. Ihre Ziele und Zwecke waren die gleichen: die vielgestaltigen Landschaften und Ortschaften der Schweiz, auch ihre Bewohner, in bildlichen Darstellungen festzuhalten und diese durch Reproduktionen zu verbreiten. Hier wird der Fleiß dann zum Gewerbfleiß, zur Industrie; in Werkstätten, wo andere Familienglieder, als Koloristinnen etwa, ebenfalls mitarbeiten.

Auch ihre Gegenstände waren also die nämlichen – nur daß der Vater aus dem Kreis der Heimat kaum hinausgelangt ist, während der Sohn sich schon früh Italien und Paris erschloß und eine Klientel in London und (auf dem Weg über das königlich preußische Neuchâtel) in Berlin gewinnen konnte.

Gemeinsam sind beiden Lorys ferner die Gattung der Vedute und die mit ihr gegebenen Eigenheiten: die meist horizontale Anlage der Bilder, die Technik des Aquarells; gemeinsam die graphischen Verfahren von Kupferstich und Aquatinta mit individualisierender koloristischer Nachbehandlung; die durch die angestrebte Publikation bestimmten Grenzen der Buchformate.

Und gemeinsam endlich ist ihnen die Stilrichtung, auf die sie durch alles dies verwiesen waren: ein gegenständlicher Realismus von großer Genauigkeit. Die Vedute, seit Merians Städte-Zeichnungen, ist Wiedergabe eines ganz bestimmten Stückes Wirklichkeit; ausgesetzt, in Erinnerung und Gegenwart, dem kontrollierenden, prüfenden Vergleichen des Beschauers; sie fixiert, informiert, dokumentiert, ja sie registriert. Sie ist auf Kenntlichkeit angelegt; auch wenn sie dazu bestimmt ist, den Betrachter erst herbeizulocken; er soll Ort und Stelle wiedererkennen, sich dort zurechtfinden können.

Gewiß, dieser strenge Anspruch an die Wirklichkeit mildert sich auch wieder: Moden des Sehens und Zeigens, Rücksicht auf ästhetische Forderungen und Möglichkeiten kommen ins Spiel. Und alles, was man Staffage nennt, was dazu dient, die starren Natur- und Bauformen zu beleben, und was zugleich die Vorstellung räumlicher Größenverhältnisse fördert: Bewuchs, Bewölkung, Beleuchtung, wechselnd nach Tages- und Jahreszeiten; Tier- und Menschengestalt. Und hier dann wieder, bis zum Selbstzweck in Reizen und Eigenheiten vorgeführt, Kostüm der Städter, Tracht der Landleute. Da ist das Feld der Zugeständnisse, da mischen sich kommerzielle Rücksichten ein, auch solche der Verleger; da entwickelt sich allmählich die Spekulation auf den Geschmack von Touristen, eine Souvenir-Industrie des Gefälligen, in jedem Sinne Billigen.

Mit Recht aber hat Conrad von Mandach hervorgehoben, auf welch gediegenem Grund* bei den Lorys auch diese merkantilischen Produktionen ruhen.

Es ist nicht nur das eminente technische Können der beiden; es ist der noble Ernst ihrer Gesinnung; ablesbar an den Hunderten von Skizzen, Entwürfen, Vorstudien, und zumal auch an den originalen Aquarellen.

Dank der umfangreichen Stiftung, die ein Münsinger Lory vor fünfundsechzig Jahren dem Kunstmuseum in Bern* zugewendet hat, sind wir in der Lage, uns die Kunst der beiden Gabriel zu vergegenwärtigen. Ihr Eigentliches wird durch die vielverbreiteten Kupferstich-Werke uns ja eher entrückt. Die Hand Dritter, der Stecher und Koloristen, auch wenn diese häufig unter der Mitwirkung der Urheber und zu deren Zufriedenheit gearbeitet haben, ebnet die Eigenheiten, die Unterschiede der Künstler selber allemal ein zu einem mittleren Niveau, über welches sie sich doch in ihren wesentlichen Arbeiten so kräftig erheben.

Es kann heute die Aufgabe nicht sein, die künstlerische Eigenart jedes der beiden Lory zu untersuchen; bei so vielen Gemeinsamkeiten läßt sie sich am ehesten vielleicht aus der eigentlichen Handschrift bestimmen.

Kontur und Strich der Zeichnung des Vaters scheinen um ein Geringes kräftiger, kerniger, gedrungener; die Farbgebung ein wenig entschiedener, klarer, herber. Die „englischen glänzenden Permanentfarben", von denen der ‚Kenner' als einem Zeichen der späteren Arbeiten des Sohnes spricht, geben dem Kolorit einen pastellartig-weichen schimmernden Schmelz, den Lichtern etwas hell Gleißendes. Doch alle diese Merkmale gewähren keine letzte Sicherheit, wenn es gilt, unsignierte Arbeiten zuzuweisen oder solche, die mit einem bloßen ‚Lory' oder ‚G. Lory' bezeichnet sind. Denn nicht nur ist der Sohn Schüler des Vaters gewesen, auch dieser hat von der Meisterschaft des Jüngeren profitiert. Daher sparen in solchen Fällen die Kunsthistoriker bei ihren Attributionen nicht mit Fragezeichen.

8

Goethe hat die Bekanntschaft mit den Lorys wohl beim Anblick des großen Kupferstich-Werkes gemacht, das, gedruckt bei Firmin Didot in Paris 1811, betitelt ist: ‚Voyage pittoresque de Genève à Milan par le Simplon', und das den Weg von der einen Kulturlandschaft zur anderen, mit den schönen Städten, Siedelungen, Landstrichen an seinem Saum, durchmißt, vor allem aber Kenntnis geben soll von dem gewaltigen Unternehmen der Technik, das diesen Weg auf seiner schwierigsten Strecke durch schroffstes Gebirge erst untermauert und ermöglicht – Zeugnis ablegen soll vom Geist der Menschen, welcher solche Leistung vollbracht, vom Geist jenes einen zumal, der sie bewirkt hat: des Ersten Konsuls Bonaparte. Auf dem Höhepunkte seiner Bahn, im Jahr der Kaiserkrönung, wurde den Lorys der Auftrag erteilt, sechs Jahre später lag das Werk vor.

Goethe hat es zuerst anscheinend 1817 betrachtet,* vielleicht noch mit eher wissenschaftlichem Interesse; dann wieder Ende Januar 1821,* und nun im Hinblick auf die ‚Wanderjahre‘ und eben auf das Kapitel vom Großen See. Originale Arbeiten der Lorys scheint er nicht gekannt zu haben,* als er dieses Zwölfte Kapitel schrieb.

1824 wies dann Goethes Zeitschrift ‚Ueber Kunst und Alterthum‘ auf das bevorstehende Erscheinen eines anderen Mappenwerkes der beiden hin: ‚Voyage pittoresque de l'Oberland Bernois‘.* Die Vorankündigung stammt abermals von Heinrich Meyer; er nimmt aufs neue Gelegenheit, die Verdienste der Künstler hervorzuheben. Doch die Anregung hierzu hat ihm Goethe gegeben; dieser wiederum war von dritter, „bedeutender Seite" um ein empfehlendes Wort gebeten worden,* und ein Vierter, von dem die Bitte ausgegangen war, erfüllte damit, wie man inzwischen weiß, eine Hoffnung des jüngeren Lory selber, welcher sich offenbar nicht getraut hatte, unmittelbar an den großen alten Mann zu gelangen.

Endlich aber begegnet dem Dichter doch noch ein bezeichnendes Original von Lory fils. Im Juli 1828, als Goethe, nach dem Tode des Großherzogs Carl August, „um jenen düstern Funktionen zu entgehen",* sich in ein kleines Gebäude des Schloßkomplexes von Dornburg an der Saale hat zurückziehen können, kommt im dortigen „Hauptschlosse" ihm „ein liebenswürdiges Kunstbild* vor die Augen … von Lory Sohn, eine kleine Landschaft von der größten Schönheit. Sie ist eigenhändig bis ans Ununterscheidbarste hinan radiert und in Aquarell so trefflich ausgemalt, daß man über die Klarheit der Konzeption, die Ausführlichkeit und dabei die vollkommenste Haltung ganz in Erstaunen gerät. Ich werde meine Wallfahrt noch oft dahin antreten, es sind noch viele und schätzenswerte Bilder dieser Art daselbst, dieses aber steht in jedem Sinne obenan."

Die Sätze sind, versteht sich, an Heinrich Meyer gerichtet, und dieser antwortet* schon tags darauf:

„Durch die Beschreibung, welche Sie von der im Schloß zu Dornburg gefundenen Landschaft von Lory dem Sohne machen, wird mir die Erinnerung an die in Zürich von ihm gesehenen Bilder wieder aufgefrischt; er ist allerdings der beste der in Aquarell malenden Künstler in der Schweiz. Keiner hat so viel Farbenklarheit und solche Meisterschaft der Behandlung … – Die Landschaft, von der Sie schreiben, wird ohne Zweifel irgend ein Prospekt einer Schweizergegend sein; denn nie habe ich von den jetzt Lebenden eine Landschaft im eigentlichen Sinne des Worts gesehen, manchmal aber stoßen sie auf Gegenstände, wo die Natur selbst poetisch ist, und bilden solche bewußtlos zur Befriedigung nach."

Ganz spät noch, im Januar 1832, zwei Monate vor dem Tod, gibt Goethe ein Zeugnis unveränderter Hochschätzung; als der Genfer Frédéric Soret,* Erzieher des weimarischen Erbprinzen, ihm Arbeiten von Rodolphe Tœpffer vorgelegt hat: „les petites vues de Suisse et d'Italie à la plume ou à l'aquarelle l'ont frappé, il a même cru un moment que ces dernières avaient été peintes par Lory".

Demgegenüber muß es auffallen, daß Heinrich Meyer, bei allem Lob, das er den Arbeiten des jungen Lory erteilt, öffentlich – und so auch in dem ‚Urteil‘ des ‚Kenners‘ – doch niemals von ‚Landschaften‘ spricht. ‚Aussichten‘, ‚Ansichten‘, ‚Darstellungen‘, ‚Abbildungen‘, ‚Gegenden‘ – das sind seine Ausdrücke. Und dies ist kein Zufall, sondern, wie es der Brief nach Dornburg mit der leisen Zurechtweisung des Freundes bestätigt, wohlerwogene Terminologie.

‚Landschaft‘ heißt nach der älteren Ästhetik einzig das frei erdachte und komponierte, von rein künstlerischen Impulsen und Gesetzen bestimmte Gemälde, im Sinn eines Poussin, eines Claude, des Rubens und des Ruysdael; akzentuiert und belebt durch biblische, mythische, heroische, idyllische Motive und Figuren. Die Wiedergabe einer bestimmten Örtlichkeit nach der Natur hingegen hat, je genauer und getreuer sie ist, um so weniger Anspruch auf den hohen Gattungs-Namen, auch nicht bei vollkommener Meisterschaft der Ausführung. Von der ‚Ansicht‘, der Vedute, dem Prospekt führen denn auch nach der Wert-Skala der älteren Begriffe die Stufen hinab zur Bühnen-Dekoration, zum schaustellerischen ‚Panorama‘ oder zu den laterna-magica-artigen Beleuchtungs-Effekten wandernder Virtuosen, etwa den ‚Diaphanoramen‘ eines Berner Kollegen der Lorys, des Franz Nicolas König.* Goethe hat, im Fall des jungen Lory, die strengen, engen Abgrenzungen seines Freundes Meyer nicht mitgemacht; sein Dornburger Brief rühmt schlechtweg die „Landschaft".

9

Wir müssen uns nun aber noch fragen, wie denn wohl Goethe überhaupt dazu gekommen sei, gerade diesen Gabriel Lory fils mit der Figur seines Malers in den ‚Wanderjahren‘ zu verbinden, einer Figur, die er mit soviel Sympathie behandelt. War es nur die künstlerische Eigenart dieses Schweizer Malers, dieses Malers der Schweiz, was ihn ansprach, oder hat Freund Meyer, dem er doch offenbar den Bericht „über die Kunstverdienste des jungen Lory", ja vielleicht erst den Hinweis auf ihn verdankte, ihm auch etwas von der Person, von dem Menschen Gabriel Lory vermitteln können?

Bei den kargen Angaben, auf die sich die biographischen Notizen über Heinrich Meyer beschränken, und bei der schwer überbrückbaren Entfernung zu seinem Nachlaß in Weimar müssen wir uns mit Vermutungen begnügen. Immerhin haben sie sich in einigen Punkten bestärken und verdichten lassen.

Nach den Zürcher und Stäfaer Wochen 1797 mit Goethe, dessen letzte Schweizer Reise dies gewesen war, hat Heinrich Meyer in den Jahren 1813/14 und 1817/18 jeweils auf mehrere Monate seine Heimat besucht. Über den Aufenthalt in Zürich vom Spätsommer 1813 berichtet er dem Archäologen Carl August Böttiger:* „ich ... habe daselbst eine ganz hübsche Ausstellung gefunden, welche alljährlich statt hat und wozu die bessern Künstler der ganzen Schweiz Beiträge einzureichen pflegen ... Verschiedene Privatsammlungen sind in Zürich ebenfalls sehenswert."

Die Ausstellung ist die der ‚Gesellschaft Schweizerischer Künstler und Kunstfreunde' gewesen. 1816 hat Heinrich Meyer selber eine Komposition dorthin beigesteuert.* Aber näher hat ihm die ‚Zürcher Künstler-Gesellschaft' gestanden. In ihr ‚Malerbuch' hat er einen Beitrag gestiftet, einige größere Arbeiten ihr zum Geschenk gemacht, 1819 ihre Ehrenmitgliedschaft* empfangen.

Jener ‚Gesellschaft Schweizerischer Künstler und Kunstfreunde' gehörten auch die beiden Lorys an, der ältere bereits seit der Gründung in Zofingen 1806.* Und an ihren Kunstausstellungen hat er und bald auch der Sohn sich regelmäßig beteiligt;* häufig ebenfalls, wie das Protokoll-Buch ausweist, an den jährlichen Zofinger Treffen.*

Die Ausstellung, die Heinrich Meyer 1813 gesehen hat, ist auch von den beiden Lorys beschickt gewesen; doch die Bilder des jungen, die der Katalog nennt, haben mit dem, was der ‚Kenner' im Zwölften Kapitel der ‚Wanderjahre' ausführt, nichts zu tun.*

Andrerseits spricht Meyer, in dem Brief nach Dornburg 1828, ausdrücklich von den „in Zürich ... gesehenen" Bildern. Aber selbst wenn er – was wir nicht wissen – auch bei seinem Aufenthalt 1817 die Ausstellung gesehen haben sollte – der damalige Beitrag von Lory fils stimmt wiederum nicht zu den Beschreibungen des ‚Kenners'.*

Wir müssen annehmen, daß Meyer, dessen Gedächtnis als untrüglich galt* und der es durch genau geführte ‚Erinnerungsblätter' noch stützte, Arbeiten des Künstlers in jenen Zürcher Privatsammlungen gesehen habe, die sein Brief an Böttiger erwähnt. Und wir wissen ja und haben es an dem Dornburger Bild erfahren, daß „die größeren Arbeiten ...,* die als die vollkommensten Aquarelle der Zeit galten", „beinahe nur die Kabinette und Portefeuilles der reichsten und vornehmsten Kunstliebhaber in Frankreich, England, Preußen und der Schweiz" schmückten.

Allerdings geht aus Briefen Heinrich Meyers vom September 1813 hervor, daß er damals auch eine Reise in die westliche Schweiz* unternommen hat. Nicht auszuschließen wäre demnach, er habe in Bern oder Neuchâtel oder am Genfersee, dem Wirkungs- und Freundeskreise der Lorys, etwas von jenen Eindrücken gewonnen, auf denen seine anhaltende Wertschätzung der beiden beruht haben muß. So ist es denn wohl kaum zu kühn gemutmaßt, wenn wir es dem gründlichen Meyer zutrauen, daß er über einen Künstler, von dessen Arbeiten er mit soviel Interesse Notiz genommen hat, persönliche Auskünfte und Nachrichten eingezogen habe. Die Vorzüge der Erscheinung wie des Wesens, die dem jungen Lory allgemein nachgerühmt wurden und die besonders im gesellig-gesellschaftlichen Umgang hervorgetreten sein müssen, dürften ihm hierbei nicht unbekannt geblieben sein. Auch der Unterricht des jüngeren Lory wurde geschätzt und gesucht: „Jeden Sommer unternahm er kleinere Reisen in die Alpen* oder nach einzelnen Gegenden Ober-Italiens, meistens in Begleitung von Kunstdilettanten, denen er zugleich Lehrer war".

Hier nun verdient Beachtung, daß Gabriel Lory fils 1809, fünfundzwanzigjährig, etwa in dem Alter also, in dem wir uns den Maler-Jüngling der ‚Wanderjahre‘ zu denken haben, mit einem gleichaltrigen Freunde und ‚Kunstverwandten‘ mehrere Wochen lang den Lago maggiore bereist* und dort alles Sehenswerte, selbstverständlich auch die Borromäischen Inseln, gezeichnet und aquarelliert hat (was dann dem Simplon-Werk zugute kam).* Dieser Freund Lorys, im eigentlichen Sinn der Freund seines Lebens – denn in seinen Armen ist der Zweiundsechzigjährige einer plötzlichen Herzschwäche erlegen, während seine Frau nach dem Arzt rufen ließ – dieser Freund, Maximilien de Meuron von Neuchâtel, ist namhaft geblieben durch sein Ölgemälde des Großen Eiger, mehr noch durch seine Verdienste um das Neuenburger Kunstleben, als Mäzen und Berater junger Maler, Begründer des Kunstvereines und des Musée des Beaux-Arts. Er nun hat auf jener Reise von 1809 ein ‚Journal‘ geführt,* das die kleinen Erlebnisse der jungen Paysagisten geistreich-lebendig festhält; Teile daraus hat Conrad von Mandach veröffentlicht, und sie vermitteln eine Atmosphäre, die der im Zwölften Kapitel der ‚Wanderjahre‘ seltsam gleicht. Nun, es sind die gleichen Gegenden, zur gleichen Zeit, aus verwandter Situation beschrieben; und Kunst-Fahrten solcher Art waren damals nicht selten (ähnlich hatte Goethe mit dem Zeichner Kniep Sizilien durchstreift). Immerhin: von dieser Reise Lorys und de Meurons zum Lage maggiore, von diesem ‚Journal‘ (das heute im Archiv von Neuchâtel liegt) könnte Meyer gehört haben. Es gibt da eine direkte Beziehung: de Meurons Vetter, mit ihm in Briefwechsel und persönlichem Konnex, der Maler und Schriftsteller David Hess* im Beckenhof bei Zürich, Mitglied der genannten Künstler-Gesellschaften, war mit Heinrich Meyer nah befreundet, hat ihn bei seinen Zürcher Aufenthalten gesehen, stand auch gerade 1820/21, während der letzten Arbeit an den ‚Wanderjahren‘, in Korrespondenz mit Goethe.

Doch nun sei es genug solcher vermutenden Kombinationen. In diesem Kreise verdienten sie wohl Erwähnung, denn vielleicht weiß jemand unter Ihnen sie mit mehr Substanz anzureichern; der Spezial- und Lokal-Forschung böte sich da noch ein oder die andere reizvolle kleine Aufgabe.

Nur gestreift noch seien sodann die Fragen: ob man ‚Wilhelm Meisters Wanderjahre‘ nicht seinerzeit in irgendeinem kritischen Organ der Schweiz angezeigt und gewürdigt habe – da sie immerhin das Land und seine Bewohner, einzelne seiner Institutionen, seiner Probleme näher angehen; und ob der Urheber jener vom ‚Kenner‘ so einläßlich-deutlich bezeichneten Aquarelle nicht doch identifiziert worden sei. Hätte Lory selber etwa den Roman gelesen und in dem ‚Urteil‘ des ‚Kenners‘ seine Arbeiten wiedergefunden? Hat er überhaupt Dichtungen Goethes gekannt?

Wir wissen nur von einem Blättchen, das sich auf den ‚Faust‘ bezieht;* aber es ist eine Durchzeichnung nach Peter Cornelius, frühestens 1816 entstanden. Und daß er seine einzige Annäherung an den Herausgeber und Autor von ‚Kunst und Alterthum‘, wie erwähnt, auf dem Umweg über Dritte und Vierte gesucht hat, erklärt sich vielleicht weniger aus einer schüchternen Zurückhaltung, als aus dem Gefühl, den Schöpfungen Goethes fern oder fremd geblieben zu sein.

So müssen wir alles, was den Maler der ‚Wanderjahre‘ mit dem Andenken Mignons fast leidenschaftlich verbindet, bis zum Beweise des Gegenteils als Erdichtung ansehen. Auch hat der turbulente große Zigeuner-Zug mit Mignon, den Goethe als eine Komposition des ‚Malers‘ entwirft, im Œuvre von Lory fils keine Entsprechung; seine Szenen vom Großen See – selbst wenn Tänzerinnen, Tambourin- und Guitarrespieler sie beleben – sind wohltemperiert und freundlich-idyllisch.

10

Wir aber dürfen jetzt wohl resümieren.

Die Gleichung mit den zwei Unbekannten scheint aufgegangen zu sein.

Außer der Darstellung der Baumwoll-Industrie wäre ein weiteres Stückchen Prosa in den ‚Wanderjahren‘ der Mitarbeit Heinrich Meyers zuzuschreiben. Die wiederholte Behauptung des Dichters, sein Maler existiere wirklich – welche die Leser, im Angesicht so vieler Fiktionen, kaum glauben konnten – ist nicht aus der Luft gegriffen: die Arbeiten, die der ‚Kenner‘ rühmt, stammen von einem namhaften Schweizer Künstler. Und unsere Vorstellung von ihnen, nicht länger angewiesen auf beschreibende Worte allein, läßt sich erweitern und befestigen im unmittelbaren Anblick gleichartiger Bilder von derselben Hand.

Mit diesem bescheidenen Ergebnis unserer Feststellungen müssen wir uns wohl begnügen.

11

Aber wir dürfen uns dabei, so meinen wir, nicht beruhigen.

Es würde uns von Goethe, von der Eigenart dieses seines Alters-Romanes entfernen, wollten wir uns etwa überreden, wir seien seines ‚Malers‘ nun habhaft geworden, hätten ihn dingfest gemacht.

Die ‚Wanderjahre‘, welche man in den Partien von der Pädagogischen Provinz utopisch genannt hat, die im Bereich der weisen greisen Makarie mystisch heißen können, sind in anderen großen Teilen der Haupthandlung phantasmagorisch: voller hin- und widerblinkender und -winkender Reflexe.

Der ‚Maler‘ in den ‚Wanderjahren‘ – mag der Autor noch so eindringlich versichern, es sei ein wirklicher, nicht einer wie in Büchern oder von den Brettern – ist ja keine Person, keine Gestalt, sondern in mehr als einem Sinne eine ‚Kunstfigur‘.

Goethe hat den ‚wirklichen‘ Maler in Wirklichkeit nie gesehen; wie er den Lago maggiore nie gesehen hat.* Aus Abbildungen, mehr noch aus Worten anderer, Berichten, Beschreibungen erzeugt er seine eigenen Gebilde; „Wortschilderer“* wie er sich manchmal nennt: „Gleichermaßen ward meine Einbildungskraft* durch Erzählungen leicht erregt, so daß ich Gegenden, von denen im Gespräch die Rede war, alsbald zu entwerfen trachtete“ – nämlich: zu zeichnen, zu malen oder auch neu, verwandelt, gesteigert, in eigene Worte zu fassen. „Wortbild entzündet“,* heißt es im ‚Divan‘.

Nach Goethes Willen soll auch sein ‚Maler‘ das seltsame Geschöpf, dessen Spuren er nachgeht, nicht gekannt, nie gesehen haben; aus Worten anderer verschafft er sich, erschafft er sich Bilder, deren Wahrheit dann doch den nahen Freund des Kindes, der sie mit hat „entzünden“ helfen, erschüttert.

12

Produktionen der Malerei und anderer bildenden Künste erscheinen uns im Roman freilich nur als ein Hörensagen, als Sprachformen. Der Unterschied zwischen den Gemälde-Beschreibungen und den Personen-, Handlungs-, Landschafts-Schilderungen ist rein fiktiv; es sind ‚Wort-Bilder‘ verschiedenen Grades, welche der Autor aus seiner Einbildungskraft in die unsere projiziert. Der Begriff des Bildes eint sie alle.

„Sinne und Leidenschaften reden* und verstehen nichts als Bilder. In Bildern besteht der ganze Schatz menschlicher Erkenntnis und Glückseligkeit.“ So heißt es bei Hamann, den Goethe als einen seiner Meister verehrte.

In solcher Sprache der Bilder (nicht der Metaphern) redet dieser Dichter wie kaum ein anderer zu uns. Die Einbildungskraft nennt er – in jener Hymne, die Sie kennen – ‚seine‘ Göttin.* Die Gestalten und Figuren, von denen er erzählt, leben als Bilder meist stärker denn als Ton und Klang, geschweige als diskursives Wort.

Er läßt aber auch seine Geschöpfe, gerade im ‚Wilhelm Meister‘, mit und zwischen Bildwerken leben; ja im extremen Fall können solche Bilder ihnen ihr Leben vorzeichnen (wie St. Joseph dem Zweiten,* eben in den ‚Wanderjahren‘). Dieses Leben mit den Kunstwerken ist ihnen selbstverständlich, naturgemäß.

„Jedes gute und schlechte Kunstwerk,* sobald es entstanden ist, gehört zur Natur“, sagt er in den ‚Maximen und Reflexionen‘. Auch vielen unter uns ist es zur zweiten Natur geworden, mit „guten“ Kunstwerken, Gestalten der Dichtung zumal, intensiver, inniger vertrauter umzugehen als mit Menschen unseres täglichen Verkehrs. Hunderte solcher Gestalten, von der Antigone bis zur Nora, von Odysseus bis zum alten Stechlin, begleiten uns, und sie haben uns manchmal mehr zu sagen als jene.

So scheint es auch dem ‚Maler‘ mit Mignon ergangen zu sein. Oder verhält sich die Sache, die Fiktion hier doch noch komplizierter?

Wie ist er überhaupt darauf gekommen, Mignon zu malen? Woher weiß er von ihr? Doch wohl aus dem Buche, von dem wiederholt die Rede ist, aus ‚Wilhelm Meisters Lehrjahren‘? Aber davon ist ja das Buch, worin er selber vorkommt, die unmittelbare Fortsetzung! Eine erdachte Figur, die über den Roman, in welchem allein sie ihr Dasein hat, reflektiert – illustrierend, kritisch oder wie immer –, ist das nicht ein bares Spiel romantischer Ironien?

Oder sollen wir vielmehr annehmen, der Autor habe hier Menschen geschildert, welche wirklich gelebt, Geschehnisse aufgezeichnet, die sich in der Tat zugetragen hätten, und diese Aufzeichnungen dann nur gesammelt, redigiert, herausgegeben – wie er es ja auf alle Weise zu stützen und wahrscheinlich zu machen sucht, auch mit Einsprengseln der Wirklichkeit, den ‚Bekenntnissen einer schönen Seele‘ zum Beispiel, den wirklichen Erinnerungen seiner geistlichen Freundin Anna Katharina von Klettenberg, die in die ‚Lehrjahre‘ eingelassen sind, oder den Notizen Meyers über die Baumwoll-Manufaktur, oder eben mit dem Gutachten des ‚Kenners‘ über Lory fils?

Angezogen von den durch die ‚Lehrjahre‘ bekanntgewordenen Geschehnissen und Dokumenten, hätte dann der Maler, den Spuren Mignons folgend, jenen Wirklichkeits- und Daseins-Kreis betreten, in welchem ihr Andenken lebendig ist.

Und so darf Mignons Lied, einst von Wilhelm Meister notiert* und aus dem Italienischen übertragen, nun Allgemeingut geworden sein, ein Besitz aller „zarten Herzen“ der Leserschaft, also auch der Personen des Romanes selbst; welcher ja seinerseits wiederum nur ein Bericht über faktische Vorfälle wäre.

13

An dieser Stelle sei ein Seitenblick erlaubt.

„Kennst du das Land ..." – für uns *das* Bild Italiens, Quintessenz und Inbegriff dessen, was später die ‚Italienische Reise' entfalten und umfassen wird – der Dichter selber hat, als er die Strophen schrieb,* das Land nicht gekannt; so wenig er je das Griechenland mit Leibesaugen erblickt hat, dessen Bild er, im Zweiten Teil des ‚Faust'*, in Verse ohnegleichen faßt. Eben daher rührt der unvergängliche Sehnsuchts-Hauch über diesen Gedichten.

Merkwürdig: die Schilderung von Land- und Ortschaften, die der Poet nicht selber besucht hat, steht seit jeher bei einem Teil des Publikums in minderem Ansehen als der Bericht von Augenzeugen – im geraden Gegensatze zu der erwähnten herkömmlichen Hochschätzung frei komponierter Landschaften gegenüber der Vedute. Wenn einer nur leibhaft und nachweislich ‚dort' gewesen ist, dann darf er ruhig fabulieren, Garn spinnen, flunkern soviel er will. Den Ursachen dieses Phänomens nachzugehen würde sich verlohnen.

Karl Kraus schreibt einmal, er brauche nicht nach Italien zu reisen, er könne sichs vorstellen. Und Schiller, der nie in die Schweiz gekommen ist, hat die Landschaft des ‚Wilhelm Tell' gewiß deutlicher geschaut als die meisten unserer ‚Touropäer' heute.

Der Dramatiker Christian Dietrich Grabbe läßt in seinem übermütig-grellen Lustspiel* von 1822 den versoffenen Schulmeister auf die Frage: „Ei, woher schließen Sie denn, daß der alte Homer keinen Schweinebraten geschmeckt hat?" antworten: „Weil er ihn so delikat *beschreibt.*" Das klingt wie ein schnöder Scherz, aber es fehlt ihm, so glauben wir, nicht an der tieferen Bedeutung.

14

Die Personen der Haupthandlung in den ‚Wanderjahren' sind, verglichen mit denen der ‚Lehrjahre', von anderer, weniger körperlicher Komplexion. Erscheint hier die Welt gesättigt mit leibhafter Gegenwart, so ist sie dort abgezogen vom Leben. Abgezogen in jedem Sinne: entfernt, abstrahiert, subtrahiert; eine Welt mit minder irdischen, mit zarteren, blasseren Farben. Und eben deshalb, als wolle er diese Einbuße wettmachen, scheint der Autor seinen Wirklichkeits-Anspruch so nachdrücklich, manchmal fast gewaltsam, zu erheben; eben deshalb setzt er das Gewicht der eigenen Person dafür ein. Er gesellt sich selber zu seinen Geschöpfen, in Mitsprache ständig teilnehmend, ihr Vertrauter, deren Geheimnisse er offenbart und weitergibt oder auch verwahrt, beschweigt. So steht er, der Dichter seiner selbst, wissend und weise, seiner Altersgenossin Makarie gegenüber, als der andere geistige Brennpunkt des Geschehens.

Doch sein Wirklichkeits-Anspruch müßte wohl hinfällig bleiben, führte nicht, bei aller Blässe der Konturen und Tinten, dieses Geschehen seine eigene Wirklichkeit mit sich, die der Kunst. Einer Greisen-Kunst freilich, wie Goethe sie am späten Tizian vermerkt: der habe den Samt nur noch symbolisch gemalt.*

Für diese Kunst, ihre grenzbewußten Mittel, ist eben die Episode des Malers ein Beispiel.

Er tritt in die Landschaft, in die Handlung ein, und er verläßt sie, ohne daß wir auch nur mit einem Wort erfahren, wie er aussieht; und wir hören keine Silbe direkter Rede aus seinem Mund. Er wandert, er zeichnet, er singt und musiziert, unterrichtet, liebt, leidet. Und bei alledem steht er in einem gleichmäßigen gefilterten Licht, in hellem, kaum getönten Umriß. Ebendieses ist ein Reiz des ganzen Zwölften Kapitels: Bilder wachzurufen, wie mit Silberstift gezeichnete, die im Vorübergleiten merkwürdig haften bleiben.

Daß der ‚Maler‘ gesichtslos im wörtlichen Sinn, daß er stumm ist, darin erscheint dann doch wieder eine spezifische Wirklichkeit: die des Autors zu dem realen Maler – den er nie gesehen, mit dem er kein Wort gewechselt hat.

Der Schweizer Aquarellist, der dem Autor vorschwebte und den wir Lory fils benennen dürfen, ist zur ‚Kunstfigur‘ des ‚Malers‘ verdichtet und zugleich verflüchtigt; und wenn wir beiden gerecht werden wollen, so heißt es – wie Goethe mit Bezug auf zwei bildende Künstler gesagt hat – „einen um den andern vergessen“.* Es bezeichnet diesen Stil, dieses Verfahren der Entkörperung, daß das eigentliche und einzige Zeugnis, das Goethe für die Wirklichkeit seines ‚Malers‘ beibringt, das beschreibende Kunst-Urteil des ‚Kenners‘ ist. Wirklich in diesem Bereich ist nur das Werk.

So wäre der Ertrag unserer Betrachtung allenfalls, daß wir uns über das Verhältnis von Wirklichkeits-Anspruch und Wirklichkeit – des Lebens, der Kunst – an einem einzelnen Fall verständigt hätten.

15

Und nun, meine Damen und Herren, noch eine Hinweisung.

Dieses ganze Spiel mit den Dimensionen, Graden und Erscheinungsformen der Wirklichkeit und der Fiktion, zwischen Vergangenem und Gegenwart und Vergangenheit im Gegenwärtigen, zwischen Bild und Wort und Wortbild, zwischen Kunst und Natur und der zweiten Natur in der Kunst; dieses Spiel des Dichters mit seinen Geschöpfen, mit dem Leser und mit sich selbst – wir haben uns daran gewöhnt, es in Bezug auf Goethe mit einem Wort zu bezeichnen, das von ihm herrührt: ‚wiederholte Spiegelungen‘.* Dabei mögen wir manchmal eher wohl an die vorgetäuschte Tiefe eines Spiegelkabinetts denken, welche spielerisch irreführend, sinneverwirrend, schwindelerregend sich ins Unendliche zu verlieren scheint, als an die spezifischen Phänomene, die in den Jahren 1812−14 der mit Goethe befreundete Physiker Seebeck entdeckt und mit dem (von Hegel stammenden) Namen ‚Entoptische Farben' bezeichnet hatte.* Goethe selber, der Licht- und Farben-Forscher, der sich jahrelang mit diesen Phänomenen experimentierend befaßte, hat entsprechende Erscheinungen in der Optik des Inneren gefunden, im Ethisch-Poetischen; hat sie in die Wort-Bild-Welt des Dichters übertragen, sie bewußt als Kunstmittel, als eine Technik seines Erzählens etwa, gebraucht.

Unsere Literaturwissenschaft verwendet den Ausdruck ‚Wiederholte Spiegelungen' neuerdings beinahe zu häufig; er wird ihr zum bequemen Vehikel, sich über die Stilmittel im Alterswerke Goethes zu verständigen.

Da mag es angezeigt sein, daran zu erinnern, daß ungefähr vierzig Jahre bevor die Entoptischen Farben entdeckt wurden und bevor Goethe den Terminus ‚Wiederholte Spiegelungen' prägte, das analoge künstlerische Phänomen ihm schon bewußt war, ihn zur Bewunderung hingerissen hat.

Sein kleiner Aufsatz ‚Nach Falconet und über Falconet',* im Druck datiert von 1776, aber noch in Frankfurt am Main entstanden, enthält die folgende, beiläufig angebrachte Bemerkung:

„In dem Stück von Goudt nach Elsheimer, Philemon und Baucis, hat sich Jupiter auf einem Großvaterstuhl niedergelassen, Mercur ruht auf einem niederen Lager aus, Wirt und Wirtin sind nach ihrer Art beschäftigt sie zu bedienen. Jupiter hat sich indessen in der Stube umgesehen, und just fallen seine Augen auf einen Holzschnitt an der Wand, wo er einen seiner Liebesschwänke, durch Mercurs Beihülfe ausgeführt, klärlich abgebildet sieht. Wenn so ein Zug nicht mehr wert ist, als ein ganzes Zeughaus wahrhafter antiker Nachtgeschirre, so will ich alles Denken, Dichten, Trachten und Schreiben aufgeben."

Und, so dürfen wir hinzufügen, wie hier, gemalt nach dem ‚Wortbild' Ovids, Jupiter und Merkur sich in der Holzschnitt-Szene ‚wiederholt spiegeln', so auch ihr Maler, Elsheimer, selber, denn das Bild im Bilde stammt ja gleichfalls von ihm.

In der Liebeserklärung des jungen Goethe an diese Komposition steckt antizipatorisch bereits ein spätestens seiner Kunstprinzipien, welchem sich auch sein ‚Maler' in den ‚Wanderjahren' verdankt: der Erscheinung Mignons nachgehend, sie aufs neue hervorrufend, ihr Lied wiederbelebend, ist er in diesem Roman der einzige Künstler, ja, wie er in seinem Gesang die Schwesterkünste Dichtung und Musik mitumfaßt, der Künstler schlechthin.

Vortrag, gesprochen im Kunsthaus Zürich am 11. November 1976, im Kunstmuseum Bern am 28. Februar 1977.
Erstdruck: Ein Schweizer Maler bei Goethe. Kunsthaus Zürich und Kunstmuseum Bern 1978.

Der Verfasser hat die Bemerkung, auf welcher diese kleine Arbeit beruht, im Jahre 1950 gemacht, als er für die neue Ausgabe des ‚Volks-Goethe' im Insel-Verlag den Text der ‚Wanderjahre' besorgte. Seine Tätigkeit in Zürich (1965–69) legte es nahe, einen Zusammenhang, der in so manchem diese Stadt betrifft, hier auch zuerst vortragsweise mitzuteilen. Der Direktor des Kunsthauses, Herr Dr. René Wehrli, zeigte sich solcher Absicht von Anfang an geneigt; sie auszuführen hinderte den Dramaturgen freilich immer wieder ‚die Forderung des Tages'. Als es endlich dazu kam – 1976 –, war des Direktors Amtszeit abgelaufen; bereitwillig übernahm jedoch sein Nachfolger die fast verjährte Verpflichtung. Bei alledem war der Name des Schweizer Malers niemals erwähnt worden, und bis zum Abend des Vortrages blieb er geheim. Die günstige Aufnahme bei den Zürcher Hörern hatte zur Folge, daß das Kunstmuseum in Bern, welches ihnen freundlich zur Anschauung mehrerer originalen Werke des Künstlers verholfen hatte, sich seinerseits eine Wiederholung des Vortrags ausbat. Die Zusammenarbeit beider Institute bezeugt sich auch in der hier vorgelegten Publikation, für deren Zustandekommen der Verfasser den Herren Direktoren Dr. Felix Baumann (Zürich) und Dr. Hugo Wagner (Bern) sowie Fräulein Lisbeth Müller (Zürich) und Herrn Dr. Sandor Kuthy (Bern) sehr zu danken hat.

Der Vortrag ist im Mai 1977 auch in Frankfurt am Main (Freies Deutsches Hochstift, Goethe-Museum) und vor der Darmstädter Goethe-Gesellschaft gehalten worden, jeweils in variierter Form; zumal der Schlußteil hat Änderungen erfahren. Der gedruckte Text kombiniert die Versionen.

Anmerkungen

1

„inkalkulabelsten Produktionen": TJh 1796; Werke 35, 65, 7f. – Ähnlich zu Eckermann, 18. 1. 1825 = Gespr 3, 157, Nr. 2308.

2

„Aggregat": zum Kanzler v. Müller, 18. 2. 1830, Gespr 4, 217, Nr 2782 – *„Geschlinge":* an Zelter, 5. 6. 1829, Br 45, 284, 23, (Nr 239). *Zeichen-System:* WMW/1 Kap. 11 und 12, Seiten 251 ff., 259; nur in dieser ersten Fassung.
„auf einen Reisegefährten traf": WMW/1, 259–264.
„kein malerisches Auge": ebd 265 – *„wechselnden Herrlichkeiten":* ebd 266.
„Und so schwammen": ebd 264f.
„Nun hätte zuletzt": ebd 268 ff.
„drei volle himmlische Tage": ebd 277 f.
„es geht ihr auf": ebd 286 f.
„Und nun vergegenwärtige man sich": ebd 270 f.

„Der letzte Abend": ebd 289–292.
„die Damen abgefahren": ebd 292f.
„Sie faßten sich indes": ebd 294.
sollte wieder vorkommen: Werke 25/II, 214, 3ff., Paralip. IV – an Sulpiz Boisserée, 23.7.
1821, Br 35, 32, 3–6 (Nr 30). – Julius Wahle veröffentlichte in der Fest-Ausgabe des Bibliographischen Instituts, Leipzig 1926, 12. Bd., 507f., Notizen Goethes, die erst nach dem Erscheinen der Bde. 24–25 der Werke entdeckt worden waren; auch Nr 3 dieser Notizen enthält Angaben über eine Wiederkehr des Malers in dem Roman.
einleitenden Sätzen: Werke 24, 353, 2–14.

3

„kein Strich, der nicht erlebt": zu Eckermann, 17.2.1830, Gespr 4, 215, Nr. 2780.
„Anekdotenjäger": WöD, ‚Buch der Liebe‘, ‚Geheimstes‘, Vers 2 = Werke 6, 63, 2, vgl.
Werke 53, 337, 19.
letztwilligen Verfügung: Werke 53, 337, 14; 19–24.
„Von Personen . . .": TJh 1811, Werke 36, 70, 18–23.
„größte Vorteil, daß die Portefeuilles": WMW/1, 279f.
„Damit wir aber nicht": ebd 280.
„Ihm gelingt die heitere Ruhe": ebd 280–283.
„Wir entfernen uns nicht": ebd 284.

5

Kommentatoren: so Harry Maync, Goethes Werke, Bibliogr. Inst., Leipzig, 11. Bd. (1904), 452; danach Oskar Walzel, Fest-Ausgabe, ebd, 12. Bd. (1926), 540.
‚Geschichte der Kunst‘: hrsg. v. Helmut Holtzhauer u. Reiner Schlichting, SchrGGes 60 (1974).
„ewiges Werk": zu Eckermann, 16.2.1827, Gespr 3, 348, Nr 2475.
kleinere Aufsätze: Auswahl in: Kleine Schriften zur Kunst von Heinrich Meyer, hrsg. u. eingel. v. Paul Weizsäcker, Deutsche Litteraturdenkmale d. 18. u. 19. Jh., Nr 25, Heilbronn 1886.
„Hierdurch bin ich gleichsam": ‚Das Leben des Hofraths Heinrich Meyer von Zürich‘ (von Dr. Heinrich Meyer-Schoner [-Ochsner]), Njbl Zürich 1852, 1–15; die Stelle: 13.
‚Neu-deutsche religios-patriotische Kunst‘: KuA I, 2. Heft (1817), 5–62 (unterzeichnet: WKF); auch Werke 49/I, 21–60.
an Schiller 1796: 12. Juli, Br 11, 125, 8–20, Nr 3342.
„eines Reisenden und seines Zöglings": an Cotta, Jena 28.5.1798 (Entwurf zu der Zeitschrift ‚Propyläen‘), Br 13, 166, 7ff., Nr 3804; vgl. GT (Altorf) 5.10.1797 = Tgb 2, 177, 3f.
Mitteilungen Meyers über Baumwoll-Manufaktur: an Meyer [Jena 13.4.1810], Br 21, 228, 7–12, Nr 5949; an Meyer, Jena 3.5.1810, ebd 272, 3–10, Nr 5975; GT (Jena) 2.5.1810 = Tgb 4, 115, 1f.; vgl. GT (Chemnitz) 28.9.1810 = Tgb 4, 156, 12f.
Blätter haben sich erhalten: gedruckt Werke 25/II, 261–271, Paralip. LIX.
Tagebuch, das Lenardo führt: Werke 25/I, 107–128, 227–258.
Aufzeichnungen hervorgeholt: GT 1820, 13.11.; 1821: 26.–28.1., 25.3. = Tgb 7, 248, 3ff.; Tgb 8: 11, 16ff., 22f.; 12, 1; 32, 16f.
schon in Taschenbüchern: ‚Taschenbuch für Damen‘ auf 1810 (= Kap. 1–4); auf 1816 (= Kap. 8); auf 1818 (= Kap. 11).

Notizen über das Zwölfte Kapitel: GT 1821: 29.−31. 1.; 3. und 4. 2. („Keyslers Reisen"), 6.−10. 2. = Tgb 8: 12, 15 f., 19−22, 25 f.; 13, 10 f.; 14, 23 f.; 15, 15 f.; 16, 1 f., 21 f., 24; 17, 5 f., 9, 12 f.

an Meyer, 16. Februar 1821: Br 34, 127 f., Nr 122; dazu GT 16. 2. = Tgb 8, 18, 26 f.

mit Hofwyl durch Nachrichten bekannt: ein illegitimer Sohn des Großherzogs Carl August, Carl v. Heygendorff, wurde dort erzogen; Ph. E. v. Fellenberg an Goethe, 28. 3. und 5. 9. 1817, Goethe-Jahrbuch XXIX. Bd. (Frankfurt am Main 1908) 3−9; an Fellenberg (Jena Ende April 1817) und 24. 9. 1817, Br 28, 79 f., Nr 7729, und 259 f., Nr 7875; GT 14. 2. 1817 („Fellenbergischer Gehülfe Lippe"); 27. 1. 1818 („Studiosus Moeglich"); 20. 3. 1818 (Kammerrat Stichling); 21. 11. 1819 (Bericht von Heinrich Meyer); 9. und 18. 9. 1820 (Berichte von Fellenbergs Sohn) = Tgb 6, 13, 8−11; 163, 18 ff.; 185, 15 f.; dazu 282 (8. 2. 1817) und 293 (16. 4. 1817); Tgb 7, 114, 19 f.; 219, 11 ff.; 224, 12 f. − Schon vor seinem Weimarer Besuch hatte W. v. Fellenberg in Cottas ‚Morgenblatt‘, das Goethe regelmäßig erhielt, einen Aufsatz veröffentlicht: ‚Ueber das Landwirthschaftliche Institut zu Idstein, nebst einigen vergleichenden Rückblicken auf Hofwyl‘; 1820, Nrn 187−188 (5. und 7. 8.) und Nrn 190−192 (9.−11. 8.).

Mundart-Wörter: Werke 25/I, 113, 18; 119, 3; 231, 16 f.

Lago maggiore abgebildet: die Radierungen von G. M. Kraus vorhanden im Goethe-Museum Düsseldorf (Stiftung Anton und Katharina Kippenberg); Katalog Sammlung Kippenberg, ²Leipzig 1928, II. Bd., 83, Nrn 4803−4807.

Goethe hat sie betrachtet: GT 1821 29.−31. 1. = Tgb 8: 12, 19−22 und 25 f.; 13, 10 f. − Keudell 223, Nr 1393 (entliehen bis 17. 3. 1821).

Schweizer Künstlern: Maync aaO 452, Walzel aaO 539 f. nennen auf Grund einer Vermutung Carl Rulands (Weimar) die Maler Bleuler und Hess.

Frage immer wieder erhoben: Maync aaO 452, Walzel aaO 539 f., Karl Alt, 1. Bd. (1913) der Anmerkungen zur Bongschen (vormals Hempelschen) Ausgabe (Goldene Klassiker-Bibliothek), 264, zu Teil 20, S. 197, Z. 9.

6

Goethes Tagebuch 1821, 6. und 7. Februar: Tgb 8, 16: 1 f., 8 f., 14, 18 ff.

„Aufsatz über die Kunstverdienste": Goethes Notiz läßt die Frage offen, ob er selber an diesem Text, wie an so vielen selbständigen Arbeiten des Freundes, redigierend mitgewirkt habe.

7

Carl Brunner: ‚Lebensabriß und Chrakteristik der Landschaftmaler G. Lory, Vater, und G. Lory, Sohn, von Bern‘ − Njbl Zürich 1848, 1−8.

Conrad von Mandach: siehe oben, Abkürzungen.

kleinere Arbeiten Mandachs: erwähnt Mandach, 156 (Bibliographie); siehe auch seine Artikel über die Lorys Th-B XXIII. Bd. (1929), 399 f.; daselbst (400) weitere Literatur-Angaben.

Katalog: ‚Kunstmuseum Bern / Lory-Ausstellung ... / August−September 1919 / Katalog ... von Dr. C. v. Mandach‘.

Lexika: z. B. Th-B (siehe vorige Anm.), SKL 277−281 (H. Türler).

auf gediegenem Grund: Mandach 40; 42; 133.

Stiftung dem Kunstmuseum Bern: Legat Carl Ludwig Lory, 1910.

8

,Voyage pittoresque par le Simplon': zuerst 1817 betrachtet: GT 18. und 20. 11. = Tgb 6, 137, 5 und 24f.; Keudell 178, Nr 1117 (entliehen 19.−21. 11. 1817) − *Ende Januar 1821:* GT 29.−31. 1. = Tgb 8: 12, 19−22 und 25f.; 13, 10f.; Keudell 222, Nr 1391 (entl. 28. 1.− 26. 3.) − *nochmals 1826:* Keudell 269, Nr 1690 (entl. 13. 3.−13. 4.). Vgl. TJh 1821, Werke 36, 199, 22ff. (irrig auf David Hess bezogen?).

Originale Arbeiten nicht gekannt: er hat allerdings zwei Originale von Lory besessen; aber wir wissen nicht, von welchem der beiden sie stammen; und vor allem nicht, wann Goethe sie erworben hat. Zudem sind es Arbeiten von kleinem und kleinstem Format: eine Einzelfigur, portraitartig, in Oktav − „Ein Kaminfeger, Antoine Salomon von Montgeroux, nach d. Natur" − und eine mehr genremäßige, staffage-artige Szene, in Duodez: „Ein Ochsenwagen, welcher von Schweitzerinnen [!] mit Heu beladen wird"; Chr. Schuchardt, Goethes' Kunstsammlungen, I, Jena 1848, 275, Nrn 439−440. Lory wird hier, im Abschnitt ,Handzeichnungen', unter den ,deutschen Künstlern' aufgeführt, fehlt aber im Namenregister.

,Voyage pittoresque de l'Oberland Bernois': angezeigt KuA IV, 3. Heft, 129f.

„von bedeutender Seite" gebeten: an Heinrich Meyer, 10. 10. 1823, Br 37, 237, 8−14, Nr 145; dazu die Lesarten, ebd 382f.: „Empfohlen durch den Staatsminister v. Gersdorff (dessen Brief an Goethes Sohn vom 17. August ...), an den sich John Roederer in Neuwied am 16. August ... gewandt hatte, der den Maler Lory jun. in Neuchâtel kannte und Prospekte des genannten Werkes erhalten hatte mit der Bitte, einen derselben an Goethe gelangen zu lassen."

„düstern Funktionen": an Zelter, Dornburg 10. 7. 1828, Br 44, 180, 1f., Nr 160.

„im Hauptschlosse Kunstbild": an Heinrich Meyer, Dornburg 25. 7. 1828, Br 44, 223, 28 bis 224, 10; Nr 181 − *Haltung:* Luftperspektive.

Meyer antwortet: Belvedere, 25. [26] 7. 1828 − Goethes Briefwechsel mit Heinrich Meyer, hrsg. v. Max Hecker, Dritter Band = SchrGGes 35, Weimar 1922, 168f., Nr 838.

Goethe zu Soret: Januar 1832, Gespr 4, 428, Nr 3041.

Franz Nicolas König: 1765−1832 − GT 1820, 19. und 26. 2., dazu 27. und 29. 3., 12. 4. = Tgb 7, 139, 15f.; 141, 13f.; 152, 3 und 23ff.; 157, 4. Vgl. TJh 1820, Werke 36, 169, 12−20; KuA II, 3. Heft (1820), ,Transparent-Gemälde', 132−141 (132−138 von Heinrich Meyer); auch Berner Taschenbuch 1882, 190−193.

9

Heinrich Meyer an Böttiger: 19. 6. 1814; gedruckt: ,Literarische Zustände und Zeitgenossen. In Schilderungen aus Karl Aug. Böttiger's ... Nachlasse' I, Leipzig 1838, 304f.

1816 zur Ausstellung beigesteuert: Katalog S. 7f., Nr 71; „H. Meyer von Zürich, Director der Zeichnungs-Akademie zu Weimar. Das menschliche Leben; getuschte Zeichnung nach einem Wandgemälde desselben Verfassers in einem Zimmer der Herzogin Louise zu Weimar." Folgt eine Beschreibung in dem hier ungewöhnlichen Umfang von 24 Zeilen. Vgl. auch Njbl Zürich 1852, 10.

Ehrenmitgliedschaft: Njbl Zürich 1852, 11.

Zofingen 1806: ,Erste Fahrt der Schweizerischen Künstlergesellschaft nach Zofingen 1805 [!], Auszug aus dem von J. H. Meyer zusammengeschriebenen Gesellschaftsprotocol [!]. (Als Manuscript gedruckt.) [Holzschnitt-Vignette: Postkutsche in Fahrt] Zürich − getrukt [!] in diesem Jahr.' 12 S. kl.-8° (Exemplar im Kunsthaus Zürich).

die Lorys an Zürcher Kunstausstellungen: laut den Katalogen (Zentralbibliothek Zürich), verglichen bis zum Jahr 1820. 1804: Nrn 38−39 („G. Lory, von Bern, in Herisau.") −

1806: Nr 37 („Gabriel Lory, von Bern. Eine Landschaft in heroischem Styl, mit mythologischen Figuren staffirt"); Nr 38 („Gabriel Lory, Sohn. Schüler v. seinem Vater.") – 1809: Nrn 120–122 (Sohn), dazu 123 („Anfangsgründe zum Landschaftzeichnen und Coloriren; 4 Hefte.') – 1810: Nrn 42–44 (Vater); 45–48 (S.); 124 (V.) – 1811: Nrn 59–60 (V. – zu Nr 59: „Eine Aussicht auf dem Vierwaldstätter-See, bey Brunnen, in der Morgenbeleuchtung in Aquarell 3' breit und 2' hoch. – Dieses Gemälde ist für I. M. der [!] Kaiserin Josephine bestimmt."); Nrn 61–63 (S.) – 1812: Nrn 73–76 (V.); 77 (S.); 131–135 (S.?) – 1813: Nrn 63–64 (V.); 65–66 (S.) – 1814: Nrn 63–64 (S.) – 1816: Nrn 62–65 (S.) – 1817: Nrn 35 (V.); 36 (S.) – 1819: Nrn 40–42 (S.) – 1820: Nrn 69–73 („G. Lory, von Bern, in Neuenburg.").

beteiligt an Zofinger Treffen: 1., 1806 (Vater); 6., 1812 (V.); 9., 1818 (V., Sohn); 11., 1820 (V., S.); 12., 1821 (S.) – ferner 17., 1826: „Neue Donationen fürs Künstlerbuch: [Aquarell-Zeichnung] Von Herrn Lory Vater in Bern". Angaben nach dem handschriftlichen Protokoll ‚Verhandlungen der Gesellschaft Schweizerischer Künstler und Kunstfreunde in Zofingen (1806–1828)'. Hochfolio-Bd. (114 Seiten, Eintragungen bis zu S. 111), Bibliothek des Kunsthauses Zürich; Seiten 3, 29, 55, 69, 74, 98.

Lory fils in der Zürcher Ausstellung 1813: Eröffnung 7. 6.; Kat S. 7, Nr. 65: „Auf der Straße von Rom nach Neapel, nahe bey Lariccia, mit dem Kloster Calloro; in Oel gemalt." – Nr. 66: „Ansicht von dem Tempel von Pästum im Königreich Neapel; in Aquarell." – Als die Ausstellung des folgenden Jahres eröffnet wurde (18. 5. 1814), war Heinrich Meyer bereits wieder in Weimar.

Lory fils in der Zürcher Ausstellung 1817: Eröffnung 12. 5.; Kat S. 5, Nr. 36: „Eine Gegend bey Rom; in Aquarell." – Im Jahr 1818 ist die Ausstellung unterblieben.

Heinrich Meyers Gedächtnis: Eckermann, Gespräche mit Goethe, Zweiter Teil, 31. 3. 1831; zitiert Njbl Zürich 1852, 6.

„Erinnerungsblätter": Heinrich Meyer an Böttiger, 4. 2. 1810; Handschrift im Deutschen Literaturarchiv Marbach a. N., Schillermuseum; Njbl Zürich 1852, 7: „Alles, was er sah, pflegte er aufzuzeichnen und genau zu beschreiben . . .".

„die größeren Arbeiten": H. Türler, SKL, 279 r. Sp., 280 l. Sp.

Reise in die westliche Schweiz: Heinrich Meyer an J. Fr. Cotta nach Stuttgart; Stäfa 11. 9. 1813 (ungedruckt), Deutsches Literaturarchiv Marbach a. N., Handschriften-Sammlung Cotta-Archiv (Stiftung der Stuttgarter Zeitung); „bis nach Morges" – Heinrich Meyer an Goethe, Stäfa 18. 9. 1813, Briefw. II. Bd. (= SchrGGes 34, 1919), 329, Nr 392.

„Jeden Sommer in die Alpen": Türler aaO, 280 l. Sp.

Reise mit de Meuron 1809: Mandach 52–64; vgl. Artikel de Meuron, SKL, 379 f. (Ph. Godet) und Th-B, XXIV. Bd. (1930), 457.

Lago maggiore im Simplon-Werk: Tafeln 30 (M. de Meuron), 31–33 (Lory fils), 34 (unsigniert), 35 (Lory fils).

‚Journal' von der Reise 1809: Auszüge bei Mandach, 53–64. Original in Neuchâtel: Archives de l'Etat, Château de N. – Fonds Maximilien de Meuron, 40 II; ‚aux Isles Boromées – Journal du voyage que j'ai fait dans le courant de Juillet & d'Aoust 1809', Bändchen 8° in Halbleinen, 100 paginierte Seiten.

David Hess in Briefwechsel mit de Meuron: Briefe von Hess in Neuchâtel aaO; *mit Goethe:* an Goethe, 9. 11. 1820, laut Br 34, 335, zu Nr 85; an Hess, 11. 1. 1821, Br 34, 90 ff., Nr 85; an Goethe, 24. 1. 1821 (laut Br 34, 335, zu Nr 85); vgl. Goethe an Heinrich Meyer, 10. 1. 1821, Br 34, 88, Nr 83. Vgl. auch TJh 1821, Werke 36, 199, 20 ff. – In ‚Notizen über die Kunstausstellung in Zürich im Juli und August 1821' – erschienen im ‚Kunst-Blatt', Stuttgart (Beilage zu Cottas ‚Morgenblatt für gebildete Stände') – besprach David Hess

ausführlich und mit höchstem Lob Arbeiten von Lory Sohn (Nr 80, 4. 10., S. 319) und von Maximilien de Meuron (Nr 83, 15. 10., S. 329).
Blättchen auf ‚Faust' bezüglich: Zuschauergruppe aus dem Widmungsblatt des Zyklus von Peter Cornelius, Federpause, unsigniert; Kunstmuseum Bern, Graphische Sammlung A 3778.

11

Lago maggiore nie gesehen: Arturo Farinelli, Goethe e il Lago maggiore, Bellinzona 1894, besonders 11−16.
„Wortschilderer": an Marianne Willemer, 31. 12. 1816, Br 27, 297, 15.
„Gleichermaßen ward meine Einbildungskraft": TJh 1810, Werke 36, 59, 24−27.
„Wortbild entzündet": WöD, ‚Buch der Liebe', ‚Musterbilder', Vers 3, Werke 6, 49.

12

„Sinne und Leidenschaften reden": Johann Georg Hamann, ‚Kreuzzüge des Philologen', ‚Aesthetica in Nuce' (1762); Sämtliche Werke, hrsg. v. Josef Nadler, II. Bd., Wien 1950, 197, 22 ff.
Einbildungskraft Göttin: ‚Meine Göttin' (1780): „Welcher Unsterblichen / Soll der höchste Preis sein?", ‚Vermischte Gedichte', Werke 2, 58 ff.
‚St. Joseph dem Zweiten': Werke 24, 3−36.
„Jedes gute und schlechte Kunstwerk": MuR, 229, Nr 1103.
Mignons Lied notiert: WML III, 1; Werke 21, 234, 13−22 − zuvor ThS IV, 1; Werke 52, 4, 1−10.

13

als er die Strophen schrieb: wohl 1784; am 7. April 1785 las in Zürich Bäbe Schulthess d. Ä. das Vierte Buch der ‚Theatralischen Sendung' vor; Werke 51, 284 ff. − *das Land nicht gekannt:* Antritt der Reise nach Italien 3. September 1786.
Bild Griechenlands im ‚Faust': Verse 9506−9561, Werke 15/I 220 ff.
Grabbes Lustspiel: ‚Scherz, Satire, Ironie und tiefere Bedeutung', II, 3.

14

den Samt nur noch symbolisch: zu Riemer 4. 4. 1814, Gespr 2, 225, Nr 1553; ähnlich zu demselben (ohne Datum), Gespr 4, 414, Nr 3012.
„Einen um den andern vergessen": ‚Modernes', Vers 4 − Gedichte, Abt. ‚Kunst' (zuerst gedruckt 1827), Werke 3, 121.

15

„Wiederholte Spiegelungen": über die ‚Wallfahrt' nach Sesenheim des A. F. Naeke aus Bonn, September 1822; Werke 42/II, 56 f.; die Überschrift nicht von Goethe; das Wort ebd 56, 5. Vgl. GT 1823, 29. 1. und 5. 2. = Tgb 9: 10,28 bis 11,1; 13, 17−20. Vgl. an Nees v. Esenbeck, 2. 2. 1823, Br 36, 299−302, Nr 244, besonders 300, 17−21.
‚Entoptische Farben': WA II. Abt. (Naturwissenschaftliche Schriften), 5/I, 221−318; darin (229−238) Seebecks Bericht ‚Geschichte der entoptischen Farben'. Vgl. Goethes Gedicht ‚Entoptische Farben (an Julien [v. Egloffstein])' vom 17. 5. 1817; Gedichte, Abt. ‚Gott und Welt' (zuerst gedruckt 1827), Werke 3, 101 und 401. − *Name von Hegel stammend:* Briefe

von und an H., hrsg. v. Johannes Hoffmeister, II. Bd., Hamburg 1953 (²1961), Philos. Bibl. 236. Bd.; Seite 420, Anm. 6 zu Nr 322 (H. an Goethe, 20. 7. 1817).

Nach Falconet und über Falconet: zuerst in ,Neuer Versuch über die Schauspielkunst. Aus dem Französischen [des Mercier von H. L. Wagner]. Mit einem Anhang aus Goethe's Brieftasche' Leipzig 1776. Werke 37, 313−321 und Werke 38, 405 ff. Die Stelle: als Fußnote Werke 37, 321, 21−30.

Abbildungen siehe am Schluß des Bandes

Zur Abb. 2: Dieses Blatt, welches nach Ansicht des Verfassers von Lory fils stammt, wird in Dr. Fritz Schmalenbachs Katalog ,Zeichnungen und Aquarelle von Gabriel Lory Sohn im Besitz des Berner Kunstmuseums' (vervielfältigt, 1949) ohne Angabe von Gründen dem Vater zugewiesen.

Bemerkungen zum frühen „West-östlichen Divan"

I. Stunden des Unmuts

Goethes *West-östlicher Divan*, Essenz aus siebzig Jahren dieses Lebens, hat nach dem Zweiten Weltkrieg an Bedeutsamkeit ständig zugenommen. Um die Deutung im einzelnen hat man sich vielfach bemüht; das eigentümliche Ganze, seine Struktur, seine Einheit, die Anordnung der Gedichte, der Aufbau des Prosa-Teils sind Gegenstand eingehender Untersuchungen geworden; mehrere Studien waren insbesondere den drei Entwicklungs-Stufen gewidmet, die vor der Einteilung in ‚Bücher' (Oktober 1815) liegen.

Hierbei schien man begünstigt durch die reiche handschriftliche Überlieferung, welche zuerst (1888) Konrad Burdach in der Weimarer Sophien-Ausgabe vorgelegt, neuerdings, übersichtlicher und vollständiger, wenngleich nur die zu Goethes Lebzeiten gedruckten Gedichte umfassend, Hans Albert Maier im Kommentar-Band seiner kritischen Edition (1965) ausgebreitet hat.

An zahlreichen Blättern der Gedicht-Reinschrift (R) war abzulesen, daß sie dem Bestande der dritten Entwicklungs-Stufe angehört haben: jeweils in der linken oberen Ecke steht, von Goethe selber mit roter Tinte eingetragen, eine jener Nummern, deren hundert, nebst zugehörigen Namen, das sogenannte Wiesbadener Register (WR) verzeichnet – ein Doppel-Folioblatt, auf allen vier Seiten ebenfalls eigenhändig beschrieben, am Kopf der ersten Seite die Worte „Des deutschen Divans manigfaltige Glieder", am Fuß die letzten: „Wiesbaden d. 30 May 1815 G."[1]

„Ein frischer Adreßkalender" wird dieses Register in einem Brief Goethes an Christiane (Wiesbaden, 7. Juni 1815) genannt; es umfaßt einen älteren Bestand seiner west-östlichen Gedichte und die „neuen Glieder", die er in ihn „reinlich eingeschaltet" hatte.[2]

Von den in WR verzeichneten Blättern haben sich 89 erhalten; aber auch die fehlenden – verschollen, verloren – sind heute, zum mindesten ihrem Inhalt nach, großenteils bekannt. Das Wiesbadener Register ist eine solide Basis der Divan-Forschung geworden.

Die Einschaltungen – Gedichte sämtlich aus dem Zeitraum Januar-Mai 1815, meist in Gruppen zusammengefaßt – lassen sich auf Grund ihrer Datierungen oder anderer Merkmale mit Sicherheit bestimmen; und die ältere Reihe (D) ist nicht nur nach ihrem Umfang, sondern umrißweise noch in ihrer ursprünglichen Anordnung erkennbar geblieben. Viele rotbezifferte Blätter von R nämlich weisen in der rechten oberen Ecke, ebenfalls von der Hand Goethes, schwarze oder auch Bleistift-Ziffern auf, die er dann mit roter Tinte durchstrichen hat, als er die neuen Nummern des WR anbrachte.

Diese frühere Bezifferung reicht bis zu der Nummer 53 und endet mit dem Jahre 1814. Das entspricht offensichtlich dem Bestande, den Goethe, zum erstenmal am 14. Dezember 1814, mit dem Namen *Deutscher Divan* bezeichnet hat.[3]

37 Blätter dieser älteren Reihe D sind noch vorhanden; weitere ihrer Glieder hat man aus anderen Indizien – Datierungen; Notizen in Goethes Tagebuch – erschließen können; vor allem aber auch daraus, daß die schwarze und Bleistift-Bezifferung über größere Strecken hin parallel zu der roten von WR verläuft. Besonders die Gedichte des „poetischen Reise-Tagebuchs"[4], jener produktiven Zeitspanne zwischen dem 25. und dem 27. Juli 1814, Gedichte, deren Reinschriften oft bis auf die Stunde genau datiert sind, stehen beidemale nah beieinander. So korrespondieren die Nummern D 10—16 und WR 19—24, D 21—27 und WR 41—47.[4a]

Diesen Zusammenhalt scheinen sie sogar aus noch früherer Zeit bewahrt zu haben: gerade sie bildeten den Haupt-Bestandteil der ältesten Entwicklungs-Stufe (U), jener dreißig *Gedichte an Hafis*, die Goethe Ende August 1814, wohl zu einer ersten Übersicht, vereinigte.[5] Schon damals hat er offenbar die Reihenfolge fixiert; jedenfalls stammt die schwarze Bezifferung – das hat H. A. Maier vor kurzem nachgewiesen – nicht erst, wie man bisher zu wissen glaubte, von Ende Dezember 1814, sondern ist schon im Sommer begonnen worden.[6]

Läßt also die Gestalt von D sich heute einigermaßen deutlich erkennen (und dahinter teilweise auch U), so ist doch – da immerhin 16 bezifferte Blätter fehlen und einige der vorhandenen vom Dichter, zum Teil mehrmals, umgeziffert worden sind[7] – die Reihenfolge einzelner Partien nach wie vor unklar und strittig, besonders am Anfang. Und gerade dessen Kenntnis ist unerläßlich, will man die für die Entstehung des gesamten Divans wichtigen Fragen entscheiden: ob die Reihe D von vornherein chronologisch angelegt gewesen oder ob sie alsbald vom Dichter, mittels einzelner, vielleicht nur geringer Umstellungen, künstlerisch gegliedert worden sei; und worin etwa ihr Anfang – wie zu vermuten – sich von dem der Reihe U unterschieden habe.

So hat es seit nahezu neunzig Jahren – während die Reihe WR völlig überschaubar geworden ist – die Forschenden immer wieder gereizt, sich an der Füllung der Lücken von D zu versuchen, ja womöglich die älteste Stufe U zu rekonstruieren.

Die Hypothesen, auf die man hierbei angewiesen war und ist, sind freilich durch H. A. Maiers erwähnte Feststellung eher noch unsicherer geworden.

Hinderlich bleibt aber auch, daß ein Haupt-Bestandteil schon seit U, eben die zahlreichen Reise-Gedichte, sich nicht streng nach der Alternative ‚chronologisch ablaufend' oder ‚künstlerisch gegliedert' scheiden läßt. Hier trifft man auf ein Ineinander, eine Koinzidenz.

Der Reisende, vom gutgefederten Wagen gewiegt, sieht durch die Rahmen der Fenster in sommerlichem Licht eine ununterbrochene Folge von Bildern an sich vorüberziehen, wobei das Äußere vertrauter Land- und Ortschaften ihn alle Augenblicke erinnernd aus der Gegenwart entfernt und in unaufhörlichem Wechsel immer aufs neue in sie zurückholt – beides jedoch aber- und abermals reflektiert durch den „steten Bezug"[8] auf die Dichtungen des Hafis, welche ihm in den Bändchen der Cottaischen Ausgabe zur Hand sind. Das Rollen der Wagenräder ist ein Continuo zu dem ständig variierenden Zusammenklang von Eindrücken, Eingebungen, Empfindungen, Assoziationen; wechselnde Erscheinung und dauernde Gedanken verbinden sich gestalthaft; immer neue Motive, rhythmische Impulse überwachsen und übergreifen einander.

Selbst die vielen eigenhändigen Dokumente dieser produktiven Tage – die scheinbar so exakten Daten der Reinschrift-Blätter, die Berichte, die Goethe noch während der Reise nach Weimar sendet – sind nicht so hilfreich, daß jedesmal bündige Schlüsse daraus abzuleiten wären.

Konrad Burdach hatte (1904, 1930) die Orts- und Zeit-Angaben auf den Blättern von R noch unbedenklich als zuverlässige Zeugnisse der Entstehung angesehen und die Abweichungen zwischen Zeit- und Nummernfolge aus künstlerisch gliedernden Maßnahmen erklärt.[9]

Doch da wollte verschiedenes nicht recht stimmen.

Zum Beispiel hatte man, nach Goethes Worten an Christiane (Hanau, [28. Juli] 1814): „Den 25. schrieb ich viele Gedichte an Hafis, die meisten gut (...) Den [folgenden] Tag über hatte ich weniger Gedichte geschrieben und sehr wenige gut",[10] erwarten dürfen, die vom 25. Juli datierten Gedicht-Handschriften würden überwiegen. Das Gegenteil ist der Fall: drei R-Blättern vom 25. Juli stehen neun vom 26. Juli gegenüber.[11]

So ist auch eines der Reise-Gedichte – zunächst *Vision* genannt, später *Der neue Copernicus* betitelt –, welches ursprünglich zu D gezählt hatte, dann aber ausgeschieden wurde[12], in zwei durchaus gleichlautenden Handschriften überliefert; die eine, noch mit der schwarzen Ziffer 13 versehen, trägt das Datum des 26. Juli[13], die andere, dem erwähnten Brief an Christiane beigelegt, ist unterschrieben: „Eisenach den 25. Juli 1814, Abends 6 Uhr"[14].

Die Forschung hat dieses Faktum, auf welches an drei Stellen der WA hingewiesen wird[15], nicht genügend beachtet; sie hätte daraus wie aus den zuvor erwähnten Divergenzen folgern müssen: daß die Grenze zwischen den Produktionen der ersten Reise-Tage sich allein dort genauer bestimmen lasse, wo zu den handschriftlichen Datierungen, welche oft lediglich die Zeit der Niederschrift, nicht die der Entstehung bezeichnen, andere, vor allem innere Merkmale klärend hinzutreten.

Eines dieser Kriterien wäre etwa jener Umschwung der Stimmung, den schon Burdach (1904) an den Reise-Gedichten bemerkt hatte[16]: wie die heitere Behaglichkeit des Anfangs, bei dem anhaltend schönsten Wetter, sich zu galliger Mißlaune verfinstert, aus welcher dann die vielen Strophen des Tadels, Vorwurfs und Hohns hervorgehen, der Kern des späteren *Rendsch nameh*.

Sie handeln vom Rechten Guten Schönen – für welches der Dichter ordiniert ist – und vom Schlechten und denen, die es vertreten und verkörpern. Da ließe sich wohl eine Linie nachziehen, die bei den noch ‚hafisisch'-frohen Zeilen ansetzte: „Solang man nüchtern ist / Gefällt das Schlechte …"[17] und abfiele bis zu den grimmigen Versen:

> … soll ich hassen,
> Auch dazu bin ich erbötig,
> Hasse gleich in ganzen Massen.
>
> Willst sie aber näher kennen?
> Sieh aufs Rechte, sieh aufs Schlechte;
> Was sie ganz fürtrefflich nennen
> Ist wahrscheinlich nicht das Rechte.
>
> …
>
> Wohl, das *Morgenblatt* es kann sich
> Mit *Freimüthigem* vereinen,
> Und die *Elegante* dann sich
> Allenfalls die Beste scheinen!
>
> Daß nur immer in Erneuung
> Jeder täglich Neues höre,
> Und zugleich auch die Zerstreuung
> Jeden in sich selbst zerstöre. …[18]

Für diesmal indes beschränken wir uns auf drei Strophen, die ein Ausfluß jener verdüsterten Stimmung sind, denen die Forschung aber kaum je einen Blick gegönnt hat:

> Jesus auch er darf da lehren
> Paradiesischen Gemeinen,
> Wer will seinen Jüngern wehren
> Daß sie sagen wie sie's meinen.
>
> Himmlisch weibliche Naturen
> Wandeln da im luftgen Haine,
> Abends immer sind sie Huren,
> Jungfraun mit des Morgens Scheine.

> Auch zugleich die Mutter Gottes
> Die gar einen Sohn geboren,
> Und zum Trutz satanschen Spottes
> Nicht am X + Y verloren.

Man kennt sie erst seit dem Jahre 1914, wo Julius Wahle sie in einem Nachtrags-Band der WA veröffentlichte[19]. Das Folioblatt von R ist nicht datiert, doch trifft H. A. Maiers Zeitbestimmung sicherlich zu: „etwa am 26. oder 27. Juli".[20] Es trägt die nicht durchstrichene schwarze Ziffer 26, eine rote hat es nicht erhalten, ins WR ist es nicht gelangt.

So brauchte Burdach, in seinen ausschließlich dem Wiesbadener Register geltenden Akademie-Vorträgen von 1916 und 1930, nicht darauf einzugehen. Er hätte sonst vermutlich seine Konstruktion vom Ursprung des Paradies-Motives im Divan revidieren oder gar preisgeben müssen, welche auf Goethes Begegnung mit Gestalt und Werk des Ferdusi, im Dezember 1814, basiert, und die er, auch nachdem sie sich aus anderen Gründen als brüchig erwiesen hatte, nicht geändert hat.[21]

Nehmen wir aber getrost mit Burdach an, für Goethe sei bereits der bloße Name des Ferdusi – = ‚der Paradiesische' – von erleuchtender Bedeutung gewesen, und es habe damals wirklich die Legende von dessen Begräbnis – dem vermeintlich Ungläubigen seien die geistlichen Ehren verweigert worden, bis der Priester in einer Traum-Erscheinung ihn gekrönt im Paradiese sah – Goethes Vorstellung vom Recht des Poeten auf ein „ewges Leben"[22] vollends befestigt. Nur: der „Paradies-Gedanke" ist ihm – das beweist das Blatt D 26 – nicht „am 15. Dezember und während der nächsten Tage"[23] aufgegangen, sondern schon auf der Reise im Juli, als er an Ferdusi noch gar nicht dachte, sondern allein an Hafis.

In seinem Reise-Brevier, dem verdeutschten Divan dieses Dichters, vor allem in der Vorrede des Übersetzers Joseph v. Hammer, fand er genug, um die Erinnerung an seine eigenen frühen Koran-Studien, an „die lieblichste Gärten", die „Lustgärten Edens"[24] wieder zu beleben:

Jenseits der Sterne im Paradiese ruhen auf weichen Polstern die *Huris*, die Charitinnen des Himmels, schwarzen Augs und unverwüstbarer Jungfräulichkeit.
(…) Dort wandeln *Adam* der Vater der Menschen, *Jusuf* das Urbild aller Schönheit, *Moses*, und der Herr *Jesus, Maria*, die Reine, und der Prophet der Propheten, *Mohammed* der Hochgebenedeite.[25]

Auch die Verketzerung des Dichters, der zu seinen Gunsten ausgehende Streit um sein geistliches Begräbnis, die Erscheinung eines überirdischen Boten, ein Wahrspruch, der Unsterblichkeit verheißt – kurz, beinahe alles was an der Ferdusi-Legende Goethe so entscheidend berührt haben soll, kommt ähnlich in Hammers Schilderung des Hafis vor.[26]

Goethe hat also offensichtlich schon Ende Juli 1814, an einem kritischen Punkt seiner ‚Hegire', als der Unmut ihn ganz in die Widrigkeiten des ‚Tages' hinabzuziehen drohte, noch einmal, in zweiter Potenz gleichsam, flüchten wollen, um „Paradieses Luft zu kosten".[27]

Betreten hat er diesen Bereich durch einen Nebeneingang, welcher ihm allerdings nahelag: vom Christlichen her. Jesus, den der Islam als einen der Propheten (Isa) verehrt, nimmt mit seinen Jüngern ein Drittel des Fragmentes ein;[28] ein weiteres die Jungfrau-Mutter Maria.[29]

Aber wie ist dieser erste Vorstoß in das „mahometanische Paradies"[30] nun ausgegangen?

Die Strophen 2 und 3 des Fragmentes scheinen auf den Ton mancher *Venetianischen Epigramme*[31] gestimmt, der auch später in Gesprächen Goethes gelegentlich wiederkehrt.[32] Immer noch wirft da ein alter, nie ganz ausgefegter Sauerteig Blasen auf, und alles, was der einstige Freund der ‚Schönen Seele' seit dem Bruch mit Bruder Lavater an Widerwillen, Widerstand, an voltairischem Hohn gegen die ‚Absurditäten' der Glaubenslehren angestaut hat, entlädt sich periodisch; wie auch hier.

So werden die Huris, sinnlich-übersinnliche Dienerinnen der Lust, an „unverwüstbarer Jungfräulichkeit" der Mutter Gottes gleichgestellt.

„Zum Trutz satanschen Spottes" heißt es zwar in scheinbarer Distanzierung. Aber wer spottet denn hier? doch der Dichter selbst! Und freilich scheint in diesen Versen ihm „Mephisto (...) ganz nah zu sein",[33] ja Satan persönlich, wenn er als Herr des Blocksbergs die „Mägdlein" begrüßt: „Seid reinlich bei Tage ..."[34]

Ein grämlich-müdes Grinsen begleite, meint man, diese Strophen, wahrhaft himmelfern von der liebevollen Ironie des späteren *Chuld nameh*. Kein Wunder, daß unter allen uns bekannten Produktionen jener verstimmten Stunden – „nur sehr wenige gut" – einzig sie unausgeführt liegen geblieben sind.

Nach dem fehlgeschlagenen Versuch, sich aus dem gegenwärtig-Widerwärtigen in die „ewgen Kreise"[35] aufzuschwingen, findet Goethe Zuflucht in ferner Vergangenheit: während der folgenden zwei Reise-Tage beschäftigt ihn der „Plan zur Oper *Der Löwenstuhl*".[36] Dieser Gegenstand, den er schon einmal dramatisch, seit 1813 dann als Ballade zu behandeln unternommen hatte,[37] ist ihm, so dürfen wir vermuten, durch einen äußeren Eindruck wieder nahegebracht worden, die „Burg Kaiser Friedrich des Rotbarts" bei Gelnhausen, über deren Besuch er im Tagebuch wie in seinem Brief an Christiane des Näheren berichtet.[38]

Eindrücke von außen scheinen es aber auch gewesen zu sein, die in Goethe überhaupt jenen Umschwung zur Unmuts-Stimmung bewirkten.

Man weiß aus ungewöhnlich vielen Zeugnissen, wie das geringste Widrige,

das ihm vor Augen, auch nur vor das ,innere Auge' trat, ihm ,die Phantasie',
,die Imagination', ,die Erinnerung' nachhaltig, ja „für immer"[39] ,verderben'
konnte:

> Ich bin hinsichtlich meines sinnlichen Auffassungs-Vermögens so seltsam geartet, daß ich
> alle Umrisse und Formen aufs schärfste und bestimmteste in der Erinnerung behalte, da-
> bei aber durch Mißgestaltungen und Mängel mich aufs lebhafteste affiziert finde. (...)
> Wie könnte ich mich über diese oft freilich peinliche Eigentümlichkeit ärgern, da sie mit
> andern, erfreulichen Eigenschaften meiner Natur innigst zusammenhängt? Denn ohne je-
> nes scharfe Auffassungs- und Eindrucksvermögen könnte ich ja auch nicht meine Gestal-
> ten so lebendig und scharf individualisiert hervorbringen![40]

So sehen wir ihn auch auf der Heimreise von Marienbad 1823 – im Wagen
noch arbeitend an der *Elegie* – den Spuren eines Brandunglücks (von dem er
wußte) aus dem Wege gehn: „Ich fuhr um Hof herum, den greulichen Anblick
nicht zu sehen ..."[41]

Die Fahrt nach Wiesbaden 1814 gestattete ein solches Ausweichen nicht; sie
führte entlang der Heerstraße und neben den Wegen hin, über welche im
Herbst, nach der Entscheidung von Leipzig, Flucht und Verfolgung verlaufen
waren, bis bei Hanau Napoleon sich noch einmal zur Schlacht gestellt und, mit
einem letzten Sieg auf deutschem Boden, seinen Truppen, unter großen Verlu-
sten beiderseits, den Rückzug gesichert hatte. Hier, zwischen Eisenach und
Frankfurt, müssen im Sommer darauf noch überall Spuren von Kampf, Plün-
derung, Verwüstung sichtbar gewesen sein.

Goethes Reisebericht an Christiane erwähnt derartige Spuren nicht. Gelegentlich scheint der Trubel eines Volksfestes sie auch verdeckt zu haben: „In
Hünfeld fand ich Jahrmarkt und bemerkte einige Späße".[42]

Nur einmal deutet ein beiläufiger Satz etwas an: „Gelenhausen (...) dies alte Gehocke, das schrecklicher, nach den letzten Leiden, aussieht als je".[43]
Aber das ist schon unmittelbar bevor er von der Burg erzählt, deren Anblick
ihn in entlegene Zeiten versetzt.

Auch im Tagebuch findet sich kein Wort über widrige Eindrücke.[44]

Dafür gibt jedoch ein anderes Tagebuch unvermutet eine authentische Auskunft; ihr Zeugniswert ist bislang nicht beachtet worden.

Auf beiden Reisen Goethes an Rhein und Main ist jener Carl Johann Wilhelm Stadelmann sein Begleiter gewesen, der von 1814 bis 16, dann wieder
von 1817 bis 1824 als Kammerdiener, als sachverständig-eifriger Helfer bei mi-
neralogischen Erkundungen, gelegentlich auch als Schreiber für ihn tätig war;
jener „gute Mensch",[45] von dessen letzten Schicksalen – er erhängte sich im
Armen- und Arbeitshaus zu Jena, bald nachdem er als Ehrengast noch die
Enthüllung des Frankfurter Goethe-Denkmals hatte mitfeiern dürfen – uns
eine Zeitgenossin teilnahmsvoll berichtet hat.[46]

Dieser ‚Carl' nun hat während der zweiten Wiesbadener Reise ein Tagebuch geführt, aus welchem Aufzeichnungen vom 24. Mai bis zum 4. Juni 1815 mehrmals abgedruckt worden sind.[47] Darin heißt es zum 25. Mai, unterwegs zwischen Eisenach und Fulda:

„Gegen ein Uhr kamen wir in Buttlar an. (...) der Ort, welcher im vorigen Jahr ein Schutt- und Aschenhaufen war, steigt neu, das erste Stock der Häuser massiv, von der Erde empor. (...) Das vorige Jahr, wo noch alles von den Durchzügen der Franzosen auf ihrer Heimkehr in Schutt und Asche lag, da war es ein elender Aufenthalt für die Menschen, welche nur in Stroh- und Bretterhütten wohnten. (...) Da wandelten die Menschen wie Geister herum und suchten in den Schutt- und Aschenhaufen ein etwa noch erhaltenes Stück Geräte, oder altes geschmolzenes Metall, verbranntes Eisen etc., um nur ihr Leben durch dessen Verkauf auf einen oder mehre Tage zu fristen. Dies waren Tage des Jammers ...".[48]

Woran sich der Diener nach einem Jahr noch so bewegt erinnert, wie muß es 1814, im unmittelbaren krassen Anblick, seinen Herrn verstört, ihn aus der Reise-Behaglichkeit, dem west-östlichen ‚Kunsttraum'[49] zurückgerissen haben in die Misere der gegenwärtigen Zustände.

Wir möchten also annehmen, am 26. Juli, spätestens in Buttlar (das er gegen Mittag erreicht haben dürfte[50]), hätten deprimierende äußere Eindrücke Goethes Stimmung ins Negative verkehrt, und er habe, ‚in das Subjekt' gedrängt, mit Ausbrüchen ‚selbstischen' Unmuts reagiert. Der Versuch, paradieswärts zu entkommen (D 26) mißlang; erst in der mittelalterigen Sphäre des *Löwenstuhls*, die der Anblick der Burg bei Gelnhausen heraufrief, belebte sich aufs neue die produktive Phantasie; bis sie schließlich, am 29. und 31. Juli, unter dem Himmel von Main und Rhein, zu Hafis heimkehrte, mit den beiden Gedichten „Staub ist eins der Elemente ..." (D 28) und „Sagt es niemand, nur den Weisen ..." (D 29); nächtlichen Strophen, in denen der ‚Sänger' die ‚Menge' wie ihren ‚Tag' verläßt und, zwischen ‚Finsternis' und Leuchten, sich dem Ursprünglichen anvertraut.

II. Ein getrenntes Paar

Im folgenden sei auf einen Vorgang hingewiesen, der an dem sogenannten Wiesbadener Register (WR) abzulesen ist.

Dieses Register von Ende Mai 1815 umfaßt bekanntlich ein erstes Hundert west-östlicher Produktionen. Es ist ein provisorisches Verzeichnis, ausschließlich für den Autor bestimmt, welcher, während einer ‚schöpferischen Pause', sich Rechenschaft geben will über ein werdendes, ihm selber noch „wunderliches Ganze",[51] von dem er wünscht und erwartet, es möge sich auf das Doppelte „vermehren"[52]. Dies ist der Divan-Forschung, scheints, über dem großen Gewinn, den ihr die Kenntnis des Dokumentes eingebracht hat, nicht immer bewußt gewesen.

Das WR stellt ein wichtiges Stadium in der Entwickelung des Divan-Ganzen dar und eröffnet Blicke in das, was vorausgegangen ist und was folgt. Aber die hier aufgereihten Gedichte bilden nicht etwa selber schon eine geschlossene eigene Form. Wenn Burdach (1930) darin einen „Zyklus" sehen wollte, „vierzehn (...) durch das fortlaufende Band einer ideellen Lebensreise eng vereinte (...) Gedichtgruppen", einen „innerlichen künstlerischen Zusammenhang", den die spätere „Zerlegung in (...) stofflich geschiedene Bücher vielfach zerstört" habe, so dürfte dies einer näheren Prüfung kaum standhalten.[53]

Das Wiesbadener Register, „ein frischer Adreßkalender"[54], wie Goethe es nennt, ist offenbar – darauf deutet eben das Wort „frischer" – aus einem älteren hervorgegangen, welches jene 50–53 Nummern verzeichnete, die zu Ende des Jahres 1814 der erste *Deutsche Divan* vereint hat.

Bis auf ihren ungewissen und strittigen Anfang, welcher vermutlich nicht-chronologisch angelegt gewesen ist, läßt diese ältere Reihe D, über Lücken hinweg, sich einigermaßen deutlich erkennen; besonders ein Haupt-Bestandteil: jene Gedichte der Fahrt nach dem Main und Rhein, von Ende Juli 1814, in welchen auf eine Weise, die man biologisch nennen könnte, die äußere „rasche Bewegung"[55] und die auf Hafis gerichtete innere in unaufhörlichem Hervorbringen eingeworden sind.

Dieses „poetische Reise-Tagebuch"[56] hat bereits den Kern der ältesten Reihung (U) gebildet, der *Gedichte an Hafis*, deren Zahl wir – laut Goethes Brief an Riemer vom 29. August 1814[57] – auf dreißig anzusetzen haben, ohne daß freilich die Nummer 30 bisher sich genau hätte ermitteln lassen. Für unsere Kenntnis endet dieser Kern-Bestand von siebzehn oder achtzehn Stücken mit den Nummern D 28–29: „Staub ist eins der Elemente ..." und „Sagt es niemand, nur den Weisen ...".

Auch weiterhin zeigt die Reihe D streckenweise immer wieder jenes ‚biologische' Ineinander von Zeitverlauf und Motiv-Entfaltung. Aber bemerkenswert bleibt, daß Goethe den größten Teil der Einschaltungen, die er in WR dem Bestand von D hinzufügte – 36 von insgesamt 46 Nummern –, innerhalb jenes ältesten Kerns und in dessen Umkreis untergebracht hat.

Von diesen 36 Nummern entfallen wiederum 26 allein auf zwei große Einschübe, welche unsere Betrachtung noch berühren wird: auf die Nummern WR 28–39 und WR 53–66.

Wie diese und die übrigen Einschübe sich über WR verteilen, ihre Zusammensetzung im einzelnen, was etwa von Prinzip oder Methode daran zu erkennen sei – dies alles kann jetzt, mit Rücksicht auf die hier gesetzten Grenzen, nicht näher behandelt werden. Festzustellen ist jedoch, daß inmitten des vielen

Neuen Teile der Reihe D eine anhaltende Kohärenz bewahren: einige kleinere Gruppen, die sich bereits früh herausgebildet haben (D 10−12, D 35−38),[58] und zumal auch einzelne Gedicht-Paare, welche von ihrer Entstehung an bis in die ‚Bücher' des endgültigen Divans hinein verbunden bleiben. Im ältesten Bereich sind dies: D 2,[59] D 18−18a, D 21−22[60] und D 28−29.

Das letzte dieser Paare ist das bedeutendste. Die Zusammenstellung der beiden Gedichte, wie sie im endgültigen Divan, als *All-Leben* und *Selige Sehnsucht*, das *Moganni nameh* beschließen, könnte, scheint es, ein Musterbeispiel jenes Verfahrens abgeben, das Goethe in dem oft zitierten Brief an C. J. L. Iken, vom 27. September 1827, schildert:

Da sich gar manches unserer Erfahrungen nicht rund aussprechen und direkt mitteilen läßt, so habe ich seit langem das Mittel gewählt, durch einander gegenübergestellte und sich gleichsam in einander abspiegelnde Gebilde den geheimeren Sinn dem Aufmerkenden zu offenbaren.[61]

Doch die enge Nachbarschaft (höchstwahrscheinlich schon seit U) ist diesmal nicht vom Kunstverstand herbeigeführt worden; sie ist organischer Natur. Unmittelbar in derselben Folge sind beide Gedichte entstanden; sie gehören, eine Zwei-Einheit, zueinander.

Bei dem Bemühen der Ausleger freilich, vor allem *Selige Sehnsucht*, „vielleicht das schwierigste aller Gedichte Goethes"[62], zu deuten, ist Zusammenhalt und Zusammenhang der zwei Gedichte zu kurz gekommen.

Das erste setzt, ‚quodlibetartig'[63]-orientalisierend, von verschiedenen Seiten her an, stoßweise gleichsam, oder in Schüben: Texte des Hafis reflektiert es in erinnerte Vergangenheit und mündet endlich breit ins gegenwärtige Geschehen: das Nacht-Gewitter während der Fahrt. Alle Elemente sind in Aktion, wahrgenommen mit allen Sinnen. Staub, Wind, Regen mischen sich im Geruch des ‚Grunelns'; „alle Donner rollen", „der ganze Himmel leuchtet".

In dem zweiten Gedicht hingegen ist alles ins lautlos-Enge gezogen; hier leuchtet nur „die stille Kerze"; und der eine Schmetterling vertritt „das Lebendge" schlechthin; uns mit, den Dichter selber mit.

Der Dichter ist es aber auch, der vor den weiten Horizonten von *All-Leben* nur einen eigensten Wunsch auszusprechen, auszurufen weiß, eine Bitte, inständig, fast ein Gebet: „Heile mich, Gewitterregen ..." Hier kommt ein Leid zu Worte, eine Not; „neu Verlangen", die Sehnsucht: noch einmal verwandelt, verjüngt zu werden.[64]

Akte solcher Heilung, Verwandlung, Erneuerung werden mehrmals bei Goethe, wie man schon früher bemerkt hat, von jenem ‚Gruneln' begleitet.[65] Hierhin gehört auch, daß gleich die erste Strophe im Divan „Chisers Quell"

Deutscher Divan Dezember 1814	Wiesbadener Register 30. Mai 1815		Erstausgabe 1818/19
9 (Artges Häus'chen hab ich klein)	= 18 vakat		
10 Wenn links an Baches Rand	= 19 Liebe und Krieg		= Zwiespalt (S/11)
11 Wenn zu der Regenwand	= 20 Seltnes Meteor		= Phänomen (S/9)
12 Was doch Buntes dort verbindet	= 21 Bunte Felder		= Liebliches (S/10)
13 (Sollt' einmal durch Erfurt fahren)			
14 Ros' und Lilie morgenthaulich	= 22 Erinnerung		= Im Gegenwärtigen Vergangnes (S/12)
15 ? Ja, in der Schenke hab ich	= 23 Schenke		= oT (Sch/1)
16 Lieblich ist des Mädchens Blick der	= 24 Schön Bittende		= oT (Betr/4)
17 ? Die Wächter sind gebändiget	= 25 Blumensprache		= oT (NuA, Blumen- und Zeichenwechsel)
18 Auch in Locken hab ich mich	= 26 Locken und Zöpfe		= Gewarnt (L/5)
18a Voll Locken kraus ein Haupt so rund	= 27 Locken		= Versunken (L/6)
	28 Liebende	(Hör und bewahre)	= Musterbilder (L/1)
	29 Caravane	(Wo hast du das genommen)	= oT (U/1)
	30 Adam und Eva	(Behandelt die Frauen mit Nachsicht)	= oT (Betr/14)
	31 Tulbend	(Komm, Liebchen, komm! umwinde mir die Mütze)	= oT (Sul/14)
	32 Gläubige Perle	(Vom Himmel sank, in wilder Meere Schauer)	= oT (Pb/1)
	33 Perle Widerspenstig	(Die Perle die der Muschel entrann)	= oT (Pb/4)
	34 Koran und Becher	(Ob der Koran von Ewigkeit sei)	= oT (Sch/3)
	35 Pfauenfeder	(Ich sah, voll Staunen und Vergnügen)	= oT (Pb/5)
	36 Ungewisses	(Reitest du bei einem Schmied vorbei)	= oT (Betr/6)
	37 Unverborgnes	(Was ist schwer zu verbergen? Das Feuer)	= Geständnis (S/6)
	38 Cassiere	(Ein Kaiser hatte zwei Kassiere)	= oT (Pb/6)
	39 Selbstbehagen	(Alle Menschen groß und klein)	= oT (Pb/8)
19 Höre den Rat den die Leier tönt	= 40 Rat		= oT (Betr/1)
20 ?			
21 Übermacht, ihr könnt es spüren	= 41 Übermacht und Gegner		= oT (U/4)
22 Wenn du auf dem Guten ruhst	= 42 Weltlauf		= oT (U/5)
	43 Trunkenheit	(Trunken müssen wir alle sein)	= oT (Sch/4)
23 Solang man nüchtern ist	= 44 Geschärftes Urteil		= oT (Sch/6)
24 Dichten ist ein Übermut	= 45 Dichten		= Derb und tüchtig (S/15)
25 Keinen Reimer wird man finden	= 46 Selbstgefühl		= oT (U/2)
26 (Jesus auch er darf da lehren)			
27 Als wenn das auf Namen ruhte	= 47 Landsleute		= oT (U/6)
	48 Rumi	(Verweilst du in der Welt, sie flieht als Traum)	= Dschelâl eddîn Rumi spricht (Betr/24)
	49 Ferdusi	(O Welt! wie schamlos und boshaft du bist)	= Ferdusi spricht (Betr/23)
	50 Medschnun	(Medschnun heißt – ich will nicht sagen)	= oT (U/7)
	51 Handwerk	(Hab ich euch denn je geraten)	= oT (U/8)
28 Staub ist eins der Elemente			= All-leben (S/16)
29 Sagt es niemand, nur den Weisen	= 52 Selbstopfer		= Selige Sehnsucht (S/17)
30 ?			

Nr.	Titel	Incipit	Sigle
53	Liebchen benamst	(Daß Suleika von Jussuph entzückt war)	= oT (Sul/2)
54	Dichter benamst	(Da du nun Suleika heißest)	= oT (Sul/3)
55	Hudhud	(O wie selig ward mir)	= Gruß (L/11)
56	Kaisergaben	(Nur wenig ists was ich verlange)	= oT (Sul/14)
57	Überboten	(Hätt ich irgend wohl Bedenken)	= oT (Sul/15)
58	Rosenöl	(Dir mit Wohlgeruch zu kosen)	= An Suleika (T/2)
59	Evangelium	(Vom Himmel steigend Jesus bracht)	= oT (Pb/9)
60	Gottesgedanken	(Bei Mondenschein im Paradeis)	= Es ist gut (Pb/10)
61	Nachtgespenster	(Mitternachts weint und schluchzt ich)	= Schlechter Trost (L/9)
62	Abraxas	(Süßes Kind, die Perlenreihen)	
63	Unhold	(Warum du nur oft so unhold bist)	= oT (Sch/7)
64	Bulbul	(Bulbuls Nachtlied, durch die Schauer)	= oT (Pb/2)
65	Vermächtnis	(Welch Vermächtnis, Brüder, sollt' euch kommen)	= Vermächtnis altpers. Glaubens (Ps/1)
66	Rebe	(Wenn der Mensch die Erde schätzet)	= oT (Ps/2)

31 Wer kann gebieten den Vögeln
32 Über meines Liebchens Äugeln
33 ? „Wir sind emsig nachzuspüren"

67 Staub
68 Unverwehrtes = Unvermeidlich (L/13)
69 Liebchen = Geheimes (L/14)
70 Offenbar Geheimnis = Geheimstes (L/15)

Abkürzungen:

oT = ohne Titel

NuA = ‚Noten und Abhandlungen' zum West-östlichen Divan

Die Tabelle umfaßt nur die in dem Beitrag II behandelten Partien der Reihen D und WR.

Die Nummern, die Goethe aus diesen Teilen des Divans ausgeschieden hat:

D9 – gedruckt 1827, unter dem Titel ‚Der neue Copernicus', in Band 3, Abteilung ‚Lyrisches', der Ausgabe letzter Hand

D13 – zuerst, ohne Titel, 1836 in Eckermann-Riemers Quart-Ausgabe (Q), Bd. I – West-östlicher Divan, Buch der Betrachtungen

D26 – zuerst 1914 in Band 53 der Weimarer Ausgabe, Abt. I

WR62 – ‚Abraxas' – zuerst, unter dem hinzugefügten Titel ‚An Suleika', 1836 in Q, Bd. I – West-östlicher Divan, Buch Suleika.

Für die Namen der ‚Bücher' stehen in der Tabelle die Siglen:

S: Buch des Sängers – L: Buch der Liebe – Betr: Buch der Betrachtungen – U: Buch des Unmuts – T: Buch des Timur – Sul: Buch Suleika – Sch: Das Schenkenbuch – Pb: Buch der Parabeln – Ps: Buch des Parsen.

Die Ziffern, welche die Stellung der Gedichte innerhalb der ‚Bücher' bezeichnen, stimmen – außer beim Schenkenbuch – überein mit der Zählung in H. A. Maiers kritischer Ausgabe (Kommentar – Tübingen 1965).

beruft, den Dichter zu verjüngen.[66] Chiser nämlich – das ist ‚der Grünende',
‚der Grüne'; „ein ehrwürdiger Greis, in grünen Mantel gehüllt", „Hüter des
Quells des Lebens, der Hafisen davon zu trinken vergönnte".[67]

Jahre danach wird alles dies – die Nacht und die Elemente, die Feuchte, das
Leuchten, das ‚Sehnen' wie das ‚Gruneln' – im Werk wiederkehren, bild- und
gestalthaft und doch auch mit gleichen Worten: im Finale der *Klassischen Walpurgisnacht;*[68] wenn Homunculus, unter dem Zeichen des „Eros, der alles begonnen",[69] sich zerschellt und ins Meer verströmt, in das ‚All-Leben' – an-
schaulichstes Beispiel des „Stirb und werde".

An solcher unbewußten Entsprechung, späten ‚Zurückspiegelung'[70] erweist
sich noch einmal, wie die beiden Gedichte, in quasi osmotischem Austausch,
kommunizieren.

Um so erstaunlicher ist es, daß Goethe im Wiesbadener Register – und das
ist der Vorgang, den wir meinen – die innige Verbindung dieses Paares auseinandergerissen hat.[71]

Das erste der beiden, D 28, das man erwarten durfte hier unmittelbar vor seinem Geschwister D 29 = WR 52 anzutreffen, findet sich, weit von ihm entfernt,
als hätte der Zustrom des Neuen es hinweggetragen, am Ende der umfangreich-
sten Einschaltung (WR 53–66); unter der Nummer WR 67 und dem Namen
Staub angeschlossen an WR 65 *Vermächtnis* („Welch Vermächtnis, Brüder sollt'
euch kommen …") und seinen Appendix WR 66 *Rebe* („Wenn der Mensch die
Rebe schätzet …"), welche ihrerseits für die Dauer ein Paar bilden.[72]

Staub hat mit *Vermächtnis* die Beziehung auf die Elemente gemeinsam, auf
das Leben-Wirkende, auf das All.[73] Die neue Bindung ist freilich ungleich fla-
cher und lockerer als die ursprüngliche und könnte die Zerreißung des organisch gewachsenen Paares kaum rechtfertigen. Offenbar kam es Goethe jedoch auf das andere Gedicht an, auf D 29 = WR 52 „Sagt es niemand, nur den
Weisen …", und dieses allerdings gelangt durch die Trennung in ganz neue,
bedeutende Zusammenhänge.

Es befindet sich nun zwischen zwei größeren Gruppen: einer vorausgehen-
den älteren, welche ihm anfänglich nahe stand, vorwiegend Unmuts-Gedichte
vom Sommer 1814, und die jetzt durch vier angehängte neue Nummern (WR
48–51) verstärkt worden ist; und einer folgenden, dem erwähnten Einschub
WR 53–66.

Umgeben also von lauter neuen Gedichten, scheint es zunächst isoliert;
aber in Wirklichkeit nimmt es eine Mittler-Stellung ein und bedeutet einen
Wendepunkt.

Selbstopfer heißt es nun (nachdem es auf dem Blatt von R lediglich, mit Bezug auf Hafis, ‚Buch Sad Gasele 1' überschrieben gewesen war[74]). Der neue Name schließt es an die vorausgehende alt-neue Unmuts-Gruppe (WR 40–51) an
und, noch um ein Glied weiter zurück, an das Ende des ersten großen Einschu-

bes (WR 28–39). Von dieser Nummer 39 *Selbstbehagen* über WR 46 *Selbstgefühl* zieht sich zu WR 52 *Selbstopfer* im Anklang der Namen eine Linie.

„Der Unmut [ist] stets egoistisch."[75] An dieser Stelle von WR gipfelt er geradezu, in den zwei Nummern, die Goethe soeben direkt vor *Selbstopfer* plaziert hat: *Medschnun* (WR 50 – „Medschnun heißt, ich will nicht sagen …")[76] und *Handwerk* (WR 51 – „Hab ich euch denn je geraten …").[77] Beidemale spricht, entschiedener und heftiger als in allen übrigen Stücken des *Rendsch nameh*, der Dichter in eigener Sache, in der Ersten Person Singularis: Ich.

Im *Buch des Unmuts*, später, ist mit diesen „Explosionen"[78] alles ‚Egoistische' erloschen, verraucht. Die knappe grobe Abfertigung: „Seht ihr aber meine Werke, / Lernet erst: So wollt ers machen!",[79] in die der ganze Ärger und Groll noch einmal zusammengefaßt ist, schließt die Reihe der selbstischen Gedichte ab; unhörbar folgt ein ‚Punktum', ein ‚Basta'. Schon in dem Sprung von „meine" zu „ers", zeigt sich der Umschwung an. Blättert man jetzt aber um,[80] so wird das zu einem kleinen symbolischen Akt: in einem Ruck scheint alles Persönliche abgeschüttelt, und auf der neuen Seite empfängt uns mit dem Titel *Wanderers Gemütsruhe*[81] die neue Stimmung: souverän-verächtliche Gelassenheit und ein hoher Mut, der unbekümmert seinen Weg verfolgt. Von nun an kommt das Wort ‚ich' nicht mehr vor.

Analog markiert im Wiesbadener Register *Selbstopfer* den Punkt, an dem der aufs äußerste gebrachte ‚egoistische' Unmut umschwingt. Der Dichter wendet sich von der ‚Menge' ab, zu den ‚Weisen'. Das Ich, das Selbst, das in die Hybris zu geraten drohte, löscht sich aus – in einem beinahe dramatischen Vollzug, mit der Wirkung einer Katharsis.

Seinen vollen Sinn erschließt indessen Goethes gliedernder Eingriff erst, wenn wir betrachten, was in WR nun folgt:

Liebchen benamst, Dichter benamst heißen die nächsten zwei Namen (WR 53–54); und sie leiten eine ganze Gruppe von Liebesgedichten[82] ein. Das ‚anmaßliche' Selbst, das Ich ist gestorben, der ‚egoistische' Unmuts-Dichter ein anderer geworden: Hatem der Liebende, einem Du zugewandt: „Du, die so lange mir erharrt war …"[83].

Der Liebende erfährt Entselbstung: in der *Elegie* von Marienbad hat Goethe es noch einmal gesagt:

> Vor ihrem Blick, wie vor der Sonne Walten,
> Vor ihrem Athem, wie vor Frühlingslüften,
> Zerschmilzt, so längst sich eisig starr gehalten,
> Der Selbstsinn tief in winterlichen Grüften;
> Kein Eigennutz, kein Eigenwille dauert,
> Vor ihrem Kommen sind sie weggeschauert.[84]

Auch im *Buch Suleika* klingen die Motive des Selbstopfers, der Verwandlung, des Verbrennens – wie schon Burdach (1911) erkannt hat[85] –, halb scherzhaft getönt, mehrmals wider:

> Hätte sie sich weggewendet,
> Augenblicks verlör ich mich.
>
> Nun mit Hatem wärs zu Ende,
> Doch schon hab' ich umgelost:
> Ich verkörpre mich behende
> In den Holden den sie kost ...[86]
>
> Findet sie ein Häufchen Asche,
> Sagt sie: der verbrannte mir![87]

Dazu bemerken die *Noten und Abhandlungen* – nicht etwa zum *Buch Suleika*, sondern zum ‚selbstischen' *Buch des Unmuts:*

Sodann aber werden wir ihm [dem Dichter] zugestehen, daß er mancherlei Anmaßungen dadurch zu mildern weiß, daß er sie, gefühlvoll und kunstreich, zuletzt auf die Geliebte bezieht, sich vor ihr demütigt, ja vernichtet.[88]

In Goethes Vorbild bei Hafis-Hammer – ‚Buchstabe Sad, Ghasele 1' – heißt es:

> Wie die Kerze brennt die Seele
> Hell an Liebesflammen,
> Und mit reinem Sinne hab ich
> Meinen Leib geopfert.
> Bis du nicht wie Schmetterlinge
> Aus Begier verbrennest,
> Kannst du nimmer Rettung finden
> Von dem Gram der Liebe.[89]

Die Liebe ist hier gewiß als ein amor dei zu verstehen, das Opfer als mystisch. *Selbstopfer* hingegen, verbunden mit *Liebchen benamst* und *Dichter benamst*, meint irdische Liebe, irdische Verwandlung. Die Konternation WR 52–54 kehrt an dem Gedicht die nicht-metaphysischen Züge hervor. Insofern können Interpreten, die im Hinblick auf verwandte Äußerungen Goethes[90] den diesseitigen Charakter des Ganzen behaupten, sich bestätigt finden.

Auch wenn Hatem – in dem zitierten Dialog über die Persönlichkeit – ‚prahlerisch'[91] gleich mehrere Inkarnationen zur Wahl stellt: „Möchte, wo nicht gar ein Rabbi, / (...) / Doch Ferdusi, Motanabbi, / Allenfalls der Kaiser sein",[92] deutet dies auf irdische Metamorphosen, ebenso wie der Gedanke der Seelenwanderung, mit welchem Goethe damals gelegentlich spielt.[93]

Wir müssen jedoch den *Wink* beachten, den der Dichter gerade im Divan allen Auslegern gibt: „Denn daß ein Wort nicht einfach gelte, / Das müßte sich

wohl von selbst verstehn".[94] Und, mehr noch, was er in Bezug auf die eroti-
schen ‚Bücher' der Sammlung wiederholt hervorgehoben hat:

manche dieser Gedichte [des *Uschk nameh*] (...) können nach orientalischer Weise auch
geistig gedeutet werden.
   Auch hier [im *Suleika nameh*] dringt sich manchmal eine geistige Bedeutung auf, und
der Schleier irdischer Liebe scheint höhere Verhältnisse zu verhüllen.[95]

Der Vorgang, den wir betrachtet haben, steht bei Goethe, nicht nur im Bereich des Wiesbadener Registers, vereinzelt da. Mitten unterm sachlichen
Gruppieren, Beziffern, Benennen ein unvermutet eigenwilliger, fast leidenschaftlicher Akzent. An dieser einen Stelle gewinnt die provisorische, mit wenigen entschiedenen Griffen angelegte Reihe eine andere Dimension.

   Goethe, mit seiner Kunst, Gedichte „durch Stellung zu verbinden",[96] hat
diesesmal eine bestehende, organisch-innige Verbindung zerstört, um die neue
herzustellen, auf die es ihm ankam. An der aufgebotenen Energie läßt sich
ermessen, wie stark er die Wendung zu Suleika, die Verwandlung in Hatem
– beides erst wenige Tage zuvor vollzogen – als Einschnitt, als ‚Epoche' empfand.[97]

   Der Vorgang, in seiner stillen Vehemenz, ist unbemerkt geblieben. Als das
Wiesbadener Register ausgedient hat, nach wenigen Monaten bereits, im
Herbst 1815, kehrt das gewaltsam entfernte Gedicht, wie von einem verschwiegenen Abenteuer, an seinen alten Platz, in die ursprüngliche Bindung zurück.[98]

III. Die Namen im Wiesbadener Register[98a]

Die Namen, mit denen Goethe im Wiesbadener Register vom 30. Mai 1815 *des
Deutschen Divans mannigfaltige Glieder* bezeichnet hat, genießen in Editionen
und Kommentaren seit langem gleichen Rang mit den Überschriften der Reinschrift-Blätter (R) und mit den Titeln der authentischen Drucke; man nennt
sie Vorstufen von Titeln, häufiger noch geradezu Titel. Der Brauch ist alt, aber
nicht gut.

   Schon am 16. Mai 1815, eine Woche vor dem Antritt der Badereise, hatte
Goethe einen Brief entworfen, der seinen Verleger Cotta mit „Vorsatz" und
„Absicht" des dichterischen „Unternehmens" bekanntmachen sollte; er nennt
einen gegenwärtigen Umfang von „ohngefähr hundert größeren Gedichten",
betont jedoch wiederholt, dieser „müsse sich noch um manche Glieder vermehren".[99]

   Das Verzeichnis vom 30. Mai sollte und konnte also nur vor Augen führen,
was zu diesem Zeitpunkt erreicht war, was sich darin ankündigte und was noch

zu leisten sei; eine Zwischen-Bilanz, ausschließlich zu rascher Orientierung für den Autor selber.

In seinem Brief vom 7. Juni 1815 berichtet Goethe nach Hause, „ein frischer Adreßkalender der ganzen Versammlung" sei geschrieben.[100]

„Adreßkalender" – das heißt: ein Verzeichnis, welches durch Namen die einzelnen Glieder der „Versammlung" deutlich von einander unterscheidet und durch Nummern die Stellen angibt, wo sie zu finden sind.
Zu diesem Zweck mußte ausnahmslos ein jedes Blatt der Reinschrift R beziffert und, unter der gleichen Nummer, in dem Verzeichnis WR benannt werden.

Die Mehrzahl dieser Namen darf man daher als bloße Merk- und Kennwörter ansehen.

Hierfür spricht bereits, daß von den 91 Gedichten, die aus dem Bestand des Wiesbadener Registers in die Erstausgabe (E) übergegangen sind, mehr als drei Viertel, nämlich 66, ihre Namen eingebüßt haben; davon sind 40, also über die Hälfte, ganz unbetitelt geblieben; die übrigen 26 tragen zwar Titel; keiner jedoch klingt an den früheren Namen an. Lediglich 25 Gedichte haben also die Namen aus WR als Titel in den *West-östlichen Divan* mitgeführt; die Mehrzahl (14) unverändert, der Rest mit einiger Abwandlung.[101]

Als Kenn- und Merkwörter erweist diese Namen aber auch ihre Physiognomie.

Titel sind dem Leser zugedacht, zugewandt. Goethe hielt, laut Eckermann, Gedicht-Titel für einen zwar nötig gewordenen, doch eigentlich nicht zur Sache gehörigen „Gebrauch der Neuern".[102] Er hat ganze Gruppen oder Rubriken seiner Lyrik gesamthaft betitelt und ihre Glieder durch Nummern unterschieden;[103] in besonderen Fällen Titel auf die bloßen Gattungsnamen reduziert.[104]

Was er seinen lyrischen Gedichten als Titel mitgab, das hat er gern im Allgemeinen gehalten; absichtsvoll unbestimmt, manchmal fast rätselartig; zum Nähertreten anreizend und einladend, ohne schon einen Zugang zu eröffnen. Ihre Stimmigkeit erweist sich oft erst im Rückblick.

Demgegenüber sind die Namen im Wiesbadener Register großenteils gegenständlich, eindeutig, handfest bis zum Derben. Man vergleiche etwa:

WR	E
13 Hafis Dichtercharakter	Unbegrenzt
15 Kunstreime	Nachbildung
17 Urvater	Erschaffen und Beleben
19 Liebe und Krieg	Zwiespalt
20 Seltnes Meteor	Phänomen
21 Bunte Felder	Liebliches
26 Locken und Zöpfe	Gewarnt

27	Locken	Versunken
28	Liebende	Musterbilder
45	Dichten	Derb und tüchtig
52	Selbstopfer	Selige Sehnsucht
55	Hudhud	Gruß
58	Rosenöl	An Suleika
60	Gottesgedanken	Es ist gut
61	Nachtgespenster	Schlechter Trost
67	Staub	All-Leben
69	Liebchen	Geheimes
73	Herr und Herrin	Höchste Gunst
78	Schwänchen und Schwan	Schenke spricht
82	Mystische Zunge	Offenbar Geheimnis
83	Widerruf	Wink
90	Dichterglück	Dreistigkeit

Dabei zeigt sich:

WR	E
setzt in der Regel die Sache, bezeichnet vom Inhalt das Stoffliche	setzt vornehmlich Begriffe, bezeichnet vom Inhalt das Geistig-Allgemeine
verwendet mehr Dingwörter, zumal Konkreta (15, 17, 20, 21, 26, 27, 28, 55, 58, 61, 67, 69, 73, 78)	verwendet mehr Abstrakta
nimmt mit Vorliebe Ausdrücke aus dem Text auf (55, 60, 69, 73, 78, 82), gern auch solche aus der ersten Zeile, ja das Anfangswort (26, 27, 45, 67)	vermeidet dies

Selbst wo in WR einmal Abstrakta vorkommen, führen sie einen Rest von Aktivität mit sich (19, 45, 52, 83).

Das bisher Festgestellte bestätigt sich, wenn wir diejenigen Nummern des WR betrachten, die in E überhaupt ohne Titel geblieben sind. Die Anzahl gegenständlicher Namen ist hier womöglich noch größer, die Verwendung von Ausdrücken aus den Gedichten selbst noch häufiger.

Allerdings trifft man auch viele Abstrakta an;[105] das hängt damit zusammen, daß „diese Dichtungsart zur Reflexion hintreibt".[106] Doch gilt auch von diesen Namen, was oben von den Abstrakta in WR gesagt wurde: *Geschärftes Urteil* zum Beispiel und *Überboten* enthalten ein aktives Element, *Prophetentrutz, Herrenrecht und Dienstpflicht* eins der Spannung.

Überhaupt entfaltet WR Gegensätze, welche ein Gedicht umschließt, häufig bereits im Namen. So ergeben sich anschauliche Kontraste: WR. 19 *Liebe und*

Krieg – WR 26 *Locken und Zöpfe* – WR 30 *Adam und Eva* – WR 34 *Koran und Becher* – WR 41 *Übermacht und Gegner* – WR 73 *Herr und Herrin* – WR 74 *Kellner und Schenke* – WR 78 *Schwänchen und Schwan* – WR 84 *Winter und Timur.* Der *West-östliche Divan* hingegen hat einzig den letzten dieser paarigen Titel übernommen und weist im ganzen nur noch drei weitere auf: *Erschaffen und Beleben* – *Lied und Gebilde* – *Derb und tüchtig.*[107]

Bisweilen machen die Namen benachbarte Gedichte als Teile einer Handlung unterscheidbar: WR 53–54: *Liebchen benamst* – *Dichter benamst;* WR 75–76: *Des Schenken Eifersucht* – *Schenke liebt.*

Gelegentlich auch schafft WR mittels der Namen für das Auge einen Zusammenhang, der vom Inhalt her gar nicht besteht. So wird WR 35 *Pfauenfeder* – gemeint ist die wirkliche, die als Lesezeichen in einem gebundenen Koran liegt – zu WR 34 *Koran und Becher* gesellt;[108] der Name täuscht etwas ähnlich Konkretes vor, aber in Wahrheit behandelt das Gedicht – heiter zwar und trinkfreudig – theologische Streitfragen des Islam.

Wie oben schon erwähnt, zeigt der Ausdruck „frischer Adreßkalender" an, daß es einen älteren gegeben hat – vermutlich die 53 Nummern umfassend, die am Jahresende 1814 den ersten *Deutschen Divan* (D) bildeten. Damit stellt sich die Frage, ob nicht Goethe die Namen aus diesem Verzeichnis einfach in das WR übernommen, das heißt, als er den Zuwachs an Gedichten dem älteren Corpus D einverleibte, neu nur die neuen Gedichte habe benennen müssen.

Hierzu würde es stimmen, daß von den 14 (15) Namen aus WR, welche unverändert als Titel in E übergegangen sind, 9 (10) bereits auf schwarzbezifferten Blättern von R stehen; meist zwar später als die Gedichte selbst geschrieben, doch möglicherweise zur gleichen Zeit wie das ältere Register.[109] (Einzelne bedeutendere Gedichte haben übrigens – wie aus dem Tagebuch hervorgeht – ihre Titel schon gleich nach der Entstehung erhalten.[110])

So scheint manches darauf hinzuweisen, daß die Mehrzahl der unverändert als Titel nach E gelangten Namen bereits vor dem 30. Mai 1815 vorhanden gewesen sei, mithin WR selbst nur wenige solcher bleibenden Formulierungen beigetragen habe. Das wäre einmal zu untersuchen.

Die Benennung der Gedichte im Wiesbadener Register ist als ein vorwiegend pragmatischer Akt anzusehen. Goethe scheint dabei, ähnlich wie beim Verknüpfen, Bündeln, Einschalten der neuen Produktionen, rasch und energisch vorgegangen zu sein. Manches wirkt zufällig, beliebig, gewaltsam; wovon dann freilich unvermutet – wie bei der Gruppierung um WR 52 *Selbstopfer*[111] – ein vereinzelter, Zusammenhänge stiftender und erschließender Akzent sich um so eindrücklicher abhebt.

Unstreitig wertvoll bleiben die Namen des WR für die Divan-Forschung. Die bindenden Funktionen, die manche von ihnen innerhalb der Reihe erfüllen, geben Aufschluß über frühe struktive Tendenzen; andere Namen verraten uns Strebungen des Dichters, die später von den Titeln verdeckt worden sind, oder kehren wenig beachtete Seiten eines Gedichtes hervor; wobei man indessen nicht verkennen darf, daß die drastische Dinglichkeit oft nur der Unterscheidung dient. Zuweilen aber bewahren die Namen auch Reste ursprünglicher realer Eindrücke, die sich aus den Gedichten selbst verflüchtigt haben. Dies alles kann wichtig sein für die Geschichte des Divans wie für die Einzel-Interpretation.

Es hieße jedoch den Rang der echten Titel, die Goethe geprägt hat, herabmindern und ihre Eigenart verwischen, wollte man – wie bisher – ihnen die Merkwörter des Wiesbadener Registers gleichsetzen, deren meiste zur Veröffentlichung weder bestimmt noch geeignet waren, ja deren Wesen dem eines Titels bei Goethe oft geradezu widerspricht.

So ist es ratsam, nur jene Namen des Wiesbadener Registers als Titel gelten zu lassen, die es im *West-östlichen Divan* wirklich geworden sind.

Erstdruck: Bild und Gedanke. Festschrift für Gerhart Baumann zum 60. Geburtstag. München 1980.

Siglen

D ,Deutscher Divan', zweite Entwicklungsstufe des WöD, Dezember 1814

E Erstausgabe des WöD, Stuttgart und Tübingen 1819

R Reinschrift der Gedichte des WöD

U ,Gedichte an Hafis', erste Entwicklungsstufe des WöD, Sommer 1814

Anmerkungen

„An" vor Personennamen bezeichnet Adressaten der Briefe Goethes, „zu" vor Personennamen Partner seiner Gespräche; der Ort ist, wenn nicht anderes genannt wird, Weimar.

[1] veröffentlicht von a) Konrad Burdach 1888, WA Werke 6, 313 ff.; den einzelnen Nummern beigefügt Angaben über die Stelle der Gedichte in WöD; sie fehlen zu WR 85 *Dichtungsarten* und WR 95 *Alles Golden*. Den Abdruck wiederholen: b) Hans Gerhard Gräf, *Goethe über seine Dichtungen*, III, 2/II., Frankfurt a. M. 1914, 943 ff., Tab. XVII – c) Burdach, *Welt-Goethe-Ausgabe*, Bd. WöD, Leipzig 1937, 380–384; die beigefügten Angaben zum Teil irrig – d) Weitz, WöD, Leipzig 1949 (Wiesbaden 1951), 281–284 – e) Ernst Grumach: *Werke Goethes*, hg. v. d. Deutschen Akademie d. Wissensch. zu Berlin, WöD (Bearb. E. G.), Bd. 3 Paralipomena, Berlin-Ost 1952, 3–6,

ohne Angaben zu WR 85, WR 95 – f) L. L. Hammerich, *Zwei kleine Goethestudien:* Historik-filosofiske Meddelelser udg. af Det Kongelige Danske Videnskabernes Selskab, Bd. 39, Nr. 6, København 1962, 55–60 – g) Maier (1965), 62 f., ohne weitere Angaben – h) Heinz Kristinus, *Das Buch des Sängers als Zyklus:* Schriften d. Inst. f. Deutsche Sprache und Literatur Nr. 5, Ankara Üniversitesi Basimevi 1966, 56 ff., Tab. C – i) Weitz, WöD, ²Leipzig (Frankfurt a. M.) 1972, 279–283.

² WA Br 26, 5 21 ff.

³ GT 14. 12. 1814 = WA Tageb 5, 143 8.

⁴ Gustav v. Loeper in seiner Ausgabe des WöD, Berlin (Hempel [1872]), XXIV; danach Burdach 1904, 24; 1930, 73 und 84.

⁴ᵃ den sieben Nummern D 10–16 entsprechen in WR nur sechs (19–24), da D 13 („Sollt' einmal durch Erfurt fahren …" – WA Werke 6, 278) dorthin nicht übernommen worden ist; in den Folgen D 21–27 = WR 41–47 hat sich dagegen die Anzahl sieben nicht geändert: D 26 („Jesus auch er darf da lehren" – WA Werke 53, 36) ist zwar ausgeschieden worden, andrerseits WR 43 (,Trunkenheit' = ,Trunken müssen wir alle sein …" – WA Werke 6, 204) neu hinzugekommen.

⁵ an Riemer, Wiesbaden 29. 8. 1814; WA Br 25, 27 24–28 3.

⁶ Maier, 11 f. und 94 f.

⁷ *Elemente, Beiname, Offenbar Geheimnis*, „Wenn du auf dem Guten ruhst …"

⁸ WA Werke 6, 316 17; 360 3–2 v. u.

⁹ Burdach 1904, 21–29 (besonders 24 unten, 26 f.); Burdach 1930, 76.

¹⁰ WA Br 25, 1 6 f., 19 f.

¹¹ vgl. die Datierungen WA Werke 6 und bei Maier.

¹² WA Werke 3, 55.

¹³ WA Werke 3, Lesarten 390; WA Werke 6, Lesarten 369, zu *Zwiespalt*.

¹⁴ WA Werke 53, 549, Lesarten zu WA Werke 3, 390, Hᵃ (die Strophen-Einteilung der Hss. verschieden).

¹⁵ WA Werke 53, 549 (Lesarten zu WA Werke 3, 390); WA Br 348 (Lesarten zu Nr. 6882); WA Tageb 5, 354 (Lesarten zu 119 26).

¹⁶ Burdach 1904, 28 f.

¹⁷ WA Werke 6, 205; bereits *Elemente*, Str. 5 – WA Werke 6, 14 – kündigt den Antagonismus an.

¹⁸ WA Werke 6, 102 f., Verse 6–12, 17–24; 397 (Variante zu Vers 17–20).

¹⁹ WA Werke 53, 36 und (Lesarten) 465.

²⁰ Maier, 412; Wahle (WA Werke 53, 465) datiert zwischen 26. und 29. 7. 1814.

²¹ Burdach 1904, 23; 38–42; 38 Anm. 1 (Nachtrag); 1905, 415; 1911, 23 (zu Tafel III).

²² WA Werke 6, 6, Vers 42; vgl. *Einlaß*, ebd. 253 f.

²³ Burdach 1904, 40 f.

²⁴ WA Werke 53, 145 4 f., 146 7 f.

²⁵ *Der Diwan von Mohammed Schemsed-din Hafis*. Aus dem Persischen zum erstenmal ganz übersetzt von Joseph v. Hammer. Erster Theil, Stuttgart u. Tübingen 1812 [1814], Vorrede, XXXVII.

²⁶ ebd. XXXI f., XXIII.

²⁷ WA Werke 6, 362 (Lesarten zu *Hegire*, Vers 4).

²⁸ Von den Jüngern handelt offenbar auch ein dreistrophiges Fragment gleichen Versmaßes und verwandten Tons – „Die Bedingung doch ist engste …" (WA Werke 53, 37) –, welches Wahle (ebd., Lesarten 466), wohl mit Recht, als möglicherweise zu D 26 gehörig bezeichnet. Die dritte dieser Strophen springt von der 3. Pers. Plur. in die 1. um; hier scheinen, mit schlaraffenmäßigem Behagen, andere Paradies-Anwärter

zu sprechen. – WA Werke 6, 471, Paralip. II, 7 (H[52]) Ansätze einer abweichenden Fassung.

[29] Diese Strophe berührt sich, mehr oder weniger eng, zumal in dem Reimpaar „geboren-verloren", mit der Marien-Strophe der beiden Fassungen des Frauen-Gedichts im *Chuld nameh* (WA Werke 6, 251 f., *Auserwählte Frauen*, Str. 3; erste Fassung, datiert 10. 3. 1815, ebd. 444 f., Str. 5). Julius Wahle hat daraus schließen wollen, „daß hier eine noch frühere Fassung dieses Gedichtes vorliegt" (1914, WA Werke 53, Lesarten 465); andere Herausgeber, auch Maier (412), sind ihm gefolgt. Gegen diese Vermutung spricht manches.

Maria (Miriam) ist, als jungfräuliche Mutter – nach christlicher Lehre: Gottes, nach islamischer: des Propheten Isa – allemal im Himmel, im Paradies zu Hause. Goethe spricht in D 26 von ihr allein; weibliche Paradies-Bewohner sind außer ihr nur die (nicht-irdischen) Huris. Er spricht ironisch, höhnend: seit je hat er sich immer wieder über das Dogma der immaculata conceptio mokiert. In D 26 sucht er mit einer Variante – auf dem Blatt von R, unterhalb der Marien-Strophe – das Absurdum durch ein ‚quia' noch zuzuspitzen: „Weil sie einen Sohn geboren / Ist als Jungfrau benedeit". Von dieser Maria als Ärgernis führt zu ihrer Verherrlichung in dem Frauen-Gedicht kein künstlerischer Weg.

Wohl begegnet Goethe im Lauf seines Lebens immer wieder dieser selben Gestalt; seine höchst divergenten Äußerungen bezeichnen Stufen der eigenen Entwickelung, der Betrachtung von verschiedener Höhe aus; die späteste, oberste: der Schluß des *Faust*. Aber die Marien-Strophe in D 26 und die im Frauen-Gedicht (beider Fassungen) gehören nicht demselben künstlerischen Prozeß an (Aus dem Reimwort ‚geboren', welches im Fall der Gottes-Mutter recht nahe liegt, kann man kein Indiz machen.).

Das Frauen-Gedicht beruht vielmehr auf einem bestimmten einheitlichen Grundriß, den Goethe erst sieben Monate nach der Niederschrift von D 26 – in Johann v. Rehbinders Büchlein über Mohammed (Kopenhagen 1799) – gefunden und als ein eigentümliches Ganze sofort übernommen hat:

Die vier schönsten Weiber*
Ahia Königin v[on] Egypte[n]
Maria
Cadisga Gemahlin ⎫
Fatime Tochter   ⎭ Mahoms
(WA Werke 6, 479, Paralipomena III, Nr. 23, H[1])* bei Rehbinder: „die vollkommensten Frauen".

Entliehen hat Goethe Rehbinders Schriftchen am 23. Februar 1815, zurückgegeben wurde es am 19. Mai (Goethe als Benutzer der Weimarer Bibliothek. Ein Verzeichnis ... bearb. v. Elise von Keudell, Weimar 1931, 154, Nr. 972). Das Tagebuch vermerkt Lektüre am 9. und am 10. März 1815 (WA Tageb 5, 152 17f., 21.). Damals offenbar hat Goethe die oben zitierte Notiz gemacht, und noch am 10. März ist die erste Fassung des Gedichts entstanden.

Das Fragment vom Juli 1814 dagegen zielt, verfrüht allerdings, auf ein Gesamtbild des ‚mahometanischen Paradieses', wie es dann 1819 im Nacheinander der vier ersten Gedichte des *Chuld nameh* sich zusammenfügte. Den Jesus/Jünger- und Huri-Strophen sollten andere voraufgehen. Dafür spricht schon das „auch" in der ersten Zeile des Fragmentes, sodann aber, vor allem, daß in R (Wahle a. a. O.:) „fast ein Drittel der Seite oben (...) unbeschrieben" ist; Raum für „noch einige Zeilen", nach Maier (412) sogar für „zwei oder drei Strophen".

Das weitgreifende Fragment „Jesus auch er darf da lehren ..." läßt sich also nicht gut zu einer Vorstufe des Frauen-Gedichtes verengen.

[30] WA Werke 41/I, 89 9.

[31] WA Werke 1, 323, Nr. 66; WA Werke 53, 8ff., Nrn. 1, 5−11.

[32] zum Beispiel zu Wilhelm v. Humboldt, 1. 1. 1809, Gespr II, 409, Nr. 2883; zu Riemer, Jena 3. 8. 1809, ebd. 467, Nr. 3010; zu J. H. Meyer, Coudray und dem Kanzler v. Müller, 30. 6. 1824, Gespr III/1, 705, Nr. 5497.

[33] WA Werke 5/I, 95 (*Zahme Xenien* VII), Vers 153.

[34] WA Werke 14, 308 Paralip. 50, Verse 76−83.

[35] WA Werke 6, 266, Vers 38.

[36] GT 28.−29. 7. 1814 = WA Tageb 5, 120, 17f., 121 9f.; an Christiane, Hanau 28. 7. 1814, WA Br 25, 3 24f.; *Der Löwenstuhl*, Plan zur Oper: WA Werke 12, 294−307, Lesarten 421 f.

[37] *Der Löwenstuhl*, Dramen-Entwurf: WA Werke 12, 300−307, Lesarten 422−426; *Ballade:* WA Werke 3, 3−6, Lesarten 378f.

[38] GT 27. 7. 1814 = WA Tageb 5, 120 12ff.; auch 5. und 6. 8. = ebd. 123 16. 24; an Christiane, Hanau 28. 7. 1814; WA Br 25, 2 10−28; Wiesbaden 1. 8. 1814, ebd. 7 22ff.

[39] zum Kanzler v. Müller, 17. 5. 1826, Gespr III/2, 38f., Nr. 5828.

[40] ebd., 39

Weitere Belege: a) GT Fuligno 26. 10. 1786 = WA Tageb 1, 323 5ff. − b) an Carl August, Rom 13.−20. 1. 1787, WA Br 8, 139 1ff. − c) an Philipp Seidel, Rom 8. 12. 1787, WA Br 8, 307 27−308 2 − d) *Dichtung und Wahrheit* I, 1 (1811); WA Werke 26, 61 25−28 − e) an Josephine O'Donell, Jena 24. 11. 1812, WA Br 23, 166 17−24 − f) zu Sulpiz Boisserée, Darmstadt 20.[19.] 9. 1815, Gespr II, 1093, Nr. 4234 − g) an die Brüder Boisserée, 29. 1. 1816, WA Br 26, 237 15f. − h) an J. H. Meyer, Jena 25. 8. 1819, WA Br 31, 276 15f. − i) an Carl August 23. 12. 1820, WA Br 34, 52 21−24 − j) L. K. Vogel, nach 1826: *Goethes Gespräche.* Neu hg. v. Flodoard Frh von Biedermann, 4. Bd., Leipzig 1910, 482, Nr. 3124 − k) J. G. v. Quandt, 1830 (1870), Gespr III/2, 620, Nr. 6562. Die rasche Nachweisung der Belege a−d, g−i und k ist Herrn Dr. Wolfgang Herwig, Redaktion des Goethe-Wörterbuchs, Tübingen, zu verdanken.

[41] GT 1823, 12. 9. = WA Tageb 9, 114 16f.

[42] WA Br 25, 1 16f.

Diese „Späße", festgehalten in den Knittel-Strophen *Jahrmarkt zu Hünfeld, den 26. Juli 1814* (WA Werke 2, 268), sind bitter. Wir sehen einquartierte Soldaten, siegreich auch bei den Weibern und Bräuten der Daheimgebliebenen; diese haben das Zusehen, das Nachsehen: „Bauer und Bürger die schienen stumm, / Die guten Knaben beinahe dumm. / Beutel und Scheune war gefegt, / Und hatten keine Ehre eingelegt". Der Ton wird rasch unfroh, die Stimme klingt belegt. Das kleine Ganze hat einen schmerzlichen Zug, wie öfters, wenn dieser Dichter, der so viele Male „Frauen-Lob gepriesen", den Zwiespalt von Trieb und Treue berührt.

[43] ebd., 2 9f.

[44] Das Tagebuch vom 26. 7. 1814 (WA Tageb 5, 120 5f.) verzeichnet zwar, nach der Reise-Station Berka (an der Werra), auch Fach (Vacha) und Hünfeld, nicht aber dieses Buttlar, welches zwischen beiden liegt; in dem Brief an Christiane vom 28. 7. (WA Br 25, 1 16f.) ist allein von Hünfeld, in dem erwähnten Zusammenhang, die Rede. Im folgenden Jahr hingegen, wo Goethe dieselbe Straße befährt, wird Buttlar sowohl im Tagebuch (vom 25. 5. 1815, WA Tageb 5, 162 24ff.) wie in dem brieflichen Reise-Bericht (an Christiane, Wiesbaden 27. 5. 1815, WA Br 26, 2, lk. Sp. 5−10) mit allen übrigen Stationen genannt. Beides darf man als Zeichen der ‚Apprehension' ansehen, die 1814 von

dem Anblick der „Schutt- und Aschenhaufen" und andere Spuren des Krieges ausging.

[45] an Antonie Brentano, Wiesbaden 6.7.1815, WA Br 26, 28 15.

[46] *Der alte Diener Goethes* von A[malie] S[choppe] (1791–1858), zuerst in deren ‚Neuen Pariser Modeblättern', 19. Jg., Hamburg 1845; abgedruckt bei Anton Kippenberg, *Stadelmanns Glück und Ende*, 2. ‚Stadelmanns Ausgang' in: Jb. d. Sammlung Kippenberg, 2. Bd., Leipzig 1922, 273–284.

[47] zuerst gedruckt in: Das Neue Europa ... Hg. v. August Lewald, I. Bd., Karlsruhe 1846; abgedruckt *Stadelmanns Glück und Ende*, 1. Stadelmanns Tagebuch, a.a.O. (s. Anm. 46), 243–269. Dazu Kippenberg, 243, Fußnote 1: „Ob uns hier nur ein Bruchstück des Tagebuches überliefert ist, oder ob Stadelmann es (...) nicht weitergeführt hat, bleibt zweifelhaft."

[48] bei Kippenberg, a.a.O., 244f.

[49] an Carl August, Heidelberg 8.10.1815, WA Br 26, 95 23.

[50] Der Zeitpunkt läßt sich ziemlich genau bestimmen, da über die Fahrt von 1815, auf derselben Route wie die des Vorjahres, exakte Auskünfte vorliegen: GT 25.5.1815 = WA Tageb 5, 162 24f.; an Christiane, Wiesbaden 27.5.1815, WA Br 26, 2. lk. Sp. 5–9; vgl. auch Stadelmanns Tagebuch oben S. 224f.

[51] an Zelter, 17.5.1815, WA Br 25, 333 14f.

[52] an Zelter, 17.5.1815, ebd. 15–18; an Cotta, 16.5.1815 (nicht abgesendet): WA Werke 6, 316 15; 317 12; 318 1; auch WA Br 25, Lesarten 414ff. (nach Nr. 7108).

[53] Burdach 1930, laut: Sitzungsberichte d. Akad. d. Wissensch. zu Berlin, Nr. XV, 277 (Gesamtsitzung vom 8.5.). Die kurze Zusammenfassung (mit dem Vermerk: „Ersch. später") muß von ihm wo nicht verfaßt, so doch gutgeheißen worden sein. Erst die Veröffentlichung des ganzen Textes durch Grumach (1955,² 1959 – vgl. oben ‚Siglen und Abkürzungen': Burdach 1904) zeigte (S. 76), daß Burdach immerhin, zu Eingang des Vortrages, den provisorischen Charakter des WR betont hat.

[54] siehe oben Anm. 2.

[55] *Tag- und Jahreshefte* 1815 [1814], WA Werke 36, 93 9.

[56] siehe oben Anm. 4.

[57] siehe oben Anm. 5.

[58] D 10–12 = WR 19–21; dieselbe Folge in E – D 35–38 = WR 75, 77, 76, 78; in E andere Folge.

[59] Das Blatt von R enthält die zwei Gedichte, die in WR als 9 *Fetwa* und 10 *Anerkennung* getrennt sind; seit E im *Hafis nameh: Fetwa* und *Der Deutsche dankt*.

[60] D 18–18a = WR 26–27 *Locken und Zöpfe – Locken*, im *Uschk nameh: Gewarnt – Versunken*; D 21–22 = WR 41–42 *Übermacht und Gegner – Weltlauf*; im *Rendsch nameh*: ‚Übermacht, ihr könnt es spüren ...' – ‚Wenn du auf dem Guten ruhst ...'

[61] WA Br 43, 83 3–10.

[62] Burdach 1905 (JA), 332.

[63] an Zelter, 11.3.1816 (Konzept, nicht in die Reinschrift aufgenommen); WA Br 26, 416, Lesarten zu Nr. 7329; vgl. NuA – *Übergang von Tropen zu Gleichnissen* – WA Werke 7, 106 23-107 3.

[64] siehe unten Anm. 98.

[65] Ch. Wurm, *Commentar zu Göthe's west-östlichem Divan* ... Nürnberg 1834, 54f.; Gustav v. Loeper (Hg.), *Goethe's West-östlicher Divan*, Berlin (Hempel [1872]), 24 (Anm.); Burdach 1905 (JA), 332.

[66] WA Werke 6, 5 *(Hegire)*, Vers 6.

[67] Hammer (siehe oben Anm. 25), Vorrede XXIII.

[68] *Faust* II, 2. Akt, Verse 8458–8462; 8474–8487; 8470; 8266 – WA Werke 15/I, 175 f.; 166.

[69] ebd., Vers 8479.

[70] an Iken, siehe oben Anm. 61, a. a. O. 83 2.

[71] auch Maier (14) erwähnt diese „Umstellung und Zerreißung".

[72] im *Parsi nameh*, WA Werke 6, 239–243.

[73] vgl. *Vermächtnis altpersischen Glaubens*, WA Werke 6, 241, Verse 49–54.

[74] WA Werke 6, Lesarten 372.

[75] NuA, *Künftiger Divan*, Abschnitt ‚Buch des Unmuts', WA Werke 7, 139 2 f.

[76] WA Werke 6, 104.

[77] WA Werke 6, 105.

[78] wie zu Anm. 75, WA Werke 7, 139 7.

[79] WA Werke 6, 105, Verse 15 f.

[80] das gilt von den authentischen Ausgaben (E 1819: 93 f. – C1 C 1827, Ausgabe letzter Hand, 5. Bd.: 105 f.) wie auch von WA Werke 6, 105 f. und von Maier, 1. Bd. (Text), 93 f.

[81] WA Werke 6, 106.

[82] WR 55–58, 60–63.

[83] WA Werke 6, 144, Vers 6.

[84] WA Werke 3, 24, Verse 85–90.

[85] Burdach 1911, 36, zu Tafeln XXIII, XXIV.

[86] WA Werke 6, 162 f., Verse 15–20.

[87] WA Werke 6, 168, Verse 15 f.

[88] WA Werke 7, 142 28–143 3.

[89] zitiert nach Burdach 1911, 26 f., zu Tafel VII

Im Opfer stehen Entselbstung und Entsagung einander nahe; vgl. die Verse aus den ersten Divan-Wochen, Berka an der Ilm, Juni 1814: „Ich bliebe gern verschlossen still …" (WA Werke 4, 105, besonders Zeilen 5–8; dazu Lesarten WA Werke 5/II, 75) und „Das Opfer das die Liebe bringt …", *Zahme Xenien* VIII (WA Werke 5/I, 108, Zeilen 353–356; dazu Lesarten WA Werke 5/II, 262, zu H[784]); beide berühren sich mit den Versen 181–192 der *Geheimnisse*, WA Werke 16, 177 f.

[90] zu Riemer, Karlsbad 24. 5. 1811, Gespr II, 663, Nr. 3452; zu Sulpiz Boisserée, Wiesbaden 3. 8. 1815, Gespr II, 1033, Nr. 4167. – Burdach (1911, 28, zu Tafel VII) verweist auch auf *Dichtung und Wahrheit* (I, 2), WA Werke 26, 110 20–27.

[91] vgl. WA Werke 3, 245 (*Zahme Xenien* II), Zeilen 246–251.

[92] WA Werke 6, 163, Verse 21–24.

[93] zu Sulpiz Boisserée, Mainz 11. 8. 1815, Gespr II, 1047, Nr. 4175; Frankfurt a. M. 11. 9. 1815, ebd. 1084, Nr. 4222.

[94] WA Werke 6, 42, Verse 2 f.

[95] Ankündigung des WöD im ‚Morgenblatt für gebildete Stände', 1816, 24. 2., WA Werke 41/I, 87 10 ff.; 88 22 ff. Vgl. NuA, *Künftiger Divan*, Abschnitt ‚Buch der Liebe', WA Werke 7, 137 20 – 138 1.

[96] An Cotta, 3. 6. 1816, WA Br 27, 45 7 ff.

[97] „Goethe hat die echte und ernste Mariannen-Liebe nicht ahnen können; sie war, bevor sie [im Herbst 1815] beglückende Wirklichkeit wurde, undenkbar, ein Nichts." Dieser Meinung L. L. Hammerichs (vgl. Anm. 1, f., a. a. O. 19) und anderer entgegenzutreten, hatte an die zweite der hier vorgelegten Bemerkungen sich eine weitere anschließen sollen; sie würde jedoch die Grenzen, die den Beiträgen dieses Bandes in Umfang und Ablieferungs-Frist gesetzt sind, erheblich überschritten haben. Der Verfasser hofft, was hier wegbleiben mußte, einmal nachbringen zu können.

[98] Goethe hat an der Reinschrift von *All-Leben*, Verse 19f., eine bedeutende Korrektur angebracht; statt: „Und nur im Gewitterregen / Kann ich daß es grunelt riechen" setzte er: „Heile mich Gewitterregen / Laß mich daß es grunelt riechen." Indem er mit diesem ‚sehnlichen' Moment das Motiv des Entbehrens (Verse 13, 17f.) verstärkt, festigt er noch den ursprünglichen Zusammenhang des Gedicht-Paares. Laut H. A. Maiers Beschreibung (108f.) gehöre diese Korrektur zur fünften der sechs Schrift-Schichten, die er an dem Blatt unterscheidet, sei mithin erst nach dem 30. Mai 1815 ausgeführt worden. Darf man vermuten, Goethe habe die Änderung – eine Art ‚Reuezug' – erst vorgenommen, als die beiden Gedichte wieder beieinander standen?

[98a] Die kritische Frage nach dem Charakter der Namen in WR ist unseres Wissens bisher nur einmal, und eher beiläufig, erhoben worden: von Friedrich Wilhelm Burkhardt, in seiner bemerkenswerten Mainzer Dissertation *Über die Anordnung der Gedichte in Goethes West-östlichem Divan* (1965, Seite 83).

[99] an Cotta, 16.5.1815, WA Werke 6, 316 4,9; 317 21,36f.; 12 – auch WA Br 25,414ff. (Lesarten nach Nr. 7108). Siehe oben Anm. 52.

[100] siehe oben Anm. 2.

[101] es sind die Nummern WR 3, 4, 6, 8, 9, 11, 14, 16, 81, 84, 89, 91, 99, 100 und WR 48, 49, 65, 74, 86, 87, 97, 98. Zwei weitere Namen aus WR hat Goethe als bleibende Titel auf ganz andere Gedichte übertragen: *Offenbar Geheimnis* von WR 70 (jetzt WA Werke 6, 63f.: *Geheimstes*) auf WR 82 (dort *Mystische Zunge* benannt); *Leidiger Trost* (zu *Schlechter Trost* variiert) von WR 92 (jetzt ohne Titel WA Werke 6, 98 „Befindet sich einer heiter und gut …") auf WR 61 (dort *Nachtgespenster*), WA Werke 6, 57. – Ein dritter Name aus WR – *Ergebung* (ursprünglich zu dem Gedicht WR 80 gehörig – jetzt ohne Titel WA Werke 6, 107: „Wer wird von der Welt verlangen …") ist als Titel auf die Strophe „Du vergehst und bist so freundlich …" übergegangen (WA Werke 6, 60), welche dem WR nur als „Beigänger" (WA Br 26, 5 24) unter der Nummer 67a, doch ohne Namen, attachiert war.

[102] Eckermann, *Gespräche mit Goethe* – hg. v. Fritz Bergemann, Wiesbaden 1955, 208 (29.1.1827).

[103] *Römische Elegien*, Venetianische *Epigramme*, *Chinesisch-deutsche Tages- und Jahreszeiten*, den Hauptteil der Rubrik *Parabolisch* usw.

[104] *Das Märchen, Ballade, Elegie, Novelle.*

[105] *WR 36 Ungewisses – 37 Unverborgnes – 39 Selbstbehagen – 40 Rat – 42 Weltlauf – 44 Geschärftes Urteil – 46 Selbstgefühl – 57 Überboten – 71 Prophetentrutz – 72 Herrenrecht und Dienstpflicht – 80 Ergebung.*

[106] an Zelter (17.5.1815), WA Br 25, 330 9f.

[107] sie gehören sämtlich zum *Moganni nameh*: WA Werke 6, 16; 22; 24f.

[108] WA Werke 6, 231 und 203.

[109] *Hegire, Segenspfänder, Vier Gnaden, Fetwa* (zweimal), *Beiname, Elemente, Wanderers Gemütsruhe, Sommernacht, Siebenschläfer.*

[110] *Winter und Timur:* GT 11. und 12.12.1814; *Sommernacht:* GT 15.12.1814; *Siebenschläfer:* GT 29.12.1814 = WA Tageb 5, 142, 11f.; 143 17; 145 22.

[111] siehe oben Seite 326.

Goethe als Bühnenfigur
auf dem zeitgenössischen Theater:
zu Martin Walser, „In Goethes Hand"

Unter den historischen Personen, die man auf die Bühne gebracht hat, sind immer wieder auch berühmte Künstler gewesen, Maler zumeist, Bildhauer, Musiker. Weit seltener waren es Dichter und Schriftsteller; aus gutem Grund: Der bloße Name eines Musikers, eines bildenden Künstlers ruft beim Hörer oder Zuschauer bestimmte Vorstellungen wach, Erinnerungen an gehörte, gesehene Werke. Der so Beschworene genießt gleichsam Kredit, und dieser muß sich nicht unbedingt schmälern, wenn der Autor seinen Helden den Mund auftun, sich äußern läßt als einen Menschen, der im Alltag ungefähr ebenso redet wie unsereins. Der Dichter hingegen beglaubigt sich durch Sprache – seine Sprache –, und der Autor, der ihn zur Hauptfigur eines Stücks bestimmt, kann ihn uns nur in eben diesem Medium Sprache glaubhaft machen.

Damit erheben sich mancherlei Fragen. Vermag ein Autor einen Größeren, einen Autor höheren Ranges als er selbst, überzeugend darzustellen? Müssen sie einander nicht zum mindesten ebenbürtig sein? Verdankt sich die einzig gültig gebliebene Dichtergestalt unserer Bühne, Goethes „Torquato Tasso", nicht einer solchen Ebenbürtigkeit? Und: Soll etwa den großen Dichter auf der Bühne eine Aura des Ungewöhnlichen umschweben? Heißt es, wie Nestroy sagt, nun „jeder Red' a Feiertagsg'wand'l anziehn"? Muß nicht vielmehr ein jeglicher Schritt in diese Richtung in der Trivialität enden, der aufgeplusterten oder der platten? Der Ausweg jedenfalls, den Thomas Mann im 7. Kapitel seiner „Lotte in Weimar" versuchte: mit einigem Zusatz von Bindemitteln eine Collage herzustellen aus authentischen Äußerungen Goethes selber, hat nicht zum Ziel geführt. Der Anschein von Leben, den die Figur gewinnt, gleicht den Zuckungen eines galvanisierten Frosches.

Aber fragen wir nicht länger nach Möglich- oder Unmöglichkeiten, sondern wenden wir uns dem Zeitgenossen zu, der das Wagnis unternommen hat. Martin Walser hat sein Stück „In Goethes Hand" unmittelbar zum 150. Todestage Goethes erscheinen lassen, zunächst als Buch. Aber schon zehn Jahre zuvor, in Zusammenhang mit einem andern Jubiläum, der 200. Wiederkehr von Friedrich Hölderlins Geburtstag, hat er sich mit Goethe als einer Bühnenfigur befaßt. Der ihm befreundete Peter Weiss schrieb damals sein Drama „Hölderlin", worin die etablierten Klassiker Goethe und Schiller dem jungen Genius verständnislos schulmeisternd gegenübertreten, und Walser hat dazu – so Peter Weiss – wertvolle Kritik und Ratschläge beigetragen. Und bereits noch ein Jahr früher hatte Walser in seiner bedeutenden Rede zur Feier Hölderlins erklärt: „Bitte, meine Damen und Herren, man kann nicht Hölderlin rühmen und den Weimarer Goethe n i c h t schmähen". Es ist also zu vermuten, daß die negative Darstellung Goethes bei Peter Weiss im Einklang stehe mit Walsers eigener Meinung.

Der Name Goethe steht zwar im Titel von Walsers Stück, aber die Formulierung „In Goethes Hand" deutet auf jemand, der in diese Hand gefallen ist, den sie halte, festhalte vielleicht, gefesselt halte. Dieser Jemand, der eigentliche Held der „Szenen aus dem 19. Jahrhundert", heißt Johann Peter Eckermann. Es ist der Verfasser des berühmten Buches „Gespräche mit Goethe in den letzten Jahren seines Lebens", der Mensch, dessen eigenes Leben man „Ein Leben für Goethe" genannt hat.

Walsers Werk ist, ähnlich wie der „Hölderlin" von Peter Weiss, ein Stationenstück. Es erstreckt sich über 25 Jahre dieses Lebens; zehn Bilder, gegliedert in drei Teile, nach den Jahren 1823, 1829, 1848, und bezeichnet nach der Dreizahl aus dem Korintherbrief: „Glaube", „Hoffnung", „Liebe". Goethe also steht in diesem Stück an zweiter Stelle, auch im Personenverzeichnis. Und daß sein Name hier die Namen Johann Peter Eckermann und Hannchen, Eckermanns Verlobte, voneinander trennt, bezeichnet eine Grundsituation des Ganzen.

Martin Walser ist promovierter Germanist; er hat für diese „Szenen aus dem 19. Jahrhundert" Studien getrieben, sogar an Ort und Stelle. Und er hat sich zu den dabei gesammelten Materialien allerlei einfallen lassen. Goethes Leben und das seiner Weimarer Umwelt ist ja in einer unvergleichlichen Weise dokumentiert. Zehntausende von Einzelheiten bieten sich als Motive an, als Beiwerk, als Pointen oder Nuancen. Wie immer ein Autor mit diesem ungeheuren Vorrat verfährt, wie viel Dutzende von Einzelheiten aus diesen zehntausenden auch er zu einer künstlerischen Einheit zu verbinden suche, es wird allemal willkürlich ausfallen – im eigentlichen Sinn: ein Wille wird die Wahl bestimmen. Und auch hier wiederum läßt sich die Richtung dieses Willens ablesen. „Zeichnen", hat Max Liebermann formuliert, „heißt Weglassen." Wir dürfen dem Autor dieses Stückes nicht pedantisch vorrechnen, worin er gegen die historische Zeitfolge der Ereignisse, der Lebensläufe verstoßen hätte, ihm nicht ankreiden, was alles er nun übergangen, verschwiegen oder auch zusammengeführt habe, um das Bild zu zeichnen, das ihm vorschwebte. Lassen auch wir vielmehr alles beiseite, was Walser geglaubt hatte weglassen zu können, zu müssen, und schauen wir nur auf die Zeichnung die daraus hervorgegangen ist: Wie sieht sein Goethe aus?

Der berühmte alte Mann, den man in einer Jenaer Kleinbürgerstube ehrfurchtsvoll-bänglich erwartet, kommt von dem Marienbader Erlebnis mit der neunzehnjährigen Ulrike von Levetzow. Sein Heiratsgedanke ist noch nicht erloschen. Der Sohn August ist herbeigeeilt; Angst vor dem Skandal in der Gesellschaft und vor wirtschaftlichen Folgen für seine Familie lassen ihn alles versuchen, den Vater so rasch als möglich nach Weimar zu dirigieren, damit er dort in seine Situation und zur Besinnung komme.

Augusts Stegreifregie läuft wie am Schnürchen: Der Alte, noch liebeswund, ist empfänglich für die primitiven Reize, die man ihm präsentiert: eine Bluse in Rot, seiner Lieblingsfarbe, und das junge Mädchen, das sie rasch hat anlegen müssen. Nach ein paar Minuten schon sitzt er auf dem Sofa zwischen diesem Gustchen und ihrer Freundin und trägt ihnen die unterwegs entstandene jüngste, schönste Strophe seiner „Elegie" von Marienbad vor. Dies hat er offenbar sofort wieder vergessen, denn gleich darauf bringt er sie mit denselben Worten nochmals an. Und während die Freundin eingeschlafen ist, zeigt Gustchen, welcher Gedichte noch lieber sind als Torten, und die ans Weimarer Theater strebt, sich begeistert: „Ganz, ganz wunderbar".

Eckermann, der schon beim ersten Besuch, kurz vor der Badereise, sich ihm als möglichen Helfer bei der künftigen Gesamtausgabe empfohlen, und dem er Probestücke aufgetragen hatte, kann heute seine wohlvollbrachte Fleißarbeit abliefern. Doch Goethe weiß nicht einmal seinen Namen mehr, und entsinnt sich seiner auch sonst nur mühsam. So sehr es ihm selber jedoch vor Weimar graut, so heftig er sich gegen Augusts Drängen dorthin sträubt – im gleichen Atem schildert er Eckermann, um ihn endgültig als Mitarbeiter zu gewinnen, überschwänglich die Vorzüge Weimars als eines idealen Ortes höherer Bildung. Und als August den Neuling zum Trinken auf sein Zimmer holt und den Vater mit Gustchen allein läßt, ist es der ein leichtes, den alten Mann zur Mondscheinkutschenfahrt nach Weimar zu verführen.

Goethe erscheint hier als ein etwas abgetakelter Père noble, der zwischen Trivialinterjektionen – „Oh Gott, oh Gott" und „Na ja, mal sehen, nicht wahr" – gelegentlich immerhin merken läßt, daß er das Spiel, auf das er eingeht, schon durchschaut, jedoch zu schwach ist, es zu durchkreuzen. Er mimt „den Mummelgreis, dem an nichts mehr liegt als am Weise-Sprüche-Klopfen. Tag und Nacht Verzicht, Verzicht, Verzicht. Edel, edler, am ödesten!"; „Du kannst melden, der Alte spinnt. Rennt rum wie in einem Iffland-Schwank. Seid froh, daß er in Böhmen bleibt. Kannst du sagen. Der ist bloß noch blamabel."

Aber für das, was Walser hier im Ganzen hinstellt, ist die Kategorie Iffland zu hoch gegriffen. Es ist eher wohl nur Kotzebue – Geldnöte, Intrige, Poussade, Replikendialog, wirkungssicher pointiert, auf Lacher angelegte Szenenschlüsse. Dahin gehört auch die Komikerrolle, halb lächerlich, halb rührend: Stadelmann, der Diener, der seinen starken Alkoholverbrauch nur dadurch finanzieren kann, daß er die Goethe-Reliquien, die beim Haarschneiden seines Herrn allzu spärlich anfallen, mit fremdem Material ergänzt.

Im zweiten Teil ist Goethe dann der Mann von achtzig Jahren. Gehör und Sehvermögen sind reduziert, wir erfahren, daß er, bevor er beim Frühstück mit Ottilie, der Schwiegertochter, Eckermann zu dem längst überfälligen Versorgungsgespräch empfängt, hat zur Ader lassen, und Nächte im Lehnstuhl zubringen müssen. Er sieht miserabel aus, weiß auch gar nicht mehr recht, was eigentlich für Eckermann der Hauptpunkt des Gesprächs sein sollte, läßt es sich aber nicht nehmen, heute noch vor einer Versammlung junger Künstler zu erscheinen, die ihn porträtieren sollen.

Gern auch nimmt er zuvor quasi die Generalprobe der großen Ansprache ab, die der Adlatus unter dem Leitwort ‚Wie malt man Goethe? – Schön‘ an diese Künstler zu richten gedenkt. Eckermann legt sich dabei gewaltig ins Zeug; aus wahrem Enthusiasmus, gewiß, aber auch nicht ganz ohne Berechnung: Er hofft, in konzentrierter Weise nochmals darzutun, wie sehr er die Anstellung, ein festes Gehalt, einen Anteil am Ertrag der Gesamtausgabe verdiene. Seine Rede weitet sich aus zu einer Gesamtschau auf Goethes Ästhetik, zu einem Panegyrikus auf Goethes Leben, zu einer Arie in den höchsten Lobestönen. Der Vortrag nimmt im Textbuch volle zehn Seiten ein. Dem erschöpften Redner zollt Goethe, der mit Behagen gelauscht hat, allen Beifall, erklärt sich nun aber vollends außerstande, das Gespräch bis zu dem Punkt fortzusetzen, auf den es Eckermann so dringend ankommt; der Jünger darf lediglich seine Sammlung exotischer Schußwaffen mit Goethes Geschenk eines Baschkirenbogens und zweier Pfeile bereichern. Nach einem Ruhestündchen tritt die Exzellenz dann selber vor die Künstler und gibt dem Getreuen das Signal zu seiner Rede: ‚Wie stellt man Goethe dar? – Schön.‘

Walsers Goethe gewinnt in diesem zweiten Teil kaum neue Züge. An Text bleibt ihm nur ein Bruchteil dessen, was er im ersten zu sagen hatte. Wir sehen den körperlich verfallenden, gedächtnisschwachen Greis, selbstgefällig, lobhungrig, ichsüchtig. Die Freundlichkeit gegen Eckermann endet da, wo es ans Geld geht. Sympathisch wirkt allenfalls, wie er, halb kokett, die Möglichkeit offenläßt, Gedichte, die er Eckermann zu lesen gegeben, seien vielleicht nicht gut; während die vielen Weimaraner, die sonst in dem Stück eigene Verse zum Besten geben, bis hinunter zu Stadelmann, von deren hoher Qualität durchdrungen sind.

Etwas von Goethes Größe erscheint eigentlich nur im flackrigen Reflex der erwähnten Lobrede. Zu dieser Schönheitsapotheose hat Walser alle Mittel seiner Beredsamkeit aufgeboten; blendende Formulierungen, raffiniert zugeschliffene Zitate, elegante Übergänge, tollkühne Brückenschläge: Es ist ein geradezu barock sich steigerndes Glanz- und Prunkstück geworden, das denn auch bei der großen Frankfurter Feier im März, vom Autor selber mit Verve vorgetragen, starken Beifall fand. Aber es ist freilich nicht Walsers eigenes Bild von Goethe, sondern das Bild seines Eckermann, des von Liebe Betörten, das wir in seinem angestrengten Überschwang nur mit ungläubig geniertem Lächeln hinnehmen können.

Diesem fast hektisch überhöhten Bild setzt nun der dritte Teil des Stücks ein anderes entgegen, im Zeichen des Jahres 1848, und aus dem Munde Ferdinand Freiligraths, des dichterischen Herolds bürgerlich-liberaler Revolution. Mit seiner Frau, einer Weimaranerin, und in Begleitung Gustchens, die jetzt in Wien lebt, besucht er den gealterten Eckermann, um ihn, der eben den letzten Teil der „Gespräche mit Goethe" veröffentlicht hat, für die ‚Neue Rheinische Zeitung' zu interviewen, im Auftrage ihres Redaktors, Karl Marx. Freiligrath, der diesen seinen Freund durchaus kritisch betrachtet und gegen die Theorien von der Diktatur des Proletariats die Wiedergeburt eines gereinigten, befreiten Bürgertums verficht, Freiligrath ist hier der Dichter, wie er sein soll: der engagierte. Gustchen, die ehemalige Schauspielerin, muß in Eckermanns mit Vogelkäfigen überfüllter, novemberkalter Stube den Nachruf auf die Berliner Märzgefallenen hersagen, die wilde Anklage gegen den König von Preußen, die bitteren Vorwürfe gegen die lauen Säumigen, die des Blutopfers nicht wert waren. Und wir müssen diese dröhnenden Alexandriner mit anhören, in voll- und ganzer Länge, 76 Zeilen. Dafür läßt Walsers Freiligrath an Goethe kein gutes Haar: Über Seiten und Seiten zitiert er, paraphrasiert und variiert er die üble Nachrede des Frankfurters Ludwig Börne gegen den verhaßten Landsmann. Eckermann allerdings bleibt ungerührt, unbelehrbar, unheilbar. „Ferdinand, du sprichst mit einem Verliebten", sagt Gustchen und kann dem Interviewer nur den jüngsten seiner vielen Träume von Goethe erzählen.

Das nächste Bild sodann versetzt uns geradezu in einen solchen Traum. Eine Niederschrift Eckermanns aus dem Jahre 1836 und ein Trauergedicht von 1830, das, sonderbar genug, sich sowohl auf Goethes wie auf Hannchens Tod beziehen läßt, haben Walser einmal wahrhaft inspiriert – zu einer Szene, deren unwirkliche Umrisse sich stärker einprägen als alles realistisch gemeinte Kolorit zuvor. Durch den Mund des geträumten Goethe rechnet Eckermann hier mit sich selber ab, über die eigenen Dichterambitionen und -illusionen, über seine Grenzen, seine Abhängigkeiten, seine Erfolglosigkeit. Und diese Abrechnung mündet in Haß auf ihn, in dessen Dienst er sein Leben verzehrt hat, ein Haß, den der Erwachte sich nicht erklären und nicht verzeihen kann.

Wieder in einer Art Apotheose verlieren wir dann Goethe aus den Augen: „Goethe schlüpft in ein bereitstehendes Flügelpaar und hebt ab. Eckermanns Vögel brechen in Angstgeschrei aus. Goethe bleibt flügelschlagend an der Stelle des größten Glanzes über dem Fluß."

Goethe spiegelt sich natürlich auch in allen anderen Personen. Sie sind mit sicherer Hand skizziert; August etwa in den herkömmlich bekannten Zügen, deren zu bald possenhaft wirkende Übersteigerung man seiner Trunkenheit zugute hält. Die feiner organisierte Ottilie ist sogar, mit nur wenigen leichten

Schraffuren, zu einer wirklichen Figur geraten; zur überzeugendsten vielleicht von allen. Ihr sprunghaft nervöses Wesen, das sie immer doch auf ein Ziel zu richten, ihre Hilflosigkeit, in der sie sich ganz gut zurechtzufinden weiß; das Gemisch aus Naivität und Schläue, aus leerem Aristokratengeplapper und gescheiten Aperçus – und bei alledem etwas Armes, Verlorenes, was ihre Einsamkeit mit der des alten Eckermann verschwistert. Gustchen hingegen, die uns die donnernden Langzeilen verabfolgen muß, kommt kaum hinaus über ihre ersten Auftritte, wo sie in roter Bluse dem alten Herrn die elegische Stimmung zu vertreiben hatte. Dabei ist in der Weimarer Wirklichkeit Eckermann ihr jahrelang leidenschaftlich zugetan gewesen. Aber das bleibt ja ganz am Rande, weil es die dramaturgische Position des Brautpaars schwächen müßte, weil Goethe selber als permanentes Ehehindernis dann minder glaubhaft wäre.

Denn das ist doch einmal die Grundsituation dieser Handlung, daß der Greis, das Charisma mißbrauchend, das den Jünger an ihn bindet, ihm die Mittel vorenthält, auf die sich ein Hausstand gründen ließe. Hannchen und Eckermann: In ihren Dialogen, häuslichen Szenen in jedem Sinn, zeigt Walser sich als den Kenner und Liebhaber deutscher Mittelstandsmisere, in deren Schilderung, zumal der heutigen Spielart, es ihm kaum einer gleich tut. Heute allerdings steckt der Jammer in der inneren Armut, damals war es die äußere. In immer neuen Variationen wiederholt sich zwischen den Brautleuten das Drängen und Drucksen, das Mahnen und Beschwichtigen, Anklage und Erklärung, Vertrösten und Verschieben. Und Goethe, der Angeklagte, macht klägliche Figur.

Nun stellt Walser allerdings außerdem zwei sehr gegensätzliche Bilder Goethes vor uns auf: das des verliebten Eckermann aus jener großen Lobesarie und die Nachrede der Freiligrath und Börne. Sollen die beiden Bilder einander neutralisieren und uns gleichgültig machen? Aber sie sind ja hier nicht gleich gültig: Die Anklagen und Vorwürfe werden später ausgesprochen als das Lob und bleiben somit stärker haften; die Sicht ist beidemal, ob verklärend oder verkleinernd, einseitig. Wir erhalten, statt eines stereoskopischen, plastischen Bildes, zwei flache, stereotypische. Was Walser gegen Goethe hervorholt und ausbreitet, sind die engstirnigen Vorwürfe und Anwürfe von 1830. Sie sind seitdem vielmals entkräftet und widerlegt worden. Olle Kamellen also, Kritik von Anno dazumal? Doch wohl nicht: Den Hörern von heute wenigstens klingt sie vermutlich neu; denn wer sind diese Hörer, diese Zuschauer? Im Theater doch gewiß die Abonnenten, und die Mitglieder der Besucherorganisationen. Was weiß, was kennt ihre Mehrzahl überhaupt von Goethe? Und eben hierin, in ihrer Unkenntnis und Ahnungslosigkeit, einer Art von Unbefangenheit auch wieder, scheint Walser die Chance zu ersehen für die Verbreitung seines Goethe-Bildes.

Der Essayist Horst Krüger hat in einem offenen Brief an Martin Walser harte Kritik an dem Stück geübt, unter anderem daran, daß hier der zweite Teil des „Faust" gar nicht erwähnt wird. Das erklärt sich aus der Dramaturgie dieser Szenen; Zeichnen heißt Weglassen. Ein Goethe von 80, von 82 Jahren, der noch ein größtes Werk der Weltliteratur vollenden will und kann, paßt nicht in Walsers Zeichnung, hätte sie um ihren Sinn gebracht.

Wir sagten eingangs, der Dramatiker, der einen größeren Autor darzustellen unternehme, gerate in eine Dilemma: er müsse entweder eine Collage aus Zitaten herstellen, oder, wenn er ihn ganz aus eigenem ausstatte, müsse er notwendig in die Phrase oder die platte Banalität abgleiten. Das Stück „In Goethes Hand" belehrt uns darüber, daß es eine dritte Möglichkeit gibt, eine sehr einfache: der Große war gar nicht groß! Er war es vielleicht früher, irgendwann einmal; hier und jetzt ist seine Größe ein Gerücht. Mit dem Gegenwartsrechte der Bühne, die das Augenscheinliche wahrscheinlich macht, stellt Walsers Stück uns einen Goethe hin, dem jedermann sich gewachsen, ja überlegen fühlen darf. So schmeichelt es im Effekt gerade jenen Wohlstandsbürgern und Konsumgenossen, gegen die Walser angetreten ist, und welche freilich längst keine Bildungsbürger, nicht einmal Bildungsphilister mehr sind. Es hat ja nicht nur den Goethe-Kult im reaktionären Teil des Bürgertums gegeben, sondern einmal auch so etwas wie eine Goethe-Kultur. Sie war nicht das Produkt einer sozialen Gruppierung, einer Schicht, einer Klasse; es waren viele Einzelne. „Meine Werke können nicht popular werden", hat er selber gewußt. Walser aber besteht darauf: vornehmlich jener reaktionäre Teil des Bürgertums habe mit Vorliebe Goethe konsumiert, und macht hierfür den Dichter haftbar; als hätte die Allgefräßigkeit unseres Konsumismus etwa die Dichter, denen Walser sich näher fühlt, Schiller und Hölderlin, verschont. Sollte es also sein Vorsatz gewesen sein, den Weimarer Goethe zu schmähen – gerade am Gedenktag – so muß man zugeben: das ist ihm gelungen. Er ist freilich damit nicht nur unter dem Niveau seines Gegenstandes geblieben, sondern vor allem unter seinem eigenen. Das Stück, wie es seitdem vorliegt, wirkt seltsam ungleich, unstet, instabil; es wackelt an vielen Ecken. Auch existieren darin, miteinander kaum vereinbar, mehrere Schichten: einmal ein esoterisches Anspielen auf Personen, Vorgänge, Begriffe, die einem Publikum von heute kaum bekannt sein können, und dann wieder Szenen bis hart an die Klamotte. Der Diener Stadelmann hat – betrunken, versteht sich – nachts auf der Weimarer Esplanade wieder einmal verfälschte Goethe-Locken versteigert (diesmal im Beisein des – wie denn sonst – ebenfalls betrunkenen August von Goethe) und teilt uns nun mit: „Ich habe den Herrn Kammerrat jetzt an einen Baum gelehnt." Wenn da nicht gelacht wird … Fehlt nur noch, daß ein Regisseur darauf kommt, der müsse ja eigentlich sächsisch reden.

Der junge Mensch, den heute oft schon die Schule vom bloßen Zugang zu Goethes Werk und Welt ausschließt, erfährt in Walsers Stück einen Goethe zum Abgewöhnen. An der Stelle des Götzen von einst nun ein Popanz, statt Gips Pappmaché – wo wäre da ein Fortschritt, ein Gewinn? Das Stück fördert eben jene Wegwerfgesinnung, die Walser sonst so bekämpfen schien. Können wir sie uns in diesem großen Falle leisten? Ist da die vielbespöttelte DDR-Parole, „Bewahrung des Erbes", unserem literarischen Besitzstand nicht angemessener? Hat Marx, der lebenslang Goethe las und auswendig vortragen konnte, und Engels, der das Zeitbedingte und -befangene an Goethe zu trennen wußte von dem, was er bewundernd das „Kolossale" nannte, haben sie der Wahrheit nicht näher gestanden? Und hat nicht ein Dramatiker der DDR, Peter Hacks, in jenem Monolog mit dem absichtlich irreführenden Titel „Ein Gespräch im Hause Stein" aus dem leidenschaftlichen Hin und Her und Auf und Ab der verlassenen Geliebten zwischen Vergötterung und Beschimpfung, zwischen verzweifelter Wut und zitterndem Erwarten uns mit dem Bilde der ungewöhnlichen Frau auch die ausgesparte Gestalt des „abwesenden Herrn von Goethe" als eines außerordentlichen Menschen vor Augen geführt? Weit lebhafter, glaubhafter, als fast alle Versuche, die unter dem Namen ‚Goethe' ein Sprechblasenphantom auf die Bühne bringen?

Was nun aber hat den Autor Walser dazu getrieben, zum Jubiläum dieses sein Goethe-Bild zu produzieren? Ein Ehrgeiz, sich dissonant abzuheben von dem vielstimmigen Zusammenklang derer, die dem Dichter-Menschen danken für Lebenshilfe, für Einsichten, für Kunst- und Formerfahrungen, für sein Werk schlechthin? Sich nicht zu konformieren mit allen diesen, welche doch gewiß weder Bildungsbürger waren, noch Reaktionäre? Von Hofmannsthal, Thomas Mann, Hermann Hesse zu Kafka, Karl Kraus, Canetti, Max Frisch; von Brecht und Benn zu Lukács und Adorno? Der Grund liegt wohl tiefer. Walser selbst hat einmal, in seiner Hölderlinrede von 1970 an einen Unterschied zwischen Dichtern erinnert: „Die einen sind immer im Mittelpunkt ihrer Situation. Sie trinken uns sozusagen zu, wenn sie ein Gedicht machen. Das nächste Mal grüßen sie aus der nächsten Situation. Ihr Leben wird zu einer Folge von Gelegenheiten. Sie betreiben ihre eigene Entwicklung fast souverän. (...) Vermittlung ist ihnen ein zu abstraktes Geschäft. Das ist gegen ihre rundum sinnliche Begabung. Es ist klar, daß aus diesem Material Klassiker gemacht werden. // Die anderen (...) sind exzentrisch. Sie sind unzufrieden mit sich selbst. Deshalb eher erfolglos. (...) Nach ihrem Tode liebt man sie sehr. Sie haben es schwer, einen Begriff von sich zu bekommen. Wenn sie ICH sagen, meinen sie etwas anderes. // Es ist klar, daß Hölderlin zu diesen Dichtern gehört."

Klar ist es aber auch, daß Walsers Klassiker-Modell weder von Klopstock abgenommen ist, noch von Herder, nicht von Schiller und schon gar nicht von

Lessing, sondern von Goethe; von Goethe allein. Da trifft es sich merkwürdig, daß genau 130 Jahre früher Heinrich Heine eine vergleichbare Unterscheidung aufgestellt hat, als er von Walsers Kronzeugen Börne und von dessen Haß gegen Goethe spricht. Dieser Haß sei, so sagt er, „die notwendige Folge einer tiefen in der Natur beider Männer begründeten Differenz. Hier wirkte keine kleinliche Scheelsucht, sondern ein uneigennütziger Widerwille, der angebornen Trieben gehorcht". Heine sieht da das Beispiel eines fundamentalen Gegensatzes, welcher die ganze Weltgeschichte durchziehe, zwischen denen, die er, unabhängig von Konfession oder Rasse, „Juden" – auch „Nazarener" – und den anderen, die er, gleichfalls ohne ethnischen Bezug, „Hellenen" nennt: „Menschen mit ascetischen, bildfeindlichen, vergeistigungssüchtigen Trieben, oder Menschen von lebensheiterem, entfaltungsstolzem und realistischem Wesen." Und schließlich spricht er persönlicher von Börnes „Lustigkeit, gaité, nicht Freude, joie," und bemerkt: „die Nazarener haben zuweilen eine gewisse springende gute Laune, eine witzige eichkätzchenhafte Munterkeit, gar lieblich kapriziös, gar süß, auch glänzend, worauf aber bald eine starre Gemütsvertrübung folgt". Trifft diese Charakteristik des Schriftstellers Börne nicht in manchem auch auf den Schriftsteller Martin Walser zu? Walser allerdings ist im Gegensatz zu Börne ein Dichter, begabt, Gestalten zu sehen und in Sprache sichtbar zu machen. Ein Talent seines Ranges, von so ungewöhnlich intelligenter Sensibilität, will an dem hohen Anspruch gemessen werden, den er selber mit sich führt; und also muß der Kritiker sagen, daß nach seiner Meinung das Stück „In Goethes Hand" als ein Ganzes verfehlt ist. Er hat aber auch darauf hinzuweisen, daß Walser selber eine neue Fassung vorbereitet, die noch in diesem Goethejahr in Wien herauskommen soll. Bisher ist nur ein provisorischer Theatertext vorhanden, und ihn umzäunt, bis zum Tag der Uraufführung, ein Drahtverhau urheberrechtlicher Schutzvermerke. Wir glauben indes, uns nicht strafbar zu machen, wenn wir verraten, daß die Zahl der Bilder und der Personen sich nun vermehrt hat, daß die Dreiteilung, die chronologische wie die paulinische, abgelöst worden ist durch eine beweglichere Szenenfolge mit Rückblenden, daß Partien von gefährlicher Länge, wie die Rezitation der Freiligrathschen Alexandriner, beseitigt worden sind. Die Figur Goethes selber scheint stellenweise reicher ausgestattet und differenzierter beleuchtet zu sein. Ob diese Pentimenti und Retuschen und etwa neu hinzugekommene Qualitäten ausreichen werden, das Stück nicht nur besser zu machen, sondern gut, das kann sich erst zeigen, wenn es die große Prüfung der Première zu bestehen hat: einzutreten in die dritte Dimension, und, vor allem, die Figur Goethes durch einen Schauspieler leiblich und geistig zu beleben. Wir heißen euch hoffen.

Rundfunkvortrag, gesprochen am 27. August 1982 in Basel (DRS 2, „Theater aktuell"). Bisher nicht gedruckt.

,Weltliteratur' zuerst bei Wieland

Im Gedenken an Horst Rüdiger

Als Präger des Wortes ,Weltliteratur', und damit auch als Schöpfer des Begriffs, gilt allgemein Goethe, bei dem es zum erstenmal im Juli 1827 vorkommt[1]. Wir werden jedoch künftig, mindestens für die Wortbildung, Christoph Martin Wieland († 1813) den Vorrang einräumen müssen.

Das Wort findet sich unter den eigenhändigen Korrekturen und Varianten in einem bisher offenbar unbekannten Handexemplar seiner Übersetzung von *Horazens Briefe(n)*, und zwar der *Neue(n), verbesserte(n) Ausgabe. / Leipzig / im Verlag der Weidmannischen Buchhandlung / 1790.*

Dieses Handexemplar hatte im Jahre 1946 mit einigen anderen älteren Büchern (darunter auch einem Band von Wielands Übertragung der Horazischen Satiren) Dr. Herbert Nette, Schriftsteller und Journalist in Darmstadt, von einer an der Bergstraße wohnhaften alten Dame erworben. Die Eintragungen in dem Band – durchaus mit Tinte, in Frakturschrift – wurden zunächst als Zusätze eines Lesers angesehen. Der Unterzeichnete indessen, zu jener Zeit häufig im Weimarer Goethe- und Schiller-Archiv zu Gast, erkannte die Hand Wielands, welcher ja an seinen gedruckten Arbeiten immer aufs neue zu feilen und zu ändern pflegte. Überdies erschienen die Zusätze und Änderungen, zumal die zur Wahl nebeneinandergestellten Varianten, von so souverän-subtiler Art, daß einzig der Autor Wieland sie verfaßt haben konnte. Dr. Nette zog als Gutachter seine Freunde Horst Rüdiger (damals Mailand) und Hans W. Eppelsheimer (Frankfurt am Main) zu Rate. Alle Bedenken und Zweifel behob schließlich der Anblick der eigenhändigen Schriftzüge Wielands, von welchen auf Bitte des Unterzeichneten das Weimarer Archiv photokopierte Proben übersandte.

Dr. Nette hat seine Absicht, selber den Fund kommentierend bekanntzugeben, nicht ausgeführt. So ist das Exemplar der *Briefe* Horazens, halb vergessen, volle vierzig Jahre in Darmstadt liegen geblieben. Erst im vergangenen Jahr entsann man sich seiner, und bei näherer Betrachtung stellte sich heraus, daß auf der (unpaginierten) elften Seite der *Zueignungsschrift / der ersten Ausgabe:* [Dessau 1782] / *An den / Durchlauchtigsten Fürsten und / Herrn, / Herrn Carl August, / Herzog zu Sachsen etc. etc. / Regierenden Herzog zu Weimar und / Eisenach* das Wort *Weltlitteratur* steht.

In einer Periode, die sich von den letzten fünf Zeilen der Seite [X] bis zur ersten Zeile der Seite [XII] erstreckt, hieß es im Mittelteil ursprünglich: *selbst dasjenige was man in den schönsten Zeiten von Rom unter dem Wort Urbanität begriff, diesen Geschmack der Hauptstadt und diese feine Tinktur von Gelehrsamkeit, Weltkenntniß und Politesse, die man aus dem Lesen der besten Schriftsteller, und aus dem Umgang der cultiviertesten und vorzüglichsten Personen in einem sehr verfeinerten Zeitalter, unvermerkt annimmt, – [...].*

Wieland nun hat mit zweifachem Federzug das Wort *Gelehrsamkeit*, mit einfachem die Worte *und Politesse* durchgestrichen und, oberhalb der Druckzeile, hinter *Weltkenntniß* die Worte *u. Weltlitteratur* und, hinter handschriftlichem, dann doch wieder gestrichenem *Wohlbelesenheit*, die Worte *so wie von* eingefügt, welche unterhalb der Druckzeile weitergeführt sind zu den eingezeichneten Worten *reifer Charakterbildung u. Wohlbetragen*. Der Satzteil lautete also nunmehr: *und diese feine Tinktur von Weltkenntniß u. Weltlitteratur so wie von reifer Charakterbildung u. Wohlbetragen, die man aus dem Lesen der besten Schriftsteller [...]* (vgl. Abb.):

Aus welcher Zeit die Eintragungen in dem Bande herrühren, läßt sich genau vorerst nicht bestimmen. In dem Darmstädter Exemplar hat Wieland am Kopf der Seite [III] den Worten *Zueignungsschrift der ersten Ausgabe*, zwischen *der ersten* und *Ausgabe*, eingeschrieben: *u. jeder spätern*. In der nächstfolgenden Ausgabe jedoch, der postumen von 1816 (Leipzig, bei Weidmann), fehlt die *Zueignungsschrift* überhaupt. Man darf hieraus freilich nicht folgern wollen, Wieland selber habe am Ende angeordnet, sie solle wegbleiben; und also seien die Einzeichnungen in dem Darmstädter Exemplar früher anzusetzen als die (verschollene) Vorlage zu der Ausgabe von 1816.

Hiergegen sprechen zum einen innere Gründe: die Änderungen des Darmstädter Handexemplars, vergleicht man sie mit dem Wortlaut der Ausgabe von 1816, haben den Text allenthalben nochmals differenzierend verbessert. Offenbar hat Wieland auch nach dem Jahre 1805, in welchem die verschollene Vorlage mit den Korrekturen *für eine künftige Ausgabe von der letzten Hand* an den Leipziger Verleger gelangt sei[2], weiter an dieser Übersetzung, die er zu seinen liebsten Arbeiten zählte[3], gefeilt.

Zum anderen darf man auch äußere Rücksichten vermuten. Zwei Jahre nach Wielands Tod ist (im April 1815) der siebenundfünfzigjährige Carl August zum Großherzog erhoben worden; während gleichzeitig das Königreich Sachsen (wo der Band verlegt wurde) schwere Einbußen seines Territoriums, zum Teil zugunsten eben des neuen Großherzogtums Sachsen-Weimar-Eisenach, hatte hinnehmen müssen. Die Anrede an Carl August lautete jetzt nicht mehr ‚Durchlaucht‘, sondern ‚Königliche Hoheit‘; der Text der *Zueignungsschrift* hätte einer ganzen Reihe von Änderungen bedurft. Diese eigenmächtig vorzunehmen, mag der Verleger sich gescheut haben. Auch sonst mochte die *Zueignungsschrift*, einst an den fünfundzwanzigjährigen Fürsten gerichtet, in manchem überholt wirken. So hat man sich vermutlich entschieden, sie ganz wegzulassen.

Zu fragen bleibt allerdings, inwieweit Wielands *Weltlitteratur* gleichzusetzen sei mit dem (keineswegs eindeutigen) Wortgebrauch Goethes[4]. Dieser spricht von einer Weltliteratur, die nunmehr *sich bilde; sich nächstens bildet;* von einer *gehofften;* einem *großen Zusammentreten,* und zwar *aller Nationen;* umfaßt aber wohl auch generell Dichtung als Gemeingut der Menschheit; die ethnische Breite, die soziale Höhe und die Zeiten-Tiefe aller Poesie, worauf, aus ebendieser Zeit (1827), die Strophe hindeutet[5]: *Wie David königlich zur Harfe sang . . .*

Bei Wieland hingegen ist die Rede von der Weltliteratur zur Zeit des Horaz, den Literaturen des römischen Imperiums, welche der *Wohlbelesenheit* des Gebildeten, der Erudition des Gelehrten zugänglich waren. Wieland selber, Übersetzer nicht nur zahlreicher griechischer und römischer Klassiker, sondern

immerhin auch der erste Verdeutscher Shakespeares, mit ausgedehnten Kennt-
nissen neuerer romanischer Literaturen, kam dem, was Goethe meinte, wohl
nahe.

In jedem Fall stammt das weltumspannende Wort aus Weimar. ... *bin Weltbewohner, / Bin Weimaraner* ...

Das Darmstädter Handexemplar Wielands ist unlängst vom Deutschen Literaturarchiv in Marbach a. N. angekauft worden. Die Veröffentlichung der eigenhändigen Änderungen Wielands – nahezu zweihundert, wovon nur ein geringer Teil unwichtige Buchstaben-Fehler betrifft – bleibt füglich dem Archiv, die
Kommentierung einem Kenner Wielands und des Horaz vorbehalten. Der Unterzeichnete schuldet jedoch dem Archiv, zumal Herrn Direktor Dr. Ulrich
Ott, Dank für die, gleichsam als Finderlohn erteilte, Erlaubnis, schon heute
auf die Priorität Wielands hinzuweisen. Hierfür erschien ihm, von der Sache
her wie durch die persönliche Verbindung des Freundes Horst Rüdiger zu den
Bemühungen von 1946/47, Wielands Verfasserschaft zu sichern, *arcadia* als der
geeignete Ort.

Erstdruck: Arcadia. Zeitschrift für vergleichende Literaturwissenschaft. Band 22 (1987),
Heft 2.

Anmerkungen

1 *Dt. Wb.* von Jacob und Wilhelm Grimm, 14. Bd., 1. Abt., 1. T., ‚Weltliteratur' (Vf. Johannes Erben), Leipzig 1955, Sp. 1644–48.
2 Bernhard Seuffert, in: *Anzeiger für dt. Alterthum und dt. Litt.* 10 (1883), 303.
3 Als einzige seiner Übersetzungen wünschte er diese in seine *Ges. W.*, statt in deren
   ‚Anhang', aufzunehmen. Vgl. Bernhard Seuffert: *Prolegomena zu einer Wieland-Ausg.*,
   in: *Abh. Königlichen Preuß. Ak. Wiss.*, Berlin 1904, 4.
4 May, in: *Anzeiger für dt. Altertum* 66,4 (1953), zit. *Dt. Wb.* [Anm. 1], Sp. 1645; ebd.
   auch die Stellen aus Goethe.
5 Goethe: *Werke* [= Weimarer Ausg.], Abt. 1, Bd. 4, 133, Bd. 5/1, 93, H 392.

Zwei Paralipomena zum „Faust"

In dem Band der Weimarer Ausgabe (WA) von Goethes Werken, der unter anderem die Nachträge und Paralipomena zu den lyrischen Gedichten umfaßt (WA I, 5/2, 1910), finden sich, obschon entfernt voneinander, als Paralip. 89 auf Seite 400 und Paralip. 137 auf Seite 420, zwei kurze Texte, deren Handschriften ein gewisser Zusammenhang verbindet: sie stehen auf zwei durchaus von Goethe selber beschriebenen Folioblättern – Nr. 89 Tinte, Nr. 137 Bleistift – zwischen Versen und/oder Paralipomenen, die ausschließlich zum Zweiten Teil des *Faust* gehören.

Der Bearbeiter des Bandes, Julius Wahle, verweist denn auch auf die entsprechenden Stellen in Erich Schmidts Apparat zum *Faust* (WA I, 15/2, 1888) – Seite 11, H37 und Seite 37, H6. Dort indessen sind die Texte lediglich mit jeweils der ersten Zeile zitiert und im übrigen aus dem Bereich des *Faust* ausgeschlossen.

Den einen, kürzeren (Paralip. 137 = H6) bezeichnet Erich Schmidt als „dritthalb Z lyrisches Fragment":

> Wenn ich froh und guter Dinge
> An die düstren Scheiben klinge
> Thun sie wohl

Und den anderen (Paralip. 89 = H37) als „ungedruckte Zahme Xenie 4 Zeilen":

> O! Bleibe ruhigen Bezircken
> Treu, deiner Lampe Nacht Revier,
> Auf Menschen ist nicht leicht zu wircken,
> Doch auf das willige Papier.

Nach diesen dezidierten Zuweisungen sind, unter der unangefochtenen Autorität des großen Kenners, beide Stellen außer weiterem Betracht geblieben.

Allerdings war die Autorität wohlgegründet: der Meisterschüler Wilhelm Scherers, sein Nachfolger auf dem Berliner Lehrstuhl, hatte nicht nur (1887) den *Urfaust* entdeckt und ediert. Wie er im Apparat zum *Faust* hunderte meist unbekannter, unentzifferter Einzel-Handschriften in eine überzeugende Ordnung gebracht hat, und dies innerhalb so kurzer Zeit, daß der mit Spannung erwartete Band als einer der frühesten der Weimarer Ausgabe herauskommen konnte – das bleibt, gemessen an den Voraussetzungen von damals, eine bewundernswürdige Leistung.

Sie schmälert sich nicht, wenn festgestellt werden muß, daß er offenbar Charakter und Zusammenhang der zwei fraglichen Stellen nicht wahrgenommen hat.

In ihrer Umgebung von Versen und Paralipomenen zum Zweiten Teil des *Faust* sind sie keine Fremdkörper; vielmehr spricht in beiden – und das bindet sie noch enger aneinander – dieselbe Bühnen-Person: Homunculus.

An Scheiben klingen kann nur ein Metall oder wiederum Glas; und dies ist die ‚Phiole‘ des künstlich Gezeugten. Sie klingt und leuchtet zugleich: „Laß deine Leuchte, Kleiner, tönend scheinen! – So soll es blitzen, soll es klingen. – (Das Glas dröhnt und leuchtet gewaltig)" (V. 7067 f.) – „In dieser Lebensfeuchte / Erglänzt erst deine Leuchte / Mit herrlichem Getön" (V. 8461 ff.).

Das Leuchten deutet sich in dem Fragment am Gegensatze der ‚düstren Scheiben‘ an. Es sind die Fenster in ‚ehemals Faustens‘ Zimmer, welches (nach V. 6902) unmittelbar an das Laboratorium stößt: „Die bunten Scheiben sind, so dünkt mich, trüber" (V. 6572). Wie der kluge Kleine sich vom Wesen des Mephistopheles scheidet: „Im Düstern bist du nur zu Hause" (V. 6927), verkörpert er, „froh und guter Dinge", das Helle, Heitere. So kann er von sich sagen: „Ich, der bequemste" (V. 6935).[1]

Die vier Verse aber des Paralipomenons 89 (= H37) sind Vorstufe oder Variante jener Abschieds-Antwort auf das „Und ich?" (V. 6987), das Wagner („ängstlich") an die drei ‚Luftfahrer‘ richtet, welche zu den Pharsalischen Feldern aufbrechen:

> Homunculus.
>> Eh nun
> Du bleibst zu Hause Wichtigstes zu tun.
> Entfalte du die alten Pergamente ...

„eine Lampe in der Hand" erscheint Wagner schon bei seinem überhaupt ersten Auftritt (*Faust* I, nach V. 521); sein nächtliches Entzücken an Buch und Pergamen schildert er bereits während des Oster-Spaziergangs (V. 1104–1109).

Noch fester verklammern sich die beiden Fragmente miteinander dadurch, daß zwei ausgeführtere Fassungen des einen, eben dieser Abschieds-Antwort, mit dem anderen („Wenn ich froh und guter Dinge ...") auf demselben Blatt (H6) stehen.

Heute, ganze hundert Jahre nach der ersten Erwähnung der beiden Texte, ist es an der Zeit, ihnen die rechte Stelle anzuweisen.

Erstdruck: Zeitschrift für deutsche Philologie. 108. Band (1989), Heft 2.

Anmerkung

[1] Über Kinder und Knaben als Lichterscheinungen bei Goethe vgl. Hans-J. Weitz: *Das göttliche Wunder. Ein unerkannter Beitrag von Goethe.* Darmstadt 1949, S. 26–29. In diesem Band S. 64 ff.

Der Doctor Marianus

Daß Goethe mit dem Doctor Marianus, der gegen Ende des Zweiten Teils im ‚Faust' erscheint, den Doctor Faust selber gemeint habe, diese Überzeugung hatte sich in dem Vf. schon früh herausgebildet; Gegen-Argumente Franz Theodor Csokors, des österreichischen Schriftstellers und Dramatikers, vermochten sie nicht zu erschüttern.

In den Personen-Registern der Weimarer Ausgabe (WA) ist der Name nicht zu finden. Lediglich in den Agenda und in den Listen zu schreibender oder zu expedierender Briefe, welche ihrerseits nicht in den Registern erscheinen, treffen wir ihn, immerhin mehrmals, an (WA III Tagebücher Band 13, Seite 261, Zeile 14, linke Spalte; S. 262, Z. 34, r. Sp.; S. 263, Z. 35, r. Sp.); einmal auch, vielleicht nur zufällig, neben dem Namen des Dr. Weller, welcher in Jena, zu des Dichters hoher Zufriedenheit, die neue Organisation der Universitäts-Bibliothek besorgte.

Der Doctor Marianus ist bei Biographen und Interpreten schlecht weggekommen.

Kuno Fischer, der berühmte Heidelberger Philosoph, hat ihn, als ‚Faustens Unsterbliches' ‚symbolisch' genommen und neben die Mulier Samaritana (vor Vers 12045), gestellt, als einen ‚Repräsentanten des Heidentums' (zitiert nach ‚Goethes Faust', Vierter Band, 4. Auflage, besorgt von Victor Michels, Heidelberg, bei Carl Winter, Nachwort: Jena, im Juli 1913), Seiten 303 ff.; Reinhard Buchwald, ‚Führer durch Goethes Faust-Dichtung', Stuttgart, Alfred Kröner-Verlag, Kröners Taschenausgaben, Band 183 (Copyright 1942), nennt (Seite 305) den Doktor Marianus einen ‚Lehrer der Geheimnisse um Maria' und ‚ritterlichen Sänger'; in der ‚Gesamtausgabe' des ‚Faust' (seit 1909) im Insel-Verlag heißt es (zitiert o. O., o. J., 221.−225. Tausend, Druck durch die Offizin Poeschel und Schulz-Schomburgk in Rothenburg a. d. F.) bei Anton Kippenberg, Walther Ziesemer und Hans-J. Weitz in den Worterklärungen S. 630, l. Sp.: „Doctor Marianus: lat., Verehrer der Mutter Maria, Beiname verschiedener Mystiker".

Die drei Erwähnungen des Doctor Marianus stammen aus dem Dezember 1830 und dem Januar 1831, aus der letzten Phase der Arbeit am ‚Faust'. Nichts weist zuvor auf diese Person hin. Anscheinend hat der Dichter damals erst von ihr erfahren; dabei ist sie ihm offenbar doch höchst wichtig gewesen. Erst durch sie vollendet sich in den überirdischen Schlußszenen das tragische Erden-Schicksal Fausts. Es ist nicht der einzige Fall in den Künsten, daß eine Figur, welche notwendig zum ganzen Werk gehört, erst im letzten Stadium der Arbeit Gestalt gewinnt; sie schwebt dem Schaffenden bereits ahnungsweise, antizipatorisch vor; es fehlte der letzte Anstoß zur Kristallisation. Ähnlich war in Goethes Werk die Suleika im ‚Divan‘, die, „so lange mir erharrt war" und erst zu später Steigerung, heute kaum noch aus dem vollendeten Ganzen wegzudenken, überraschend und doch notwendig, hinzutrat.

Kürzlich erst erfuhr der Vf., daß er einen Vorgänger hat: Dr. Otto Freiherr von der Pfordten (1861 Frankfurt a. M. – 1918 Brüssel), Autor von Romanen und historischen Dramen, aber auch von philosophischen und psychologischen Büchern, hat 1911 als Professor an der Universität Straßburg (damals, seit 1871, Hauptstadt des ‚Reichslandes‘ Elsaß-Lothringen, das wieder einmal, bis 1919, deutsch war), in der Zeitschrift ‚Euphorion‘ (18) auf den Seiten 722−25 einen Aufsatz veröffentlicht: ‚Der Doctor Marianus in Goethes Faust‘.

Anfangs ist er seiner Sache sicher: „seit meiner Jugend habe ich völlig selbstverständlich diese Bezeichnung am Schlusse des Faust auf ihn selbst bezogen (S. 722) … auch der I n h a l t der Verse des Doctor Marianus stimmt psychologisch sehr gut zu einem wiedergeborenen Doktor Faust (S. 724)."

Am Schluß des Aufsatzes aber heißt es (S. 725): „es empfiehlt sich jedenfalls, die Möglichkeit dieser Deutung ernsthaft zu erwägen".

Diese Zurücknahme, schwächlich, ja fast ängstlich, bestimmte den Vf. dazu, seine These nun mit voller Entschiedenheit darzulegen.

Die ersten Worte des Doctor Marianus folgen unmittelbar auf den Chor der Knaben, der die Entpuppung des einstigen Faust verkündet. „Schon ist er schön und groß / Von heiligem Leben!" (Vers 11987f.). An diese Worte vom Werden einer neuen Gestalt schließt sich unmittelbar die erste Rede einer ebenfalls neuen Gestalt (V. 11989−11996), von der wir zuvor nichts erfahren haben. Schon dies deutet auf eine Identität.

Das rapide Wachstum dieser Entelechie Faust wird noch mehrmals betont („Er überwächst uns schon / An mächtigen Gliedern" V. 12076f.) / „Er ahnet kaum das frische Leben / So gleicht er schon der heiligen Schar" V. 12086f. / – Der heiligen, also nicht nur den seligen Knaben!

Die ‚höchste, reinlichste Zelle‘ (vor Vers 11989) gehört noch zur Erde, zur ‚Felsenhöh‘ (V. 11966), um welche sich die Knaben bewegten. Der Doctor Marianus blickt denn auch ‚nach oben‘ (V. 11992). Seine Worte haben den Ton nicht dessen, der des Umgangs mit der Gottheit gewohnt wäre, sondern den der Orientierung, einer ersten Ausschau; er erkennt, erschließt ‚am Glanze‘ (V. 11996), wer da über ihm schwebt.

Er hat die Erde erlebt, erlitten; er spricht ausdrücklich als ‚Mann‘ (V. 12001); und er spricht wissend von der Verführbarkeit, der ‚Schwachheit‘ (V. 12022 + 12024). In diesem Sinne singen die Knaben: „Doch dieser hat gelernt / Er wird uns lehren“ (V. 12082f.).

Damit sprechen sie ausdrücklich die Funktionen aus, die zu dem Titel Doctor gehören. Dieser Titel verbindet den Doctor Marianus mit dem Doctor Faustus von einst.

Die Worte weiland Gretchens „Vergönne mir, ihn zu belehren“ (V. 12092) greifen das Wort nochmals auf.

Die Worte „noch blendet ihn [Faust] der neue Tag“ (V. 12093) stimmen zu der Geste des Doctor Marianus ‚auf dem Angesicht anbetend‘ (vor Vers 12096).

Schließlich spricht der Doctor Marianus die überhaupt letzten Worte einer Einzelperson (V. 12096–12103).

Maria und Gretchen kamen zu Wort, die Gottheit in der stellvertretend-weiblichen Gestalt und die am engsten und auf ewig mit Fausts Unsterblichem Verbundne. Der Mensch selber aber, um den es ihnen beiden zu tun ist, die Hauptgestalt des Dramas, sollte stumm, mundtot, ein Gegenstand sein, irgendeiner von ‚mehrer[en] Mystiker[n]‘; hier, wo fortgesetzt von den Verwandlungen seines neuen Lebens und Auflebens die Rede ist? Ein männliches Wesen sollte zwar sprechen, doch nicht der, von dem beständig gesprochen wird? Das wäre gegen jede Ökonomie der Kunst, und gegen die der Bühne im besonderen.

Daß Goethe die Gleichsetzung Doctor Marianus = Doctor Faust nicht besonders ausgesprochen hat, wie im Fall Gretchen = Una Poenitentium (vor Vers 12069), ist kein Einwand von Bestand; Gretchen war durch den ganzen Zweiten Teil hin (bis auf die Erwähnung zu Beginn des Vierten Akts, V. 10055–10066) nicht mehr erwähnt worden. Faust haben wir sterben und gen Himmel fahren sehen. Und gerade die Wahl der Bezeichnung Doctor war dem Dichter, für die Wissenden, Winkes genug.

Der gegenwärtige Beitrag wurde zum Jahr 1949 geschrieben, blieb aber ungedruckt. 1995 war er in vielem zu berichtigen und zu ergänzen.

Siglen und Abkürzungen

AA	Werke Goethes. Hrsg. v. d. Deutschen Akademie der Wissenschaften zu Berlin. Berlin 1952 ff.
AlH	Goethes Werke. Vollständige Ausgabe letzter Hand. Stuttgart 1827–30
AZ	Allgemeine Zeitung. Tübingen 1798 ff.
Betr. Ausl.	Goethe, Ballade. Betrachtung und Auslegung; zitiert nach: WA I, 41. Bd., I. Abth. 1902
BT	Tagebuch Sulpiz Boisserées, handschriftl., 21 Bde.
– 1916	Sulpiz Boisserées Tagebuch. In: Eduard Firmenich-Richartz, Die Brüder Boisserée als Kunstsammler. Jena 1916
Burdach 1888	WA I, 6. Bd.: West-östlicher Divan. Hrsg. v. Konrad Burdach. Weimar 1888
– 1896	Konrad Burdach, Goethes „West-östlicher Divan". In: Goethe-Jahrbuch XVII (1896)
– 1904	Die älteste Gestalt des „West-östlichen Divan". Akademie-Vortrag Berlin 19. Mai 1904; zitiert nach (Neudruck): Konrad Burdach, Zur Entstehungsgeschichte des „West-östlichen Divans". Drei Akademievorträge. Hrsg. v. Ernst Grumach. Berlin 1959
– 1905 (JA)	Goethes Sämtliche Werke. (Cottasche) Jubiläums-Ausgabe. 5. Bd.: West-östlicher Divan, mit Einl. u. Anm. v. Konrad Burdach. Stuttgart und Berlin 1905
– 1911	Goethes eigenhändige Reinschrift des „West-östlichen Divans". Hrsg. u. erl. v. Konrad Burdach. Schriften der Goethe-Gesellschaft, 26. Bd. Weimar 1911

– 1916	Der hundertgliedrige Divan des Wiesbader Registers. Akademie-Vortrag Berlin 23. November 1916; zitiert nach (Neudruck): Zur Entstehungsgeschichte des „West-östlichen Divans". Drei Akademievorträge. Hrsg. v. Ernst Grumach. Berlin 1959
– 1919	Konrad Burdach, Zum Gedächtnis des „West-östlichen Divans". In: Jahrbuch der Goethe-Gesellschaft VI (1919)
– 1930	Die Anordnung des Wiesbader „West-östlichen Divans". Akademie-Vortrag Berlin 8. Mai 1930; zitiert nach (Neudruck): Konrad Burdach, Zur Entstehungsgeschichte des „West-östlichen Divans". Drei Akademievorträge. Hrsg. v. Ernst Grumach. Berlin 1959
– 1937 (WGA)	Die Welt-Goethe-Ausgabe der Gutenberg-Stadt Mainz und des Goethe- und Schiller-Archivs Weimar, besonders der 5. Bd.: West-östlicher Divan. Hrsg. v. Konrad Burdach. Leipzig 1937
Düntzer	(Kürschners) Deutsche National-Litteratur. 85. Bd. Hrsg. v. Heinrich Düntzer. Berlin und Stuttgart o. J. (1886)
Ellinger	Goethes Werke. Hrsg. v. Karl Heinemann. 4. Bd. Bearb. v. Georg Ellinger. Leipzig und Wien o. J. (1903)
Ermatinger	Goethes Werke. Auf Grund der Hempelschen Ausgabe neu hrsg. v. Karl Alt. Teil 4. Bearb. v. Emil Ermatinger. Berlin o. J. (1913 ff.)
FDH	Freies Deutsches Hochstift, Frankfurt am Main
Gespr	Goethes Gespräche. Hrsg. v. Flodoard Frhrn. v. Biedermann. 5 Bde. Leipzig 1909—11
Gespr. 1965/72	Goethes Gespräche in vier Bänden. Auf Grund d. Nachlasses v. Flodoard Frhrn. von Biedermann erg. u. hrsg. v. Wolfgang Herwig. Zürich und Stuttgart 1965—72
GJb	Goethe-Jahrbuch. Hrsg. v. Ludwig Geiger. Frankfurt am Main 1880—1913

GMK	Goethe-Museum Düsseldorf, Anton-und-Katharina-Kippenberg-Stiftung
GSchA	Goethe- und Schiller-Archiv der Stiftung Weimarer Klassik, Weimar
GT	Goethes Tagebuch
Hafis	Der Divan von Mohamed Schemsed-din Hafis. Aus dem Persischen zum erstenmal ganz übers. v. Joseph von Hammer. Erster Theil Stuttgart und Tübingen 1812. Zweiter Theil ebd. 1813
Heitmüller	Aus dem Goethehause. Briefe Friedrich Wilhelm Riemers an die Familie Frommann 1803–1824. Hrsg. v. Ferdinand Heitmüller. Stuttgart 1892
JbGGes	Jahrbuch der Goethe-Gesellschaft. Weimar 1914–1935
JbSK	Jahrbuch der Sammlung Kippenberg. Leipzig 1921 ff.
KatSK	Katalog der Sammlung Kippenberg. 3 Bde. Leipzig 1928
Keudell	Elise von Keudell, Goethe als Benutzer der Weimarer Bibliothek. Weimar 1931
Kippenberg	(Anton Kippenberg), Der Stachel. In: Schriften der Stadelmann-Gesellschaft 3 (1921)
KuA	Goethe, Ueber Kunst und Alterthum. Stuttgart 1816–32
Loeper	Goethe's Werke (Hempelsche Ausgabe). Vierter Theil. Hrsg. u. mit Anm. vers. v. G. v. Loeper. Berlin o. J. (1872)
Maier	West-östlicher Divan. Krit. Ausg. d. Gedichte. Hrsg. v. Hans Albert Maier. 2. Bd. (Textgeschichtl. Kommentar). Tübingen 1965
Mandach	Conrad de Mandach, Deux peintres suisses. Gabriel Lory le père et Gabriel Lory le fils. Lausanne 1920
MgBl	Morgenblatt für gebildete Stände. Tübingen 1807 ff.
Müller, Unterh.	Kanzler von Müller, Unterhaltungen mit Goethe. Krit. Ausg. besorgt v. Ernst Grumach, Weimar 1956

MuR	Goethe, Maximen und Reflexionen. Hrsg. v. Max Hecker. Schriften der Goethe-Gesellschaft 21 (1907)
Njbl Zürich	Neujahrsblatt der Künstlergesellschaft in Zürich (seit 1805)
NuA	Goethe, Noten und Abhandlungen zu besserem Verständnis des West-östlichen Divans; zitiert nach: WA I, 7. Bd. 1888
Pollmer 1922	Arthur Pollmer, Friedrich Wilhelm Riemer und seine „Mittheilungen über Goethe". In: Probefahrten ... Hrsg. v. Albert Köster. 30. Bd. Leipzig 1922
– 1926	Arthur Pollmer, Caroline Ulrich und Goethe. Jahrbuch der Sammlung Kippenberg 6 (1926)
Richter	Goethes Werke. Hrsg. v. Robert Petsch. 3. Bd. Mit Einl. u. Anm. v. Rudolf Richter. Leipzig 1926
RT	Friedrich Wilhelm Riemers Tagebücher. Im Auszug hrsg. u. eingel. v. Arthur Pollmer. In: Jahrbuch der Sammlung Kippenberg – 1811–1816: 3 (1923); – 1817–1823: 4 (1924)
SchrGGes	Schriften der Goethe-Gesellschaft. Weimar 1885 ff.
SKL	Schweizerisches Künstler-Lexikon. Redigiert v. Carl Brun. II. Bd. Frauenfeld 1908
Th-B	Allgemeines Lexikon der bildenden Künstler. Begr. v. Ulrich Thieme u. Felix Becker. Hrsg. v. Hans Vollmer. Leipzig 1907–50
ThS	Goethe, Wilhelm Meisters theatralische Sendung; zitiert nach: WA I, 51. u. 52. Bd. 1911
TJh	Goethe, Tag- und Jahreshefte; zitiert nach: WA I, 35. u. 36. Bd. 1892 f.
WA	Goethes Werke. Hrsg. im Auftrage der Großherzogin Sophie von Sachsen. Weimarer (Sophien-)Ausgabe. 143 Bde. in vier Abt. Weimar 1887–1919
– Werke	Abt. I: Werke
– Tageb	Abt. III: Tagebücher
– Br	Abt. IV: Briefe

Weitz	Hans-J. Weitz, Goethes Gedicht „Die Weisen und die Leute". Freiburger Universitätsreden. Neue Folge Heft 44. Freiburg i. Br. 1969. In diesem Band S. 128 ff.
Willemer, Briefw.	Goethes Briefwechsel mit Marianne und Johann Jakob Willemer. Hrsg. v. Hans-J. Weitz. Frankfurt am Main 1965
WML	Goethe, Wilhelm Meisters Lehrjahre; zitiert nach: WA I, 21. bis 23. Bd. 1898—1901
WMW/1	Wilhelm Meisters Wanderjahre oder Die Entsagenden. Ein Roman von Goethe. Stuttgart und Tübingen 1821
WMW/2	endgültige Fassung; ebd. 1829; zitiert nach: WA I, 24. u. 25. Bd. 1894 f.
WöD	Goethe, West-östlicher Divan; zitiert nach: WA I, 6. Bd. 1888
WR	Wiesbadener Register vom 30. Mai 1815. Dritte Entwicklungsstufe des West-östlichen Divan; zitiert nach: WA I, 6. Bd., 314 f.

Abbildungen